MARY MACKEY

Im Jahr der Pferde

Mary Mackey ist Professorin für englische Literatur an der Staatsuniversität von Kalifornien. Sie hat die »Feminist Writers' Guild« mitbegründet. »Im Jahr der Pferde« ist der erste, in sich abgeschlossene Band einer Trilogie von Vorzeitromanen. Die weiteren Bände sind bei Goldmann in Vorbereitung.

MARY MACKEY

Im Jahr der Pferde

Roman

GOLDMANN

Deutsche Erstausgabe

Titel der Originalausgabe: The Year the Horses Came
Originalverlag: Harper, San Francisco

Umwelthinweis:
Alle bedruckten Materialien dieses Taschenbuches
sind chlorfrei und umweltschonend.

Der Goldmann Verlag
ist ein Unternehmen der Verlagsgruppe Bertelsmann

Genehmigte Taschenbuchausgabe 3/97

Umschlagentwurf: Design Team, München
Farbige Umschlagzeichnung: F. Regös
Satz: Uhl + Massopust, Aalen
Druck und Bindung: Graphischer Großbetrieb, Pößneck
Verlagsnummer: 41559
Redaktion: Ilse Wagner
MV · Herstellung: Heidrun Nawrot
Made in Germany
ISBN 3-442-41559-4

1 3 5 7 9 10 8 6 4 2

Prolog

»Es gab einmal eine Zeit jenseits aller menschlichen Erinnerung, als die Göttin Erde schlafend unter einer schimmernden Decke von Eis lag. In jenen Zeiten flohen die Menschen nach Süden, um Schutz vor dem Wind zu finden, und viele Länder lagen unter einer dicken Eisschicht verborgen.

Eines Tages begann die Göttin zu erwachen. Ihre Gletscher schmolzen, und überall flossen Ströme klaren Wassers. Blumen blühten auf Hängen, wo unzählige Generationen lang keine Blumen geblüht hatten, und die Welt war berauscht vom Duft des Großen Frühlings.

Dennoch empfanden die Menschen Angst. Sie hatten sich an ihre eisige Welt gewöhnt, und die Schmelze ließ Furcht in ihren Herzen aufkommen. ›Wie sollen wir jetzt überleben, nachdem die großen Tiere, die wir immer gejagt haben, nach und nach verschwinden?‹ riefen sie verzweifelt.

Als die Göttin Erde ihre Gebete hörte, fühlte sie Mitleid mit ihnen und schickte drei ihrer Töchter aus, die die Menschen neue Lebensweisen lehren sollten. Einigen brachten die Göttlichen Schwestern die Kunst des Fischens bei, anderen die Kunst des Webens und Töpferns und wieder anderen die Fähigkeit, Tiere zu zähmen und Getreide anzupflanzen. Und so lebten die Menschenkinder über zweihundert Generationen lang in Frieden und Wohlstand, verehrten die Göttin Erde und riefen sie mit vielen Namen an.«

Eine lehrreiche Geschichte des Volkes der Sharatani,
Schwarzmeerküste, 5. Jahrtausend v. Chr.

»1. Lebt zusammen in Liebe und Harmonie.
2. Sorgt liebevoll für eure Kinder.
3. Ehrt die Frauen.
4. Achtet alte Menschen.
5. Denkt immer daran, daß die Erde und alles auf ihr Teil des lebendigen Körpers eurer Göttlichen Mutter ist.
6. Genießt das Leben, denn euer Frohsinn erfreut andere.«

Die Sechs Gebote der Göttlichen Schwestern

»Hebt sie hoch!
Hebt die Große Eule,
die uns alle segnet,
Hebt sie hoch,
damit die Toten unter ihren Schwingen ruhen können.
Hebt sie hoch!
Verehrt sie mit eurer Kraft.«

Lied, gesungen vom Küstenvolk bei der Aufstellung eines steinernen Standbildes der Göttin am Fest der Toten, Bretagne, 5. Jahrtausend v. Chr.

ERSTER TEIL

Der Westen jenseits des Westens

»Die Tiermenschen spien Feuer.
Sie verschlangen ganze Städte;
sie verwandelten den grünen Mutterschoß
der Erde in Asche.

›Erhebe dich!‹ rief die Göttin Sabalah zu.
›Erhebe dich, denn ich habe dir
ein dreifach gesegnetes Kind geschenkt.
Sie wird eine große Priesterin sein.
Sie wird weite Reisen unternehmen.
Sie wird ihrem Volk Heilung bringen
wie ein warmer Frühlingsregen.
Ihr Name ist Marrah,
die Seemöwe von Shara,
Marrah mit den dunklen Augen
und dem windzerzausten Haar.

Die Tiermenschen kommen,
um deine Tochter zu rauben.
Erhebe dich und rette sie,
bevor es zu spät ist!‹«

Aus »Sabalahs Traum. Ein Gedenklied«,
Stadt Shara, Schwarzmeerküste,
5. Jahrtausend v. Chr.

1. Kapitel

Die bretonische Küste im Jahre 4372 v. Chr.

An dem Tag, an dem Marrah zur Frau werden sollte, schlug sie die Augen auf, als gerade die ersten blassen Lichtstrahlen durch den Rauchabzug des Langhauses ihrer Urgroßmutter hereinfielen. Einen Augenblick erlebte sie ein Gefühl, als tauchte sie langsam aus großer Tiefe an die Oberfläche auf, so als folgte ihre Seele ihrem Körper zurück in die Welt des Wachzustands, aber dann erinnerte sie sich wieder, welcher Tag heute war, und plötzlich war sie hellwach.

Besorgt fragte sie sich, ob es immer noch regnete. Gestern, kurz vor Einbruch der Dunkelheit, war ein gewaltiger Sturm von Norden her aufgekommen. Den ganzen Abend hatte es in Strömen geregnet, und riesige graue Brecher waren gegen den Strand geschlagen und hatten die Erde mit einem derart ohrenbetäubenden Tosen erschüttert, daß die Leute schreien mußten, um sich Gehör zu verschaffen. Amonah, die Göttin des Meeres, hatte den weißen Schaum ihres Haares mit dem Sturm über den Strand wehen lassen, bis man nicht mehr sehen konnte, wo das Land aufhörte und das Meer anfing, und es hatte Alarm gegeben, damit die Fischerboote außerhalb der Reichweite der wilden Brandung gezogen und mit Steinen gefüllt wurden, bevor die Göttin sie als ihr Eigentum fordern konnte.

Marrah hielt den Atem an und horchte auf das verdächtige Geräusch trommelnden Regens auf dem Reetdach. Wenn sich das Wetter nicht über Nacht aufgeklart hatte, würde ihre Feier zur Erreichung der Volljährigkeit um einen ganzen Monat verschoben werden müssen, bis es wieder Vollmond war. Ohne Zweifel würde dies genau die Lektion in Geduld sein, von der Urgroßmutter Ama immer behauptete, daß Marrah sie nötig habe, obwohl man von einem jungen Mädchen, das im Begriff war, eine Frau zu werden, wohl kaum erwarten konnte, daß sie sich darüber freute. Es gab nur zwei Male im Leben eines jeden, wenn alle Mitglieder der Gemeinschaft zusammenkamen, um ihm zu Ehren zu feiern und zu tanzen. Das eine Mal war der Tag, an dem er volljährig wurde, und das andere der Tag, wenn seine Knochen zur ewigen Ruhe neben den Gebeinen seiner Vorfahren gebettet wurden. Hätte Marrah die Wahl gehabt, dann wäre ihr Regen am Tag ihres Begräbnisses weitaus lieber gewesen.

Das Reetdach über ihrem Kopf schien leise zu rascheln. War es Regen oder Wind? Wind, entschied sie, und ihr Herz machte einen freudigen Sprung. Es wehte nur noch ein leichter Wind, und der Regen hatte völlig aufgehört! Und es schlugen auch keine gewaltigen Brecher mehr an den Strand; nur das sanfte Rauschen der Brandung war noch zu hören, so gleichmäßig, so sehr Teil ihres Lebens, daß sich Marrah ohne das Geräusch verloren vorgekommen wäre. Die Göttin Amonah hatte ihr Gebet erhört, gelobt sei Amonah!

Marrah streckte sich, setzte sich vorsichtig auf und blickte sich in der Schlafecke um. Rechts von ihr schlief ihr achtjähriger Bruder, Arang, tief und fest, einen Arm behutsam um seine Vogelmaske aus Stroh gelegt. Arang würde einen Strandläufer darstellen bei dem Vogeltanz, den die Gemeinschaft der Kinder an diesem Abend aufführte, und er hatte den vergangenen Monat über eifrig geübt, auf einem Bein zu stehen und die Hüpfer und Tauchsprünge des Vogels nachzuahmen, während sein bester Freund, Kopeta, auf einer Spielzeugtrommel den Rhythmus für ihn schlug. Arang war ein schmächtiger Junge mit weichem dunklen Haar, langen Wimpern und rosigen Wangen, und er sah immer so friedlich und lieb aus, wenn er schlief, aber wenn Marrah ihn weckte, würde er ihr folgen und sie wahrscheinlich necken, und sie war an diesem Morgen nicht in Stimmung für Scherze.

Auf der anderen Seite von Arang lag Sabalah auf einem Stapel von Schaffellen, den Kopf an die Schulter ihres Partners, Mehe, gelehnt, der leise schnarchte, wobei sich sein Bart bei jedem Atemzug zitternd hob und senkte. Marrah warf einen prüfenden Blick in Sabalahs Gesicht, um sicherzugehen, daß sie auch wirklich schlief. Es war ein Gesicht, das große Ähnlichkeit mit ihrem eigenen aufwies, und sie hatte oft voller Stolz gedacht, daß jeder, der sie beide anschaute, sofort wissen mußte, daß sie Mutter und Tochter waren. Um Sabalahs Augen und Mund zeichneten sich feine Falten ab wie winzige Risse in einer glatten Glasur, aber abgesehen von diesen Zeichen des Alterns hatten Sabalah und Marrah die gleichen feingeschnittenen Züge: lange, schmale Nase, hohe Wangenknochen, volle Lippen und dichtes schwarzes Haar, obwohl Marrahs Haar lockiger als das ihrer Mutter war. Statt zu einem ordentlichen Knoten im Nacken zusammengeschlungen zu sein, wie es bei Sabalah der Fall war, fiel Marrahs Haar in einer dicken Mähne über ihren Rücken herab. Sie sah aus wie jemand, der voller Energie steckt, ein Mädchen, das »sich vom Wind treiben läßt«, wie es das Küstenvolk ausdrückte: mutig und unerschrocken, vielleicht ein wenig unbesonnen, aber noch jung und unerprobt. Die energische Linie ihres Kinns und die Offenheit ihres Blicks deuteten darauf hin, daß sie mit der Zeit vielleicht ruhiger und häuslicher werden und eine ebenso mächtige und angesehene Priesterin wie ihre Mutter werden würde, doch mit dreizehn hungerte es sie nach Abenteuern, und sie war nicht allzu wählerisch, wenn sich ihr eine Gelegenheit dazu bot.

Nachdem sie sich vergewissert hatte, daß die anderen noch eine Weile schlafen würden, stand sie leise auf und nahm ihr Kleid von einem hölzernen Wandhaken. Das Kleid war das einzige Kleidungsstück, das sie besaß, ein einfaches, langärmeliges Gewand aus weichem Wildleder, das von ihren Schultern bis zur Mitte ihrer Waden herabhing. Später am Tag würde sie einen feinen zeremoniellen Rock aus importiertem Leinen tragen, der dem Tempel gehörte, aber Leder war das Material für Alltagskleidung, manchmal mit Perlen und Muscheln bestickt, doch häufiger schlicht und schmucklos.

Barfuß schlich Marrah auf Zehenspitzen durch die Schlafecke

und betrat den Hauptteil des Hauses. Es war nicht das größte im Dorf, nicht mehr als siebzig mal zwanzig Schritt groß, und es wohnten nur sieben Familien darin, aber es war behaglich und solide gebaut – das Fachwerk bestand aus Eichenbalken, das Dach war dick mit Reet gedeckt, und die Wände bestanden aus fest miteinander verflochtenen Haselnußzweigen, die mit gehärtetem Lehm verputzt waren. Grob rechteckig in der Form, hatte das Haus Türen an beiden Enden, im Moment mit Ledervorhängen verschlossen, die mit Holzlatten dichtgemacht wurden. Wenn starker Wind herrschte, so wie am Abend zuvor, wurden die Holzlatten zusätzlich mit Steinen gesichert. Marrah überprüfte die Vorhänge und stellte erleichtert fest, daß alle Steine noch an Ort und Stelle lagen. Alle sieben der Hauptfeuerstellen waren zum Glück noch verlassen, und nichts ließ erkennen, daß schon irgend jemand aufgestanden war, um frisches Holz in die Feuer nachzulegen. Selbst Baby Seshi war noch nicht erwacht. Izirda mußte den Kleinen schon gestillt haben, um sich danach noch eine Weile schlafen zu legen.

Die Luft war rein! Auf leisen Sohlen lief Marrah zu der westlichen Tür, hob die Steine hoch, legte sie sorgfältig auf einer Seite ab, zog den Ledervorhang zurück und trat hinaus auf den breiten Weg aus fein zerstampften, weißen Muscheln. Zakur und Laino, zwei der Dorfhunde, erhoben sich, um sie schwanzwedelnd zu begrüßen, doch da sie Marrah schon seit der Zeit kannten, als sie Welpen gewesen waren, taten sie es ruhig. Sie waren groß und zottelig, mit einer Menge Wolfsblut in ihren Adern; wenn Marrah eine Fremde gewesen wäre, hätten sie so laut Alarm geschlagen, daß alle davon aufgewacht wären.

Einen Augenblick blieb Marrah stehen und kraulte die Hunde hinter den Ohren, während sie ihren Blick über das schlafende Dorf schweifen ließ. Es gab wohl kaum einen schöneren Anblick auf der Welt als Xori kurz vor Sonnenaufgang. Seine sechs Langhäuser waren in einer Krümmung der Uferlinie erbaut worden, an einer Stelle, die zumindest etwas Schutz vor den schlimmsten Meeresstürmen bot. Sie waren in zwei Reihen von jeweils drei Häusern angeordnet, mit einem kleinen Tempel am einen Ende, einer hölzernen Plattform am anderen und einem großen Platz in der Mitte für Zeremonien und Feste. Es verging nur selten ein Monat, in dem kein Festmahl über der großen, von Steinen gesäumten Feuergrube gekocht wurde; es gab kaum eine Woche, in der die Füße der Tanzenden nicht über das Muschelpflaster stampften, und kaum eine Nacht, in der die Trommeln und Pfeifen schwiegen. Das Leben im Dorf war religiös und zeremoniell. Das Volk der Küste verehrte die Göttin Erde, indem es gut und reichlich aß, wunderschöne Lieder sang, sich des Lebens freute und Liebe machte, und wenn jemand Marrah erzählt hätte, daß es Völker gab, die ihre Götter verehrten, indem sie sich Buße und Leid auferlegten, dann hätte sie das unglaublich gefunden.

Hinter dem Dorf lagen die Felder, umgeben von lebenden Zäunen aus ineinander verflochtenen Dornbüschen, die an einigen Stellen mit Lehm und Flechtwerk verstärkt waren. Die Felder waren nicht groß, denn obwohl die Bewohner von Xori Getreide aßen, ernährten sie sich hauptsächlich von der reichen Fülle des Meeres. Dennoch bearbeiteten sie ihre Felder sorgsam, düngten den Boden mit Algen und Seetang, um ihn fruchtbar zu machen, und das Land, obwohl ziemlich steinig, belohnte ihre Mühe. Marrah konnte den ersten grünen Schleier neuen Wachstums erkennen: die zarten jungen Triebe von Weizen und Kichererbsen und Linsen und ein Stück weiter entfernt Apfelbäume in voller Blüte. Hinter dem Obstgarten lagen die Viehpferche. Die Kühe und Ziegen waren bereits auf den Beinen, bereit, gemolken und in die Ebbeniederungen geführt zu werden, um auf Salzwiesen zu grasen, aber die Schweine ließen sich nirgends blicken. Marrah fragte sich, ob die Schweine wohl an diesem Morgen verschlafen hatten.

Hinter den Feldern erhob sich der Wald, der im matten Licht des frühen Morgens bläulich schimmernd und geheimnisvoll wirkte. Hier begann die Wildnis, denn obwohl es viele Siedlungen entlang der Küste gab, war das Landesinnere ein Dickicht aus Eichen, Kiefern und Nußbäumen, zickzackförmig durchzogen von den Spuren wilder Tiere und einigen wenigen schmalen Pfaden, die in nördlicher Richtung zu der Stelle führten, wo Stein für die Herstellung von Äxten gehauen wurde.

Der Wald hatte etwas Düsteres und Tierhaftes an sich, eine Atmosphäre, die Marrah immer das Gefühl gab, daß es dort große Abenteuer zu bestehen gäbe. Die Jäger des Dorfes verfolgten und erlegten zwar Rotwild im Wald, doch sie entfernten sich dabei niemals zu weit vom Meer. Marrah hatte schon oft gedacht, daß sie eines Tages, wenn sie älter wäre, geradewegs durch die Mitte hindurchwandern und herausfinden würde, was auf der anderen Seite lag.

Ein feiner Nebel stieg von den Bäumen und den frisch bepflanzten Feldern auf, hüllte die Erde in milchige Schwaden und ließ sie irgendwie unwirklich erscheinen, aber der Tag war ungewöhnlich frisch und klar, und am Himmel zeigte sich keine einzige Wolke. Marrah tätschelte die Hunde ein letztes Mal, dann stützte sie die Hände in die Hüften und lächelte breit. Ihr war zumute, als gehörte die ganze Welt ihr, als wären ihr das Dorf und alle seine Bewohner und der Tag selbst zum Geschenk gemacht worden. Von dem Sturm des vergangenen Abends waren keine Spuren mehr zu erkennen. Zu ihrer Linken konnte sie kleine Wellen sanft über den weißen Sand herauflecken sehen, wie höfliche Gäste, die kamen, um ihr viel Glück zu wünschen. Es war ein verheißungsvoller Tag, die perfekte Art von Tag, um eine Frau zu werden.

Am anderen Ende der Siedlung fing das steinerne Standbild der Göttin gerade die ersten wäßrig rosa Strahlen der aufgehenden Sonne ein, aber der kleine, runde hölzerne Tempel davor lag noch im Schatten, wie ein schwarzes Ei zu Füßen einer gigantischen Eule. Zwanzig Hände hoch und mehr oder weniger keilförmig, war der Stein der Göttin vor so langer Zeit aus grauweißem Granit gehauen worden, daß sich kein Lebender mehr an den Tag erinnern konnte, an dem ihr Standbild aufgestellt worden war. Am oberen Ende blickten ihre großen, runden Eulenaugen in beide Richtungen. Es gab nicht ein Dorf des Küstenvolks, das keinen ähnlichen Stein gehabt hätte, und sie war nicht besonders groß im Vergleich zu den größeren Göttinnen, die in Reihen in der Stadt der Toten in Hoza standen, aber Marrah betrachtete sie niemals ohne ein Gefühl der Verwandtschaft. Ihr Name war Xori, wie der des Dorfes selbst. Xori bedeutete »Vogel«, und da Marrahs Name »Seemöwe« bedeutete, hatte sie sich immer vorgestellt, daß sie und der Stein der Göttin durch besondere Bande verbunden waren.

»Gib mir einen guten Flug«, sagte sie, küßte die beiden ersten Finger ihrer rechten Hand und warf den Kuß der Göttin zu. Das war der Handel, den sie der Göttin letzte Nacht angeboten hatte, als der Regen in Strömen vom Himmel fiel und es ganz danach aussah, als müßte ihre Feier verschoben werden: Wenn Xori dafür sorgte, daß der Regen aufhörte, würde Marrah wie eine Möwe durch die Luft segeln. Sie würde der Göttin danken, indem sie von einer der Klippen ins Meer sprang – keinem allzu hohen Felsen, aber einem, der den Sprung wert war. Der Sprung würde ein Symbol des Vertrauens sein, ein Zeichen, daß sie wußte, das herrliche Wetter war ein Geschenk und nicht etwas, um das man feilschen sollte, als wollte man Perlen eintauschen.

»Und bitte mach das Wasser tief«, fügte sie hinzu, während sie Xori einen weiteren Kuß zuwarf, denn obwohl Marrah durchaus wußte, daß die Gezeiten um das Dorf stark voneinander abweichen konnten, hatte sie diese Tatsache am Abend zuvor nicht berücksichtigt. Schnell warf sie erneut einen prüfenden Blick aufs Meer und bemerkte zu ihrer Erleichterung, daß sie Glück hatte. Die Flut kam gerade herein, aber wie hoch würde das Wasser diesmal steigen? Ein halbes Dutzend Handbreit Wasser mehr oder weniger konnten einen gewaltigen Unterschied bedeuten, wenn man aus einer Höhe sprang, die das Fünffache der eigenen Körpergröße ausmachte. Nun, es blieb keine Zeit mehr, um herumzustehen und sich den Kopf darüber zu zerbrechen. Wenn der Wasserstand gefährlich niedrig war, würde sie die Göttin um Aufschub bitten müssen. Und ansonsten würde sie nehmen, was kam.

Marrah befahl den Hunden zurückzubleiben und rannte dann den Strand hinunter. Als sie die lange Reihe der umgedrehten Fischerboote erreichte, kam sie schlitternd zum Stehen und betrachtete sie sehnsüchtig. Die Boote waren ausgehöhlte Kanus, ungefähr fünfzehn Handbreit lang, die Seitenwände mit Schnitzereien verziert, die Szenen aus dem Leben von Amonah und Xori darstellten. Marrah wußte, sie konnte mühelos eines herumdrehen und in die Brandung hinausziehen, ja sogar den Mast aufrichten und das Ledersegel setzen, wenn der Wind nicht zu stark blies, aber obwohl die Idee eines kleinen Ausflugs zu den Klippen verlockend war, war ihr klar, daß sie großen Ärger bekommen würde, wenn ihre Tanten und Onkel herausfanden, daß sie wieder einmal ein Boot ohne Erlaubnis genommen hatte.

Sie hatte das an ihrem dreizehnten Geburtstag versucht, der jetzt knapp fünf Monate zurücklag, und noch Wochen danach war sie gezwungen gewesen, sich endlose Geschichten von Kindern anzuhören, die sich heimlich ein Boot genommen hatten und prompt damit gekentert und ertrunken waren. Wenn sie eine Frau war, konnte sie hinaussegeln, wohin auch immer sie wollte, aber obwohl die Zeremonie anläßlich ihrer Volljährigkeit noch an diesem Morgen stattfinden würde, war sie immer noch ein Kind. »Ich komme später wieder zu euch zurück«, versprach sie den Booten, bevor sie mit einem letzten sehnsüchtigen Blick davonrannte – und gerade noch rechtzeitig: Sie hatte knapp den letzten der Einbäume hinter sich gelassen, als Seshis hungriges Geschrei die morgendliche Stille zerriß.

In aller Eile lief sie um den Landvorsprung herum und stand bald auf einer der hohen Klippen, die aufs Meer hinunterblickten und zu deren Füßen die Wellen so heftig gegen den Felsen schlugen, daß die Stelle an einen großen schäumenden Hexenkessel voll kochenden Wassers erinnerte. Beim Anblick der wilden Brandung verließ Marrah beinahe der Mut, doch dann sah sie, daß die Flut fast den Höhepunkt erreicht hatte. Sie zog ihr Kleid aus, warf es zu Boden und stand dann nackt im Wind, mit nichts als der kleinen Muschelkette um ihren Hals bekleidet. Sie war ein schlankes Mädchen, mit kräftigen Armen und Beinen, winzigen Brüsten, runden Hüften und einer schmalen Taille, aber sie war sich ihres Körpers ebensowenig bewußt wie der Vogel, nach dem man sie benannt hatte.

Sie war niemals gezwungen worden, sich auch nur an einem einzigen Maßstab der Perfektion zu messen. Ihr Volk bewunderte Frauen aller Altersklassen und jeglicher Gestalt oder Figur, weil es glaubte, daß menschliche Schönheit – wie die Schönheit von Blumen – unendlich viele Variationen aufwies. Diese Zuversicht, daß sie perfekt waren, war Teil dessen, was Mädchen wie Marrah eine solche Anmut und Selbstsicherheit gab. In der Sprache des Küstenvolkes bedeutete das Wort »häßlich« lediglich übellaunig und selbstsüchtig, und Marrah wußte, daß sie keines von beiden war.

Sorgsam zählte sie den Rhythmus der Wellen, versuchte, sich auf ihn einzustimmen, während sie gegen den Fuß des Felsens schlugen. Es schien, als stiege das Wasser noch weiter. Wenn ich es jetzt nicht tue, dachte sie, werde ich niemals den Mut dazu aufbringen. Sie zählte ein letztes Mal, um sicherzugehen, daß sie den richtigen Zeitpunkt für ihren Sprung abpaßte, dann schloß sie die Augen, nahm Anlauf und sprang in die Tiefe, mit den Füßen voran.

Der Sturz durch die Luft war grauenhaft, doch Marrah hatte keine Zeit, um darüber nachzudenken. Sie hörte das Rauschen der Wellen, die gegen den Felsen unter ihr brandeten, und im nächsten Moment schlug sie so hart auf das Wasser auf, daß es ihr den Atem raubte. Tiefer und immer tiefer tauchte sie durch die kalte salzige See auf die Felsen am Boden zu, und dann, gerade als sie dachte, sie würde mit Sicherheit auf die scharfkantigen Steine prallen, wurde sie langsamer, und ihre Füße trafen auf etwas Hartes, während die Brandung sie erfaßte und sie nach vorne zum Fuß der Klippen schleuderte. Aus den Augenwinkeln sah sie einen dunklen, zackigen Schatten auf sich zugleiten. Instinktiv hob sie die Arme, um ihr Gesicht zu schützen, berührte etwas und schloß blitzschnell die Hand darum. Völlig außer Atem, kämpfte sie sich an die Wasseroberfläche zurück und sah, daß sie ein Stück grauen Feuersteins umklammert hielt.

An Land gab es im ganzen weiten Umkreis von Xori nirgendwo Ablagerungen von Feuerstein; man fand nur hin und wieder Stücke wie dieses, die gelegentlich vom Meer angespült wurden. Das vernünftigste wäre gewesen, den Stein wieder ins Wasser fallen zu lassen, aber Feuerstein war kostbar, und dieses Stück hier war so groß, daß Marrah es festhielt, als sie auf den kleinen Sandstrand links von den Felsen zuschwamm.

Als sie sich aus den Wellen gezogen hatte, war sie völlig erschöpft. Keuchend und am ganzen Körper zitternd, lag sie auf dem Rücken und blickte in den Himmel hinauf, zu durcheinander, um einen klaren Gedanken zu fassen. Allmählich wurde der Himmel heller, die Sonne stieg über dem Wald auf, und der Sand begann in ihrem Licht zu glitzern. Als die Sonnenstrahlen ihren eiskalten Körper erwärmten, kam Marrah wieder zur Besinnung und setzte sich auf, um das Salzwasser aus ihrem Haar zu wringen. Ich hab's geschafft! dachte sie jubelnd. Sie hob den Feuerstein auf und betrachtete ihn eingehend, erfreut über das, was sie sah. Wenn er erst einmal die richtige Form hatte, würde er ein gutes Messer oder einen Schaber abgeben. Marrah entschied, ihn ihrer Mutter zu geben. Offensichtlich war der Stein ein Geschenk von Amonah. Wer weiß, vielleicht war er sogar ein Zeichen, daß der Rest des Tages ebensogut verlaufen würde. Sie rappelte sich auf und kletterte mit der Geschmeidigkeit einer Ziege zur Spitze des Felsens hinauf.

Wenig später kehrte sie wieder ins Dorf zurück, das während ihrer Abwesenheit zu geschäftiger Aktivität erwacht war. Kleine Kinder liefen in die Wälder, um mit Armen voller Rosen, Glockenblumen, Veilchen, gelben Klees, Ringelblumen und Dutzenden von anderen Blumen zurückzukehren, aus denen die älteren Kinder lange Girlanden flochten, die den Stein der Göttin schmücken sollten.

Begi und Alaba, Urgroßmutter Amas älteste Töchter, waren dabei, eine Grube auszuheben und sie mit heißen Steinen und Seetang zu füllen, um zwei große Körbe voller Miesmuscheln, Krebse und Krabben in Dampf zu garen. Ziegen und Schweine brieten auf Spießen über der großen Kochstelle in der Mitte des Platzes, und von dem großen Gemeinschaftsofen in der Nähe des Tempels wehten verlockende Düfte nach gebackenen Honigkuchen, Brot und einem speziellen Festtagspudding herüber, der aus Eichelmehl, getrockneten Äpfeln, getrockneten Kirschen und Ziegenmilch zubereitet wurde.

Als Marrah durch das Dorf eilte, sah sie, daß die meisten ihrer Freunde und Nachbarn inzwischen auf den Beinen waren. Einige standen vor den Türen ihrer Langhäuser, während sie aus Kübeln Wasser über sich gossen oder sich gegenseitig den Rücken schrubbten mit einer harten braunen Seife, aus Fett und Asche hergestellt. Andere kämmten und flochten ihr Haar oder bemalten ihre Gesichter mit Familiensymbolen, während wieder andere ihre besten Kleider anlegten.

Am entgegengesetzten Ende des Dorfes trommelte und tanzte die Gemeinschaft der jungen Männer in einer hektischen Generalprobe in letzter Minute – zwar außer Sicht, nicht aber außer Hörweite der Gemeinschaft der jungen Frauen, die sich vor dem Tempel versammelt hatten, um zu singen. Das gesamte Dorf schien sich zum Rhythmus der Trommeln zu bewegen, und als Marrah stehenblieb, um auf den Klang zu horchen, trafen gerade die ersten Gäste aus den beiden Nachbardörfern ein. Laute Begrüßungsrufe ertönten, und die Neuankömmlinge eilten weiter, um den Friedenskuß mit ihren Verwandten zu tauschen, die sie seit dem Fest des Schwalbenmondes vor zwei Monaten nicht mehr gesehen hatten. Obwohl die drei Dörfer nicht weit voneinander entfernt lagen, neigten die meisten Leute dazu, in der Nähe ihres Zuhauses zu bleiben, außer an Tagen wie diesem, wenn sie zusammen feiern, singen und den neuesten Klatsch erfahren konnten.

Marrah stand da, überwältigt von dem Anblick. Obwohl sie andere Jungen und Mädchen das Fest der Volljährigkeit hatte feiern sehen, fiel es ihr immer noch schwer zu glauben, daß ganze Familien noch vor Morgengrauen aufgestanden und nach Xori gereist waren, nur um mitzuerleben, wie sie ihre Halskette der Kindheit dem Meer zurückgab. Sie berührte die Lederschnur mit den aufgefädelten Muscheln, die sie schon so lange getragen hatte, wie sie sich erinnern konnte. Bald würde sie die Kette in die Wogen schleudern, um sie der Göttin Amonah zurückzugeben, die die Muscheln in ihrem Mutterschoß gemacht hatte. Plötzlich schien all dies weit aufregender als jeder noch so gefährliche Sprung von den Klippen.

»Marrah«, riefen die Leute ihr zu, als sie durch das Dorf ging, »komm her und berühre unsere Kinder, damit du ihnen Glück bringst.«

»Marrah, mögen Xori und Amonah dich segnen!«

»Mögest du unter ihrem Segen wandeln, Marrah!«

Einige der Männer riefen ihr sogar zwinkernd zu: »Marrah, wir warten auf dich!«, was sie vor Verlegenheit erröten ließ, obwohl es lächerlich war, da sie sie schon von Kindesbeinen an kannte.

Die Begrüßungen und guten Wünsche wollten kein Ende nehmen, und als Marrah ihr eigenes Haus betrat, war sie kurz davor, in Tränen auszubrechen. Liebe hüllte sie auf Schritt und Tritt ein, alle brachten ihr nur Wohlwollen und Freundlichkeit entgegen. Nicht ein einziges Mal hatte irgend jemand auch nur andeutungsweise erkennen lassen, daß sie wußten, sie und ihre Mutter waren adoptierte Mitglieder von Urgroßmutter Amas Familie. Nicht ein einziges Mal hatte man sie spüren lassen, daß sie in einem fernen Land geboren worden war oder daß sie anders aussah als das Volk der Küste, dessen Angehörige grobknochiger waren, mit einem breiteren Brustkorb und einer etwas helleren Haut als Marrah. In ihren Augen war sie eine geliebte Tochter von Xori, so sicher, als wäre sie im Tempel zu Füßen des Steins der Göttin geboren worden.

Beide Türen zum Langhaus standen weit offen. Als Marrah eintrat, traf sie auf hektische Geschäftigkeit. Alle sieben Feuer waren jetzt angezündet, während leckere Speisen in Tontöpfen brutzelten oder an Spießen brieten, überwacht von Hatza und seiner Schwester, Lepa, die als die besten Köche der Familie galten. Esku, Lepas derzeitiger Liebhaber, erschien immer wieder mit Armen voller Holz. Zuriska, der gerade das Mehl zum Backen ausgegangen war, zerrieb Weizenkörner in einem steinernen Mörser, während ihre Tante Hanka ein paar Schritte entfernt damit beschäftigt war, gegorenen Fruchtsaft von einem großen Bottich in kleine Tonkrüge umzufüllen.

Die einzige Person, die ruhig und gelassen wirkte, war die vierzehnjährige Izirda, die mit Seshi an ihrer Brust in einer Ecke saß, einen träumerischen Ausdruck auf dem Gesicht. Da sie erst vor sechs Wochen entbunden hatte, brauchte Izirda noch keine körperliche Arbeit zu verrichten, mußte noch nicht einmal ihre eigenen Mahlzeiten kochen, was die anderen für sie taten.

Sabalah saß neben drei großen Körben mit Erdbeeren und sortierte diejenigen aus, die überreif und zerdrückt waren. Als Marrah näherkam, konnte sie sehen, daß ihre Mutter bereits die zeremoniellen Ohrringe, die Halskette aus blauen Steinen und den Leinenrock trug, Dinge, die sie den ganzen weiten Weg aus der Stadt Shara mitgebracht hatte. Über ihren Rock hatte sie eine Strohmatte gelegt, um zu verhindern, daß er fleckig wurde.

»Guten Morgen, Mama«, sagte Marrah, allerdings nicht in der Sprache des Küstenvolks, sondern in der von Shara, die ihre Mutter sie gelehrt hatte, als sie ein kleines Kind gewesen war, und die zu benutzen Sabalah von ihren Kindern verlangte, wenn sie sich mit ihrer Mutter unterhielten.

Marrah hob einen nackten Fuß und kratzte sich mit ihrer großen Zehe an der Wade. Es war eine nervöse Geste, eine, die auch vollkommen angebracht war angesichts der Tatsache, daß sie am Morgen ihrer eigenen Volljährigkeits-Zeremonie einfach verschwunden war.

Beim Klang von Marrahs Stimme zuckte Sabalah erschrocken zusammen, doch statt aufgebracht zu fragen, wo ihre Tochter so lange gewesen sei, fuhr sie fort, Erdbeeren zu verlesen. »Ah, da bist du ja endlich.« Sie hielt einen Moment inne, inspizierte die Beeren, die sie in der Hand hielt, und warf sie auf den Haufen mit den Ausrangierten. »Was für ein Glück, daß der Regen aufgehört hat, sonst würden all die netten jungen Männer, die von so weit her gekommen sind, um dich zu beeindrucken, im Schlamm tanzen wie eine Schar nasser Enten.«

Marrah war überrascht über Sabalahs Reaktion. Eigentlich hatte sie eine Strafpredigt erwartet. Verlegen trat sie von einem Fuß auf den anderen, wußte nicht, was sie sagen sollte. Dann fiel ihr der Feuerstein wieder ein. »Hier, ich habe dir ein Geschenk mitgebracht«, sagte sie und reichte ihrer Mutter den gräulich weißen Steinklumpen. »Es ist ein großes Stück, sogar noch größer als das, das Arang im letzten Herbst gefunden hat.«

Sabalah nahm den Stein und wog ihn in ihrer Handfläche. Obwohl sie äußerlich ruhig erschien, war sie außer sich vor Sorge gewesen, als sie aufwachte und feststellte, daß Marrah verschwunden war. Sie wußte, es wäre typisch für das Mädchen, zur Feier des Tages irgendeinen gefährlichen Akt zu vollbringen, und vor ihrem inneren Auge waren quälende Visionen von Marrah vorbeigezogen, wie sie tief in den Wald wanderte und von Wölfen zerrissen wurde oder aufs Meer hinausschwamm und hilflos ertrank. Alles törichte Sorgen natürlich, aber Sabalahs einziger Fehler war ihre Überfürsorglichkeit.

Sie liebte ihre beiden Kinder so sehr, daß sie sich ein Leben ohne sie nicht vorstellen konnte, und wann immer Marrah wegging, ohne ihr zu sagen, wohin sie wollte, wurde Sabalah von der schrecklichen Furcht überwältigt, daß die Tiermenschen gekommen waren, um ihre Tochter zu rauben. Was sie jetzt fühlte, als sie den Feuerstein betrachtete, war eine Erleichterung, so groß, daß ihr fast schwindelig wurde, aber sie hatte nicht die Absicht, sich ihre Empfindungen vor Marrah anmerken zu lassen, jedenfalls nicht heute.

Hmmm«, meinte sie, während sie so tat, als prüfte sie den Feuerstein, »nicht schlecht. Du hast recht, er ist größer als das Stück, das Arang nach Hause brachte. Tatsächlich ist es schon eine ganze Weile her, seit irgend jemand einen Feuerstein von dieser Größe entdeckt hat. Heute muß dein Glückstag sein.« Sie hielt inne und blickte Marrah geradewegs in die Augen. »Wo hast du ihn gefunden?«

»Am Strand.« Marrah errötete leicht und starrte auf den Fußboden, als hätte sie dort plötzlich etwas Interessantes entdeckt. Im Grunde war es noch nicht mal eine Lüge – wenn man bereit war, Land unter Wasser als »Strand« zu bezeichnen.

Sabalah ließ sich jedoch nicht täuschen. Sie musterte Marrah vom Kopf bis zu den Zehenspitzen, und ihre Augen wurden schmal, aber sie sagte nichts. Sie wußte, der Feuerstein konnte nur vom Meeresgrund am Fuße der Klippen stammen. Wenn man das feuchte Haar des Mädchens sah, war nur allzu offensichtlich, was sie ausgeheckt hatte. Erst gestern hatte sie ihre Tochter gescholten und ihr dann eine ganze Reihe von Ratschlägen erteilt, wie man sich am besten verhielt, um ein langes, glückliches und sicheres Leben zu führen – und keiner dieser Ratschläge hatte die Möglichkeit eines waghalsigen Sprunges von den Klippen eingeschlossen –, aber Sabalah hatte sich geschworen, daß sie von heute an damit aufhören würde, Marrah wie ein Kind zu behandeln. Es war an der Zeit, sich an die Vorstellung zu gewöhnen, daß ihre Tochter jetzt eine Frau war.

Sie legte den Feuerstein neben sich auf den Boden und machte sich wieder daran, die Erdbeeren zu verlesen. »Wie wär's mit einer schönen Tasse frischer Milch?« fragte sie, als wäre es die natürlichste Sache der Welt, tropfnaß und mit einem großen Feuerstein in der Hand im Haus zu erscheinen. »Arang ist gerade mit dem Melken fertig geworden, und wie durch ein Wunder hat er die Milch heute auf dem Rückweg von den Pferchen einmal nicht verschüttet.«

Marrah nickte, verwundert, daß ihre Mutter keine Fragen stellte. Sie setzte sich und wartete, während ihre Mutter einen Becher frischer Ziegenmilch aus einer der Gemeinschaftskannen einschenkte und ihn ihr reichte. Die Milch war noch lauwarm, und sie trank durstig, als ihr plötzlich einfiel, daß sie kein Frühstück gehabt hatte. Sabalah beobachtete ihre Tochter einen Moment und griff dann in den Korb mit Erdbeeren, nahm eine Handvoll heraus und bot sie ihr an.

»Mögen Amonah und Xori dich an diesem Tag segnen«, sagte sie.

»Und die Mutter segnen, die mich geboren hat«, erwiderte Marrah. Es war eine traditionelle Antwort, doch sie kam aus ihrem tiefsten Herzen. Als sie die Beeren aß, war sie von inniger Liebe zu Sabalah erfüllt. Die Erdbeeren waren dick und reif, fest in ihrer Hand und süß auf ihrer Zunge. Sie griff in den Korb, um sich noch eine Handvoll herauszunehmen. Seltsam, ihre Mutter hatte kein Wort über ihre Abwesenheit verloren. Erstaunlich, wirklich erstaunlich. Zum ersten Mal fühlte Marrah einen Vorgeschmack dessen, wie es wohl sein würde, eine Frau zu sein, doch sie hatte keine Muße, dieses Gefühl auszukosten, denn fast sofort darauf begann die erste der Zeremonien zu Ehren ihrer Volljährigkeit.

»Marrah! Marrah!« rief ein Chor von schrillen Stimmen. »Komm heraus!«

»Das muß die Gemeinschaft der Kinder sein, die gekommen ist, um dir ein Abschiedslied zu singen«, sagte Sabalah. Sie nahm den leeren Becher aus Marrahs Hand und küßte sie auf die Stirn. »Geh zu ihnen, und möge ihre Gnade dich begleiten.«

Marrah eilte aus dem Langhaus, um die gesamte Gemeinschaft der Kinder in einem etwas schiefen Halbkreis draußen versammelt zu sehen, wie eine Schar kleiner Vögel, bereit zum Flug. Sie waren eine hübsche, gesund aussehende Truppe und so zappelig vor Aufregung, daß sie kaum stillstehen konnten. Die älteste war ein Mädchen, nur wenig jünger als Marrah, und der jüngste ein Junge, der kaum alt genug war, um laufen zu können. Arang war natürlich unter ihnen, und er sah enorm stolz aus, denn es war seine Schwester, die heute im Begriff war, eine Frau zu werden, und er hatte das Gefühl, daß etwas von all dem Glanz und der Ehre auch auf ihn abfärbte.

Alle waren mit Blumenketten geschmückt, und alle hatten die rosige Haut von Kindern, die erst Minuten zuvor von Kopf bis Fuß mit kaltem Wasser geschrubbt worden waren, und als Marrah sie anschaute, konnte sie fast den rauhen Waschlappen auf ihrer eigenen Wange spüren. Bis heute hatte sie immer bei ihnen gestanden. Jetzt, zum ersten Mal in ihrem Leben, stand sie abseits von der Gruppe. Sie sangen:

»Lebe wohl, Marrah,
lebe wohl, lebe wohl.
Deine Kindheit ist vorbei,
und du verläßt uns jetzt.
Du fliegst davon
wie die Wildgans.
Du verläßt deine alten Spielkameraden,
um eine Frau zu werden.
Lebe wohl, lebe wohl.
Wir werden dich vermissen.«

»Und ich werde dich vermissen«, sagte Arang, als das Lied zu Ende war. Er rannte zu Marrah, schlang seine Arme um ihre Taille und drückte sie fest an sich. Einen Moment lang stand er so da, während er sich an seine Schwester klammerte und an all die schönen Zeiten dachte, die sie miteinander erlebt hatten: an die Bäume, die sie zusammen erklettert hatten, die wilden Beeren, die sie in sich hineingeschlungen, die wundervollen Geschichten, die Marrah ihm erzählt hatte über Bären, die sprechen konnten, und

Rehe, die wie Menschen tanzten. Er konnte sich beim besten Willen nicht vorstellen, welche Vorteile es haben sollte, daß seine Schwester heute zur Frau wurde. »Ich wünschte, du könntest bis in alle Ewigkeit ein Kind bleiben«, murmelte er sehnsüchtig. »Ich hasse die Idee, daß du erwachsen wirst.«

Marrah war zutiefst gerührt. Sie hatte nicht erwartet, daß sie eine Spur von Bedauern darüber empfinden würde, ihre Kindheit hinter sich zu lassen. Sie umarmte Arang herzlich, bevor sie ihn hochhob und ihm einen Kuß gab. »Bis in alle Ewigkeit ein Kind bleiben? Nein, danke, kleiner Bruder. Ich freue mich darauf, eine Frau zu sein.«

Das ist doch albern, dachte sie. Wenn ich so weitermache, fange ich gleich an zu heulen! Sie stellte Arang wieder auf die Füße und hob in ihrer besten Große-Schwester-Manier sein Kinn zu sich hoch. »Ist dir klar, mein Junge, daß ich ab morgen meinen gesamten Jahresanteil an Honig an einem Tag aufessen darf, wenn ich will?«

»Und das ist noch nicht alles«, warf die neunjährige Majina ein und zwinkerte den anderen Kindern zu, die daraufhin in übermütiges Gekicher ausbrachen, denn nachdem Marrah jetzt eine Frau war, erwartete man von ihr, daß sie heute nacht mit einem jungen Mann ihrer Wahl in die Wälder gehen würde, und die Kinder, die auf engem Raum mit Erwachsenen lebten, wußten genau, was die beiden miteinander tun würden.

»Und Bere wird der Auserwählte sein«, fügte Egin wichtig hinzu, und der Rest der Kinder griff den Namen auf, als wäre er ein Lied. »Bere, Bere!« riefen sie im Sprechchor. »Marrah wird die Nacht mit Bere verbringen!«

Bere war der Sohn von Hostar und einer der besten Jäger im Dorf. Wie seine Mutter war er schlank und von ruhigem Wesen, bewegte sich lautlos wie ein Schatten durch den Wald und war manchmal in der Lage, Kaninchen mit seinen bloßen Händen zu fangen. Bere, ebenfalls dreizehn, hatte seine Zeremonie zur Erreichung der Volljährigkeit erst knapp sechs Monate zuvor gefeiert. Nachdem er zum Mann geworden war, hatten sich er und Marrah voneinander fernhalten müssen, bis sie zur Frau wurde – ein Verbot, das Bere mit einem mißmutigen Gesichtsausdruck durch das

Dorf hatte schleichen lassen, den alle, selbst die Kinder, urkomisch fanden.

Marrah lachte, als sie sah, wie die Kinder grinsten und sich gegenseitig wissend in die Rippen stießen. Sie wußte, daß sie heute noch eine Menge scherzhafter sexueller Bemerkungen zu hören bekommen würde, die zwar alle gutmütig wären, aber im Laufe des Tages zunehmend deutlicher werden würden. Die Tradition verlangte, daß Mädchen, die zur Frau wurden, und Jungen, die zum Manne wurden, mit allen Arten von schlauen Hinweisen und Anspielungen auf den Liebesakt in die Gemeinschaft der Erwachsenen aufgenommen werden sollten, so als wüßten sie möglicherweise nicht, was zu tun war, wenn man ihnen nicht auf die Sprünge half – was lächerlich war, da jedes Kind wußte, wie man Babies machte, oder auch, was das betraf, eine Empfängnis verhütete.

»Woher wollt ihr wissen, daß es Bere sein wird?« rief Marrah über das Spektakel hinweg.

»Weil alle im Dorf wissen«, rief eines der Kinder herausfordernd, »daß du bestimmte Spiele mit ihm gespielt hast, seit du alt genug warst, um zu laufen. Und jeder im Dorf weiß, daß du über ein Jahr lang mit ihm in die Wälder geschlichen bist, bevor er zum Mann wurde.«

Marrah krümmte sich in hilflosem Lachen, als sie die Kinder mit Erdbeeren zu bewerfen begann und sie in alle Richtungen davonrannten. Soviel zum Thema Privatsphäre!

Der Rest des Morgens verlief wesentlich feierlicher. Ungefähr fünf Minuten nachdem die Kinder verschwunden waren, erschien der Chor der Gemeinschaft der jungen Frauen, barbrüstig und mit Fransenröcken aus Leder und Muschelgürteln bekleidet. Nachdem sie Marrah geküßt und mit einem Blumenkranz geschmückt hatten, führten sie sie durch das Dorf und begleiteten sie dann zum Tempel, während sie Lieder zu Ehren von Amonah, Xori und der Göttin Erde sangen.

Im Inneren des Tempels wurde Marrah entkleidet und mit geweihtem Wasser gewaschen, anschließend wurde ihr Körper mit Öl eingerieben und ihr Haar zu Locken gedreht, geflochten und mit Blumen und Federn geschmückt. Dann bemalten Sabalah, Urgroßmutter Ama und vier andere Priesterinnen sorgfältig ihre Brüste mit den heiligen Kreisen und Dreiecken, überpuderten ihre Brustspitzen mit hauchdünn geriebenem Muskovit, färbten ihren Bauch und ihre Hüften schwarz für Fruchtbarkeit und zogen anschließend mit rötlichem Ocker neun Linien auf ihre Wangen für die neun Monate der Schwangerschaft.

Als sie fertig waren, kniete sich Sabalah zu Marrahs Füßen nieder und breitete fünf Muschelschalen aus, die diverse Farbpigmente enthielten. An Marrahs linkem Knie beginnend, malte Sabalah eine Schlange, die sich in lebensspendenden, schlängelnden Bewegungen um den Körper ihrer Tochter ringelte.

Obwohl jedes Haus im Dorf seine eigene Glücksschlange hatte, war das Symbol kein althergebrachter Brauch in Xori, und während Sabalah malte, mußte sie unwillkürlich an ihre Heimatstadt Shara denken und wie anders dieser Tag verlaufen wäre, wenn Marrah dort die Volljährigkeit erreicht hätte. Sie erinnerte sich an ihre Mutter, Lalah, und an Onkel Bindar und all die anderen Verwandten, die sie zurückgelassen hatte, und einen Moment lang verschleierten Tränen ihren Blick, bis sie die Spitze ihres Pinsels nicht mehr sehen konnte. Die Schlangenlinie wurde wacklig, und sie mußte einen Teil davon wieder abwischen und von vorn beginnen. Verstohlen wandte Sabalah sich ab, um ihren Kummer vor Marrah zu verbergen. Marrah kannte Shara nur aus Erzählungen. Es gab keinen Grund, weshalb sie ihre Mutter trauern sehen sollte, besonders nicht ausgerechnet heute, wenn ihr Herz mit Freude und Jubel erfüllt sein müßte.

Marrah stand geduldig da und ließ sich von ihr schmücken. Sie schloß die Augen und fühlte, wie sich ihr Körper unter den Händen der Frauen veränderte. Sie war nur ein menschliches Wesen, aber heute verwandelten sie sie in eine Göttin. Wenn sie diesen Tempel wieder verließ, würde sie ein Symbol all dessen sein, was fruchtbar und lebensspendend war, aber auch ein Symbol des Todes, denn der ewige Kreislauf blieb niemals unvollständig. Schweigend überließ sie sich der Berührung der Pinsel und dem sanften Streicheln der Finger, die Pigmente auf ihre Haut auftrugen. Als sie schließlich die Augen öffnete und an sich herunterblickte, um zu sehen, was die

Frauen getan hatten, schien ihr Körper fremd und wie verzaubert, und sie fühlte eine eigenartige Mischung aus Stolz, nervöser Erregung und sogar ein wenig Furcht, daß sie vielleicht zu weit gegangen waren.

Urgroßmutter Ama trat zurück, begutachtete Marrah von Kopf bis Fuß und bekundete ihre Zufriedenheit. Ama war weit über sechzig, was sie zur ältesten und am höchsten geachteten Frau im Dorf machte, und keine Zeremonie, wie trivial auch immer, begann oder endete ohne ihre Zustimmung. Sie war eine große Frau mit schweren Brüsten und ausladenden Hüften und hatte ein rundes Gesicht wie ein Vollmond, von Wolken weißen Haares eingerahmt. Aber obwohl ihr Gesicht alt war, waren ihre Augen immer noch klar und funkelten vor fröhlichem Schabernack. Ama hatte viele Liebhaber gehabt seit dem Tag ihrer Volljährigkeit, doch sie erinnerte sich noch gut daran, was es für ein Gefühl war, ein Mädchen zu sein, das im Begriff ist, zur Frau zu werden.

»Du wirst deine Sache gut machen«, sagte sie zu Marrah.

Erleichtert lächelte Marrah und hob ihr Bein, um die Schlange zu inspizieren. Sie wollte etwas Denkwürdiges sagen, aber plötzlich war ihre Kehle vor Scheu wie zugeschnürt.

»Als nächstes«, erklärte Ama, »werden wir dich ankleiden.« Sie griff nach einem großen, kunstvoll mit Perlen bestickten Lederbeutel, zog die Lederschnüre auf und entnahm ihm einen Leinenrock und dann ein Cape aus Federn, bei dessen Anblick Marrah erstaunt und überwältigt nach Luft schnappte. Der Umhang war das Schönste, was sie jemals gesehen hatte, aus den goldenen Federn von Rebhühnern gearbeitet und gesäumt mit den bläulich-grün schillernden Flaumfedern von Auerhähnen und den faszinierend blauen und türkisfarbenen Schwanzfedern des Eisvogels. Es war ein Umhang, der der Vogelgöttin Xori selbst würdig gewesen wäre, so leicht wie ein Atemhauch, und sobald Marrah ihn erblickte, wußte sie, daß Sabalah ihn gefertigt haben mußte. Keiner konnte so wundervoll weben wie ihre Mutter, die in den Tempeln von Shara in dieser Kunst unterwiesen worden war.

»Ist der etwa für mich?« rief Marrah ungläubig.

Ama tat so, als blickte sie sich suchend in dem kleinen Raum um.

»Ich weiß nicht. Ich sehe hier keine anderen Mädchen, die heute volljährig geworden sind, du vielleicht?« Sie spähte in die dunklen Winkel und schmunzelte. »Nein, ich schätze, du bist die einzige. Deshalb werden wir ihn dir geben.«

Impulsiv griff Marrah nach Sabalahs Hand, zog sie an sich und küßte sie. »Danke, Mutter«, flüsterte sie, und wieder drängte alles in ihr danach, noch mehr zu sagen, aber sie war so glücklich, daß ihre Stimme versagte.

Es dauerte nur einen Moment, um den Rock um Marrahs Taille zu gürten und den federbesetzten Umhang um ihre Schultern zu binden. Als sie fertig waren, führten die älteren Frauen sie hinaus und geleiteten sie durch die jubelnde Menge über einen Pfad aus Rosenblättern zu der hölzernen Plattform am anderen Ende des Dorfes. Der Gang schien nur Sekunden zu dauern. Marrah war so aufgeregt, daß sie kaum die Gesichter der Menschen wiedererkannte, die ihr ein Leben lang vertraut waren, aber irgendwie schaffte sie es, bis zu der Plattform zu kommen, ohne zu stolpern.

»Viel Glück!« riefen ihr ihre Freunde und Verwandten zu. »Möge Xori dich beschützen! Möge Amonah dich behüten und beschützen! Mögest du Kinder bekommen, wenn du sie dir wünschst! Lebe wohl, kleines Mädchen! Sei willkommen, neue Frau!«

Mit zitternden Händen ließ Marrah sich von ihrem Onkel Seme auf die Plattform hinaufhelfen.

Onkel Seme war ihr Aita, was ihn zum wichtigsten Mann in ihrem Leben machte. Grob übersetzt bedeutete es »Vater«, aber es war keine biologische Verwandtschaft. Das Volk der Küste wußte sehr genau über Zeugung und Empfängnis Bescheid, nachdem sie schon seit Generationen Haustiere züchteten, aber die Tatsache, daß ein spezieller Mann seinen Teil zur Zeugung eines Kindes beigetragen hatte, hatte praktisch keinerlei Bedeutung für sie. Wahre Vaterschaft bestand in einer lebenslänglichen Verpflichtung, ein Kind zu ernähren und aufzuziehen. Wenn ein Kind geboren wurde, bat die Mutter einen Mann – gewöhnlich einen Onkel oder Großonkel –, der Aita des Kindes zu sein. Manchmal, wenn sie einen festen Partner hatte, konnte sie auch ihm die Ehre übertragen.

Die Pflichten eines Aita waren heilig und wurden in der Tat sehr ernst genommen; ein Mann galt nicht wirklich als erwachsener Mann, bis er die Verantwortung für ein Kind übernommen hatte.

Onkel Seme war Urgroßmutter Amas jüngster Sohn, und Sabalah hatte ihn wenige Monate nach dem Tag erwählt, als sie mit Marrah in ihren Armen in dem Dorf angekommen war. Er war Fischer, groß und mit einem breiten, gewölbten Brustkasten, einem buschigen Bart und kräftigen Muskeln, aber was Sabalah damals beeindruckt hatte, waren sein ausgeglichenes Wesen und seine Freundlichkeit. Jetzt, obwohl er erst Anfang Dreißig war, wirkte sein Gesicht so wettergegerbt wie ein Stück abgetragenes Leder, und er schielte leicht, da er zu lange in die gleißende Sonne auf dem Wasser geblickt hatte, aber trotz seines rauhen Äußeren hatte er einen Hang zur Sentimentalität.

Als Seme Marrah auf die Plattform half, füllten sich seine Augen mit Tränen, obwohl er nicht genau hätte sagen können, warum, falls ihn irgend jemand gefragt hätte. Teilweise war es Stolz, der ihm Tränen der Rührung in die Augen trieb – denn wer hatte schon jemals ein schöneres und klügeres Kind gehabt? Und teilweise war es Wehmut, denn wenn das Mädchen, das zu umsorgen man geschworen hatte, eine Frau wurde, dann wußte man, daß die eigene Kraft im Schwinden war.

»Möge sie dich segnen«, flüsterte er Marrah rauh zu, dann reichte er sie an Sabalah und Ama weiter.

Die eigentliche Zeremonie dauerte nur wenige Minuten. Bedächtig zog Ama eine kleine, doppelschneidige Feuersteinaxt aus ihrem Medizinbeutel, schnitt die Lederschnur von Marrahs Kindheitskette durch und übergab sie ihr. Dann kniete Sabalah vor ihr nieder und reichte ihr eine Tonschale mit bitterem Kräutertee, der mit Honig gesüßt war. Die Kräuter waren die gleichen, die sie von jetzt an jeden Monat trinken würde, denn obwohl Mädchen offiziell mit dreizehn zur Frau wurden, empfingen sie gewöhnlich keine Kinder, bis sie mindestens sechzehn Jahre alt waren, von einigen Ausnahmen abgesehen.

Marrah nahm den Tee an und trank in tiefen Zügen. Als sie den Kopf hob, nahm Sabalah die Schale aus ihren Händen, und gemeinsam zerschlugen sie sie auf einem großen, flachen Stein. Die Menge jubelte, und gleich darauf begannen die Trommeln und Pfeifen zu spielen.

»Seht eine neue Frau!« rief Ama den Leuten von Xori zu, und damit war Marrah, Tochter von Sabalah, nicht länger ein Kind.

2. Kapitel

Marrah strebte in Richtung Meer, mit der Halskette ihrer Kindheit in der Hand. Hinter ihr folgten die Trommler und Flötenspieler, die jungen Männer und Frauen, die Körbe mit weißen Blumen trugen, die Unmengen von Verwandten und Freunden und die Kinder, die schubsten und drängelten und förmlich übereinander stolperten, um nur ja nichts zu verpassen.

Dieser Gang zum Meer hatte nichts Organisiertes an sich, nichts feierlich Ernstes, obwohl der Tag der Volljährigkeit der wichtigste Augenblick im Leben eines Mädchens war. Wie fast alle religiösen Feste in Xori, so war auch dieses lärmend und chaotisch, eine buntgemischte Prozession von aufgeregt bellenden Hunden, Müttern mit Kindern auf der Hüfte, von alten Männern, die die Tänze ihrer Jugend tanzten, und jungen Leuten, die fröhlich lachten und schwatzten.

Als Marrahs nackte Füße den steinigen Strand berührten, brach der Lärm abrupt ab, und eine plötzliche Stille breitete sich aus, denn dies war der Moment, in dem sie aus der Obhut der Vogelgöttin in die der Meeresgöttin überwechselte. Die Stille war so tief, daß Marrah das Plätschern der Wellen am anderen Ende der kleinen Felseninsel hören konnte, die in einiger Entfernung im Meer lag. Es war kein lautes Geräusch, sondern erinnerte eher an sanftes Ein- und Ausatmen, doch als Marrah es hörte, war ihr zumute, als riefe die Göttin Amonah selbst nach ihr.

Die Insel war nur ein riesiger Felsblock aus zerklüftetem, weißem Granit, aber alle im Dorf betrachteten sie als einen besonderen Glücksort. Graue Seehunde kamen manchmal, um sich auf ihren

Felsen zu sonnen, die besten Fische wurden in ihren Gewässern gefangen, und kostbare Stücke Feuerstein fanden sich oft an ihren Ufern. Aus diesen Gründen, und vielleicht noch aus anderen, war die Insel speziell der Meeresgöttin geweiht, und jedes Mädchen, das die Volljährigkeit erreicht hatte, fuhr allein dort hinaus, um ihre Kindheitshalskette zurück ins Wasser zu werfen und dann eine Weile dort zu sitzen, um zu beten und zu meditieren. Aber zuerst, dachte Marrah, müssen die Vögel kommen und mir die Erlaubnis geben, denn die Vögel sind das Zeichen, daß die Göttin Xori den Menschen gnädig gesonnen ist, und ohne sie ist jeder zum Scheitern verurteilt.

Die Stille dauerte eine ganze Weile, während alle Dorfbewohner schweigend dastanden und auf ein Zeichen warteten. Und dann, endlich, ertönte es: das schrille Schreien einer Seemöwe, Marrahs Namensvetterin, das bestmögliche Omen! Und wie eine zusätzliche Segnung flog ein Kormoran vorbei. Beim Anblick seines langen Schnabels und der metallisch braunen Schwingen ging ein Murmeln der Befriedigung durch die Menge. Kormorane konnten ihre Flügel auch unter Wasser benutzen; welches bessere Zeichen für die Harmonie zwischen Xori und Amonah konnte es denn noch geben?

Die Musik und der Lärm setzten an der Stelle wieder ein, wo sie abgebrochen hatten. Als die Trommler einander zuriefen und neue Rhythmen anschlugen, traten Urgroßmutter Amas drei jüngste Enkelkinder vor; Hatza, ein rundlicher, freundlich aussehender Mann Anfang Zwanzig, der einer der besten Köche des Dorfes war, und die Zwillinge, Belaun und Hanka, die mit Onkel Seme auf Fischfang gingen. Die drei trugen Hanka und Belauns Boot, einen massiven Einbaum, an dessen Bug das Bildnis von Amonah eingeschnitzt war. Die Göttin hatte den Körper eines Fisches und das Gesicht einer Frau, und kein Seemann wäre auf die Idee gekommen, ohne Sie aufs Meer hinauszufahren.

»Steig ein«, sagte Hanka, als sie Marrah eines der hölzernen Paddel reichte. »Ich glaube, du weißt inzwischen, wie man diese Boote steuert.« Bei der Bemerkung lachten alle, denn als Marrah ein kleines Mädchen von knapp fünf Jahren gewesen war, war sie in genau dieses Boot geklettert, war vom Strand weggerudert und schon fast außer Sichtweite abgetrieben, bevor Sabalah sie entdeckt und Alarm ausgelöst hatte.

Marrah stieg in den Einbaum und machte es sich darin bequem. Als Hanka und Belaun sie ins Wasser schoben, bewarf die Menschenmenge sie mit weißen Blumen, bis sie auf einem Teppich von Blüten dahintrieb.

»Komm so schnell zurück, wie du kannst«, riefen ihr die Kinder nach.

»Warum? Werdet ihr mich vermissen?«

Die Kinder lachten nur und warfen mehr Blumen. »Beeil dich«, drängten sie.

»Es ist wegen des Festessens«, erklärte Hanka. »Sie dürfen es nicht anrühren, bis du zurück bist.«

»Richtig«, rief Arang. »Wir warten auf den Pudding und die Honigkuchen! Kannst du sie nicht riechen, Schwester?«

Und ob Marrah die köstlichen Düfte riechen konnte! Tatsächlich ließ der Duft der Honigkuchen ihren Magen vernehmlich knurren, aber ihre neugefundene Würde verlangte, daß sie langsam zur Insel paddelte, als wäre der Festschmaus das letzte, was sie zur Zeit beschäftigte.

Es war eine kurze Fahrt, aber eine aufregende – obwohl die Aufregung eher in Marrahs Kopf herrschte. Das Meer war ungewöhnlich glatt und ruhig, der Himmel klar und wolkenlos, das Wasser so blau wie eine Halskette aus Lapislazuli, aber mit jedem Schlag ihres Paddels hatte sie das Gefühl, mehr zur Frau zu werden. Niemals mehr würden ihre Mutter oder Onkel Seme am Strand stehen und sie zurückrufen. Dies war ihr Meer, ihr Boot, ihr Himmel, und sie konnte fahren, wohin sie wollte, sogar über den Rand des Horizonts hinwegrudern und weiter, immer weiter bis zum Ende der Welt, wenn ihr der Sinn danach stand.

Als sie die Insel erreicht hatte, zog sie den Einbaum an einem Stück geflochtener Schnur auf einen Felsen, band ihre Kindheitshalskette an einen Zipfel ihres Rocks, damit sie die Hände frei hatte, und watete ans Ufer. Suchend blickte sie sich um, in der Hoffnung, ein paar Seehunde zu sehen, aber es waren leider keine der grauen, munteren Tiere in Sicht. Leicht enttäuscht begann sie, vorsichtig auf die schlüpfrigen Felsen zu klettern. Auf der Seeseite gab es eine flache, ebene Stelle – nicht direkt ein Strand, das nicht, denn Sand konnte sich auf der Insel nicht halten, die rauhen Winterstürme würden ihn unweigerlich fortwehen –, sondern mehr ein glatter Vorsprung, der ins Wasser hinausragte. Dort, allein und mit dem Blick aufs Meer, würde sie ein Gebet sprechen und ihre Halskette Amonah zuwerfen.

Der Aufstieg war steil, und der schmale Leinenrock behinderte Marrah. Bald blieb sie stehen und steckte den Saum in ihren Gürtel. Sie war so damit beschäftigt, ihre Füße sicher auf die glatten, nassen Steine zu setzen, daß sie keinen Blick für die herrliche Aussicht übrig hatte, die sie schon viele Male zuvor bewundert hatte. Nachdem sie den schwierigsten Teil der steilen Schräge bewältigt hatte, drehte sie sich um und sah etwas, was sie erneut abrupt innehalten ließ. Sie beschattete ihre Augen mit der Hand, blickte auf das Ufer hinunter und stieß einen leisen, alarmierten Pfiff aus. Dort unten schien etwas – nein, *jemand* – auf den Felsen zu liegen: und zwar ein toter Jemand, nach dem Anblick zu urteilen, mit dem Gesicht nach unten und ganz sicherlich ertrunken.

Was für eine Katastrophe war dies? Erschrocken begann Marrah zu laufen, legte den Rest des Abhangs rutschend und stolpernd zurück. Als sie den Körper erreichte, blieb sie keuchend stehen. Der tote Mann – denn der Körper war zu groß, um der einer Frau zu sein – lag schlaff und mit ausgebreiteten Gliedern inmitten von Seetang, Holzstückchen und anderem Treibgut, das der Sturm vom Abend zuvor angeschwemmt hatte. Er war groß, vielleicht der größte Mann, den Marrah je gesehen hatte, und in eine Art Kapuzenumhang gekleidet, der aus einem seltsamen Material gefertigt war, das wie verfilzter brauner Pelz aussah. Der Umhang bedeckte seinen gesamten Körper bis auf seine Hände, die bleich und vom Wasser aufgequollen waren.

Sie starrte in entsetzter Faszination auf seine Hände. An jedem Finger trug er einen Ring unterschiedlicher Art, die meisten aus Knochen geschnitzt, doch zwei davon waren aus Kupfer. Kupfer hatte die gelbliche Farbe von Knochen und Tod und war der Vogelgöttin in ihrer schrecklichsten Form geweiht. Im Land des

Küstenvolks wurde Kupfer ausschließlich bei religiösen Zeremonien getragen. Marrah schauderte unwillkürlich. Ein toter Mann mit Kupferringen lag an ihrem Strand! Bei keiner Volljährigkeitsfeier hatte es jemals ein böseres Omen als dieses gegeben! Es war, als verfluchte die Göttin Xori sie, so als wollte sie sagen: Gib Amonah deine Kindheitskette zurück, Marrah, und ich bestrafe dich dafür mit einem Toten.

Aber das ergab doch keinen Sinn. Warum sollte Xori sie völlig grundlos verfluchen? Sie waren beide Vogelfrauen, sie und die Göttin. Xori liebte sie, wie eine Mutter ihr Kind liebt. Erst vor einer kurzen Weile hatte sie einen Kormoran geschickt, zum Zeichen, daß sie Marrah in Amonahs Obhut übergeben hatte. Xori würde sich niemals gegen sie wenden, es sei denn, Marrah täte etwas Böses, und sie hatte nichts Böses getan, war nur zu der Insel hinausgepaddelt, wie es alle Mädchen am Tag ihrer Volljährigkeit taten.

Marrah ballte die Hände zu Fäusten, während sie gegen ihre Furcht ankämpfte und wie Sabalah zu denken versuchte. »Marrah«, konnte sie ihre Mutter in Gedanken sagen hören, »wir sind nicht immer der Mittelpunkt der Welt. Oft geschehen Dinge, die nichts mit uns zu tun haben. Du darfst nicht in jeder Kleinigkeit ein Omen sehen. Eine Priesterin, die die Zukunft aus jedem Vogelflug vorherzusagen versucht, richtet mehr Schaden an, als daß sie Gutes tut. Es gibt wahre Stimmen und trügerische.«

Sie öffnete ihre Fäuste wieder und zwang sich, den Toten als das zu sehen, was er war: ein Mann, der schlicht und einfach ertrunken war. Marrah dachte an den gewaltigen Sturm am Abend zuvor, den heulenden, tosenden Wind. Der Mann mußte in einem Boot gesessen haben, das auf den Felsklippen zerschellt war. Mit diesem Gedanken inspizierte Marrah das Ufer, aber es war nichts zu sehen außer ein paar Mücken, die um einen Haufen Seetang summten, und einem halben Dutzend langbeiniger Strandläufer, die in den Prielen nach Wattwürmern und Krabben suchten. Trotzdem mußte das noch nichts bedeuten. Wenn die Felsen ein Boot verschlangen, dann verschluckten sie es oft vollständig.

Marrah kniete sich hin und berührte zögernd den verfilzten Umhang. Er fühlte sich klamm und klebrig vor Salz an. Das nächste, was sie tun mußte, war, den Mann herumzudrehen und sich zu vergewissern, daß er wirklich tot war – nicht, daß sie noch irgendwelche Zweifel hegte; er mußte lange Zeit im Wasser getrieben sein, um solch bleiche, aufgequollene Hände zu haben. Aber was, wenn sie ein vertrautes Gesicht fand? Nein, es half nichts, sie mußte sich beherrschen, sie konnte nicht einfach vor dem Toten davonlaufen. Hatte Urgroßmutter Ama nicht gerade dem ganzen Dorf verkündet, daß sie jetzt eine Frau war?

Sie nahm all ihren Mut zusammen, ergriff die Schultern des Mannes und wuchtete ihn auf den Rücken. Als er sich drehte, fiel seine Kapuze zurück und entblößte sein Gesicht. Mit Erleichterung sah Marrah, daß es niemand war, den sie kannte.

Aber wie seltsam er aussah! Er war alt, so alt, daß sein Haar und Bart eine sonderbar gelblich-weiße Farbe angenommen hatten, und dennoch wies sein Gesicht keine einzige Falte auf. Es war ein schmales Gesicht, länglich und mit einem energischen, ausgeprägten Kinn, und die Haut war so blaß, daß die Adern auf seinen Augenlidern durchschimmerten. In den Ohrläppchen trug er weitere Kupferringe, fünf oder sechs, und zwei goldene. Um seinen Hals hing eine Kette aus gefährlich aussehenden Zähnen von irgendeinem Tier, das Marrah nicht kannte, dazu ein kupferner Anhänger in Form der Sonne und noch einer, dessen Form an einen Hirsch erinnerte, nur daß das Tier stämmiger war, mit kräftigeren Beinen und Haaren auf Kopf und Hals anstelle eines Geweihs.

Marrah lehnte sich auf die Fersen zurück und starrte den Mann verwundert an. In ihrem ganzen Leben hatte sie noch niemanden gesehen, weder Mann noch Frau, der so reichlich mit Schmuck behängt war. Kein Wunder, daß er sich nicht schwimmend an Land hatte retten können. Was tat er mit so vielen Ringen und Ketten? Und dann seine Arme: Um jedes Handgelenk trug er sieben oder acht Armbänder, und dazu noch einen breiten Gürtel, und alle Schmuckstücke waren mit Muscheln und Ziernägeln aus Kupfer geschmückt. Sogar das Heft seines Messers wies Verzierungen aus Kupfer auf, und was für ein Messer! Es war so lang, daß man Mühe hätte, es für irgendeinen praktischen Zweck zu benutzen, und es steckte an seiner Hüfte in einer Lederscheide, so als ginge er niemals irgendwo ohne die Waffe hin.

Mit einer stummen Entschuldigung an den Toten, für den offensichtlich jede Hilfe zu spät kam, streckte Marrah die Hand aus und zog das Messer aus der Scheide. Was für ein gefährlich aussehendes Ding das war, aus Knochen gefertigt und mit einer scharfen Schneide aus Feuerstein. An der anderen Seite seines Gürtels hing eine weitere Scheide – nein, ein Köcher – voller Pfeile mit scharfen Spitzen, die mit den Federn fremdartiger Vögel versehen waren. Marrah wog einen der schlanken Pfeile in der Hand und stellte fest, daß er perfekt ausbalanciert war. Es gab keinen in ihrem Dorf, der solche Pfeile oder ein solches Messer machen konnte.

Vorsichtig strich sie mit der Fingerkuppe über die Schneide des Messers und bewunderte seine Schärfe. Der alte Mann mußte Jäger gewesen sein, aber wenn das der Fall war, warum war er dann wie jemand gekleidet, der eine religiöse Zeremonie durchführte? War er ein Priester? Es gab zwar Männer, die der Göttin dienten – allerdings nicht viele, denn von Frauen nahm man an, daß sie Ihre Stimme am deutlichsten hörten, aber manchmal konnten auch Männer Sie hören und kamen in einen Tempel, um dort ausgebildet und anschließend in die Gemeinschaft der Priesterinnen aufgenommen zu werden. Doch Priester trugen eigentlich kein Messer bei sich, es sei denn, sie gingen in den Wald, um Kräuter auszugraben, und was würde ein Priester mit Pfeilen anfangen? Und wer würde schon mit einer Halskette aus Kupfer auf die Jagd gehen? Es war alles höchst verwirrend.

Marrah betrachtete den Mann genauer, versuchte irgend etwas zu sehen, was das Rätsel lösen würde, doch alles, was sie sah, verstärkte ihre Verwirrung nur noch. Seine Tunika war aus demselben, merkwürdig verfilzten braunen Pelz gemacht wie sein Umhang, und obwohl der Sommer bevorstand, trug er noch lederne Beinlinge und dicke Stiefel. Als Marrah vorsichtig den Umhang zurückschlug, bemerkte sie, daß die Tunika auf seiner linken Schulter mit Lederschnüren befestigt war. Das Leder sah fester aus als Wildleder, aber nicht so rauh wie Schweinsleder, und an einem Ende hingen Troddeln aus harten weißen, braunen und schwarzen

Haaren, die zu einem hübschen Muster verflochten waren. Die Stellen nackter Haut, die zwischen der Verschnürung sichtbar wurden, waren mit Sonnen, weiteren fremdartigen Tieren und anderen Symbolen bemalt, die Marrah noch nie zuvor gesehen hatte, einschließlich eines Zeichens, das einen Blitz darzustellen schien. Wie war es möglich, daß sich diese Muster im Salzwasser gehalten hatten? Das Meer hätte seine Haut sauberwaschen müssen. Marrah biß die Zähne zusammen, berührte zaghaft das Blitzsymbol und stellte zu ihrer Überraschung fest, daß es keine Farbe war, sondern eine Art blauer Beize, die Teil seiner Haut zu sein schien. Die Muster waren anscheinend in sein Fleisch eingeritzt worden, aber warum sollte jemand so etwas tun? Es mußte schrecklich schmerzhaft gewesen sein.

Sie stand auf, während sie auf ihn hinunterblickte und überlegte, was sie als nächstes tun sollte. Armer Kerl. Ertrunken, ohne eine Schwester oder einen Bruder, um ihn zum Turm der Stille zu tragen; heimgegangen zur Mutter Erde, ohne daß Verwandte bei ihm gewesen waren, um ihm Lebewohl zu sagen.

Marrah entschied, den Toten ins Dorf zu bringen, wo er ein ordentliches Begräbnis bekommen würde. Dort würde sein Körper gewaschen und gesegnet und gesalbt werden, und wenn die Zeremonie vorbei war, würden sie ihn zu einem Turmbett tief im Inneren des Waldes bringen, wo die Vögel dafür sorgen würden, daß er zur Mutter Erde zurückkehrte. Nachdem die Vögel das Fleisch von seinen Knochen genagt hatten, würden sie seine Knochen einsammeln, sie nach Hoza bringen und dort in den Mutterschoß der Ruhe legen, wo die Gebeine seiner Vorfahren ruhten. Der alte Mann würde nicht allein schlafen müssen. Er würde unter dem Schutz der eulenäugigen Göttinnen ruhen, bis seine Seele gereinigt war und bereit, ein neues Leben in dem Körper eines kleinen Vogels zu beginnen, oder in einem Baum oder vielleicht sogar im Körper eines Menschenkindes.

Marrah sprach ein kurzes Gebet für ihn und wandte ihre Aufmerksamkeit dann praktischeren Dingen zu. Sollte sie das Boot durch das rauhe Wasser zurück zur Seeseite der Insel steuern und versuchen, den Leichnam des alten Mannes hineinzuhieven, oder sollte sie ins Dorf zurückpaddeln, um Hilfe zu holen? Sie wägte noch die Risiken des Versuchs ab, gegen die Strömung zu paddeln, als sie plötzlich etwas sah, was sie veranlaßte, verblüfft auf die Knie zu fallen, sich vorzubeugen und intensiv in das Gesicht des Mannes zu starren. Hatten seine Augenlider gerade gezuckt, oder war es nur ihre Einbildung gewesen?

Sie wartete mit angehaltenem Atem, aber es waren keine weiteren Anzeichen von Leben zu erkennen. Nun ja, das kommt davon, wenn man sich zuviel erhofft, dachte sie. Man sieht Dinge, die gar nicht da sind. Sie wollte sich gerade wieder erheben, als sie es erneut sah: eine Bewegung, so schnell und flüchtig, daß sie ihr entgangen wäre, hätte sie nicht direkt in sein Gesicht gestarrt. Er lebte tatsächlich! Sein linkes Lid hatte gezuckt, und noch während sie hinschaute, zuckte es wieder!

Aufgeregt streckte sie eine Hand aus und berührte sein Augenlid, und als sie es tat, schlug er plötzlich die Augen auf und erschreckte sie damit so sehr, daß sie mit einem Schrei zurückwich. Ein paar Sekunden lang schaute der alte Mann blicklos in den Himmel, aber nichts an ihm deutete darauf hin, daß er sie gesehen hatte.

Marrah fühlte Erleichterung in sich aufsteigen und gleich darauf Mitleid. Er lebte noch, aber er war offensichtlich blind, der arme Kerl. Seine Augen waren zwei farblose Kreise, die wie Steine im sonnenerhellten Wasser wirkten. Nun, vielleicht war »farblos« nicht ganz das richtige Wort. Sie waren blau, aber nicht von dem dunklen Blau des Ozeans, sondern von dem sehr blassen Blau eines frühmorgendlichen Himmels. Marrah hatte noch niemals solch seltsame Augen gesehen. Aber was fiel ihr eigentlich ein, hier herumzusitzen und sich über die Farbe seiner Augen zu wundern, wenn sie alles tun sollte, um das Salzwasser aus ihm herauszubekommen! Hatte sie den letzten Rest von Verstand verloren, den die Göttin ihr gegeben hatte?

Sie packte den Fremden bei den Schultern, drehte ihn auf die Seite und schlug ihm, so hart sie konnte, mit den Fäusten auf den Rükken, bis er Seewasser zu spucken begann. Dann wischte sie sich die Lippen mit einem Zipfel ihres Rockes ab, hielt sich die Nase zu und beugte sich über seinen Mund, um ihm ihren Atem einzuflößen, während sie beobachtete, wie sich sein Brustkorb hob und senkte. Es war keine angenehme Prozedur, aber Sabalah hatte sie gut ausgebildet, und Marrah war nicht zimperlich.

Als sie etwas Farbe in seine Wangen zurückkehren sah und fühlte, wie sich seine Brust aus eigenem Antrieb zu heben und zu senken begann, hörte sie mit der Beatmung auf und rieb eine Weile seine Handgelenke. Schließlich hockte sie sich rittlings auf ihn und beugte und streckte seine Arme, um auf diese Weise mehr Luft in seine Lungen zu pumpen. Wenn sie einen Feuerstein und etwas trockenes Holz gehabt hätte, hätte sie ein Feuer angezündet, um ihn zu wärmen, doch sie hatte nichts bei sich außer dem federbesetzten Cape und dem dünnen Leinenrock, und so konzentrierte sie sich weiter darauf, das Wasser aus seinem Körper herauszubekommen.

Bis sie fertig war, zitterte sie vor Erschöpfung und war in Schweiß gebadet, aber der alte Mann, obwohl noch immer bewußtlos, lebte und atmete jetzt normal. Marrah erhob sich auf die Füße, ging auf wackligen Knien zum Uferrand, kniete nieder und spritzte sich kaltes Meerwasser ins Gesicht. Dann setzte sie sich auf die Kieselsteine, vergrub ihr Gesicht in den Händen und versuchte zu verstehen, was sie gerade getan hatte.

Alles war so schnell passiert. Sie fühlte sich ausgelaugt und sonderbar, als hätte sie etwas gegessen, was ihr nicht bekommen war. Ihr Magen revoltierte, und jedesmal, wenn sie durchatmen wollte, stieg Übelkeit in ihrer Kehle auf. Irgendwo in der Nähe schrie eine Seemöwe, und die Wellen brandeten im ewig gleichen Rhythmus gegen die Felsen. Ganz allmählich legte sich ihre Benommenheit, und sie begann zu verstehen, daß sie gerade gegen den Tod gekämpft und gewonnen hatte, doch statt Triumph dabei zu empfinden, ließ sie das Wissen in einen Weinkrampf ausbrechen. Sie hatte so furchtbare Angst ausgestanden, war sich so sicher gewesen, daß sie es nicht schaffen würde, den Fremden ins Leben zurückzuholen! Was sollte sie jetzt tun, ganz allein hier draußen auf der Insel und ohne jede Hilfe? Wenn es dies war, was eine Frau zu sein bedeutete, dann hätte sie genausogut ein Mädchen bleiben können!

Nach einer Weile beruhigte sich Marrah wieder, und ihr Weinen versiegte zu einen selbstbemitleidenden Schniefen. Als sie sich mit den nackten Unterarmen die Tränen abwischte, sah sie, daß alle ihre schönen Malereien verschmiert waren. Einen Moment lang empfand sie kindliches Bedauern um die Schlange, die Sabalah so sorgfältig auf ihr Bein gemalt hatte, doch dann kehrte sie wieder in die Realität zurück und zu dem alten Mann, der auf dem Strand hinter ihr lag: der alte Mann, für den sie jetzt die Verantwortung trug, den sie ganz allein ins Dorf zurücktransportieren mußte, weil klar war, daß sie nicht das Risiko eingehen konnte, ihn lange genug allein hier liegen zu lassen, um Hilfe zu holen.

Sie ging zu ihm zurück und vergewisserte sich, daß er noch normal atmete. Er sah jetzt ein bißchen besser aus – kalt und blaß, aber nicht tot. Sie wollte ihn nicht in diesem Zustand allein lassen, doch sie hatte keine andere Wahl. Jemand mußte zur anderen Seite der Insel gehen und den Einbaum holen, und *er* würde ganz sicherlich nicht derjenige sein. Marrah blickte an den Resten ihres Festkleides herab und seufzte. An ihrem Leinenrock klebten Stücke von Seetang, und die Federn ihres wunderschönen Capes waren zerzaust und schmutzig. Sie mußte wie ein großer, nasser Vogel aussehen. Sie nahm das Cape ab, faltete es sorgfältig zusammen und schob es dem Mann unter den Kopf. Es war nicht viel, aber vielleicht würde er so etwas bequemer liegen. Dann griff sie nach dem feuchten, fleckigen Saum ihres Rockes, steckte ihn in ihren Gürtel und machte sich daran, auf die andere Seite der Insel zu klettern.

Der Einbaum lag noch an der Stelle, wo sie ihn zurückgelassen hatte, schaukelte sanft in einem kleinen Priel. Bevor sie die Schnur aufband, drehte sie sich zum Strand um und winkte mit beiden Armen und rief laut um Hilfe, obwohl sie wußte, daß sie höchstwahrscheinlich keiner über den Rhythmus der Trommeln hinweg hören würde. Im Dorf stieg Rauch aus der großen Gemeinschaftsfeuerstelle in einem ruhigen, stetigen Strom in die Luft auf, und die Leute – die auf diese Entfernung wie Ameisen aussahen – waren darum versammelt, um zu tanzen, oder saßen in kleinen Gruppen zusammen und erzählten sich den neuesten Klatsch oder spielten mit geschnitzten Knöchelchen, immer ein beliebter Zeitvertreib bei Festen.

»Hilfe!« schrie Marrah aus voller Kehle. »Seht hierher! Mama,

Ama, Onkel Seme, helft mir! Ich brauche Hilfe!« Schließlich, als sie erschöpft und heiser war, gab sie den Versuch auf, ihre Aufmerksamkeit zu erregen. Sie band die Schnur los, die den Einbaum hielt, und schob ihn wütend ins Wasser. Irgendwie konnte sie nicht umhin, ihren Verwandten die Schuld daran zu geben, daß sie sie nicht bemerkten – aber andererseits, warum sollten sie? Sie rechneten ja noch eine ganze Weile nicht mit ihrer Rückkehr.

Sie tauchte ihr Paddel ins Wasser und versuchte sich daran zu erinnern, wie die Strömung um die Insel verlief. Die Strecke um die Leeseite war länger, aber wenn sie den kürzeren Weg nahm, würde sie riskieren, gegen die Felsen geschleudert zu werden. Um diese Jahreszeit konnten immer unvorhergesehene Windböen aufkommen, also blieb nur die Fahrt an der vom Wind abgewandten Seite der Insel übrig, ob es ihr nun gefiel oder nicht.

Zuerst kam Marrah relativ mühelos vorwärts, doch als sie die Spitze umrundete, wurde die Strömung stärker. Sie ruderte mit aller Kraft, tauchte das Paddel ins Wasser und zog es so hart zurück, daß sich die Muskeln in ihren Armen verspannten und sie den Atem in ihrer Brust brennen fühlte. Auf der dem Meer zugewandten Seite mußte sie kämpfen, um nicht gegen die Klippen geworfen zu werden, aber sie hielt durch und paddelte angestrengt weiter. Schließlich, nach einer Zeitspanne, die ihr wie eine Ewigkeit erschien, kam der Strand in Sicht, und mit zehn weiteren kräftigen Ruderschlägen war sie am Ufer, und der Boden des Einbaums schabte über Steine.

Sie sprang aus dem Boot und zog es in Sicherheit. Der alte Mann lag immer noch so da, wie sie ihn zurückgelassen hatte, atmete noch immer, doch seine Lippen hatten sich blau verfärbt, und sein Körper war eiskalt. Marrah schlang die Arme um ihn und versuchte ihn hochzuheben, aber er war zu schwer. Sie mühte sich ab, keuchend und schwitzend, schaffte es jedoch nicht, ihn mehr als ein paar Zentimeter von der Stelle zu bewegen.

Frustriert hockte sie sich hin und überlegte, wie sie ihn zum Boot hinunterschaffen sollte. Sein nasser Umhang allein mußte schon so viel wie ein kleiner Hund wiegen, ganz zu schweigen von all den anderen Sachen, die er trug. Eines stand auf jeden Fall fest: Er stammte aus keinem der Küstendörfer. Niemand, der am Meer der Grauen Wogen geboren war, würde in einem solchen Aufzug in ein Boot steigen. Bei den schweren Kleidern, dem hinderlichen Schmuck und den Waffen, die er trug, war es ein Wunder, daß er nicht ertrunken war. Sie würde sein Gewicht etwas verringern müssen.

Vorsichtig löste sie seinen Gürtel, nahm ihm das Messer und den Köcher ab und band seinen Umhang auf. Dann schlang sie ihm von hinten die Arme unter die Achseln, zog ihn in eine sitzende Haltung und schleifte ihn über die Felsen zum Boot, während sie sich jedesmal stumm bei ihm entschuldigte, wenn sie einen Moment innehielt, um wieder zu Atem zu kommen. Zum Glück bewahrten ihn seine schwere Tunika und die Beinlinge vor Schürfwunden durch die spitzen Felsen, aber bis sie ihn endlich zum Rand des Wassers gezogen hatte, war das merkwürdige Material, aus dem seine Kleidung bestand, zerrissen.

Keuchend schob sie seinen Oberkörper über den Bootsrand, dann stemmte sie sich mit Kopf und Händen gegen sein Hinterteil und schob ihn kurzerhand hinein. Er fiel mit einem unsanften Plumps und einem Stöhnen auf den Boden des Einbaums. Hastig kletterte Marrah nach ihm hinein und drehte ihn vorsichtshalber auf die Seite, falls er weiteres Meerwasser erbrach. Das Stöhnen war ermutigend gewesen. Es war der erste Laut, den er von sich gegeben hatte.

»Tut mir aufrichtig leid«, sagte sie, nachdem sie noch einmal zurückgegangen war, um seine Sachen zu holen. »Normalerweise laufe ich nicht durch die Gegend und werfe mit kranken Leuten wie mit Fischkörben um mich, aber du kannst ja selbst sehen, daß ich keine andere Wahl hatte. Nein, du kannst nicht sehen, nicht wahr? Aber vielleicht kannst du mich hören. Wenn du es kannst, dann blinzle doch bitte kurz oder bewege eine Hand oder tu sonst irgend etwas, um mir zu zeigen, daß du mich hörst.« Doch der Fremde bewegte sich nicht, sondern lag nur reglos auf dem Boden des Einbaums und nahm den größten Teil des Platzes ein.

Marrah schob ihn in den Bug, kniete sich neben ihn und begann, um die Insel zu paddeln, während sie weiter auf ihn einredete. Daß er sie nicht hören konnte, störte sie nicht. Es war einfach tröstlich, mit jemandem zu reden. »Ich bringe dich jetzt in mein Dorf zurück. Es heißt Xori. Hast du schon einmal davon gehört? Es ist nicht sehr groß, aber wir haben ein Standbild der Göttin und einen guten Brunnen mit frischem Wasser, und wir sind vor dem Wind geschützt. In den Langhäusern ist es warm. Mein Bruder Arang und ich haben Tante Zuriska erst im letzten Herbst geholfen, das Dach neu zu decken. Du wirst heute nacht in einem trockenen Bett schlafen und etwas Warmes zu essen bekommen. Ich selbst koche nicht oft, weil ich die Neigung habe, alles anbrennen zu lassen. Mein Aita sagt immer, das liegt daran, weil ich zu ungeduldig bin. Mein Aita – das ist Onkel Seme – kocht eine Napfschneckenbrühe, die bestimmt genau das richtige für dich wäre. Nur bitte stirb nicht! Wenn du stirbst, bevor ich im Dorf ankomme, werde ich sehr, sehr böse werden.«

Er sagte kein einziges Wort zur Erwiderung oder ließ irgendwie erkennen, daß er sie hörte, aber er atmete noch immer, als sie die Insel umrundete und in Richtung Festland strebte. Als sie sich dem Strand näherte, entdeckten sie einige der Kinder und begannen zu winken. Bald war der ganze Strand mit Menschen gesäumt, die fröhlich tanzten und feierten und Lieder zu Ehren Amonahs sangen. Keiner ahnte etwas von der menschlichen Fracht in Marrahs Boot. Sie sahen nur, daß sie schnell nach Hause zurückkehrte, mit kräftigen, raschen Ruderschlägen.

»Marrah hat ihre Halskette der Kindheit zurückgelassen«, sangen die Dorfbewohner. »Sie hat sie Amonah geschenkt.«

Ihre Halskette! Heilige Göttin, sie hatte doch tatsächlich vergessen, ihre Kindheitskette dem Meer zu übergeben! Marrah holte ihr Paddel ein und zog den Saum ihres Rockes aus ihrem Gürtel. Dort, in einen Zipfel des Stoffes geknotet, war der Strang weißer Muscheln, der der einzige Sinn und Zweck dieser Fahrt gewesen war. Ob schon jemals ein Mädchen in der Geschichte des Küstenvolks vergessen hatte, seine Kette der Göttin Amonah zu geben?

Marrah band den Knoten mit zitternden Fingern auf, warf die Kette in ihren Schoß und saß dann einen Moment reglos da, während sie überlegte, was sie damit tun sollte. Sie konnte ganz sicherlich nicht noch einmal zu dem Strand auf der anderen Seite der Insel zurückkehren. Nicht mit einem kranken alten Mann im Boot, der aussah, als würde er jede Minute sterben.

Impulsiv griff sie nach der Kette, schwang sie ein paarmal über ihrem Kopf und schleuderte sie aus dem Boot. Sie flog in einem weiß schimmernden Bogen, schlug auf die Wasseroberfläche auf und versank in der Tiefe. »Geliebte Göttin«, sagte Marrah, »nimm meine Kindheit und segne mich.« Es war ein kurzes Gebet, ein ganzes Stück kürzer als das eine, das sie hätte sprechen sollen, aber sie wußte, daß Amonah verstehen würde. Ein Menschenleben hatte bei der Göttin immer Vorrang. Außerdem, wenn sie jetzt noch keine Frau war, dann würde sie es wohl nie werden.

Marrah ergriff das Paddel und ruderte mit aller Kraft auf den Strand zu. Ihre Freunde und Verwandten hatten ja keine Ahnung, welche Überraschung sie ihnen bescheren würde.

3. Kapitel

»Wer ist er?«

»Wo hast du ihn gefunden?«

»Wie hast du ihn ganz allein ins Boot geschafft?«

»Ist er tot?«

Marrah ließ ihren Blick von einem Gesicht zum anderen schweifen, ohne zu wissen, welche der vielen Fragen sie zuerst beantworten sollte. Das gesamte Dorf – Männer, Frauen, Kinder und Hunde – stand in einem Halbkreis um den Einbaum, und alle blickten erstaunt auf den alten Mann, den sie von der Insel mitgebracht hatte. Die Hunde bellten aufgeregt, die Babies weinten.

»Ist dies ein Zeichen von Amonah?«

»Ist er ertrunken?«

»Ist er ein Seemann?«

»Oder ein Priester?«

Marrah hob beschwichtigend die Hände, bat die anderen, ihr eine Chance zu geben, etwas dazu zu sagen. »Der alte Mann ist nicht tot«, rief sie. »Ich habe ihn gerettet, indem ich ihn beatmet und das Wasser aus ihm gepumpt habe.«

»Wenn du das Leben eines Mannes rettest, dann gehört er dir«, erklärte Belaun. Belaun, neunzehn Jahre alt und seit sechs Jahren ein Mann, gehörte zu jener Art von Menschen, die es vorziehen, ihre Fischernetze immer sorgfältig zu flicken und ihre Beziehungen zu anderen korrekt zu halten. »Du wirst ihn bei dir aufnehmen müssen.«

»Tja, ich will ihn aber nicht«, erwiderte Marrah hitzig. »Ich habe keinerlei Verwendung für ihn. Es tut mir leid um ihn, und ich hoffe, er wird am Leben bleiben, aber ich will ihn ganz sicherlich nicht in meiner Schlafecke haben!«

Das löste große Heiterkeit bei den Dorfbewohnern aus. Marrah blickte sie böse an und warf dann einen finsteren Blick auf den Fremden auf dem Boden des Einbaums. Nachdem sie den alten Mann an Land geschafft hatte, waren ihre Gefühle für ihn schon wesentlich weniger menschenfreundlich. Er würde sicherlich nicht sterben, und in der Zwischenzeit verdarb er ihren Ehrentag! Das war wahrscheinlich der egoistischste Gedanke, der ihr jemals gekommen war, aber sie konnte nichts dafür.

Sabalah sah den mißmutigen Ausdruck in Marrahs Augen und fühlte Mitleid mit ihr. Schließlich war sie selbst auch einmal dreizehn Jahre alt gewesen und wußte, wieviel dieser Tag einem jungen Mädchen bedeutete. »Komm jetzt«, sagte sie, als sie zu ihrer Tochter trat. »Die anderen wollten sich nicht über dich lustig machen. Sie sind nur erschrocken. Das sind wir alle.«

Die Dorfbewohner nickten jetzt mit ernsten Gesichtern, beschämt, daß sie gelacht hatten. Belaun kam zu Marrah, bückte sich und berührte den Sand zu ihren Füßen. Es war eine sehr förmliche Geste, eine Art, um zu sagen, daß die Person, die sie ausführte, bei der Göttin Erde selbst schwor.

»Es tut mir leid, ich wollte dich nicht auslachen, Marrah, Tochter von Sabalah. Ich ehre dich. Wir alle ehren dich, weil du das Leben dieses Fremden gerettet hast.«

Von der Menge stieg ein Murmeln der Zustimmung auf. Mehrere andere Dorfbewohner traten vor und machten dieselbe Geste. Und statt sich verspottet zu fühlen, war Marrah jetzt verlegen. »Ich habe doch nur getan, was ich tun mußte«, protestierte sie. »Ich habe nur das getan, was jeder von euch getan hätte.«

»Und das«, unterbrach Ama sie, »ist genau der Punkt.« Sie ging langsam vorwärts, und die Leute wichen zur Seite, um ihr Platz zu machen. Beim Anblick ihres weißen Haares senkte sich augenblicklich Schweigen über die Versammlung. Sie drehte sich um und blickte die Menge an. »Hört mir zu, alle miteinander. Sabalah hat Marrah gründlich unterwiesen. Marrah hilft instinktiv jenen, die Hilfe brauchen, und sie ist so bescheiden, daß sie glaubt, ihre Anstrengungen seien nichts Besonderes. Dieses richtige Handeln, das ist es, was die Göttin Erde von uns verlangt.«

Sie wies auf Marrah, deren Gesicht blutrot vor Verlegenheit war: »Heute ist dieses Mädchen nicht nur zur Frau geworden, sondern sie hat auch die heiligsten Pflichten einer Priesterin erfüllt. Wie ihr alle wißt, erteile ich gewöhnlich keine Befehle, aber jetzt gebe ich euch einen: Wir werden nicht zulassen, daß dieser Vorfall Marrahs Volljährigkeitsfeier ruiniert. Statt dessen werden wir sie doppelt ehren. Es ist traurig, diesen Fremden dem Tode so nahe zu sehen, aber Sabalah und ich werden uns um ihn kümmern. Und der Rest von euch soll feiern und singen und tanzen – Marrah zu Ehren. Heute ist sie nicht nur eine Frau, sie ist auch eine Heldin, und wir werden sie wie eine Heldin feiern.«

Zuerst zögernd und dann mit mehr Kraft begannen die Trommler den Rhythmus des Liedes zu schlagen, das sie gespielt hatten, als Marrah von der Insel zurückgekehrt war. Nach und nach fielen die Flötenspieler ein.

»Singt!« befahl Ama.

»Marrah hat ihre Kindheitskette zurückgelassen.
Sie hat sie Amonah gegeben.
Sie hat die Muscheln zurück
in den göttlichen Mutterschoß des Meeres geworfen,
wo alle Muscheln entstehen.«

Bald sangen alle aus voller Kehle. Arang und die anderen Kinder traten vor und streuten bunte Blumen zu Marrahs Füßen, um einen Blütenpfad für sie zu machen, während sie vom Boot zu der Gemeinschaftsfeuergrube schritt.

»Willkommen daheim, Marrah.
Willkommen daheim, liebste Schwester.«

Ama nahm Marrahs Hand. »Und jetzt geh«, sagte sie sanft, »und genieße den Tag.«

Marrah fühlte sich leicht benommen von dieser plötzlichen Wende der Ereignisse. Sie betrat den Blütenteppich und begann, zur Mitte des Dorfes zu gehen. Ungefähr auf halbem Weg dorthin, während die Dorfbewohner für sie sangen und ihr zujubelten und mehr Blumen zu ihren Füßen streuten, überkam sie plötzlich ein überwältigendes Gefühl der Erleichterung und der Freude. »Danke«, flüsterte sie, und ihr Dank galt nicht nur Ama und ihren Freunden und Verwandten, sondern vor allem Amonah und Xori, die ihr einen so seltsamen und wundervollen Tag beschert hatten.

Als sie sicher war, daß es keine weiteren Störungen bei Marrahs großem Ehrenfest geben würde, gab Ama Anweisung, den Kranken in ihr Langhaus zu tragen und auf eine Pritsche vor einer der Hauptfeuerstellen zu betten. Nachdem sie und Sabalah ein großes Feuer in der Steingrube errichtet hatten, machten sie sich an die Aufgabe, dem Fremden die nassen Kleider auszuziehen, um ihn anschließend in Schaffelle zu hüllen und heiße Steine an seine Füße zu legen. Obwohl sie nicht wußten, was ihm fehlte, hatten sie beide schon Menschen gesehen, die so unterkühlt gewesen waren, daß es keine Möglichkeit mehr gab, um sie wieder zu erwärmen, deshalb arbeiteten sie schnell und ein wenig grob, obwohl nicht ohne Mitgefühl.

Als erstes entledigten sie ihn seiner Tunika, die feucht und steif vor Salzwasser war. Ama packte den Saum mit beiden Händen, zog ihm das Kleidungsstück über den Kopf und warf es in einem durchweichten Haufen auf den Fußboden. Jetzt, mit nacktem Oberkörper, entpuppte sich der Fremde als etwas ganz anderes als das, wofür sie ihn ursprünglich gehalten hatten.

»Nanu, er ist ja gar nicht alt!« rief Sabalah überrascht.

Ama nahm ein Stückchen seiner Haut prüfend zwischen Daumen und Zeigefinger. »Du hast recht«, erwiderte sie. »Wir haben es hier nicht mit einem alten Mann zu tun, sondern mit einem ausgebleichten Jungen. Leute über Zwanzig haben keine solche Haut wie diese.« Sie trat einen Schritt zurück, stützte die Hände in die Hüften und schnalzte mit der Zunge, um Überraschung, gepaart mit Mißbilligung, auszudrücken. »Aber es ist kein Wunder, daß Marrah verwirrt war. In all den nassen Kleidern und mit dieser greisenhaften Haarfarbe hat er einen passablen alten Mann abgegeben. Was meinst du, Sabalah, wie kommt es, daß sein Haar diese seltsam gelbe Farbe angenommen hat? Es ist die häßlichste Farbe, die ich jemals bei einem jungen Mann gesehen habe. Wenn ich solches Haar hätte, würde ich es mit Walnußextrakt färben.«

»So häßlich finde ich sein Haar gar nicht.« Sabalah beugte sich über die Beinlinge des Fremden und begann an den feuchten Lederschnüren zu ziehen, aber die Knoten hatten sich im Salzwasser verhärtet und waren so geschrumpft, daß es eine mühselige Arbeit war. »Der arme Kerl kann ja nichts dafür, daß er mit diesem merkwürdigen Aussehen geboren wurde. Nachdem wir jetzt wissen, daß er noch jung ist, würde ich die Farbe seines Haares und Bartes eher mit der von Sonnenlicht vergleichen.«

»Ha!« schnaubte Ama. »Die Farbe toter Knochen wäre zutreffender. Aber der Rest von ihm ist gut in Form. Sieh dir seine Brust an.« Der Fremde hatte eine kräftige Brust, breite, muskulöse Schultern, eine schmale Taille und gutproportionierte Glieder, und er hatte nicht ein Gramm Fett am Leib. Obwohl Ama Alter und Erfahrung bei Männern bevorzugte, wußte sie den Anblick eines jungen, starken Körpers in einem so exzellenten physischen Zustand durchaus zu schätzen. Außerdem bedeutete dies eine geringere Wahrscheinlichkeit, daß sie in naher Zukunft eine Bestattungszeremonie würde abhalten müssen. Mit einem solchen Körper konnte ein Mann einiges überleben, sogar eine Nacht an einem kalten Strand. Als sie sich den Fremden jetzt genauer ansah, erkannte sie, daß er höchstens achtzehn sein konnte – vermutlich eher um die Siebzehn. Natürlich war er so außergewöhnlich groß, daß man unwillkürlich auf den Gedanken kam, er müßte Jahre dazu gebraucht haben, um diese Größe zu erreichen, aber seine Haut war eindeutig die eines jungen Mannes.

»Er ist vielleicht nicht alt«, sagte Sabalah. »Aber er ist blind.« Sie schob einen Fingernagel unter einen der Knoten und zog ihn so lange hin und her, bis er nachgab. »Zumindest glaubt Marrah das. Als du vorhin zum Holzholen draußen warst, hat sie Arang hergeschickt, um uns zu bestellen, daß der Fremde die Augen geöffnet hatte, während sie mit ihm beschäftigt war. Offenbar hat sich Marrah seine Augen genau angesehen. Sie wären ganz farblos, hat sie erzählt.«

»Was du nicht sagst!« Ama runzelte die Stirn. »Das wird ja immer merkwürdiger.« Vorsichtig hob sie ein Augenlid des Mannes an. Ein blickloses, blaßblaues Auge starrte sie an.

»Was meinst du?« Sabalah beugte sich näher. »Ist er nun blind oder nicht?«

Ama zuckte die Achseln. »Keine Ahnung. Ich habe noch niemals etwas Derartiges gesehen. Vielleicht ist er ein Albino. Aber vermutlich werden wir das erst wissen, wenn er aufwacht. Falls er jemals aufwacht.«

Sabalah nickte abwesend, ganz mit ihren eigenen Gedanken beschäftigt. Natürlich wollte sie, daß der Fremde lebte, sonst hätte sie nicht ihr Bestes getan, um ihn aufzuwärmen, doch sie machte sich um mehr Sorgen als nur um die Aufgabe, ihn am Leben zu erhalten. Sein Anblick löste beunruhigende Gefühle in ihr aus – vage Erinnerungen, die sie nicht erklären konnte. Sie war sich fast sicher, früher schon einmal große Männer mit gelbem Haar und Bärten gesehen zu haben, doch sie konnte sich nicht erinnern, wo. Und diese hellblauen Augen – auch sie schienen irgendwie vertraut. Eine innere Stimme sagte ihr, daß er ebenso gut würde sehen können wie jeder andere, wenn er aufwachte, aber woher wußte sie das? Woher war dieses Wissen gekommen, und warum beunruhigte es sie derart?

Plötzlich schoß ihr ein schrecklicher Gedanke durch den Kopf.

Vielleicht war der Fremde einer der Tiermenschen, die aus dem Osten kamen, um Marrah zu rauben. Aber das ergab doch keinen Sinn! Die Göttin Batal hatte ihr einen guten Blick auf die Tiermenschen verschafft. Es war eine grauenvolle Vision gewesen, die schlimmste in ihrem ganzen bisherigen Leben, und selbst nach vierzehn Jahren hatte sie kein einziges dieser Bilder vergessen. Die Tiermenschen waren so schnell wie der Wind gereist und hatten alles vernichtet, was ihnen über den Weg lief. Sie waren Ungeheuer mit sechs Beinen und zwei Köpfen, der eine menschlich und der andere der eines riesigen Tieres mit wild rollenden Augen, Schaum vor dem Maul und einer kurzen, steifen Mähne. Dieser Fremde hier hatte ganz eindeutig keine sechs Beine oder zwei Köpfe. Er war nur ein sonderbar aussehender Mann, der beinahe ertrunken wäre.

»Was ich nicht verstehe, ist, wo er alle diese Narben herhat.«

»Was?« Sabalah blinzelte, als Amas Stimme sie abrupt aus ihren Überlegungen riß. »Entschuldige. Ich war mit meinen Gedanken woanders.«

»Diese Narben«, wiederholte Ama. »Ich habe mich gefragt, was er getan hat, um in seinem Alter schon so viele Narben zu haben, besonders diese da – die ihn aussehen läßt, als hätte irgendein Wesen versucht, seine Eingeweide herauszureißen.« Sie zeigte auf die häßliche rote Narbe des Fremden, die quer über den oberen Teil seines Magens verlief. Auf seiner Brust und seinen Schultern waren weitere, ältere Narben zu sehen, die sich mit der Zeit weißlich verfärbt hatten, aber immer noch an den Rändern verzogen waren, als wäre der Schnitt sehr tief gewesen.

»Also, das einzige, was einem Mann solche Wunden zufügen könnte, wäre meiner Ansicht nach eine Bärin, die ihre Jungen verteidigt«, meinte Ama nachdenklich. »Aber wenn diese Narben von einer Bärin stammten, würden mehrere Linien zu sehen sein, wo sie ihm mit ihren Krallen die Haut aufgerissen hat, nicht nur eine lange Linie wie diese hier.«

Sabalah betrachtete die Narben, und plötzlich stieg ein ungutes Gefühl in ihr auf. »Ich denke, er wurde mit einem Messer verletzt«, sagte sie.

Ama nickte. »Genau das denke ich auch. Du erinnerst dich an

dieses merkwürdige lange Messer, das er in seiner Scheide trug – das mit der scharfen Feuersteinklinge? Eine solche Klinge würde genau diese Art von Narben bei einem Mann hinterlassen. Das wäre natürlich eine Möglichkeit; ich habe einmal von einer Frau gehört, die in einem Dorf in der Nähe von Hoza lebte, die mit einem Jagdmesser auf ihren Liebhaber einstach. Sie hatten sich wegen irgendeiner unglaublich dummen Sache gestritten – ob der Eintopf genug Rehfleisch enthielt, glaube ich –, und plötzlich griff sie in ihrer Wut nach dem Messer und stürzte sich auf ihn. Der Mann überlebte, aber die Frau wurde in die Verbannung geschickt. Ihre Leute schnitten ihr das linke Ohrläppchen ab, um zu zeigen, daß sie kein menschliches Wesen mehr war, und niemand wollte sie aufnehmen. Und einmal, vor langer Zeit, als ich noch ein Mädchen war, hatte ein Mann tatsächlich einen anderen Mann absichtlich getötet, als sie zusammen auf der Jagd waren – er schoß ihm einen Pfeil geradewegs durch den Hals und behauptete hinterher, er hätte geglaubt, es wäre ein Hirsch. Später gestand er seine Tat der Clanmutter des Toten, und sie hat ihn daraufhin lebendig begraben, was das Entsetzlichste ist, was jemals in meinem ganzen Leben passierte. Aber sieh dir die Narben dieses Fremden hier an.« Ama zeigte erneut auf die roten Linien.

»Ich kann mir wohl vorstellen, daß er einmal von jemandem angegriffen wurde, aber es sieht so aus, als wäre er Dutzende von Malen verletzt worden. Diese Narben hier sind nicht alle gleich alt. Was ist das für eine Welt, aus der er kommt, wo Menschen auf diese Weise mit Messern aufeinander losgehen? Weißt du das? Du bist von weiter her gekommen und hast mehr unterschiedliche Arten von Menschen gesehen als jeder andere, den ich kenne«, erklärte Ama. »Ergibt diese Art von Gewalt irgendeinen Sinn für dich?«

Sabalah schüttelte den Kopf. »Nein, ich habe noch niemals von Menschen gehört, die sich gegenseitig mit Messern angreifen.« Doch noch im Sprechen spürte sie, daß ihre Worte nicht der Wahrheit entsprachen. Sie belog Ama. Aber wie konnte sie lügen? Sie war den ganzen weiten Weg von Shara nach Xori gereist und hatte dabei kein einziges Mal von Menschen gehört, die einander mit Messern angriffen. Es hatte zwar einige Dörfer weiter oben am Rauchfluß gegeben, wo seit Generationen Fehden bestanden, und die Leute spuckten haßerfüllt auf den Boden, wenn sie ihre Feinde sahen, und manchmal prügelten sie sich auch, aber Messer waren eine völlig andere Sache. Mit einem Messer konnte man jemanden töten. Mord war ein Sakrileg gegen die Göttin Erde selbst. Kein Mensch, der bei Verstand war, würde auch nur an so etwas denken.

Eine Weile arbeiteten die beiden Frauen schweigend weiter, während sie dem Fremden die ledernen Beinlinge auszogen, ihn abtrockneten und in Schaffelle hüllten. Jede war in ihre eigenen Gedanken versunken.

»Und noch etwas«, sagte Ama, als sie den letzten der in Tücher gehüllten heißen Steine zu seinen Füßen unter die Decke geschoben hatten und er jetzt so behaglich wie möglich zu liegen schien. »Diese Muster auf seiner Schulter machen mir Sorge. Erstens mal sind sie in seine Haut eingeritzt, was mir höchst grausam erscheint, und zweitens sind sie anders als alle Symbole, die ich jemals zuvor gesehen habe.«

Sie schlug einen Zipfel der Decke zurück, um eine der Schultern des Fremden zu enthüllen.

«Dies sind nicht die Zeichen der Göttin. Hier sind weder Dreiecke noch Fruchtbarkeitskreise oder Schlangen oder sonst irgendeines der Symbole, mit denen er bemalt sein müßte, wenn er ein Priester wäre. Sieh dir das hier an. Was ist das, eine Sonne? Und dieses hier. Wie Marrah schon sagte, scheint es ein Blitzstrahl zu sein, aber warum sollte er einen Blitz auf seiner Schulter tragen wollen? Und dieses merkwürdige Tier. Als was würdest du das bezeichnen? Es ist kein Hirsch, das steht fest, aber was ist es dann? Was auch immer es ist, es muß wichtig für ihn sein, denn an seiner Kette hing ein Anhänger, der genau dieselbe Form hatte. Schon möglich, daß er von sehr, sehr weit her gekommen ist, von einem Ort, der so weit entfernt ist, daß sie dort nicht wissen, wie man einen Mann mit den richtigen Symbolen bemalt, ohne ihn zu verletzen, aber mir gefällt das nicht, ehrlich gesagt. Die ganze Sache verursacht mir eine Gänsehaut.«

»Mir auch.« Sabalah wurde von Minute zu Minute unbehaglicher zumute. Ama hatte recht, diese blauen Symbole hatten etwas

Beunruhigendes an sich. Besonders dieses Tier – das mit all den Haaren auf Kopf und Nacken. Es war nicht häßlich, das nicht, aber der bloße Anblick stieß sie irgendwie ab. Und wieder überkam sie dieses sonderbare Gefühl, daß sie das Tier schon einmal gesehen hatte.

Ama zog die Decke wieder über die Schulter des Mannes und steckte sie um ihn herum fest. »Wenn er am Leben bleibt«, erklärte sie, »werde ich ihn mit nach Hoza nehmen. Wir müssen sowieso dorthin, um die Aufstellung des neuen Göttinnenstandbildes zu feiern; unsere jungen Männer sollen an der Ehre teilhaben, Sie an Ort und Stelle aufzurichten.« Sie preßte die Lippen zusammen und warf Sabalah einen besorgten Blick zu. »Ich glaube, die Ankunft dieses Fremden an unserem Strand ist eine zu wichtige Angelegenheit, als daß der Dorfrat damit fertig werden würde. Natürlich ist es möglich, daß der Mann irgendwann aufwacht und sich erklärt, aber ich fürchte, wenn er den Mund aufmacht, werden wir nicht ein Wort von dem, was er sagt, verstehen.«

An diesem Abend tanzten die jungen Männer aus Xori und aus den Nachbardörfern nur für Marrah. Sie hatten Reiherfedern in ihr Haar geflochten, einen ledernen Lendenschurz angelegt, ihren Körper eingeölt und einen grauen Fischreiher auf ihren Rücken gemalt, so daß es aussah, als flögen sie davon, wenn sie sich bewegten. Sie stampften mit den Füßen im Rhythmus der Trommeln und wiegten sich anzüglich in den Hüften, um den Balztanz der Vögel zu imitieren, während sie für Marrah sangen und sie baten, ihnen die Ehre zuteil werden zu lassen; denn der Mann, bei dem eine Frau in der Nacht ihrer Volljährigkeit lag, galt als von der Göttin Erde selbst gesegnet.

Der Tanz ging unaufhörlich weiter, wurde immer schneller und wilder, bis selbst der Boden im Rhythmus der Trommeln zu vibrieren schien; die Männer stampften und sprangen und wirbelten herum, bis sie zu einer verschwommenen Vision halbnackter Körper wurden, die sich in einer endlosen Schlange drehten und wanden. Es war ein komplizierter Tanz, einer, der Durchhaltevermögen und Geschicklichkeit erforderte, aber er hatte auch eine gewisse

Unschuld an sich, eine Art wilder Zärtlichkeit. »Ich werde meine ganze Kraft benutzen, um dir Lust zu schenken«, sangen die jungen Männer. »Komm, Marrah, streck deine Hände nach mir aus, nimm mich in dein Bett.«

Am Ende vollführten einige der stärksten Tänzer spektakuläre Sprünge über das Feuer, drehten sich in der Luft und landeten so leichtfüßig und anmutig wie Wildkatzen auf dem Boden. Dann, so schnell, wie sie begonnen hatten, verstummten die Trommeln wieder, und die jungen Männer warteten gespannt darauf, daß Marrah ihre Wahl traf.

Der Vollmond zog langsam am nächtlichen Himmel dahin. Unter ihm erwachte der Wald zum Leben. Schatten von Ästen und Baumstämmen und Blättern neigten sich einander zu, um sich zu umarmen; Frösche riefen nach ihren Weibchen; eine braungelbe Eule, die in der Dunkelheit jagte, stieß ein krächzendes *Schu-huuu* aus, und kleine Tiere huschten hastig ins Unterholz, um sich vor dem Räuber in Sicherheit zu flüchten. Jenseits des Waldes brandeten die Meereswellen an den Strand, hinterließen eine lange, schmale Spur aus Schaum, so weiß wie eine Halskette aus Muscheln.

Unter einer Eiche, auf ein weiches Moospolster gebettet, lagen zwei Liebende unter einer warmen Decke, die mit Kaninchenpelz gefüttert war. Um sie herum stiegen die gedämpften Geräusche anderer Liebespaare zum Mond hinauf wie zarte Nebelschleier: Geflüster und leises Gelächter, das Rascheln von Blättern, ein unterdrücktes Stöhnen der Lust. Das große Fest war vorbei. Marrah war jetzt eine Frau und genoß die Freuden einer Frau.

Bere zog Marrah an sich und küßte ihre Lippen, wieder und wieder, so lange, daß ihrer beider Atem wie ein sanftes Rauschen von Flügeln in der Dunkelheit klang. Nackt und dicht aneinandergeschmiegt, dachten sie an nichts anderes als an Lust. Ihr Liebesspiel war so langsam, daß der Mond weiterzog und sich die Schatten verlagerten, bevor sie gewagtere Dinge taten. Schließlich seufzte Marrah und berührte flüchtig ihre Brüste, und Bere verstand und liebkoste ihre Knospen, bis sie hart und süß waren wie Kirschen in seinem Mund. Er war in Marrah verliebt, und er sehnte sich danach, ihren ganzen Körper zu küssen und zu besitzen, aber er würde sie nur auf die Art liebkosen, wie sie es wollte. Er würde nichts tun, wozu sie ihn nicht aufforderte. Dies war die Art des Küstenvolks, und seine Männer wurden von früher Jugend an dazu erzogen.

Mehr Zeit verging. Schließlich berührte Marrah Beres Wange, und er hob den Kopf von ihren Brüsten. Jetzt war er an der Reihe. Sie begann bei seinen Lippen und zog eine Spur von Küssen über seinen Körper hinab, bis er sich in fieberhafter Erregung unter ihr wand. Lange Zeit liebkoste sie ihn zärtlich, hielt ihn am Rande der Verzückung. Dann, gerade als er dachte, er könnte es keine Sekunde länger ertragen, hob sie den Kopf und ließ ihre Lippen langsam wieder an seinem Körper hinaufwandern, um zärtlich seinen Mund zu küssen. Dieses köstliche Spiel wiederholte sich wieder und wieder. Manchmal war es Bere, der den langen, langsamen Körperkuß zelebrierte, während er seinen Kopf zwischen Marrahs Schenkeln vergrub, bis sie sich stöhnend aufbäumte und sich auf die Lippen biß; und manchmal war es Marrah, die Bere an einen Ort entführte, wo die Zeit zu existieren aufhörte. Schließlich erlebten sie den Höhepunkt der Verzückung, jeder für sich, während sie sich aneinanderklammerten und ihre Fingernägel in die Schultern des anderen gruben. Sie schrien auf und lachten und seufzten, als die letzten Wogen der Wollust sie mit sich rissen.

Danach lagen sie eng umschlungen auf dem Moospolster, entspannt und glücklich, und sprachen über belanglose Dinge. Schließlich trafen sie einige Anordnungen: Sie legten sich bequemer hin, zogen Arme unter dem Rücken des anderen heraus, die im Begriff waren einzuschlafen, steckten die Decke fest, um die nächtliche Kälte zu verbannen, tauschten noch einen letzten Kuß und schliefen dicht aneinandergeschmiegt ein.

Marrahs Abend der Volljährigkeit war vorbei. Es war ein wichtiges Ereignis gewesen, aber – wie gewöhnlich – in erster Linie symbolischer Natur. Heute abend waren sie und Bere zum ersten Mal zwei Erwachsene gewesen, die sich dem Liebesspiel hingegeben hatten, statt zwei Kinder, die in den Büschen spielten, aber sie hatten nichts getan, was sie nicht schon viele Male zuvor getan hatten. Das Küstenvolk betrachtete den Verlust der Jungfräulichkeit nicht als ein traumatisches Erlebnis; tatsächlich gab es in ihrer Sprache noch nicht einmal ein Wort für »Jungfrau«. Man konnte eine junge Frau Ezhhaur nennen, was soviel hieß wie »sie, die noch kein Kind geboren hat«, oder auch bihotz, was »für sich allein glücklich« bedeutete (das heißt, ohne einen Partner), aber es gab kein Wort für eine Frau, die noch keinen richtigen Geschlechtsverkehr gehabt hatte.

Die Angehörigen des Küstenvolks genossen Sex und waren Experten im Erfinden raffinierter Praktiken, um einander Lust zu bereiten, aber es war nicht ungewöhnlich für eine Frau, die Jahre zwischen dreizehn und sechzehn zu verbringen, indem sie sich auf eine Art vergnügte, die keine Kinder zur Folge haben würde. Tatsächlich waren die Angehörigen des Küstenvolks eine solche Mischung aus hemmungsloser Lüsternheit und völliger Enthaltsamkeit, daß man nur schwer sagen konnte, ob sie eines der freizügigsten Völker der Erde waren oder eines, das sich die stärkste Beherrschung auferlegte.

Bere schlief gut, ohne Bedauern zu empfinden. Er hatte nicht erwartet, daß diese Nacht anders sein würde als irgendeine andere, denn obwohl Marrah jetzt eine Frau war und somit die Wahl hatte, ein Kind zu zeugen, hatte er kaum damit gerechnet, daß sie es tun würde. Sicher, er hatte sich der Hoffnung hingegeben, daß sie vielleicht gegen die Innenseite seiner Schenkel klopfen würde, um ihm zu signalisieren, daß sie bereit war, ihn in sich eindringen zu lassen – und welcher Mann würde so etwas nicht hoffen? –, aber dieser leichte Klaps war nie erfolgt, und Bere war nicht wirklich enttäuscht.

Marrah hatte ihm oft gesagt, daß sie warten wollte, bis sie wenigstens sechzehn wäre, um Mutter zu werden, und trotz der Kräuter, die sie getrunken hatte, um eine Empfängnis zu verhüten, gab es keinen sichereren Weg als den einen, den sie gewählt hatte, deshalb war er weder überrascht, noch fühlte er sich zurückgewiesen. Im Gegenteil, er fühlte sich geehrt, daß sie ihn als Partner für die Nacht ihrer Volljährigkeit ausgewählt hatte. So viele junge Männer hatten für sie getanzt, und dennoch, als der Tanz zu Ende war, hatte sie sich erhoben und ihre Hände nach ihm ausgestreckt.

Marrah drehte sich im Schlaf herum. Ohne aufzuwachen, schmiegte sich Bere von hinten an ihren Rücken und umfaßte ihre nackten Brüste mit seiner Hand. Die beiden Liebenden schliefen weiter, ohne sich noch einmal zu bewegen, bis das Licht am Himmel purpurrot wurde und die ersten weißen Seemöwen in der kühlen Morgenluft über dem Stein der Göttin kreisten.

In Amas Langhaus warf sich der Fremde ruhelos unter den Decken aus Schaffell hin und her. Er träumte: nicht die friedlichen Träume von Marrah und Bere, sondern wirre Fieberträume. Manchmal träumte er, er säße wieder in dem Einbaum und schrie den Händlern zu, daß sie zu nahe an den Felsklippen segelten. Das kleine Segel wurde größer und größer in seinem Traum, bis es sich zu einer gigantischen braunen Woge auswuchs. Und dann stürzte die Woge donnernd auf ihn hernieder, brüllend wie ein Tier, und er wurde über Bord geschleudert, und das Boot zerbrach in tausend Stücke. Er kämpfte mit aller Kraft, um den Kopf über Wasser zu halten, aber der Sog der Strömung war zu stark, zog ihn in die Tiefe, und seine Lungen füllten sich mit Wasser, und Todesangst überwältigte ihn.

Meistens jedoch waren seine Träume von nichts als Fieber erfüllt und noch mehr Fieber und einem brennenden Gefühl in seiner Brust, und Gesichter kamen und gingen, hauptsächlich Frauengesichter: das seiner Mutter, schon lange tot, und die braunen Gesichter der grausamen Frauen, und einmal das Gesicht von Jallate, Vlahans erster Ehefrau, die schon Jahre zuvor gestorben war, als er noch ein kleiner Junge gewesen war.

Seine Lippen bewegten sich, aber es kam kein Laut heraus. Er versuchte, Luft zu holen, doch statt dessen schien er flüssiges Feuer einzuatmen. Ein heftiger Hustenanfall erschütterte seinen Körper. Seine Lungen waren mit Flüssigkeit gefüllt, und er konnte kaum atmen, hatte das Gefühl, ersticken zu müssen. Die ganze Nacht lang hustete er und brannte innerlich und träumte fiebrige Träume von seinem Kampf gegen das Meer.

»Es kann sein, daß wir ihn verlieren«, erklärte Sabalah Marrah, als diese nach ihrer Nacht mit Bere in das Langhaus zurückkehrte. »Seine Haut ist so heiß wie ein Stein, der im Feuer gelegen hat, und das Schlimmste ist, daß er keinen Laut von sich gegeben hat außer diesem schrecklichen Husten. Manchmal öffnet er die Augen, aber wir können nicht erkennen, ob er bei Bewußtsein ist. Vielleicht ist er blind, wie du schon gesagt hast. Aber blind oder nicht, es geht ihm gar nicht gut.«

Marrah, die den Fremden schon fast vergessen hatte, fühlte sich schuldig, daß sie die Nacht glücklich in Beres Armen verbracht hatte, während der Ärmste Qualen litt. »Armer alter Mann«, murmelte sie.

Sabalah fiel ein, daß Marrah natürlich noch nichts davon wußte. »Nicht alt«, korrigierte sie ihre Tochter, »sondern jung. Ama hat ihn auf ungefähr siebzehn geschätzt, vielleicht sogar noch etwas jünger. Das ist der Grund, weshalb er so lange durchgehalten hat.«

Marrah war überrascht. Sie wollte gerade fragen, wie es möglich sein konnte, daß ein so junger Mann schon weißes Haar hatte, als der Fremde erneut zu husten begann – ein ersticktes, angestrengtes Keuchen, als versuchte er, sich die Lunge aus dem Leib zu husten.

»Komm, hilf mir«, drängte Sabalah besorgt und eilte zu der Pritsche am Feuer, wo der Fremde am ganzen Körper zitternd und in Schweiß gebadet lag. »Wir können hier nicht herumstehen und reden. Wir müssen versuchen, diesen Husten zu unterbinden und sein Fieber zu senken, sonst wird es nur noch einen einzigen Ort geben, wohin wir ihn bringen können – zurück zur Mutter Erde.«

Während der nächsten fünf Tage pflegten Ama, Sabalah und Marrah den Fremden, versuchten, ihn vom Abgrund des Todes wegzuziehen. Es war harte, ermüdende Arbeit, noch erschwert durch die Tatsache, daß ihre Anstrengungen zum Scheitern verurteilt schienen, aber sie machten weiter, selbst als es töricht schien, noch Hoffnung zu hegen. Oft kamen Dorfbewohner vorbei, um eine Weile vor Amas Haus zu sitzen und zu singen und zu beten, wie es üblich war, wenn einer der Hausbewohner sehr krank war, und die Nachricht sprach sich schnell herum, daß es bald Zeit würde, einen neuen Turm des Schweigens zu bauen.

Aber die Frauen gaben nicht auf. Zuerst versuchten sie, den Kranken mit einer Schwitzkur von seinem Fieber zu befreien, indem sie ihn in Wildleder wickelten, das in heißes Wasser getaucht war, zusätzliche heiße Steine an seine Füße legten, ihn in Felle einhüllten und ihm Austerschalen voll heißen Birkenrindentees einflößten.

Als das nichts half, als er nur zu phantasieren und wild um sich zu schlagen begann, versuchten sie es abwechselnd mit heißen und kalten Anwendungen. Zuerst wickelten sie ihn in Felle ein, bis er zu schwitzen begann, dann zogen sie die Decken herunter und wuschen ihn mit eiskaltem Quellwasser. Manchmal sah es so aus, als funktionierte die Methode; das Fieber sank, und der Mann hörte auf zu zittern und schlief einige Stunden. Aber immer, wenn der Tag zur Neige ging und die Nacht hereinbrach, stieg sein Fieber wieder, und bis zum frühen Morgen hatte sich sein Zustand wieder soweit verschlechtert, daß er ununterbrochen hustete und am ganzen Körper zitterte und erregt in einer fremden Sprache redete, die keiner verstand. Das einzig Gute, was bei all dem herauskam, war, daß sie feststellten, daß er nicht blind war. In seinen klaren Momenten wurde offensichtlich, daß der Fremde sie nicht nur sehen konnte, sondern auch begriff, daß sie ihm zu helfen versuchten, und manchmal ließ er die eiskalten Waschungen mit einem so verzweifelten, hoffnungslosen Ausdruck im Gesicht über sich ergehen, daß sich die Frauen abwandten, um ihre eigenen Tränen vor ihm zu verbergen.

Am Nachmittag des vierten Tages rief Sabalah Marrah nach draußen vors Haus. »Es gibt eine bestimmte Pflanze, die an sumpfigen Stellen wächst. Sie hat eine kleine, zähe Wurzel, die mit kleinen roten Härchen bedeckt ist. Die Blüten sind ebenfalls sehr klein, weiß und nur bei Sonnenschein geöffnet, deshalb kann es sein, daß du sie zuerst nicht siehst, aber du wirst keine Mühe haben, die Blätter zu entdecken.«

Sabalah kniete sich hin, hob einen Zweig auf und begann, die Umrisse der Pflanze auf den Erdboden zu zeichnen. »Die Blätter sind flach – so, siehst du? –, und sie sind auch mit roten Haaren bedeckt. Die Haare sind nach innen gebogen, und jedes hat einen Tropfen Flüssigkeit an seiner Spitze, ähnlich wie Tautropfen.« Sie stand auf und wischte sich die Hände ab. »Hol so viele von den Pflanzen, wie du finden kannst – aber vergiß nicht, daß du wenigstens zwei stehen lassen mußt, damit sie nachwachsen können.« Sie warf einen Blick zurück zur Tür des Langhauses und schüttelte den Kopf. »Ama und ich werden einen speziellen Trank für den Fremden zubereiten. Einige der Bestandteile sind gefährlich, und ich hasse es, sie zu benutzen, aber ich glaube nicht, daß wir noch eine andere Wahl haben.«

Marrah eilte in den Wald und verbrachte den Rest des Tages damit, erfolglos nach den Pflanzen zu suchen. Obwohl Sabalah sie seit dem Tag, als sie laufen konnte, zur Priesterin und Heilerin ausgebildet hatte, hatte Marrah nie besonderen Eifer bewiesen und die Ausbildung eher ungeduldig hingenommen. Es war ihr Geburtsrecht, etwas, was zu tun man von ihr erwartete, und sie war oft gelangweilt und unruhig gewesen, wenn ihre Mutter innegehalten hatte, um zu einem endlosen Vortrag über die Heilkräfte irgendeiner unscheinbaren kleinen Blume oder einer Faustvoll Moos auszuholen. Jetzt, wo ein Menschenleben auf dem Spiel stand, wünschte Marrah, sie hätte damals besser zugehört. Frustriert wanderte sie von einer sumpfigen Stelle zur anderen und fand nichts als Schlamm, Laichkrautgewächs und Wasserlilien. Schließlich, als es fast schon zu dunkel war, um etwas zu sehen, entdeckte sie drei flachblättrige, kümmerliche Pflanzen, die im Schlamm wuchsen.

Nur drei! Und sie würde mindestens zwei davon stehen lassen müssen, damit die Pflanze an dieser Stelle weiterwachsen konnte. Sie ging in die Hocke und zog eine Pflanze aus; die Regel, zwei zurückzulassen, war nur schwer zu befolgen, wenn jemand sehr krank war, aber sie zu brechen würde eine Sünde gegen die Göttin Erde bedeuten. Marrah hielt die Pflanze in ihrer Hand und entschuldigte sich bei ihr, weil sie sie ihrem Heim entrissen hatte.

»Danke, daß du dich mir schenkst«, sagte sie zu den flachen, behaarten Blättern. Hätte sie ein Tier getötet, dann hätte sie sich ebenfalls bei ihm bedankt. Nichts wurde jemals aus dem Wald oder dem Meer genommen ohne Dankesbezeugungen und ein kurzes Gebet. Sorgfältig verstaute Marrah die Pflanze in ihrem Sammelkorb und eilte dann ins Dorf zurück, wo Ama und Sabalah schon auf sie warteten.

Sabalah schüttelte den Kopf, als sie die einzelne Pflanze auf dem Boden von Marrahs Korb erblickte. »Es ist nicht genug, aber es wird eben reichen müssen.« Sie nahm die Pflanze mit ins Haus und legte sie in einen kleinen Topf mit Wasser, der dampfend auf den Kohlen stand. Der Topf war bereits mit anderen Dingen gefüllt worden: Mohnsirup, Rinden, Moos und Kräutern. Als der Sud lange genug gezogen hatte, hob Ama den Tontopf von den Kohlen und begann ihn abzukühlen, indem sie ihn zuerst in warmes und dann in kaltes Wasser tauchte, bis der Inhalt lauwarm war. Zum Schluß gab sie noch Erde und schimmeliges, zerbröseltes Brot zu der Mischung.

Arang, der sich um das Feuer gekümmert hatte, rümpfte angewidert die Nase und wandte sich ab.

»Du willst ihn zwingen, das zu trinken?« rief Marrah. Die Mischung sah höchst unappetitlich aus und roch noch schlimmer.

Ama nickte. »Ja, jeden einzelnen Tropfen, wenn ich es ihm irgendwie einflößen kann.« Sie winkte ihren jüngsten Enkel, Belaun, zu sich, der die Zubereitung der Medizin mit Faszination und Abscheu beobachtet hatte. »Glaubst du, du kannst ihn festhalten, während wir seinen Mund öffnen?«

Belaun schüttelte den Kopf. »Nein, obwohl er krank und geschwächt ist, ist er zu groß und wird sich wahrscheinlich wehren. Ich würde das ganz bestimmt tun, wenn du mir dieses Zeug bringen würdest und ich nicht wüßte, daß es nur zu meinem eigenen Besten ist. Es riecht wie Gift, Großmutter.«

»Kümmere dich nicht darum, wie es riecht«, entgegnete Ama gereizt. »Sieh lieber zu, daß du Hilfe holst.«

Wenige Minuten später kehrte Belaun mit Hiru und Urte zurück, zwei kräftigen jungen Männern, die im benachbarten Langhaus wohnten. Ama blickte auf die beiden Männer und dann auf den Fremden, der unruhig auf seinem Stapel von Schaffellen schlief, ohne zu ahnen, was ihm bevorstand.

»Gut.« Sie wandte sich an Sabalah. »Warum lassen wir nicht zuerst Marrah versuchen, ihm den Trank einzuflößen? Möglich, daß er ihn von einem hübschen Mädchen annimmt – äh, Frau, meine ich. Tut mir leid, Marrah. Ich weiß, du bist vor einigen Tagen volljährig geworden, aber ich hatte wirklich noch keine Zeit, um darüber nachzudenken.« Sie goß eine kleine Menge des Trankes in eine Tonschale, reichte sie Marrah und drehte sich dann zu Belaun, Hiru und Urte um. »Ihr drei stellt euch hinter ihn, wo er euch nicht sehen kann. Wenn er den Trank ausspuckt, packt ihr ihn schnell und drückt ihn auf das Bett nieder, bevor er weiß, was geschieht. Wenn er nicht genug davon trinkt, wird er sterben!« Sie schüttelte den Kopf. »Natürlich ist es auch möglich, daß ihn der Trank *umbringt*, aber das ist ein Risiko, das wir eingehen müssen, und möge die Göttin uns gnädig sein, wenn er daran stirbt.«

Marrah ergriff die Schale mit ruhiger Hand, aber innerlich zitterte sie. Sie hatte diesen Mann einmal gerettet, ihm das Salzwasser aus den Lungen gepumpt und ihn in Sicherheit gebracht, aber wer weiß, jetzt würde sie ihn vielleicht vergiften. Noch niemals zuvor war ihr bewußt gewesen, was für eine schreckliche Verantwortung es war, Heilerin zu sein. Vorsichtig kniete sie sich neben den Kranken und berührte ihn an der Schulter. Er zuckte zusammen und schlug die Augen auf.

»Hallo«, sagte sie sanft. »Hab keine Angst. Ich weiß, du kannst mich nicht verstehen, aber ich möchte dir helfen. Du bist ein lieber, häßlicher Kerl, und wir alle hängen inzwischen sehr an dir, aber du siehst ja selbst, daß sich dein Zustand nicht bessert, und wir müssen etwas unternehmen.«

»So ist es richtig«, flüsterte Sabalah. »Sprich mit ihm.«

Ermutigt fuhr Marrah fort. »Ich möchte, daß du das hier trinkst. Es riecht scheußlich und schmeckt wahrscheinlich noch schlimmer, aber es wird dein Fieber senken und deinen Husten lindern – das heißt, wenn wir Glück haben.« Sie schob ihren Arm unter den Kopf des Fremden und hob ihn ein wenig an, damit er schlucken konnte. Er blickte sie auf eine seltsame Weise an, so als verstände er jedes Wort, das sie sagte, obwohl das unmöglich war. Marrah stellte die Schale einen Moment ab und berührte seinen Mund mit ihren Fingern.

»Aufmachen«, befahl sie. Und der Fremde öffnete die Lippen.

Schnell hob sie die Schale und goß etwas von der Flüssigkeit in seinen Mund. Der Fremde schnappte entsetzt nach Luft, schnitt eine angewiderte Grimasse und gab ein schrecklich würgendes Geräusch von sich. Dann brüllte er eine Reihe zorniger Worte und schlug heftig gegen ihren Arm, wobei die Schale in hohem Bogen auf den Fußboden flog.

Obwohl die Worte in keiner bekannten menschlichen Sprache waren, bestand kaum Zweifel an dem, was sie bedeuteten. Wenige Augenblicke später hielten Belaun, Hiru und Urte den Mann auf der Pritsche fest, während Sabalah, Ama und Marrah den Rest der Medizin zwischen seine zusammengebissenen Zähne träufelten. Er wehrte sich verbissen gegen sie, als glaubte er, sie wollten ihn töten – was er vermutlich wirklich dachte. Es war ein Glück, daß er so geschwächt war, wie sie später einstimmig fanden. Leider tropfte der größte Teil der Medizin an seinem Kinn herunter, doch er mußte trotzdem genug davon geschluckt haben, denn nach einer Weile zeigte der Mohnsirup seine Wirkung, und der Fremde hörte auf zu kämpfen.

»Der Mann ist wie ein Wolf«, murmelte Ama, als sie zerdrückte Arnikablätter auf den Bluterguß an Marrahs Handgelenk legte und eine saubere Lederbandage darum wickelte.

»Vielleicht wußte er nicht, daß du versucht hast, ihm das Leben zu retten«, schlug Arang vor. Er hatte die Szene mit großem Interesse verfolgt und sich nützlich gemacht, indem er trockenes Holz ins Feuer nachlegte, und sich ansonsten still verhalten, damit ihn die Erwachsenen nicht bemerkten und zum Spielen hinausschickten. Was für eine höchst interessante Geschichte, um sie den anderen Kindern zu erzählen! Der Fremde hatte offenbar nicht mehr Verstand als ein Dreijähriger, und er könnte sogar gefährlich sein. Arang griff nach der Tonschale und roch an dem Rest des Heiltranks. Belaun hatte recht, das Zeug stank ekelhaft. »Vielleicht hast du ihm angst gemacht.«

»Es spielt keine Rolle, wie verängstigt er war«, erwiderte Sabalah. »Was er getan hat, ist unentschuldbar. Nicht nur, daß er die Schale weggestoßen hat. Er hat deine Schwester geschlagen, als hätte er die Absicht gehabt, sie zu verletzen.«

»Ein Glück, daß wir ihm das Messer abgenommen haben«, meinte Ama, als sie die Enden der Lederbandage verknotete. »Angenommen, er hätte damit auf Marrah eingestochen?«

Marrah war schockiert. »Du glaubst doch nicht etwa im Ernst, daß er mich zu töten versuchen würde, nur weil ich ihm eine Schale Tee verabreiche?«

Ama ließ sich die Bemerkung einen Moment durch den Kopf gehen. »Nein, wahrscheinlich nicht. Aber er macht mir Kummer. Er ist nicht wie unsere Männer. Ich weiß nicht genau, wie ich den Unterschied beschreiben soll, außer indem ich sage, daß er seine Kraft auf unverantwortliche Art benutzt.«

Sabalah sagte nichts. Ihr war gerade ein schrecklicher Gedanke gekommen, einer, den sie keinem Menschen anvertrauen würde: Vielleicht ist es ein Fehler, das Leben dieses Fremden zu retten. Vielleicht sollten wir ihn einfach sterben lassen.

Aber der Fremde starb nicht. An diesem Abend sank sein Fieber auf normale Körpertemperatur und kehrte niemals zurück. Dünn und blaß und immer noch von schrecklichen Hustenanfällen geschüttelt, lag er vor dem Feuer, während er alle Anwesenden mit trüben, fragenden Augen anstarrte. Zuerst war er so schwach, daß sie ihn abwechselnd pflegten, ihn wie ein Kind waschen und füttern mußten. Manchmal, wenn Marrah oder Sabalah neben ihm knieten, um ihm Muschelschalen voll warmer Fleischbrühe einzuflößen, berührte er sanft ihre Hand, als wollte er ihnen danken. Wenn einer der Männer ihn versorgte – Esku oder Belaun oder besonders Seme –, dann hellte sich das Gesicht des Fremden auf, und er versuchte, in seiner unverständlichen Sprache mit ihnen zu reden, wobei er komplizierte Gesten vollführte, die keiner verstand.

Manchmal jedoch gelang es ihm, einfache Dinge zu übermitteln und sich verständlich zu machen. Eines Morgens zum Beispiel zeigte er Belaun mit Gebärden, daß er gern nach draußen gebracht werden wollte. Belaun nahm den Kranken mit Schwung auf die Arme, trug ihn hinaus in den Sonnenschein und setzte ihn behutsam auf den Muschelpfad, mit dem Rücken gegen die Hauswand gelehnt.

»Der arme Kerl«, sagte Belaun zu Marrah. »Er wiegt nicht mehr als ein Armvoll Feuerholz.«

Marrah, die damit beschäftigt war, einen Korb zu flechten, nickte gedankenverloren und machte sich wieder an ihre Arbeit. Nach einer Weile war sie so intensiv darin vertieft, die Schilfrohre zu einem Muster zu flechten, daß sie die Anwesenheit des Fremden neben sich vergaß.

Als sie schließlich wieder aufblickte, sah sie, daß Zakur und Laino herbeigekommen waren, um ihn zu beschnüffeln. Nachdem sie sich davon überzeugt hatten, daß er keine Bedrohung war, legten die Hunde ihre zotteligen Köpfe in den Schoß des Fremden, und er streichelte sie, während er mit einem derart einsamen Ausdruck in den Augen aufs Meer hinausstarrte, daß Marrah ihren Korb und die Arbeit des ganzen Morgens für die Fähigkeit gegeben hätte, ein freundliches Wort zu ihm zu sagen, das er verstehen konnte.

Er war jedoch nicht immer eine so friedliche, angenehme Gesellschaft. Obwohl er jetzt die Medizin, die sie ihm gaben, ohne Protest einnahm, konnte er plötzlich und unvorhersehbar unhöflich sein: Er schob die Frauen abrupt weg, wenn er genug gegessen hatte, warf Dinge achtlos auf den Fußboden oder sträubte sich beharrlich, wenn sie ihn zu waschen versuchten, selbst wenn sie das Wasser vorher angewärmt hatten.

Zu Ama war er besonders unhöflich, als machte ihr weißes Haar sie zu einem Menschen, der es kaum wert war, beachtet zu werden – ein schwerer Fehler von ihm, dachte Marrah, da nur ein Wort von Ama genügt hätte, um ihn hinauszuwerfen und in den Wäldern sterben zu lassen –, doch Ama war zu sehr damit beschäftigt, sich um die Familie und die Belange des Dorfes zu kümmern, um seinem unhöflichen Verhalten viel Beachtung zu schenken, und nach einigen kleineren Vorfällen ignorierte sie ihn einfach.

Die Tage vergingen, doch Marrah war sich immer noch nicht sicher, ob sie den Fremden mochte oder nicht, und ihre widersprüchlichen Gefühle wurden von Arang, Sabalah und jedem anderen geteilt, der mit ihm in Kontakt kam. Eine Zeitlang waren sie schwankend, empfanden in der einen Minute Mitleid mit ihm und in der nächsten Ärger, bis zu dem Nachmittag, an dem er etwas so Unerhörtes tat, daß er das gesamte Dorf gegen sich aufbrachte.

Es geschah ungefähr drei Wochen nach seiner Ankunft. Wieder einmal saß er draußen und blickte aufs Meer hinaus. Inzwischen konnte er aus eigener Kraft gehen, und er hatte es sich auf einem zusammengefalteten Schaffell bequem gemacht, seine langen Beine gekreuzt und sich mit dem Rücken gegen die Seite des Langhauses gelehnt. Marrah, mehrere andere Frauen, einschließlich Lepa, und vier Männer standen ein paar Schritte entfernt und unterhielten sich über das Fest der Toten, das demnächst in Hoza stattfinden sollte.

»Ich habe gehört, das neue Standbild der Göttin wird das größte sein, das wir jemals aufzustellen versucht haben«, sagte Gorriska. Er war ein kräftiger junger Mann mit rötlich schimmerndem Haar und Händen so breit wie Axtschneiden. Ama hatte ihm die ehrenvolle Aufgabe erteilt, die Gruppe der Steinträger aus Xori zu führen, was bedeutete, daß er sowohl stolz als auch besorgt war, denn obwohl es eine tolle Sache war, die ersten Strophen des Arbeitsliedes zu singen, bestand immer das Risiko, daß der Anführer falsch sang oder den Rhythmus nicht einhielt, und dann konnte es passieren, daß die Arbeiter ins Stocken gerieten und das Standbild der Göttin aus den Seilen rutschte und zu Boden stürzte, und dann wehe ihnen allen!

»Wie viele Dörfer werden Männer schicken, um dabei zu helfen, Sie aufzustellen?« wollte Marrah wissen.

»Zwanzig«, erwiderte Gorriska, und er wollte gerade zu einer längeren Schilderung ausholen, als er von einem wütenden Ausruf und einem schmerzlichen Jammern unterbrochen wurde. Erschrokken wirbelte Marrah herum und sah die neunjährige Majina schluchzend davonrennen, als ihr der Fremde ein zweites Mal eine Ohrfeige zu geben versuchte. Einen Moment lang waren alle zu schockiert, um etwas anderes zu tun, als den Fremden ungläubig anzustarren.

»Er hat Majina geschlagen«, japste Gorriska.

»Meine Tochter!« schrie Lepa, als sie zu Majina lief und sie in die Arme nahm. »Der Wilde hat meine Tochter geschlagen!« Majina schluchzte hysterisch, während sie ihr Gesicht an der Brust ihrer Mutter vergrub. Sie hatte schreckliche Angst. In ihrem ganzen Leben hatte kein Erwachsener sie jemals geschlagen. Sie war ausgeschimpft und gelegentlich wütend angeschrien worden, das schon, aber die Angehörigen des Küstenvolks hüteten ihre Kinder wie heilige Geschenke der Göttin und würden ebensowenig die Hand gegen sie erheben, wie sie einen Tempel niederbrennen oder das Standbild der Göttin umstoßen würden.

Marrah ging vor Majina in die Hocke. »Hast du irgend etwas getan? Hast du ihn in irgendeiner Weise verletzt, Liebes? Nun beruhige dich und erzähl uns, was passiert ist. Es ist nicht dein Fehler, mein Schatz. Wenn er verletzt ist, dann benimmt er sich wie ein kranker Hund, der ohne Vorwarnung beißt. Majina, bitte, beruhige dich und sag uns, was geschehen ist.«

»Ich hab doch nur...«, jammerte die Kleine.

»Nur was, Liebes?«

»Ich habe doch nur ein bißchen an seinem Bart gezupft, Tante Marrah.« Sie wischte sich mit dem Handrücken über die Nase und unterdrückte einen Schluchzer. »Sein Bart hat so eine komische Farbe, und ich wollte nur wissen, ob er sich wie Onkel Semes Bart anfühlt oder...« Wieder fing sie an zu weinen. »Ich schätze, ich habe vielleicht ein bißchen zu fest gezogen, aber das wollte ich nicht. Ich wollte ihn nicht wecken, aber er zuckte zusammen, als hätte er sich erschreckt, und dann hat er... hat er mich geschlagen!« Majinas Gesicht verzog sich zu einer kläglichen Grimasse, und sie brach erneut in Tränen aus.

»Er hat sie geschlagen, wie?« Lepa funkelte den Fremden zornig an. »Nun, er wird es nicht noch einmal wagen, sie oder irgendein anderes Kind zu schlagen, sonst werde ich persönlich dafür sorgen, daß er in die Wälder hinausgetragen und den Wölfen vorgeworfen wird!« Es war eine übertriebene Drohung, eine, die sie niemals in die Tat umsetzen würden, aber alle hatten Verständnis für ihren Zorn. Dann hob Lepa Majina mit Schwung auf ihre Arme und stürmte zu dem Fremden, der immer noch mit dem Rücken gegen die Hauswand lehnte und ziemlich verwirrt dreinblickte. Wütend stemmte Lepa die Hände in die Hüften und baute sich vor dem Mann auf. Sie war eine kräftige Frau, eine Fischerin, die ihre Tage damit verbrachte, schwere Fischkörbe zu tragen und Netze einzuholen. Lepa, Ende Zwanzig und Mutter von zwei Kindern, herrschte mit fester Hand über ihre Familie. Wie ihre Mutter und Großmutter brachte sie nichts so schnell aus der Ruhe, aber wenn sie in Zorn geriet, dann flogen die Funken.

»Du hast etwas Böses getan.« Sie stampfte mit dem Fuß auf und drohte dem Fremden mit dem Finger, als wollte sie einen Hund zurechtweisen. »Böse, böse, böse! Du darfst niemals ein Kind schlagen, hast du gehört?«

Der Fremde blickte sie leicht belustigt an.

»Er versteht dich nicht«, sagte Marrah.

»Dann werde ich dafür sorgen, daß er versteht«, erwiderte Lepa grimmig. »Kommt.« Sie wandte sich an die anderen. »Helft mir. Laßt uns mit Stöcken auf den Boden um ihn herum schlagen, um ihn wissen zu lassen, wie wütend wir sind.«

Wenige Augenblicke später hatte jeder eine Art Stock gefunden: lange Holzscheite, Hacken, Stange, Axtgriffe. Dann stellten sie sich in einem Halbkreis um den Fremden auf, hoben die Stöcke über den Kopf und ließen sie mit einem so heftigen Schlag auf den Pfad niedersausen, daß Wolken von Staub aufflogen.

»Böse!« schrie Lepa. »Böser Mann!« Sie machte ihm pantomimisch klar, wie er Majina geschlagen hatte, und ahmte dann das weinende Kind nach. »Du darfst niemals wieder ein Kind schlagen! Nie, nie, nie wieder!«

Der Fremde rappelte sich hastig auf und wich zurück, eindeutig alarmiert durch den Halbkreis wütender Dorfbewohner. Da er zu schwach war, um zu fliehen, war er gezwungen, an einer Stelle stehenzubleiben, als die Stöcke um ihn herum niedersausten und ihn nur knapp verfehlten. »Das reicht.« Lepa hob die Hand und gab ihnen ein Zeichen aufzuhören. »Ich glaube, er versteht jetzt.«

»Ich glaube nicht, daß wir es dabei belassen sollten«, protestierte Marrah. »Selbt wenn er jetzt versteht, müssen wir ihm begreiflich machen, daß es nicht genug ist, ein Kind nicht zu schlagen; man muß es auch lieben.«

»Ja«, stimmten alle zu. »Wir müssen ihn lehren, Kinder zu lieben.«

Lepa zog Majina an sich und umarmte sie zärtlich. »Siehst du«, sagte sie zu dem Fremden, »wir lieben unsere Kinder.« Sie schob Majina zu Marrah, die das Kind ebenfalls umarmte und sein Haar streichelte, um es dann an den nächsten weiterzureichen. Einer nach dem anderen umarmten die Dorfbewohner das kleine Mädchen, während sie dem Fremden zuriefen, Zeuge ihrer Zuneigung für das Kind zu sein. Als Majina von einem Paar liebevoller Arme zum nächsten wanderte, veränderte sich der Ausdruck auf seinem Gesicht von Furcht zu Verwirrung, gefolgt von Verstehen und etwas, was Beschämung nahekam.

»Bnoah doni«, sagte er leise.

Lepa brachte ihr Gesicht dicht vor seines. »Heißt das, es tut dir leid?« fragte sie. »Heißt das, daß du verstanden hast?«

»De«, flüsterte der Fremde und streckte die Arme nach Majina aus.

»Ich glaube, er möchte sie auch umarmen«, meinte Marrah.

Lepa blickte den Fremden unsicher an. »Ich weiß nicht, ob mir die Idee gefällt. Was, wenn er sie wieder schlägt?«

»Wenn er es tut, dann werden wir mehr tun, als nur mit unseren Stöcken auf den Boden zu schlagen«, versprach Gorriska.

Lepa wandte sich an ihre Tochter. »Majina, wenn du dich von diesem fremden Mann umarmen lassen möchtest, dann kannst du das tun, aber wenn du Angst hast, zu ihm zu gehen, dann werden wir das alle verstehen.«

Majina blickte den Fremden an, der immer noch mit ausgestreckten Armen dastand. »Ich weiß nicht«, sagte sie stirnrunzelnd. »Er tut mir leid, aber seine Ohrfeige hat weh getan.« Sie verschränkte ihre kleinen Arme vor der Brust und spreizte die Füße wie ihre Mutter. »Arang hat mir erzählt, Baby Erori wüßte schon mehr über Menschen als dieser Mann da, und jetzt glaube ich, Arang hat recht. Trotzdem tut er mir irgendwie leid.«

Sie löste ihre Arme, ging zu dem Fremden und blieb einen Moment knapp außerhalb seiner Reichweite stehen. »Sei freundlich«, kommandierte sie, und dann trat sie vor, warf ihre Arme um seine Taille und umarmte ihn. Ein Ausdruck der Überraschung erschien auf seinem Gesicht. Langsam beugte er sich vor, nahm das Kind in seine Arme und stand einen Augenblick reglos da, während er sein

Gesicht in ihrem Haar vergrub. Als er Majina schließlich losließ, sahen alle die Tränen in seinen Augen.

»Er ist schließlich doch ein menschliches Wesen«, meinte Gorriska.

»Und es tut ihm leid«, fügte Marrah hinzu.

Es war Majina, die das letzte Wort behielt. Nachdem sie den Fremden leicht auf die Stirn geküßt hatte, kehrte sie zu ihrer Mutter zurück. »So böse ist er eigentlich gar nicht.«

Doch als Ama von dem Vorfall hörte, war sie sich nicht so sicher. Der Fremde mochte es vielleicht bereuen, Majina geschlagen zu haben, aber man konnte unmöglich vorhersehen, was er als nächstes tun würde. Und so rief sie Egura, die Dorftischlerin, zu sich, und wies sie an, eine Art Tragbahre zu bauen, damit sie den Fremden nach Hoza transportieren konnten, da er offensichtlich noch zu schwach war, den ganzen Weg zu laufen. Vielleicht würde die »Mutter aller Familien« wissen, was mit ihm zu tun war. Mutter Asha war eine alte Frau, schon weit über neunzig, und sie hatte viele seltsame Dinge in ihrem Leben gesehen.

Sabalah war sogar noch weniger optimistisch. Obwohl der Fremde jetzt sanfter und umgänglicher erschien, konnte sie einfach nicht das Gefühl unguter Vorahnung abschütteln, während sie beobachtete, wie er langsam wieder zu Kräften kam. Als sie eines Tages neben ihm saß, um aus dem Gemeinschaftstopf zu essen, blieb ihr fast das Essen in der Kehle stecken.

»Unterhaltet euch nicht in der Sprache von Shara, wenn er euch hören kann«, warnte sie Marrah und Arang.

»Warum nicht?« Arang war überrascht, seine Mutter mit soviel Argwohn von einem Mann sprechen zu hören, der offensichtlich zu sehr von seiner Krankheit geschwächt war, um einem von ihnen großen Schaden zuzufügen. Seit dem Vorfall mit Majina hatte sich der Fremde ernstlich bemüht, freundlich zu den Kindern des Dorfes zu sein, und Arang fing an, ihn sehr zu mögen. Er war fasziniert von den goldenen Ohrringen und dem langen Messer und der Vorstellung, daß der Mann von irgendeinem fernen Ort gekommen war, den noch keiner zuvor gesehen hatte, noch nicht einmal Sabalah.

Erst gestern hatte der Fremde den ganzen Morgen damit zugebracht, ein Spielzeugtier zu schnitzen, genauso geformt wie das, das an seiner Halskette hing. Als er fertig gewesen war, hatte er das Tier genommen und über den Fußboden springen lassen, und dabei hatte er geschnaubt und schrille, hohe Schreie ausgestoßen. Und dann hatte er gelacht und Arang das kleine Holztier zugeworfen und etwas gesagt, was Arang leider nicht verstand, aber was zu verstehen er sich sehnlichst wünschte.

Statt Arangs Frage zu beantworten, wiederholte Sabalah lediglich, daß er und Marrah nur in der Sprache von Shara sprechen dürften, wenn sie allein in ihrer Schlafecke waren. »Ich habe das Gefühl, daß es Unglück bringen könnte, wenn er uns reden hört«, fügte sie hinzu. Es war eine lahme Erklärung, aber alles, woran sie sich halten konnte, war ein dumpfer Schmerz in ihrer Magengrube und das unbehagliche Gefühl, daß ein Unheil geschehen würde. Was immer es auch ist, es kommt hierher, und ich habe nicht die Kraft, es aufzuhalten, dachte sie, als sie in der Nacht schlaflos auf ihrem Fell lag und auf das Rascheln des Windes im Reetdach horchte. Aber vielleicht irre ich mich auch; vielleicht ist es nichts; vielleicht wird dieses Gefühl wieder vorübergehen.

Doch statt sich zu legen, wurde das ungute Vorgefühl stärker. Allmählich fühlte Sabalah die Welt um sich herum immer bedrohlicher werden. Dinge, die ihr früher Spaß gemacht hatten, waren kein Trost für sie, und obwohl sie sehen konnte, daß die Sonne wie eh und je schien und daß ihre Kinder bei guter Gesundheit waren und alles in Ordnung war, konnte sie nicht die Freude empfinden, die ihr ein solcher Anblick hätte verschaffen müssen.

Ein paar Tage bevor sie nach Hoza aufbrechen sollten, bat sie ihren Partner, Mehe, für eine Weile wieder in das Langhaus seiner Mutter zu ziehen. Mehe war Arangs *aita*, ein großer Mann mit einem buschigen Bart so dunkel wie Winterhonig. Er war aufmerksam, intelligent und freundlich und hatte einen feinen Sinn für Humor, aber obwohl er seit drei Jahren ihr Partner war und sie ihn liebte, war sie nicht mehr mit dem Herzen dabei, wenn sie miteinander schliefen.

An dem Morgen, nachdem er gegangen war, erschien Ama mit

einer Schale Tee, der pulverisierte Eichenrinde, gemahlenen Flachssamen und getrocknete Minze enthielt. »Trink das hier«, befahl sie streng.

Sabalah trank gehorsam, doch das Problem war nicht ihr Magen. Inzwischen war sie überzeugt, solange der Fremde an ihrem Herdfeuer saß, würde kein Heiltrank, und sei er noch so stark, ihren Seelenfrieden wiederherstellen können. Bald, dachte sie, werden wir ihn nach Hoza bringen, und vielleicht wird Mutter Asha uns erlauben, ihn einem anderen Dorf zu übergeben. Aber sie wußte, daß das ziemlich unwahrscheinlich war.

Dann, am Morgen des Tages, bevor sie aufbrechen sollten, als die Tragbahre bereits vorbereitet war und die Knochen der Toten liebevoll eingesammelt, passierte etwas, was Sabalah aus ihrer düsteren Stimmung riß. Sie arbeitete barfuß in einem Weizenfeld und grub das Unkraut mit einer hölzernen Hacke aus. Die Hacke war im Grunde nur ein langer Stock mit einer Kerbe am unteren Ende, so daß jeder störrische Schößling problemlos aus der steinigen Erde gezogen werden konnte, aber er war so gut ausbalanciert, daß sich der Holzstab fast wie von selbst in ihren Händen vor- und zurückzubewegen schien.

Sabalah liebte es, den Boden zu bearbeiten; es war so friedlich, auf dem Feld zu stehen und den Ozean zu ihrer Seite zu sehen und den Wald zu ihrer anderen, das Blöken der Ziegen zu hören, das stetige Rauschen der Brandung und das fröhliche Lachen der Kinder in der Ferne. Der Geruch frisch umgegrabener Erde hatte eine beruhigende Wirkung, und oft, wenn sie Glück hatte, entdeckte sie etwas besonders Schönes: einen kleinen Schmetterling mit zarten, purpurrot-blauen Flügeln, oder, wenn sie großes Glück hatte, die glänzend schwarzen Augen und den flachen grauen Kopf einer Grasschlange.

Und dennoch, an diesem speziellen Morgen bereitete ihr die Arbeit keine Freude. Sie arbeitete gedankenlos vor sich hin, während sie sich bückte und ein Unkraut auszog, bückte und zupfte, ohne etwas von ihrer Umgebung wahrzunehmen, ihr Kopf wie von einer Nebelwolke eingehüllt. Sie war so in ihren eigenen Kummer vertieft, daß sie mehrmals ein Weizenpflänzchen statt eines Unkrauts auszog und sich hinknien mußte, um den Sprößling so gut es ging wieder einzupflanzen.

In einem dieser Augenblicke machte sie einen Schritt vor, um den Schaden zu begutachten, den sie angerichtet hatte, als sie plötzlich etwas Scharfes, Schmerzhaftes in ihre Fußsohle eindringen fühlte. Mit einem Schmerzensschrei ließ sie die Hacke fallen, setzte sich auf den Boden, bog ihren Fuß herum und stellte fest, daß sie in einen langen, scharfen Dorn getreten war. Sie biß die Zähne zusammen und zog daran, doch er ließ sich nicht herausziehen. Sie grub ihre Nägel in das umgebende Fleisch und zog kräftiger, und schließlich kam der Dorn heraus.

Einen Moment lang saß Sabalah da und betrachtete den Dorn, fragte sich, von welcher Pflanze er stammen mochte. Einen Dorn wie diesen hatte sie noch nie zuvor gesehen. Er war ungefähr fünf Zentimeter lang, dunkelbraun, spitz wie eine Nadel am einen Ende und breit an der Stelle, wo er von einem Busch oder Baum abgebrochen war. Seine Oberfläche glänzte leicht, als wäre der Dorn von etwas geglättet worden, und ihr kam der Gedanke, daß er vielleicht von weit her kam und mit der Meeresströmung angetrieben worden war. Wenn das der Fall war, dann mußte er schon vor sehr langer Zeit an Land gespült worden sein, denn sie hatte noch nie von einem Sturm gehört, der so wild gewesen war, daß er die Wellen den ganzen Weg bis zu den Feldern hinaufgepeitscht hätte, aber sie hatte schon überall Muscheln gesehen, selbst im Wald, deshalb war es möglich, daß der Dorn auf dem Seeweg nach Xori gekommen war.

Bei diesem Gedanken kam ihr plötzlich schlagartig die Erkenntnis: Dieser Dorn war die Katastrophe, die sie gefürchtet hatte! Sie rappelte sich hastig auf, versuchte zu gehen und stellte prompt fest, daß noch ein Stückchen von dem Dorn in ihrer Fußsohle steckte. Der Splitter verursachte nicht übermäßig große Schmerzen, aber er zwang sie zu humpeln. Sie fühlte sich so erleichtert, daß ihre Knie schwach wurden und sie sich erneut hinsetzen mußte. Dies war es also gewesen, nur dies hier und nichts anderes! Sie hatte Magenschmerzen bekommen beim Anblick des Fremden, hatte eine schlimme Katastrophe befürchtet, aber am Ende war es nichts weiter als ein Dorn gewesen. Wie der Fremde, so war auch der Dorn über das Meer gekommen, aber es war der Dorn, nicht der Fremde, der diesen plötzlichen, unerwarteten Schmerz gebracht hatte. Die Warnung war klar und simpel gewesen, doch sie hatte sie fehlinterpretiert. Ihr Leben würde schließlich doch nicht aus den Fugen geraten. Sie würde nur ein paar Tage lang Unannehmlichkeiten haben, während die Wunde heilte – vielleicht eine Woche, höchstens.

Als Sabalah zurück zum Dorf humpelte, um die Wunde zu reinigen und die offene Stelle mit einer Salbe aus Lavendel und schwarzen Johannisbeerblättern einzureiben, freute sie sich bei jedem Schritt. An diesem Abend ging sie zum Langhaus von Mehes Mutter und bat ihn, zurückzukommen und wieder das Bett mit ihr zu teilen, und als sie später am Feuer saß mit Mehe an ihrer einen Seite und Arang und Marrah an ihrer anderen, ertappte sie sich dabei, wie sie den Fremden anlächelte, der plötzlich nicht länger gefährlich erschien.

»Ich werde leider nicht mit nach Hoza gehen können«, rief sie Ama zu, die damit beschäftigt war, die letzten Vorräte einzupakken. »Ich habe mich am Fuß verletzt, und es dauert gute vier Tage, um dorthin zu kommen, und vier weitere, um wieder zurückzukehren.«

»Bist du schlimm verletzt?« Ama richtete sich von den Bündeln auf und blickte Sabalah besorgt an.

»Nein«, Sabalah lächelte, »überhaupt nicht schlimm. Tatsächlich könnte man sogar sagen, daß ich auf eine gute Art verletzt bin.« Dies ergab natürlich für die anderen keinen Sinn, außer für Sabalah, die fröhlich lachte, als sie die Worte aus reiner Erleichterung sagte, aber als die anderen sahen, daß sie wieder heiterer Stimmung war, lachten Ama, Marrah und Arang mit ihr, und zum ersten Mal seit Wochen war die ganze Familie wieder glücklich.

4. Kapitel

Alle drei Jahre vereinte das Fest der Toten sämtliche Dörfer des Küstenvolks bei einer großen gemeinsamen Feier. Von überall entlang der Küste reisten Vertreter der dörflichen Bestattungsgemeinschaften noch Hoza und brachten die Gebeine derjenigen mit, die seit dem letzten Fest verstorben waren. Die Knochen, von den Vögeln säuberlich abgenagt, wurden in bestickten Lederbeuteln transportiert, und jedesmal, wenn eine neue Dorfgemeinschaft zu der Versammlung stieß, hoben sie die Beutel über ihre Köpfe und verkündeten singend die Namen der Toten und ihre Heldentaten.

»In diesem Beutel tragen wir Osaba,
Sohn von Tasa,
einen tüchtigen Händler,
der vielen Stürmen trotzte«,

pflegte zum Beispiel ein Dorf zu singen, und ein anderes erwiderte:

»In diesem Beutel tragen wir Bilera,
Tochter von Goiza.
Sie war eine gute Jägerin,
die uns viele Hirsche brachte.
Die Männer waren verrückt nach ihr
und schliefen draußen vor ihrer Tür,
aber sie war sehr wählerisch.«

Die Gesänge der Bestattungsgemeinschaften waren rauh, manchmal obszön und oftmals witzig, denn die Eulengöttin, die den Tod regierte, herrschte auch über das Leben und die Auferstehung, und wie konnte von einem erwartet werden, daß man ein langes Gesicht machte und trauerte, wenn jene, die man geliebt hatte, zur Erdengöttin zurückgebracht wurden, um wiedergeboren zu werden? Knochen waren nichts weiter als die abgeworfenen Gerippe der Toten. Ihre Seelen waren sicher in der Obhut der Göttin Erde, deshalb war es am besten, zu feiern und zu lachen, sich mit gegorenem Met und Fruchtwein zu betrinken und Geschichten davon zu erzählen, wie freundlich (oder wie böse) eben jene weißen Knochen gewesen waren, als sie noch mit Fleisch bedeckt auf Erden wandelten.

Das Ergebnis war ein Fest, das drei Tage lang dauerte. Immer wurde ein neues Standbild der Göttin aufgestellt, und es gab ein großes Festgelage und Gesänge, die mit einem Tanz um eine hohe hölzerne Stange inmitten des Festplatzes endeten. Wenn eine Frau Probleme hatte, schwanger zu werden, konnte sie eines der Göttinnenstandbilder mit Honig und Öl salben, sich mit ihrem nackten Körper daran reiben und um Glück bitten, oder – die wirkungsvollere Methode – einen der jungen Männer aus einem anderen Dorf auffordern, mit ihr in die Wälder zu gehen. Liebe war in Hoza leicht zu bekommen, und im darauffolgenden Frühjahr wurden immer viele Kinder geboren.

Das letzte Mal, als man ein Standbild der Göttin aufgestellt hatte, war Marrah noch zu jung gewesen, um bei der Zeremonie dabeizusein. Jetzt war sie eine Frau, aber noch so unerfahren, daß ihr das Spektakel ehrfürchtige Scheu einflößte. Sabalah hatte den Fremden ihrer Obhut anvertraut, doch als sie am ersten Morgen des Festes neben seiner Tragbahre stand, vergaß sie seine Anwesenheit beinahe. Alles, woran sie denken konnte, war das neue Standbild der Göttin. Sie war eine tonnenschwere, riesige Figur, mehr als dreimal so groß wie ein erwachsener Mann, und eine falsche Bewegung konnte sie krachend zu Boden stürzen lassen. Vielleicht würde genau das passieren und vielleicht auch nicht, aber nur die steinerne Göttin selbst wußte, ob sie aufrecht stehend unter den anderen Göttinnen von Hoza leben wollte, und sie schien noch unentschlossen, neigte sich erst gefährlich in die eine Richtung und dann in die andere, als könnte sie sich jeden Moment entschließen, zu fallen und die Männer unter ihrem Gewicht zu zermalmen, die versuchten, sie anzuheben.

Wenn sie umkippte, dann wäre das eine Katastrophe. Es hatte fast drei Jahre gedauert, um sie für diesen Tag vorzubereiten. Zuerst mußte sie aus dem Mutterschoß der Erde gewonnen werden. Ganze Mannschaften junger Männer hatten Monate damit zugebracht, den Stein aus einem Granitbruch zu hauen und sie zu formen, wobei sie nur Feuer, Wasser und steinerne Meißel benutzt hatten.

Sie hatten die Umrisse ihres großen Körpers mit Kohle auf den Granit gezeichnet, in Tierfett getauchte Zweige auf die Linien gelegt, sie in Brand gesteckt und anschließend mit kaltem Wasser gelöscht, damit der Stein an dieser Stelle auseinanderbrach. Sie hatten sie losgeklopft, sie auf einen Schlitten aus Vierkanthölzern geladen, sie mit Seilen aus Pflanzenfasern festgebunden, und sie auf einer Reihe von Rollklötzen nach Hoza gezogen, die aus Eichenstämmen gefertigt waren. Tausend Männer waren nötig gewesen, um sie zu bewegen, und weitere zwanzig Männer, um die Rollklötze immer wieder von hinten nach vorn zu tragen, aber was spielte es für eine Rolle, wieviel Zeit und Schweiß und Mühe es gekostet hatte? Sie war ihre Göttin, ihre Mutter, ihr Liebling, und sie hatten gesungen und gebetet, als sie sie mühsam die Hügel hinaufgezogen und sie auf der anderen Seite in Richtung Meer hinuntergeschleppt hatten.

In Hoza angekommen, hatten die jungen Männer ihren Sockel zu einem geraden Stumpf zurechtgehauen, sie mit Blumen geschmückt und sie zurückgelassen, um mit den anderen Göttinnen Bekanntschaft zu schließen. Fast zwei Jahre lang ruhte sie dort und wartete auf das nächste Fest der Toten.

Dann, ungefähr vor einem Monat, waren die jungen Männer erneut nach Hoza gewandert, um eine rechteckige Grube zu graben, damit sie aufrecht darin stehen konnte. Die Grube hatte drei senkrechte Seiten und eine schräg abfallende. Als sie fertig waren, hatten die Männer sie langsam die Schräge hinunter in das Loch manövriert, ihren Kopf mit hölzernen Hebeln angehoben und Holzklötze unter sie geschoben. Die Klötze wurden »die Kopfkissen der Göttin« genannt, und was für Kopfkissen das waren! Sie stapelten sie aufeinander, Klotz für Klotz, bis sie fast aufrecht stand.

Wieder ließen sie sie eine Weile ruhen, und wieder warteten sie. Heute waren die Männer zurückgekehrt, um sie auf die Füße zu stellen und in eine aufrechte Lage zu ziehen, um sie zu lieben und ihr zu Ehren Lieder zu singen und sie zu bitten, ohne Hilfe zu stehen und sie zu segnen, aber keine Göttin war so leicht zu überzeugen, und kein Hebevorgang war ein Erfolg, bis er endgültig abgeschlossen war.

Als Marrah dastand und beobachtete, wie sich die jungen Männer abmühten und schwitzten und sangen, war die Spannung so unerträglich, daß sie bisweilen zu atmen vergaß. Die meiste Zeit jedoch jubelte sie und klatschte in die Hände wie ein Kind bei einem fröhlichen Fest. Einmal unternahm sie einen verspäteten Versuch, sich würdig zu geben, aber bevor sie wußte, was geschah, stand sie wieder auf den Zehenspitzen und hüpfte aufgeregt auf und nieder, um einen besseren Blick zu bekommen, während sie zusammen mit allen anderen Worte der Ermutigung rief.

Es war kein Wunder, daß sie sich fast heiser schrie. Wer wäre an Marrahs Stelle nicht aufgeregt gewesen? Es war nicht nur ihr erstes Fest, es war auch das erste Jahr, daß ihr Dorf mit der ehrenvollen Aufgabe betraut wurde, die Leitung bei der Aufstellung der Statue zu übernehmen. Sie hatte Freunde dort unter den Männern, die an den Seilen zogen – Vettern und Onkel und Nachbarn –, und ganz gleich, wie laut sie sie anfeuerte, immer konnte sie Gorriskas Stimme über den Lärm hinweg dröhnen hören, als er die Männer antrieb.

»Hebt die Große Eule,
die uns alle segnet.
Hebt sie hoch!«

Das sang Gorriska. Angefeuert von seiner Stimme, zogen die jungen Männer noch härter an den Seilen, setzten ihre gesamte Kraft ein. Die ganze Nacht lang hatten sie gesungen und getanzt und sich in einen hypnotischen Zustand gesteigert, bis das Bewußtsein und der Wille des einzelnen mit dem der anderen zu einer Einheit verschmolz. Als sie jetzt das Steinbild in Richtung Himmel zogen, ihre geliebte Göttin an ihren Ruheplatz hoben, stiegen ihre Herzen mit ihr auf. Auf der anderen Seite des Steins zogen andere Männer an Seilen, die mit langen Hebeln verbunden waren, während wieder andere weitere Holzklötze und Baumstämme unter der Göttin aufstapelten, bis ihr Kopfkissen ein Turm wurde. Noch einen Moment, und der kritische Punkt wäre erreicht: Sie würde sich vollständig aufrichten und ohne Hilfe stehen, vielleicht bis in alle Ewigkeit, vielleicht auch nur für einen kurzen Augenblick.

Plötzlich schwankte der Stein und drehte sich leicht in dem Erdloch, und die Menge stöhnte erschrocken auf. Möge sie nicht fallen! betete Marrah und klammerte sich entsetzt an Amas Hand. Nein, das hier war einfach zu viel; sie konnte es nicht länger mitansehen. Hastig blickte sie weg, steckte sich die Finger in die Ohren, damit sie nichts davon hören würde, wenn der Stein zu Boden stürzte, und versuchte, an andere Dinge zu denken.

Hinter ihr, hoch über Hoza, ragte der Mutterschoß der Ruhe auf, den sie gestern zum ersten Mal mit eigenen Augen gesehen hatte, nachdem sie die anderen Dorfbewohner jahrelang davon hatte erzählen hören. Auf dem Gipfel eines kleinen, mit purpurroter und goldgelber Erika bewachsenen Hügels gelegen, war der Mutterschoß ein großer, kreisförmiger Bau aus Steinen, dessen Südostseite elf schmale Gänge aufwies, so angelegt, daß sie die Strahlen des aufgehenden Mondes einfingen. Die Türen der Gänge standen offen, bereit, die Gebeine der Toten aufzunehmen, und vor ihnen brannten bereits zeremonielle Feuer, die den süßen Duft von Kiefernholz und Kräutern in die klare Sommerluft verströmten.

Andere Gebäude gab es nicht, denn Hoza war keine Stadt im üblichen Sinne; sie war ein zeremonielles Zentrum, an einer windumtosten Stelle der Küste erbaut, wo nichts wuchs außer Heidekraut und verkümmerten Büschen. Die einzigen Häuser waren provisorische Unterkünfte, von Lagerfeuern erwärmt, die am Ende des Festes mit Seewasser gelöscht werden würden. Aber noch lange, nachdem die vielen Menschen in ihre Dörfer zurückgekehrt waren, würde alles im Umkreis von spiritueller Energie vibrieren. Diese Energie würde nicht nur vom Mutterschoß der Ruhe ausströmen, sondern auch von den langen Reihen der Göttinnenstandbilder, die sich zum Meer hinunter erstreckten – einige davon nur ein paar Fuß hoch, andere von gigantischer Größe. Jeder Stein stellte eine heilige

Eule dar, die auf die Toten aufpassen würde, wenn Marrah und die anderen wieder gegangen waren, doch keiner war so groß wie die neue Göttin, die sie heute aufstellten.

Marrah zog die Finger aus den Ohren und hörte Ama unterdrückt nach Luft schnappen und mit leiser, ängstlicher Stimme etwas murmeln. Kein gutes Zeichen. Immer noch überzeugt, daß der neue Stein zu Boden stürzen und in tausend Stücke zerspringen würde, begann Marrah sich abzulenken, indem sie die alten Steine zählte: zehn, zwanzig ... fast siebzig Göttinnen waren es insgesamt.

Plötzlich stieg ohrenbetäubender Jubel von der Menschenmenge auf. Marrah konnte der Versuchung nicht länger widerstehen; sie blickte zurück zum Ort des Geschehens und sah die neue Göttin einen Moment lang gefährlich nach links kippen und dann – endlich – an ihren vorgesehenen Platz gleiten. Hastig sprangen die jungen Männer aus dem Weg, um ihre Seile an Dutzenden von hölzernen Pflöcken festzubinden, die tief in die steinige Erde geschlagen und fächerförmig auf dem Boden verteilt worden waren, so daß die Steinsäule aufrecht gehalten wurde wie der Mast eines riesigen Zeltes.

»Alle Achtung!« riefen die Leute lobend. »Gut gemacht!«

Die jungen Männer wichen erleichtert zurück, erschöpft und in Schweiß gebadet. Es war geschafft! Einige drehten sich um und lächelten den Zuschauern benommen zu, als wären sie sich jetzt erst der Tausende von ängstlichen Gesichtern um sich herum bewußt geworden. Sie griffen nach Krügen voll Wasser, tranken durstig und gossen sich den Rest über Kopf und Schultern, um die Wassertropfen danach wie Seehunde abzuschütteln. Obwohl die Aufstellung der Göttin ein Erfolg gewesen war, war ihre Arbeit noch nicht beendet. Felsblöcke und Erde mußten noch zu Füßen der Statue aufgeschichtet werden, um sie zu stützen, aber der gefährlichste Augenblick war glücklicherweise vorbei. Die Göttin war nicht umgestürzt, und falls nicht Amonah selbst einen starken Sturm schickte, um die Seile zu zerreißen, würde sie viele Generationen lang dort stehen und über die Toten wachen.

Es gab eine Redensart unter den Angehörigen des Küstenvolks, daß es zwei Dinge gab, die unbeaufsichtigt zu lassen höchst gefährlich war: Feuer und die Kraft von jungen Männern. Beide waren kostbar, doch beide mußten sinnvoll genutzt und gut unter Kontrolle gehalten werden, sonst konnten sie ausarten und große Zerstörung anrichten.

»Ihr habt sie mit eurer Kraft verehrt«, rief die Menge den Männern zu. »Wir lieben euch! Wir ehren euch! Nur ihr seid dazu imstande gewesen!«

Die jungen Männer lächelten voller Stolz und Zufriedenheit. Eine neue Göttin war aufgestellt worden, um die Toten zu schützen; alle Dörfer des Küstenvolks waren wieder einmal vereint gewesen, und es würde weitere drei Jahre lang Frieden herrschen.

Marrah weinte vor Freude und Erleichterung. Der Fremde, der den ganzen Morgen lang neben ihr gesessen hatte, bemerkte ihre Tränen und war verwirrt. Er hatte die gesamte Zeremonie aufmerksam verfolgt, ohne etwas davon zu verstehen. Was bringt diese Wilden dazu, so zu schuften? fragte er sich verwundert. Was haben sie davon?

Mutter Asha, die »Mutter aller Familien«, hatte ebenfalls zugeschaut, wie die jungen Männer den neuen Göttinnenstein aufstellten. Sie hatte auf einer hölzernen Plattform auf einem bequemen Stapel von Schaffellen gesessen, durch einen fest geflochtenen Schirm aus Stroh vor der Sommersonne geschützt. Um sie herum stand ein halbes Dutzend Dorfmütter, bereit, ihr einen Schluck kühles Wasser zu bringen oder ihr Luft zuzufächeln oder alles andere zu tun, was sie verlangte, obwohl die meisten von ihnen längst mehrfache Großmütter waren. Und wenn schon! dachte Mutter Asha, keine von ihnen ist so alt wie ich. Ich habe bereits mein jüngstes Kind und das älteste Mitglied meines Dorfrates um mehr als zwanzig Jahre überlebt, und wer weiß, vielleicht lebe ich noch weitere zwanzig Jahre.

In ihrem hohen Alter von achtundneunzig Jahren brauchte sie alle die kleinen Bequemlichkeiten, die sie ihr verschaffen konnten, denn obwohl ihre Augen immer noch klar waren und ihr Verstand so scharf wie immer, war ihre Haut so alt, daß sie wie abgenutztes Leder aussah, und bis auf drei schwarze Backenzähne existierten ihre übrigen Zähne nur noch in der Erinnerung. Wenn ich daran denke, wie ich früher in ein Stück Rehfleisch gebissen habe! dachte sie geistesabwesend, als sich die jungen Männer vor der jubelnden Menschenmenge verbeugten. Asha jubelte ihnen natürlich ebenfalls zu, denn die jungen Männer wären schrecklich enttäuscht gewesen, wenn sie keinerlei Begeisterung gezeigt hätte, aber sie hatte diese gleiche Zeremonie schon viele Male zuvor gesehen, deshalb berührte sie sie nicht mehr so tief wie einstmals.

Während sie Worte des Lobes rief und mit ihrem Gehstock auf die hölzerne Plattform trommelte, ertappte sie sich bei dem Gedanken, daß sie sich noch exakt daran erinnerte, wie der Rehfleischeintopf ihrer Mutter ausgesehen und geschmeckt hatte – vor neunzig Jahren. Vor ihrem inneren Auge konnte sie wieder den dunkelbraunen Topf sehen, wie er auf seinem Gestell über heißen Kohlen stand, sah das Muster von Tupfen und Schlangenlinien, das auf der Außenseite eingeritzt war, ja sogar die saftigen Stücke Rehfleisch, die in der dicken Brühe schwammen, gewürzt mit Kräutern, von denen nur ihre Mutter zu wissen schien, wo man sie finden konnte.

Mutter Asha nickte, zufrieden mit sich selbst. In letzter Zeit hatte sie schon befürchtet, sie würde vergeßlich. Zum Beispiel, was den Text von Liedern betraf. Die gesamte Geschichte des Küstenvolks wurde mündlich überliefert; wenn man auch nur den Text eines einzigen Liedes vergaß, bedeutete das, ein wichtiges Dokument der Vergangenheit zu vergessen. In letzter Zeit hatte Asha gemerkt, daß sie nicht in der Lage war, sich an ein paar der Lieder zu entsinnen, die nur selten gesungen wurden. Natürlich wußte sie immer noch Tausende von Strophen, aber im vergangenen Jahr oder so hatten sich mehrere kleine, beunruhigende Gedächtnislücken aufgetan, deshalb war es eine Erleichterung, festzustellen, daß ihre Erinnerung immer noch klar genug war, um sich den Duft eines Eintopfes ins Gedächtnis zurückzurufen, der Generationen zuvor gegessen worden war.

Als Asha genug Beifall gespendet hatte, legte sie ihren Gehstock beiseite, stützte die Hände auf die Knie und blickte auf die Menschenmenge. Sie alle waren ihre Kinder, ihre Verantwortung, und nachdem das Standbild der Göttin jetzt erfolgreich aufgestellt worden war, würde sie bald mit dem beginnen müssen, was nur sie tun konnte. Es kam ihr oft seltsam vor, daß sie in ihrem hohen Alter so viele Kinder haben sollte, wenn die vier Kinder, die sie in ihrer Jugend zu Welt gebracht hatte, inzwischen verstorben waren; aber eine »Mutter aller Familien« brauchte nicht unbedingt lebende Kinder zu haben. Noch reichte es, einfach die älteste Frau von allen zu sein, obwohl das häufig der Fall war. Das Amt war nicht vererbbar; wenn sie eine streitsüchtige alte Frau gewesen wäre oder geistig nicht mehr auf der Höhe oder in irgendeiner Weise unfähig, hätten sich die Dorfmütter zu einer Beratung zusammengefunden und einer anderen Frau die Ehre übertragen. Tatsächlich war die einzige Qualifikation für das Amt der »Mutter aller Familien«, daß man sich nicht darum bewerben konnte; es mußte einem praktisch aufgedrängt werden.

Nun, aufgedrängt haben sie es mir, das kann man wohl sagen, dachte Mutter Asha, als sie zwei der jüngeren Frauen herwinkte, damit sie ihr auf die Füße halfen. Die jüngeren Frauen, von denen eine dreiundfünfzig war und die andere fast sechzig, griffen ihr energisch unter die Arme und zogen sie behutsam auf die Füße. Als die Zuschauer sahen, daß sich die Mutter erhob, breitete sich Schweigen aus, und alle wandten sich zu ihr um und blickten sie an, die Gesichter wie erwartungsvolle Kinder zu ihr erhoben.

Mutter Asha räusperte sich. Als sie zu sprechen begann, war ihre Stimme klar und fest und nur in den höheren Tonlagen eine Spur zittrig. »Meine lieben Kinder«, sagte sie, »wir werden jetzt damit anfangen, die Gebeine jener, die wir lieben, in den Mutterschoß der Ruhe zu bringen.« Sie ließ ihren Blick von einer Dorfgruppe zur nächsten schweifen und fragte sich, wo sie beginnen sollte. Es hatte in diesem Jahr nicht viele Todesfälle gegeben, aber selbst einer war schon zuviel.

»Bringt die Gebeine eurer Lieben zu mir«, rief sie und winkte den Leuten des Dorfes Shiba zu, des kleinsten und am weitesten entfernten Dorfes. »Laßt mich sie ein letztes Mal in ihrem Namen segnen.«

Als die Dorfbewohner von Shiba mit zwei Beuteln voller Knochen vortraten, ging eine Veränderung mit Mutter Asha vor sich.

Sie mochte vielleicht die Aufstellung einer neuen Göttinnenstatue mit milder Langeweile verfolgen, nachdem sie die Zeremonie nun schon zum achtundzwanzigsten Mal miterlebte, aber die Segnung der Toten war eine völlig andere Sache. Während die Dorfbewohner vor ihr niederknieten, die Beutel aufzogen und die Knochen zum letzten Mal im Sonnenlicht ausbreiteten, fühlte Asha den Geist der Göttin Erde durch die Seelen zu ihren Füßen aufwärtsströmen. Wie ein Blitzschlag schoß die göttliche Kraft durch ihren Körper und erfüllte sie mit ihrer Gnade, bis sie nicht länger eine alte Frau war, gefangen in der welken Haut einer alten Frau, sondern die Botschafterin der Göttin selbst.

»Ruht in Frieden«, rief sie den Geistern der Toten zu und vollführte eine segnende Handbewegung über den Knochen. »Schlaft, wie ihr als Kinder geschlafen habt, im Schoß einer Mutter, die euch liebt.«

Sie segnete die Toten, Dorf für Dorf. Nachdem sie die heiligen Worte gesprochen und mit der Hand über die Knochen gestrichen hatte, sammelten die Dorfbewohner sie wieder ein und trugen sie in den Mutterschoß der Ruhe durch einen der elf steinernen Gänge, die Alus genannt wurden. In der Regel durften nur Frauen durch die Alus gehen. Das Küstenvolk glaubte, da es die Frauen waren, die Menschen zur Welt brachten, sollten sie auch diejenigen sein, die sie wieder aus dieser Welt herausbrachten, aber wenn ein Mann Priester geworden war, dann durfte auch er eintreten, und es gab mehrere Männer, die an diesem Nachmittag dabei halfen, ihre Freunde und Verwandten zur letzten Ruhe zu betten.

Die Wände der Alus waren mit heiligen Schnitzereien verziert, die im Fackelschein zu tanzen schienen: mit Dreiecken, Schlangen, Fruchtbarkeitssymbolen, um die Trauernden daran zu erinnern, daß mitten im Tod immer Leben existierte; mit dem Symbol eines Hirtenstabs, denn sie behütete ihre Schar wie eine Hirtin; und immer mit Bildern der Göttin selbst, manchmal mit entblößten Brüsten und einer Halskette dargestellt und manchmal auf ihre alles sehenden Augen reduziert.

Jeder der Alus endete in einem kreisrunden, in der Form an einen Mutterleib erinnernden Raum, der mit weißen Steinen ausgekleidet und gepflastert war. Keine zwei Räume waren genau gleich; einige hatten gewölbte Decken, andere wurden durch große Granitplatten abgestützt, und wieder andere waren in kleinere Kammern unterteilt, aber alle hatten drei Dinge gemeinsam: Dunkelheit, Stille und Frieden.

Doch trotz der Stille und des Friedens war Marrah so erschrokken, als sie zum ersten Mal einen der Räume betrat, daß sie abrupt stehenblieb und damit beinahe Ama zum Stolpern gebracht hätte, die dicht hinter ihr folgte. Der Raum war kühl und roch nach Weihrauch und feuchter Erde. Die Knochen der Toten lagen überall – etwas, womit sie gerechnet hatte –, aber sie hatte nicht erwartet, daß sie so liebevoll arrangiert sein würden. Die Skelette lagen nebeneinander, sorgfältig zusammengesetzt wie die Teile eines Puzzles. Die Fingerknochen des einen berührten die Fingerknochen des anderen, als hielten sich die Mitglieder derselben mütterlichen Familie selbst im Tod noch bei den Händen. Es gab keine Kinder, denn wenn Kinder starben, die weniger als sechs Monate alt waren, wurden sie unter den Böden der Langhäuser beerdigt, aber es gab Skelette von jüngeren Kindern, die sich Rücken an Bauch aneinanderschmiegten, als schliefen sie alle im selben Bett.

Seit dem letzten Fest der Toten waren nur drei Leute in Xori verstorben: ein alter Mann namens Bizkar, der im Dorfrat gesessen hatte; eine Frau namens Koskor, die im Kindbett gestorben war; und Pentsatu, ein neunjähriges Mädchen, das im letzten Jahr der Sommerkrankheit zum Opfer gefallen war. Schweigend half Marrah Ama und den anderen Frauen, die Beutel zu leeren und die drei Skelette wieder zusammenzufügen.

Als sie fertig waren, verteilten die Frauen fein gemahlenen roten Ocker über den Knochen, um das fruchtbare Blut des Lebens zu symbolisieren, knieten einige Augenblicke nieder, berührten den Boden und beteten. Dann erhob sich Ama auf die Füße, griff in ihren Lederbeutel und zog drei kleine Gegenstände heraus. Neben Bizkar legte sie eine steinerne Pfeilspitze, denn er war in seiner Jugend ein guter Jäger gewesen; neben Koskor legte sie eine einzelne blaue Perle, weil Koskor immer den Himmel und die See geliebt hatte; und Pentsatu bekam ein paar buntschillernde Federn der Sorte, die in ihr

Haar geflochten worden wären, hätte sie lange genug gelebt, um zur Frau zu werden.

Es war eine bewegende Zeremonie, aber nachdem sie vorbei war, war Marrah froh, wieder nach draußen in den Sonnenschein zu kommen. Als sie aus dem *alu* trat, atmete sie tief durch und füllte ihre Lungen mit frischer Luft. Der Mutterschoß der Ruhe mochte zwar der heiligste Ort in Hoza sein, doch sie war erleichtert, daß es wenigstens drei Jahre dauern würde, bis sie das Innere erneut sah. Vielleicht bin ich doch nicht dazu geeignet, Priesterin zu werden, dachte Marrah, als sie und die anderen Frauen schweigend an den heiligen Feuern vorbeigingen und dann die lange Reihe der Göttinnenstandbilder entlang, um ihre Hände im Meer zu waschen. Sie spritzte sich kaltes Seewasser ins Gesicht und leckte die salzigen Tropfen von ihren Lippen. Sie mochte nun einmal lebendige Dinge: das Gefühl des Windes in ihrem Haar, den Geruch des Seetangs, das rauhe Knirschen von Kieselsteinen unter ihren Füßen. Wie schön das Leben ist! dachte sie.

Die Segnung der Toten dauerte eine ganze Weile. Als die Zeremonie schließlich vorbei war und alle Knochen in den Mutterschoß der Ruhe getragen worden waren, zog sich Mutter Asha in ihr Zelt zurück, aß eine Kleinigkeit, machte ein ausgiebiges Nickerchen und humpelte dann auf die Plattform zurück, um sich die Anliegen und Beschwerden der Dorfbewohner anzuhören. Bis Ama aus Xori vortrat, um von dem Fremden zu berichten, der an ihren Strand angeschwemmt worden war, hatte die »Mutter aller Familien« schon fast den ganzen Nachmittag lang Ratschläge erteilt und Gerechtigkeit walten lassen, und inzwischen war sie erschöpft, aber es war ihre Pflicht, die Probleme ihrer Kinder zu lösen, und so saß sie geduldig da und hörte aufmerksam zu, während sie mit Wasser verdünnten Fruchtsaft trank, um einen klaren Kopf zu behalten.

Ama berichtete in aller Ausführlichkeit. »Und das ist die Geschichte, wie Marrah den Fremden fand«, schloß sie. »Jetzt müssen wir dringend wissen, was als nächstes geschehen soll. Wie ich schon sagte, paßt er nicht direkt in meine Familie oder in irgendeine Familie, was das betrifft. Andererseits fällt es uns schwer, ihn völlig abzulehnen. Er hat auch seine guten Seiten.«

Sie öffnete ihre Hand und hielt Asha das Spielzeugtier hin, das der Fremde für Arang geschnitzt hatte. »Das hier hat er für meinen Urenkel gefertigt. Er ist sehr geschickt im Umgang mit einem Messer.« Sie hielt es für besser, nichts davon zu erwähnen, daß einige ihrer Leute befürchteten, er könnte zu geschickt damit sein, wenn er wieder zu Kräften gekommen war. Dann wies sie auf den Fremden, der wenige Schritte entfernt stand und seinen Blick zwischen ihr und Mutter Asha hin und her schweifen ließ, als erwartete er, ein plötzliches Wunder würde ihre Unterhaltung für ihn verständlich machen.

»Ich muß gestehen, daß es mir lieber wäre, wenn irgendein anderes Dorf ihn aufnehmen würde«, fuhr Ama fort, »aber er hat leider ein launisches Wesen, deshalb wird Xori ihn vermutlich weiter am Hals haben. Du entsinnst dich vielleicht, wie launisch und mürrisch der alte Bizkar sein konnte. Nun, dieser Fremde hier ist noch wesentlich schlimmer!«

Mutter Asha schmunzelte. »Ich habe dich in deinem Leben schon mit vielen schwierigen jungen Männern fertig werden sehen, Ama.«

»Schön und gut, aber dieser hier ist anders. Wer weiß denn schon, woher er kommt? Vom Ende der Welt vielleicht. Wir wissen, daß er ein menschliches Wesen ist, aber das ist auch so ziemlich alles.«

Mutter Asha musterte den Fremden von Kopf bis Fuß, und er erwiderte ihren forschenden Blick, nicht arrogant, aber so, als fände er die Vorstellung von zwei Frauen, die sich über ihn unterhielten, recht amüsant. »Versteht er unsere Sprache?«

Ama zuckte die Achseln. »Ich glaube, er kennt inzwischen die Wörter für ›ja‹ und ›nein‹, aber dazu ist auch ein Hund fähig, wenn man sich lange genug mit ihm beschäftigt.« Sie seufzte. »Mutter Asha, was sollen wir denn nur mit ihm tun?«

Mutter Asha legte die Stirn in Falten. »Darüber muß ich erst nachdenken. Wir können ihn sicherlich nicht wie einen Ausgestoßenen in die Wildnis jagen, und angesichts dessen, was du mir erzählt hast, weiß ich nicht, ob ich ein anderes Dorf bitten kann, ihn aufzunehmen. Ich werde dir meine Entscheidung am Ende des Festes mitteilen.«

»Am Ende des Fests!« Ama hatte gehofft, die Angelegenheit würde geregelt sein, bevor einzelne Dorfgruppen aus Hoza aufzubrechen begannen. Es gab immer einige, die nicht die ganzen drei Tage bleiben konnten.

Mutter Asha schnalzte mit der Zunge und schüttelte den Kopf. »Das ist das Problem mit euch jungen Leuten: Ihr seid einfach zu ungeduldig.«

Jung! dachte Ama. Hat sie mich gerade als »jung« bezeichnet? Sie unterdrückte ihren Ärger und verbeugte sich respektvoll, bevor sie den Fremden beim Arm nahm und davonging, um die anderen zu informieren, daß sie noch eine Weile auf die Entscheidung würden warten müssen.

Aber wie sich herausstellte, war es nur eine sehr kurze Weile. Ama blieb kaum genug Zeit, um sich in den Schatten ihrer eigenen Unterkunft zu setzen und einen Becher Wasser zu trinken, als bereits ein Bote von Mutter Asha eintraf, um sie zurückzubeordern.

»Sie sagt, du sollst den Fremden mitbringen«, erklärte der Bote. Er war ein junger Mann, der offensichtlich in aller Hast gekommen war, da er ganz rot im Gesicht und völlig außer Atem war. »Ich soll dir auch ausrichten, daß du Sabalahs Tochter, Marrah, mitbringen möchtest.«

Ama war verblüfft. »Was könnte die ›Mutter aller Familien‹ denn so bald schon wieder von uns wollen?«

»Gerade ist eine andere Dorfgruppe eingetroffen, und sie haben mehr mitgebracht als nur die Gebeine ihrer Toten.« Der Bote zeigte auf den Fremden, der neben dem Lagerfeuer saß und seinen Bart mit einem Stückchen Treibholz kämmte. »Sie haben noch so einen wie *ihn* mitgebracht.«

Obwohl der Fremde noch schwach war, bestand er darauf, zu Fuß zu gehen, deshalb brauchten sie einige Zeit, um den Weg zurückzulegen, den ein gesunder Mann in wenigen Minuten geschafft hätte. Bei jedem Schritt des Weges verzehrten sich Ama und Marrah vor Ungeduld, aber es war unmöglich, den Fremden zu größerer

Schnelligkeit anzutreiben, obwohl sie es ein paarmal versuchten, indem sie mit den Armen ruderten und die Laute ausstießen, die Hirten machten, wenn sie ihre Ziegen in den Pferch zurücktrieben.

Endlich waren sie am Ziel angekommen, um Mutter Asha wie eine grimmige alte Eule auf ihrer Plattform thronen zu sehen. Zu ihren Füßen stand eine Gruppe von Leuten, die Marrah noch nie zuvor gesehen hatte. Sie waren insgesamt fünf, staubbedeckt, erschöpft von der Reise und ziemlich verwirrt dreinblickend, zwei Männer und drei Frauen, von denen eine dem Alter nach eine Dorfmutter sein mußte.

Vor ihnen lag eine Tragbahre, ganz ähnlich der, mit der der Fremde aus Xori hertransportiert worden war, und auf dieser Bahre lag eine menschliche Gestalt, die von einer Decke aus Wildleder verhüllt war. Beim Anblick der Decke schnürte es Marrah die Kehle zu. Wer auch immer unter dieser Decke lag, war offensichtlich tot.

Mutter Asha wies mit einer Handbewegung auf die älteste der Frauen. »Dies ist Hega aus Zizare«, erklärte sie. Marrah erkannte den Namen des Dorfes, das ein ganzes Stück nördlich von ihrem eigenen lag. Zizare war berühmt für seine zeremoniellen Äxte aus Jadit, mit denen überall entlang der Küste Handel getrieben wurde. »Hega und ihre Leute sind mit einer seltsamen Last hergekommen.« Mutter Asha deutete auf Marrah und Ama. »Hega, dies hier sind zwei Töchter aus Xori, und in ihrer Begleitung ist, wie du sehen kannst, der Fremde, den sie an ihrem Strand gefunden haben.«

Hega blickte den Fremden an und schüttelte den Kopf. »Ich kann es einfach nicht glauben«, sagte sie. »Möge die Göttin Erde mich in ihren Mutterschoß aufnehmen, wenn ich jemals in meinem Leben etwas so Außergewöhnliches gesehen habe.« Sie war eine füllige Frau mit schweren Brüsten, einem runden Gesicht und scharfen Augen, die aussah, als könnte sie eine ganze Schar von Enkelkindern hüten, den Vorsitz über einen Dorfrat führen und ihre Familie täglich mit frischem Rehfleisch versorgen, ohne etwas von der Anstrengung zu spüren; doch als sie jetzt sprach, wich alle Farbe aus ihrem Gesicht. »Die Ähnlichkeit ist unglaublich!«

Ama verbeugte sich respektvoll vor Mutter Asha und dann vor

Hega aus Zizare, aber ihre Augen verrieten ihre Ungeduld. »Könnte mir mal bitte jemand sagen, was hier vorgeht? Der Bote sagte uns, daß noch ein Fremder gefunden worden wäre.« Sie zeigte auf die Gestalt auf der Tragbahre. »Ist er das?«

»Ja«, erwiderte Hega, »oder eher das, was noch von ihm übrig ist.« Sie wandte sich an Mutter Asha. »Wenn du mir bitte die Erlaubnis zum Sprechen erteilst, liebe Mutter, dann werde ich dieser Schwester erzählen, was ich dir bereits erzählt habe.«

»Sprich.« Mutter Asha klopfte mit ihrem Gehstock auf die Plattform. »Sprich und vergiß die Formalitäten. Dies ist nicht der richtige Zeitpunkt, um sich mit Förmlichkeiten aufzuhalten.«

Hega räusperte sich und verschränkte die Arme vor der Brust. »Um es kurz zu machen – unter dieser Decke liegt ein Toter. Er sieht wie euer Fremder aus; das gleiche häßliche gelbe Haar, die gleichen blaßblauen Augen, die gleiche Fischbauchhaut. Er ist allerdings noch ein Stück größer, deshalb haben wir ihm den Spitznamen ›der Riese‹ gegeben, und ich würde sagen, er war auch um einiges älter, als er noch auf Erden wandelte.«

»Wo habt ihr ihn gefunden?« wollte Ama wissen.

»Am gleichen Ort wie ihr, am Strand.« Nachdem Asha ihr befohlen hatte, von Förmlichkeiten abzusehen, war Hega offensichtlich nicht in Stimmung, viele Worte zu verschwenden. »Er wurde nach dem letzten Sturm angeschwemmt, aber gestorben ist er erst vorgestern. Aus diesem Grund sind wir auch so spät hier eingetroffen. Wir hatten eigentlich nicht vor, überhaupt nach Hoza zu kommen, weil wir keine Toten herzuschaffen hatten – oder zumindest glaubten wir, daß wir keine hätten –, und der Riese war eindeutig zu schwach, um die Reise zu machen. Aber als er dann im Sterben lag, entschieden wir, lieber nicht zu warten, um ihn dann auf einen Turm der Stille zu legen, sondern besser gleich nach Hoza aufzubrechen, damit Mutter Asha einen Blick auf ihn werfen konnte. Wir hatten gehofft, es wäre noch ein bißchen Leben in ihm, wenn wir hier ankämen, aber der Fußmarsch dauerte fünf Tage, und die Göttin wollte es anders. Er sah so seltsam aus und trug so viel zeremoniellen Schmuck, daß wir glaubten, er könnte irgendeine spezielle Art von Priester sein. Natürlich hatten wir keine Ahnung, daß es noch andere wie ihn geben könnte, deshalb kannst du dir ja sicher unsere Verblüffung vorstellen, als wir hierherkamen und man uns sagte, daß die Bewohner von Xori ihren eigenen Riesen aus dem Meer gezogen hätten und daß dieser Riese am Leben sei und in einem der Zelte auf der anderen Seite des Lagers säße.«

Alle blickten jetzt auf den Fremden, der in einem Fleckchen Sonnenlicht stand, sich am Kopf kratzte und sich offenbar nicht bewußt war, daß sie über ihn redeten. Es entstand eine verlegene Pause.

»Vielleicht sind sie zusammen gereist«, schlug Ama vor.

»Genau das denke ich auch«, stimmte Hega zu.

»Natürlich war es so«, rief Mutter Asha und hämmerte ungeduldig mit ihrem Stock auf das Podest. »Wie sollte es sonst möglich sein, daß zwei so häßliche Männer am selben Küstenabschnitt stranden?«

»Einen guten Tagesmarsch voneinander entfernt«, erinnerte Ama sie.

»Ein Tagesmarsch!« schnaubte Asha. »Was bedeutet diese lächerliche Entfernung denn schon für die Meeresgöttin? Amonahs Reichweite ist unendlich, und ihre Wogen tragen alle Arten von Dingen. Zu meiner Zeit habe ich Samenkapseln vom anderen Ende der Welt an unsere Strände anspülen sehen; ich habe sie Wrackteile von Booten zurückgeben sehen, die seit Generationen verschwunden waren; ich habe die Toten aus dem Schoß ihrer fruchtbaren Dunkelheit auferstehen und schneller reisen sehen als jeder Händler. Die Göttin kümmert sich nicht um Entfernungen, und sie verstreut ihre Gaben, wo sie es will.«

Sie hob ihren Gehstock und zeigte auf die Tragbahre. »Zieht die Decke zurück und laßt den Fremden aus Xori das Gesicht des toten Riesen aus Zizare sehen. Vielleicht werden wir an seiner Reaktion ablesen können, ob er den Toten erkennt, und wenn es so ist, dann können wir sicherlich daraus schließen, daß sie im selben Boot gesessen und im selben Sturm Schiffbruch erlitten haben.«

Sie senkte ihren Stock. »Obwohl ich ehrlich gesagt nicht weiß, was uns diese Information nützen sollte. Wir werden immer noch das Problem haben, die Gebeine des einen zur ewigen Ruhe zu betten und für den anderen ein ständiges Zuhause zu finden. Trotzdem, zieht die Decke weg und laßt uns die Sache hinter uns bringen.«

»Marrah«, befahl Ama, »nimm den Fremden an der Hand und führe ihn zu der Bahre.«

Marrah tat, wie ihr geheißen. Ihre Hand war kalt vor Aufregung, und als sie den Fremden berührte, zuckte er leicht überrascht zusammen und wandte sich mit einem fragenden Ausdruck in den Augen zu ihr um. »Komm mit«, sagte sie sanft, und als hätte er ausnahmsweise einmal verstanden, folgte er ihr ohne Protest. Bald stand er vor der Tragbahre und blickte mit milder Neugier auf die verhüllte Gestalt.

»Fertig?« fragte Hega, und ohne auf eine Antwort zu warten, griff sie nach einem Zipfel des Wildleders und zog die Decke mit einer raschen Bewegung zurück. Ein plötzliches Aufblitzen von Gold und Kupfer und Fleisch, so weiß wie Knochen, war zu sehen.

Vor ihnen lag der tote Riese von Zizare, ein riesiger, schlanker Mann mit einem Gesicht, das wie eine Axtschneide geformt war. Er hatte ein keilförmiges Kinn unter einem gelben Bart, tief eingesunkene Augenhöhlen und schmale Lippen, bläulich verfärbt vom ewigen Winter des Todes. Obwohl sein Haar dünner war und sein Gesicht wettergegerbter, sah er so sehr wie eine ältere Ausgabe des Fremden aus, daß Marrahs erster Eindruck war, sie könnte in die Zukunft sehen.

Wie der Fremde trug der Tote Kleider aus verfilztem braunen Pelz, seine linke Schulter war mit blauen Sonnen und Blitzen bemalt, und auch er hatte Ringe in seinen Ohrläppchen und Ketten um den Hals, aber was für Ringe und Ketten! Er war nicht mit Kupfer geschmückt, nur mit Tierzähnen und Gold, so viel Gold, daß Marrah ihren Augen kaum trauen konnte: goldene Ohrringe, goldene Ziernägel an seinem Gürtel, Goldintarsien auf dem Heft seines langen Messers, und sogar in die Troddeln an seinen Stiefeln waren Goldfäden eingewebt. Das größte Stück Gold lag direkt über dem Herzen des Riesen, ein Anhänger von der Größe eines Männerdaumens und von einer Form, die Marrah inzwischen vertraut war: ein vierbeiniger Hirsch, der wiederum doch kein Hirsch war, mit

Haaren statt eines Geweihs. Neben ihm lag ein seltsam anmutender Bogen, der in der Mitte gekrümmt war wie zwei Wellen, die aufeinanderstoßen.

»Große Göttin!« rief Ama. »Er sieht aus, als trüge er alles Gold der W–« Aber sie kam niemals dazu, ihren Satz zu beenden. Denn plötzlich stieß der Fremde einen so schrecklichen, schrillen Laut des Entsetzens und des Kummers aus, daß alle vor Schreck erstarrten.

»Ai!« schrie er. »Ai, ai!« Und dann warf er sich über den Leichnam, zog den Toten in seine Arme und preßte ihn an seine Brust. »Achan, doboi dan!« jammerte er und bedeckte die Augen und Lippen des Toten mit innigen Küssen.

»Was sagt er?« verlangte Mutter Asha zu wissen. »Versteht einer von euch, was er sagt?«

Keiner verstand etwas. Der Fremde hob den Toten hoch und wiegte ihn in seinen Armen, während er ununterbrochen jammerte und schluchzte, als hätte er plötzlich den Verstand verloren. Alle waren verblüfft. Noch niemals zuvor hatten sie solch tiefen Kummer gesehen. Natürlich trauerte man, wenn jemand starb, aber gleichzeitig wußte man, daß der geliebte Tote zur Mutter Erde zurückkehren würde, deshalb weinte man zwar, aber man verzweifelte nicht völlig. Doch der Fremde schien vor Trauer vollkommen außer sich zu sein. Behutsam legte er den Toten auf die Bahre zurück und begann dann plötzlich, an seinen eigenen Haaren zu zerren und seine Kleider zu zerreißen. Er hob eine Handvoll Erde auf, streute etwas davon auf seinen Kopf, aß den Rest, und dann, bevor einer der Umstehenden begriff, was geschah, zog er das Messer des Toten aus dessen Scheide und stach wie ein Verrückter auf sein eigenes Fleisch ein.

»Haltet ihn auf!« schrie Mutter Asha und versuchte mühsam, auf die Füße zu kommen.

Die jüngeren Leute, einschließlich Marrah, stürzten sich auf den Fremden und bemühten sich verzweifelt, ihm das Messer wegzunehmen, aber so schwach er auch war, er wehrte sich heftig gegen sie und schüttelte sie ab. Wie ein in die Enge getriebenes Tier hockte er neben dem Leichnam und schrie sie in seiner unverständlichen Sprache an. Blut tropfte von seinen Armen, und seine Augen rollten wild, als wäre er kurz davor, einen Anfall zu bekommen. Marrah wich vor ihm zurück, zutiefst verängstigt. Sie hatte noch niemals einen Menschen gesehen, der so vollkommen die Kontrolle über sich verloren hatte. Plötzlich ging eine Veränderung mit dem Fremden vor. Er blickte in das Gesicht des Toten hinunter und begann am ganzen Körper zu zittern. »Achan! Achan!« schrie er wieder und wieder, während er das Messer aus seiner Hand gleiten ließ, sich über den Leichnam warf und bebend und schluchzend dort liegenblieb.

»Schafft das Messer aus seiner Reichweite«, kommandierte Mutter Asha. Mit wackeligen Knien und zutiefst erschüttert ließ sie sich wieder auf ihre Schaffelle sinken. Ich bin bei weitem zu alt für so etwas, dachte sie, und sie fühlte, wie ihr uraltes Herz in ihrer Brust flatterte.

Marrah sprang vor, hob das Messer auf und reichte es Ama. »Gut gemacht.« Ama selbst war noch zu erschüttert. Das waren sie alle. Eine Menschenmenge begann sich zu bilden, angelockt von dem Geschrei. Bald war die Bahre von einem Kreis ernster brauner Gesichter umringt. Die Menschen sprachen flüsternd miteinander, zermürbt von dem lauten Wehklagen und der Trauer des Fremden. Sicherlich gab es etwas, was als nächstes getan werden müßte, aber keiner wußte, was es war, selbst Mutter Asha nicht.

Hega sprach als erste. »Armer Mann«, sagte sie mitfühlend. »Arme verlorene Seele.«

Beim Geräusch ihrer Stimme, oder vielleicht war es auch ihr sanfter Tonfall, hob der Fremde den Kopf. Sein Gesicht war blaß und tränenüberströmt, und er sah jung aus – so jung, daß Marrah dachte, wenn sie ihn zum ersten Mal sähe, würde sie ihn wahrscheinlich nicht älter als Bere schätzen. Es war ein verletzliches, flehendes Gesicht, und sein Anblick ließ mitleidiges Gemurmel von der Menge aufsteigen.

»Seht, wie er weint.«

»Seht, wie er trauert.«

»Vielleicht hat er Angst, daß wir die Knochen seines Freundes nicht segnen werden.«

»Aber natürlich wird Mutter Asha sie segnen.«

»Aber woher soll er das wissen? Der arme Mann versteht ja kein Wort von dem, was wir sagen.«

Als hätte er ihre Besorgnis gespürt, hob der Fremde plötzlich die Hände, wies mit einer Geste auf den toten Mann und sagte dann etwas. Er wiederholte den Satz mehrmals, als frustrierte ihn ihre Unfähigkeit, seine Worte zu verstehen, aber seine Bitte, was immer sie auch sein mochte, ergab für niemanden einen Sinn. Schließlich ballte er die Hände zu Fäusten und hämmerte gegen seine eigene Brust. »Xuxu hztu!« schrie er. »Xuxu hztu!«

Heilige Göttin! dachte Marrah und starrte ihn verwundert an. Entweder träumte sie, oder sie hatte tatsächlich gerade verstanden, was er gesagt hatte! Hastig lief sie zu dem Fremden, ließ sich neben ihn auf die Knie fallen und brachte ihr Gesicht dicht vor seines. Er roch nach Schweiß und Holzrauch und noch nach etwas anderem, was sie nicht identifizieren konnte. »Xuxu?« fragte sie.

»Marrah!« rief Ama erschrocken. »Was tust du da? Bleib von dem Mann weg. Er ist gefährlich.«

Aber ausnahmsweise einmal gehorchte Marrah nicht. »Xuxu?« wiederholte sie.

»Xuxu, chau!« Der Fremde streckte die Arme aus und packte sie bei den Schultern. »Xuxu, vh hztu xuxu ch tzxha Achan!«

»Marrah aus Xori, steh sofort auf!« kommandierte Mutter Asha.

Nachdem Marrah sich mit einiger Mühe aus der Umarmung des Fremden befreit hatte, erhob sie sich und drehte sich zu der »Mutter aller Familien« um. »Ich verstehe ihn!« rief sie aufgeregt. »Ich weiß, was er sagt! Der Tote« – sie zeigte auf den Leichnam auf der Bahre – »ist sein Bruder, Achan.« Hinter ihr sprach der Fremde in hastigen, aufgeregten Sätzen. »Er sagt, sie hätten in einem gewaltigen Sturm Schiffbruch erlitten und wären durch die wilden Wogen getrennt worden. Er sagt, daß der Tod seines Bruders für ihn ein... ich verstehe das Wort nicht genau, aber ich glaube, er meint, es sei eine schreckliche Sache für ihn, wie der Verlust eines Armes oder Beines. Ja, genau, das ist es. Achan war wie sein rechter Arm für ihn, und er sagte, ohne seinen Bruder fühlt er sich verkrüppelt.«

Alle starrten sie sprachlos an. »Woher weißt du das alles?«

flüsterte Mutter Asha. »Wie kann ein Mädchen deines Alters wissen, was niemand sonst weiß? Hat dir die Göttin selbst das Zweite Gesicht gegeben?«

»Nein, liebe Mutter.« Marrah hatte endlich die Geistesgegenwart, sich respektvoll vor ihr zu verbeugen. »Der Fremde spricht eine Sprache, die sehr viel Ähnlichkeit mit der hat, die meine Mutter mich lehrte.«

»Erstaunlich.« Mutter Asha sah immer noch aus, als glaubte sie ihr nicht so ganz. »Willst du mir damit sagen, er spricht Sharan?«

»Nicht direkt, aber eine Sprache, die sehr ähnlich ist. Ich glaube, er spricht möglicherweise Shambah. Die Dorfbewohner, die an dem Süßwassersee nördlich von Shara leben, sprechen Shambah, aber er scheint nicht wirklich von dort zu kommen, weil er einen merkwürdigen Akzent hat. Ich glaube, seine Muttersprache muß die sein, die er vorhin gesprochen hat, doch ich schätze, ich kann mich ihm verständlich machen, wenn die Mutter wünscht, daß ich für sie übersetze.«

»Dies ist ein Wunder!« Mutter Asha hob die Hände und drehte sich zu der neuen Statue der Göttin um. »Lob und Dank sei Ihr, die selbst die Steine zum Reden bringen kann.« Nach dieser poetischen Äußerung wandte sie sich wieder praktischeren Dingen zu. »Frag ihn nach seinem Namen, Kind. Frag ihn, woher er kommt.«

Marrah sprach mit dem Fremden auf Sharan, und wieder umarmte er sie. Als sie ihn sanft von sich schob, entschied sie, von jetzt an außerhalb seiner Reichweite zu bleiben. Er hatte einen Griff an sich, der einem ausgewachsenen Bären die Lungen zerquetschen konnte. »Er sagt, sein Name ist Stavan, und er kommt vom Grasmeer.«

»Ein Meer aus Gras? Bist du sicher, daß du das richtig verstanden hast? Das ergibt doch keinen Sinn.«

»Ja, verehrte Mutter, ich bin mir sicher. Er hat es zweimal so deutlich gesagt, wie ich es dir gerade sage. Und er sagte noch etwas anderes, etwas, was mich auf den Gedanken bringt, ob er vielleicht nicht ganz bei Verstand ist. Er sagte –«, Marrah hielt verlegen inne, es war ihr peinlich, einen solchen Unsinn vor der »Mutter aller Familien« zu äußern, »er sagt, er wäre zusammen mit seinem

Bruder Achan vor ungefähr vier Jahren von diesem Grasmeer aufgebrochen, und die ganze Zeit wären sie herumgezogen und hätten nach Gold gesucht.«

»Nach Gold?« Mutter Asha hob skeptisch die Brauen. »Haben sie so viele Tote, daß sie gleich dutzendweise Begräbnisketten anfertigen müssen?« Sie drehte sich zu dem Toten um, der im Sonnenlicht glitzerte, obwohl er reglos auf seiner Bahre lag. »Nach dem Aussehen seines Bruders zu urteilen, würde ich denken, die beiden hätten genug Gold für sämtliche Tempel in ihrem Land gefunden. Warum sind sie nicht schon längst wieder zurückgekehrt? Wie kann man nur so töricht sein, Jahre seines Lebens auf diese Weise zu verschwenden?«

Marrah trat nervös von einem Fuß auf den anderen und wünschte, sie hätte sich niemals dazu angeboten, die Dolmetscherin zu spielen. Ihr war nicht nur gerade siedendheiß wieder eingefallen, daß Sabalah ihr verboten hatte, in Gegenwart des Fremden die Sprache von Shara zu benutzen – sondern was sie als nächstes sagen mußte, war auch so unglaublich, daß Mutter Asha sie wahrscheinlich empört wegschicken würde. »Sie haben nicht nur nach Gold gesucht, verehrte Mutter. Der Fremde – das heißt, Stavan – sagt, sie hätten nach einem Dorf gesucht, das aus purem Gold besteht, von dem ihr Volk glaubt, daß es im Tal der untergehenden Sonne liegt.« Sie hielt inne, sträubte sich dagegen, die Wahrheit auszusprechen, obwohl sie dazu verpflichtet war. »Tatsächlich hat er nicht ›Dorf‹ gesagt; er sagte, sie suchten nach ›einem großen Lager aus goldenen Zelten‹. Ich fragte ihn, ob sie das Gold von den Zelten haben wollten, um sich damit zu schmücken, und er sagte ja, so wäre es, weil ihr Volk Gold am höchsten von allen Dingen schätzte, aber es steckte noch mehr dahinter. Er sagte, die Suche sei eine heilige Pflicht, und er und sein Bruder wären mit großen Ehren ausgeschickt worden, den Ort zu finden, wo die Sonne schlafen geht.«

»Armer Idiot«, schaubte Mutter Asha verächtlich. »Jeder weiß, daß die Sonne die Tochter der Göttin Erde ist, die sie jeden Abend auf dem Grund des Meeres zu Bett bringt.«

»Der Fremde sagt, die Sonne ist keine Tochter, sondern ein großer Gott namens Han, der den Himmel beherrscht.«

»Ein Himmelsgott.« Mutter Asha schüttelte seufzend den Kopf. Sie zeigte auf die Menge von Leuten, die gebannt auf jedes Wort lauschten. »Geht in eure Lager zurück, ihr alle. Wir haben hier einen Mann unter uns, dessen Welt auf dem Kopf steht, und es wird einige Zeit dauern, um sie wieder geradezurücken.« Sie wandte sich an die Dorfmütter, die neben der Plattform standen. »Geht und sagt euren jungen Leuten, sie sollen uns zu essen und zu trinken bringen. Dieser Stavan klammert sich wie eine Klette an seinen toten Bruder, und da ich keine Möglichkeit sehe, ihn dazu zu überreden, aus der Sonne zu gehen, werde ich hier sitzen bleiben und mit ihm sprechen müssen. Dies ist keine angenehme Aufgabe für eine alte Frau, und ich habe nicht die Absicht, meine Pflicht mit leerem Magen zu erfüllen.«

Mutter Asha hatte recht, wie gewöhnlich. Die Unterhaltung mit dem Fremden dauerte lang, genau wie sie vorhergesagt hatte, und obwohl Marrah ihr Bestes tat, verlief das Gespräch alles andere als gut. Sie übersetzte alles wahrheitsgemäß, und jedesmal, wenn sie den Mund aufmachte, wurde der Fremde wütender. Schließlich brüllte er sie zornig an.

»Nein!« schrie er. »Nein, nein, nein! Warum könnt ihr, du und diese alte Frau, denn nicht verstehen? Ich habe es euch schon einmal gesagt, ich will nicht, daß Achans Körper von Vögeln zerrissen wird. Es ist ein schrecklicher Brauch; er ist abstoßend und widerwärtig. Es ist etwas, was mein Volk nur mit Verrätern tut, die ihre Häuptlinge hintergangen haben.«

»Ich finde es noch viel abstoßender, ihn in der Erde verfaulen zu lassen«, schrie Marrah zurück. Sie hatte sich bemüht, nicht die Beherrschung zu verlieren, aber sie haßte es, angebrüllt zu werden. Wie konnte es dieser große, häßliche Mann wagen, einen der heiligsten Bräuche ihres Volkes »widerwärtig« zu nennen, wenn er sie bat, ein Loch in die Erde zu graben und den Leichnam seines Bruders wie ein Stück verdorbenen Fleisches hineinzuwerfen!

Der Fremde ballte die Hände zu Fäusten und schlug sich gegen die Brust. »Reißt mein Herz heraus, wenn ihr müßt«, schrie er, »aber laßt nicht zu, daß die Raben das Herz meines Bruders fressen, der einer der größten Krieger meines Volkes war. Achan war der Nachfolger meines Vaters, sein einziger legitimer Sohn. Er wäre der Große Häuptling der Zwanzig Stämme geworden, wenn er gelebt hätte, und lieber würde ich selbst sterben als zulassen, daß ihr ihn auf einen eurer verfluchten Türme des Schweigens legt. Ich habe einmal einen Mann gesehen, der auf diese Weise den Vögeln ausgesetzt war, und bei dem Anblick ist mir speiübel geworden.«

Mutter Asha mischte sich ein. »Was tobt er so? Worüber spricht er?« Sie haßte es, wenn Leute so außer sich gerieten, besonders, wenn sie nicht verstehen konnte, was sie sagten. Marrah wich ein paar Schritte vor dem Fremden zurück, funkelte ihn ärgerlich an und begann zu übersetzen, während ihre Stimme vor Zorn zitterte. Störrischer Idiot, dachte sie, ohne jemals auf die Idee zu kommen, daß er vielleicht das gleiche von ihr dachte.

Als Marrah mit ihrer Übersetzung fertig war, seufzte Mutter Asha und schüttelte den Kopf. »Ich verstehe zwar immer noch nicht, warum er eine so starke Abneigung gegen die heiligen Vögel hat, die die Toten zurück zur Mutter bringen, aber solange er uns nicht feindlich gesonnen ist und keinen Schaden anrichten will, werden wir seinen Wunsch respektieren. Sag ihm, daß wir seinen Bruder in einem tiefen Erdloch beerdigen werden. Dann wird er hoffentlich zufrieden sein.«

Und so kam es, daß die Angehörigen des Küstenvolks am Morgen des zweiten Tages des Fests den unerhörten Anblick eines Toten erlebten, der in die Erde gelegt wurde, während sein Fleisch noch an seinen Knochen haftete. Bis auf seinen Bogen, ein Armband und zwei goldene Ringe, die Stavan aus seinen Ohren entfernte, wurde Achan mit seinem Schwert an seiner Seite und der Halskette um seinen Hals beerdigt, und auch das kam den Zuschauern reichlich sonderbar vor, denn warum diesen wunderschönen zeremoniellen Schmuck wegwerfen?

Auf Mutter Ashas Anweisung hin fand die Beerdigung so weit wie möglich vom Mutterschoß der Ruhe entfernt statt, weil es eine unhygienische Sache war, die sogar noch unsauberer wurde durch die Zeremonie, die der Fremde abhielt, nachdem er einen Erdhügel über seinem Bruder aufgehäuft hatte. Unter den entsetzten Blicken der Dorfbewohner packte er eine junge Ziege, schlitzte ihr die Kehle auf und ließ ihr Blut auf das Grab seines Bruders tropfen. Selbst Marrah, die von dem Ritual mit der Ziege bereits gewußt hatte, zuckte zusammen und grub ihre Fingernägel in ihre Handflächen, als das Tier taumelte und stürzte.

»Warum hat der gelbbärtige Fremde eine Ziege getötet?« flüsterten die Dorfbewohner. »Will er das Begräbnisfestmahl auf dem Grab seines Bruders kochen?« Sie selbst töteten ebenfalls Tiere, aber nur, um Nahrung zu haben, und niemals als Teil eines religiösen Rituals. Die einzigen Opfer, die sie kannten, waren Gaben von Früchten und Pflanzen: Getreidekörner, die für die heiligen Vögel ausgestreut wurden, und Blüten, die man ins Meer warf, um Amonah zu ehren.

Mutter Asha, die der Tötung der Ziege erst dann widerwillig zugestimmt hatte, nachdem der Fremde sie lange Zeit darum gebeten hatte, schloß die Augen und strich sich mit der Hand übers Gesicht. Sie hatte eindeutig einen Fehler gemacht. Sicher, sie würden das Tier essen, aber nachdem sie jetzt mit eigenen Augen gesehen hatte, wie es getötet wurde, war sie der Meinung, sie hätte fest bleiben und die Bitte des Fremden abschlagen müssen. Kein lebendes Wesen sollte zu Ehren der Toten geschlachtet werden, dachte sie. Dies ist einfach zuviel.

Dies ist nicht annähernd genug, dachte Stavan im selben Moment. Achan zu Ehren hätten mindestens zwanzig Pferde auf seinem Grab getötet werden sollen.

Das Blut der Ziege sickerte in die Erde und hinterließ dunkle Flecken auf dem kalkhaltigen Boden. Einen Moment lang bildete Stavan sich fast ein, er könnte das schrille Geplapper der Geister hören, die zum Trinken kamen. Er schauderte und fragte sich, ob die Geister der Unterwelt mit einer so kümmerlichen Gabe wie dem Blut einer Ziege zufrieden sein würden.

Marrah schlief schlecht in jener Nacht. Ihre Träume waren wirr, und einmal wachte sie abrupt auf, um sich aufrecht auf ihrem Lager sitzend wiederzufinden, die Hände an den Seiten zu Fäusten geballt.

Als der Morgen dämmerte, war sie erschöpft und nur zu bereit, sich wieder die Decke über den Kopf zu ziehen und noch eine Weile zu schlafen, aber bevor sie sich in die Dunkelheit unter den Schaffellen zurückziehen konnte, traf eine Nachricht von Mutter Asha ein, in der sie Marrah und Ama bat, sofort auf den Festplatz zu kommen, bevor die Zeremonien begannen. Den Fremden, Stavan, sollten sie zurücklassen.

Mutter Asha legte sehr viel Nachdruck auf diese letzte Anweisung, und sie hatte den Boten ausdrücklich angewiesen, sie zweimal zu wiederholen, damit kein Mißverständnis aufkommen konnte.

»Ich bin zu einer Entscheidung gekommen«, verkündete Mutter Asha. Sie blickte an Marrah und Ama vorbei auf den neuen Stein der Göttin, der über und über mit Blumen geschmückt war zur Vorbereitung auf das abschließende Tanzfest, mit dem die dreitägigen Feierlichkeiten ausklingen würden, doch in Gedanken sah sie statt dessen die Ziege – die, die für nichts ihr Leben hatte lassen müssen, das arme Tier. Vielleicht war es dumm, sich so viele Gedanken um den Tod einer Ziege zu machen, aber sie war eine alte Frau, deren Instinkt für kommendes Unheil mit der Zeit nur noch schärfer geworden war, und an diesem Morgen konnte sie eine unheilverkündende Unterströmung in der Luft spüren, als wäre ein kalter Wind durch Hoza gefegt, der einen frühen Winter brachte. War die Göttin Xori zornig, weil eines ihrer Tiere zur falschen Zeit und am falschen Ort getötet worden war? Mutter Asha war sich nicht sicher. Sie hatte nur das Gefühl, daß etwas Häßliches stattgefunden hatte und daß sie unwissentlich daran beteiligt gewesen war.

Sie räusperte sich und blickte auf Marrah und Ama, die respektvoll darauf warteten, daß sie fortfuhr.

»Ich habe entschieden, daß ich von keinem Dorf verlangen kann, euch den Fremden abzunehmen.« Da, es war heraus: ohne lange Umschweife, klar und deutlich und unmißverständlich. Bevor die beiden Frauen protestieren konnten, fügte sie hinzu: »Er wird zu schnell wütend, er trauert zu wild, er ist zu störrisch, zu rücksichtslos gegenüber anderen, und einige seiner Bräuche sind abstoßend.«

Sie hob eine Hand, machte eine weitausholende Geste, die den Mutterschoß der Ruhe einschloß, die Steine der Göttinnen, die Unterkünfte und Lagerfeuer und ihre Kinder, alle dreitausend, die in Hoza versammelt waren. »Das Küstenvolk ist immer wie eine einzige große Familie gewesen, miteinander verbunden durch Liebe und Pflicht.« Asha zeigte auf sich selbst. »Ich existiere nicht außerhalb dieser Familie.« Dann wies sie auf Ama und Marrah. »Und ihr existiert nicht außerhalb dieser Familie. Aber er –«, sie zeigte in die Richtung des Zeltes, wo der Fremde noch lag und schlief, »er steht außerhalb.«

»Sollen wir ihn in die Wälder verbannen, damit er dort verhungert?« fragte Marrah. Sie geriet vielleicht schnell in Wut, aber sie verzieh auch schnell. Am Abend zuvor, bevor sie alle schlafen gegangen waren, hatte sie sich wieder mit dem Fremden unterhalten, zuerst zurückhaltend und mißtrauisch, dann mit wachsendem Mitleid. Dabei hatte sie Dinge über ihn erfahren, die sie nicht vollkommen verstand, die sie aber dennoch tief bewegt hatten. Es schien, als hätte er Jahre damit zugebracht, nur mit seinem Bruder und ein paar Freunden als Gefährten durch die Welt zu wandern, und jetzt waren sie alle tot, und er war ganz allein.

»Er ist immer noch schwach; er hat einen schlimmen Husten, der seine Lungen schädigen könnte. Wenn man ihn dem Wind und der Feuchtigkeit aussetzt, dann wird er nicht bis zum nächsten Vollmond überleben.« Als Marrah begriff, daß sie gerade respektlos mit der »Mutter aller Familien« gesprochen hatte, schlug sie sich erschrocken die Hand vor den Mund und blickte zu der Plattform hoch, entsetzt über ihre eigene Unhöflichkeit.

Mutter Asha reagierte amüsiert. »Ah«, sagte sie. »Ich bin froh zu hören, daß du ein solches Interesse an seiner Gesundheit bekundest, Marrah. Es zeigt, daß du die Instinkte einer Heilerin hast, und es gereicht der Mutter zur Ehre, die dich darin unterwiesen hat. Nein, ich werde Ama nicht vorschlagen, den Fremden in den Wald zu schicken, während er sich noch von seiner Krankheit erholt.« Sie hielt inne und blickte wieder auf Hoza, auf die purpurfarbene und goldgelbe Erika, das helle Sonnenlicht, das von den großen Statuen reflektiert wurde. »Der Sommer hat gerade erst begonnen und mit ihm die Zeit des Handels. Bisher sind nur die Händler eingetroffen, die Äxte aus dem Landesinnern mitbringen, aber während der langen Tage, die noch kommen, werden wir Besucher haben, die von so weit her wie dem Blauen Meer kommen, und bis sie wieder abreisen, sollte der Fremde kräftig genug sein, um mit ihnen zu fahren.«

»Und wenn er das nicht will?«

»Dann«, erklärte Mutter Asha brüsk, »werden wir ihn im Wald aussetzen, damit er sich allein durchschlagen muß. In unseren Langhäusern ist kein Platz für einen solchen Mann. Aber ich glaube nicht, daß du dir Sorgen darüber zu machen brauchst, daß er bleiben wird. Ich glaube, er sehnt sich ebensosehr danach, zu seinem eigenen Volk zurückzukehren, wie wir uns danach sehnen, ihn loszuwerden.« Mit einer knappen Handbewegung gab sie den beiden Frauen zu verstehen, daß die Audienz beendet war.

Wieder einmal zeigte sich, daß Mutter Asha recht hatte. Als Marrah Stavan erklärte, er solle gegen Ende des Sommers mit den Händlern aufbrechen, dankte er ihr überschwenglich. Sie war überrascht über seine Begeisterung und sogar ein bißchen verärgert, daß er so darauf erpicht schien, von ihnen wegzukommen. Woher hätte sie auch wissen sollen, daß er seit dem Tag, als er aufgewacht war, um sich im Langhaus von Wilden wiederzufinden, panische Angst ausgestanden hatte, sie würden ihn einem ihrer Götter opfern oder ihm Fesseln anlegen und ihn zu ihrem Sklaven machen?

Als er Marrah dankte, empfand er nicht nur Erleichterung, sondern auch eine heimliche Bewunderung für diese Menschen, die einen kranken Fremden bei sich aufnehmen, ihn wieder gesund pflegen und ihn auf den Heimweg schicken konnten, ohne irgend etwas als Gegenleistung dafür zu verlangen. Achan hatte die Wilden immer verachtet, hatte sie als schwach und unter der Herrschaft von Frauen stehend bezeichnet, aber während der Zeit, die er in ihrer Obhut verbrachte, hatte sich Stavan für sie erwärmt. Es gab Augenblicke, da hatte er befürchtet, seine freundlichen Gefühle könnten unwürdig sein und nicht passend für einen Krieger, doch als er jetzt begriff, daß ihn die Wilden gehen lassen würden, wußte er, er hatte recht daran getan, ihnen zu vertrauen. Er mußte die Nachricht von Achans Tod so bald wie möglich seinem Vater überbringen, und er konnte nur hoffen, daß er mit den anderen Stämmen, auf die er unterwegs traf, ebensowenig Schwierigkeiten haben würde.

An jenem Nachmittag wurde ein großer Baum gefällt, von Ästen und Zweigen befreit und dann zum Festplatz von Hoza gezogen. Obwohl Mannschaften junger Männer und Frauen den Baum anhoben und aufrichteten, als wäre er ein Göttinnenstein, ging das Aufstellen mühelos und unter viel Gelächter und Scherzen vor sich. Nachdem die hölzerne Stange sicher im Boden verankert war, ergriffen die jungen Leute die Enden der Seile und begannen zu tanzen, wobei die Frauen in der einen Richtung um den Baum tanzten und die Männer in der anderen. Der Tanz war voller sexueller Energie und doch ekstatisch religiös, und als die Tänzer ihre Seile über- und untereinander verflochten, mit den Füßen im Rhythmus der Trommeln auf den Boden stampften und Lieder zu Ehren der Eulengöttin sangen, ging eine Veränderung mit ihnen vor. Einer nach dem anderen hörten sie auf, sich als einzelne Individuen zu fühlen, und verloren sich in der Gruppe, bis sie nicht länger Männer oder Frauen waren, sondern nur ein einziger großer Kreis, der sich drehte und drehte und alles mit sich riß. Der Kreis war der Kreislauf des Lebens, der ewige Kreislauf der Erde selbst, der sich von Frühling zu Winter zu Frühling bewegte, von Geburt zu Tod zu Geburt, und alle Feste der Toten endeten mit diesem Tanz.

Marrah war Teil des Kreises, und beim Tanzen fühlte auch sie, wie sie mit der Gruppe zu einer Einheit verschmolz. Wie Menschen, die die Hände ausstrecken, um einander bei der Hand zu fassen, griff das Bewußtsein des einen nach dem der anderen, und im Augenblick des Kontakts wurden sie zu einem einzigen Überbewußtsein, größer als jedes einzelne. In dem Moment, als Marrah eins mit dem Überbewußtsein wurde, fühlte sie ein seltsames Gefühl durch ihren Körper strömen, und sie erinnerte sich an Dinge, die sie unmöglich wissen konnte. Die Erinnerungen des Überbewußtseins waren nicht intellektueller Art oder auch nur verstandesmäßig; sie waren tiefer und sehr viel mächtiger, wie Träume, die auf ihren Kern hinauslaufen.

Als das Überbewußtsein tanzte, erinnerte es sich an Tausende von Tänzen, die alle zur gleichen Zeit stattfanden, wie Kreise innerhalb von Kreisen, ohne Ende und ohne Anfang. Neben jedem menschlichen Wesen tanzte der Geist aller Vorfahren und neben jedem Urahn der Geist jedes Tieres, und neben den Menschen und den Tieren tanzte der Wald, und die Sonne und der Mond tanzten, und selbst die Sterne tanzten um den Baum.

Während Marrah sich im Kreis bewegte, fühlte der Teil von ihr, der das Überbewußtsein war, die Gegenwart von etwas, das weder Gott noch Göttin war, etwas, genau im Zentrum der Bewegung, das vollkommen ruhig blieb, während alles andere um es herum wirbelte. *Liebe*, flüsterte die Ruhe dem Überbewußtsein zu. *Alles ist Liebe*. Und als das Zentrum sprach, wurde das Überbewußtsein plötzlich von einer Liebe erfüllt, so vollständig, daß alles andere von einer überwältigenden Freude ausgelöscht wurde.

Der Tanz ging weiter und weiter, und mit jedem Schritt, den die Tänzer machten, drehten sich die Seile fester um den Stamm, und der Kreis wurde kleiner. Schließlich standen dreißig Paare von Männern und Frauen einander von Angesicht zu Angesicht gegenüber, unfähig, noch einen Schritt zu tun. Die Trommeln schwiegen, und Mutter Asha erhob sich auf die Füße. »Lob und Dank sei Xori!« rief sie mit lauter, klarer Stimme und klatschte in die Hände.

Als der Name der Vogelgöttin ertönte und Mutter Asha in die Hände klatschte, löste sich das Überbewußtsein abrupt wieder in seine einzelnen Bestandteile auf. Plötzlich erwachte Marrah aus ihrer Trance, um einen dunkeläugigen jungen Mann aus Shiba vor sich stehen zu sehen.

»Lob und Dank sei Xori!« riefen Marrah, der junge Mann und die übrigen Tänzer. »Gelobt sei die Große Vogelgöttin, die Liebe auf ihren heiligen Schwingen bringt!« Und dann ließen sie die Enden der Seile fallen, stürzten einander in die Arme und küßten sich, während die Pfeifen und Trommeln spielten und die Zuschauer applaudierten.

An diesem Abend ging Marrah mit dem jungen Mann aus Shiba in die Wälder, den die Göttin ihr gegeben hatte, und als sie friedlich in den Armen des anderen ruhten, nachdem sie sich gegenseitig befriedigt hatten, dachte Marrah, wie schön und geheimnisvoll die Welt doch war, und wie sie weitaus mehr Dinge enthielt, als man mit den Augen sehen konnte.

5. Kapitel

Stavan brach ein Stück Ziegenkäse ab, wickelte es in Eichelkuchen und verzehrte es nachdenklich. Er und Marrah saßen auf einem Felsblock am Strand, ein Stück entfernt von den anderen, aßen ihre Mittagsmahlzeit und ließen ihre Füße in einen Priel hängen. Es war ein klarer Tag, sonnig und kühl, gutes Wetter für den Marsch zurück nach Xori, aber sie waren nur langsam vorangekommen, weil Stavan sich geweigert hatte, wieder auf der Tragbahre zu liegen. Zur Überraschung aller hatte er den ganzen Morgen durchgehalten, doch jetzt war er weißlippig und erschöpft und mußte sich ausruhen, und er unterhielt sich mit Marrah in der Sprache von Shambah, während er seinen Käse aß und eine Handvoll Brombeeren mit ihr teilte, die sie am Wegesrand gepflückt hatte.

Da Marrah jetzt wußte, daß er am Ende des Sommers fortgehen würde, wollte sie so viel über ihn herausfinden, wie sie konnte. Bis auf Sabalah hatte sie noch keinen gekannt, der mehr als einen Fünftagemarsch vom Meer der Grauen Wogen entfernt gewesen war – außer Händlern natürlich, aber Händler zählten nicht, da reisen zu ihrem Beruf gehörte und sie sich immer ein Abendessen und einen warmen Platz am Feuer verdienten, indem sie phantastische Geschichten erzählten, die niemand, der halbwegs bei Vernunft war, glauben konnte.

Marrah hatte sie ferne Länder beschreiben hören, wo die Menschen angeblich auf goldenen Flügeln flogen und Dörfer im Morgengrauen aus den Wellen aufstiegen und am Abend wieder versanken, wo Ungeheuer Feuer atmeten und Steine spuckten, und allen möglichen anderen Unsinn, aber sie wollte gerne wissen, wie der Rest der Welt wirklich aussah.

Stavan schien gewillt, ihrem Wunsch nachzukommen. Er sprach langsam, als versuchte er, sein Volk aus großer Ferne herbeizuzaubern, während er sie mit ruhigen, blaßblauen Augen ansah, die ihrem Blick niemals auswichen, aber in seiner Stimme schwang etwas mit, was sie vermuten ließ, daß er sehr einsam war.

»Mein Volk gehört zum Stamm der Hansi«, begann er. »Han ist der Gott des Leuchtenden Himmels, und ›si‹ ist unser Wort für Wolf, deshalb sind wir ›die Wölfe Gottes‹, die auf die Erde geschickt wurden, um über alle Lebewesen zu herrschen, so wie der Wolf über sein Rudel herrscht. Zuhan, mein Vater, ist der Große Häuptling, was bedeutet, daß er die Macht hat, die Zwanzig Stämme zusammenzurufen und sie in die Schlacht zu führen. Wir leben weit im Osten von hier in einer großen Ebene, die wir das Grasmeer nennen, und wir haben dort schon seit Anbeginn der Zeit gelebt. Wir sind berühmte Krieger; wir besitzen mehr Pferde und Vieh und langhaarige Schafe als jedes unserer Nachbarvölker, und deshalb ziehen wir häufig von einem Ort zum anderen, um sie grasen zu lassen, und wenn wir weiterziehen, erzittert die Steppe unter den Hufen unserer Herden, und unsere Feinde laufen in alle Richtungen davon wie Kaninchen. Unsere Kraft kommt von der nährreichen Milch, die wir trinken, und von dem Blut, das wir in unseren Haferbrei rühren, und wir sind niemals ohne Fleisch gewesen, noch nicht einmal während der mageren Zeiten, als mein Ururgroßvater lebte, da in dieser Zeit kein Regen fiel und ärmere Stämme verhungerten.«

Er hielt inne und aß den Rest seines Eichelkuchens. Dann leckte er seine Finger ab und nahm seine Geschichte an der Stelle wieder auf, wo er sie unterbrochen hatte. »Das erste, woran ich mich erinnern kann, ist das Gras, höher als mein Kopf, saftig grün und wie ein wogendes Meer gegen den blauen Himmel. Ich muß damals ungefähr zwei Jahre alt gewesen sein, und ich war vom Zelt meines Vaters weggelaufen, um einen Schmetterling zu fangen.« Stavan lächelte, und seine blauen Augen glitzerten plötzlich belustigt. Marrah fand die Wirkung ziemlich verblüffend, wie bei Sonnenlicht, das auf offenes Wasser trifft. »Ganz plötzlich merkte ich, daß meine Mutter nirgendwo zu sehen war, und ich fing an zu weinen und rief nach ihr. Und bevor ich wußte, was geschah, war sie bei mir und hob mich mit Schwung auf ihre Arme.«

Das Licht in seinen Augen verlöschte so schnell, wie es gekommen war, und er brach ein neues Stückchen Käse ab und fuhr fort zu essen auf eine unerschütterliche, gründliche Art, als hätte die Erinnerung keinerlei Reiz mehr für ihn. »Das ist die einzige Erinnerung an meine Mutter, die ich habe. Sie starb ein paar Wochen später. Alles, was ich noch von ihr weiß, ist, daß sie hellbraunes Haar hatte, das nach Blumen und Staub duftete. Ihr Name war Nona. Sie war die Lieblingskonkubine meines Vaters, aber sie war als Tochter eines mächtigen Häuptlings geboren worden. Sie erzählte mir, daß sie von ihrem Volk geraubt wurde, als sie gerade sechs Jahre alt war, und von da ab dazu erzogen wurde, für die Krieger zu tanzen.«

Wieder bediente er sich von den Brombeeren und begann sie zu essen, während er sich den Saft von den Fingern leckte. »Als sie mich dort draußen in der Steppe fand, wie ich mir vor lauter Angst die Augen ausweinte, lachte sie, schwang mich hoch über ihren Kopf und rief: ›Sieh die Pferde, mein kleiner Häuptling!‹, und ich blickte auf und sah die Wogen von Gras –«, er machte eine weitausholende Geste, »die sich unendlich weit bis zum Horizont ausdehnten, sah die edlen Pferde meines Vaters, wie sie über die riesige Ebene galoppierten, so leichtfüßig und schnell wie die Götter selbst, und meinen Bastardhalbbruder Vlahan, der auf einem Rotschimmel ritt und die Herde zu den Kriegern trieb, die sie einfangen würden, um mit ihnen in die Schlacht zu reiten.«

Er wischte sich die Hände an seiner Tunika ab. »Welche Schlacht sie in jenem Jahr kämpften, das weiß ich nicht. Es gab immer so viele Kriege. Vermutlich war es wieder mal ein Kampf gegen die Tcvali. Die Tcvali hatten meinen Vater niemals als den Großen Häuptling anerkannt. Sie sind ein einziges Pack von Dieben, stehlen immer unsere Pferde, weil sie nicht in der Lage sind, etwas anderes zu züchten als krummrückige Gäule, die das Gewicht eines Mannes nicht tragen können.«

Er legte eine Pause ein, als wartete er auf eine Reaktion von Marrah, aber sie hatte so viele Fragen, daß sie nicht wußte, wo sie anfangen sollte. Wann immer Stavan ein bestimmtes Wort nicht kannte, verfiel er in seine eigene Sprache, was es Marrah schwer machte, dem zu folgen, was er erzählte. Was war eine »Konkubine«, was war ein »Pferd«, ein »Rotschimmel«, ein »Bastard«, ein »Häuptling« und eine »Schlacht«? Was hatte er damit gemeint, als er sagte, seine Mutter sei »von ihrem Volk geraubt worden«? Und wenn es das bedeutete, was Marrah vermutete, warum war Stavan dann nicht empörter darüber? Sie war verwirrt und leicht verlegen. Sie hatte immer geglaubt, sie spräche recht gut Sharan. Allerdings waren Sharan und Shambah nicht genau dieselbe Sprache; vielleicht war das der Grund, weshalb sie solche Mühe hatte, seiner Erzählung zu folgen.

Marrah beschloß, nicht um Erklärungen zu bitten. Wenn sie ihn dazu zu bewegen versuchte, alle die Wörter zu erklären, die sie nicht verstand, verlöre Stavan vielleicht die Geduld und würde aufhören zu erzählen, und seine Geschichte war einfach zu faszinierend! Besser, sie ließ ihn in dem Glauben, sie verstände alles. Später blieb immer noch Zeit genug, um zuzugeben, daß er Wörter benutzt hatte, die sie nicht kannte. Vielleicht konnte Sabalah helfen, wenn sie ins Dorf zurückkehrten, und ihr erklären, was Ausdrücke wie »krummrückige Gäule, die das Gewicht eines Mannes nicht tragen können« bedeuteten.

»Wer wurde deine Stiefmutter, nachdem deine Mutter starb?« fragte sie. Also, das war doch wohl eine simple Frage, einfach und praktisch.

Stavan blickte sie verständnislos an. »Stiefmutter?«

Dann war sie also nicht die einzige, die Schwierigkeiten hatte. Erleichtert erklärte ihm Marrah die Bedeutung.

»Ach so, ich verstehe. Du meinst, wer mich adoptiert hat.« Er zuckte die Achseln. »Niemand.«

»Niemand?« Diesmal verstand Marrah das Wort, hatte jedoch Mühe, dies zu glauben. Wie konnte es möglich sein, daß ein kleines Kind nicht augenblicklich adoptiert wurde? In Xori hätte gleich ein halbes Dutzend Frauen darum gebettelt, mit der ehrenvollen Aufgabe betraut zu werden, die Stiefmutter für einen kleinen Jungen zu sein, dessen Mutter gestorben war.

Stavan war verwirrt über ihre Reaktion. »Das ist nicht allzu überraschend, wirklich nicht. Obwohl ich neben Achan der Lieblingssohn meines Vaters war, war ich nur das Kind einer seiner Konkubinen, deshalb war ich nicht wichtig genug für Zulike, seine alte Ehefrau, um in ihr Zelt aufgenommen zu werden. Zulike war schrecklich eifersüchtig auf meine Mutter, und ich glaube, sie hätte mich ausgesetzt und den Wölfen zum Fraß vorgeworfen, wenn ich ein Mädchen gewesen wäre, aber da ich ein Junge war, übergab sie mich an Tzinta, damit sie mich aufzog. Tzinta war die Sklavin, die mich Shambah sprechen lehrte. Übrigens, es war nur Zufall, daß ich in der Sprache von Shambah geschrien habe, als ihr mir Achans Leichnam zeigtet. Ich war schon vor Wochen zu dem Schluß gekommen, daß euer Volk keine von den Sprachen spricht, die ich verstehe, aber ich war völlig außer mir, und manchmal, wenn ich mich aufrege, falle ich in die Sprache meiner Kindheit zurück.«

Er lächelte. »Dafür habe ich Tzinta zu danken. Ich war ihr sehr zugetan. Sie war die Mutter meines Halbbruders Vlahan, und sie wurde den Wilden geraubt, als sie schon fast eine erwachsene Frau war, deshalb waren viele Schläge nötig, um sie gehorsam zu machen. Vlahan schämte sich immer seiner Mutter, aber ich bewunderte ihren Mut und ihre Zähigkeit.« Stavan schmunzelte. »Wenn die alte Zulike mit einer Pferdepeitsche auf Tzinta losging, nannte Tzinta sie ›Ziegengesicht‹ und ›Kuhscheiße‹, aber sie schrie auf shambah, deshalb konnte Zulike sie nicht verstehen. Sonst sprach Tzinta von Zulike immer als von der ›alten Hexe‹, deshalb glaubte ich als Kind jahrelang, es sei das Wort für ›Ehefrau des Häuptlings‹.«

»Hör auf!« schrie Marrah und legte einen Finger auf seine Lippen, um ihn zum Schweigen zu bringen. »Wie kannst du dabei lachen, wenn du so schreckliche Dinge sagst? Wie kann eine Frau eine andere Frau schlagen und nicht aus dem Stamm verstoßen werden? Mein Volk hätte dieser Zulike das Ohrläppchen abgeschnitten und sie in die Wälder verbannt!«

Stavan blickte sie an, als wüßte er beim besten Willen nicht, warum sie sich so aufregte. »Ich glaube, du hast nicht verstanden, was ich gerade gesagt habe«, erklärte er steif, und der wachsame Ausdruck kehrte in seine Augen zurück. »Niemand würde es wagen, Zulikes Ohrläppchen abzuschneiden. Sie ist die Ehefrau meines Vaters, des Großen Häuptlings, und Tzinta – die vor Jahren starb – war nichts weiter als eine Sklavin. Wenn die Frau eines Häuptlings eine Sklavin schlagen will, dann hat sie jedes Recht dazu. Mein Volk sagt, Han hat die Starken geschaffen, um die Schwachen zu beherrschen, und die Schwachen, um sich den Starken zu unterwerfen.«

»Dieser Gott von euch klingt grausam.« Marrah war zu aufgebracht, um diplomatisch zu sein. »Wenn das ein Beispiel für eines seiner Gebote ist, dann denke ich, du solltest...« Sie hielt abrupt inne, ohne so recht zu wissen, was Stavan ihrer Meinung nach tun sollte, doch dann fiel es ihr ein. »Du solltest besser die Göttin Erde verehren statt Han. *Ihr* erstes Gebot lautet, daß wir alle in Liebe und Harmonie miteinander leben sollten.«

Plötzlich wurde Stavan blaß und machte ein seltsames Zeichen mit seinen Händen, wobei er den Zeigefinger und den kleinen Finger ausstreckte. »Du darfst das nicht sagen! Sonst werden wir Hans Fluch zu spüren bekommen. Sag, daß du es nicht so gemeint hast, bitte!«

Er wirkte so aufrichtig besorgt, daß Marrah nachgab und erklärte, sie hätte es nicht so gemeint, obwohl es durchaus so war, aber danach verlief die Unterhaltung nicht besser. Bis sie die Eichelkuchen und den Käse vollständig aufgegessen hatten, hatte Stavan ihr erklärt, was ein »Sklave«, eine »Konkubine« und ein »Krieger« waren, und als sie anschließend wieder aufbrachen, war Marrah so bestürzt über die gewalttätige Welt, die Stavan ihr geschildert hatte, daß sie ihm den Rest des Nachmittags aus dem Weg ging.

Stavan erkannte, daß mit ihrer Unterhaltung etwas schiefgelaufen war, und als er sich verbissen bemühte, mit den anderen Schritt zu halten, überlegte er, was er tun könnte, um den Ausdruck des Entsetzens aus Marrahs Augen zu verbannen. Weniger deshalb, weil er sich zu ihr als Frau hingezogen fühlte – obwohl sie ungewöhnlich hübsch für eine Wilde war –, sondern eher aus dem Grund, weil er es noch nie gemocht hatte, wenn jemand schlecht von ihm dachte. Er hatte in seinem Leben schon eine Menge Spott und grausamer Neckereien und sogar scharfe Rügen von seinem Vater einstecken müssen, weil ihm solche Dinge wichtig waren, aber er konnte nun einmal nichts dafür. Hätte Marrah ihn mit brennenden Stöcken malträtiert, hätte er die Folterung ohne einen Schmerzensschrei ertragen und ihr getrotzt und seine Schlachtlieder gesungen. Er war alles andere als ein Feigling, doch der Blick, den sie ihm zugeworfen hatte, als sie von dem Priel weggegangen war, hatte ihn zusammenzucken lassen, wie es keine Messerklinge vermocht hätte, und er spürte – obwohl er nicht genau sagen konnte, warum –, daß er etwas Unehrenhaftes getan hatte.

Die Wahrheit war, daß seine Art zu denken und zu empfinden häufig nicht mit der Denkweise seines Volkes übereinstimmte. Er hatte niemals besonders gut in den Stamm gepaßt, und seine Verwandten wiederum hatten ihn immer leicht sonderbar gefunden. Vlahan, sein Halbbruder, der Stavan haßte und froh sein würde, ihn tot zu sehen, pflegte ihn verächtlich als »weibisch« zu beschimpfen, doch die anderen Männer waren nicht der Ansicht, daß dies das Problem war, denn abgesehen davon, daß Stavan einer der Söhne des Großen Häuptlings war, war er auch groß und kräftig, besaß viel Mut und ein scharfes Auge und einen Wurfarm, der einen Speer mit der Geschwindigkeit eines herabstürzenden Falken schleudern konnte. Schon als Kind hatte er die wildesten Pferde geritten, als wären er und sie ein Wesen, und niemand konnte Tierfährten besser lesen oder Hunger, eisige Kälte und sengende Hitze klagloser ertragen als er.

Und was seine Loyalität betraf – die war über jeden Zweifel erhaben. Viele jüngere Söhne von Häuptlingen verbrachten ihr Leben damit, Wege zu ersinnen, um ihre älteren Brüder zu ermorden und die Macht an sich zu reißen, aber Stavans Treue zu Achan war unverbrüchlich. Wenn man erst einmal Stavans Freund war, dann blieb man lebenslänglich sein Freund, und dies war sogar schon so gewesen, als er noch ein Kind war.

Dann war da noch die Sache mit dem Überfall der Tcvali. Als

Stavan dreizehn Jahre alt gewesen war, hatte er mit fünf anderen Jungen die Pferde und das Vieh bewacht, als urplötzlich eine Bande von Tcvali-Kriegern über sie herfiel und alle außer Stavan töteten, den sie schwer verletzt liegen ließen. Es war Winter, und die Steppe war mit Schnee bedeckt, doch statt aufzugeben und zu erfrieren, hatte er überlebt und war zum Lager zurückgetaumelt, um Alarm zu schlagen.

Keiner hatte angenommen, daß Stavan die Nacht überleben würde, obwohl Changar, der Wahrsager und Heiler, herbeigerufen wurde und Zuhan die Anweisung gab, ein Pferd zu opfern – was bemerkenswert war, wenn man bedachte, daß der Junge nur der Sohn einer Konkubine war. Aber Stavan überlebte, und die Geschichte vom verzweifelten Mut seiner Wanderung durch den Schnee, um seinen Stamm zu warnen, wurde so oft und so begeistert unter den Angehörigen der Zwanzig Stämme erzählt, daß keiner jemals wieder ernsthaft fragen konnte, ob der jüngste Sohn des Großen Häuptlings die nötigen Eigenschaften hatte, um ein ganzer Mann zu sein – das heißt, keiner außer Stavan selbst, der sich diese Frage insgeheim öfter stellte, als gut für seinen Seelenfrieden war. Denn er wußte, was niemand sonst wissen konnte: Unter seinem tapferen Äußeren verbarg sich eine weichherzige Person, die nicht wirklich dazu geboren war, ein Krieger zu sein.

Er wurde sich seiner Charakterschwäche zum ersten Mal bei dem Rachefeldzug gegen die Tcvali bewußt, der kurz nach seiner Genesung stattfand. Irgendwann während der schneereichen Jahreszeit, als die Krieger-Sterne hoch am Himmel standen und die Tage kurz waren, hatte Zuhan Stavan in sein Zelt gerufen, um ihm mitzuteilen, daß er mit den Männern reiten dürfe, um seine ermordeten Gefährten zu rächen, und damals hatte Stavan zum ersten und letzten Mal in seinem Leben die heiße, pulsierende Erregung jenes Augenblicks gefühlt, wenn ein Krieger weiß, daß er bald das Blut seiner Feinde vergießen wird.

»Wir werden die Tcvali auslöschen und unsere Pferde und unser Vieh zurückholen«, versprach Zuhan, während er Stavan aus schmalen Augen musterte und feststellte, daß ihm gefiel, was er da sah, denn der Junge war groß für einen Dreizehnjährigen, und er hatte die Arme und Beine eines Mannes, der zum Reiten geboren ist. »Und wenn du einen ihrer Krieger tötest – nicht eine ihrer Frauen, denn das wäre zu einfach –, werde ich Changar anweisen, die Symbole der Männlichkeit in dein Fleisch zu ritzen, selbst wenn du noch ein Jahr zu jung bist für diese Zeremonie.«

Niemand war stolzer als Stavan in dem Moment, als ihm sein Vater versprach, ihn zum Mann zu machen, und als er sich verbeugte und den Boden vor Zuhans Füßen küßte, schwor er sich, er würde der wildeste, gefährlichste Krieger sein, den die Hansi jemals erlebt hatten. Am nächsten Morgen ritt er, mit einem Speer und einer Streitaxt bewaffnet, mit den übrigen Männern davon, obwohl er nicht das geringste über Krieg wußte, bis auf die Spiele, die Jungen spielten, und die Geschichten, die die Männer erzählten, wenn sie nachts am Lagerfeuer saßen.

Seine Ausbildung war schnell und brutal. Seit dem Raubüberfall der Tcvali war so viel Schnee gefallen, daß es für die Hansi eigentlich unmöglich hätte sein müssen, die Tcvali in der riesigen Steppe aufzuspüren, aber sie hatten Chinzu dabei, den besten Fährtenleser des Grasmeers, und er folgte jeder Erhebung im Schnee, jedem Staubkörnchen, bis sie den Rauch der feindlichen Feuer am Horizont aufsteigen sahen. Da sie wußten, daß sich die Tcvali in Sicherheit wähnten, warteten sie bis kurz vor Morgengrauen und fielen dann über das Lager her, überrumpelten den Feind und töteten jeden Mann, jede Frau und jedes Kind, bis auf einige junge Mädchen, die verschont wurden, um Sklavinnen und Konkubinen zu werden.

Als die Zelte der Tcvali nur noch Schutt und Asche waren und das Blut der Toten im Schnee versickert war, teilten sie die überlebenden Frauen unter sich auf und ritten zurück zum Lager, während sie in ihrem Triumph schwelgten und Siegeslieder sangen. Es war ein höchst erfolgreicher Überfall gewesen, und zwar um so mehr, weil die Tcvali nicht damit gerechnet hatten, noch so spät in dieser Jahreszeit angegriffen zu werden, wenn wilde, eisige Stürme aus dem Norden bliesen und ein Trupp von Kriegern umkommen konnte, bevor er überhaupt eine Chance zum Angriff gehabt hatte.

»Heil dir, Zuhan!« sangen die Krieger, als sie einander Beutelflaschen aus Tierhaut zuwarfen, die gegorene Stutenmilch enthielten, und tranken, bis sie betrunken waren. »Heil dem größten aller Großen Häuptlinge!«

Nur Stavan sang nicht mit. Angstbleich und schweigend saß er auf seinem Pferd, bis ins Innerste erschüttert, daß er jemals an diesem Rachefeldzug teilgenommen hatte. Bei dem grauenhaften Gemetzel hatte sich ihm der Magen umgedreht. Er war noch keine fünf Minuten in dem Kampf gewesen, als er erkannte, daß ihn keine Macht der Welt dazu bringen würde, Frauen und Kinder zu töten, und mehr als einmal hatte er sich abgewandt, statt zuzuschlagen, eine Tat, die ewige Schande über seinen Vater gebracht hätte, hätte ihn irgend jemand dabei beobachtet.

Doch zum Glück – und das war ausschlaggebend für seinen Ruf – hatte niemand etwas davon bemerkt. Der Rauch der brennenden Zelte hatte seine feigen Akte der Gnade verhüllt – was den Frauen und Kindern jedoch nichts genützt hatte, da sie ohnehin abgeschlachtet wurden. In der Zwischenzeit hatte es genügend Tcvali-Krieger zu bekämpfen gegeben, und Stavan hatte wild zugestochen und mit seiner Streitaxt um sich geschlagen, bis er schwindelig und benommen vor Erschöpfung war, während er bewaffnete Männer abwehrte, die ihr Bestes taten, um ihn niederzustrecken. Als alles vorbei war, war er wie alle anderen über und über mit Blut bespritzt gewesen, das meiste davon von seinen eigenen Wunden, die wie durch ein Wunder nicht allzu schlimm waren, aber er konnte keine Freude über den Sieg empfinden.

»Stavan hat seinen Mann getötet«, sangen die Krieger. Chinzu, sein ältester Vetter, hatte ihn angegrinst und ihm einen Beutel mit gegorener Stutenmilch zugeworfen, und Stavan hatte in tiefen Zügen getrunken, während er sich fragte, ob Betrunkenheit die Erinnerung an den Mann auslöschen könnte, den er angeblich getötet hatte. Der Tcvali-Krieger war schwer verwundet gewesen und kurz davor, zu sterben, noch bevor Stavan überhaupt in seine Nähe gekommen war. Er hatte wild angegriffen, und Stavan hatte nicht mehr getan, als ihn einmal mit seinem Speer zu treffen und ihn zu Boden zu werfen, doch die anderen Männer waren fest entschlossen, ihn mit Ruhm zu überhäufen, weil er einen Feind getötet hatte, damit er feierlich in die Gemeinschaft der Männer initiiert werden konnte. Und als sie zum Lager zurückritten, sangen sie sein Loblied und erfanden mutige Taten, an die er niemals auch nur gedacht hatte.

Alle waren stolz auf ihn, und auch sein Vater war stolz auf ihn, aber Stavan war nicht stolz auf sich selbst. Er wußte, daß mit ihm etwas nicht stimmte, etwas, was ihn anders als andere Krieger machte, und in jener Nacht, als Changar die zeremoniellen Narben in seine Schultern und Handflächen schnitt, betete Stavan insgeheim zu Han, daß er niemals wieder würde kämpfen müssen.

Und doch, welches andere Leben gab es denn für einen Mann? Er hatte eine schöne Singstimme, aber Singen und Tanzen war etwas, was Krieger nur taten, wenn sie die heiligen Pilze aßen und sich auf eine Schlacht vorbereiteten. Männer kochten nicht oder töpferten oder sammelten wilde Kräuter oder nähten Kleidung oder gerbten Leder oder kümmerten sich um Kinder oder taten sonst eines der Dinge, die Stavan wirklich Freude machten. Ab und zu konnte ein Mann vielleicht von den Göttern dazu auserkoren werden, ein Wahrsager und Heiler zu werden, wie es Changar passiert war, als ihn ein Blitz getroffen und er überlebt hatte, aber das einzige Leben für die meisten Männer war nun einmal das Leben eines Kriegers, und wenn das für die meisten galt, dann galt es ganz besonders für den jüngsten Sohn eines Großen Häuptlings.

Dennoch, selbst als Changar die Zeichen in Stavans Haut ritzte, die jedem, der Stavan sah, sagen würden, daß er für immer ein Krieger der Hansi war, flehte er zu Han, daß er niemals wieder würde in eine Schlacht ziehen müssen, und zu seinem Erstaunen erhörte Han seine Gebete und erfüllte ihm seinen Wunsch, denn nicht lange danach kehrte Achan aus dem Westen zurück, legte sich im Zelt seines Vaters zum Schlafen nieder und träumte von den goldenen Zelten von Han. Bald darauf wurde er regelrecht besessen von der Idee, wieder gen Westen zu reisen und die sagenhaften Zelte zu finden, und da er beeindruckt war von Stavans Mut und der Tatsache, daß dieser Shambah sprach, überredete er Zuhan, Stavan mit ihm gehen zu lassen. Und so war Stavan vier Jahre lang mit seinem Bruder durch ferne Länder gewandert, ohne jemals zugeben zu müssen, daß ihm Friede bei weitem lieber war als Krieg, daß er keine Freude an grausamen Schlachten hatte und nicht wie andere Männer war.

An diesem Abend, nachdem sie ihr Lager aufgeschlagen hatten, ging Stavan zu der Stelle, wo Marrah saß, und setzte sich neben sie. Er hatte bemerkt, daß sie ihm den ganzen Tag aus dem Weg gegangen war, und er befürchtete, wenn er sich jetzt nicht mit ihr aussprach, würde er vielleicht keine zweite Chance mehr bekommen.

»Es tut mir leid, daß ich dich heute nachmittag aufgeregt habe.« Die Worte kamen nicht leicht über seine Lippen. Ein Krieger entschuldigte sich kaum jemals bei jemandem und schon gar nicht bei einer jungen Frau, aber er war vernünftig genug, um einzusehen, daß er sich hier in einer anderen Welt bewegte, in der die alten Regeln nicht mehr galten.

»Das sollte dir auch leid tun.« Statt den Kopf zu beugen, wenn sie mit ihm sprach, blickte sie ihm direkt in die Augen, eine Angewohnheit, die er beunruhigend fand. »Ich habe den ganzen Tag lang über die Dinge nachgedacht, die du mir erzählt hast, und je mehr ich darüber nachdenke, desto ärgerlicher werde ich. Sklavinnen, Kriege, Konkubinen! Von solchen Dingen habe ich überhaupt noch nie gehört! Ich glaube nicht, daß du so schlimm bist, zumindest nicht, soweit ich das nach so kurzer Zeit beurteilen kann, aber die Gebräuche deines Volkes hören sich schrecklich an.«

Stavan war wütend. Er war gekommen, um Frieden zu schließen, und nicht, um von einer Wilden beleidigt zu werden, die gar nicht wußte, wovon sie redete. »Sie haben ihre guten Seiten«, erwiderte er steif.

Sie stieß ein ungläubiges Schnauben aus, das ihn an eine widerspenstige Stute erinnerte. »Nun, wenn sie die haben, dann hast du mir aber bisher noch nicht erzählt, was das für Eigenschaften sein sollen. Nach dem, was ich gehört habe, sollte man ihnen allen die Ohrläppchen abschneiden!« Marrah hieb scharf mit der Hand durch die Luft, als wäre sie durchaus bereit, das Abschneiden selbst zu übernehmen, und funkelte Stavan dabei grimmig an.

Einen Moment lang saß er reglos da, dann fing er an zu lachen – doch es war kein höfliches Lachen, sondern ein schallendes, herzhaftes, tief aus dem Bauch kommendes Lachen, das ihn krebsrot im Gesicht werden ließ und einen Hustenanfall bei ihm auslöste. Er wußte, Marrah würde beleidigt sein, doch er konnte einfach nicht anders.

»Was ist denn so lustig?«

»Du!« erwiderte er keuchend. »Die Vorstellung, wie du den Hansi-Kriegern die Ohrläppchen abschneidest, ist urkomisch. Großer Han, ist das köstlich! Und ich wette sogar darauf, daß du es fertigbringen würdest. Dieser Ausdruck auf deinem Gesicht würde selbst den mutigsten Mann zu Stein erstarren lassen.«

Marrah sprang auf die Füße. »Iß doch Ziegendung, verdammt noch mal!« fauchte sie. »Und wenn du jemanden zum Übersetzen brauchst, dann komm nicht damit zu mir.«

Stavan hielt sie am Arm fest. »Warte, bitte, ich wollte dich nicht wieder verärgern. Anscheinend mache ich alles falsch. Ich entschuldige mich dafür, daß ich dich ausgelacht habe. Es war dumm von mir. Ich habe mich zu dir gesetzt in der Hoffnung, wir könnten Freunde werden.«

»Warum?« Marrah schob störrisch das Kinn vor. »Ich weiß, zur Zeit bin ich die einzige, die dich verstehen kann, aber wenn wir ins Dorf zurückkehren, werden meine Mutter und mein Bruder Arang für dich übersetzen können, deshalb wirst du meine Freundschaft nicht brauchen.«

»Ich möchte dein Freund sein, weil ich finde, du bist... interessant.«

»Interessant?« Etwas von dem Zorn wich aus ihrem Gesicht. Keiner hatte sie jemals zuvor »interessant« genannt, und sie mochte den Klang des Wortes.

»Ja. Deine Art zu denken ist anders als die Art, wie ich über die Dinge denke, und ich finde das interessant. Wenn ich dir etwas über mein Volk erzähle, kann ich niemals vorhersagen, wie du reagieren wirst. Tzinta – die Frau, die mich Shambah lehrte – war auch so, völlig unberechenbar. Du und Tzinta seid beide wie –« wieder suchte er nach dem richtigen Wort, »ihr benehmt euch wie Pferde, die niemals gezähmt wurden.« Er grinste. »Und ich hatte schon immer etwas übrig für einen wilden Ritt.«

Die sexuelle Bedeutung des Ausdrucks »wilder Ritt« verstand Marrah nicht, aber sie merkte, daß Stavan sein Bestes versuchte, um freundlich zu sein. Ein wenig, aber nicht vollkommen besänftigt, setzte sie sich wieder neben ihn. Ein leicht verlegenes Schweigen breitete sich aus.

»Ich möchte dir einige gute Dinge über mein Volk erzählen und über das Land, aus dem ich komme«, sagte Stavan schließlich. »Es *gibt* gute Dinge, weißt du. Zum Beispiel, daß das Grasmeer unendlich schön ist.« Er hob eine Hand. »Ich will damit nicht sagen, daß es schöner wäre als euer Land, aber ich glaube, wenn du es sehen würdest, wärst du mit mir einer Meinung, daß es nur wenige Orte auf der Welt gibt, die ein schönerer Anblick sind. Im Frühling verwandelt sich das Grasmeer in einen bunten Teppich aus Blumen, der sich in alle Richtungen ausdehnt, so weit das Auge reicht. Eine spezielle Blume blüht dort, eine weiße, die wir ›Hans Braut‹ nennen, deren Blüte so groß wie eine Männerfaust wird, und dann gibt es wiederum andere, so klein und zart, daß du Dutzende davon in deiner Handfläche halten könntest.«

Er fuhr fort, das Grasmeer zu beschreiben, wie es im Winter aussah, wenn sich endlos weite Schneeflächen von Horizont zu Horizont erstreckten, erzählte von Flüssen, die so hart gefroren waren, daß man sein Lager darauf errichten konnte, und einem schwarzen, samtigen Himmel, über und über mit glitzernden weißen Sternen bestickt, und während er erzählte, vergaß Marrah, daß sie wütend auf ihn gewesen war. Manchmal, wenn er nicht das passende Wort finden konnte, stotterte er, und sie mußte ihm helfen, aber abgesehen von solch unbedeutenden Fehlern, sprach er mit einer Wortgewandheit und Farbigkeit, die die Welt der Steppen vor Marrahs geistigem Auge lebendig werden ließ.

Sie war gefesselt. Sie hatte immer reisen wollen, und jetzt – in einem gewissen Sinne – tat sie es. Stavans Schilderungen ließen sie den Schweiß und das Blut riechen, wenn im Frühjahr die Kälber geboren wurden, die Hitze des Hochsommers, den Staub, der in Wolken aufstieg, wenn die Hansi ihre Herden zu neuen Weidegründen trieben. Durch seine Augen sah sie das Vieh geduldig auf der Weide ausharren, den Rücken mit dem ersten Schnee des Winters bedeckt; sah hohe Lederzelte am Ufer klarer Flüsse stehen, sah in der Abenddämmerung den Rauch in Kräuseln von Kochfeuern aufsteigen. Sie hörte das Lachen der Kinder, wenn sie im hohen Gras spielten, das Heulen des Windes, die Rufe der Wachteln, die einander im Morgengrauen zuriefen. »Nanu, du bist ja ein richtiger Poet!« rief sie erstaunt.

Er machte ein verlegenes Gesicht. »Ich langweile dich sicher.«

»Nein, überhaupt nicht. Erzähl mir mehr.«

»Wirklich?«

»Ja, bitte.«

»Dann werde ich dir über mein Volk selbst erzählen.« Er hielt einen Moment inne. »Mir ist klar, daß du inzwischen schon viel über meine Leute weißt, was dir nicht gefällt, aber wie ich schon sagte, gibt es auch gute Dinge über sie zu berichten. Sie sind ein mutiges Volk, das tapferste im gesamten Grasmeer. Selbst die Frauen der Hansi sind mutig.«

»Natürlich sind die Frauen mutig.« Marrah blickte verdutzt.

Als er merkte, daß er sich wieder einmal auf gefährlichem Terrain bewegte, sprach er hastig weiter. »Ich habe dir schon erzählt, daß die Männer meines Volkes Krieger sind, und du hast Anstoß daran genommen, aber weißt du, wir haben einfach keine andere Wahl. Wir sind gezwungen zu kämpfen. Wir sind von Feinden umgeben, und wenn wir uns nicht verteidigten, würden wir niedergemetzelt werden. Aber wir kämpfen nicht einfach wie die Tiere. Wir haben einen Ehrenkodex. Wenn wir in einen Krieg ziehen, dann als ein Verband von Brüdern, und auch wenn es zu Hause im Lager manchmal Streitigkeiten gibt – draußen in der Steppe lieben wir einander. Mein Bruder Vlahan mag mich hassen, wenn wir um das Lagerfeuer meines Vaters sitzen, aber wenn ich von einem Tcvali-Krieger angegriffen werde, wird er mich verteidigen, selbst wenn es bedeutet, daß der Tcvali einen Pfeil durch sein Herz bohrt. Wir sind absolut loyal untereinander, vielleicht das loyalste Volk auf der Welt, und wir versäumen es niemals, eine Ehrenschuld zu begleichen.«

»Zum Beispiel«, Stavan zeigte auf Marrah, »wenn du mir das Leben gerettet hättest, dann wäre ich verpflichtet, dir zu dienen und alles zu tun, was du willst, bis ich dein Leben retten und damit meines zurückgewinnen würde. Wenn du um meine Lieblingskonkubine bitten würdest oder sogar um meine Ehefrau, dann würde ich sie dir geben müssen. Du könntest sogar meinen erstgeborenen Sohn verlangen, es sei denn, er wäre der Erbe der Häuptlingswürde. Der Erbe ist heilig für Han, deshalb –«

Sie unterbrach ihn. »Was hast du gerade gesagt?«

»Ich sagte, der Erbe ist heilig für Han.«

»Nein, davor.«

»Du meinst, wenn du mir das Leben retten würdest?«

»Ja, den Teil.«

Stavan lächelte. »Ich sagte, wenn du mir das Leben retten würdest, wäre ich dir meines schuldig, aber das ist natürlich nicht sehr wahrscheinlich, da du eine Frau bist und nicht –«

»Aber genau das habe ich getan.«

»Getan? Was?«

»Ich habe dir das Leben gerettet.« Und als er sie erstaunt und mit offenem Mund anstarrte, erklärte sie es ihm.

»Du meinst, *du* bist diejenige, die mich aus dem Meer gezogen hat? Ich hatte immer angenommen, es wäre einer eurer Männer gewesen. Willst du mir damit sagen, daß *du* es warst?«

»Natürlich«, erwiderte Marrah brüsk und hoffte, sie könnten endlich das Thema wechseln, denn jetzt war sie es, die verlegen war. Sie hatte die Rettungsaktion wirklich nicht überbewerten wollen, und wenn sie daran dachte, wie grob und unfeierlich sie ihn in den Einbaum bugsiert hatte, dann war sie froh, daß er sich nicht an Einzelheiten erinnern konnte.

»Aber dann ...« Stavan sprang auf die Füße. »Dann schulde ich dir mein Leben.«

»Nein, das tust du nicht«, erwiderte sie, als ihr klar wurde, daß sie einen Fehler gemacht hatte. »Es war überhaupt nichts. Es ... na ja, es war etwas, was jeder getan hätte, und –«

Plötzlich kniete er zu ihren Füßen und erschreckte sie damit so sehr, daß sie beinahe hintenüber gefallen wäre.

»Steh auf«, bat sie. »Was tust du da?«

»Marrah aus Xori«, sagte Stavan feierlich, »ich weiß nicht, ob ein Krieger jemals einer Frau Treue gelobt hat, aber ich tue es. Vor Han und allen Göttern schwöre ich –«

»Nein, schwör gar nichts. Steh einfach auf. Bitte. Die anderen sehen schon alle zu uns herüber.«

»– dich gegen alle Feinde zu verteidigen –« fuhr er fort.

»Ich will nicht, daß du mich verteidigst.« Marrah war gerührt über seine Ernsthaftigkeit, aber es war ihr peinlich, wie er da so vor ihr kniete und gelobte, sie zu beschützen, da sie doch nichts weiter getan hatte, als ihn ins Dorf zu bringen, damit Ama und Sabalah sich um ihn kümmern konnten. »Ich fühle mich geschmeichelt, daß du glaubst, ich hätte so viel für dich getan, aber eigentlich waren es meine Mutter und meine Urgroßmutter, die –«

»– und mein Leben für dich hinzugeben.« Stavan war nicht zu bremsen. »Mein Bogen wird dein Bogen sein und mein Speer dein Speer.« Er sprach die ältesten, heiligsten Schwüre des Volkes der Hansi, doch in Marrahs Ohren klang er wie jemand, der im Fieber phantasiert.

»Sei doch vernünftig!« rief sie, über alle Maßen aufgeregt. »Ich bin keine Jägerin. Was sollte ich mit einem Speer anfangen? Oh, bitte, ich möchte wirklich nicht deine Gefühle verletzen, aber du mußt doch einsehen, daß dein Gelöbnis unsinnig ist –«

»Solange ich ein Zelt besitze, wirst du und deine Familie einen Platz zum Schlafen haben; solange ich etwas zu essen habe, wirst du und deine Familie nicht verhungern, und von diesem Augenblick an bis zu dem Augenblick, wenn ich mein Leben von dir zurückgewinne, werde ich dir in allen Dingen gehorchen.« Stavan ergriff ihre Hände und küßte sie feierlich. »Ich besiegle diesen Schwur mit einem Kuß, und wenn ich es versäume, ihn einzuhalten, dann möge mich Han mit dem Tod bestrafen!«

Marrah riß ihre Hände zurück und starrte ihn sprachlos an. Sie war geschmeichelt, beeindruckt, verärgert und mehr als nur ein bißchen ergriffen von der Ernsthaftigkeit seines Schwures, und sie konnte nicht umhin, sich zu fragen, ob er ihn tatsächlich einhalten würde. »Du bist verrückt«, erklärte sie, unsicher, ob sie lachen oder weinen oder beides zugleich tun sollte. »Warum kannst du dich nie wie ein normaler Mensch benehmen?«

Zu ihrer Überraschung sprang Stavan augenblicklich auf die Füße, setzte sich wieder neben sie und entschuldigte sich erneut, und nach einigen verlegenen Augenblicken begann er, vollkommen vernünftig zu reden.

Den Rest des Abends verhielt Stavan sich wie ein Mann des Küstenvolks, zumindest insoweit, wie er es überhaupt konnte, und er benahm sich so gut, daß Marrah sich zu fragen begann, ob es nicht nur in ihrer Einbildung geschehen war, daß er vor ihr gekniet hatte; und erst als sie zu Bett gegangen war – verwirrt und durcheinander –, wurde ihr klar, daß er sich nur deshalb normal benommen hatte, weil sie es von ihm verlangt hatte.

Mehrere Tage später, kurz vor Mittag, trafen sie wieder in Xori ein. Als Arang Marrah erblickte, rannte er auf sie zu, um sie zu begrüßen, gefolgt von einer Schar von Verwandten und Unmengen johlender Kinder. »Willkommen zu Hause!« rief er, stürzte sich auf sie und umarmte sie so stürmisch, daß es Marrah beinahe von den Füßen gerissen hätte. »Wir haben schon eine Ewigkeit nach euch Ausschau gehalten! Wieso habt ihr so lange gebraucht? War es schön in Hoza? Ist es wirklich so großartig, wie alle sagen?«

»Wie viele Männer waren nötig, um die neue Göttin aufzustellen?« wollte Majina wissen, während sie an Marrahs Ärmel zupfte.

»Hast du auch bei dem Tanz um den Baum des Lebens mitgemacht, Marrah?«

»Bist du mit jemandem in die Wälder gegangen? Bere hat sich nämlich schon Sorgen gemacht, daß du einen anderen jungen Mann gefunden hast, und –«

»He, beruhigt euch«, bat Marrah und lachte so sehr, daß sie kaum sprechen konnte. Zakur und Laino leckten ihr die Hände und schnüffelten an ihren Füßen, und jedesmal, wenn sie einen Schritt vorwärts zu machen versuchte, sprang einer der Hunde an ihr hoch, um sie daran zu hindern, wegzugehen. »Ich kann nicht mehr als eine Frage zu gleicher Zeit beantworten.« Sie schob die Hunde zur Seite, drückte Arang einen Kuß auf die Stirn und kreuzte die Arme vor der Brust zum Zeichen, daß sie nicht so bedrängt werden wollte, aber die Kinder bestürmten sie unaufhörlich mit Fragen und hüpften dabei ungeduldig von einem Fuß auf den anderen, genauso wie sie es vor drei Jahren getan hatte, als sie noch nicht nach Hoza hatte mitgehen dürfen. »Ich werde euch alles über Hoza erzählen, sobald ich mich gewaschen und etwas zu essen gehabt habe.«

»Du benimmst dich wie eine Erwachsene«, maulte Arang. »Ich wußte doch, daß es mir nicht gefallen würde, wenn du eine Frau bist. Wie kannst du auch nur daran denken, dich zu waschen, bevor du uns alles über das Essen und die Tänze erzählt hast? Bis du damit fertig bist, mit einem Lappen über dein Gesicht zu wischen, werde ich ein alter Mann sein!«

»Und ich werde noch ein viel älterer sein«, fiel Bere ein. Er trat vor und gab Marrah einen so langen, innigen Begrüßungskuß, daß die Zuschauer lachten und in die Hände klatschten.

»Er kann nicht ohne dich leben, Marrah«, rief Izirda und hielt das Kind Seshi hoch, damit Marrah sehen konnte, wie sehr es in den letzten beiden Wochen gewachsen war.

»Bere hat sich vor Kummer förmlich verzehrt«, stimmte Belaun zu.

»Er war unerträglich.«

Bere, der daran gewöhnt war, von den anderen aufgezogen zu werden, ignorierte den Spott und trat einen Schritt zurück, während er forschend Marrahs Gesicht betrachtete und ängstlich nach einem Anzeichen suchte, daß sie sich während ihrer Abwesenheit verändert hatte, aber ihr Lächeln war so liebenswürdig und einladend wie immer. »Ich habe dich vermißt«, murmelte er.

Sie beugte sich vor und brachte ihren Mund dicht an sein Ohr. »Wie wär's dann heute abend mit einem Treffen im Wald?«

Bere nickte und errötete vor Erleichterung. In Hoza gab es so viele junge Männer; die Vorstellung, wie Marrah in den Armen eines anderen lag, hatte ihm die ganze Zeit schlaflose Nächte bereitet.

Es gab weitere Begrüßungen, weitere Fragen, bis es schien, als redeten alle gleichzeitig. Ama beschrieb Mutter Ashas Gesundheitszustand (»ausgezeichnet für ihr Alter«); Gorriska und die anderen jungen Männer brüsteten sich damit, wie sie den neuen Stein der Göttin aufgestellt hatten; Hunde bellten, Kinder weinten, und einen Moment lang hatte Marrah, wie betäubt durch das lärmende Chaos, das Gefühl, als fehlte nichts.

»Aber wo ist Mutter?« rief sie, als sie plötzlich bemerkte, daß Sabalah nicht zu ihrer Begrüßung gekommen war.

»Deine Mutter hat immer noch Schmerzen am Fuß«, erklärte Bere.

»Ich werde sie holen«, bot Arang sich an. Ein paar Minuten später erschien Sabalah in der Tür von Amas Langhaus, auf eine Unterarmkrücke aus Eiche gestützt, die mit Wildleder gepolstert war.

»Marrah!« rief sie erfreut, und eine Hand auf Arangs Schulter gestützt, kam sie mühsam angehumpelt, während sie ihren verletzten Fuß hinter sich herzog. Marrah, die schockiert von dem Anblick war, lief ihr entgegen. »Sieh mich nicht so erschrocken an«, sagte Sabalah, als sie ihre Tochter umarmte. »Ich liege nicht im Sterben, du dummes Mädchen. Es ist nichts. Der Dorn ist tiefer in meine Fußsohle eingedrungen, als ich dachte, deshalb braucht mein Fuß länger, um zu heilen. Keine Angst, er fällt nicht ab; er schmerzt nur.«

Sie drehte sich zu Stavan um, der hinter den anderen gestanden und die Heimkehr schweigend beobachtet hatte. »Wie ich sehe, habt ihr den Fremden wieder mit zurückgebracht.« Sie schüttelte den Kopf. »Ich schätze, das bedeutet, daß wir ihn weiterhin am Hals haben werden. Na ja, zumindest ist *er* inzwischen wieder auf den Beinen, der arme, häßliche Kerl.«

»Mutter«, fiel Marrah ihr ins Wort. »Er kann –«

Jetzt mischte sich Stavan ein. »Marrah wollte dir sagen, daß ich Shambah spreche.«

»Große Göttin!« rief Sabalah verdutzt, ließ ihre Krücke fallen und hockte sich auf den Rand der Feuergrube, während sie Stavan erstaunt anstarrte. »Er spricht!«

In den Tagen, die auf Marrahs Rückkehr aus Hoza folgten, geschahen zwei Dinge, die ihr Leben für immer verändern sollten: Sabalahs Fuß wurde nicht besser, und Stavan schnitzte ein neues Spielzeug für Arang. Zur Zeit schien nur der Fuß wichtig, denn als die Haut um das Loch, das der Dorn hinterlassen hatte, zu eitern begann, bekam Sabalah hohes Fieber.

»Ich mache mir große Sorgen um sie«, sagte Ama eines Abends zu Marrah, nachdem sie Sabalahs Fuß in Kräutertinkturen gewaschen und mit einer sauberen Bandage umwickelt hatte. »Sie will nicht zugeben, daß sie Schmerzen hat, aber ich habe solche Wunden schon früher gesehen.« Sie schüttelte den Kopf. »Zuerst eitert das Fleisch und schwillt an, und dann fängt es an, sich schwarz zu verfärben. In einer Woche oder zehn Tagen erscheinen die roten Streifen, und wenn es erst einmal soweit gekommen ist, bleibt einem nur noch wenig Zeit, um zu entscheiden, ob man versuchen soll, den Fuß abzunehmen, oder nicht.«

Marrah runzelte die Stirn und stocherte mit einem Stock im Feuer. Sie hatte Entzündungen auf einem Pfad roter Streifen am Bein hinaufkriechen sehen, die geradewegs zum Herzen verliefen. Vier Jahre zuvor hatte sie die Lampe gehalten, während Ama und Sabalah eine junge Frau names Epala gedrängt hatten, sich von ihnen das rechte Bein abnehmen zu lassen, bevor sie an der Infektion starb, aber Epala war störrisch gewesen. Überzeugt, daß die Vogelgöttin ihre Gebete erhören und sie heilen würde, hatte Epala sich geweigert, ihr Bein zu verlieren. Wie Marrah und alle anderen Einwohner von Xori wußten, lagen Epalas Knochen jetzt im Mutterschoß der Ruhe in Hoza, und ihre drei Kinder wurden von ihren Schwestern aufgezogen.

»Deine Mutter ist zu stolz«, fuhr Ama fort. »Sie verbirgt ihren Schmerz, und das ist gefährlich. Sabalah selbst hat mir einmal erzählt, daß die Göttin Erde uns Schmerzen schickt, damit wir wissen, daß etwas mit unserem Körper nicht in Ordnung ist.«

Marrah warf den Stock ins Feuer und schaute zu, wie er zu brennen begann. »Vielleicht sagt sie die Wahrheit«, schlug sie vor. »Vielleicht tut ihr Fuß gar nicht so weh.«

»Mach dir nichts vor, Marrah. Es wird schlimmer.«

Am nächsten Abend, als Marrah Sabalahs Verband wechselte, wußte sie, daß Ama recht hatte. Die Wunde am Fuß ihrer Mutter heilte nicht, aber zumindest war kein schwarz verfärbtes Fleisch zu sehen oder dünne rote Streifen, die auf ihr Herz zuliefen.

Während der folgenden paar Tage verbrachte Stavan viel Zeit mit Sabalah, und die Aufmerksamkeit, die er ihrer Mutter schenkte, brachte Marrah dazu, ihn mehr zu mögen, als sie es jemals für möglich gehalten hätte. Schweigend saß er neben ihrem Bett, immer bereit, die kühle Kompresse auf ihrer Stirn zu wechseln oder einen Schluck Wasser für sie zu holen. Sabalah trank so viel, daß niemand ihren Becher ständig gefüllt halten konnte, und das Fieber hielt unvermindert stark an.

»Die Männer meines Volkes pflegen niemals Kranke«, erklärte Stavan Marrah eines Nachmittags, als sie zusammensaßen, und seine Stimme war dabei zu einem Flüstern gesenkt, um Sabalah nicht zu wecken, die in einen unruhigen Schlaf gefallen war. »Aber mir macht das Freude.«

»Vielleicht kannst du ein Heiler sein, wenn du wieder zum Grasmeer zurückkehrst.«

Er schüttelte den Kopf. »Nein, das glaube ich nicht. In meinem Land sind nur die Wahrsager Heiler, und sie sitzen nicht am Bett von Kranken. Sie tanzen um sie herum und singen und verbrennen *wzitza*, und manchmal greifen sie in die Körper der Kranken und entfernen Steine, und alle haben Angst vor ihnen, denn wenn ein Heiler wütend auf dich wird, kann er einen Fluch über dich verhängen, der dich für den Rest deines Lebens unglücklich macht. Und wenn er fertig ist, geht er weg und überläßt es den Frauen, frisches Wasser zu holen und den Verband zu wechseln und all die Dinge zu tun, die ich für Sabalah getan habe.« Plötzlich hielt er inne und horchte mit intensiver Konzentration. »Ich glaube, ich höre sie aufwachen.« Er sprang auf die Füße.

»Ich wollte dich noch etwas fragen«, sagte Marrah und blickte Stavan einen Moment nachdenklich an. »Warum verbringst du soviel Zeit mit ihr?«

»Weil sie deine Mutter ist.«

Marrah erkannte, daß er sein Versprechen, das er ihr auf dem Rückweg von Hoza gegeben hatte, nicht vergessen hatte. »Du brauchst nicht mir zuliebe an ihrem Bett zu sitzen. Ich bin durchaus in der Lage, mich selbst um sie zu kümmern –«

Er fiel ihr ins Wort. »Außerdem mag ich sie. Sie ist wie du: interessant.«

Es war die Wahrheit. Sabalah interessierte ihn tatsächlich, aber nachdem er einmal den Fehler gemacht hatte, Marrah von Schlachten, Sklavinnen und Konkubinen zu erzählen, achtete er sorgfältig darauf, was er ihrer Mutter erzählte. Die meiste Zeit schwieg er, doch wenn er sprach, ersparte er Sabalah Schilderungen von Kriegen und Rachefeldzügen. Statt dessen erzählte er ihr die Geschichten, die er als Kind gehört hatte.

Es gab die alte Hansi-Sage vom Sohn des Großen Häuptlings, der sich einmal in einem Schneesturm verlaufen und seinen Weg zurück ins Lager gefunden hatte, indem er die Sterne am Himmel als Schneeschuhe benutzte, die Sage von dem weisen weißen Bullen, der wie ein menschliches Wesen sprechen konnte, und die Geschichte von der Sonnenjungfrau, die in einem rot-goldenen Kleid für Han tanzte.

Wäre Sabalah gesund gewesen, dann hätte sie gemerkt, wie seltsam und fremd diese Geschichten waren, wie die Farben alle durcheinandergeworfen wurden, hätte verwundert bemerkt, daß Schwarz böse war und Weiß gut und daß Frauen nur existierten, um Männer und Götter zu erfreuen – aber die Geschichten waren unterhaltsam, und sie war zu krank, um sie auseinanderzupflücken, deshalb lag sie still da und ließ sich von Stavans Stimme einlullen, während sie nur halb auf das hörte, was er sagte. Es war lange Zeit her, seit sie irgend jemanden außer ihren eigenen Kindern hatte Sharan sprechen hören – beziehungsweise eine Sprache, die Sharan so ähnlich war, daß kaum ein Unterschied bestand –, und sie empfand es irgendwie als beruhigend, wenn sie die vertrauten Worte von Stavans Lippen hörte. Statt ihm zuzuhören, verbrachte sie die Zeit häufig damit, sich an ihre Jugend zurückzuerinnern, an ihre Mutter und all die Freunde, die sie damals zurückgelassen hatte.

Dann, eines Tages, als fast alle Bewohner des Langhauses draußen waren, um bei der Suche nach einigen vermißten Ziegen zu helfen, brachte Arang seiner Mutter stolz das neue Spielzeug, das Stavan für ihn geschnitzt hatte, und als sie es in der Hand hielt und es von allen Seiten prüfend betrachtete, wich die Benommenheit des Fiebers plötzlich aus ihrem Kopf, und sie begriff abrupt, daß die drohende Katastrophe, vor der sie vierzehn Jahre zuvor geflohen war, ihr nicht nur gefolgt war, sondern sie sogar überrascht hatte, als sie am allerwenigsten damit rechnete.

»Was ist das hier?« fragte Sabalah scharf und hielt Arang ihre Hand hin, in der das Stück geschnitzten Holzes lag. Arang sah das gerötete Gesicht seiner Mutter und ihr wild zerzaustes Haar, und seine Stimme zitterte leicht.

»Stavan nennt es ein Pferd.« Er zeigte auf das vierbeinige Tier mit Haaren und Kopf und Hals. »Du hast schon einmal so eines gesehen, Mutter, erinnerst du dich? Ama hatte es mit nach Hoza genommen, um es der Mutter aller Familien zu zeigen, aber auf dem Rückweg hat sie es verloren, deshalb hat Stavan mir ein neues geschnitzt.«

»Und was ist das hier?« Sie stieß mit dem Zeigefinger gegen die zweibeinige Figur, die auf dem Rücken des Tieres saß.

»Na, das ist natürlich ein Mensch.«

»Arang.« Sabalah zog sich mühsam in eine sitzende Position und zuckte zusammen, als ihr entzündeter Fuß das Schaffell berührte. »Jetzt überleg bitte ganz sorgfältig und sprich nicht, bevor du dir nicht sicher bist. Willst du mir etwa sagen, daß Stavans Volk tatsächlich auf diesen Tieren *reitet*, die er Pferde nennt?«

»Aber ja!« Er war erleichtert, daß sie nicht böse auf ihn war. »Stavan sagt, um ein Pferd dazu zu bringen, daß es einen trägt, muß man sich auf seinen Rücken schwingen und es nach allen Seiten auskeilen lassen, bis es erschöpft ist. Gewöhnlich wird das Pferd sein Bestes versuchen, um dich abzuwerfen, aber nach einer Weile begreift es, daß du sein Herr bist, und dann wird es dich überall hintragen, wohin du willst. Stavan sagt, als er das Grasmeer hinter sich gelassen hatte, wären er und sein Bruder so schnell geritten, daß sie oft an einem einzigen Tag eine Strecke zurücklegten, für die man zu Fuß fünf Tage braucht, und...«

Doch Sabalah hörte nicht mehr zu. Sie zählte etwas, zählte es sogar mehrmals, als könnte sie das Endergebnis dadurch möglicherweise verändern: vier Beine bei dem Pferd, zwei Beine bei dem Mann, sechs Beine insgesamt. Die Tiermenschen hatten sechs Beine und zwei Köpfe! Sie kamen aus dem Osten, genau wie die Schlangengöttin Batal vorausgesagt hatte.

»Stavan sagt...«

»Ich will nicht hören, was Stavan sagt!« schrie sie und schleuderte Pferd und Reiter auf den Fußboden. »Geh nach draußen und laß mich in Frieden!«

Erschüttert und sprachlos vor Furcht rannte Arang aus der Schlafecke, und Sabalah fiel wieder in ihr Bett zurück und verfluchte den Unglückstag, der Stavan nach Xori gebracht hatte.

Stavan kehrte am späten Nachmittag in das Langhaus zurück. Als Sabalah seine Stimme hörte, rief sie ihn zu sich und bat ihn, sich an ihr Bett zu setzen. Obwohl ihr Gesicht blaß war und ihr Kinn grimmig vorgeschoben, hätte niemand vermutet, daß sie den Tag damit zugebracht hatte, abwechselnd zu weinen und vor Zorn zu toben. Als Priesterin wußte sie, daß weder Batal noch irgendeine andere Göttin mit sich handeln ließen, und wenn es die Situation erforderte, brachte sie ebensoviel Selbstbeherrschung auf wie jeder Hansi-Krieger. Zuerst hatte sie mit jeder Faser ihres Wesens gegen die Erfüllung der Prophezeiung rebelliert, doch nach dem ersten leidenschaftlichen Wutausbruch war sie zur Vernunft gekommen und hatte erkannt, daß sie so viel wie möglich über die Katastophe herausfinden mußte, die eindeutig bevorstand.

»Erzähl mir von deinem Volk«, befahl sie, und Stavan, der sah, daß sie sich nicht länger von Kindermärchen einlullen lassen wollte, erzählte ihr, was er Marrah erzählt hatte, während er ihr die Wörter erklärte, die einer Erklärung bedurften, und nicht bei Dingen verweilte, die sie aufregen würden. Seine Beschreibung der Lebensweise der Hansi dauerte eine ganze Weile. Meistens ließ sie ihn sprechen, ohne ihn zu unterbrechen, doch gelegentlich stellte sie Fragen.

»Wie weit ist es vom Grasmeer bis zum Rauchfluß? Wie viele Krieger reiten auf diesen Tieren, die Pferde genannt werden, und wie lange würden sie brauchen, um die Länder jener Völker zu erreichen, die die Göttin Erde anbeten, falls sie in Richtung Westen reisen würden?«

Er konnte ihr keine genauen Antworten geben, aber er tat sein Bestes. Das Grasmeer wäre eine riesige Fläche, berichtete er, dehnte sich so weit in alle Richtungen, daß es viele Monate dauerte, um es zu durchqueren, selbst zu Pferde. Es wäre eine Welt für sich, im Osten und Süden von Wüsten begrenzt und im Norden von endlosen Wäldern. Die einzige Öffnung sei im Westen, und obwohl es dort mehrere Gebirgszüge und viele Flüsse gäbe, könnte sich ein Mann zu Pferd mühelos einen Weg in das Tal des Rauchflusses bahnen, wenn es dort lag, wo Sabalah behauptete. Wie lange diese Reise dauerte, würde davon abhängen, von wo aus der Mann aufbräche.

Die Stämme nannten keinen Ort ihr Zuhause, sie waren Nomaden, die ständig weiterzogen und niemals länger als ein paar Wochen an einem Ort blieben. In uralten Zeiten wären sie einem heiligen weißen Hengst gefolgt, erklärte Stavan, hätten ihn freigelassen, damit er den Pfad ihrer Wanderung bestimmte, aber seit der Zeit seines Urgroßvaters gäbe es zu viele Stämme, die nach frischen Weidegründen suchten, und Kämpfe um Weide- und Wasserrechte seien üblich.

Und die Frage nach der Zahl der Krieger war sogar noch schwieriger zu beantworten. Wenn sich alle Stämme der Hansi zu einem Treffen versammelten, schien es fast so viele Lagerfeuer wie Sterne am Himmel zu geben. Und die Hansi waren nur *ein* Stamm. Es gab noch viele andere: die Tcvali, die Zikuluzu, die Abakaz und so weiter. Wie viele Krieger es im Grasmeer gäbe? Das wüßte nur Han. Sie solle an den Strand gehen und die Sandkörner zählen, schlug Stavan vor. Oder zum Meer hinuntergehen und das Wasser Tropfen für Tropfen zählen, dann würde sie einen Eindruck von ihrer Zahl bekommen.

Als er mit seiner Schilderung geendet hatte, saß Sabalah so lange schweigend da, daß er schon zu fürchten begann, er hätte sie beleidigt; aber sie war nicht beleidigt, sondern zu Tode erschrokken. Dies war noch weitaus schlimmer, als sie befürchtet hatte.

Wenn Stavan die Wahrheit sagte – und sie hatte keinen Grund zu der Annahme, daß er log –, kamen die Tiermenschen nicht, um Marrah zu rauben; sie kamen noch nicht einmal, um Shara zu erobern. Nein. Sie ritten gen Westen, um sämtliche Völker auszulöschen, die die Göttin Erde anbeteten.

An diesem Abend ließ sich Sabalah von Seme und Belaun in den Tempel tragen. Dort, allein in der heiligen Finsternis, ohne eine Kerze oder Feuer, öffnete sie einen kleinen Beutel aus Rehfell und schüttete ein Stückchen getrockneten Pilz in ihre Handfläche. Obwohl sie nicht sehen konnte, was sie hielt, wußte sie, der Pilz war schwarz und wie ein Dorn geformt. Das Küstenvolk nannte ihn »Brot der Dunkelheit«, und seine Wirkung war so stark, daß jene, die ihn ohne die richtige Anleitung einnahmen, manchmal auf Dauer wahnsinnig wurden.

»Liebste Batal«, betete sie. »Ich bin so weit von deiner Traumhöhle entfernt und so weit von Shara, daß du mich vielleicht nicht hören kannst, aber wenn du es kannst, dann bitte ich dich, mir noch eine Vision zu schicken. Zeig mir, was ich tun kann, um mein Volk vor den Tiermenschen zu retten, denn ich kann erkennen, daß unsere Welt im Begriff ist, zerstört zu werden, und dies ist zuviel des Wissens, als daß ich allein damit fertig würde.«

Als ihr Gebet beendet war, drehte sie sich um und küßte die Erde, dann, bevor sie der Mut verließ, schob sie sich rasch das Brot der Dunkelheit in den Mund, schluckte es und legte sich zurück, zitternd vor Furcht und doch fest entschlossen, zu sehen, was auch immer von der Zukunft zu sehen möglich war.

Lange Zeit geschah nichts, aber schließlich, als Sabalah schon fast aufgeben wollte, erhörte Batal ihr Gebet. Die Vision, um die Sabalah die Göttin gebeten hatte, kam ohne Vorwarnung über sie, und diesmal war sie so schrecklich, daß man sie nicht mit Worten beschreiben konnte – die Zeit stand still, die Welt hörte auf zu existieren, und ihr Herz setzte sekundenlang zwischen zwei Schlägen aus. Sabalah wußte, sie war gleichzeitig tot und lebendig, sie war da und doch wiederum nicht, und in ihrer Qual schrie sie nach Licht, und es kam Licht, wirbelte aus der Finsternis heraus. Ein einziger Rausch von Farbe und dennoch farblos, verbrannte es sie, züngelte über ihre Lippen und Lider und versengte ihr Fleisch, bis sie wild aufschrie. Als sie schließlich völlig von den Flammen verzehrt war und nichts mehr von ihr übrig war bis auf die Dunkelheit und Asche, sprach eine Stimme zu ihr.

»Wer wünscht meine Geheimnisse zu erfahren?« verlangte die Stimme zu wissen.

»Ich«, schrie Sabalah mutig. »Ich, Sabalah, Tochter von Lalah.«

»Dann schick die beiden Dinge nach Shara, die du am innigsten liebst.«

»Welche Dinge, Batal? Was meinst du? Meinst du meine Kinder? Soll ich Marrah und Arang mit einer Warnung nach Shara schikken?«

»Frage mich nicht. Frage dein Herz.«

»Erspare mir dies!« jammerte sie. »Bitte, Gnädige Göttin, zwing mich nicht, meine Kinder wegzuschicken!« Aber die Stimme schwieg und sprach nicht wieder.

Nach ihrer Vision wartete Sabalah drei Tage lang, versuchte sich einzureden, sie hätte Batals Botschaft mißverstanden, doch am vierten Tag, als sie ihren Fuß betrachtete und sah, daß sich das Fleisch um ihre Wunde schwarz zu verfärben begann, rief sie Marrah zu sich.

»Streck deine Hand aus«, befahl sie, und als Marrah ihr ihre Handfläche entgegenstreckte, legte sie Arangs Spielzeug darauf – solch ein kleines Ding, leicht wie ein Stöckchen, sorgfältig geschnitzt, hübsch anzusehen, und dennoch ein so böses Omen, daß es ebensogut aus den Knochen der Toten hätte gefertigt sein können. »Zähl die Beine«, drängte sie. Marrah, die die Prophezeiung kannte, brauchte nicht erst zu zählen. Ein Blick in das Gesicht ihrer Mutter sagte ihr mehr, als sie wissen wollte. Mit einem entsetzten Schrei ließ sie das Spielzeug zu Boden fallen.

»Die Männer in deinem Traum«, flüsterte sie. »Sie sind Stavans Volk!« Sie wartete darauf, daß Sabalah es leugnete, wartete darauf, daß sie nein sagen würde, nein, natürlich nicht, doch statt dessen nickte Sabalah schweigend. Marrah versuchte zu sprechen, aber sie brachte keinen Ton heraus. Sie setzte sich neben ihre Mutter, hob das Spielzeug wieder auf und betrachtete es, fragte sich, wie sie nur so blind hatte sein können. Stavan hatte ihr zwar erzählt, seine Leute ritten auf Pferden, aber sie hatte nie begriffen, daß ein Mann zu Pferd so sehr zu einer Einheit mit dem Tier verschmelzen konnte, daß sie wie ein Wesen mit sechs Beinen und zwei Köpfen aussehen würden. Einen Moment lang fühlte sie sich wie betäubt, dann stieg beklemmende Angst in ihr auf, und dann Zorn.

»Ich habe ihm das Leben gerettet.« Sie erstickte fast an den Worten. »Ich habe ihn ins Dorf zurückgeschleppt, wenn ich ihn ebensogut am Strand hätte sterben lassen können. Du und Ama habt ihn mühsam wieder gesund gepflegt. Wir haben ihn gefüttert, haben ihm einen Platz an unserem Feuer gegeben, uns mit seinen Launen herumgeschlagen und ihn sogar nach Hoza mitgenommen, und dies –« sie zeigte auf das Spielzeug, »*dies* soll unsere Belohnung sein? Wir hätten ihn sterben lassen sollen, wir hätten ihn den Vögeln überlassen sollen!«

Beschwichtigend legte Sabalah einen Arm um die Schultern ihrer Tochter und zog sie an sich. »Schsch«, murmelte sie und streichelte Marrahs Haar. »Beruhige dich. Es ist nicht deine Schuld. Stavan ist nicht das Problem. Natürlich hast du ihn gerettet. Keine Tochter von mir würde einen Menschen sterben lassen. Stavan ist kein schlechter Kerl; oh, sicher, er hatte schlimme Wutanfälle, als er zuerst zu uns kam, aber er hat sich geändert. Es schien fast so, als hätte ihn nie jemand gelehrt, daß Menschen friedlich miteinander auskommen können. Er schien zu glauben, er müßte um jede Brotkruste gegen uns kämpfen, und er hatte offensichtlich Angst vor uns. Ama sagte, er benähme sich wie ein Kind, das niemals eine Mutter gehabt hat, und als ich sie fragte, ob das bedeutete, daß wir ihn aus dem Dorf verbannen sollten, schüttelte sie den Kopf und sagte nein, es bedeute nur, daß wir ihm mehr Liebe geben müßten. Und es hat funktioniert, wie du siehst. Wir haben uns nach besten Kräften bemüht, ihn zu lieben, und ich glaube, er liebt uns auch – oder empfindet zumindest Zuneigung für uns.«

Sie nahm Marrah das Spielzeug aus der Hand. »Nein, Stavan ist nicht das Problem. Sein Volk ist es.« Sie stellte Pferd und Reiter auf den Boden und starrte einen Moment darauf. »Hat er dir jemals erzählt, wie viele Hansi-Krieger es gibt?«

Marrah schüttelte den Kopf.

»Sie sind so viele, wie es Sandkörner am Meer gibt, wie Sterne am Himmel stehen. Und wenn sie sich entschließen, nach Westen zu reiten, dann wird nichts sie aufhalten können. Und sie *werden* gen Westen reiten; die Prophezeiung sagt uns, daß sie es tun werden.« Ihre Augen wurden schmal. »Ich habe drei Tage lang hier gelegen und mir vorzustellen versucht, wie es sein wird, wenn sie kommen. Ich habe hier gelegen, versunken in einen alten Alptraum.«

Sie hob Marrahs Hand an ihre Lippen und küßte sie. »Zuerst hatte ich nur Angst, sie kämen deinetwegen, um dich zu rauben. Aber nachdem ich mit Stavan gesprochen hatte, begann ich zu begreifen, daß sie uns alle vernichten wollen. Sie werden lange Zeit brauchen, um nach Xori zu kommen, vielleicht so lange, daß du und ich schon Staub sein werden, bis es soweit ist, aber Shara und alle Städte des Ostens liegen in unmittelbarer Nähe des Grasmeers.« Sie spuckte zornig auf den Boden. »Möge die Göttin eine Flutwelle schicken, um alle Hansi zu ertränken; möge sie einen wilden Sturm schicken, um sie wegzublasen, und eine schreckliche Feuersbrunst, um sie und ihre Pferde zu Asche zu verbrennen!«

Marrah war beeindruckt. Noch nie zuvor hatte sie ihre Mutter so wütend erlebt. »Aber was können wir tun? Wie können wir die Leute im Osten warnen?«

»Das habe ich mich selbst schon gefragt. Ich habe hier gelegen und mir wieder und wieder die gleiche Frage gestellt, und als ich keine Antwort finden konnte, bin ich in den Tempel gegangen, um die Schlangengöttin Batal zu bitten, mir zu sagen, was ich tun soll. Ich habe das Brot der Dunkelheit gegessen und meinen Körper der Schattenwelt überlassen, und eine Stimme sprach zu mir und sagte mir etwas, was ich nicht hören wollte: ›Schick die beiden Dinge nach Shara, die du am innigsten liebst‹, sagte sie. Ich habe mich dagegen gewehrt, habe sie angefleht, mir dieses Opfer zu ersparen, aber die Stimme sprach nicht wieder.«

Marrah ließ sich die Worte durch den Kopf gehen, versuchte sie zu zwingen, etwas weniger Schreckliches zu bedeuten, aber die

Botschaft war klar. »Ich soll nach Shara gehen, ich soll sie warnen. Und Arang soll mit mir gehen. Ist das richtig? Ist es das, was Batal will?«

»Ich glaube schon, aber ich will es nicht glauben. Arang ist noch so jung. Und du, meine kostbare Tochter, wie kann ich dich so weit wegschicken? Ich kann es nicht, und ich werde es auch nicht tun. Zumindest nicht, bis ich sicher bin. Nicht, bevor ich etwas anderes als Rätsel gehört habe. Das Brot der Dunkelheit kann lügen. Es kann bewirken, daß der Ratsuchende trügerische Stimmen hört. Ich werde dich nicht bitten, nach Shara zu gehen, weil ich weiß, wenn ich es tue, dann wirst du gehen. Ich werde dir diese Entscheidung nicht aufzwingen. Wenn die Göttin will, daß du ihre Sendbotin bist, dann soll sie es dir deutlich sagen. Du bist bereit, ich habe dich alles gelehrt, was ich weiß.«

Sie hob die Pferdefigur vom Boden auf, legte sie in Marrahs Hand und schloß ihre Finger darum. »Du bist jetzt eine Frau, und es ist für dich an der Zeit, um deine eigenen Visionen zu bitten.«

Zwischen dem Tempel und dem Gemeinschaftsofen befand sich eine kleine runde Hütte ohne Fenster. Die Hütte, die nur sechs Fuß lang war, sah wie ein Tunnel aus. An dem Ende, das dem Tempel am nächsten gelegen war, gab es eine Tür, so klein, daß jeder, der hineingelangen wollte, auf allen vieren kriechen mußte; das andere Ende war die Rückwand des Ofens. Wenn Wasser auf die heißen Steine des Ofens gegossen wurde, füllte sich die Hütte mit Dampf.

An jenem Abend gingen Marrah und Sabalah in die Hütte, um sich zu reinigen. Zuerst schrubbten sie ihre Körper mit Minze und parfümierten Ölen, und während sie anschließend dasaßen, um die Unreinheiten des alltäglichen Lebens auszuschwitzen, beteten sie. »Mach uns würdig, Große Göttin«, sangen sie. »Mach uns bereit, deinen Geist zu empfangen.«

Der Dampf füllte ihre Lungen, und es wurde immer heißer in der Hütte, so heiß, daß Marrah dachte, sie würde jeden Moment ohnmächtig, doch sie fuhr fort, zu singen und zu beten. Schließlich griff Sabalah nach einem großen Bottich kalten Wassers, goß etwas davon über ihren Kopf und kippte den Rest über Marrah. Nachdem sie aus der Hütte hinausgekrochen waren, trockneten sie sich mit Tierhäuten ab und saßen einige Minuten in Schweigen versunken da. Der Tempel war dunkel, nur von einer einzelnen Lampe notdürftig erhellt. Hinter dem Licht, tief in den Schatten, konnte Marrah ihre eigene Angst auf sich warten fühlen, aber sie war von Sabalah sorgfältig unterwiesen worden. Sie atmete tief ein und aus, um ihre Panik zu verdrängen, und konzentrierte sich ausschließlich auf die Flamme.

»Bist du bereit?« flüsterte Sabalah. Marrah nickte, ohne das Licht eine Sekunde aus den Augen zu lassen. Sabalah griff in ihren Medizinbeutel, zog ein Stückchen Brot der Dunkelheit heraus und brach es in zwei Hälften. »Nimm das hier und iß es. Was immer du siehst, wird heiliges Wissen sein, das nur mit einer anderen Priesterin geteilt werden darf. Dies ist das Versprechen, das wir geben, wenn wir Ihr Brot zwischen unsere Lippen schieben.« Sie reichte Marrah das Brot, und Marrah legte das Stückchen auf ihre Zunge. Es schmeckte leicht süß. Konzentriert blickte sie in die Flamme und schluckte.

Die Zeit verstrich. Und dann blieb sie plötzlich stehen. Die Lampe verlöschte. Dunkelheit hüllte sie ein. Und dann hörte Marrah auf, Marrah zu sein.

Als sie wieder erwachte, flog sie hoch über dem Land des Küstenvolks. Sabalah flog neben ihr, und sie waren beide Vögel. Marrah sah, daß ihre Mutter mächtige schwarze Schwingen hatte; ihre eigenen Flügel waren die einer Seemöwe. Mit einem jauchzenden Schrei schoß sie aufwärts und ließ sich von den Strömungen des Windes treiben. Unter sich konnte sie Hoza sehen und südlich von Hoza das Dorf Gurasoak, wo Mutter Asha wohnte. Jenseits von Gurasoak lag ein riesiger Wald und dahinter ein Meer, so blau, daß es aussah, als spiegelte es den Himmel wider. Boote mit tiefem Kiel und weißen Leinensegeln glitten über die Wellen, beladen mit Kupfer und Obsidian, Töpferwaren, Olivenöl, Salz, Wein und seltenen Gewürzen. An den Ufern des Meeres lagen große Städte mit Tempeln und öffentlichen Plätzen, und sie konnte Menschen sehen, die ihren täglichen Verrichtungen nachgingen: Sie töpferten, bearbeiteten Gold, schürften in Minen, webten, beteten in Tempeln, pflanzten Samen in die Erde, pflegten die Kranken, liebten sich, brachten Kinder zur Welt und umsorgten ihre Familien.

Sie flog noch höher. Jenseits der Städte gab es weitere Städte und Dörfer, die sich nach Osten und Westen erstreckten, so weit das Auge sehen konnte, und es gab Flüsse und Wälder und viele Völker, alle so verschieden, und dennoch verehrten sie alle die Göttin Erde. Einige stellten Göttinnensteine auf, andere schnitzten ihr Bildnis in Marmor oder Jade, wieder andere nahmen Ton und formten ihn zu ihrem Ebenbild. Einigen erschien sie als eine heilige Schlange, deren Windungen die endlose Energie des Lebens selbst verkörperten; für andere war sie der Heilige Vogel, der Leben und Tod brachte, oder der Hund, der junges Leben beschützte, oder der Frosch, dessen Körper die Form eines Mutterschoßes symbolisierte. Im Norden wurde sie oft als trächtige Bärin oder Taube angebetet, während sie im Süden häufig in Gestalt eines Bullen erschien, der die Hörner des Halbmondes trug; aber ganz gleich, in welcher Gestalt sie sich ihrem Volk zeigte, ihre Gebote waren immer dieselben, und in jeder Stadt, in jedem Dorf und Wald sangen ihre Kinder von ihrer Liebe für sie und von ihrer Liebe zur Göttin.

Während Marrah über all dem dahinschwebte, sprach eine Stimme zu ihr. »Steig höher«, befahl sie, und so flog Marrah höher, und als sie aufstieg, wurde die Luft kalt, und sie sah, daß es jenseits der Länder der Göttin ein weiteres Land gab, vollkommen mit Gras bewachsen, wo Männer in Lederzelten zu einem Gott des Krieges beteten und einander in seinem Namen töteten. Ihr Gott war ein Gott der Verbannung, der hoch oben am Himmel thronte, und die Erde war etwas Totes für sie.

Und als Marrah hinunterschaute, bestiegen die Männer ihre Pferde und ritten gen Westen, steckten die Häuser und Hütten in Brand, töteten die Tiere, zerstörten die Felder und Wälder, verwüsteten die Städte, und die Menschen flohen in panischer Angst vor ihnen, und ein großes Wehklagen erhob sich im Osten, wie eine dunkle, drohende Wolke, die unaufhaltsam näherkam.

»Sieh hin«, befahl die Stimme, »die Zeit der Vernichtung kommt, und du, Marrah, bist meine Sendbotin. Geh nach Shara und warne meine Kinder, daß die Reiter unterwegs sind. Nimm deinen Bruder mit, und nimm auch den Fremden mit, um zu beweisen, daß du die Wahrheit sprichst.«

»Ja«, rief Marrah, »ja, ich werde gehen!«, und noch im Sprechen ließen ihre Kräfte plötzlich nach, ihre Schwingen erschlafften, und sie begann zu fallen, tiefer und immer tiefer, bis alles um sie herum Dunkelheit war.

Marrah erwachte weinend in den Armen ihrer Mutter.

»Die Göttin hat dir eine Vision geschickt?« flüsterte Sabalah.

Marrah nickte stumm.

»Du mußt nach Shara gehen? Und Arang auch?«

Wieder nickte Marrah nur.

»Das bricht mir das Herz!« jammerte Sabalah, und als sie Marrah erneut fest in ihre Arme zog, weinte sie mit ihr.

Schließlich küßte Sabalah ihre Tochter und löste sich von ihr, und die beiden saßen eine Zeitlang schweigend da, jede in ihre eigenen traurigen Gedanken versunken. Nach einer Weile begannen sie darüber zu sprechen, wie Marrah den Weg nach Shara finden würde.

»Als du noch ein Kind warst«, sagte Sabalah, »trug ich dich auf meinem Rücken Richtung Westen, und als ich vom Blauen Meer aus zum Meer der Grauen Wogen wanderte, machte ich Rast bei den Höhlen von Nar. Die Höhlen sind der älteste Tempel auf Erden.«

Sie nahm Marrahs Hände und hielt sie in ihren; ihre Finger zitterten leicht, doch ihre Stimme klang fest. »Als ich wieder von dort aufbrach, sagten mir die Priesterinnen, wenn ich jemals zurückkehrte, sollte ich wieder in Nar Halt machen, und es würden drei Geschenke dort auf mich warten. Dann nahmen sie dich aus meinen Armen und hielten dich auf ihrem Schoß. Die älteste Priesterin segnete dich mit einem Kuß und versprach, wenn du an meiner Stelle kommen würdest, würden die Geschenke dir gehören.«

Marrah, die sehr überrascht über diese letzte Bemerkung war, fragte, welche Art von Geschenken die Priesterinnen von Nar für sie aufbewahrten, und Sabalah gestand, daß sie es nicht wüßte. »Sie wollten es mir nicht sagen. Alles, was ich weiß, ist, daß sie direkt von der Göttin Erde kommen, deshalb müssen es sehr mächtige Gaben sein. Aber im Grunde spielt es keine Rolle. Du mußt nach Nar gehen auf deinem Weg nach Osten, denn selbst wenn die Priesterinnen inzwischen ihre Meinung geändert und die Geschenke jemand anderem gegeben haben, mußt du sie um ihren Segen bitten. Sie sind sehr heilig und sehr mächtig. Es heißt, solange die Priesterinnen die Höhlen von Nar bewohnen, kann die Welt niemals untergehen. Sie sind außergewöhnliche Frauen.« Sabalah hielt einen Moment inne, als wäre sie in Erinnerungen versunken, die zu teilen Marrah noch zu jung war. Dann räusperte sie sich und kam auf die näheren Einzelheiten zu sprechen.

»Der Weg durch die Wälder wird schwierig sein. Ich will nicht behaupten, daß es leicht ist, von einem Meer zum anderen zu kommen, aber du solltest in der Lage sein, die Höhlen relativ mühelos zu finden, wenn du der Lieder-Landkarte folgst, die ich angefertigt habe, als ich nach Westen wanderte.«

»Du meinst die Lieder, die du mir beigebracht hast, als ich klein war?«

Sabalah lächelte. »Genau die, und wie niedlich du ausgesehen hast, als du sie in perfektem Sharan gesungen hast. Aber wie du dich wahrscheinlich erinnerst, war es eine Ost-West-Karte. Jetzt müssen wir sie umgekehrt singen, von West nach Ost.«

»Ist denn das möglich?«

Sabalah nickte. »Alle Lieder-Karten sind umkehrbar. Während der letzten drei Tage habe ich mein Lied im stillen viele Male von West nach Ost gesungen, um mich vorzubereiten, für den Fall ...« Ihre Stimme brach, und ihr Lächeln verschwand. »Ich hatte vor, meinem Lied zurück nach Shara zu folgen, aber ist es nicht mehr länger mein Lied; es wird jetzt deines sein. Du wirst Strophen hinzufügen, die von deinen Abenteuern berichten, und wenn du nach Shara kommst, wirst du es deiner Großmutter Lalah vorsingen.«

Sie legte ihren Arm um Marrah und zog sie wieder an sich. »Hör zu. Die Göttin hat dir ein gutes Gedächtnis gegeben, und abgesehen von der umgekehrten Richtung habe ich nur wenige Änderungen vorgenommen, die meisten davon am Anfang.«

Sie schloß die Augen und saß einige Sekunden lang vollkommen reglos da. Dann holte sie tief Luft und begann zu singen, nicht von den Höhlen von Nar oder Shara, sondern von Xori und seinen Langhäusern und dem Meer der Grauen Wogen:

»Der Weg nach Shara ist lang,
und die ersten Schritte sind die schwersten,
aber Marrah und Arang sind Sabalahs Kinder.

Sie sehen den Stein der Göttin
kleiner und kleiner werden,
aber sie ziehen tapfer weiter
und blicken niemals zurück.

Sie folgen der Straße der Wale,
Vorbei an Hoza mit seinem Großen Mutterschoß,
nach Gurasoak, wo der Fluß aus dem Wald herausfließt.

Sie folgen dem Lied ihrer Mutter nach Shara,
und Sabalah segnet jeden ihrer Schritte …«

Ihre Stimme wurde süß und schwermütig. Es war ein wunderschöner, eindringlicher Gesang, und Marrah hörte ergriffen zu, während sie bereits um all die Freunde trauerte, die sie zurücklassen würde, aber das Lied ihrer Mutter stahl sich in ihr Herz und schenkte ihr Trost.

Ein paar Tage später, nachdem sie sich Amas Erlaubnis versichert hatten, brachen Marrah, Arang und Stavan mit zwei Händlern aus Zizare auf, die mit Körben voller Jaditäxten in südlicher Richtung nach Gurasoak segelten. Das letzte, was Marrah sah, als das Boot die Kapspitze umrundete, war Sabalah, die am Strand stand, gestützt von Bere und Onkel Seme.

»Möge die Große Göttin euch segnen, meine Kinder«, rief Sabalah wieder und wieder, bis Marrah sie nicht mehr hören konnte, aber sie brach nicht wieder weinend zusammen, und sie rief ihre Kinder auch nicht zurück.

Als das Boot endgültig außer Sichtweite war, wandte sich Sabalah an Bere und Seme. Semes Gesicht war tränenüberströmt, und Bere, der die letzte Nacht mit Marrah verbracht hatte, schluchzte laut, aber Sabalah konnte kein Mitgefühl für sie aufbringen. Ihre eigenen Tränen waren vor Tagen versiegt, und alles, was übrig blieb, war ein tiefer, unauslöschlicher Kummer, der ihr Herz mit eisiger Hand umklammert hielt. »Tragt mich zurück zu Amas Langhaus und legt mich neben meinem Feuer nieder«, kommandierte sie.

Seme hob Sabalah auf seine Arme, trug sie zum Langhaus und legte sie behutsam auf einen Stapel Schaffelle vor ihrem Herdfeuer. Ama wartete schon auf sie, eine große Holzzange in der Hand.

Sabalah blickte erst auf das Feuer und dann auf Ama. »Sind die Steine schon heiß genug?« fragte sie. Ama nickte grimmig. »Gut«, erwiderte Sabalah entschlossen. »Dann nimm einen aus dem Feuer und drück ihn gegen meinen Fuß und brenn das verfaulte Fleisch heraus. Ich möchte lange genug leben, um meine Kinder wiederzusehen.«

Und damit schob sie sich das Ende ihres Ledergürtels zwischen die Zähne, legte sich zurück, schloß die Augen und ließ sich von Bere und Seme mit aller Kraft festhalten, als Ama ins Feuer griff, den rotglühenden Stein herausholte und ihn gegen die kreisförmige Stelle schwarzen Fleisches auf ihrer Fußsohle preßte, während sie flehend rief: »Verzeih mir, Sabalah!«

Mit zitternden Händen nahm Sabalah den Gürtel aus dem Mund; in ihren Augen schimmerten Tränen, und die anderen sahen, daß sie das Leder durchgebissen hatte. »Es gibt nichts zu verzeihen«, murmelte sie, von Schmerz gequält. »Tu es noch einmal, wenn du mußt, brenn die ganze Stelle aus.« Und dann schob sie sich den Gürtel erneut zwischen die Zähne, packte Beres und Semes Arm, schloß die Augen und dachte an Marrah und Arang, wie sie ihr zugewinkt hatten und immer kleiner und kleiner geworden waren, als sie davonsegelten.

Zweiter Teil

Sabalahs Lied

»Zwischen dem Blauen Meer
und dem Meer der Grauen Wogen
liegen die Höhlen von Nar,
wo die Tiere tanzen.

Sie tanzten schon für unsere Vorfahren,
als die Welt aus Eis bestand.
Sie werden auch für unsere Kinder tanzen,
wenn unsere Gebeine bereits Staub sind.

Geh leise, geh leichten Schrittes,
denn die Erde schläft.
Geh leise, geh leichten Schrittes,
störe ihre Träume nicht.«

Sabalahs Lied, Strophe 11-13

6. Kapitel

Von Gurasoak zu den Höhlen von Nar

Mutter Asha saß in einer Sänfte aus Holz und Korbgeflecht. Die Sänfte, die nach ihrem eigenen Entwurf angefertigt worden war, hatte eine hohe, geflochtene Rückenlehne, Armstützen, behagliche, mit Daunen gefüllte Kissen und sogar eine kleine hölzerne Fußstütze, auf die sie ihre Füße stellen konnte, wenn ihre Knöchel zu schmerzen begannen. Groß genug, um bequem zu sein, und doch wiederum klein genug, um durch die Türen der Langhäuser in Gurasoak zu passen, war es die einzige Sänfte ihrer Art im ganzen Land des Küstenvolks, und im stillen bildete sich Mutter Asha eine Menge auf ihren Entwurf ein. Aber an diesem Morgen war sie sich kaum der Kissen bewußt, und statt sich gegen die Rückenstütze zu lehnen, beugte sie sich gespannt vor, als sie Marrahs Erklärung zuhörte, warum sie, ihr Bruder und der Fremde namens Stavan nach Osten reisten.

»Dann folgst du also dem Lied deiner Mutter. Wie ich dich beneide!« Mutter Asha klopfte ungeduldig auf die Armlehne ihrer Sänfte und dachte, wie schön es wäre, eine solch riesige Entfernung zu Fuß zurücklegen zu können, ohne sich Sorgen darüber machen zu müssen, daß einem die Knie versagten. »Seit fast fünfzehn Jahren, seit dem Tag, als ich die ›Mutter aller Familien‹ wurde, sitze ich hier und höre den Händlern vom Blauen Meer zu, wenn sie mir von den Ländern jenseits des Waldes erzählen. Ich war hier, als deine Mutter damals mit dir auf dem Rücken aus der Wildnis kam, und ich war diejenige, die euch beide adoptierte und euch nach Xori schickte, um mit Ama zu leben.«

Sie schloß einen Moment lang die Augen, versunken in Erinnerungen. Als Marrah schon glaubte, sie wäre eingeschlafen, öffnete Mutter Asha die Augen wieder und seufzte tief.

»Ich habe mir immer gewünscht, einmal die Tempel und großen Städte zu sehen, die deine Mutter in ihren Liedern besingt, aber leider wird mein Wunsch niemals in Erfüllung gehen. Ich bin bei weitem zu alt dafür, und bevor ihr aus Shara zurückkehrt – falls ihr jemals zurückkommt –, werde ich ohne Zweifel tot sein.«

Marrah wollte Einwände erheben, doch Mutter Asha brachte sie mit einer brüsken Handbewegung zum Schweigen. »Nein, nein, wir wollen uns doch nichts vormachen. Ich habe keine Angst davor, zur Großen Mutter zurückzukehren. Um die Wahrheit zu sagen – manchmal sehne ich mich danach, die Augen zu schließen und für immer in ihrer liebevollen Umarmung zu ruhen, aber du, die du jung und stark bist, fürchtest wahrscheinlich den Tod. Und das ist auch gut so. Du wirst diese Angst brauchen, wenn ihr weiterwandert. Ich habe viele junge Leute sterben sehen, weil sie tollkühne Risiken eingingen, statt auf Sicherheit bedacht zu sein, und du, Marrah, bist doppelt so unbesonnen wie die meisten von ihnen.«

Sie streckte eine Hand aus und legte sie leicht auf Marrahs Kopf. »So geh denn mit meinem Segen.« Sie hielt inne, als sie Arang bemerkte, der etwas abseits stand und sie mit großen, neugierigen Augen anstarrte. »Komm her, Junge, und laß dich ebenfalls segnen, denn es ist ein langer Weg für ein Kind.«

Erleichterung durchflutete Marrah, als sie sich verbeugte und Arang einen Stups versetzte. Sie war sich nicht sicher gewesen, wie Mutter Asha auf die Neuigkeit reagieren würde, daß sie vorhatte, ihren achtjährigen Bruder den ganzen weiten Weg nach Shara mitzunehmen, aber wie immer hatte Mutter Asha sofort verstanden, ohne daß man ihr erklären mußte, warum die Göttin Sabalah befohlen hatte, ihre beiden Kinder zu schicken. Arang sprach Sharan. Wenn Marrah etwas zustoßen sollte – falls sie starb oder zu krank werden würde, um weiterzuwandern –, wäre es seine Aufgabe, nach Shara zu gehen und die Warnung zu überbringen.

Arang kniete nieder und beugte den Kopf, als Mutter Asha ihn segnete. Er wußte, er sollte ihr danken, aber er war so von Ehrfurcht ergriffen, daß er kein Wort hervorbrachte. Sie mußte die älteste Frau der Welt sein. Er fragte sich, ob es stimmte, was einige Leute behaupteten, daß die »Mutter aller Familien« einen Göttinnenstein dazu bringen konnte, sich von allein aufzurichten, indem sie einfach nur mit den Händen wedelte.

Mutter Asha sah seine Nervosität und lächelte. »Hab keine Angst, mein Junge, ich beiße nicht.« Und dann lachte sie so gutmütig, daß Arang sich dabei ertappte, wie er in ihr Lachen einstimmte. »Du machst ganz den Eindruck, als wärst du ein tapferer Junge.« Sie hatte schon vor langer Zeit gelernt, daß es besser war, Kindern zu sagen, daß sie gut *waren*, statt sie zu ermahnen, gut du *sein*. »Du wirst deiner Schwester bestimmt eine große Hilfe sein.«

Vor lauter Verlegenheit wurde Arang blutrot. »Ich h-hoffe es, liebe Mutter«, brachte er stotternd hervor, und dann, erschrocken über seinen eigenen Mut, wich er so hastig von der Sänfte zurück, daß er fast über Marrah gestolpert wäre.

Mutter Asha lächelte, insgeheim amüsiert, wie beeindruckt er von ihr war. Der kleine Junge glaubte offensichtlich, sie wäre so weise wie die Göttin selbst. Sie wünschte, sie könnte immer noch glauben, daß es Erwachsene gab, die einfach alles wußten. In Wahrheit lebte sie genauso wie alle anderen, und es gab Tage, da fragte sie sich, ob sie überhaupt mehr Verstand als ein achtjähriges Kind besaß.

Sie wandte ihre Aufmerksamkeit wieder Marrah zu, die ebenfalls gespannt auf einige Worte der Weisheit wartete. »Ich weiß nicht viel über die Länder, durch die ihr kommen werdet, nachdem ihr das Blaue Meer erreicht habt, aber ich habe jede Menge Geschichten über die Reise durch die Wälder gehört. Das Land zwischen hier und der Küste besteht hauptsächlich aus Wildnis. Es gibt zwar ein paar Siedlungen entlang des Flusses, doch die meisten Bewohner richten sich nach der alten Lebensweise, nehmen nur das, was die Göttin ihnen an Wild und wildwachsenden Pflanzen gibt. Die Händler erzählen mir oft, daß die meisten der Mutter-Stämme es für falsch halten, den Körper der Göttin Erde aufzuschneiden und Samen in sie zu pflanzen, und ich habe erfahren, daß manchmal Gruppen von ihnen in die Siedlungen im Landesinneren kommen und die Dorfmütter bitten, keinen Ackerbau mehr zu betreiben.«

»Sind sie gefährlich?« wollte Marrah wissen. Es war eine Frage, die ihr niemals in den Sinn gekommen wäre, bevor sie Stavan begegnet war.

Mutter Asha schüttelte den Kopf. »Nein, nur die wilden Tiere sind gefährlich. Im Wald gibt es Löwen. Vor zwei Jahren wurde ein Händler von Löwen getötet. Er marschierte am Ende der Kolonne, war ein Stück hinter die anderen zurückgefallen, und eine Löwin schlich sich an ihn heran und überwältigte ihn so schnell, daß er noch nicht einmal Zeit zum Schreien hatte. Später versuchte sie es erneut, aber diesmal waren die Händler auf den Angriff vorbereitet, und es gelang ihnen, sie in die Flucht zu schlagen. Solche Dinge geschehen zwar nicht oft, aber trotzdem solltet ihr niemals euer Lager aufschlagen, ohne ein Feuer anzuzünden.«

Plötzlich fiel ihr ein, daß sie Marrah mit ihrer Schilderung wahrscheinlich Angst einflößte, von dem Jungen ganz zu schweigen, der jetzt schon verängstigt genug aussah. Das war das Problem, wenn man die ganze Zeit zu Hause hockte. Man vergaß dabei, daß die Leute, die tatsächlich durch den Wald gehen mußten, vielleicht nicht unbedingt wissen wollten, welche Gefahren auf sie lauerten. Es war an der Zeit, das Thema zu wechseln.

»Und wie schon gesagt, das Waldvolk ist nicht im geringsten gefährlich. Sie halten zwar nichts von unserer Lebensweise, aber sie tolerieren sie. Wie wir, so verehren auch sie die Göttin Erde und respektieren ihre Gebote. Es ist nur so, daß ihre Vorstellung von Liebe manchmal verlangt, daß sie dich auffordern, dich zu setzen und dir eine lange Rede darüber anzuhören, um wieviel glücklicher du wärst, wenn du der Lebensweise der Vorfahren folgen würdest. Aber ich bin mir nicht sicher, ob du sie überhaupt jemals zu sehen bekommen wirst. Das Waldgebiet ist riesig, und sie neigen dazu, jeden Kontakt mit der Außenwelt zu vermeiden. Früher dachte ich, es läge daran, weil sie scheu wären, aber ein Händler erzählte mir kürzlich den wahren Grund für ihr Verhalten: Sie finden, wir riechen schlecht, weil wir so viel Milch und Käse essen.«

Marrah blickte verwirrt. »Im Lied meiner Mutter kommt aber keinerlei Waldvolk vor.«

Mutter Asha schmunzelte. »Das überrascht mich nicht. Sabalah hätte es bestimmt nicht gefallen, wie ein Becher saurer Milch behandelt zu werden. Vielleicht hat sie entschieden, die Leute des Waldvolks nicht zu ehren, indem sie sie in ihr Lied aufnimmt, oder vielleicht ist sie ihnen auch nie begegnet. Wie ich schon sagte, der Wald erstreckt sich mehrere Wochenreisen lang in alle Richtungen. Mehr als eine Gruppe von Händlern ist schon zwischen hier und dem Blauen Meer spurlos verschwunden. Tatsächlich ist es erst fünf Jahre her, daß –« Sie brach abrupt ab, als sie erneut begriff, daß einige Dinge am besten unausgesprochen blieben.

»Aber kümmert euch nicht um all das. Alles in allem ist die Landroute immer noch am besten. Es ist kein mühsamer Weg, wirklich nicht, und er ist gut markiert und verläuft den größten Teil der Strecke eben. Es heißt, der Fluß verzweige sich sechsmal. Ich weiß nicht, welcher Gabelung ihr folgen müßt, um zu den Höhlen von Nar zu kommen, aber das werden die Händler wissen, auch wenn sie noch nicht selbst dort gewesen sind. Die Höhlen werden oft von Pilgern aufgesucht, um den Segen der Priesterinnen zu erbitten.« Sie seufzte. »Ich beneide euch wirklich. Was auch immer sie euch geben werden, wird von unschätzbarem Wert sein.«

Sie fühlte sich auf einmal erschöpft, als hätte sie ihre Pflicht erfüllt, aber sie konnte Sabalahs Kinder nicht wegschicken, ohne ihnen ihren endgültigen Segen zu erteilen. Als sie in den bestickten Lederbeutel griff, der von einer Armstütze der Sänfte herunterhing, zog sie zwei kleine Muschelhalsketten heraus und hielt sie einen Moment lang nachdenklich in der Hand. Die Halsketten waren ähnlich wie die, die Kinder trugen, außer daß diese hier mit einem kleinen dreieckigen Muschelanhänger verziert waren.

»Kommt her und laß mich euch diese Ketten umlegen. Es sind Pilgerhalsketten. Ich kann mir nicht vorstellen, daß ihr sie in Xori schon einmal gesehen habt, weil es kein Ort ist, den Pilger aufsuchen. Aber östlich von hier werden die Leute nur einen Blick darauf werfen und wissen, daß ihr unter dem speziellen Schutz der Göttin reist. Wenn sie Nahrungsmittel haben, dann werden sie euch davon abgeben, auch wenn sie selbst vielleicht nichts essen.«

Sie hielt inne, als sie plötzlich ein ungutes Gefühl überkam.

Wohin schickte sie Sabalahs Kinder? Welches Schicksal mochte sie erwarten? Sie befestigte die Ketten um ihre Hälse und legte ihnen ein letztes Mal die Hand auf den Kopf. »Und vergeßt nicht, wo ihr auch hingeht, ihr werdet immer auf dem Körper der Göttin Erde gehen. Wenn ihr eure eigene Mutter vermißt, versucht daran zu denken, daß die größte Mutter von allen nahe genug ist, um sie zu berühren.«

Sie räusperte sich und bedeutete Marrah und Arang mit einer Handbewegung, sich zu erheben. »Genug davon. Ich bin viel zu alt für Abschiede, deshalb macht euch nicht die Mühe, in mein Langhaus zu kommen und mir Lebewohl zu sagen, wenn ihr morgen früh abreist. Geht einfach leise und versucht, die Hunde nicht aufzuwecken.«

Marrah dachte, sie hätte vielleicht etwas mißverstanden. »Hast du gesagt, daß wir *morgen* abreisen, liebe Mutter?«

»So ist es. Es sei denn, ihr wollt den Winter in Gurasoak verbringen. Vor ungefähr zwei Wochen sind drei Händler vom Blauen Meer hier eingetroffen. Sie haben die ganze Zeit auf eine Lieferung von Jaditäxten aus Zizare gewartet – und zwar mit viel zu wenig Geduld, wie ich sagen muß. Nachdem die Äxte jetzt geliefert wurden, wollen sie gleich morgen früh vor Morgengrauen wieder die Rückreise antreten. Ich habe sie bereits gefragt, ob sie euch drei mitnehmen werden, und natürlich werden sie es tun, obwohl sie darüber gemurrt haben, daß sie euch nach Nar führen müssen. Sie befürchten anscheinend, wenn sie den Umweg machen, könnten sie zu spät am Blauen Meer ankommen, um noch das letzte Schiff nach Osten zu erwischen, bevor die Winterregenzeit beginnt, aber schließlich haben sie eingewilligt.«

Mutter Asha grinste. »Wie hätten sie sich auch weigern können? Ihr seid Pilger, und es ist ihre heilige Pflicht, euch sicher nach Nar zu bringen oder an jeden anderen Ort, wohin ihr zu reisen beliebt. Aber nur um ganz sicherzugehen, habe ich sie daran erinnert – in aller Höflichkeit natürlich –, daß es zwei gute Gründe gibt, um großzügigerweise nachzugeben: Erstens bringt es Unglück, einer Priesterin im Weg zu stehen, die an einem heiligen Ort beten möchte, und zweitens –« ihr Grinsen wurde noch breiter, »habe ich ihnen erklärt, daß ein Stück die Küste hinauf noch andere Händler warten, die für zwei Körbe feinster Jaditäxte alles geben würden.«

»Aber liebe Mutter«, widersprach Marrah, »nördlich von Gurasoak gibt es keine Händler. Wir sind doch gerade erst von dort gekommen und –« Sie brach ab, als sie plötzlich begriff. »Nun, es kann natürlich sein, daß wir sie nicht gesehen haben.«

»Ja«, meinte Mutter Asha mit todernster Miene, »es wäre leicht für euch gewesen, sie zu übersehen, besonders da das Wetter so stürmisch gewesen ist.«

Marrah, die genau wußte, daß auf ihrer Fahrt nach Gurasoak nichts weiter als ein leichter Nieselregen geherrscht hatte, nickte ernst und stimmte zu, daß die Stürme tatsächlich schlimm gewesen seien.

Sobald Mutter Asha sie entlassen hatte, besorgte Marrah das Frühstück für Arang und machte sich dann auf die Suche nach den Händlern. Es erwies sich als eine kurze Suche, weil in Gurasoak jedermann jederzeit über den Aufenthaltsort aller anderen Bescheid zu wissen schien.

»Die Leute aus dem Süden sind im Gästehaus«, informierte sie ein kleines Mädchen, das nicht viel älter als Arang sein konnte, und zeigte auf ein kleines Gebäude am Rande des Dorfes. Das Mädchen kratzte sich am Ellenbogen und beäugte Marrah mit freundlicher Neugier. »Wenn du mit ihnen reden willst, dann solltest du es besser gleich tun. Meine Mama sagt, sie reisen morgen früh noch vor Sonnenaufgang zum Blauen Meer ab.«

Marrah bedankte sich und eilte zum Gästehaus, wo sie einen Mann und zwei Frauen eifrig damit beschäftigt fand, Jaditäxte in Tragekörbe aus Weidenrohr zu verpacken. Die Körbe waren ungefähr einen Meter lang, auf einer Seite abgeflacht und fest geflochten, um Regen und Staub abzuhalten. Jeder hatte mehrere Lederriemen, die um die Brust desjenigen, der ihn trug, geschnallt werden konnten, plus einen Kopfriemen für die Balance. Es waren sechs Körbe insgesamt, wie Marrah bemerkte, fünf in Standardgröße und ein kleinerer, ungefähr von der Größe, die ein Kind in Arangs Alter tragen konnte.

Offensichtlich ging das Packen in aller Eile vonstatten, da Päckchen mit getrockneten Früchten und Dörrfleisch überall auf dem Fußboden verstreut lagen, dazwischen Wasserbeutel aus Ziegenleder, Feuersteine, zusätzliche Kopfriemen und mehrere andere fest verschnürte Bündel, die wahrscheinlich Tauschwaren enthielten.

»Willkommen im Haus des Chaos«, rief der Mann fröhlich, als er Marrah sah. Er ließ achtlos den Korb zu Boden fallen, den er gerade gepackt hatte, und eilte quer durch den Raum auf sie zu, und bevor sie wußte, was geschah, kniete er nieder, küßte ihre Hand und erhob sich wieder, und alles das mit so anmutigen Bewegungen, daß es wie ein Tanz wirkte. »Ich bin Rhom aus Lezentka, dem schönsten Dorf an der Küste des Blauen Meers, begünstigt von der Göttin und erwärmt von der Sonne, wo die Delphine tanzen und die Luft wie Honig duftet. Du mußt Marrah aus Xori sein, die in heiliger Mission nach Süden reist – Marrah mit den dunklen Augen, die das Herz jedes Mannes erobern wird, der ihren Weg kreuzt.«

Marrah lachte und wandte sich an die Frauen. »Redet er immer so?«

»Immer«, antwortete eine von ihnen. Sie sprach langsam, mit einem schwerfälligen Akzent. »Er ist so aufgeblasen und redet so hochtrabend daher wie kein anderer, dem du jemals begegnen wirst. Kümmere dich einfach nicht um ihn, dann wird er sich früher oder später ein anderes Opfer suchen.«

Rhom grinste. »Meine lieben Schwestern haben leider kein Gefühl für Poesie.« Er wies mit einer Handbewegung auf sie. »Erlaube mir, dir Zastra und Shema vorzustellen, zwei der praktischsten Frauen, die jemals den Wald bezwungen haben.«

Zu Marrahs Überraschung hörten die Frauen sofort mit Packen auf und eilten durch den Raum, um ihr die Hand zu küssen. Handküsse sind anscheinend Brauch im Süden, entschied Marrah.

»Möge ihr Friede mit dir sein«, sagten Zastra und Shema höflich, wobei ihnen die Wortendungen auf eine Art über die Lippen flossen, wie Marrah es noch nie zuvor gehört hatte. Sie waren eindeutig Schwestern, groß und breitschultrig, mit kräftigen Armen und Beinen, die stark genug aussahen, um doppelt so schwere Körbe zu tragen wie die, die sie gerade packten. Beide trugen ihr Haar aus der

Stirn zurückgekämmt und zu einer Krone auf dem Kopf geflochten, und beide hatten die gleichen flachen Nasen und klaren braunen Augen. Bis auf die Tatsache, daß Zastra offensichtlich einige Jahre älter als Shema war, hätten sie Zwillinge sein können.

Rhom war dagegen feinknochig und dünn, mit dunklen Augen, graziösen Händen und kleinen Füßen. Alles an ihm kam Marrah exotisch vor, von dem fein bestickten Leinentuch, das er um die Taille gebunden trug, bis zu dem raffinierten Flechtmuster seiner Sandalen. Wenn er nicht die gleiche flache Nase wie seine Schwestern gehabt hätte, hätte sie Mühe gehabt zu glauben, daß die drei verwandt waren. Sie fragte sich, wie ein so zierlicher Mann es geschafft hatte, einen schweren Korb voller Waren den ganzen weiten Weg vom einen Meer zum anderen zu schleppen. Rhom sah aus, als würde er schon unter einem mittelgroßen Armvoll Feuerholz zusammenbrechen.

Als hätte er ihre Gedanken gelesen, ging er durch den Raum und hob einen der Tragekörbe auf. »Der hier ist für dich«, sagte er und bedeutete ihr mit einer Geste, sich herumzudrehen, damit er ihr mit den Trageriemen helfen konnte. Da er den Korb mit einer Hand hob, nahm sie an, daß er fast leer war, doch als er ihn ihr auf den Rücken schnallte, war er so schwer, daß sie taumelte und beinahe nach hinten gekippt wäre.

Shema fing sie auf und half ihr, den Korb abzunehmen. »Ich habe Rhom gesagt, daß er zu schwer für dich sein würde, aber er hört ja nie auf mich.« Sie tätschelte mitfühlend Marrahs Arm. »Mach dir keine Sorgen, kleine Schwester. Wir werden dir und deinem Bruder Anfänger-Körbe beschaffen. Der Riese, der mit euch reist, kann eine volle Fuhre tragen, und alles, was ihr tragen müßt, sind die Federcapes und die Vogelmasken und eure eigenen Vorräte.« Zastra und Rhom nickten zustimmend.

Marrahs Stolz bekam einen Dämpfer, aber sie war klug genug, um nicht zu widersprechen. Sie betrachtete Rhom mit neuem Respekt. Sie hatte immer geglaubt, sie wäre kräftig für ihre Größe, aber verglichen mit Rhom und seinen Schwestern war sie ein Schwächling.

Am nächsten Morgen brach die sechsköpfige Reisegruppe von Gurasoak auf, noch bevor die Frühstücksfeuer angezündet worden waren. Es war ein kühler, windstiller Tag, und als Marrah dem Meer der Grauen Wogen den Rücken kehrte und in Richtung Flußmündung marschierte, hatte sie das Gefühl, daß sich eine ganz neue Welt vor ihr auftat.

Die Flußmündung war ein riesiges, weitverzweigtes Tidebecken, das teils Salzwasser, teils Süßwasser enthielt. Im Morgengrauen und zur Zeit der Abenddämmerung ertönte das monotone Konzert von Tausenden von quakenden Fröschen im Schilf. Das Küstenvolk nannte den Fluß, der das Becken speiste, Ibai Nabar oder auch den »Fluß der vielen Farben«, weil seine breite, ruhige Oberfläche den Himmel reflektierte und in einem Kaleidoskop von Farben schillerte, von Dunkelgrau bis hin zu Muschelrosa, wenn die Sonne aufging. Gegen Mittag schimmerte die Flußmündung wie eine Eisfläche, aber frühmorgens und am Spätnachmittag nahm sie an klaren Tagen eine durchscheinend blaue Färbung an, die Marrah an Stavans Augen erinnerte.

Und dennoch, so schön die Flußmündung auch war, so war es doch kein Vergnügen, an ihren Ufern entlangzuwandern, besonders nicht, wenn man einen schweren Korb voller Waren trug. Von Sümpfen und Mooren durchzogen, war es ein trügerisches, unwegsames Gelände, an einigen Stellen war der Morast so tief, daß man bis zur Taille darin versank, und es kam durchaus vor, daß Händlertrupps zehn Tage oder sogar noch länger für den Weg bis zur Mündung brauchten.

Aber dank Mutter Asha verließen Murrah, Arang, Stavan und die Händler Gurasoak auf viel bequemere Art, indem sie in zwei kleinen, runden Shavas an dem morastigen Ufer entlangfuhren. Die leichten, wasserdichten Boote – aus Kuhhäuten gefertigt, die über Rahmen aus Weidengeflecht gespannt und mit Pech versiegelt waren – fanden sich in jedem Dorf des Küstenvolks. Marrah kannte sich gut mit ihnen aus, da sie von einem solchen Boot aus gefischt hatte, seit sie alt genug gewesen war, um eine Angelrute zu halten. Es war schwierig, sie zum Kentern zu bringen, aber noch schwieriger, sie zu steuern, und obwohl sie in ruhigem Wasser sicher auf der

Oberfläche lagen und sich rasch vorwärtsbewegten, wenn man mit der Flut dahintrieb, waren sie praktisch nutzlos, versuchte man, gegen die Strömung anzukommen.

Da zur Zeit gerade Flut herrschte, hätten die Boote eigentlich kein Problem bereitet, wenn Stavan und die Händler gewußt hätten, wie man sie steuert, was aber nicht der Fall war. Zuerst drehten sie sich ständig im Kreis, während Rhom und Stavan fluchten und Shema und Zastra sich mühsam abstrampelten. Schließlich übernahm Marrah das Ruder und zeigte ihnen allen, wie man damit umging, und danach kamen sie flott voran, hielten an, wann immer die Ebbe einsetzte, und schlugen ihr Lager auf, wo immer sie ein Stück trockenes Land finden konnten.

Am zweiten Abend fing es an zu regnen, und so drehten sie die Shavas einfach um und benutzten sie als Unterschlupf. Sie mußten sich mit Schlafen abwechseln, weil unter den Booten nicht genügend Platz war für sechs Personen und die Tragekörbe, aber der Regen war warm, und die Händler machten deutlich, wenn irgend etwas naß würde, dann auf keinen Fall die Vogelmasken aus Stroh und die federbesetzten Capes.

Am nächsten Morgen machten sie sich wieder auf den Weg, paddelten den Fluß entlang unter einer Sonne, die ihre Kleider im Nu wieder trocknete. Es war eine schöne, angenehme Art zu reisen, und als Marrah ihr Paddel in den schimmernden Wasserspiegel unter sich tauchte, empfand sie zum ersten Mal, seit sie Xori verlassen hatte, ein Gefühl inneren Friedens.

Geschützt von den böigen Winden und den Winterstürmen der Küste, war die Flußmündung von Tausenden von Vögeln jeder Art besiedelt – Graureihern, Rohrdommeln, Seetauchern, Wachteln, Lummen, Wildgänsen, Königsfischern und schwarzköpfigen Seemöwen, die von dem Fischreichtum in den klaren Gewässern so fett waren, daß sie kaum fliegen konnten. Manchmal, wenn die Boote vorbeiglitten, stiegen riesige Schwärme von Stockenten unter empörtem Geschnatter in die Luft auf. Es waren so viele, daß das Klatschen ihrer Flügel die Wasseroberfläche kräuselte, und einen oder zwei Augenblicke lang verdeckten ihre Körper das Licht der Sonne.

Aber meistens betrachteten die Vögel die kleine Reisegruppe mit Gleichmut, hielten kaum lange genug inne, um die vorbeigleitenden Boote mit einem Blick zu registrieren, bevor sie mit ihrer Nahrungssuche fortfuhren. Es war eindeutig, daß sie niemals gejagt worden waren und keine Angst vor Menschen hatten. Wenn Marrah es gewollt hätte, hätte sie nur einen Arm auszustrecken brauchen, um einen von ihnen mit der bloßen Hand zu fangen. Aber es bestand kein Grund, die Vögel zu lehren, daß ihr Vertrauen nicht gerechtfertigt war. In den Gewässern der Flußmündung herrschte ein solcher Fischreichtum, daß Marrah und ihre Gefährten morgens immer genügend Fische fingen, um den Rest des Tages über gut zu essen zu haben.

Gegen Mittag des dritten Tages begann sich die Landschaft zu verändern. Zuerst erschienen einige wenige Bäume an den Ufern, dann wurden es nach und nach mehr. Das Wasser wurde klarer und nahm eine leicht grünliche Färbung an, und das hohe Schilf zu beiden Seiten wich kleinen Inseln, die mit Buschwerk und Schößlingen bewachsen waren. Bis zu dem Zeitpunkt, als die Abendschatten wieder länger zu werden begannen, war die Strömung, die ihnen entgegenkam, derart stark geworden, daß sich die Boote unmöglich mehr steuern ließen, und so zogen sie die Boote aus dem Wasser und trugen sie wie große Körbe zum Ende der Flußmündung, und fluchten heftig, als sie durch den Schlamm stolperten.

Bald hatten sie die Mündung erreicht. Tatsächlich war es nicht nur ein Fluß, sondern zwei, getrennt durch etwas, was wie eine Insel aussah. In Wirklichkeit war die Insel das nördliche Ufer des Ibai Nabar, und Marrah war belustigt, als sie erfuhr, daß der Fluß zu ihrer Linken Ibai Taxar oder »Falscher Fluß« hieß, zweifellos von irgendeiner verdrießlichen Händlergruppe so benannt, die sich irrtümlich für die falsche Abzweigung entschieden hatte.

Nachdem sie die Boote auf das südliche Ufer des Ibai Nabar gezogen hatten, wuschen sie sich den Schlamm ab, so gut es ging, und machten sich dann erneut auf den Weg, während sie die Boote flußaufwärts zu dem kleinen Dorf Xemta schleppten, das ganz in der Nähe lag, wie die Händler versicherten.

Xemta war entweder die letzte Ansiedlung des Küstenvolks oder auch die erste des Flußvolks, je nachdem, wie man die Sache betrachtete, aber da das gesamte Dorf nur aus zwei Langhäusern von der Größe von Kuhställen und mehreren kleinen Gemüsegärten bestand, die kaum groß genug waren, um die einzelne Mutterfamilie zu ernähren, die sie bearbeitete, war es kaum von Belang. Laut Rhoms Aussage hatten die Frauen von Xemta sowohl mit den Männern des Küstenvolks als auch mit denen des Flußvolks Kinder gezeugt, solange sich irgend jemand zurückerinnern konnte, doch es war ein ziemlich langer Marsch in beide Richtungen, und die Frauen waren immer glücklich, reisenden Händlergruppen ihre Gastfreundschaft anzubieten, besonders den Männern unter ihnen.

Shema und Zastra schüttelten über diese Schilderung die Köpfe, mußten jedoch zugeben, daß Rhom die Wahrheit sprach. »Sie gehörten alle zu ein und derselben Mutterfamilie«, erklärte Zastra, »deshalb können sie natürlich nicht miteinander Liebe machen. Die Söhne verlassen gewöhnlich das Dorf, sobald sie alt genug sind, um eine Frau zu wollen, aber da die Töchter in das Dorf gehören, bleiben sie an Ort und Stelle. Jeder Mann, der lebt und atmet, kann jederzeit ein warmes Bett in Xemta finden – sogar Rhom.«

Marrah fand diese letzte Bemerkung nicht besonders schmeichelhaft für Rhom, doch er schien die Neckerei mit Humor zu nehmen. Allmählich kam Marrah zu dem Schluß, daß er harmlos war. Die blumigen Schmeicheleien, die er ihr zuteil werden ließ, waren nicht dazu gedacht, ernst genommen zu werden; es war einfach seine Art, sich zu amüsieren, und nachdem sie ihm klargemacht hatte, daß sie nicht daran interessiert war, das Bett mit ihm zu teilen, hatte er sich beruhigt und war ein so vernünftiger, verläßlicher Reisegefährte geworden, wie man ihn sich nur wünschen konnte.

Stavan dagegen bereitete ihr Kopfzerbrechen. Er beklagte sich zwar nie, aber man konnte ihn auch kaum als heiter bezeichnen. Seit dem Tag, als sie Xori verlassen hatten, hatte er kaum ein Wort mit ihr gesprochen, und oft ertappte sie ihn dabei, wie er sie auf eine Art anstarrte, die ihr ein unbehagliches Gefühl gab. Wäre er nicht so höflich und hilfsbereit gewesen, hätte sie geglaubt, er müßte irgendwie dahintergekommen sein, daß er als ein lebendes Exemplar der Tiermenschen nach Shara gebracht wurde; doch er behandelte sie mit so viel Respekt, daß sie sich jedesmal, wenn er mit ihr sprach, wie die »Mutter aller Familien« vorkam – was vielleicht erfreulich hätte sein können, wenn sie über neunzig oder zahnlos gewesen wäre –, aber angesichts der Tatsache, daß sie jung war und noch alle ihre Zähne hatte, hätte sie es vorgezogen, wenn er sich so zwanglos mit ihr unterhalten hätte, wie er es mit Arang tat. Jene Gespräche drehten sich zwar hauptsächlich um die Jagd, aber sie waren lebhaft und angeregt. Stavan hatte seine Pfeile und den seltsam geformten Bogen seines Bruders mitgenommen, und nach dem, was Marrah zufällig mitbekommen hatte, wollte er Arang in der Kunst des Jagens unterweisen, sobald sie in den Wald kamen.

Manchmal fragte sie sich, ob sie vielleicht diejenige war, die sich unfreundlich benahm. Sie tat ihr Bestes, um sich immer wieder daran zu erinnern, daß Stavans Volk das Problem war, und nicht Stavan selbst, aber manchmal, wenn sie ihn anschaute, konnte sie einfach nicht anders, als sich ihn auf dem Rücken eines dieser Tiere vorzustellen, die Pferde genannt wurden. Und dann dachte sie unwillkürlich an brennende Städte und Menschen, die in Panik davonliefen, und andere Dinge, so schrecklich, daß sie die Vorstellungen hastig wieder verdrängte.

Bisweilen ertappte sie sich sogar dabei, wie sie ihm die Schuld an der Tatsache zuschrieb, daß sie Xori hatte verlassen müssen. Sie vermißte ihre Mutter und Bere und Ama und Onkel Seme so sehr, daß sie sich oft auf die Lippen beißen mußte, um nicht vor Arang zu weinen, und obwohl sie wußte, daß es ungerecht war, konnte sie sich des Gefühls nicht erwehren, daß sie jetzt zu Hause sein und Onkel Hatzas köstlichen Rehfleischeintopf essen und in ihrem eigenen Bett schlafen würde, wenn Stavan nicht wäre.

Immer wenn sie in eine dieser düsteren Stimmungen verfiel, gab sie sich besondere Mühe, freundlich zu Stavan zu sein, aber vielleicht spürte er, daß ihre Freundlichkeit unterschwellig mit Groll gepaart war. Marrah konnte nur hoffen, daß er es nicht merkte, weil sie lange, lange Zeit in der Gesellschaft des anderen verbringen würden und es wichtig war, daß sie miteinander auskamen. Außerdem hatte sie im Laufe der vergangenen Wochen eine gewisse Zuneigung zu ihm entwickelt, und wenn sie in einer etwas vernünftigeren

Verfassung war, wußte sie, daß er es verdiente, als Freund behandelt zu werden. Es war eine schwierige Situation, und als sie an diesem Nachmittag stromaufwärts fuhren, war Marrah erleichtert, diesmal mit Zastra und Shema in einem Boot zu sitzen.

Wahrscheinlich wäre Marrah sogar noch unbehaglicher zumute gewesen, hätte sie gewußt, was in Stavans Kopf vorging, während er, Arang und Rhom ihr Boot durch das Buschwerk schleppten. Stavan war nicht unglücklich – in dieser Beziehung irrte sie sich –, aber er war auch nicht sonderlich glücklich. Sein Gemütszustand war eher eine Mischung aus beidem.

Einerseits war er froh, weil er endlich das Land des Küstenvolks verlassen konnte. Er hatte die feuchtkalten Nebelschwaden und das graue Meer nie gemocht, und obwohl er begonnen hatte, einige ihrer Bräuche zu schätzen, fühlte er sich irgendwie gefangen zwischen dem Meer und dem Wald. Er hatte niemals aufgehört, sich nach den endlosen Weiten des Grasmeeres zu sehnen, und seit dem Tag, als Achan ihn gen Westen geführt hatte, hatte er davon geträumt, wieder nach Hause zurückzukehren. Jetzt, endlich, war er auf dem Weg dorthin, bewegte sich mehr oder weniger in der richtigen Richtung, zwar nicht zu Pferd, wie es sich für einen Mann gehörte, aber zumindest marschierte er auf seinen eigenen zwei Beinen, statt in einem dieser verfluchten kleinen Boote herumgeschleudert zu werden, die aussahen, als würden sie bei rauhem Wetter wie Feuerholz zerbrechen.

Und andererseits machte er sich große Sorgen. Zum einen gab es keine Garantie, daß er in der Lage sein würde, die Zelte der Hansi zu finden, selbst wenn er es tatsächlich schaffen sollte, wieder in die Steppe zurückzukehren. Der Stamm zog ständig weiter, bewegte sich fortwährend über ein so riesiges Gebiet, daß nur Han wußte, wo sie jeweils lagerten. Und selbst gesetzt den Fall, er fand ihre Spur, bevor er an Erschöpfung starb oder von feindlichen Kriegern getötet wurde – welche Art von Empfang würde ihm sein Vater bereiten, wenn er zu Fuß zurückkehrte, um zu berichten, daß Achan den Tod gefunden hatte und die gesamte Expedition ins Land der Sonne kläglich gescheitert war?

Alles das hätte schon gereicht, um Stavan nachts nicht schlafen zu lassen, aber es gab noch etwas anderes, was ihn bedrückte, etwas, was er nicht genau benennen konnte. Es hatte etwas mit Marrah zu tun, doch er hätte nicht exakt sagen können, was das war. Normalerweise, wenn er an eine Frau dachte, wußte er eindeutig, was er fühlte: Entweder verspürte er den Wunsch, sie in sein Bett zu nehmen, oder sie ließ ihn kalt. Natürlich gab es Ausnahmen, Frauen wie Tzinta zum Beispiel, die ihn aufgezogen hatte und praktisch wie eine Mutter für ihn war, die mehr Mut hatte und mehr interessante Geschichten zu erzählen wußte als die meisten Männer; oder Zulike, die Ehefrau seines Vaters, die genug Macht besaß, um einen Mann in ernsthafte Schwierigkeiten zu bringen, wenn ihr der Sinn danach stand. Aber ansonsten wußte er, was er mit einer Frau zu tun hatte, wenn er mit ihr zusammen war – oder was er besser bleiben lassen sollte, wenn sie einem anderen Mann gehörte.

Doch seine Beziehung zu Marrah war irgendwie so verworren und schwierig geworden, daß er vom einen Morgen bis zum nächsten kaum jemals wußte, wie er sie behandeln sollte. Im Grasmeer hätte es dieses Problem nicht gegeben. Er hätte sie ihrem Vater oder Bruder für ein paar Stück Vieh abkaufen können, wenn er sie begehrt hätte, und danach hätte man von ihr erwartet, daß sie ihm diente, seine Kinder gebar und unterwürfig schwieg, wenn er sprach. Sie wäre ein Besitz gewesen – ein geschätzter, das vielleicht, aber immer ein Wesen, das auf einer tieferen Stufe stand und ihm untergeordnet war, so wie selbst die edelste Stute dem Mann unterworfen war, der sie ritt. Und wenn er sie nicht gerade begehrt hätte, würde sie es niemals gewagt haben, mit ihm zu sprechen. Wenn er an ihr vorbeiginge, hätte sie den Blick gesenkt, sich ihr Tuch übers Gesicht gezogen und sich vor ihm verbeugt, auch wenn er nur ein Sohn des Großen Häuptlings war, den dieser mit einer Konkubine gezeugt hatte, und er wäre sich ihrer Anwesenheit kaum bewußt gewesen, außer wenn er sie gerufen hätte, um ihm Wasser zu bringen oder Holz ins Feuer nachzulegen.

Aber Marrah würde ebensowenig demutsvoll den Blick vor ihm senken und ihm einen Becher Wasser bringen wie eine Wölfin. Sie war nicht nur keines Mannes Ehefrau, sie hatte auch noch nicht einmal einen Vater, zumindest keinen, den sie kannte, und soweit Stavan es beurteilen konnte, bestand ihre Vorstellung von der korrekten Behandlung eines Mannes darin, ihn einzuladen, mit ihr zu schlafen. Er hatte sie in Hoza nach dem Tanz um den Baum des Friedens beobachtet, wie sie schamlos einen jungen Mann aus einem anderen Dorf umarmte, und später, als sie nach Xori zurückgekehrt waren, war er sich nach und nach bewußt geworden, daß sie mit Bere in die Wälder ging – nicht, daß es ihn kümmerte, nicht, daß er eifersüchtig gewesen wäre –, und soweit er wußte, galt es in ihrem Volk als völlig normal für eine junge Frau, so viele Liebhaber zu haben, wie sie wollte. Bei Han, sie hielten es nicht nur für völlig normal, sondern betrachteten es sogar als ihre religiöse *Pflicht!*

Sicher, er mußte zugeben, daß ihm die Idee von Liebe als religiöser Pflicht durchaus gefiel, aber inwiefern beeinflußte das seine Beziehung zu Marrah? Wie sollte er sich ihr gegenüber verhalten? Er sollte sich besser darüber klar werden, und zwar bald, weil er den gesamten Rest des Jahres mit ihr zusammen unterwegs sein würde, und vielleicht sogar noch länger, falls sie und ihr Bruder ihn brauchten, denn als er geschworen hatte, sie und ihre Familie zu beschützen, hatte er sein Versprechen in keiner Weise zeitlich begrenzt.

Stavan schüttelte den Kopf und warf einen schnellen Blick über seine Schulter auf Marrah und die beiden Händlerinnen. Nur ihre Füße waren sichtbar, weil sie das Boot umgedreht hatten und jetzt wie unter einem gigantischen Sonnenschirm darunter marschierten, lachend und sich unterhaltend, während sie sich einen Weg am Flußufer entlangbahnten.

Die Situation wäre wesentlich weniger verwirrend gewesen, wenn Marrah ihm nicht das Leben gerettet hätte, aber sie hatte es nun einmal getan, und damit war sie seinem Häuptling rangmäßig ebenbürtig geworden. Er hatte ihr auf die gleiche Art Treue geschworen, wie er sie einem anderen Krieger geschworen hätte, aber wie behandelte man seinen Häuptling, wenn es sich dabei um eine hübsche, dickköpfige, selbstbewußte junge Frau handelte, die tat, was immer ihr gefiel?

Nicht, daß Stavan Bedauern über seinen Treueschwur empfand. Unter den gegebenen Umständen war es das einzig Ehrenhafte gewesen, was er hatte tun können, und er hatte nicht die Absicht, seinen Eid zu brechen, aber es war alles so... verwirrend. Schlimmer noch, es weckte Verlangen in ihm. Er wollte Marrah nicht begehren, weil er ahnte, daß es zu allen möglichen Komplikationen führen würde, aber er konnte sie anscheinend nicht aus seinen Gedanken verdrängen. Er fing an, so für sie zu empfinden, wie er für Jallate, Vlahans Ehefrau, gefühlt hatte, als er ein Jüngling gewesen war. Vielleicht war er dazu verdammt, Zuneigung für Frauen zu empfinden, die für ihn unerreichbar waren.

Nun, er war kein Jüngling mehr, und er wußte, wie man den Mund hielt, was genau das war, was er tun würde, bis sich diese unerwünschte Begierde wieder gelegt hatte. Er würde Marrah als seinen Häuptling behandeln und sein Bestes tun, um zu vergessen, daß sie eine Frau war.

Stavan verstärkte seinen Griff um den Rand des Bootes und blickte auf den Fluß, versuchte zu berechnen, wie weit sie gegangen waren. Das Wasser strömte rauschend vorbei, kräuselte sich wie die Muskeln auf dem Rücken einer Stute, so grün und klar, daß er Fische am Ufer entlangschwimmen sehen konnte. Hinter sich hörte er den fröhlichen Klang von Marrahs Lachen.

Am frühen Nachmittag kamen sie in Xemta an, wo sie – wie Rhom versprochen hatte – herzlich empfangen wurden. Dank ihrer Pilgerhalsketten bekamen Marrah und Arang eine ganze Schlafecke für sich allein zugeteilt; Zastra, Shema und Stavan machten es sich unter dem vorspringenden Dach auf der Vorderveranda eines der Langhäuser bequem, und Rhom verschwand mit der zweitjüngsten Enkelin der Dorfmutter im Wald, einer dunkelhaarigen jungen Frau namens Koipa, die den Weg hinuntergeeilt war, um ihn zu begrüßen, und vor Freude gejauchzt hatte, sobald sie ihn auf die Lichtung treten sah.

Vermutlich hatte Koipa sich beeilt, um die erste zu sein, da es noch vier weitere Enkelinnen gab, die beim Anblick von Rhom ähnlich große Begeisterung zeigten. Wegen seines weißblonden

Haares und Bartes hatten die lüsternen Frauen von Xemta Stavan zuerst fälschlicherweise für einen alten Mann gehalten, doch sie erkannten ihren Irrtum schnell. Sie blinzelten ihm vielsagend zu, warfen ihm Kußhände zu und taten wirklich ihr Bestes, um ihn zu verlocken, doch Stavan ignorierte sie stoisch und ging zum Flußufer hinunter, um zu schwimmen.

Das war zuviel für die Enkelinnen, die ihm folgten und sich ans Ufer setzten, wo sie ihn verführerisch anlächelten und ihm lachend Einladungen zuriefen, bis er sie mit einer brüsken Handbewegung wegscheuchte, als wäre er verlegen. Danach ließen sie ihn in Ruhe, da es ungastlich gewesen wäre, einen Mann weiter zu bedrängen, nachdem er abgelehnt hatte, aber beim gemeinsamen Essen an jenem Abend gab es viele lange Gesichter und eine Menge sehnsüchtiger Blicke in seine Richtung.

Am nächsten Morgen entluden Marrah und ihre Gefährten die Boote, um sie von einem der Dorfbewohner nach Gurasoak zurückbringen zu lassen, schulterten ihre Tragekörbe und machten sich zu Fuß auf den Weg, wobei sie immer dem Fluß folgten. Zuerst verlief der Pfad dicht neben dem Wasser, aber nach einer Weile bog er scharf ab, und sie waren gezwungen, einen schlammigen Hügel hinaufzuklettern, um zum Wald zu gelangen, wo das Vorankommen leichter sein würde, wie Rhom ihnen versicherte.

Shema und Zastra stimmten ihm zu. »Dies ist das dritte Mal, daß wir den Wald in dieser Richtung durchqueren«, sagte Zastra, »und glaubt mir, es ist fast immer weniger beschwerlich, im Wald zu gehen, ganz zu schweigen davon, daß ihr in ein paar Wochen so viel von den Vorräten in euren Körben aufgegessen haben werdet, daß ihr ihr Gewicht kaum noch auf eurem Rücken spürt.«

Während Marrah sich abmühte, nicht für jeden Schritt vorwärts jedesmal wieder zwei Schritte zurückzurutschen, fragte sie sich, ob Stavan und Arang die Neuigkeit, daß es mindestens zwei Wochen dauern würde, um das Gewicht der Körbe zu verringern, ebenso deprimierend fanden wie sie selbst, aber sie war zu sehr außer Atem, um ihre Frage auszusprechen. Sie griff nach einem Büschel Gras, um sich daran festzuhalten, und rutschte prompt aus, aus dem Gleichgewicht geraten durch die Last auf ihrem Rücken, die sich anfühlte, als schleppte sie Steine statt Federcapes und Vorräte. Vor ihr sprang Rhom leichtfüßig von einem Stückchen ebenen Bodens zum anderen, während er unbekümmert mit Shema über einen ihrer Vettern plauderte, der Obsidian-Händler war. Marrah klammerte sich an das nächste Grasbüschel und fragte sich, ob sie jemals in der Lage sein würde, so herumzuspringen, ohne das Gewicht auf ihrem Rücken wahrzunehmen. Im Augenblick schien es ziemlich unwahrscheinlich.

Sie sahen den Fluß erst am Abend wieder, als sie ihr Lager auf einem Strand aufschlugen, der kaum genug Platz für sechs Menschen, sechs Tragekörbe und ein kleines Feuer bot. Inzwischen war Marrah so erschöpft, daß sie sich sofort nach dem Essen in ihren Umhang hüllte und schon fast eingeschlafen war, noch bevor ihr Kopf den Boden berührt hatte.

Tage vergingen, und langsam, Schritt für Schritt, zogen sie in südöstlicher Richtung, wobei sie immer dem Flußverlauf folgten. Nach und nach hörte Marrah auf, das Gewicht auf ihrem Rücken zu fühlen, wie Zastra es versprochen hatte. Ihre Füße wurden hart und schwielig und ihre Beine stark und muskulös, und sie begann wie Rhom und seine Schwestern zu marschieren, nicht unter der Last vornübergebeugt, sondern aufrecht und sicheren Schrittes. Als sie Stavan musterte, bemerkte sie, daß seine Haut eine fast unnatürliche Schattierung von Braun angenommen hatte, aber sein Haar sah seltsamer aus als je zuvor, so ausgebleicht von der Sonne, daß es an einigen Stellen wie Flachs wirkte.

Manchmal kamen sie zu Siedlungen, wo die Bewohner in geringem Umfang Ackerbau betrieben und sich ansonsten hauptsächlich von Fisch und Wild ernährten. Die Häuser des Flußvolks waren auf Pfählen erbaut; gewöhnlich war ein Einbaum an der Haustür festgebunden, und es gab immer Kinder, die fröhlich im Wasser planschten, und alte Leute, die im Schatten saßen und Netze flickten oder Fischkörbe flochten.

Obwohl Marrah und ihre Gruppe nichts einzutauschen hatten, waren die Angehörigen des Flußvolks stets gastfreundlich. Wenn sie Marrahs und Arangs Pilgerhalsketten sahen, legten sie die Fingerspitzen zusammen oder griffen nach einem Stöckchen, um ein Dreieck in die Erde zu ritzen.

»Sie begrüßen uns im Namen der Göttin Erde«, erklärte Marrah Stavan. »Das Dreieck ist ihr allgemeingültiges Zeichen; es symbolisiert das heilige Dreieck der Fruchtbarkeit zwischen ihren Schenkeln.«

Als sie Stavan fragte, was das universelle Symbol seines Kriegsgottes sei, schien er nur widerwillig ihre Frage zu beantworten. Schließlich gestand er, daß das Symbol für Han ein Dolch war, der mit der Spitze voran in der Erde steckte.

Als sie weiter stromaufwärts wanderten, gab es nur noch vereinzelte Siedlungen, und statt auf Fußpfaden zu wandern, begannen sie jetzt, den Fährten der Rehe und Hirsche zu folgen. Wenn sie konnten, gingen sie am Ufer des Flusses entlang, aber oft führte die Fährte in den Wald. Wenn dies geschah, ertappte Marrah sich dabei, wie sie sich ständig vergewisserte, daß der Ibai Nabar noch immer zu ihrer Linken floß, aber die Händler schienen sich nie darüber Sorgen zu machen, daß sie sich verlaufen könnten. Sie wußten offenbar jederzeit genau, wo sie hingingen, selbst wenn der Weg so von Gestrüpp überwuchert war, daß Marrah ihn kaum noch erkennen konnte.

»Dies ist eine uralte Route«, versicherte Zastra ihr, »eine, die schon seit Menschengedenken von Händlern benutzt wird.« Sie wies auf eine kleine Narbe an einem Baumstamm ganz in der Nähe. »Siehst du die Stelle dort, wo ein Stückchen Rinde fehlt? Es ist eine eingebrannte Markierung. Die Strecke ist von hier bis den ganzen weiten Weg zum Blauen Meer hinunter auf diese Weise markiert.«

Derart beruhigt, entspannte Marrah sich und begann den Wald zu genießen. Wie ein riesiger grüner Ozean erstreckte er sich nach Norden, Süden und Osten und bedeckte große Flächen der Erde. Wer weiß, wenn sie lange genug wanderte, würde sie vielleicht irgendwann einmal bis zum Rand des Waldes gelangen, aber als die Tage vergingen, schien er sich endlos auszudehnen, schweigend und unberührt, als hätte er keinen Anfang und kein Ende. Es war hauptsächlich die Größe der Bäume, die diesen Eindruck schuf. Aus dem Boden aufragend wie die Pfähle eines großen Langhauses, trafen sie sich in großer Höhe und breiteten ihre Zweige aus, um ein grünblättriges Dach zu bilden. Obwohl es Erlen, Nußbäume, Ulmen, Linden und Weiden gab, waren fast alle der größten Bäume Eichen, einige so gewaltig, daß zwei Menschen nicht ihren Stamm hätten umfassen können. Als Marrah am Fuß eines dieser Giganten stand und hinaufschaute, kam sie sich wie ein Zwerg vor, und sie konnte sich ohne weiteres vorstellen, wie die Bäume hoch oben über ihrem Kopf miteinander sprachen, sich Geheimnisse zuflüsterten, die kein Mensch hören durfte.

Alles im Wald schien sich von der Welt draußen zu unterscheiden. Wenn sie am Fluß entlanggingen, mußten sie sich oft durch Dornengestrüpp, wilde Ranken, dichtes Buschwerk und Weidendickichte kämpfen, aber sobald sie unter dem Laubdach der Bäume wanderten, gingen sie auf einem weichen Teppich aus knöchelhoch liegenden Blättern, der ihre Stimmen und das Geräusch ihrer Schritte dämpfte. Bei jedem Schritt versanken ihre Füße, und wenn sie sie hoben, wirbelten sie Blätter auf und erzeugten dabei ein sanft raschelndes Geräusch, das wie das Murmeln von unsichtbaren Bächen klang.

Die Bäume selbst verströmten einen eigenartig modrigen Geruch, der Marrah an Pilze und faulende Blätter erinnerte und an die Kräuter, die Sabalah in ihrem Medizinbeutel aufzubewahren pflegte, und manchmal roch sie noch einen anderen Geruch, einen süßen, schweren Duft, der von irgendeiner unsichtbaren Blume stammen mußte, die hoch über ihren Köpfen blühte.

Aber das Erstaunlichste war die tiefe Stille des Waldes. Bis auf den Klang ihrer eigenen Stimmen, die Warnrufe der Eichelhäher und das gelegentliche Keckern eines Eichhörnchens wanderten sie in absoluter Stille dahin. Es war so unermeßlich still, daß sie sich von Zeit zu Zeit dabei ertappten, wie sie sich im Flüsterton unterhielten, als wären die Bäume schlafende Riesen, die man nicht stören durfte. Wann immer dies geschah, begann Rhom ein Lied anzustimmen, aber ganz gleich, wie laut er sang, der Wald verschluckte seine Stimme. Wenn er die letzte Strophe beendet hatte, zog er eine kleine Knochenflöte aus seiner Tasche und spielte eine fröhliche Melodie.

Und dabei beschleunigte sich sein Schritt unwillkürlich, und manchmal tanzte Arang vor ihnen auf dem Pfad, als führte er sie zu irgendeinem Fest.

An den meisten Abenden schwelgten sie tatsächlich bei einem Festmahl, denn wenn Stavan einen Pfeil abschoß, verfehlte er nur selten sein Ziel. Fast jeden Abend, nachdem sie ihr Lager aufgeschlagen hatten, wanderte er mit seinem Bogen davon, um bald darauf mit ein paar fetten Kaninchen oder einigen wohlgenährten Enten zurückzukommen. Manchmal schoß er sogar Fische und transportierte sie auf einem angespitzten Stock aufgereiht zurück. Einmal erschien er zur Verzweiflung aller anderen mit der Zunge und der Leber eines Hirsches.

»Was hast du mit dem Rest des Fleisches gemacht?« rief Shema empört. Marrah übersetzte, und Stavan zuckte die Achseln und erklärte, daß er es natürlich zurückgelassen hätte. »Der Hirsch war viel zu schwer, als daß ein Mann allein ihn hätte tragen können, und wir brauchen ihn nicht; es gibt große Mengen Rotwild im Wald. Wir könnten jeden Tag Hirschzungen essen, wenn wir wollten.«

Als Marrah ihm erklärte, daß es einer Beleidigung der Göttin gleichkam, nicht jedes Teil des Tieres zu verwerten, blickte er sie nachdenklich an. »Sag Shema, es tut mir leid, daß ich sie aufgeregt habe. Ich werde keine weiteren Hirsche mehr erlegen, wenn du es nicht willst.«

Marrah war jedoch immer noch nicht davon überzeugt, daß er verstanden hatte, deshalb bestand sie an jenem Abend darauf, neben ihm zu sitzen und ihm zu erklären, wie Tiere gejagt wurden.

»Zuerst«, begann sie, »bitten wir das Tier um Verzeihung. Dann erlegen wir es. Und dann danken wir ihm dafür, weil es uns sein Leben geschenkt hat, damit wir Nahrung haben. Wenn es zum Beispiel ein Hirsch ist, würden wir sagen: ›Bruder Hirsch, ich danke dir, daß du mir zu essen für meine Familie gibst.‹ Wir töten grundsätzlich nicht mehr Tiere, als wir essen können, und wir verwerten alles: Haut, Fleisch, Innereien, sogar die Hufe und das Geweih, aus denen wir Löffel oder Becher schnitzen oder die wir zu einer Art Paste mahlen. Wenn noch etwas von dem Fleisch übrigbleibt, trocknen wir es oder verschenken es an andere, selbst wenn es bedeutet, daß wir bis zum nächsten Dorf gehen müssen, aber wir schneiden niemals die besten Teile heraus und lassen den Rest liegen, um ihn verderben zu lassen. Tiere sind uns heilig; sie sind genauso Kinder der Göttin Erde, wie wir es sind.«

Stavan hörte ernst zu. »Ich werde jagen, auf welche Weise auch immer du möchtest«, sagte er so höflich, daß sie sicher war, er hatte dennoch nicht begriffen, worauf sie hinauswollte. Frustriert gab sie es auf, ihm ihre Sichtweise zu erklären, aber am nächsten Morgen erkannte sie, daß sie ihn unterschätzt hatte. Er und Arang standen am Waldrand, und Arang versuchte ohne großen Erfolg, die Sehne von Stavans Bogen weit genug zurückzuziehen, um einen Pfeil in den Stamm einer großen Birke zu schießen.

»Und vergiß nicht«, erinnerte Stavan ihn gerade, »bevor du ein Tier schießt, mußt du es um Verzeihung bitten.« Dann trat er hinter Arang, legte seinen Arm um ihn und half ihm, die Bogensehne anzuspannen und den Pfeil in den Baum zu schicken.

An diesem Nachmittag, als sie Rast machten, um eine Mahlzeit einzunehmen, setzte sich Arang neben Marrah, verschränkte seine Hände um die angezogenen Knie und bedachte sie mit dem Blick, mit dem er sie immer ansah, wenn er um etwas bitten wollte.

»Na, was gibt es denn?« fragte sie und reichte ihm ein Stück gerösteten Speck.

Arang begann ohne Umschweife zu sprechen. »Ich möchte Stavan als meinen Aita.«

Marrah erinnerte ihn daran, daß er bereits einen Aita hatte. »Mehe, Mutters Partner«, sagte sie. »Weißt du das nicht mehr?«

Arang rümpfte verächtlich die Nase. »Ich wußte doch, daß du etwas in der Art sagen würdest. Du bist noch keine drei Monate eine Frau, Marrah, aber du redest schon, als wärst du die Mutter einer ganzen Familie. Natürlich erinnere ich mich an Mehe, aber er ist zu weit weg, um sich um mich zu kümmern, und ich *mag* Stavan. Er weiß einfach *alles*.«

Marrah, alles andere als überzeugt, daß Stavan die Art von Dingen wußte, die Arang lernen sollte, versprach, sich die Sache durch den Kopf gehen zu lassen. Sie hatte vor, ein paar Tage zu warten und ihrem Bruder dann zu sagen, daß es keine gute Idee sei, aber noch am selben Nachmittag geschah etwas, was sie zwang, ihre Entscheidung noch einmal zu überdenken.

Wieder einmal legten sie eine kurze Rast ein, während sie ein paar getrocknete Früchte aßen und sich über nichts Besonderes unterhielten. Arang lag zu Marrahs Füßen ausgestreckt und stocherte mit einem dünnen Zweig in seinen Zähnen. »Weißt du«, sagte er nachdenklich, »ich frage mich schon die ganze Zeit, wo eigentlich all die Tiere sind. Stavan bringt fast jeden Abend eines mit, das er erlegt hat, aber wo findet er sie? Seit wir Gurasoak verlassen haben, habe ich noch nichts Größeres als ein Eichhörnchen gesehen, und es ist hier so still, daß ich allmählich glaube, ich werde taub.«

Stavan, der die Worte mitgehört hatte, lachte so schallend, daß er sich fast an einem Stück Dörrpflaume verschluckt hätte. »Es gibt einen ganz simplen Grund, weshalb du keine Tiere siehst«, erklärte er. »Weil wir sechs wie eine Herde Kühe durch das Unterholz getrampelt sind.« Er zeigte auf den Boden. »Wenn sich die pflanzenfressenden Tiere durch den Wald bewegen, dann machen sie keinerlei Geräusch dabei. Nur ein paar von den Fleischfressern machen Lärm: Bären, die so groß und gefährlich sind, daß es sie nicht kümmert, wer davon weiß, daß sie kommen; und Wildschweine, die in Rudeln jagen und andere Tiere wie ein Wolfsrudel umzingeln.«

»Aber ich dachte, wir gingen wirklich leise«, erwiderte Arang.

Stavan grinste. »Leise für Menschen, das vielleicht, aber ich jage seit fast vier Jahren in Wäldern wie diesen, und ich versichere dir, daß wir mehr Lärm gemacht haben als brünftige Hirsche. Wenn du die Tiere sehen willst, dann wirst du wie eine Löwin schleichen müssen.« Er erhob sich von seinem Platz, um es zu demonstrieren. »Du mußt die Füße weit hochheben, siehst du, so, statt durch die Blätter zu schlurfen, und wenn du die Füße wieder absetzt, mußt du es so behutsam tun, als wärst du im Begriff, auf Enteneier zu treten.«

Marrah und die anderen Erwachsenen stimmten ihm zu. »Nicht, daß ich jemals eine richtige Jägerin gewesen wäre«, gestand Marrah, »aber Stavan hat recht.« Bald schnallten sie sich erneut ihre Körbe auf den Rücken und machten sich wieder auf den Weg, und erst nach einer ganzen Weile begriff Marrah, was Stavan getan hatte: Behutsam, auf die subtilste Weise, hatte er Arang daran erinnert, daß es gefährliche Tiere im Wald gab.

Vielleicht hatten sie es alle nötig, an die Gefahren erinnert zu werden. Die Wälder entlang der Küste waren harmlos im Vergleich zu diesem. Bis auf ein paar Bärenarten waren die meisten großen fleischfressenden Tierarten schon vor Generationen entdeckt worden. Mutter Ashas Schilderung von dem Händler, der einer Löwin zum Opfer gefallen war, hatte Marrah schon beinahe wieder vergessen, aber dank Stavan war ihr klar geworden, daß Vergessen gefährlich war. Er war durch die wilden Wälder im Norden gewandert, und als er sie warnte, daß sie möglicherweise Wolfsrudeln, Wildschweinen, Bären und – am schlimmsten von allen – Löwen begegnen konnten, war sie geneigt, ihm zu glauben. Sie hatte bisher niemals etwas Größeres als eine Wildkatze gesehen, aber sie hatte einmal Löwenklauen an der Halskette einer Priesterin baumeln sehen, die diese von einem Händler im Austausch für mehrere Körbe seltener Kräuter bekommen hatte. Sie waren brutal, so lang wie die Finger eines Mannes und so scharf wie Nadeln, und der Gedanke, daß ein Tier mit solchen Klauen jagen konnte, ohne ein Geräusch dabei zu machen, behagte ihr gar nicht.

Arang hatte recht. Stavan wußte sehr viel mehr über den Wald als einer von ihnen. Er könnte tatsächlich einen ausgezeichneten *aita* für Arang abgeben, aber sie würde sichergehen müssen, daß er ihrem kleinen Bruder nichts über Dinge wie Krieg und Konkubinen erzählte. Marrah wanderte weiter, während sie über die Angelegenheit nachdachte, und hielt nur gelegentlich lange genug inne, um einen argwöhnischen Blick über ihre Schulter zu werfen. Plötzlich erschien ihr der Wald nicht mehr so friedlich und sicher wie noch vor einer Weile.

Stavans Warnung war keinen Moment zu früh erfolgt. Ein paar Nächte später fuhren sie erschrocken aus dem Schlaf hoch, überzeugt, sie hätten irgendein großes Tier gehört, und am Morgen bestätigte Stavan, daß ein Bär um das Lager herumgeschlichen war. Zum Glück hängten sie die Körbe mit den Vorräten immer so hoch auf, daß ein Bär sie nicht erreichen konnte, und nachdem er ein paarmal seine Krallen an einem Baumstamm geschärft hatte, war er offensichtlich entmutigt wieder abgezogen, ohne irgendwelchen Schaden anzurichten.

»Wir hatten noch nie Schwierigkeiten mit großen Tieren«, meinte Rhom gelassen, als sie an diesem Morgen wieder aufbrachen. »Es sind die kleinen, auf die man sorgsam achten muß. Die Bären finden um diese Jahreszeit genug zu fressen, aber man muß ein scharfes Auge auf Eichhörnchen behalten, weil die kleinen Kerle es fertigbringen, einen ganzen Vorratskorb leerzufressen, wenn man ihnen den Rücken zukehrt.«

Als Marrah sah, wie unbesorgt die Händler waren, entspannte sie sich wieder. Vielleicht waren die Wälder entlang des Ibai Nabar doch nicht so gefährlich wie die, die Stavan durchwandert hatte. Aber gerade, als sie sich wieder sicherer fühlte, wachte sie plötzlich mitten in der Nacht auf. Diesmal war keinerlei Geräusch zu hören, nicht ein Laut, noch nicht einmal das Zirpen einer Grille. Der Fluß floß träge und still dahin, und selbst das Band von Sternen, das über ihnen am Himmel stand, schien unnatürlich hell und unbewegt zu schimmern.

Als Marrah wachsam hinter das matte Licht des Lagerfeuers spähte, glaubte sie, ein großes Tier im Gebüsch hocken zu sehen, das die schlafende Gruppe beobachtete. Das Tier, was es auch sein mochte, verhielt sich so reglos, daß sie sich zuerst nicht sicher war, ob es tatsächlich lebendig oder nur ein Baumstamm war, der sich in ihrer Einbildung in einen Löwen verwandelte. Dann flackerte das Feuer plötzlich auf, und sie sah zwei glänzende gelbliche Augen, so kalt wie der Tod, die sie geradewegs anstarrten. Mit einem lauten Schrei sprang Marrah auf die Füße, riß einen brennenden Ast aus dem Feuer und schleuderte ihn in die Schatten, doch innerhalb dieser wenigen Sekunden war das Tier schon wieder verschwunden.

Stavan war augenblicklich an ihrer Seite, in der einen Hand sein langes Messer, in der anderen seinen Dolch, aber als sie auf die Stelle zeigte, wo das Tier gelauert hatte, war keine Spur mehr von ihm zu sehen. Nachdem sie den Umkreis des Lagers abgesucht hatten, so gut es ging, verbrachten sie eine ungemütliche Nacht, während sie eng um das Feuer zusammengekauert saßen, zu verängstigt, um sich wieder schlafen zu legen. Am nächsten Morgen bestätigte Stavan, daß etwas Schweres im Gras gesessen hatte, aber es gab keinerlei Fußabdrücke, noch nicht einmal einen umgekippten Stein.

»Ich kann nicht mit Bestimmtheit sagen, ob es ein Löwe war, aber es könnte durchaus sein«, warnte er sie. »Löwen jagen gewöhnlich bei Tag, aber es war garantiert kein Eichhörnchen, das diese Gräser plattgedrückt hat. Was immer es war, wog fast so viel wie ein Bär, und Bären haben keine gelben Augen.«

Er legte eine Hand auf Arangs Schulter und schwieg einen Moment. »Ich möchte Arang nicht noch mehr angst machen, als er ohnehin schon hat, aber ich denke, er sollte wissen – ich meine, ihr alle solltet wissen –, daß sich Löwen besonders gerne an Kinder anschleichen. Ich sage euch dies, damit ihr begreift, wie wichtig es ist, daß wir von jetzt an immer dicht zusammenbleiben. Speziell Arang sollte niemals allein durch den Wald streifen. Außerdem halte ich es für richtig, daß wir von heute abend an abwechselnd Wache stehen. Mit ein bißchen Glück wird dieser Löwe – falls es ein Löwe ist – zu dem Schluß kommen, daß wir ihm zuviel Mühe machen. Die Tiere haben die Angewohnheit, immer in einem bestimmten Gebiet zu jagen, und in ein paar Tagen sollten wir das Territorium dieses Löwen verlassen haben. Es besteht sogar die Möglichkeit, daß er Menschen nicht als Nahrung betrachtet; vielleicht sind wir für ihn nur unbekannte, verwirrende Geschöpfe, die gefährlich sein könnten oder auch nicht, und deshalb beobachtet er uns, um das herauszufinden, aber ich würde nicht mein Leben darauf verwetten.«

Alle stimmten ihm zu. Die Händler waren erschüttert; selbst Rhom fiel keine spaßige Bemerkung über Löwen mehr ein.

Von dieser Nacht an hielten alle mit Ausnahme von Arang abwechselnd Wache, und selbst Stavan ging abends nicht mehr allein auf die Pirsch. Entweder funktionierten ihre Vorsichtsmaßnahmen, oder es hatte niemals einen Löwen gegeben. Mehrere Nächte vergingen ohne Zwischenfälle. Bei Tag wanderten sie zügig weiter, um diesen Teil des Waldes so schnell wie möglich hinter sich zu lassen. Der Fluß war nach und nach immer schmaler geworden, seit sie den Punkt erreicht hatten, wo er sich zum vierten Mal gabelte und in westlicher Richtung auf das Gebirge zufloß. Je schmäler er wurde, desto wilder strömte er dahin, und bis sie zu den von Kiefern bewachsenen Hügeln aufstiegen, war der gewaltige Ibai Nabar nur noch wenig mehr als ein rauschender Bach.

Als sie sich allmählich den Höhlen von Nar näherten, spürte Marrah die ersten Anzeichen von Aufregung. Ob es Geschenke geben würde, wie die Priesterinnen Sabalah versprochen hatten? Oder waren sie nach so vielen Jahren des Wartens überdrüssig geworden und hatten die Geschenke jemand anderem gegeben? Sie versuchte, sich keine zu großen Hoffnungen zu machen, aber insgeheim sehnte sie sich nach irgendeinem kleinen Talisman oder einem heiligen Amulett, das sie und Arang sicher nach Shara bringen würde.

In der Nacht, bevor sie die Höhlen erreichten, war es so kalt, daß sich Marrah und Arang in ihre Umhänge wickelten und dicht aneinandergeschmiegt schliefen, um sich warm zu halten. Auf der anderen Seite des Feuers taten Zastra und Shema das gleiche. Stavan übernahm die erste Wache an diesem Abend, aber Rhom schlug ihm vor, es zu lassen. »Komm und teile mein Bett«, drängte er, während er Stavan mit einem Blick musterte, als wollte er sagen: Du bist vielleicht dünn, aber du siehst aus, als könntest du mir Wärme spenden. Stavan wollte jedoch nichts davon hören. Er übernahm nicht nur die erste Wache, sondern bestand auch darauf, bis zum Sonnenaufgang Wache zu halten, und der arme Rhom, der nur einen dünnen Umhang besaß, verbrachte die Nacht frierend und zähneklappernd.

Am nächsten Vormittag, kurz vor Mittag, sahen sie drei Felsblöcke am Wegesrand, die mit weißen Handabdrücken bemalt waren. Kurz darauf entdeckte Arang den Eingang zu einer niedrigen Höhle. Die Höhle lag geschützt unter dem Vorsprung eines Kalksteinfelsens, und als sie sie neugierig erforschten, fanden sie eine kleine weibliche Gestalt in die rückwärtige Wand eingeritzt. Die Figur symbolisierte eindeutig eine der Eigenschaften der Göttin Erde, denn ihre Brüste und Hüften waren schwer und voll von

Fruchtbarkeit, und sie hielt die Mondsichel in ihrer linken Hand, doch Marrah hatte noch niemals eine Göttin gesehen, die so viel Ähnlichkeit mit einer richtigen Frau zeigte. Sie war nur ungefähr fünfzig Zentimeter hoch, aber die Menschen, die sie in den Fels geritzt hatten, hatten eine natürliche Ausbuchtung im Stein für ihren Bauch genutzt und zwei kleinere für ihre Brüste. Das Ergebnis war eine Figur, so täuschend lebendig, daß sie förmlich aus der Wand herauszutreten schien.

Sie waren alle beeindruckt, aber Arang war besonders gefesselt von dem Bild. Lange Zeit stand er schweigend davor und betrachtete die Darstellung. »Sie ist so hübsch«, murmelte er schließlich und berührte ihren Bauch vorsichtig mit den Fingerspitzen. »Wer hat sie gemacht?«

Darauf wußte keiner eine Antwort. Rhom sagte, er hätte einmal eine Terrakottastatue aus dem Land der Hita gesehen. Die Hita seien talentierte Bildhauer, und die Figur hätte all die Rundungen und die Anmut eines echten Frauenkörpers gehabt, aber selbst jene Statue habe nicht so lebensecht wie diese kleine Göttin ausgesehen.

Bevor sie wieder gingen, pflückte Arang eine Handvoll Blumen und legte sie ihr zu Füßen. Danach sahen sie nichts weiter, was von Interesse gewesen wäre, aber es war klar, daß sie auf dem richtigen Weg waren und bald die Höhlen von Nar erreichen würden.

7. Kapitel

Von den Höhlen von Nar zum Blauen Meer

»Sei gegrüßt, Marrah aus Xori, Tochter von Sabalah«, sagte plötzlich eine klare Stimme. Marrah wirbelte herum, überrascht, ihren Namen an einem solch verlassenen Ort zu hören, aber sie sah nichts als Felsen, Buschwerk und Kiefern. Die Stimme hallte mehrmals von den Kalksteinfelsen wider, bis das Echo verstummte. Verdutzt blieben die Reisenden stehen und blickten einander an.

»Wer spricht da?« rief Rhom, aber es kam keine Antwort, nur das

Echo seiner eigenen Stimme. Shema und Zastra drehten sich verwundert im Kreis und blickten sich suchend nach allen Seiten um, so wie Marrah es gerade getan hatte, um die Quelle der unsichtbaren Stimme auszumachen. Stavan umfaßte das Heft seines Dolches und baute sich kampfbereit in der Mitte des Pfades auf. Nur Arang tat etwas Praktisches.

»Komm heraus, komm heraus, wo immer du auch bist!« brüllte er, als wäre alles ein Spiel. Schallendes Gelächter antwortete ihm, so volltönend und rein wie ein Strang von Kupferglöckchen, die aneinanderschlagen.

»Sei gegrüßt, Arang aus Xori, Sabalahs Sohn«, erwiderte ein Chor von Stimmen. »Sei gegrüßt, kleiner Junge, der von so weit her gekommen ist.«

Arang sperrte vor Verblüffung den Mund auf.

»Berggeister«, flüsterte Zastra, während sie sich auf die Lippen biß und ängstlich auf das Dickicht aus Wacholderbüschen blickte, das den Pfad säumte.

»Dummes Zeug«, gab Shema bissig zurück. »Jemand will uns einen Streich spielen.« Sie marschierte an Stavan vorbei, stellte sich breitbeinig in der Mitte des Weges auf und legte ihre Hände trichterförmig an den Mund. »Kommt heraus, damit wir euch sehen können!« kommandierte sie mit Donnerstimme. »Was fällt euch ein, euch so zu verstecken? Wenn ihr ehrbare Leute seid, dann kommt heraus und zeigt eure Gesichter, und wenn ihr Geister seid, dann verschwindet und laßt uns in Frieden!«

»Seid gegrüßt, Händler aus dem Süden und Riese aus Wer-weißwoher«, erwiderte der Chor von Stimmen. Erneut war schallendes Gelächter zu hören, und dann traten drei Frauen hinter einem großen Busch hervor.

Eine war alt, mit grauem Haar, das ihr bis über die Taille herabhing; die zweite war eine dunkeläugige Frau ungefähr in Sabalahs Alter, und die dritte war nur wenig älter als ein Kind, mit knospenden Brüsten und Beinen wie ein junges Kalb. Alle drei trugen formlose Kleider aus Wildleder, die schwarz gefärbt waren, und jede hatte eine kleine Mondsichel an einer Lederschnur um ihren Hals baumeln.

»Willkommen in den Heiligen Höhlen von Nar«, sagte die jüngste, woraufhin die drei wieder in übermütiges Gekicher ausbrachen.

»Sie sehen so verblüfft aus«, meinte die älteste Frau, wobei sie lachend nach Luft schnappte und sich haltsuchend auf die jüngste stützte.

»Genau wie eine Schar Gänse, die nicht wissen, ob sie wegfliegen oder bleiben sollen«, fiel die mittlere ein.

»Große Göttin, wie ernst sie das Leben nehmen!«

»Was geht hier vor?« verlangte Stavan energisch zu wissen. »Wer sind diese Frauen?«

Bevor Marrah seine Frage übersetzen konnte, kam ihr die dunkeläugige Frau zuvor. »Sag diesem Fremden, daß wir die Priesterinnen aus den Höhlen von Nar sind«, erklärte sie. »Sag ihm, daß wir euch nicht beleidigen wollten, sondern daß es unsere Pflicht ist, über Pilger zu lachen, um sie daran zu erinnern, daß uns die Göttin Erde befohlen hat, Freude am Leben zu haben, denn unsere Freude ist ihr wohlgefällig.«

Marrah war einen Moment lang sprachlos. »Ihr sprecht Shambah?«

Die älteste schüttelte den Kopf. »Nein«, erwiderte sie, »aber wir wissen, was er dich gefragt hat. Alle Pilger stellen die gleiche Frage, wenn sie uns zum ersten Mal begegnen: Wer sind diese drei albernen Frauen, und warum stehen sie auf dem Weg und lachen wie die Kinder?«

Sie wies auf die jüngeren Frauen, die sich immer noch vor Lachen die Seiten hielten. »Genug«, sagte sie. Die dunkeläugige Frau beruhigte sich auch sofort wieder, aber die jüngste hatte offenbar Schwierigkeiten. Jedesmal, wenn sie Stavan ansah, prustete sie wieder übermütig los. Marrah mußte zugeben, daß tatsächlich etwas Komisches an der Art war, wie Stavan die drei Frauen böse anfunkelte. Sie hatte in ihrem ganzen Leben noch keine weniger gefährlich wirkenden Menschen gesehen. Bevor das Mißverständnis noch größer werden würde, übersetzte sie für ihn.

Erst dann zog Stavan seine Hand vom Heft seines Dolches zurück. »Lachende Priesterinnen«, meinte er kopfschüttelnd. Marrah spürte deutlich, daß er sich töricht vorkam, aber er überspielte seine Verlegenheit geschickt. »Welche Sprache sprechen sie?« wollte er wissen.

»Die Alte Sprache«, erklärte sie. »Nur Priesterinnen sprechen sie. Und Händler«, fügte sie hinzu, während sie Rhom und seinen Schwestern einen Blick zuwarf. »Wir werden wahrscheinlich nichts anderes mehr hören, bis wir nach Shara kommen – zumindest nichts, was wir verstehen könnten.«

Stavan seufzte. »Wieder eine andere Sprache – und dabei habe ich gerade erst angefangen, ein paar von den Geräuschen zu verstehen, die ihr Küstenleute von euch gebt. Nun ja, ich schätze, dagegen kann man nichts machen.«

»Hat der Riese verstanden?« erkundigte sich die älteste Frau. Marrah versicherte ihr, daß dies der Fall sei. »Gut, dann wird es Zeit, daß wir uns vorstellen. Ich bin Zahar.« Sie wies auf die dunkeläugige Frau. »Dies ist Emzate, und«, sie zeigte auf das Mädchen, das seinen Heiterkeitsausbruch endlich überwunden hatte, »dieser Ausbund von Fröhlichkeit wird Ume genannt.«

»Mit anderen Worten«, fiel Rhom ein, »eure Namen bedeuten Kindheit, Reife und Alter.«

»Richtig.« Zahar nickte. »Die Heilige Dreifaltigkeit, die drei Aspekte der Sie-die-alles-ist: Junges Mädchen, Matrone, Alte Hexe.«

»Ich benutze diese Namen nicht«, murrte Shema. »Ich kann nicht sehen, daß wir in irgendeiner Weise besser dran sind als zuvor, bevor sie sich vorgestellt haben.«

»Ach, sei still«, zischte Zastra. »Sie sind die Priesterinnen von Nar, und sie können sich nennen, wie es ihnen gefällt.«

»Woher habt ihr gewußt, wie wir heißen?« erkundigte sich Arang in perfekter Alter Sprache.

Ume sah überrascht aus. »Er spricht die Heilige Sprache?«

»Natürlich.« Zahar lächelte. »Hättest du von Sabalahs Sohn etwas anderes erwartet?«

Sie wandte sich an Arang. »Ich würde dir ja gerne erzählen, wir hätten euch in einer Vision kommen sehen, aber die Wahrheit ist, daß euch die Leute des Waldvolks im Auge behalten haben, seit dem Tag, als ihr von Xemta aufgebrochen seid. Die Dorfmutter unterrichtete sie davon, daß sechs Leute durch den Wald unterwegs seien: drei Händler aus dem Süden, ein weißhaariger Riese und eine junge Frau und ein Junge, die sich als die Kinder von Sabalah vorgestellt hatten. Ich erinnere mich noch gut an Sabalah. Sie kam vor vielen Jahren hierher, als ich die Matrone von Nar war, Emzate das Junge Mädchen und die frühere Alte Hexe noch in den Sechzigern war. Deine Schwester war damals ein Kind, ein dickes, lachendes Bündel. Ich hielt sie auf meinem Schoß und sang sie in den Schlaf, und jetzt sehe ich, daß sie zu einer hübschen jungen Frau herangewachsen ist. Vor ein paar Tagen schickten die Leute vom Waldvolk einen Boten, um uns zu sagen, daß ihr sechs die westliche Abzweigung des Ibai Nabar genommen hättet und in unsere Richtung unterwegs wärt. Es waren keine Zauberkünste nötig, um herauszufinden, daß ihr wahrscheinlich irgendwann heute nachmittag ankommen würdet; deshalb haben wir uns neben den Pfad gesetzt, um euch auf unsere übliche Weise willkommen zu heißen.«

Sie drehte sich zu Marrah um. »Aber ich glaube, wir haben euch lange genug warten lassen. Ihr müßt müde und durstig sein nach dem letzten Aufstieg, und ihr brennt sicher schon darauf, die Höhlen zu sehen, und wir erfüllen nicht unsere Pflicht euch gegenüber. Jene, die ihr Zeichen tragen, sollen niemals um irgend etwas bitten müssen, was wir anzubieten haben, so wenig es auch sein mag. Wenn ihr uns jetzt also folgen wollt, dann werden wir euch an einen Ort führen, wo ihr essen und eine Weile ausruhen könnt, und wenn euch anschließend danach zumute ist, werden wir euch in die Höhlen hinunterbringen und euch das älteste Geheimnis zeigen, das die Erde zu bieten hat.«

Nachdem sie diese verlockende Einladung ausgesprochen hatte, wandte sich Zahar ab und führte sie ohne ein weiteres Wort den Weg hinauf, wobei Emzate und Ume die Nachhut bildeten.

Wenn die Leute des Küstenvolks Gäste einluden, das wenige mit ihnen zu teilen, was das Dorf anzubieten hatte, dann waren sie lediglich bescheiden und höflich. Es war Sitte, zu behaupten, daß das Essen nur eine bescheidene kleine Mahlzeit sei, während man den Gästen dicke Scheiben saftigen Hirschbratens und riesige Stücke frisch gebackenen Brotes vorsetzte, große Schüsseln mit eingelegten Früchten und Sahne herbeischleppte, die Becher der Gäste mit Honigmet füllte und dafür sorgte, daß sie von jeder Köstlichkeit probierten. Aber als die Priesterinnen von Nar sagten, daß sie nur wenig hätten, sprachen sie die Wahrheit.

Es wurde bald offensichtlich, daß die drei wie Einsiedlerinnen lebten, sich nur von Eichelbrei ernährten und im Freien schliefen, so oft es das Wetter erlaubte. Wenn es schneite oder regnete, zogen sie sich in eine kleine Höhle zurück und hielten einander warm. Wenn sie nicht gerade eine religiöse Zeremonie vollzogen, war es ihnen verboten, nach Sonnenuntergang noch ein Feuer anzuzünden, es sei denn, eine von ihnen wäre krank oder das Eis auf dem Bach wäre dicker als einen Fingerbreit.

Dennoch hatte Marrah kaum jemals glücklichere Menschen gesehen. Die drei waren wie ein Trio von Sechsjährigen, die ununterbrochen redeten und lachten und sich gegenseitig neckten, unfähig, einen Pfad entlangzugehen, den sie schon Hunderte von Malen zuvor gegangen waren, ohne immer wieder stehenzubleiben, um auf einen Schmetterling oder einen besonders schön geformten Felsen oder einen atemberaubenden Ausblick zu zeigen. Natürlich war es die Pflicht der Priesterinnen von Nar, Pilger daran zu erinnern, daß Freude etwas Heiliges war, aber als Marrah im Eingang zu ihrer Höhle saß und kalten Eichelbrei aß, hatte sie den Eindruck, daß die Frauen auch glücklich gewesen wären, wenn es nicht ihre Pflicht wäre.

»Es ist fast, als wären sie betrunken«, stellte Stavan fest.

Marrah fragte Ume, ob sie und die anderen irgendwelche heiligen Elixire tränken oder spezielle Kräuter äßen. Ume schüttelte den Kopf und lachte. »Nichts als Eichelbrei und Wasser«, erwiderte sie. »Aber warte nur, bis du die Höhlen siehst.« Und das war alles, was sie aus ihr herausbekommen konnten. Den Priesterinnen von Nar war es nicht erlaubt, die Höhlen zu beschreiben oder auch nur über sie zu reden, außer in sehr allgemein gehaltenen Worten, und auch nur, wenn sie im Freien waren.

Nachdem alle ihre Mahlzeiten beendet hatten, erhoben sich die

Priesterinnen, holten mehrere Fackeln aus Kiefernharz und führten die Reisenden ohne weitere Förmlichkeiten zum Eingang der Höhlen. Es war keine beeindruckende Öffnung, nur ein Loch, das teilweise von Büschen verdeckt war, in keiner Weise gekennzeichnet und leicht zu übersehen, wenn man nicht wußte, daß es dort war, aber es wehte ein kühler Luftstrom heraus.

Zahar drehte sich zu dem kleinen Trupp um. »Ich hoffe, keiner von euch fürchtet sich vor der Dunkelheit«, sagte sie. Und dann fuhr sie fort zu erklären, daß sie zuerst lange Zeit durch einen schmalen Tunnel kriechen müßten, bevor sie zur ersten Höhle kamen. »Es ist verboten, Feuer in dem Tunnel anzuzünden«, warnte sie, »und selbst wenn wir es dürften, wäre es unmöglich, weil nicht genug Platz für uns und die Fackeln ist. Es ist auch nicht erlaubt zu sprechen, aber macht euch keine Sorgen; es besteht keine Gefahr, daß ihr euch verirrt.«

Marrah fand das nicht sehr beruhigend, und nach dem Ausdruck auf Arangs Gesicht zu urteilen, hatte sie den Verdacht, daß ihm die Sache ebenfalls nicht ganz geheuer war. Shema und Stavan dagegen machten den Eindruck, als begrüßten sie die Vorstellung einer langen Kriechtour durch die Dunkelheit. Rhoms und Zastras Gesichtsausdruck war nicht zu entziffern. Beide blickten zum Eingang der Höhlen hinüber, aber was sie dabei dachten, blieb jedem zu raten überlassen. Jedenfalls zog sich keiner von dem Unternehmen zurück. Einer nach dem anderen ließen sie sich auf die Knie fallen und folgte Zahar in das Loch.

Es war sehr eng. Der Boden des Tunnels war aus glattem Stein, aber feucht und glitschig. Als Marrah in dem matten Zwielicht vorwärtskroch, konnte sie ein paar Sekunden lang erkennen, daß Wände und Decke aus Kalkstein bestanden. Dann kroch Zastra hinter ihr in den Eingang, und das Licht verlöschte. Sie krabbelte weiter und versuchte, nicht an den gewaltigen Felsen zu denken, der über ihr lag. Es war so still, daß sie ihr Herz klopfen hören konnte. Das einzige Geräusch ertönte, als jemand ein kleines Steinchen lostrat. Allmählich wurde sich Marrah Arangs Atem so deutlich bewußt wie ihres eigenen. Sie streckte die Hand nach vorn aus, fand sein Bein und tätschelte es ermutigend. Arang hielt einen Moment inne, bevor er weiterkroch. Sie fragte sich, ob er vielleicht wieder umkehren wollte. Wenn er den Drang verspürte, dann war es jetzt zu spät. Der Boden des Tunnels neigte sich leicht abwärts; es war nicht genügend Platz, um sich umzudrehen, und der Tunnel wurde ständig enger. Während sich Marrah Stück für Stück vorwärtsschob, überlegte sie, ob wohl schon einmal jemand darin steckengeblieben war.

Nein, dies war kein geeigneter Gedanke, um ihn weiterzuverfolgen, und sie verdrängte ihn hastig. Der Tunnel wurde jetzt trockener, aber die Decke war so niedrig, daß sie auf dem Bauch liegen mußte und sich nur noch vorwärtsbewegen konnte, indem sie sich mit den Händen an der Wand abstützte. Inzwischen machte ihr die Dunkelheit zu schaffen. Es war nicht so, als schlösse man nur die Augen, sie war tiefer und undurchdringlicher. Die Finsternis war so massiv, als wäre sie lebendig.

Als Marrah sie anschaute (was ein seltsamer Gedanke war, denn wie konnte man Finsternis ansehen?), sah sie Dinge darin schwimmen. Sie schob sich mühsam vorwärts, entschlossen, keine Notiz davon zu nehmen, aber die seltsamen Dinge vervielfachten sich unentwegt. Ich werde einfach die Augen zukneifen, dachte sie, aber als sie es tat, machte es nicht den geringsten Unterschied. Die Dunkelheit hinter ihren Augenlidern und die Dunkelheit des Tunnels waren ein und dasselbe.

Die Zeit verstrich. Marrah schob sich auf dem Bauch liegend vorwärts und wünschte sich, sie könnte nur einmal zwischendurch frische Luft schnappen. Allmählich verlor sie jedes Gefühl dafür, wie weit sie gekrochen war, und beklemmende Angst stieg in ihr auf. Ich will hier raus! dachte sie verzweifelt, doch sie biß die Zähne zusammen und kroch weiter. Mehr Zeit verging. Die schwimmenden Dinge waren jetzt blau, von dem Blau, das man manchmal bei Sonnenuntergang sah. Nach einer Weile vergaß Marrah, daß sie vorwärtskroch. Sie tat es einfach, rein mechanisch. Es war offensichtlich, daß die Finsternis niemals aufhören würde, also gab sie ihren Widerstand auf und ließ sich von den blauen Dingen führen.

Plötzlich wurde ihr bewußt, daß ihr Rücken nicht länger an Fels entlangschabte. Sie hob eine Hand und versuchte, die Decke des

Tunnels zu berühren. Nichts. Vorsichtig erhob sie sich auf die Füße, tastete sich ein paar Schritte vorwärts und stolperte in eine riesige schwarze Leere, die nach feuchter Erde und Moder roch. Eine kalte Brise blies ihr aus der Dunkelheit entgegen, und irgendwo ganz in der Nähe plätscherte geräuschvoll Wasser.

»Hallo«, rief sie. »Ist jemand hier?«

»...hier? hier? hier?« rief das Echo spottend.

»Komm hier herüber«, schlug eine Stimme vor. Es war Zahar. Als sich Marrah in Richtung der Stimme bewegte, prallte sie gegen Arang, der sich heftig an ihre Hand klammerte.

»Ich fürchte mich«, flüsterte er.

Sie wollte zurückflüstern, daß sie ebenfalls Angst hatte, aber das gehörte nicht zu den Dingen, die eine ältere Schwester zugeben konnte. »Nur Mut«, murmelte sie, legte einen Arm um seine Schultern und zog ihn fest an sich. »Die Priesterinnen werden sicher bald eine Fackel anzünden.« Hinter sich konnte sie die anderen aus dem Tunnel kommen hören. Ume kicherte, als sie gegen jemanden stieß.

Während sie sich zum Kopf der Schlange vortasteten, berieten sich die Priesterinnen von Nar mit gedämpften Stimmen. Ein schabendes Geräusch ertönte, als eine von ihnen mit einem Feuerstein über Fels rieb. Plötzlich blitzte ein Funke in der Dunkelheit auf, und Emzates Fackel loderte hell und erfüllte die Höhle mit einem matten orangefarbenen Licht.

Marrah blinzelte einen Moment gegen die plötzliche Helligkeit und schnappte dann überrascht nach Luft. Die Höhle war weitaus größer, als sie angenommen hatte. Gewaltige graue Felsbrocken lagen auf dem Boden verstreut und warfen eigenartige Schatten. Über ihnen ergoß sich ein erstarrter Wasserfall aus weißen Stalaktiten und glitzernden Kristallen von der Decke herab.

Emzate reichte die Fackel an Ume weiter, Ume übergab sie Zahar. Das Licht vervielfachte sich in zuckenden orangefarbenen Flammen. Als alle Fackeln angezündet waren, hielten die Priesterinnen sie hoch über ihren Köpfen und drehten sich zu den Pilgern um.

Zahar lächelte ihnen zu, als wäre sie im Begriff, eine Rede zu halten, aber statt dessen tat sie eines der simplen Dinge, für die die Priesterinnen von Nar berühmt waren. »Dreht euch um«, befahl sie.

Die Gruppe wandte sich um, und was sie sahen, ließ sie überrascht und erstaunt aufschreien. Direkt über dem Eingang zum Tunnel schwammen sieben große Hirsche durch einen unsichtbaren Fluß, die Köpfe mit den massigen Geweihen leicht zurückgelegt, während ihre Hufe das Wasser aufspritzen ließen.

»Diese Hirsche wurden vor sehr langer Zeit gemalt«, erklärte Emzate leise. »Vor so langer Zeit, daß niemand mehr weiß, wann es war. Die Erinnerungslieder sagen, daß unsere Vorfahren diese Wandbilder bereits vor dem Großen Frühling schufen, als die Welt noch mit Eis bedeckt war, aber vielleicht sind sie auch noch älter.« Die Priesterinnen senkten ihre Fackeln, und die Hirsche verschmolzen mit der Dunkelheit. »Kommt mit. Es gibt noch mehr – insgesamt drei Höhlen – und die Geister der Tiere tanzen in allen von ihnen.«

Die Reisenden folgten den Priesterinnen über einen breiten, ausgetretenen Pfad an einem unterirdischen Fluß entlang, der mit bleichen Fischen gefüllt war, die niemals das Licht der Sonne erblickt hatten, vorbei an weißen Salamandern, die ängstlich davonhuschten, als sie sich näherten. Manchmal flatterte eine Fledermaus über ihre Köpfe hinweg, oder Wasser rann über einen Steilabfall und verschwand in der Dunkelheit, aber ansonsten war keinerlei Geräusch zu hören, kein Zwitschern von Vögeln oder das Rascheln von Blättern im Wind oder auch nur das Summen eines Insekts. Die Stille war so unendlich, daß sie sich nur im Flüsterton unterhielten, weil es ihnen widerstrebte, sie zu stören.

Die zweite Höhle war kleiner als die erste, aber sogar noch schöner: Gewaltige Bullen, Herden springender Rehe und schwarze Hirsche mit breiten, ausladenden Geweihen galoppierten an den Wänden entlang und über die Decke. Es gab auch noch Zeichnungen von anderen Tieren, die Marrah nicht kannte, Tiere aus einem Traum vielleicht: eine große Katze; ein mit wolligem, krausem Fell bedecktes, kuhähnliches Geschöpf mit gewaltigem Kopf; ein dickes Tier mit stämmigen Beinen, einem langen, kanuförmigen Maul und einem dünnen Ringelschwanz. Die Tiere waren mit schnellen, fließenden Strichen gezeichnet, so daß sie sich zu bewegen schienen, und als Marrah dort stand, fasziniert von ihrer Schönheit, konnte sie sich mühelos vorstellen, wie sie einst durch das hohe Gras einer längst verdorrten Wiese galoppiert waren.

Wieder hoben Zahar, Emzate und Ume ihre Fackeln hoch über den Kopf, damit das Licht in jeden Winkel und jede Felsspalte fiel. Jetzt sah Marrah, daß es noch andere Zeichnungen auf den Wänden gab: Abdrücke menschlicher Hände, Punkte, Linien, Rechtecke und, zwischen allen diesen Symbolen verstreut, ein halbes Dutzend ockerfarbener Dreiecke.

»Dann haben sie also auch die Göttin Erde angebetet«, flüsterte Rhom.

»Ja.« Emzate nickte. »Auch sie kannten ihre Liebe. Hier in ihrem Schoß haben sie die ewigen Herden gezeichnet. Vielleicht brachten sie ihre jungen Leute hierher, wenn sie volljährig wurden, um sie in der heiligen Kunst des Jagens zu unterweisen, und vielleicht kamen ihre Priesterinnen hierher, so wie wir es tun, um zwischen den Geistern der Tiere zu sitzen und zu beten. Aber kommt mit, es gibt noch eine weitere Höhle zu sehen.«

»Die dritte ist die schönste von allen«, versprach Ume und senkte ihre Fackel, um vorauszugehen und den Reisenden den Weg zu zeigen.

Kaum hatte Marrah die letzte der Höhlen betreten, da wußte sie, daß Ume nicht übertrieben hatte. Eine gesamte Wand bestand aus einem einzigen Meer von weißen Marmorstalaktiten, die wie gigantische Eiszapfen zum Boden strebten. Die anderen drei Wände und die Decke waren so dicht mit den Körpern von Tieren bemalt, daß sie sich in einem einzigen großen, schwindelerregenden Wirbel überlagerten, ein Anblick, der Marrah regelrecht den Atem raubte. Hier und dort tauchten strichmännchenähnliche menschliche Gestalten dazwischen auf, die mit Bogen oder Speeren zu jagen schienen, während andere tanzten oder in Trance dalagen. Fasziniert betrachtete Marrah ein seltsames Tier, das wie ein Bär mit einem menschlichen Gesicht aussah, als sie Stavan plötzlich scharf nach Luft schnappen hörte.

»Sieh mal«, flüsterte er, während er an die Decke zeigte. Sie blickte hoch und sah eine Herde von den Tieren, die Pferde genannt wurden. »Vielleicht haben sie vor langer Zeit hier in diesen Bergen gelebt«, sagte Stavan leise, und sie konnte das Heimweh in seiner Stimme hören. »Vielleicht sind eure Vorfahren auch auf Pferden geritten.«

Marrah schüttelte den Kopf. »Das glaube ich nicht.« Es tat ihr leid, daß er sich beim Anblick der Tiere nach seinen Leuten zurücksehnte, aber soweit es sie betraf, wäre sie ebenso zufrieden gewesen, wenn es an der Decke über ihrem Kopf irgendwelche anderen Tiere zu bestaunen gegeben hätte. Sie starrte zu den gemalten Pferden hoch, bemühte sich, sie mit Widerwillen und Abneigung zu betrachten, aber sie konnte es nicht. Sie waren zu schön. Zehn, zwanzig, dreißig von ihnen galoppierten über die gesamte Höhlendecke, die Köpfe stolz erhoben, mit flatternden Mähnen und Schweifen, Verkörperung einer wilden Anmut, eine Rasse, die vor so langer Zeit aus diesen Breiten verschwunden war, daß man sich noch nicht mal mehr an ihren Namen erinnern konnte.

Die Priesterinnen ließen sie die Malereien bewundern, so lange sie wollten. Dann führten sie die Reisenden zu einer natürlichen Bank aus Kalkstein und wiesen sie an, sich zu setzen, mit dem Rücken zu der Wand aus Stalaktiten. »Schließt die Augen«, befahl Zahar, »nehmt euch gegenseitig bei den Händen und macht die Augen nicht eher auf, bis ihr die Musik hört.«

Marrah fragte sich, welche Musik sie wohl meinen konnte. Vielleicht hatten sie Flöten mitgebracht. Ganz sicherlich keine Trommeln oder Harfen, nicht bei der Enge des Tunnels. Nun, sie würde es ohne Zweifel bald erfahren. Gehorsam streckte sie den Arm aus und ergriff Arangs Hand. Stavan hatte sich links von ihr auf die Bank gesetzt, deshalb nahm sie auch seine Hand. Als Marrah ihn berührte, zuckte er kaum merklich zusammen, umfaßte ihre Hand mit zitternden Fingern und hielt sie fest in seiner. Der Anblick der Pferde mußte ihn stärker erschüttert haben, als sie vermutet hatte. Sie überlegte gerade, ob sie etwas Tröstendes zu ihm sagen sollte, als die Höhle plötzlich von einem süßen, glockenähnlichen Klang erfüllt wurde. Während sie zuhörte, spaltete sich der Klang in verschiedene Töne auf, und dann mischten sich weitere Klänge in die Melodie, bis die ganze Höhle vibrierte.

Überrascht öffnete sie die Augen, blickte über ihre Schulter zurück und sah Ume behutsam mit einem hölzernen Klöppel gegen die Stalaktiten schlagen. Während sie spielte, begannen Zahar und Emzate langsam hin und her zu gehen, wobei sie die Fackeln hochhielten, und als sie sich bewegten, bewegten sich auch die Schatten mit ihnen, und die Tiere an Decke und Wänden schienen auf geheimnisvolle Weise zum Leben zu erwachen. Die sich überlagernden Körper der Bullen verschmolzen im flackernden Licht der Fackeln zu einem einzigen Tier, das im Takt zur Musik zu tanzen schien, und die Pferde und Hirsche tanzten mit ihm.

»Das ist ja die reinste Zauberei!« rief Stavan erregt und sprach ihnen allen damit aus der Seele, und als Marrah ihn anblickte, sah sie, daß er sich vorbeugte und den Atem anhielt, als hätte er Angst, den Zauber zu brechen.

Der Rückweg durch den Tunnel war nicht annähernd so furchteinflößend wie der Hinweg. Da Marrah jetzt wußte, was sie erwartete, ließ sie sich Zeit, ignorierte die blauen Erscheinungen, die in der Dunkelheit schwammen, und verbrachte eine unbehagliche, aber erträgliche Weile damit, an andere Dinge zu denken, während sie sich Stück für Stück durch den engen Gang vorwärtsschob. Hauptsächlich dachte sie an das Wunder der Höhlen.

Als sie aus der Öffnung herauskrochen, war es Nacht. Der Mond war untergegangen, und der Himmel war über und über mit Sternen übersät, die wie Eisstückchen in der dünnen Gebirgsluft glitzerten. Es war kalt genug, um Marrah daran zu erinnern, daß bald der Winter kam, aber als sie fröstelnd draußen vor dem Eingang zur Höhle stand und auf die anderen wartete, fühlte sie sich von einer Hochstimmung erfaßt.

Jetzt begriff sie, warum die Priesterinnen von Nar keine heiligen Elixire brauchten, um trunken vor Glückseligkeit zu sein.

Am nächsten Morgen nahmen die drei Priesterinnen Marrah beiseite und gaben ihr die Geschenke, die sie Sabalah so viele Jahre zuvor versprochen hatten. Es war ein seltsam unfeierlicher Augenblick, wenn man bedachte, wie wichtig die Geschenke waren, aber die Priesterinnen hatten ein Gelübde abgelegt, das sie zu Einfachheit in allen Dingen verpflichtete.

Zahar griff ohne lange Vorreden in einen Korb und zog drei kleine Lederbeutel hervor. »Dies hier«, sagte sie, als sie den ersten Beutel in Marrahs Hand legte, »ist getrockneter Donner. Du wirfst ihn ins Feuer, und er erzeugt einen gewaltigen Lärm. Benutze ihn bedachtsam, und sei vorsichtig; er ist gefährlich.«

Neugierig zog Marrah die Schnur auf und stellte fest, daß der Beutel mehrere unscheinbar aussehende Tonkugeln enthielt. Sie nahm eine der Kugeln heraus und rollte sie zwischen den Fingern; sie war eindeutig hohl. Vielleicht war das Innere der Kugel mit irgend etwas gefüllt, doch wenn das der Fall war, dann hatte Zahar offensichtlich nicht die Absicht, ihr zu verraten, was dieses Etwas sein könnte. Marrah versuchte ihr zu danken, aber die alte Priesterin brachte sie mit einer knappen Handbewegung zum Schweigen. »Bedank dich nicht bei mir; bedanke dich bei keinem von uns. Diese Geschenke kommen von der Göttin Erde, gesegnet sei ihr Name. Wir sind nur dazu da, um ihre Botschaften zu übermitteln.«

Sie hielt den zweiten Beutel in die Höhe. »Dieser hier enthält ein Pulver, das dich unsichtbar macht.« Sie lachte. »Nur daß ein Trick dabei ist: Du ißt es nicht. Tatsächlich rate ich dir dringend, niemals etwas davon über deine Lippen gelangen zu lassen – nicht, daß es dich töten würde. Die Göttin ist noch nicht so sehr darauf erpicht, dich jetzt schon zu sich zu rufen. Aber trotzdem – das Pulver hat eine verheerende Wirkung. Du streust es in das Essen deiner Feinde, und puff!«, sie wedelte mit den Händen, »schon verschwindest du aus ihren Augen. Natürlich hoffen wir, daß du niemals irgendwelche Feinde haben wirst, aber sollte sich die Notwendigkeit ergeben, könnte dies hier von großem Nutzen sein.«

Sie reichte Marrah den Beutel. Wie die Tonkugeln, so sah auch das Pulver wenig bemerkenswert aus, von der Farbe und Beschaffenheit von Staub, aber es strömte einen leicht süßlichen Duft aus, als könnte es vielleicht besser schmecken, als es aussah. Marrah schnüffelte vorsichtig daran, verschloß den Beutel und verstaute ihn in der Ledertasche, die sie an ihrem Gürtel trug.

Zahar legte eine Pause ein und hielt den dritten Beutel an seiner Schnur hoch, während sie ihn einen Moment lang bedauernd betrachtete, als widerstrebte es ihr, ihn wegzugeben. »Dies hier«, sagte sie, »ist das kostbarste Geschenk von allen. Es ist eine der Tränen des Mitleids, die von der Göttin Erde selbst vergossen wurden, als sie ihre Kinder vor Furcht weinen sah, nachdem der Große Frühling gekommen war. Ihre Tränen sind so selten, daß ich, so alt ich auch bin, in meinem ganzen Leben nur drei von ihnen gesehen habe, und diese hier –«, sie schüttelte den Beutel leicht, »ist die schönste von allen. Wer immer sie trägt, kann niemals zu Schaden kommen.«

Behutsam legte sie den Beutel in Marrahs Hand. Er war so leicht, daß er sich leer anfühlte. Marrah zog die Lederschnüre auf, öffnete den Beutel und ließ etwas in ihre Handfläche fallen – etwas so Schönes, daß sie einen Freudenschrei ausstieß, als sie es sah. Es war ein Stein – oder vielleicht auch nicht, denn er wog kaum mehr als ein Atemhauch. Tränenförmig und kaum größer als die Kuppe ihres Daumens, war er von der satten Farbe von Sommerhonig. Aber das war noch nicht alles: In der Mitte der Träne lag ein winziger Schmetterling eingeschlossen, die Flügel ausgebreitet, als wäre er mitten im Flug eingefangen worden und erstarrt.

Marrah war einfach sprachlos. Staunend drehte sie das Geschenk in ihrer Hand und versuchte zu verstehen, wie der Schmetterling in das Innere des Tropfens gelangt war. An der Stelle, wo sich der Tropfen nach oben zu verjüngte, hatte jemand ein kleines Loch gebohrt, und sie erkannte, daß er dazu gedacht war, an einer Kette getragen zu werden.

Als hätte sie ihre Gedanken gelesen, streckte Ume schweigend die Hand aus, nahm den gelben Stein und fädelte ihn auf ein Lederband auf. Nachdem sie Marrah förmlich auf beide Wangen geküßt hatte, verknotete sie die Enden um ihren Hals, so daß die Träne der Göttin direkt über ihrem Herzen hing.

»Gelb ist die Farbe des Todes«, warf Emzate ein, während Zahar nickend im Hintergrund stand, ein rätselhaftes Lächeln auf den Lippen. »Es ist die Farbe von Gebeinen, die Farbe der Rückkehr zur Erdenmutter. Aber der Schmetterling symbolisiert das Leben. Im

Winter spinnt die Raupe ihr Grab und stirbt, doch im Frühling kriecht sie verwandelt wieder daraus hervor, schöner, als sie sich jemals hätte vorstellen können. Die Göttin hat uns den Schmetterling geschenkt als ein Zeichen ihrer Gnade. Er symbolisiert ihr Versprechen, daß der Tod nur ein vorübergehender Zustand ist.«

Marrah wußte nicht, was sie sagen sollte. Nicht nur, daß die Priesterinnen ihr verboten hatten, ihnen zu danken; es schien auch, als wären bloße Worte des Dankes nicht gut genug. Schweigend berührte sie den Stein, von ehrfürchtiger Scheu über seinen Zauber erfüllt. Die Frauen warteten geduldig, ließen ihr Zeit, zu begreifen, welch große Ehre ihr zuteil geworden war. Schließlich räusperte Zahar sich.

»Da ist noch etwas«, begann sie. »Bevor du gehst, möchten wir dich etwas fragen.« Sie lachte. »Wir mögen zwar Priesterinnen sein, aber wir sind ebenso neugierig wie jeder andere, und ganz unter uns: Unsere seherischen Fähigkeiten und unsere Kräfte, die Zukunft vorherzusehen, werden reichlich überschätzt. Wir würden gerne wissen, warum du und dein Bruder Pilgerhalsketten tragt und Richtung Osten reist. Emzate und Ume glauben, die Göttin müsse dir befohlen haben, den Wald zu durchqueren, vielleicht, um einem der Dörfer am Blauen Meer eine Botschaft zu überbringen. Ist das wahr?«

Als Marrah ihnen erklärte, daß sie und Arang nicht nur bis zum Blauen Meer, sondern den ganzen weiten Weg nach Shara reisen würden, holte Zahar scharf Luft und schüttelte den Kopf, und die jüngeren Priesterinnen sahen beeindruckt aus.

»So weit«, meinte Emzate. »Und überbringst du eine Botschaft?«

»Ja«, gestand Marrah. Da es ihr erlaubt war, die Prophezeiung mit Priesterinnen zu teilen, berichtete sie ihnen von der Vision, die sie gehabt hatte, und der Warnung, die sie den Menschen im Osten bringen mußte. Während sie zuhörten, verschwand alle Freude aus ihren Gesichtern, und sie sahen nicht länger wie lachende Priesterinnen aus. Als Marrah geendet hatte, seufzte Zahar tief und schüttelte den Kopf.

»Als ich hörte, daß du kommen würdest, hatte ich gehofft, du würdest gute Nachrichten bringen. Deine Mutter erzählte uns von diesen Tiermenschen, als sie vor so vielen Jahren mit dir in ihren Armen zu uns kam, und ich dachte, jetzt wandert Sabalahs Tochter Marrah gen Osten, was vielleicht bedeutet, daß es eine neue Prophezeiung gibt; vielleicht ist die Gefahr vorüber. Aber wie ich sehe, beginnen die bösen Tage erst.«

Sie wandte sich ab und starrte einen Moment auf den Eingang zu den Höhlen, tief in Gedanken versunken. Marrah schwieg, um die Priesterin nicht zu stören.

Schließlich sprach Zahar erneut. »Wir sind weit von Shara entfernt, und wer weiß, wenn uns die Göttin gnädig ist, werden wir vielleicht niemals diese Geächteten zu sehen bekommen, von denen du sprichst. Aber wenn sie tatsächlich kommen, werden wir den Eingang zu den Höhlen von Nar mit Steinen verschließen. Der Tempel darf niemals entweiht werden.«

»Aber wo werdet ihr hingehen, wenn ihr Nar verlassen müßt?« wollte Marrah wissen.

Alle drei Priesterinnen blickten sie an, als hätte ihre Frage sie überrascht. »Hingehen?« sagte Ume. »Nun, wir werden natürlich nirgendwo hingehen. Wir werden bleiben, wo wir hingehören: in den Höhlen.«

An jenem Abend zeigte Marrah ihre Geschenke den anderen, und sie staunten mit ihr, während sie ehrfürchtig den gelben Stein berührten, an dem Pulver der Unsichtbarkeit schnüffelten und die Tonkugeln auf ihren Handflächen wogen.

»Ich hatte ja keine Ahnung, daß du eine so mächtige Priesterin bist«, sagte Rhom, und als Marrah ihm zu erklären versuchte, daß sie überhaupt nicht mächtig sei, sondern lediglich eine junge Frau, die etwas erbte, was einmal ihrer Mutter versprochen worden war, schüttelte er nur den Kopf, offensichtlich nicht überzeugt.

Sie verließen Nar am nächsten Morgen und wanderten zum Hauptarm des Ibai Nabar zurück, und sie brauchten für die Strecke einen Tag weniger, als sie der Weg entlang der westlichen Abzweigung in die Hügel hinauf gekostet hatte. Dieses Mal nahmen sie die Gabelung, die nach Südosten führte, und in jener Nacht, als sie um das Lagerfeuer saßen, verkündete Rhom, daß sie am folgenden Tag den Fluß verlassen müßten, um über Land weiterzureisen. »Wenn wir weiter in dieser Richtung marschieren«, erklärte er, »werden wir wieder oben in den Bergen landen. Ich gehe nicht gerne quer durch den Wald, ohne einen Fluß als Orientierungshilfe zu haben; das tut keiner gerne. Trotzdem führt der Weg direkt nach Osten, und er ist relativ eben und gut markiert. Mit ein bißchen Glück sollten wir nicht länger als zwei Tage außer Sichtweite des Wassers sein.«

Er hob einen dünnen Ast auf und zeichnete eine grobe Landkarte in den Staub – zwei Wellenlinien, durch eine Gerade verbunden. »Wir werden querfeldein gehen, bis wir auf die Ufer dieses Flusses stoßen, den mein Volk den Orugali nennt. Wie ihr sehen könnt, werden wir ihm von dort aus den Weg bis zum Blauen Meer folgen können.«

Wie Rhom versprochen hatte, dauerte der Marsch zum Orugali nicht länger als zwei Tage. Alle waren froh und erleichtert, den Fluß zu sehen, und während sie in östlicher Richtung am Nordufer entlangwanderten, machten die Händler ihre Reisegefährten immer wieder auf bekannte Wahrzeichen aufmerksam. Mit jedem Schritt, den sie taten, wurde der Wald trockener, und Pflanzen tauchten auf, die Marrah noch nie zuvor gesehen hatte. Speziell eine, eine Art dorniger Stechpalme, wuchs überall, wo sich eine kleine Lichtung zwischen den Bäumen auftat; überwiegend war das Land jedoch mit Eichen und großen Kiefern bewachsen, die eine rotbraune, von orangefarbenen Rissen durchzogene Rinde hatten. Der Boden, auf dem sie gingen, war stellenweise steinig, aber fruchtbar, und an Bächen und an den Ufern des Flusses war die Erde blutrot und fühlte sich klebrig an.

Das Wetter wurde wärmer, und statt fest in ihre Umhänge eingerollt zu schlafen, schliefen sie jetzt ohne Decken, froh über jede erfrischende Brise. Obwohl sie immer noch eine mehrtägige Wanderung vor sich hatten, bevor sie die Küste erreichen würden, schien die Reise fast zu Ende, und alle entspannten sich merklich. In der Nacht hielten sie zwar immer noch abwechselnd Wache, doch wenn es jemals einen Löwen gegeben hatte, so hatten sie ihn am Ibai Nabar zurückgelassen; auf ihrem Weg entlang des Orugali sahen sie nichts Furchterregenderes als die Fußspuren von Rehen und Kaninchen in der tonhaltigen roten Erde am Ufer.

Stavan gewöhnte sich wieder an, abends auf die Jagd zu gehen, und sie waren alle froh, wieder frisches Wildfleisch zum Abendbrot zu haben. Irgendwann während ihrer Wanderung entlang des Ibai Nabar hatte er für Arang einen Bogen und mehrere Pfeile gemacht, deren Spitzen aus winzigen Stücken scharfen Steins bestanden. Die Pfeile taugten zwar nicht sonderlich viel, außer um kleinere Vögel zu schießen, aber inzwischen konnte Arang ein Ziel mit relativer Genauigkeit treffen, und er brannte darauf, ebenfalls zu jagen.

»Kommt nicht in Frage«, erwiderte Stavan energisch. Und als Arang zu betteln begann, griff er nach seinem Bogen und verschwand ohne ein weiteres Wort im Wald.

»Er behandelt mich wie ein Kind«, schimpfte Arang, und Marrah erinnerte ihn daran, daß er ein Kind war. »Ich hasse es, wenn du wie eine Erwachsene redest!« erwiderte er wütend, und den Rest des Abends schmollte er beleidigt.

Zuerst ärgerte Marrah sich, doch dann erinnerte sie sich, wie geduldig ihr Bruder gewesen war, wie er immer seinen schweren Korb geschleppt hatte, ohne jemals zu klagen, wie eifrig er beim Feuerholzsammeln geholfen hatte. Sie wußte, er vermißte Sabalah, aber er weinte niemals nach seiner Mutter, so wie es einige Jungen seines Alters vermutlich getan hätten. Und welcher andere Achtjährige hätte schon den Mut aufgebracht, durch den engen Tunnel zu kriechen, der zu den Höhlen von Nar führte?

Am nächsten Abend, nachdem Stavan auf die Jagd gegangen war, trat sie zu Arang, der neben einem Baum hockte, das Kinn in die Hände gestützt, und mit finsterer Miene auf den Wald starrte. »Hol deinen Bogen und die Pfeile«, schlug sie vor, »dann nehme ich dich mit zu einem Platz in der Nähe des Lagers, wo du Zielschießen üben kannst.«

»Ich hab keine Lust, auf einen blöden alten Baum zu schießen«, knurrte er, und als Marrah ihn mit dem Versprechen aufzuheitern versuchte, daß er reichlich Gelegenheit haben würde, richtig zu jagen, sobald sie die Küste erreicht hatten, erklärte er unwirsch, sie solle weggehen und ihn in Ruhe lassen.

Na ja, ich hab's zumindest versucht, dachte sie und ging zu ihrem Korb zurück, um eine Angelschnur und einen kleinen hölzernen Schwimmer zu holen. Am Fluß war das Angeln wesentlich problemloser als im Meer der Grauen Wogen, und sie genoß es, abends am Ufer zu sitzen und ein paar braungesprenkelte Forellen oder Flußbarsche aus dem Wasser zu ziehen.

Nach einer Weile blickte sie auf, um festzustellen, daß Arang nicht länger an der Stelle saß, wo sie ihn zurückgelassen hatte. Sie holte ihre Angelschnur ein und machte sich auf die Suche nach ihm, aber er war nirgendwo zu sehen.

»Hast du Arang gesehen?« fragte sie Rhom, der am Feuer saß und einen der Lederriemen seines Tragekorbs ausbesserte. Rhom schüttelte den Kopf. Shema sagte, sie hätte Arang auch schon eine Weile nicht mehr gesehen, und Zastra wußte ebenfalls nicht, wo er war.

»Wahrscheinlich ist er in den Wald gegangen, um zu pinkeln«, schlug Shema vor. »Er ist in diesem Alter, wo Kinder auch ein Privatleben haben wollen.«

Marrah war nicht überzeugt. Sie eilte zum Waldrand und legte ihre Hände trichterförmig an den Mund. »Arang! Wo bist du?« rief sie. Keine Antwort. »Arang, das ist nicht lustig. Ich weiß, daß du mich hören kannst. Antworte mir!« Immer noch nichts.

»Also, weit kann er nicht gegangen sein«, meinte Rhom. Er ging zum Ufer und blickte den Fluß hinauf und hinunter, als erwartete er, daß Arang im flachen Wasser schwamm, doch dort waren nur Baumstümpfe, Riedgräser und Enten zu sehen. »Arang!« rief er.

»Arang!« riefen jetzt alle im Chor, aber die einzige Antwort, die sie bekamen, war das Quaken der Enten.

Zastra wandte sich mit einem besorgten Ausdruck im Gesicht zu Marrah um. »Wo hast du ihn zuletzt gesehen?«

»Unter dem Baum dort drüben.«

»Hat er irgendwas davon gesagt, daß er schwimmen gehen wollte?«

»Nein.«

»Göttin sei Dank. Dann ist er wahrscheinlich nicht ertrunken. Aber wo kann er denn nur sein?«

Marrah stand einen Moment lang da und starrte auf die Stelle, wo sie Arang zuletzt gesehen hatte. Sie war ein ganzes Stück vom Fluß entfernt, aber ziemlich nahe am Wald.

»Ich fürchte, er ist allein auf die Jagd gegangen«, sagte sie, marschierte zu Arangs Korb und kippte den Inhalt auf den Boden. Die Pfeile, die Stavan gefertigt hatte, fehlten, und auch Arangs Bogen war nicht mehr da.

Einen Moment lang starrten sie alle schweigend auf den Beweis.

»Das sieht nicht gut aus«, murmelte Zastra.

»Sicher wird er jede Minute zurückkommen.« Shema stocherte mit ihrem großen Zeh im Inhalt des Korbs, als könnten Bogen und Pfeile doch noch wieder zum Vorschein kommen. »Du kannst einen Jungen nicht von seinem Abendessen trennen, Marrah. Irgendwann wird ihn der Hunger wieder hierhertreiben.« Es war keine geschickte Wortwahl. Marrahs Gedanken kreisten bereits um Hunger – nicht um hungrige kleine Jungen, sondern um hungrige Tiere. Vor ihrem geistigen Auge sah sie Arang vor sich, verloren im Wald, von einem Bären oder noch Schlimmerem bedroht.

»Dieser Idiot!« rief sie plötzlich und warf Arangs Korb auf die Erde. »Wie konnte er nur etwas so Unverantwortliches tun!« Sie war wütend und verängstigt zugleich, und sie wollte, daß Arang sofort zurückkam. Schließlich hatte sie die Verantwortung für ihn, und wenn er schmollend irgendwo im Wald stand und hörte, wie sie nach ihm riefen, und sich störrisch weigerte, Antwort zu geben, dann würde sie dafür sorgen, daß es lange Zeit dauerte, bis er sich wieder einen Honigkuchen in den Mund schob. Sie blickte auf den Fluß hinaus und versuchte zu berechnen, wieviel Tageslicht noch übrig war. Das Wasser begann schon, sich von Grün zu einem matten Grau zu verfärben. Die Zeit drängte.

»Rhom, hol die langen Äste da drüben, wir werden sie als Fackeln benutzen. Draußen am Fluß mag vielleicht noch genügend Licht herrschen, aber im Wald wird es dunkel sein. Zastra, du bleibst im Lager, und wenn Stavan zurückkommt, sag ihm, was hier vorgeht. Er ist ein besserer Fährtenleser als jeder andere von uns, und es ist bedauerlich, daß er nicht hier ist, aber ich glaube nicht, daß wir es uns leisten können, auf ihn zu warten. Shema, Rhom und ich werden die Wälder auf dieser Seite des Flusses absuchen. Ich nehme doch nicht an, daß Arang so verrückt sein würde, voll bekleidet und mit einem Bogen und einem Köcher voller Pfeile auf dem Rücken bis ans andere Ufer zu schwimmen.«

Sie blickte auf das rasch dahinströmende Wasser hinaus, das im matten Licht des Abends wie eine dunkle Suppe wirkte. Sie und Arang hatten beide die furchtlose, wilde Art geerbt, die Sabalah einst veranlaßt hatte, den ganzen weiten Weg von Shara nach Xori zu wandern, mit einem neugeborenen Baby auf dem Rücken. Die Wahrheit war, daß Arang überall sein konnte.

Rhom brachte die Äste herbei, und sie hielten sie in die Flammen, bis sie Feuer fingen. Es waren kümmerliche Fackeln, die schnell brannten und bald wieder verlöschen würden, aber es blieb keine Zeit, um bessere zu machen. Dann schwärmten sie in drei verschiedene Richtungen aus und tauchten in den Wald ein, wobei sie ununterbrochen Arangs Namen riefen.

»Arang!« rief Marrah aus Leibeskräften. »Arang! Wo bist du, Arang? Arang, antworte mir!« Doch jedesmal, wenn sie stehenblieb, um auf eine Antwort zu horchen, hörte sie nichts weiter als die Rufe von Rhom und Shema. Nach einer Weile wurden ihre Stimmen schwächer und undeutlicher, und bald konnte Marrah nur noch das Rauschen des Windes in den Baumwipfeln und das gelegentliche Krächzen einer Krähe hören. Die Fackel warf ein zuckendes Licht, das die dämmrigen Schatten zum Leben erweckte, und mehr als einmal glaubte sie, sie sähe eine Gestalt zwischen den Bäumen auftauchen, doch wenn sie vorwärtsstürzte, überzeugt, sie hätte Arang endlich gefunden, entpuppte es sich lediglich als Buschwerk oder ein Rankgewächs, das leicht im Wind schaukelte.

Als die Fackel heruntergebrannt war, warf Marrah sie achtlos auf den Boden und setzte ihre Suche fort, ohne sich um die Zweige zu kümmern, die ihr ins Gesicht schlugen, und die Dornenranken, die über ihre nackten Beine kratzten und an ihrem Kleid rissen. Die untergehende Sonne spendete ein bleiches, wäßriges Licht, das kaum durch die Blätter drang, doch Marrah hatte scharfe Augen und stolperte nur selten. Einmal bewegte sich irgendein großes Tier schnaufend durch ein Dickicht, und Äste knackten laut in der Stille, und statt zu fliehen, wie sie es getan hätte, wenn sie bei Verstand gewesen wäre, rannte Marrah auf das Geräusch zu, in der Hoffnung, es könnte vielleich Arang sein, doch als sie ankam, fand sie nichts als plattgetretenes Gras und einen Haufen frischen Bärenkot.

»Bleib von meinem Bruder weg!« schrie sie, hob einen Zweig auf und schleuderte ihn auf den Kothaufen. »Halt dich von ihm fern, Bärenfrau, sonst sorge ich dafür, daß du es bereust, jemals in diesen Wald gekommen zu sein!« Es war eine verrückte Drohung – sie klang sogar in ihren eigenen Ohren verrückt –, aber es kümmerte sie nicht. Eine ohnmächtige Wut packte sie. Sie hob einen anderen Ast auf und schlug damit wie von Sinnen auf einen hohlen Baumstamm ein. Der Laut war nur gedämpft und wurde von den Bäumen verschluckt, und dennoch trommelte sie unentwegt weiter und schrie nach Arang. Schließlich gab sie auf. Erschöpft ließ sie den Ast fallen und warf sich auf den Boden, wo sie keuchend lag und wieder zu Atem zu kommen versuchte.

Sie dachte an Stavan und seine Fähigkeit, die Spur eines Rehs selbst über steinigen Boden zu verfolgen, und sie verfluchte ihn, weil er nicht da war, wenn er dringend gebraucht wurde. Warum, im Namen jener verdammten Hansi, von denen er immer erzählte, war er nicht in der Nähe des Lagers geblieben? Wenn er an diesem Abend nicht auf die Jagd gegangen wäre, wäre auch Arang nicht weggegangen. Aber das war nicht fair. Woher hätte Stavan wissen sollen, daß sich Arang ausgerechnet den heutigen Abend aussuchen würde, um allein im Wald zu verschwinden?

Sie kam zu dem Schluß, daß sie die Sache falsch anging. Es war sinnlos, Stavan oder sonst jemandem die Schuld zuzuschieben. Das einzig Sinnvolle war, zu versuchen, wie Arang zu denken. Entschlossen rappelte Marrah sich auf, klopfte sich den Schmutz und die Blätter vom Kleid und strebte zurück zum Fluß. Als sie zum Lager kam, entdeckte sie, daß Zastra sich dem Suchtrupp angeschlossen hatte. Vielleicht bedeutete das, daß Stavan zurückgekehrt war. Sie warf ein Holzscheit ins Feuer und stand einen Moment lang da, während sie angestrengt lauschte, aber wenn die vier draußen im Wald waren und nach Arang riefen, würde sie ihre Stimmen nicht hören können.

Sie schloß die Augen. Wenn ich Arang wäre, überlegte sie, was hätte ich dann getan? Wohin wäre ich gegangen? Ich wäre wütend auf Stavan und meine Schwester gewesen und beleidigt über die Vorstellung, wie ein Kind behandelt zu werden, deshalb hätte ich mich weggeschlichen. Und ich hätte mich schnell bewegt, so wie es Leute tun, wenn sie wütend sind, und leise obendrein, weil ich Angst gehabt hätte, erwischt zu werden.

Sie öffnete die Augen und blickte sich auf der Lichtung um. Die einzige Möglichkeit, schnell und leise aus dem Lager zu verschwinden, war, um den großen Busch auf der anderen Seite des Feuers zu gehen und dann in den Wald zu laufen, bevor jemand merkte, daß man verschwunden war. Der Busch würde einen nicht nur vor spähenden Augen schützen, er stand auch vor einer schmalen Kaninchenfährte, einer von den Dutzenden, die zum Wasser hinunterführten. Arang mußte diesen Weg genommen haben!

Aufgeregt lief Marrah zu dem Busch und blickte dahinter und wurde vom Anblick kleiner schlammiger Fußabdrücke belohnt. »Stavan! Zastra! Rhom! Shema! Kommt her!« rief sie. »Ich habe Arangs Fußspuren gefunden!« Aber niemand antwortete.

Sie zog ihr Messer aus dem Gürtel, schnitt einen neuen Ast ab, um ihn als Fackel zu benutzen, zündete ihn an und eilte den Pfad hinunter, wobei sie nach weiteren Spuren Ausschau hielt, und wenig später fand sie sie, und zwar nicht nur eine, sondern gleich Dutzende. Es waren drei verschiedene Sorten: Arangs kleine bloße Füße, ein größerer Abdruck von einer Sandale und ein Stiefel. Zastra und Stavan waren ihm also schon gefolgt! Mit einem Freudenjauchzer lief Marrah weiter, in der Erwartung, Arang jeden Moment zu sehen, wie er mit verlegener, schuldbewußter Miene auf Stavans Schultern saß.

Ein Stück weiter voraus schimmerte der Schein einer Fackel durch die Bäume. Sie rannte darauf zu und rief immer wieder Arangs Namen. Bald stand sie Stavan und Zastra von Angesicht zu Angesicht gegenüber, doch als sie sich suchend nach Arang umschaute, war er nirgendwo in Sicht.

»Also, wo ist er?« verlangte sie zu wissen. »Habt ihr ihn noch nicht gefunden?«

»Wir haben ihn gefunden«, erwiderte Zastra, und in der Sekunde, als sie sprach, erkannte Marrah am Klang ihrer Stimme, daß etwas sehr Sonderbares und Schreckliches passiert war. Angstvoll blickte sie von einem zum anderen. Ihre Gesichter waren blaß und grimmig.

»Was ist passiert?« rief sie.

»Marrah, komm mit uns zum Lager, dann erzähle ich dir –«

»Wo ist mein Bruder, Zastra? Wo im Namen von hundert Flüchen ist mein Bruder?«

Statt zu antworten, schlug Zastra die Hände vors Gesicht und brach in Tränen aus. Marrah blickte Stavan an. Er hielt etwas in der Hand und reichte es ihr stumm. Zuerst begriff sie nicht, was es war, und dann erkannte sie, daß es Arangs Tunika war, zerrissen und mit Blut beschmiert.

»Nein!« schrie sie entsetzt.

»Es war ein Löwe«, schluchzte Zastra. »Stavan hat die Spuren gesehen. Wir sind gerannt, Marrah, wir sind gerannt, so schnell wir konnten, glaub mir. Aber wir kamen zu spät. Es war nichts mehr übrig bis auf seine Tunika. Ach, der arme kleine Junge. Ich werde mir niemals verzeihen...«

Aber Marrah hörte sie nicht. Sie hatte Stavan die zerfetzte Tunika aus der Hand gerissen und preßte sie an ihre Brust, während sie ununterbrochen schrie, daß Arang noch am Leben sei und sie ihn finden mußten, bevor es noch dunkler wurde.

Irgendwie gelang es ihnen, Marrah soweit zu beruhigen, daß sie sie zum Lager zurückführen konnten. Irgendwie schaffte sie es, die Suppe hinunterzuwürgen, die sie ihr einflößten, und das Wasser zu trinken, das sie ihr anboten.

Aber sie wollte die Tunika nicht hergeben. Jedesmal, wenn Zastra sie ihr abzunehmen versuchte, schrie Marrah sie an und umklammerte sie noch fester.

»Finde ihn!« brüllte sie Stavan an. »Dies ist alles deine Schuld. Wenn du ihm nicht den Bogen gemacht hättest, wäre er nicht in die Wälder jagen gegangen. Er ist nicht tot! Er ist nicht von einem Löwen gefressen worden! Finde meinen Bruder!«

Stavan sagte kein Wort. Er blickte sie nur mit einem sonderbaren Ausdruck an, einem kalten, merkwürdigen Ausdruck, den sie haßte, und dann verbeugte er sich schweigend vor ihr, machte auf dem Absatz kehrt und verschwand in den Wald.

Danach gab es nur noch Schmerz und Furcht und eine Nacht, so lang, daß Marrah glaubte, sie würde niemals enden. Sie hockte am Feuer, schweigend und innerlich wie erstarrt, Arangs Tunika in ihrem Schoß, doch sie vergoß keine einzige Träne. Manchmal hob sie die Tunika an ihre Lippen und küßte sie, und manchmal strich sie nur liebkosend mit der Hand darüber, glättete die zerfetzten Teile und fügte sie wieder zusammen. Als sie den Stoff berührte, dachte sie an ihre gemeinsame Kindheit, wie sie und Arang um die Wette gelaufen waren und gespielt und Beeren gepflückt hatten und im Meer geschwommen waren.

Als sie aufblickte, sah sie Shema, Zastra und Rhom, die sie mit mitfühlenden Blicken bedachten.

»Sie muß weinen«, sagte Zastra leise, »sonst wird ihr das Herz brechen.«

»Laß deinen Tränen freien Lauf«, drängte Shema und zog Marrah in einer mütterlichen Umarmung an sich. »Weine, mein Liebes.« Bei Shemas tröstender Berührung erwachte Marrahs Herz endlich aus seiner Erstarrung. Sie ließ die Tunika zu Boden gleiten, lehnte ihren Kopf an Shemas Schulter und schluchzte haltlos. Und als sie sie weinen sahen, begannen auch die Händler zu weinen und trauerten um den kleinen Jungen.

Marrah wußte nicht, wie sie jene Nacht überstand. Sie mußte wohl eingeschlafen sein, weil sie irgendwann kurz nach Einbruch der Morgendämmerung ruckartig aufwachte. Einen Moment lang war es wie an jedem anderen Morgen: Der Himmel zeigte eine mattrosa Färbung, Vögel zwitscherten, und ganz in der Nähe war das stetige Rauschen des Flusses zu hören. Und dann fiel ihr wieder ein, daß Arang von einem Löwen getötet worden war.

»Marrah«, sagte eine sanfte Stimme. Sie drehte den Kopf, um Zastra mit einem Becher heißer Fleischbrühe neben sich stehen zu sehen. Es war ein besonderer Genuß, doch sie hatte keinen Appetit.

»Ich will zurück nach Xori«, erklärte sie Zastra und schob den Becher weg, und als Zastra sie zu trösten versuchte, wehrte sie auch diese Bemühungen ab, denn es gab keinerlei Trost mehr für sie. Schweigend erhob sie sich und ging den Pfad zum Fluß hinunter, um sich kaltes Wasser ins Gesicht zu spritzen, doch ihre Füße fühlten sich so schwer wie Steine an, und sie schien endlos lange für den Weg zu brauchen. Stavan war nirgendwo zu sehen, aber Rhom war bereits wach, saß auf einem Felsblock, damit beschäftigt, den Trageriemen zu flicken, den er am letzten Abend halbfertig hatte liegen lassen, und Shema verzehrte ihr Frühstück. Sie blickte zur Seite und sagte nichts, respektierte Marrahs Trauer.

Marrah watete in den Fluß hinein und ließ das kalte Wasser um ihre Beine schwappen. Die Enten schwammen im Schilf, und die Strömung kräuselte sich um dieselben Baumstümpfe, und doch war nichts mehr so wie zuvor. Alles, was sie ansah oder berührte, alles, woran sie dachte, erinnerte sie an Arang.

Sie bückte sich und spritzte sich etwas Wasser ins Gesicht, und als sie sich wieder aufrichtete, hörte sie einen sonderbaren Klang. Er war hoch und gleichzeitig tief, wie eine große Schar Vögel, die alle zugleich trillerten und zwitscherten, und er schien aus dem Wald zu kommen. Sie blickte zum Lager zurück und sah, daß Rhom und seine Schwestern aufgesprungen waren und zu den Bäumen hinüberstarrten.

»Was ist das?« rief Shema ängstlich.

»Ich weiß es nicht«, erwiderte Rhom.

Das Geräusch wurde allmählich lauter und deutlicher; es war ein Lied, gesungen von Menschen, die mit jedem Augenblick näherkamen. Jetzt konnte Marrah noch andere Töne ausmachen: eine Trommel, eine Art von Klacken, als würden Holzstäbe aufeinanderschlagen, das Stampfen unzähliger Füße. Und plötzlich bot sich ein erstaunlicher Anblick am Waldrand. Zuerst tauchten vier Männer auf, die einen toten Löwen an einer langen Holzstange trugen. Sie waren klein und hellhäutig, mit breitem Brustkorb und dunklen Augen und Haaren, die offen bis zu ihren Schultern herabhingen, und auf den ersten Blick glaubte Marrah, sie wären nackt, doch dann sah sie, daß sie eine Art Lendenschurz aus Lederriemen trugen. Hinter den Männern folgte eine lange Reihe von tanzenden Männern, Frauen und Kindern, die mit den Füßen auf den Erdboden stampften und sich im Kreis drehten und die Arme schwangen, während sie aus voller Kehle sangen. Viele der Frauen trugen Kinder auf dem Rücken, aber alle – Männer und Frauen – waren mit Speeren bewaffnet, die sie beim Singen rhythmisch aneinanderschlugen.

»Es sind Leute vom Waldvolk!« rief Zastra.

Und dann stieß Marrah ebenfalls einen Schrei aus und hastete das Flußufer hinauf, so schnell ihre Füße sie trugen, denn dort am Ende der langen Reihe von Tanzenden, so als wäre er niemals verschwunden gewesen, kam Arang aus dem Wald heraus, heil und unversehrt.

»Arang!« rief sie jauchzend und rannte auf ihn zu. Sie trafen sich in einer Umarmung, die sie beide beinahe von den Füßen gerissen hätte, und dann hob Marrah ihren kleinen Bruder hoch und schwenkte ihn im Kreis herum, und sie lachte und weinte zugleich vor Freude. »Du bist zurückgekommen! Der Göttin sei Dank! Du lebst!« Sie stellte ihn auf den Boden und versuchte, ihn streng anzusehen, doch es war hoffnungslos, weil sie von einem Ohr zum anderen grinste. »Hast du überhaupt eine Ahnung, wie schrecklich wir uns um dich gesorgt haben? Wir dachten, du wärst von einem Löwen gefressen worden!«

»Das wäre ich auch beinahe«, erwiderte Arang stolz. »O Marrah, es war ja so aufregend! Die Löwin hatte mich auf einen Baum gejagt, und sie wollte mich fressen, aber sie –«, er wies auf die Waldleute, »haben sie gerade noch rechtzeitig erschossen. Du hättest sehen sollen, wie gut sie schießen. Sie sind die Besten.«

Marrah wandte sich um und sah, wie mehrere Dutzend kleiner, halbnackter Menschen sie mit höflicher Neugier musterten. Sie wollte ihnen danken, aber einen Moment lang brachte sie keinen Ton heraus. Sie hob ihre zitternden Hände und schaffte es irgendwie, ihre Fingerspitzen aneinanderzulegen. *Ich danke euch in Ihrem Namen, daß ihr das Leben meines Bruders gerettet habt*, sagte sie in Gedanken, aber noch immer wollte kein Wort über ihre Lippen kommen.

Als die Fremden sie das Zeichen der Göttin machen sahen, murmelten sie zustimmend. Die älteste Frau und der älteste Mann traten vor und erwiderten Marrahs Begrüßung. Dann lächelten sie und zeigten auf Arang und den Löwen. Langsam und mit großem Nachdruck begannen sie zu sprechen. Ihre Stimmen klangen heiter und angenehm, doch Marrah verstand kein Wort von dem, was sie sagten. Als sie Marrahs Unverständnis bemerkten, begannen sie, ein paar einfache Worte wieder und wieder zu wiederholen, und bald erkannte Marrah, daß sie irgendeine Variation der Alten Sprache sprachen.

»Junge«, sagten sie. »Verlaufen. Nicht gut, so jung. Hat seine Bedeckung zu Löwin geworfen. Schlechte Idee.«

Marrah wandte sich an Arang. »Hast du dem Tier deine Tunika hingeworfen?«

Arang machte ein verlegenes Gesicht. »Na ja, sie hatte mich den Baum hochgejagt und war drauf und dran, zu mir hochzuklettern«, erklärte er. »Was hätte ich denn sonst tun sollen? Ich habe ihr auch meine Vögel hingeworfen, allesamt, und ich hatte sogar einen Fasan geschossen.«

»Das war *Vogelblut* auf deiner Tunika?«

Arang starrte beschämt auf den Boden und malte mit einer nackten Zehe ein Muster in den Staub. »Hm, ja. Dumm von mir, nicht?«

»Und ob das dumm war!« rief sie, und sie wollte ihm gerade klarmachen, wie unglaublich dumm er sich angestellt hatte, als ihr einfiel, daß die Leute des Waldvolks noch immer auf eine Erwiderung warteten.

»Es tut mir leid, daß euch mein Bruder soviel Mühe gemacht hat«, sagte sie langsam und zeigte dabei auf Arang. »Ich danke euch von ganzem Herzen, daß ihr ihm das Leben gerettet habt. Die Löwin hätte ihn getötet, wenn ihr sie nicht zuerst getötet hättet.«

Das Waldvolk nickte und lächelte, und die alte Frau streckte eine Hand aus und tätschelte Marrahs Arm, als fühlte sie mit ihr. »Kleine Brüder viel Kummer«, sagte sie. Dann zeigte sie auf den alten Mann. »Er mein kleiner Bruder. Viel, viel Ärger, er.« Sie lachte schallend, wobei sie einen fast zahnlosen Gaumen enthüllte.

Gleich darauf stimmte der Rest des Waldvolks in ihr Lachen ein, als wäre dies der beste Witz des Sommers. Marrah hatte das deutliche Gefühl, daß ihr etwas entgangen war, aber sie lachte mit.

»Wir folgen dir langen Weg, Sabalah-Tochter«, fuhr die alte Frau fort. »Folgen dir den ganzen Weg von Xemta, aber jetzt haben gute Löwenhaut, wie?«

Plötzlich begriff Marrah. Dies hier waren nicht nur irgendwelche Angehörigen des Waldvolks, sondern dieselben Leute, die den Priesterinnen Bescheid gesagt hatten, daß Marrah und Arang kämen, um die Höhlen von Nar aufzusuchen. Es war nicht nur ein glücklicher Zufall gewesen, daß sie gerade noch rechtzeitig gekommen waren, um Arang vor der Löwin zu retten. Sie hatten ihn schon seit Wochen im Auge behalten und darauf geachtet, daß er nicht in Schwierigkeiten geriet. Sie fragte sich, wohin sie ihn gebracht hatten, nachdem sie die Löwin erlegt hatten, und warum sie ihn nicht sofort ins Lager zurückbegleitet hatten, aber bevor sie fragen konnte, stürmte plötzlich Stavan aus dem Wald heraus, in der einen Hand sein langes Messer, in der anderen seinen Speer.

»Laßt den Jungen und die Frau in Ruhe!« donnerte er auf shamba.

Die Waldleute stießen kleine, spitze Schreie der Angst aus und versuchten, sich hinter ihrem Vordermann zu verstecken. Babys weinten, und die vier Männer, die die Löwin trugen, ließen sie kurzerhand zu Boden plumpsen und rannten in Richtung Wald.

»Steck deine Waffen ein!« rief Marrah. »Sie sind freundlich. Sie haben Arang das Leben gerettet.« Sie drehte sich zu dem Waldvolk um. »Wartet, lauft nicht weg. Er tut euch nichts. Er ist harmlos!«

»Freundlich?« fragte Stavan skeptisch.

»Ich meine es ernst, Stavan. Wirf sofort deinen Speer hin! Du hast den Leuten einen tödlichen Schreck eingejagt.«

Stavan warf seinen Speer auf den Boden, schob sein Messer wieder in den Gürtel und lief zu Arang, wobei die Leute des Waldvolks wie verängstigte Mäuse in alle Richtungen auseinanderhuschten. Doch Stavan kümmerte sich nicht darum, sondern fiel vor Arang auf die Knie, zog ihn in seine Arme und drückte ihn fest an sich. »Du bist wieder zurück, du bist in Sicherheit, du lebst!« rief er überschwenglich. »Gelobt sei Han! Ich war überzeugt, du wärst tot. Ich dachte, der Löwe hätte dich gefressen!« Er streichelte Arang übers Haar, und seine Augen schwammen in Tränen.

Gerührt von dem Anblick, trat Marrah näher und legte eine Hand auf Stavans Schulter. Zu ihrer Überraschung schien er diese Geste als Tadel aufzufassen. Er zuckte zusammen, als hätte sie ihn geschlagen, erhob sich hastig auf die Füße und wich zurück, während er sie mit dem gleichen kalten, undefinierbaren Ausdruck anstarrte, wie er es am Abend zuvor getan hatte, als sie ihn angeschrien hatte, daß Arangs Tod nur seine Schuld sei.

»Es tut mir leid, daß ich deinen Bruder umarmt habe«, sagte er steif. »Unter diesen Umständen ist es dir sicherlich lieber, wenn ich ihn nicht berührte. Wenn du willst, daß ich gehe, dann werde ich augenblicklich gehen, und du wirst mich niemals wiedersehen müssen.«

Marrah war zu verdutzt, um zu sprechen. Sie blickte erst Stavan an und dann die Waldleute, die vorsichtig wieder aus dem Wald herauskamen, um ihre Löwin abzuholen.

Stavan nahm ihr Schweigen offensichtlich als Zustimmung, denn er fuhr in derselben Art fort: »Ich würde dich ja um Verzeihung bitten, aber was ich getan habe, ist unverzeihlich. In meinem eigenen Land würde ich jetzt Han geopfert werden, damit mein Blut den Namen meines Vaters von der Schande reinwaschen würde, aber ich glaube, hier seid ihr barmherziger. Ich glaube, eure Göttin verlangt kein Blutopfer.«

Was immer in seinem Kopf vorging, war so fremd und unverständlich, daß er ebensogut Hansi hätte sprechen können. »Im Namen von sieben Flüchen, wovon sprichst du eigentlich?« rief Marrah verwirrt. »Erst jagst du alle mit deinem Speer in die Flucht, und jetzt redest du Unsinn.«

Nun war Stavan derjenige, der verwirrt dreinblickte. »Sicher verstehst du, daß ich geschworen habe, dich und deinen Bruder mit meinem eigenen Leben zu schützen. Nun, ich war nicht da, als Arang mich brauchte. Statt dessen«, er wies mit einer Kopfbewegung auf das Waldvolk, »haben sie ihn gerettet, und ich bin«, er hielt inne, als blieben ihm die Worte in der Kehle stecken, »entehrt.«

Endlich verstand Marrah. »Du glaubst, ich wäre immer noch wütend auf dich?« Er nickte. »Du glaubst, ich gäbe immer noch *dir* die Schuld an der Tatsache, daß Arang in den Wald verschwand und durch seine eigene Unachtsamkeit beinahe von einer Löwin getötet worden wäre?« Wieder nickte Stavan. »Und du glaubst, ich mag dich nicht mehr und vertraue dir nicht, weil du dein Versprechen nicht halten konntest?« Einen Moment lang stand er wie eine Statue da, dann nickte er zum dritten Mal. Marrah sah die Scham in seinen Augen.

Armer Stavan, dachte sie. Da sie sich in einer gemeinsamen Sprache unterhielten, vergaß sie häufig, wie anders er war und wie anders er über viele Dinge dachte.

»Stavan«, sagte sie sanft, »ich bin nicht wütend auf dich. Es war falsch von mir, als ich gestern sagte, es wäre alles deine Schuld, aber ich war halb verrückt vor Schmerz und Kummer. Ich muß mich bei dir entschuldigen. Und ich vertraue dir immer noch.«

»Wirklich?«

»Aber natürlich. Wie konntest du auch nur einen Moment lang denken, daß ich wirklich glaubte, es wäre deine Schuld? Wenn ich deinen Rat angenommen und besser auf Arang aufgepaßt hätte, hätte er gar nicht erst weglaufen können. Tatsächlich habe ich sogar beschlossen, dich zu bitten, sein *aita* zu sein. Ich fürchte, ohne deine Unterstützung werde ich nicht mit ihm fertig.« Sie legte einen Arm um Arangs Schultern. »Natürlich wäre es nur eine vorübergehende Situation. Mehe, Arangs richtiger Aita, ist in Xori, aber du könntest ja eine Art... Stiefaita für ihn sein. Was meinst du?«

Stavan sah so überrascht aus, daß sie fast gelacht hätte, aber sie war klug genug, es nicht zu tun, weil er sonst wahrscheinlich tödlich beleidigt gewesen wäre. »E-es wäre mir eine Ehre«, stotterte er. »Eine große Ehre – das heißt, wenn du dir sicher bist und wenn Arang die Idee gefällt.«

»Und ob sie mir gefällt!« jubelte Arang. »Ich habe schon seit *Wochen* versucht, sie dazu zu kriegen, dich zu fragen. Sag ja, Stavan, bevor sie es sich wieder anders überlegt.«

Und das tat Stavan, augenblicklich. »Du wirst mein Sohn sein«, sagte er und bückte sich, um Arang erneut herzlich zu umarmen, und als Marrah ihn daran erinnerte, daß Mütter Söhne hatten und Aitas Neffen, erhob er keine Einwände. »Na gut, dann laß ihn mein Neffe sein. Wir werden unser Blut vermischen, wie es die Hansi tun.«

Arang war nicht sonderlich angetan von der Vorstellung, sein Blut mit irgend jemandem zu vermischen, noch nicht einmal mit Stavan, aber er hielt den Mund. Er wollte Stavan als seinen *aita* haben, koste es, was es wolle.

An diesem Abend, nachdem sie sich an Löwenfleisch satt gegessen und dem Waldvolk zugehört hatten, wie sie ihre Lieder von der Löwenjagd sangen, führte Stavan Arang zum Lagerfeuer zurück, setzte sich mit ihm auf das Löwenfell und schnitt in seinen und Arangs Finger und ließ ihr Blut zusammenfließen. Dann durchstach er Arangs Ohrläppchen mit einer Knochennadel und schob einen von Achans goldenen Ohrringen durch das Loch. Arang, der schon vorgewarnt gewesen war, biß die Zähne zusammen, aber der Schnitt in den Finger und das Durchstechen des Ohrläppchens waren nicht annähernd so schmerzhaft, wie er befürchtet hatte, und den Rest des Abends saß er stolz neben Stavan und schaute dem Waldvolk bei ihren wilden Tänzen zu.

Am nächsten Morgen normalisierte sich ihr Leben wieder. Irgendwann im Laufe der Nacht waren die Leute des Waldvolks still und leise gegangen und hatten das Löwenfell mitgenommen, die Klauen jedoch zurückgelassen. Marrah sammelte die Krallen ein, um sie im Fluß zu säubern und in ein Stück weichen Wildleders zu wickeln. Bis sie zurückkehrte, war auch das Frühstück fertig und die Fische knusprig gebraten. Bald darauf machten sie sich wieder auf den Weg, wobei sie erneut dem Lauf des Orugali folgten.

Sie wanderten zwei weitere Tage. Der Fluß verbreiterte sich, und mit jedem Schritt, den sie taten, schien die freudige Erregung der Händler zu wachsen. Eines Morgens standen Shema und Zastra früh auf, um sich gegenseitig das Haar zu waschen und Blumenketten für alle zu binden, einschließlich Stavan. An diesem Nachmittag – dem zweiunddreißigsten Tag seit ihrer Abreise aus Gurasoak – erreichten sie endlich den Ort, wo sich die Fluten des Orugali ins Blaue Meer ergossen. Von dort aus war es nur noch ein kurzer Marsch in das Dorf Lezentka.

8. Kapitel

»Meeresfisch und Venusmuscheln,
dunkle, süße Feigen,
Oliven und Rosen,
Weine aus dem Osten,

seetüchtige Boote
mit Segeln, so weiß,
sie schmelzen auf deiner Zunge
wie Salz –

Lezentka hat alles,
aber nicht, wenn du es haben willst.
Lezentka ist der Ort,
wo Reisende warten müssen.«

Sabalahs Lied, Strophe 15–17

Lezentka

Ihr nächstes Ziel war die Insel Gira, berühmt für ihren schönen Obsidian, ihre großen Tempel und prächtigen religiösen Feste. Es hieß, daß kein Volk die Göttin Erde mit mehr Begeisterung und Inbrunst verehrte als die Giraner, die allgemein als die besten Trommler der Welt galten, und ihre spektakulären Schlangentänze – von denen einige die Mitwirkung von Hunderten von Tänzern erforderten, die sich tagelang in perfektem Rhythmus miteinander bewegten – hatten den Ruf, die Göttin in die Herzen und das Bewußtsein all derer zu bringen, die daran teilnahmen.

Marrah war im heiligen Gebärraum des östlichen Tempels von Gira zur Welt gekommen, als Sabalah dort auf ihrem Weg nach Westen Zuflucht gesucht hatte. Beide Zwillingspriesterinnen-Königinnen der Insel hatten sie bei ihrer Geburt gesegnet, indem sie etwas Erde auf ihrer Stirn verrieben und einen Tropfen Salzwasser in ihren Mund träufelten, um sie zu einem Teil der Erde und des Meeres zu machen, und obwohl sich Marrah nicht an die Zeremonie oder sonst irgend etwas, was mit Gira zusammenhing, erinnern konnte – weil sie bei ihrer Abreise erst wenige Wochen alt gewesen war –, hatte sie sich immer gewünscht, einmal dorthin zurückzukehren.

Da sie wußte, wie ungeduldig Marrah sein würde, zu der Insel zu kommen, hatte Sabalah sie gewarnt, daß sie möglicherweise mehrere Wochen auf ein Boot warten müßten, das in die richtige Richtung segelte. Auf ihrem Weg nach Westen hatte Sabalah selbst fast einen Monat ausharren müssen, bevor sie eine Gruppe von Händlern fand, die die Überfahrt zum Meer der Grauen Wogen machten, und obwohl die Leute gastfreundlich gewesen waren, war sie die erste, die zugab, daß es ein langweiliger Monat gewesen war.

Lezentka, so erzählte sie Marrah, gehörte nicht zu den großen Städten der Welt. Sein Hauptanspruch auf Ruhm gründete sich auf die Tatsache, daß es nahe der Mündung des Orugali lag, und obwohl sich einige der Dorfbewohner auf Fernhandel spezialisiert hatten, konnte man es kaum als einen bedeutenden Hafen bezeichnen. Seine Häuser bestanden aus Holz und getrocknetem Schlamm, genau wie die Langhäuser von Xori, nur daß sie kleiner waren, da jedes Haus nur eine Mutterfamilie beherbergte; das Flußwasser hatte einen brackigen Geschmack, der am Gaumen haftete, und es gab kein Göttinnenstandbild oder eine Schwitzhütte, nur einen staubigen Versammlungsplatz und einen hübschen kleinen Tempel, der der Göttin Erde geweiht war, die die Einheimischen in Gestalt einer trächtigen Hirschkuh verehrten.

»Versuche einfach, dich zu entspannen und den Aufenthalt zu genießen«, hatte Sabalah ihrer Tochter geraten, aber sicherlich hatte sie sich selbst in ihren wildesten Träumen niemals ausgemalt, daß die Warterei derart lange dauern würde, denn wie sich herausstellte, waren die drei gezwungen, nicht nur einen oder vielleicht auch zwei Monate im Dorf der Händler zu verbringen, sondern einen ganzen Winter lang, während sie jeden Morgen aufs neue hofften, ein Boot zu finden, das sie über das Meer nach Gira bringen würde, und jeden Abend aufs neue enttäuscht zu Bett gingen.

Tatsächlich bestand das Problem nicht darin, daß es keine Boote gab; direkt in Lezentka selbst stand ein halbes Dutzend kleinerer Boote zur Verfügung, aber wie die Boote des Küstenvolks, so waren auch sie nicht seetüchtig, sondern nur dafür konstruiert, um dicht an der Küste entlangzufahren, wobei sie immer in Sichtweite des Festlands blieben und beim ersten Anzeichen von schlechtem Wetter oder Sturm wieder umkehrten. Gira lag weit außerhalb des Aktionsradius eines dieser Boote, eine mehrtägige Schiffsreise übers offene Meer entfernt. Nur die kühnsten Händler wagten die Überfahrt, während sie auf den Schutz der Göttin vertrauten und nach den Sternen navigierten, und ihre Boote waren ganz anders beschaffen als die leichtgewichtigen Einbäume, die auf dem Fluß Waren von einem Dorf ins andere transportierten.

Wegen ihrer weißen, flügelähnlichen Segel als Raspas oder »heilige Vögel« bekannt, waren diese Langstreckenboote nicht direkt Schiffe im modernen Sinne; sie hatten keine komplizierten Aufbauten und waren klein und schwer zu steuern, aber sie waren mit einem großen Kiel ausgestattet, der sie aufrecht hielt, und mit Gaffelsegeln aus Leinen, mit Segellatten verstärkt, die es ihnen erlaubten, durch die See zu pflügen, wenn das Wetter schön war und kräftiger Wind herrschte. Bei Windstille konnten die Raspas gerudert werden – keine leichte Aufgabe, da der Ruderer dabei stehen mußte und Mühe hatte, die Balance zu halten, während die Wellen gegen den Schiffsrumpf klatschten –, und obwohl es keine Luken gab, konnten Grasmatten und ölgetränkte Häute über der Fracht festgezurrt werden, wenn das Wetter bedrohlich aussah.

Dennoch, angesichts der Winterstürme wirkten die Raspas zerbrechlich, und es kam durchaus vor, daß sie versanken und für immer spurlos verschwunden blieben. In Lezentka pflegte mehr als ein Mutterclan Opfergaben und Blumen ins Meer zu werfen an dem Tag der Totenehrung, und es gab mehr Kinder, die von Tanten und

Kusinen aufgezogen wurden, als es in einem so kleinen Dorf normal war. Die Männer und Frauen der Küste webten sogar spezielle Muster in ihre Kleidung ein, damit ihre Körper identifiziert werden konnten, falls sie ertranken, und hin und wieder konnte es vorkommen, daß ein fremdes Boot anlegte und Händler aus einem weit entfernten Ort niederknieten, den Boden küßten und einer Dorfmutter einen oder zwei Beutel mit Knochen von Angehörigen überreichten, die einst fröhlich zum Klang der Flöten und Trommeln in See gestochen waren.

Wegen der Gefahr taten die Raspas das, was ihre Namensvettern, die Vögel, taten: Sie zogen zu einer bestimmten Jahreszeit nach Süden, was bedeutete, daß sie vom späten Frühling bis zum Beginn des Herbsts auf große Fahrt gingen und ihre Segel einholten, sobald die ersten schweren Regenfälle einsetzten, und sich nicht eher wieder aufs Meer hinauswagten, bis die Graugänse nach Norden flogen und das Wetter wieder schön wurde. Theoretisch unternahm jedes der beiden Raspas, die dem Dorf Lezentka gehörten, drei oder vier Rundreisen pro Saison, wobei die letzte Überfahrt im Mond des Trockenen Grases stattfand und das Schiff noch vor der Tagundnachtgleiche wieder in den Heimathafen zurückkehrte; aber jedesmal, wenn Zastra, Shema und Rhom ihre Tour durch den Wald unternahmen, wartete das Boot, das als die *Baßtölpel* bekannt war, auf sie.

Die feinen Jaditäxte und die mit weichen Federn besetzten Capes des Küstenvolks waren so kostbare und begehrte Waren, daß der Dorfrat schon vor langer Zeit entschieden hatte, sie seien es wert, das Risiko einzugehen, daß die Schiffsbesatzung vielleicht fern von zu Hause überwintern müßte, zumal ihnen nichts Schlimmeres passieren konnte, als daß sie gezwungen waren, die regnerischen Monate auf der wunderschönen Insel im Blauen Meer zu verbringen.

In diesem Jahr hatte der Abstecher zu den Höhlen von Nar die Händler jedoch mehr als eine Woche gekostet, und als sie in Lezentka ankamen, war das erste, was sie herausfanden – nachdem die Dorfbewohner sie überschwenglich begrüßt und großzügig bewirtet hatten –, daß die *Baßtölpel* bereits hinausgesegelt war.

»Warum, im Namen von zwanzig Flüchen, haben sie das getan?« hatte die sonst so sanfte Shema wütend geschimpft und ihre Schale mit Tintenfischragout so heftig auf den Tisch geknallt, daß die schwärzliche Soße über den Rand schwappte und auf den frischen Leinenrock spritzte, den sie zur Feier ihrer Heimkehr angezogen hatte.

Sie, Rhom und Zastra saßen neben ihrer Mutter Sirshan, umringt von so vielen Tanten, Onkeln, Vettern, Kusinen, Nichten, Neffen und Freunden, daß Marrah Tage gebraucht hätte, um sie alle auseinanderhalten zu können, aber es war bereits klar, daß die Lezentkaner eines gemeinsam hatten: Alle redeten gleichzeitig, und keiner hörte zu. Rhom und Zastra stimmten aufgebracht in Shemas Flüche ein, die diversen Freunde und Verwandten boten Erklärungen an, die Hunde bellten, die Kinder schrien, und ein paar Minuten konnte keiner ein Wort verstehen – besonders Marrah nicht, da die Händler wieder in ihre eigene Sprache verfallen waren.

Schließlich wandte sich Rhom zu ihr um und übersetzte. »Das Schiff ist bereits ausgelaufen«, knurrte er. »Das, mit dem ihr nach Gira segeln solltet. Die Dummköpfe bildeten sich ein, daß die Regenfälle dieses Jahr früh einsetzen würden, deshalb sind sie vor zehn Tagen in See gestochen. Ohne sich darum zu kümmern, daß sie versprochen hatten zu warten, ohne sich darum zu kümmern –«, er zeigte auf das Stück Himmel, das deutlich durch die offene Tür zu sehen war, »daß nicht eine Wolke zu sehen ist, die größer als die Nasenspitze eines meiner idiotischen Vettern ist; nein, sie haben einfach die Wünschel-Muscheln geworfen und entschieden, daß schlechtes Wetter bevorstünde, und schon ging's los!«

Arang gab ein enttäuschtes Stöhnen von sich, Stavan verstand wie gewöhnlich kein Wort und würde auch nichts verstehen, bis sich einer von ihnen die Mühe machte, ein zweites Mal in seiner Sprache zu übersetzen.

»Heißt das, wir hängen den ganzen Winter hier fest?« Ratlos und verwirrt musterte Marrah die fremden Gesichter von Rhoms Verwandten, den sonderbaren, vielarmigen Fisch in ihrer Schüssel und das kleine, quadratische Haus von Rhoms Mutter, das man niemals irrtümlich für eines der Langhäuser von Xori hätte halten können.

Zum ersten Mal seit vielen Wochen fühlte sie sich fast krank vor Heimweh. Da eine Rückkehr nach Xori eindeutig nicht in Frage kam, mußten sie ihre Reise so schnell wie möglich fortsetzen. Nur die Wichtigkeit der Botschaft, die sie nach Shara bringen sollte, wog die Sehnsucht nach ihrer Mutter auf, ganz zu schweigen von dem schmerzlichen Bedürfnis, Bere und Ama und Onkel Seme und alle ihre Freunde wiederzusehen. Wie konnte sie monatelang in Lezentka herumsitzen und warten, von dem schrecklichen Wissen gequält, daß die Tiermenschen jeden Moment aus dem Grasmeer aufbrechen könnten? Wenn sie Flügel gehabt hätte wie die Seemöwe, der sie ihren Namen verdankte, wäre sie mit Arang auf dem Rücken davongeflogen, schneller, als Rhom in der Lage war, ihre Frage zu beantworten, doch statt dessen fühlte sie sich in diesem verflucht friedlichen Dorf in der Falle gefangen wie eine Fliege, die in einem Honigtopf gelandet war.

Ihre Ungeduld mußte offensichtlich sein, weil Rhom aufhörte, auf seine verantwortungslosen Vettern zu schimpfen, und ihre Hand ergriff, um sie tröstend zu streicheln. »Nun, nun«, meinte er beschwichtigend, »reg dich nicht auf, hübsche dunkeläugige Marrah. Du hast zwar deine Chance verpaßt, auf der *Baßtölpel* nach Gira zu segeln, aber die *Graugans* wird jetzt jeden Tag zurückerwartet, und vielleicht, wenn der Regen noch weiter ausbleibt, wird der Dorfrat einwilligen, daß du mit diesem Schiff zur Insel fährst, bevor der Winter beginnt.« Er zeigte auf ihre Halskette. »Schließlich tragt ihr beide, du und dein Bruder, Ihr Zeichen. Und welcher Seemann hätte nicht gern Passagiere an Bord, die Glück bringen, na?«

Marrah war ein wenig beruhigt, aber nicht vollkommen. Als Rhom erneut begann, seine Vettern in seiner eigenen Sprache zu verfluchen, legte sie einen tröstenden Arm um Arang und zog ihn an sich.

»Was werden wir jetzt tun?« flüsterte er, legte den Kopf an ihre Schulter und blickte zu ihr auf, als wüßte sie eine Lösung für jedes Problem.

»Nun, wir warten auf die Rückkehr der *Graugans*«, erwiderte sie heiter, doch an dem Ausdruck in Arangs Augen erkannte sie, daß er sich wie gewöhnlich nicht so leicht täuschen ließ.

»Und was, wenn sie nicht kommt?«

Es war eine gute Frage, eine, auf die sie keine Antwort wußte. Was sollten sie tun, wenn keines der beiden Raspas vor Einbruch des Winters aufkreuzte? Konnten sie Gira umgehen und per Einbaum von einem Dorf zum anderen reisen, bis sie zu dem nächsten Ort auf Sabalahs Lieder-Landkarte gelangten? Oder, falls das unmöglich war, konnten sie dann vielleicht auf dem Landweg von Lezentka nach Shara gelangen, so wie sie von Gurasoak nach Lezentka gewandert waren?

Als das Willkommensfest zu Ende war, nahm Marrah Rhom beiseite und bat ihn, offen und direkt zu sprechen, ohne ihre Hand zu tätscheln oder sie dunkeläugige Schönheit zu nennen. »Weil ich nicht in Stimmung bin, mich durch deine Komplimente durchzukämpfen, bis ich endlich auf die Wahrheit stoße«, erklärte sie. Vielleicht klang sie ein wenig schroff, aber Rhom schien nicht beleidigt zu sein. Unter gewöhnlichen Umständen mochte er sich in blumigen Schmeicheleien und scherzhaften Bemerkungen ergehen, aber wenn sie wirklich einen Rat brauchte, konnte er sie wie eine seiner Schwestern behandeln.

»Die hiesigen Boote sind keine Möglichkeit«, erklärte er. »Sie halten sich an keinen festgelegten Zeitplan und verkehren nur sehr unregelmäßig, und es kann sein, daß du Monate warten mußt, um von einem Dorf zum anderen zu gelangen, besonders jetzt, da der Winter bevorsteht. Und auf dem Landweg nach Shara zu gelangen, ist erst recht keine Alternative. Es dauert so viel länger, um das Blaue Meer herumzuwandern, als es per Schiff zu überqueren, daß es kein Händler, den ich getroffen habe, je versucht hätte. Und außerdem, wenn ihr von der Route abweichen würdet, die eure Mutter besingt, wie solltet ihr dann euren Weg finden? Du und dein Bruder würdet ins Ungewisse wandern ohne ihren Geist, um euch zu führen. Nein, schlag dir das aus dem Kopf. Es gibt nur einen Weg, den du nehmen solltest: in einem guten, schnellen Raspa geradewegs nach Gira.«

Er blickte aufs Meer hinaus, das im Mondlicht kaum zu erkennen war. »Die *Graugans* könnte genau in dieser Minute direkt auf den Hafen von Lezentka zusteuern.« Er lächelte. »Also, ich wette um drei Honigwaben mit dir, daß du höchstens noch ein paar Tage hier sein wirst.«

Leider verlor Rhom seine Wette. Die Tage wurden zu Wochen, die Wochen zu Monaten, die Regenzeit setzte früh ein, wie es Rhoms unzuverlässige Vettern vorhergesagt hatten, und bald war für alle ersichtlich, daß die beiden Raspas entschieden hatten, in der Ferne zu überwintern.

Und so fand sich Marrah damit ab, warten zu müssen. Viele Jahre später sollte sie oft sagen, daß sie die Monate in Lezentka Geduld gelehrt hatten, und manchmal, wenn sie in einer besonders nostalgischen Stimmung war, würde sie den kleinen Tempel mit seinen weißgekalkten Wänden und dem kopfsteingepflasterten Fußboden als eines der friedlichsten Fleckchen auf Erden beschreiben. Später, als Töpfermeisterin, würde sie ihren Schülern erzählen, daß es in der Töpferwerkstatt des Tempels von Lezentka gewesen sei, wo sie zum ersten Mal die Arbeit mit Ton zu schätzen gelernt hatte, und sie würde die schlichten gelben und roten Schalen des Dorfes beschreiben, als wären es alte Freunde, die sie nur widerstrebend zurückgelassen hätte.

Aber zur Zeit fühlte sie sich eher wie eine Ziege, die gezwungen war, einen langen Winter in einem kleinen Stall zu verbringen. Dennoch gab es schlimmere Orte, an denen sie hätten festsitzen können, wie sie Arang oft erklärte. Die Menschen waren freundlich, das Essen war gut, und was dem Dorf an Schönheit fehlen mochte, machte die Natur wieder wett. Man hatte sie in einem kleinen Haus untergebracht, das sie ganz für sich allein hatten, und sie brauchten nur einen Schritt vor die Tür zu machen, um das Blaue Meer zu sehen, das noch blauer als in der morgendlichen Pracht von Marrahs Vision schimmerte. Das Wasser war warm und klar, voll unbekannter Fische und exotischer Muscheln, und die Strände waren mit kleinen weißen Kieseln übersät. Wenn die Wellen über die Steine spülten, machten sie ein sanft murmelndes Geräusch, das so sinnlich wie eine Liebkosung war.

Wenn die Zeit nicht so gedrängt hätte und Marrah nicht so ängstlich darauf bedacht gewesen wäre, nach Shara zu kommen, hätte sie es vielleicht sogar vorgezogen, ein paar Monate in Lezentka zu verbringen, denn es war hier in vielerlei Hinsicht schöner als in Xori. Die Landschaft hatte etwas Verlockendes an sich, etwas Süßes und Geheimnisvolles, das von den Freuden vollkommener Hingabe an die Natur flüsterte. Goldener Weizen wuchs taillenhoch auf den Feldern, die Bäume trugen schwer an der Last der Früchte, und die Sonnenuntergänge waren ein einzigartiges Schauspiel: zuerst ein riesiger feuriger Ball, der hinter den westlichen Hügeln versank, dann eine vielzackige Krone aus Licht, die breite Strahlen von Rosa, Zinnoberrot und Purpur über einen weiten, leeren Himmel warf. In der ersten Woche hatte Marrah die erste Olive ihres Lebens gegessen, ihren ersten Becher Wein getrunken, in Butter gebratene Weinbergschnecken aus ihren Häusern gelöst und die erste Feige gegessen, die sie jemals gesehen hatte; sie kaute das süße getrocknete Fruchtfleisch und leckte sich den klebrigen Zukker von den Fingern.

Obwohl der Winter bevorstand, war das Wetter meistens mild und sonnig. Bisweilen wehte ein kalter, böiger Wind von Norden her, und es regnete ein oder zwei Tage lang. Wenn dies geschah, verkrochen sich die Einheimischen in ihre Häuser und hockten klagend am Feuer, aber Marrah und Arang, die sich an den eisigen Frost in Xori erinnerten, gingen bei jeder Witterung hinaus. Oft nahmen sie einen Korb mit und gruben nach den süßlich schmekkenden kleinen Venusmuscheln, die unter dem Streifen Sand vergraben lagen, wo der Fluß ins Meer mündete, doch meistens unternahmen sie Spaziergänge aus Freude am Spazierengehen. Bald hörte der Regen wieder auf, die Wolken trieben auf die See hinaus, bis sie nicht mehr als ein Streifen von Weiß am Horizont waren, die Vögel stimmten erneut ihr Konzert an, die Dorfbewohner breiteten ihre Kleider am Strand zum Trocknen aus, die Luft erwärmte sich, und das goldene Sonnenlicht kehrte zurück.

Stavan begleitete sie nur selten auf ihren Spaziergängen, da er es vorzog, allein umherzustreifen, um zu fischen oder zu jagen. Manchmal nahm er Arang auf einen seiner Ausflüge mit, aber er war immer noch vorsichtig. Wenn er sich dabei weiter als einen halben Tagesmarsch vom Dorf entfernte, ließ er Arang zurück, und an jenen Tagen strengte er sich zusätzlich an, um nach dem Abendessen noch Zeit mit ihm zu verbringen, ihm Geschichten zu erzählen oder ihm beizubringen, wie man einen Bogen mit Sehnen bespannte oder ein Stück Feuerstein zu einer passablen Pfeilspitze zurechtschliff.

Marrah beobachtete mit Freude, wie ernst Stavan seine Rolle als *aita* nahm, aber wenn er und Arang zusammen weggingen, blieb sie sich allein überlassen und wußte nicht so recht, was sie mit der vielen Zeit anfangen sollte. Das Volk des Blauen Meeres sprach eine Sprache, die wie Vogelgezwitscher klang, und oft, wenn sie müßig dasaß und die Leute dabei beobachtete, wie sie ihre täglichen Arbeiten verrichteten, wünschte sie, sie könnte an ihrem Klatsch und ihrem fröhlichen Lachen teilhaben, aber bis auf die Händler und eine oder zwei Priesterinnen, die die Alte Sprache sprachen, konnte niemand Marrah verstehen.

Ab und zu bot sich ihr die Gelegenheit, eine lange Unterhaltung mit Rhom oder seinen Schwestern zu führen, doch da diese nach monatelanger Abwesenheit zu ihren Familien zurückgekehrt waren, hatten sie verständlicherweise andere Dinge zu tun. Shema, die ihre vier Kinder bei ihrer Mutter gelassen hatte, versuchte, die verlorene Zeit wieder aufzuholen; Zastras Partnerin Rusha war schwanger und stand kurz vor der Niederkunft; und was Rhom betraf, so schien er der *aita* von fast der Hälfte aller Kinder im Dorf zu sein.

Deshalb war Marrah sowohl erfreut als auch überrascht, als Zastra eines Nachmittags aus eigenem Antrieb zu ihr kam und sich zu einem längeren Gespräch niederließ. Eine Weile unterhielten sie sich über Rushas Schwangerschaft. Rusha war eine eigensinnige Frau, die mit ihrem Bruder und Vater in dem tiefen Wasser jenseits der Brecher auf Fischfang ging. Zastra hatte vergeblich versucht, sie dazu zu überreden, an Land zu bleiben, nachdem sie jetzt im achten Monat war, aber Rusha hatte nur gelacht und erklärt, je dicker der Bauch einer Schwangeren sei, desto besser triebe sie auf dem Wasser. Da Zastra und Rusha sechs Schwangerschaften gemeinsam durchgestanden hatten – jede von ihnen drei –, hätte Zastra wissen müssen, daß ihre Versuche, Rusha zu überzeugen, vergebliche Mühe waren, doch sie fühlte sich dennoch dazu verpflichtet.

»Ich liebe diese Frau wie mein Leben«, knurrte Zastra, »aber sie ist schrecklich unvernünftig.« Seufzend nippte sie an der Fischbrühe, die Marrah ihr angeboten hatte, und versank dann in Schweigen, offenbar ganz mit ihren eigenen Gedanken beschäftigt. Marrah widerstrebte es, sie zu stören, und so griff sie nach einem Netz und machte sich daran, die zerrissenen Maschen mit einem Stück gedrehter Faser auszubessern. Lange Zeit herrschte Schweigen, das nur vom Geschrei eines Babys und von jemandem, der Fleisch mit einem hölzernen Klopfer bearbeitete, unterbrochen wurde.

Schließlich sprach Zastra erneut. »Eigentlich bin ich nicht hergekommen, um über mich selbst zu reden; ich bin hier, um über Stavan zu sprechen. Shema meint, du wüßtest, was vorgeht, und Rhom ist der gleichen Meinung, aber ich nicht. ›Laß sie in Ruhe‹, hat Rhom zu mir gesagt, ›die Sache geht dich nichts an.‹ Shema war wie üblich weniger diplomatisch. Sie hat mir erklärt, sie spürte deutlich, daß du kein Interesse an Stavan hättest, und wenn ich ständig meine Nase in anderer Leute Liebesleben steckte, würde ich es wahrscheinlich eines Tages bereuen, aber es macht mir nun einmal Spaß, Leute miteinander zu verkuppeln. Ich kann nichts dafür. Ich selbst fühle mich zwar nicht sonderlich zu Männern hingezogen, aber ich kann es auch nicht mitansehen, wenn einer verkümmert. Hast du gewußt, daß Stavan fast jeden Abend, nachdem du und Arang zu Bett gegangen seid, zum Strand hinunterschleicht und stundenlang dort hockt, um aufs Meer hinauszustarren und vor sich hin zu grübeln wie ein Dreizehnjähriger, der noch nie ein Mädchen hatte? Nun, du und ich wissen, daß es viele Frauen in diesem Dorf gibt, die keinen Partner haben und mehr als glücklich sein würden, ihn in ihr Bett zu nehmen, auch wenn er ein bißchen merkwürdig aussieht, deshalb fragen sich die Leute natürlich, warum er mit keiner von ihnen die Lust teilt. ›Wahrscheinlich liebt er Männer‹, hat Shema gemeint, ›und zur Zeit gibt es in Lezentka keine alleinstehenden Männer, die Männer bevorzugen‹, aber ich glaube nicht, daß es so ist. Ich glaube eher, Stavan will dich, Marrah, und du weißt es nur nicht.«

Marrah hatte das Fischernetz in ihren Schoß sinken lassen und starrte Zastra mit einem seltsamen Gesichtsausdruck an. Plötzlich fügten sich alle möglichen Dinge zu einem Bild zusammen: die Art, wie Stavan gezittert hatte, als er in der Höhle von Nar ihre Hand hielt, seine Angewohnheit, fast immer hastig wegzuschauen, wenn sie ihn ansah, die verstohlenen Blicke, die er ihr manchmal zuwarf, wenn er glaubte, sie merkte nichts davon.

»Na?« Zastra trank einen Schluck Brühe. »Habe ich recht?«

Schweigend griff Marrah nach dem Netz und fuhr fort, es zu flicken. Ihre Hand war ruhig, aber ihre Gedanken rasten, während sie die Beweise zusammenzutragen versuchte, um zu sehen, ob sie irgendeinen Sinn ergaben. »Du hast insofern recht, als ich nicht gewußt habe, daß Stavan seine Nächte am Strand verbringt, aber was sein angebliches Verlangen nach mir betrifft...« Sie hielt inne und überlegte angestrengt. »Vielleicht hast du in dieser Hinsicht recht und vielleicht auch nicht. Es ist möglich, nehme ich an, aber andererseits bin ich jetzt schon seit Wochen Tag und Nacht mit ihm zusammen, und er hat kein einziges Mal irgend etwas gesagt, was mich auf den Gedanken bringen würde, daß er auch nur das geringste Interesse daran hätte, die Lust mit mir zu teilen. Tatsächlich behandelt er mich die meiste Zeit, als wäre ich eine Dorfmutter.«

Sie warf das Netz auf den Boden, schlang ihre Arme um die Knie und runzelte die Stirn. »Wenn er mit mir liegen will, warum fragt er mich dann nicht einfach?«

Zastra nahm einen weiteren Schluck von ihrer Brühe. »Gute Frage. Ich habe gründlich darüber nachgedacht und bin zu dem Schluß gekommen, daß er dich nicht fragt, weil er einfach nicht weiß, wie er das anstellen soll.«

Marrah lächelte. »Du meinst allen Ernstes, ein ausgewachsener Mann wüßte nicht, wie er eine Frau fragen soll, ob sie die Lust mit ihm teilen möchte?«

Zastra nickte. »Genau das meine ich. Jeder andere Mann wäre schon längst auf dich zugegangen und hätte etwas in der Art gesagt wie: ›Schöne Frau, ich mag dich sehr und würde gerne bei dir liegen‹, und dann hättest du ja oder nein sagen oder ihm erklären können, daß du bereits einen Partner hättest und nicht interessiert wärst oder daß du keinen Partner hättest und bereit seist, oder was auch immer man in einem solchen Fall sagt. Natürlich ist es auch möglich, daß in seinem Land andere Bräuche herrschen und daß dort die Frau diejenige ist, die den Mann fragt.«

Marrah dachte einen Moment darüber nach. »Das bezweifle ich. Nach dem, was Stavan mir erzählt hat, haben die Hansi-Frauen kaum mehr Rechte als ein Hund.«

»Tja, dann ist es wirklich ein Rätsel. Aber eines kann ich dir sagen: Als Arang plötzlich verschwunden war, dachte ich, Stavan würde den Verstand verlieren. Als er diese Löwenspuren sah, stieß er einen Schrei aus wie ein Mann, der Verbrühungen erlitten hat, und als er Arangs Tunika vollkommen zerrissen und blutverschmiert auf dem Waldboden liegen sah, zog er sein langes Messer hervor und hieb wüst fluchend auf die Bäume ein. Und als du ihn angeschrien hast, es wäre alles seine Schuld, brach er in Tränen aus. Du hast seine Tränen nicht gesehen, weil er dir den Rücken zukehrte, aber wir anderen haben ihn weinen sehen. Es gibt eine ganze Menge Dinge, die du nicht siehst. Wenn du nicht in seine Richtung schaust, dann starrt er dich an, als wollte er dich mit Haut und Haaren verschlingen.«

Zastra trank den letzten Rest ihrer Fischbrühe, stellte die Schale neben sich auf den Boden und wischte sich mit dem Handrücken den Mund ab. »Wer weiß, vielleicht sehe ich das alles ganz falsch; vielleicht bin ich nur eine Wichtigtuerin, die ein Schilfrohr sieht und glaubt, es sei ein Korb. Aber ich an deiner Stelle würde zumindest ausführlich mit ihm reden und herausfinden, warum er seine Nächte am Strand verbringt.«

Marrah wußte, es war ein guter Rat, doch sie zögerte, ihn anzunehmen. Trotz allem, was Zastra gesagt hatte, fiel es ihr schwer zu glauben, daß Stavan litt, weil er ihr nicht sagen konnte, daß er sie begehrte, und da er sich die Mühe gemacht hatte, allein wegzugehen, nachdem sie und Arang eingeschlafen waren, widerstrebte es ihr, seine Privatsphäre zu stören.

Höchstwahrscheinlich dachte er an etwas ganz anderes, wenn er aufs Meer hinausstarrte – an Pferde vielleicht oder wer weiß was, aber sicherlich nicht an sie –, und sie würde sich ziemlich blamieren, wenn sie ihn fragte, ob er vielleicht insgeheim den Wunsch hege, die

Lust mit ihr zu teilen. Entweder würde er beleidigt sein über die Unterstellung, daß er nicht wüßte, wie man eine Frau fragte, oder aber er würde glauben, es sei ein ungeschickter Annäherungsversuch ihrerseits, was in Ordnung gewesen wäre, wenn sie ihn begehrt hätte, doch sie war sich dessen nicht sicher.

Sie vermißte Bere, auch wenn sie wußte, daß sie damit rechnen mußte, ihn niemals wiederzusehen, und obgleich sie große Zuneigung zu Stavan empfand und sogar schon zu denken begonnen hatte, daß gelbes Haar und blaue Augen doch gar nicht so häßlich aussahen, waren ihre Gefühle für ihn nicht klar. Einen Mann aufzufordern, die Lust mit einem zu teilen, und ihm dann im nächsten Atemzug zu erklären, man habe es nicht so gemeint, wäre so grob unhöflich und beleidigend, daß sie es ihm nicht verübeln könnte, wenn er niemals mehr mit ihr sprechen würde, und da sie die Absicht hatte, sehr lange Zeit in Stavans Gesellschaft zu verbringen, war dies keine erfreuliche Aussicht.

Ganz gleich, von welcher Seite sie das Problem auch betrachtete, sie kam immer wieder auf die simple Tatsache zurück, daß Stavan etwas zu ihr gesagt hätte, wenn er sie tatsächlich begehrte. Die Beziehungen zwischen den Geschlechtern waren sehr direkt. Man wußte immer, woran man war, und die Vorstellung, daß ein erwachsener Mann nicht nur seine Gefühle für sich behalten könnte, sondern auch noch freiwillig litt, wenn er nichts weiter zu tun brauchte, als die Auserwählte zu fragen, war beinahe unbegreiflich.

Aber die Unterhaltung mit Zastra führte dazu, daß Marrah Stavan jetzt mit anderen Augen sah, und je genauer sie hinschaute, desto überzeugter wurde sie, daß er tatsächlich wegen irgend etwas unglücklich war. Vielleicht war es nichts weiter als die Langeweile, auf ein Schiff zu warten, das niemals kam, oder vielleicht war es Heimweh, oder vielleicht quälte er sich wirklich mit einem Geheimnis herum, das er glaubte, mit niemandem teilen zu können, aber was immer es auch war, es zwang ihn, nachts aufzustehen, um einsam und allein am Strand zu hocken und aufs Meer hinauszustarren. Selbst am Tag schien er sich mehr und mehr in sich zurückzuziehen, und er wurde nur dann lebhaft, wenn Arang zu ihm kam, um ihn zu bitten, einen zerbrochenen Pfeil zu reparieren oder ihn zum Fischen mitzunehmen.

Es war klar, daß sich Stavan irgend jemandem anvertrauen mußte, und ebenso klar war es, daß Marrah diejenige sein würde, da außer ihr und Arang niemand Shambah sprach. Und so geschah es, daß sich Marrah eines milden Abends ein paar Wochen später bei einem Strandspaziergang mit Stavan wiederfand, während sie auf einige der seltsamsten Worte lauschte, die sie jemals einen Mann hatte sprechen hören.

Zuerst hatte er schlichtweg abgestritten, daß irgend etwas nicht in Ordnung sei, aber schließlich hatte er zugegeben, daß ihm etwas Kummer machte. Zumindest glaubte Marrah, seinen Worten zu entnehmen, daß ihn etwas bedrückte, denn er sprach in Rätseln wie eine Priesterin, die zuviel heiligen Rauch eingeatmet hatte, und nichts von dem, was er ihr erzählte, ergab einen Sinn.

»Ich bin glücklich«, sagte er, »weil du mein Häuptling bist, und unglücklich, weil du mein Häuptling bist. Das gleiche Ehrgefühl, das mich zwingt, hier bei dir und deinem Bruder zu bleiben, verschließt mir den Mund und lähmt meine Zunge. Ich kann dir nicht sagen, was ich denke, denn was ich denke, ist nicht das, was ein Mann in Gegenwart seines Häuptlings denken sollte.«

Er wandte sich zu ihr um, sein Gesicht bleich und angespannt. »Bitte mich nicht, dir zu sagen, warum ich nachts am Strand sitze und auf die Wellen starre. Die Verlockung ist zu groß. Ich bin kein starker Mann, es fällt mir sehr schwer, Stillschweigen zu bewahren.« Er zeigte zum Himmel hinauf. »Ein Krieger sollte wie die Sterne sein – fest, konstant, ewig gleichbleibend –, aber ich bin eher wie der Mond – unbeständig: den einen Tag voll und strahlend, den nächsten von Schatten verhüllt.«

Marrah fand alles dies sehr poetisch und recht hübsch, aber mehr oder weniger unverständlich. Wie reagierte man, wenn man einen Mann fragte, was ihn bedrückte, und er einem darauf erklärte, er sei wie der Mond? Sagte man: »Ah ja, der Mond«, und beließ es dabei, während man so tat, als verstünde man? Oder sollte man nachfragen? Wieder einmal war ihr zumute, als wären sie und Stavan zwei winzige Gestalten, die an den gegenüberliegenden

Ufern eines breiten Stroms standen und versuchten, sich über die Entfernung hinweg zu verständigen. Marrah holte tief Luft, erinnerte sich daran, daß seine Muttersprache nicht Shambah war, und versuchte herauszufinden, ob irgendein Teil dessen, was er gerade gesagt hatte, einen Sinn ergab. Schließlich fiel ihr etwas ein.

»Du sagst, du bist glücklich, weil ich dein Häuptling bin, und deine Ehre verbietet es dir, dich zu erklären. Nun, und was, wenn ich nicht dein Häuptling wäre? Dann könntest du mir sagen, was dich bedrückt?«

Stavan nickte widerstrebend. »Ja, aber dann wäre es nicht nötig, weil – « Er schloß abrupt den Mund, als hätte er schon zuviel gesagt, aber Marrah beendete den Satz für ihn.

»Weil es dann keinen Grund für dich gäbe, traurig zu sein, richtig?« Falls dies die Antwort war, so war er anscheinend nicht bereit, es ihr zu sagen. Er stand so reglos da, als wäre er zu einer Salzsäule erstarrt.

Ich glaube, jetzt verstehe ich endlich, dachte Marrah. Zastra hat sich geirrt. Er denkt überhaupt nicht an mich, sondern er grübelt über dieses lächerliche Versprechen nach, das er mir in Xori gegeben hat, und wünscht sich, er hätte mir niemals Treue geschworen. Ich hätte eigentlich darauf kommen müssen, daß es etwas mit dieser komischen Sache zu tun hat, die er »Ehre« nennt. Große Göttin, die Denkweise dieses Mannes ist wirklich sonderbar, aber nachdem ich jetzt endlich weiß, was ihm Kummer macht, kann ich zumindest versuchen, etwas dagegen zu unternehmen.

Sie gingen schweigend ein paar Schritte weiter. »Hör zu, Stavan.« Marrah entschied, daß es das beste war, so direkt wie möglich zu sein. »Ich wüßte keinen speziellen Grund, warum du weiterhin an das Versprechen gebunden sein solltest, das du mir gemacht hast. Ich weiß es natürlich zu schätzen, und ich weiß auch, wie ernst du deinen Schwur genommen hast, aber nachdem wir jetzt das Löwenland hinter uns haben, glaube ich nicht, daß Arang und ich noch weiter deinen Schutz benötigen. Was ich damit zu sagen versuche, ist, daß der gefährlichste Teil der Reise vorbei ist, deshalb gibt es für dich wirklich keinen Anlaß mehr, mich weiter als deinen Häuptling zu betrachten. Um die Wahrheit zu sagen, ich bin mir noch nicht einmal sicher, was ein Häuptling ist. Ich weiß nur, daß es dich unglücklich macht, wenn du mich als deinen Häuptling siehst. Also, warum vergessen wir das Ganze nicht einfach?«

»Willst du damit sagen, du entbindest mich von meinem Schwur?«

»Ja, von jetzt ab bist du mir und Arang nichts mehr schuldig. Ehrlich gesagt, ich möchte gerne, daß du mit uns nach Shara kommst, aber wenn du nicht willst, verstehe ich das natürlich.«

»Aber das ist unmöglich!«

Marrah seufzte. Bei Stavan war nichts jemals einfach. »Was ist unmöglich?«

Hastig und mit wachsender Erregung erklärte er ihr, daß niemand einen Krieger von seinem Treueschwur entbinden könnte, es sei denn, er wäre ein Priester von Gott Han. Sie wäre sein Häuptling, und sie würde sein Häuptling bleiben, bis er entweder sein Leben zurückgewänne, indem er ihres rettete, oder bei dem Versuch sterben würde, und es gäbe nichts, was sie dagegen tun konnten. Sie habe das Recht, über ihn zu gebieten, und er würde ihr in allem gehorchen, außer in diesem Punkt.

»Große Göttin!« rief Marrah frustriert. »Was für ein Durcheinander!« Sie setzte sich auf einen Felsen, und Stavan hockte sich neben sie, und beide starrten düster auf die Wellen. Plötzlich schoß Marrah eine Idee durch den Kopf. »Du sagst, du wirst mir in allem anderen gehorchen?« Stavan nickte. »Na schön, dann befehle ich dir hiermit als dein Häuptling – ein Titel, den ich anscheinend nicht mehr loswerde –, daß du von jetzt ab aufhörst, mich wie deinen Häuptling zu behandeln, und anfängst, mich wie ... na ja, als die zu behandeln, die ich bin. Du kannst Arang und mich weiterhin beschützen, wenn du willst, vorausgesetzt, es wird jemals wieder nötig sein, aber ansonsten möchte ich, daß du dich benimmst, als hättest du diesen Schwur niemals abgelegt.«

Stavan wurde sehr still, so still, daß sie sich schon fragte, ob sie es geschafft hatte, ihn wieder einmal zu beleidigen. »Weißt du, was du da sagst?« fragte er schließlich.

»Wahrscheinlich nicht, aber das ist es, was ich dir befehle, also mußt du es tun, richtig?« Sie hielt inne, weil sie annahm, er würde etwas darauf antworten, aber das einzige Geräusch war das Rauschen der Brandung, die an den Strand schlug. Allmählich begann ihr sein Schweigen auf die Nerven zu gehen. »Wie behandelt ein Hansi-Krieger eigentlich seinen früheren Häuptling? Ich frage nur so, aus reiner Neugier.«

»Wenn es eine Frau ist«, erwiderte Stavan langsam, »dann behandelt er sie wie eine Frau. Nämlich so.« Plötzlich, bevor sie begriff, was geschah, nahm er sie in seine Arme und küßte sie. Marrah war so verdutzt, daß sie nicht die Geistesgegenwart hatte, sich zu befreien. Von ihm geküßt zu werden war, als würde man von einer Woge wilder Emotionen mitgerissen: heiß, stürmisch, leidenschaftlich und ein klein wenig beängstigend. Er küßte wie ein Mann, der daran gewöhnt war, sich zu nehmen, was er haben wollte, und dennoch hielt er sie dabei so zärtlich in seinen Armen, als könnte sie unter seinen Händen zerbrechen.

Schließlich beendete er den Kuß. Marrah löste sich aus seiner Umarmung und starrte ihn ungläubig an. Es war nicht der Kuß selbst, der sie derart schockierte; die Unterhaltung mit Zastra hatte sie auf die Möglichkeit vorbereitet, daß Stavan sie vielleicht küssen wollte. Aber er hatte sie nicht gefragt! Man fragte immer um Erlaubnis, bevor man anfing, mit jemandem die Lust zu teilen. Angenommen, sie hätte nicht geküßt werden wollen, wie hätte er das wissen sollen? Sein Benehmen war unhöflich, es war ... einfach unvorstellbar. Sie sollte wütend auf ihn sein. Aber vielleicht hatte er nicht die Absicht gehabt, unhöflich zu sein. Vielleicht hatte Zastra doch recht. Vielleicht wußte er tatsächlich nicht, daß ein Mann eine Frau zu fragen hatte; vielleicht war dies einfach die Art, wie sich Hansi-Krieger Frauen gegenüber benahmen.

Stavan schien ihre Verwirrung nicht zu bemerken. Zärtlich zog er Marrah in seine Arme und streichelte ihr Haar. »Ich habe mich schon so lange danach gesehnt, dich zu küssen«, murmelte er. »Schon seit dem Tag, als wir zusammen auf diesem Felsen am Strand saßen, damals auf dem Rückweg von Hoza. Ich hätte es an jenem Abend fast getan, aber dann sagtest du mir, daß du mir das Leben gerettet hättest, und von da an habe ich mich zu zwingen versucht, dich nicht mehr als Frau zu betrachten. Aber ich konnte nicht dagegen an. Ich brauchte dich nur lachen zu hören oder zu sehen, wie du dich vorbeugtest, um ein Stück Feuerholz aufzuheben, und schon wurde ich krank vor Sehnsucht und Verlangen nach dir.«

Er nahm ihre Hand und begann, behutsam ihre Finger zu küssen. »Wenn ich in meinem eigenen Land wäre, würde ich dich deinem Vater abkaufen und dich in mein Zelt nehmen und niemals eine andere Ehefrau haben. Ich würde fünfzig Stück bestes Vieh für dich bezahlen und –«

Marrahs Zorn verrauchte bei dem Gedanken, für fünfzig Stück Vieh gekauft zu werden. Plötzlich prustete sie vor Lachen los und zog ihre Hand zurück.

Stavan sah tödlich beleidigt aus. »Du hältst mich also für einen Dummkopf, nicht wahr? Du denkst, ich wäre deiner nicht würdig?« Später würde er mit ihr darüber lachen; später, in den folgenden Monaten, würde sie ihren Kopf an seine Schulter lehnen, nachdem sie sich dem Liebesspiel hingegeben hatten, und ihn fragen, wieviel Stück Vieh sie seiner Ansicht nach jetzt wert wäre, und er würde sagen, Hunderte, Tausende, so viele, wie es Sterne am Himmel gab; aber jetzt, in diesem Moment, war Stavan todernst.

Er ließ sie abrupt los und sprang auf die Füße. »Ich hätte dich nicht küssen sollen. Du hast es ohne Zweifel unangenehm gefunden.«

Marrah hörte auf zu lachen. »Nein«, sagte sie freimütig. »Ich mochte deinen Kuß. Er war ein bißchen wilder, als ich es gewöhnt bin, aber es war aufregend. Trotzdem hättest du –«

Stavan ließ sie niemals sagen, was er ihrer Meinung nach hätte tun sollen. Blitzschnell war er wieder über ihr, riß sie in seine Arme und küßte sie so stürmisch, daß sie rückwärts kippte. Zum Glück saßen sie dicht am Wasser, so daß sie in weichen Sand fiel und nicht auf harte Steine. Stavan umschlang sie heftig, während er ihr Kleid heraufzog und es vor Ungeduld beinahe zerrissen hätte. Als er Marrahs Körper sah, stieß er einen Freudenschrei aus und begann, ihre Brüste zu liebkosen und mit seinen Händen über ihren flachen Bauch zu streichen.

»Warte!« stieß sie mühsam zwischen zwei Küssen hervor. Da sie noch niemals von einem Mann gehört hatte, der eine Frau zum Sex gezwungen hätte, fühlte sie keine Angst, aber sie war völlig verwirrt. »Warte einen Moment, wir müssen miteinander reden.«

Doch Stavan war blind und taub vor Leidenschaft, während er sich verlangend an sie drängte und ihren Körper mit fiebrigen Küssen bedeckte und sie dabei zugleich hinter sich ließ. In gewisser Weise war es ergreifend, so wie es ergreifend sein kann, von einem plötzlichen Unwetter überrascht zu werden, aber wenn dies die Art der Hansi war, die Lust zu teilen, dann ließ sie eine Menge zu wünschen übrig, und als Marrah sich mit Stavan im Gras herumwälzte, begann sie zu glauben, daß sie einen ernsthaften Fehler gemacht hatte. Er hatte genug Energie und Feuer für zwei Männer in sich, doch seine Vorstellung davon, einer Frau Lust zu bereiten, schien zu verlangen, daß er sich mit seinem ganzen Gewicht auf sie warf und ihr die Luft aus den Lungen preßte. Sie fühlte, wie er ihre Beine spreizte, aber statt langsam und zärtlich die Innenseiten ihrer Schenkel zu küssen, wie Bere oder jeder andere Mann des Küstenvolks es getan hätte, drückte er sie fest auf den Boden und versuchte tatsächlich, in sie einzudringen.

»Hör auf damit!« schrie sie und stieß ihn so hart von sich, daß er von ihr herunterfiel. Sie setzte sich auf, zog ihr Kleid herunter und funkelte ihn böse an. »Was glaubst du eigentlich, was du da tust?«

Stavan blickte verwirrt. »Ich habe Liebe mit dir gemacht, mein Liebling«, stotterte er.

Sie würde sich nicht von Kosenamen besänftigen lassen. »Du hast mich niemals gefragt, ob ich die Lust mit dir teilen wollte, und ich habe dir auch nie das Zeichen gegeben«, erwiderte sie wütend.

»Welches Zeichen?«

»Den Klaps.« Sie zeigte auf seinen Schenkel. »Ich habe dir niemals einen Klaps auf den Schenkel versetzt. Wie kommst du auf die Idee, ich wollte ein Kind zeugen? Und wie kannst du es wagen anzunehmen, du könntest dich einfach auf mich stürzen, ohne daß ich dich dazu auffordere? Hast du keinerlei Selbstbeherrschung? Weißt du nicht, wie man Liebe macht, ohne eine Frau beinahe zu erdrücken?«

Stavan blickte sie erstaunt an. »Es hat dir nicht gefallen?«

Sie zog die trockenen Grashalme aus ihrem Haar und starrte ihn weiterhin finster an, während sie wünschte, er würde einfach verschwinden, damit dieser ganze peinliche Vorfall beendet wäre. »Das ist noch untertrieben. Ich habe es nicht nur nicht genossen, ich hatte auch das Gefühl, daß dir kaum bewußt war, daß ich da war. Wenn das die Art ist, wie deine Leute die Lust teilen, dann begreife ich nicht, wie ihr Hansi es fertigbringt, Kinder zu zeugen. Also, wenn ich eine eurer Frauen wäre, würde ich niemals einen Mann an mich heranlassen.«

»Marrah«, sagte er sanft, »das wußte ich nicht. Ich dachte, du wolltest mich, ich dachte, ich mache dich glücklich. Ich liebe dich. Ich möchte dich berühren, so wie du berührt werden möchtest, aber ich weiß nicht, wie ich es tun soll.« Er berührte ihr Gesicht zart mit den Fingerspitzen und strich ihr das Haar aus den Augen. »Bring es mir bei, bitte. Laß mich dich lieben.«

Wenn er irgend etwas anderes gesagt, wenn er auch nur ein Wort zu seiner Verteidigung gemurmelt hätte, wäre sie aufgestanden und weggegangen, ohne ihm noch einen Blick zu gönnen, aber er war so eindeutig bestürzt darüber, sie beleidigt zu haben, daß es unmöglich war, an der Wahrheit seiner Worte zu zweifeln: Er liebte sie, aber er hatte nicht mehr Ahnung als ein sechsjähriges Kind, wie er diese Liebe zum Ausdruck bringen sollte. Nein, das stimmte nicht ganz. Selbst ein Kind hätte mehr Verstand besessen. Selbst ein Sechsjähriger hätte gewußt, daß Erwachsene niemals die Lust zu teilen versuchten, ohne den anderen zu fragen.

Marrahs Wut verschwand, gefolgt von etwas, was Mitleid nahekam. Armer Stavan. Wie mußte es gewesen sein, in einer Welt aufzuwachsen, wo all die Süße der Liebe auf einen schnellen Kampf reduziert wurde, der Männern wenig Lust bereitete und Frauen überhaupt keine? Jetzt streichelte Stavan ihr Haar, so zärtlich, als hätte er Angst, sie zu verletzen, und als er sie berührte, erkannte sie erneut, daß er tief im Inneren ein guter Mann war, anständig und treu, den die Sitten seines Heimatlandes veranlaßten, grob und unhöflich zu sein, Sitten, die er niemals hinterfragt hatte.

Sie haben ihm beigebracht, sich dumm und rücksichtslos zu benehmen, dachte Marrah, aber man könnte ihn lehren, einer Frau

Freude zu schenken, so wie es unsere Männer tun, und wenn er Freude schenkt, wird er sie vielfach wieder zurückbekommen, und dann wird er wissen, was Liebe wirklich ist. Wie traurig es wäre, wenn er durchs Leben ginge, ohne jemals zu erfahren, was Liebe ist.

Sie ergriff seine Hand und hielt sie einen Augenblick, dann begann sie, sanft auf ihn einzureden, ihm die einfachen Dinge zu erklären, die er hätte wissen müssen: daß man immer um Erlaubnis fragte, sich niemals einem anderen Menschen aufzwang, daß man seiner Lust langsam, ganz langsam folgte, bis sie stark genug war, um beide Partner in Verzückung zu stürzen. Sie hatte sich nicht bewußt dazu entschieden, seine Lehrerin zu sein; sie tat es instinktiv, sprach mit ihm, wie sie mit einem Kind gesprochen hätte, und beim Sprechen begann sie, Wärme für ihn zu fühlen. Es war schmeichelhaft mitanzusehen, wie aufmerksam er ihr zuhörte.

Stavan war ein gelehriger Schüler, der schnell lernte. Sie hatte nur die Absicht gehabt, mit ihm zu reden, aber es ist gefährlich, an einem dunklen Strand von Liebe zu reden, wenn man jung ist und die Wellen zärtlich flüstern. Bald küßte er Marrah wieder, und sie ließ es geschehen, weil er sie wie ein Mann ihres eigenen Volkes um Erlaubnis gefragt hatte und sie ja gesagt hatte, ohne vorher zu wissen, daß sie irgend etwas in der Art sagen würde. Diesmal waren seine Lippen warm und zärtlich, und er hielt sie vorsichtig in seinen Armen.

Der Kuß dauerte lange, endlos lange, so viel länger als jeder einzelne Kuß in Marrahs Erinnerung. Stavan küßte sie, bis ihr schwindelig wurde. Und dann begann er ihre Brüste zu berühren – langsam, so langsam, daß sie kaum spürte, wie sich seine Finger bewegten –, und er liebkoste ihre Knospen unter dem dünnen Leder ihres Kleides, umschloß erst die eine Brustspitze mit seinen Lippen, bis sie sich fest und samtig aufrichtete, und widmete sich dann hingebungsvoll der anderen.

Erregt streckte Marrah die Arme nach ihm aus, aber er schob ihre Hände behutsam weg. »Nein, bitte«, flüsterte er. »Laß mich dir Lust bereiten.«

Seufzend schloß sie die Augen, ließ die Hände sinken und gab sich seinem Liebesspiel hin. Überall, wo er sie berührte, verweilte er so lange, bis ihr Fleisch unter seinen Fingern zu brennen begann. Sie stöhnte lustvoll auf, bäumte sich ihm entgegen und preßte sich an ihn, aber er fuhr fort, sie zu streicheln und zu küssen und zu reizen, als wäre die Welt um sie herum versunken und als existierten nur noch seine Hände und ihre Brüste. Marrahs Erregung steigerte sich, süß und unerträglich, und immer noch strichen seine Fingerspitzen über ihre Knospen, und sie fühlte seine heißen Lippen verlangend über ihre Brüste streifen. Und dann, ganz plötzlich, rollte eine Woge wilder Lust über sie hinweg, und gleich darauf stürzte sie in brennende, atemlose Verzückung, und sie schlang mit einem lauten Schrei die Arme um seinen Hals.

Stavan hielt sie umschlungen, bis der Taumel der Ekstase verebbt war, während er seine Lippen auf ihre Stirn preßte. Sie blieb einen Moment reglos in seinen Armen liegen, dann schlug sie die Augen auf, um zu sehen, wie er sie mit einem besorgten Ausdruck anblickte.

»Habe ich dir weh getan?« flüsterte er ängstlich.

Sie war zu befriedigt, um über eine so sonderbare Frage überrascht zu sein. »Mir weh getan?« Sie gähnte und streckte sich, vollkommen entspannt und von wohliger Erfüllung durchströmt. »Natürlich nicht.«

»Aber du hast geschrien.«

Und dann begriff Marrah plötzlich. Lachend zog sie Stavan in ihre Arme und küßte ihn zärtlich. »Ach, Stavan, du lieber, dummer Kerl«, rief sie. »Weißt du denn nicht, was passiert ist? Hast du noch niemals gesehen, wie eine Frau den Höhepunkt erlebt?«

Lezentka war nicht länger der langweilige kleine Ort, wo man am Strand saß und auf ein Boot wartete, das niemals kam. In den folgenden Wochen hatte Stavan mehr und mehr das Gefühl dazuzugehören, und zum ersten Mal in seinem Leben verstand er, was die Angehörigen von Marrahs Volk meinten, wenn sie sagten, sie liebten das Land. Er hatte niemals einen speziellen Fleck auf Erden geliebt. Sein Zuhause war immer ein Zelt gewesen, an ständig wechselnden Orten errichtet, und es war keine Zeit geblieben, um irgend etwas anderes zu lieben außer dem Himmel und dem Grasmeer, das immer gleich aussah, egal, wie weit man wanderte.

Aber jetzt, wenn er den Strand entlangschlenderte, sah er die Stelle, wo er und Marrah einander zum ersten Mal geliebt hatten, und wenn er in die Hügel stieg und auf das Dorf hinunterblickte, sah er das kleine Haus, wo sie zusammen schliefen, unter einer einzigen Decke dicht aneinandergeschmiegt, und bisweilen, wenn er seinen Blick über die Felder schweifen ließ, konnte er Marrah unter den anderen ausmachen, wie sie die Ziegen zum Melken ins Dorf führte oder am Rand der Wellen nach Muscheln suchte.

Manchmal, nachdem sie einander Lust bereitet hatten, lachte Stavan glücklich und versuchte Marrah zu erklären, wie sie ihm endlich ein Zuhause gegeben hatte. »Früher war ich Nomade«, sagte er dann und kitzelte ihre Augenlider mit seiner Zunge, bis sie ihn lachend wegschob, »aber du hast einen Wilden aus mir gemacht. Du hast mich mit deinem Körper bekehrt, Marrah aus Xori.«

Es war nur ein Scherz, aber es steckte eine Menge Wahrheit darin: Er war tatsächlich von ihr bekehrt worden, nicht nur durch ihren Körper – obwohl es ein wundervoller Körper war, so glatt und fest wie eine Taubenbrust, so rund und süß, daß ein Mann beim bloßen Anblick schon vor Wonne vergehen konnte –, sondern auch durch die Dinge, die er von ihr lernte, nachdem sie jetzt Liebende waren. Bisweilen waren es lediglich ein paar Worte der Alten Sprache, die zu lernen Marrah von ihm verlangte, damit er sich mit Rhom, Zastra und Shema verständigen konnte, doch wenn sie von ihren Lippen kamen, hatten die Worte eine Süße, die Stavan schneller lernen ließ, als er je zuvor gelernt hatte.

Oft waren es jedoch kompliziertere Dinge. Nach dem Liebesspiel fühlten sie sich häufig noch zu wach, um schlafen zu können, und dann lagen sie Seite an Seite und unterhielten sich, bis sich der Himmel grau zu verfärben begann. Marrah erklärte ihm, wie ihr Volk die Welt sah, wie sie immer das Gefühl hatten, den Körper einer Mutter zu berühren, die sie liebte, wenn sie auf dem Erdboden gingen oder saßen oder standen. Oder sie erzählte ihm die alte Sage vom Großen Frühling, als die Göttin Erde Mitleid mit ihren Kindern empfand und die Göttlichen Schwestern ausschickte, um die Menschen zu lehren, wie man webte und töpferte, Tiere zähmte und Getreide anpflanzte.

Manchmal erzählte Stavan auch von seinen eigenen Erlebnissen – wie er und Achan auf ihrer Reise nach Westen von den kleinen Wilden des nördlichen Landes vertrieben worden waren, nachdem Achan und zwei der anderen Männer versucht hatten, einige ihrer Frauen zu entführen, und wie die Wilden, die ihn und seine Gefährten mühelos hätten töten können, statt dessen ihre Pferde getötet und ihr Leben aus unerklärlichen Gründen verschont hatten.

Oder er griff in seinen Lederbeutel und zog den seltsam geformten weißen Kieselstein hervor, den er am Strand des ersten und kältesten Meeres gefunden hatte, das er jemals gesehen hatte; und während Marrah den Stein neugierig betrachtete, schilderte er ihr die farbigen Lichterscheinungen, die am nördlichen Himmel tanzten. Im Austausch für die Lektionen in Alter Sprache brachte er ihr ein paar Worte Hansi bei und erzählte ihr die Legenden seines Volkes: von Choatk, der tief unter der Erde lebte, wo die Seelen der Feiglinge schmachteten, und von Han, der die tapfersten Krieger ins Paradies führte und ihnen Sterne als Pferde gab; und eines Abends, als Marrah ihm entsetzt zuhörte und ihn mit weitaufgerissenen, ungläubigen Augen anstarrte, erzählte er ihr sogar von dem Brauch der Hansi, die Ehefrauen und Sklavinnen eines Kriegers bei dessen Tod mit zu begraben, damit sie dem Toten Gesellschaft leisteten, und wie Pferde auf seinem Grab geschlachtet wurden und der Tote in seinem vollen Schmuck und mit seinem Speer in der Hand beerdigt wurde.

Stavan wußte, daß er mit diesen Geschichten Marrahs Liebe riskierte, aber er erzählte sie ihr dennoch, weil er mit nichts zurückhalten wollte, und als er fertig war, nahm er sie sanft in seine Arme und bat sie, ihm zu verzeihen, daß er unter einem solchen Volk geboren und aufgewachsen war, denn er begriff jetzt, daß die Lebensweise der Hansi brutal war und daß es für einen Mann eine bessere Art gab, sein Leben zu leben, als es an Krieg und Viehdiebstahl zu verschwenden. Stavan hatte Angst, Marrah würde ihn verdammen und sich von ihm abwenden, doch sie schlang die Arme um seinen Hals und versicherte ihm, daß es nichts zu verzeihen gäbe; daß es nicht seine Schuld sei, daß sich niemand den Ort seiner Geburt aussuchen könne und daß sie ihn von ganzem Herzen liebe, nicht nur deshalb, weil seine Küsse die besten Küsse seien, die ein Mann jemals einer Frau geschenkt hatte, sondern weil er den Verstand hatte, einzusehen, daß als Krieger geboren zu werden nicht bedeutete, daß man bis in alle Ewigkeit einer bleiben mußte.

Aber Stavan riskierte diese Art von Enthüllungen nicht allzu häufig. Meistens erzählte er Marrah von den Dingen, die ihr ein Lächeln entlockten: Wie tolpatschig ein neugeborenes Fohlen aussah, wenn es zum ersten Mal auf seinen langen, staksigen Beinen zu stehen versuchte, oder daß im Land der Hansi ein Mädchen nicht eher als Frau galt, bis ein Mann mit seinem Penis in sie eingedrungen war. Einmal hatte er Marrah sogar zu erklären versucht, daß sie nach den Maßstäben seines Volkes noch immer Jungfrau war, aber die Vorstellung, daß sie beide so wild und leidenschaftlich Liebe machen konnten, ohne daß dies zählte, löste eine solche Heiterkeit bei ihr aus, daß sie sich vor Lachen kaum noch halten konnte und sich aufsetzen mußte, um wieder zu Atem zu kommen.

Sie sorgte immer dafür, daß Stavan dies nicht vergaß, und manchmal, wenn sie mit Lippen und Händen die köstlichsten Dinge mit ihm tat, flüsterte sie: »Ich bin also immer noch Jungfrau, wie?«, und fuhr fort, eine Geschicklichkeit zu beweisen, die hilflose, rauhe Schreie der Wollust aus seiner Kehle aufsteigen ließ, Schreie, die sicherlich bis in die Nachbarhäuser zu hören waren, wie er befürchtete.

Glücklicherweise waren die Dorfbewohner zu höflich, um die Seufzer und Stöhnlaute zu erwähnen, die aus dem kleinen Haus am Ende des Dorfes drangen, aber am nächsten Morgen lächelten die Frauen Stavan vielsagend an, wenn er die Straße entlangging, und die Männer versicherten ihm, wie erfreut sie seien, daß er seinen Aufenthalt in Lezentka genoß, und manchnmal, wenn Rhom besonders guter Laune war, holte er seine Flöte heraus und spielte ein oder zwei Liebeslieder, oder er erschien mit einer Schüssel dampfender Venusmuscheln und behauptete, Stavan sähe erschöpft aus, und schließlich wüßte jeder, daß Venusmuscheln einem Mann neue Energie verliehen.

Selbst Arang schien die Tatsache gutzuheißen, daß Stavan der Liebhaber seiner Schwester geworden war. Als offensichtlich wurde, was vorging, hatte Arang darauf bestanden, aus dem Haus auszuziehen, damit die beiden ungestörter sein konnten.

»Es wird allmählich zu kalt für euch, um die Nächte am Strand zu verbringen«, hatte er eines Morgens verkündet und kurzerhand seine Sachen zusammengepackt. Dann küßte er Marrah, umarmte Stavan und marschierte über den Dorfplatz zu Shemas Haus. Falls er eifersüchtig auf die Aufmerksamkeit war, die Marrah Stavan schenkte, so ließ er es sich niemals anmerken. Im Gegenteil, er schien eher erleichtert.

»Ich hatte immer Angst, du würdest beschließen, wieder zu deinem eigenen Volk zurückzukehren«, sagte er eines Nachmittags zu Stavan, als sie am Flußufer saßen und angelten. »Aber jetzt, wo du mein *aita* bist und mit Marrah die Lust teilst, glaube ich, du wirst bleiben.«

Stavan versicherte ihm, daß er nicht die Absicht habe fortzugehen.

»Gut.« Arang nickte zufrieden. Er zog seine Angelschnur aus dem Wasser und stellte enttäuscht fest, daß kein Fisch angebissen hatte. »Gibst du mir mal den Köder?«

Stavan reichte ihm den Köder und brachte es irgendwie fertig, nicht zu lachen. Die Tatsache, daß ein Junge zwanglos darüber plaudern konnte, mit wem seine Schwester das Bett teilte, war ein weiteres Beispiel dafür, wie anders dieses Göttinnenvolk mit allem umging, was mit Liebe zu tun hatte. Wäre Arang im Grasmeer aufgewachsen, dann hätte er jetzt seinen Dolch geschärft und sehnsüchtig auf den Tag gewartet, an dem er alt genug war, um ihn in das Herz des Bastards zu stoßen, der mit seiner Schwester geschlafen hatte, ohne einen angemessenen Brautpreis für sie zu bezahlen, aber alles, was dieser Junge mit seinem Messer tun wollte, war, Angelhaken anzuspitzen und Fische auszunehmen.

Eine Weile saßen sie in freundschaftlichem Schweigen nebeneinander und warteten darauf, daß Fische anbissen, aber die Fische des Orugali mußten an diesem Nachmittag besonders reichlich Nahrung gefunden haben, denn obwohl Stavan und Arang mehrere große Schatten träge durch das klare Wasser gleiten sahen, ging keine der kleinen Blasen, die sie als Schwimmer benutzten, unter.

Nach einer Pause sprach Arang erneut. »Weißt du, ich habe niemals verstanden, warum du nicht nach Hause zurückgekehrt bist, bevor du dich in Marrah verliebt hast. Niemand hat dich zurückgehalten. Selbst die kleinen Kinder in Xori flüsterten oft, daß du aussähst, als würdest du deine Mama ziemlich schmerzlich vermissen. Du bist ein besserer Jäger als jeder andere, und niemand weiß mehr über den Wald als du. Weshalb bist du dann nicht einfach zu deinem eigenen Volk zurückgegangen, sobald du wieder bei Kräften warst?«

Stavan erzählte ihm von dem Versprechen, das er gegeben hatte. »Da deine Schwester mir das Leben gerettet hat«, erklärte er, »bin ich ihr meines schuldig. Dadurch wurde sie sozusagen mein Häuptling, deshalb mußte ich bei ihr bleiben, selbst als ich es nicht wollte.«

Arang blickte ihn verständnislos an. Offensichtlich begriff er nicht, obwohl die Sache ziemlich einleuchtend war, soweit Stavan sehen konnte.

»Es ist eine Sache der Ehre«, fügte er hinzu.

»Was ist Ehre?« wollte Arang wissen.

Stavan seufzte und fing ganz von vorne an. »Ehre ist, was dem Leben eines Mannes Sinn und Bedeutung verleiht. Es ist mehr als Loyalität, sogar mehr als Treue, es ist ...« Er brach hilflos ab. Es war unmöglich, den Hansi-Begriff der Ehre in Worte zu fassen. Ehre war nicht etwas, was man erklären mußte; wenn man in den Stamm hineingeboren war, dann atmete man sie wie Luft ein. Aber Arang war nicht unter den Hansi aufgewachsen. Stavan entschied, es so einfach wie möglich zu sagen. »Es ist folgendermaßen: Bevor ich wußte, daß Marrah meine Lebensretterin war, hatte ich vor, so bald wie möglich aufzubrechen. In jenen Tagen war es für mich ein Gebot der Ehre, zu meinem Vater zurückzukehren und ihn wissen zu lassen, wie Achan gestorben war. Mein Vater war mein Häuptling.« Jetzt würde er zuerst die Wörter »Vater« und »Häuptling« erklären müssen.

Er holte tief Luft und fuhr fort: »Er war sozusagen der Große Aita von allen Aitas, und ich schuldete ihm alles: Gehorsam, Loyalität, sogar mein Leben, wenn er es so wollte.«

»Warum?«

Die Frage überraschte Stavan. »Warum? Weil er mein Vater ist, deshalb. Und nicht nur das, er ist auch der Große Häuptling aller Hansi. Deshalb muß ich ihn respektieren und tun, was er befiehlt.«

»Aber würdest du nicht tun, was dein Aita von dir verlangt, einfach weil du ihn liebst? So empfinde ich für dich und Mama; und auch für Marrah – meistens jedenfalls. Ich liebe euch alle, und ich weiß, ihr versucht, das zu tun, was das beste für mich ist. Und wenn ihr mir zum Beispiel sagt, ich soll keine unreifen Äpfel essen, oder nicht –«

»Wir kommen vom Thema ab«, unterbrach Stavan ihn. »Liebe hat nichts damit zu tun. Du kannst aus Gründen der Ehre dazu verpflichtet sein, jemandem zu gehorchen, den du haßt; es macht keinen Unterschied. Und was deine Mama und Marrah betrifft ... zwischen Frauenehre und Männerehre ist ein großer Unterschied. Die Ehre einer Frau ist ihre Unberührtheit.«

Er sah, wie Arang ihn wieder verständnislos anblickte. »Aber mach dir darüber keine Gedanken«, fügte er hastig hinzu, als ihm klar wurde, daß er schließlich auch noch erklären müßte, was eine Jungfrau war. »Laß uns nicht abschweifen.« Er hielt einen Finger hoch. »Also, wie ich schon sagte, bevor ich wußte, daß Marrah mir das Leben gerettet hat, stand meine Pflicht gegenüber meinem Vater an erster Stelle. Aber als ich erfuhr, daß sie mich aus dem Wasser gezogen und mir Leben eingehaucht hatte«, er hob einen zweiten Finger, »galt meine Loyalität ihr. Aber das bedeutet nicht, daß ich aus der Pflicht gegenüber meinem Vater entlassen bin. Wenn ich Marrah jemals das Leben rette«, er senkte den zweiten Finger, »bin ich ihr gegenüber nicht mehr verpflichtet, und dann werde ich zum Grasmeer zurückkehren und meinem Vater sagen müssen, wie Achan starb.«

Arangs Gesicht wurde lang. »Ich verstehe nicht.« Seine Stimme war kaum mehr als ein Flüstern, und seine Mundwinkel zitterten verdächtig. »Ich dachte, du hättest gerade gesagt, du würdest uns nicht verlassen. Ich dachte, du liebtest uns. Ich dachte –«

»Arang«, erwiderte Stavan ungeduldig, »hast du denn kein Wort von dem verstanden, was ich dir erzählt habe? Ich will dich und deine Schwester nicht verlassen, aber wenn ...« Zwei dicke Tränen quollen aus Arangs Augen und kullerten seine Wangen hinunter. »Ach, vergiß es«, rief Stavan. »Ich gehe nirgendwohin. Ist das verständlich genug für dich?«

Arangs Miene hellte sich auf. »Dann wirst du den ganzen Weg nach Shara mit uns kommen?«

»Nach Gira, nach Shara, sogar in die Hölle selbst, wenn es sein muß. Und jetzt hör auf zu weinen und konzentriere dich auf die Fische, sonst werden wir mit leeren Händen ins Dorf zurückgehen müssen.« Er hielt inne. »Und untersteh dich, deiner Schwester zu erzählen, was ich über den Unterschied zwischen Frauenehre und Männerehre gesagt habe. Es würde ihr wahrscheinlich nicht gefallen.«

Arang wischte sich die Tränen aus den Augen. »Warum nicht? Hast du Angst, sie könnte dich aus ihrem Bett werfen, wenn ich es ihr erzähle?«

Stavan war schockiert. »Natürlich nicht. Wovon redest du eigentlich? Marrah ist die sanftmütigste Frau auf dem Erdboden, und ob ich in ihrem Bett liege oder nicht, geht dich nichts an.«

Wieder herrschte eine Zeitlang Schweigen, während sich Arang verschiedenes durch den Kopf gehen ließ. Schließlich blickte er auf, mit einem so unschuldigen Ausdruck im Gesicht, daß Stavan sich wunderte, daß die Vögel nicht aus den Bäumen geflogen kamen und sich auf seinen Kopf setzten. »Ich habe mich nur gefragt ...«, begann er in harmlosem Ton.

»Was gefragt?«

»Was ›Unberührtheit‹ ist.«

Stavan war klug genug, um zu wissen, wann er erpreßt wurde. Einen Moment lang war er verärgert, dann wurde sein Ärger von Belustigung verdrängt. Arangs Schweigen würde also seinen Preis haben. Nun, welcher Junge in seinem Alter würde nicht soviel über die Lust wissen wollen, wie er einen Erwachsenen überreden konnte, ihm zu erzählen?

Stavan band die Angelschnur um einen Stein, dann lehnte er sich zurück, verschränkte die Arme vor der Brust und begann zu erklären, von Vater zu Sohn – oder eher, von Aita zu Neffe –, was genau

Männer und Frauen im Bett miteinander taten. Er war ein bißchen verlegen, weil er es nicht gewöhnt war, dieses Thema mit Kindern zu erörtern, und einige der Bezeichnungen erschienen ihm ziemlich derb, aber er wußte keine anderen, und so tastete er sich vorwärts, so gut er konnte, und als er schließlich fertig war, stellte er zufrieden fest, daß Arang verstanden hatte. »So«, schloß er. »Noch irgendwelche Fragen?«

Arang machte ein nachdenkliches Gesicht. »Es klingt nicht so, als ob es besonders Spaß machen würde.« Stavan holte zu einer ernsten Erklärung aus, daß sich die Vorstellungen eines Jungen von Spaß änderten, wenn er zum Mann heranwuchs, doch Arang unterbrach ihn. »Ich meine damit nicht, daß es keinen Spaß macht, Lust zu teilen, Stavan. Jeder weiß, daß es eines der besten Dinge ist, die es gibt. Was ich meine, ist, daß eure Hansi-Art, es zu tun, nicht besonders vergnüglich klingt. Seid ihr alle wirklich so schlecht im Bett?«

Stavan lachte so heftig, daß er sich beinahe verschluckt hätte. »Ja«, sagte er japsend, »ja. Wir Hansi haben offensichtlich den Ruf, die schlechtesten Liebhaber auf dieser Erde zu sein, wie ein Mann mit deiner großen Erfahrung auf den ersten Blick erkennen kann. Verrate mir eines: Hast du in deinem ganzen langen – wie viele Jahre sind es jetzt? – neunjährigen Leben schon jemals von einem Volk gehört, das dringender Unterricht in Sachen Liebe gebraucht hätte?«

Arang begriff den Scherz nicht. »Nein«, erwiderte er. »Aber keine Sorge. Ich bin sicher, Marrah kann dir beibringen, wie man es tut, damit es Spaß macht.«

Stavan hätte ihm erzählen können, daß Marrah ihn bereits genug gelehrt hatte, um einen Mann für den Rest seines Lebens glücklich zu machen, aber auch das ging Arang nichts an. Lächelnd griff er nach der Angelschnur und warf sie ins Wasser, so daß sie in einem weichen Bogen fiel und mit der Strömung schwamm. »Sei endlich still, du vorlautes Balg«, knurrte er, »du vertreibst die Fische.« Es hätte vielleicht schroff geklungen, nur daß Stavan dabei übers ganze Gesicht grinste.

Die Zeit verging, und auf den Winter folgte der Frühling. Das Schiff, auf das sie gewartet hatten, traf endlich ein, nachdem die schweren Regenfälle seit mehreren Wochen vorbei waren. Es war eine grüne, frische Jahreszeit: Lämmer und neugeborene Zicklein tollten auf saftigen Wiesen, die unter der Sommersonne schnell vertrocknen würden, und die Häuser von Lezentka waren mit blühenden Rosen und Geißblatt bedeckt, deren berauschend süßer Duft das gesamte Dorf erfüllte.

Marrah saß gerade in der Töpferwerkstatt des Tempels und versuchte, einen Klumpen roten Ton zu einem Kochtopf zu formen, als sie die Kinder draußen rufen hörte: »Ein Segel! Ein Segel!« Das Töpfern war schon ein wenig besser als bisher gegangen, aber sie stellte sich immer noch ungeschickt an, neigte ebenso leicht dazu, einen Topf zu zertrümmern, wie einen ganzen zustande zu bringen, und bei dem Klang der aufgeregten Stimmen draußen zitterten ihre Finger plötzlich und verdarben den Rand, den sie so geduldig modelliert hatte.

Mit einem ungeduldigen Ausruf packte sie den schiefen Topf, knetete ihn zu einer Kugel und warf sie in die Ecke zu dem Rest ihrer mißlungenen Versuche. Dann lief sie aus dem Tempel, die Arme bis zu den Ellenbogen mit feuchtem Ton beschmiert, beschattete ihre Augen mit der Hand und starrte angestrengt aufs Meer hinaus. Am Horizont war undeutlich ein Fetzen von Weiß zu erkennen, wie die Flügelspitze einer tauchenden Seeschwalbe.

Das weiße Viereck wurde von Minute zu Minute größer. Jetzt waren sämtliche Dorfbewohner auf den Beinen und eilten zum Strand hinunter, und Marrah mit ihnen. Stavan, der gerade vom Feld gekommen war, wo er Rhom dabei geholfen hatte, ein krankes Kalb zu pflegen, war ebenfalls dort, und wenig später kam Arang mit einem halben Dutzend Kinder angerannt, alle so aufgeregt, daß die Erwachsenen alle Hände voll zu tun hatten, um sie davon abzuhalten, ins Wasser zu springen.

»Ich sehe die Flagge!« rief einer der kleinen Jungen.

»Ich kann die geschnitzte Galionsfigur am Bug sehen!«

»Es ist die *Baßtölpel*!«

»Nein, ist es nicht. Es ist die *Graugans*!«

Aber es war die *Baßtölpel*, mit Rhoms unzuverlässigen Verwandten an Bord, die durch die ruhigen Gewässer auf Lezentka zusteuerte, während ihre blau-weiße Flagge in der Frühlingsbrise flatterte. Der Wind, der die Segel füllte, hatte das Schiff in Rekordzeit von Gira hergebracht, und als die fünf Männer und Frauen, die die Besatzung bildeten, in die Brandung sprangen und den Dorfbewohnern halfen, das Boot auf Rundhölzer zu ziehen und außer Reichweite der Wellen zu rollen, riefen sie ihren Angehörigen bruchstückweise Neuigkeiten zu. »Alle wohlauf. Haben keine Fracht verloren. Die Göttin hat uns eine ruhige Überfahrt beschert.«

»Wir haben eine Ladung honigfarbenen Feuerstein mitgebracht...«

»Und Früchte, die Granatäpfel genannt werden.«

»Obsidian und Oliven.«

»Schöne Gürtel und einen neuen Weihrauchbrenner für den Tempel.«

»Die alte Yasha ist diesen Winter gestorben, und sie werden die neuen Zwillingsbabypriesterinnen beim Schlangenfest auswählen.«

»Es wird das größte Schlangenfest seit Menschengedenken sein. Es geht das Gerücht um, daß die Königin des Westens und ihre Frauen diesmal tatsächlich mit den Delphinen die Lust teilen werden, damit ein Zwillingspaar Delphinbabies geboren werden kann, um sie durch die harten Zeiten zu führen, die die alte Yasha vor ihrem Tod vorausgesagt hat. Also, das ist ein Anblick, den ich zu gerne sehen würde!«

Der Händler, der die Neuigkeit über die Delphine verkündete, war ein dunkelhaariger, drahtiger Mann, der das Kommando zu haben schien. Offensichtlich war dies der Fall, denn Marrah sah, wie Rhom auf ihn zuging und auf ihn einzuschimpfen begann, weil er im letzten Sommer von Lezentka ausgelaufen war, ohne zu warten, bis die Jaditäxte und Federcapes eingetroffen waren.

»Aber mein lieber Vetter«, protestierte der Händler, »wenn wir noch länger darauf gewartet hätten, daß ihr drei Landschnecken endlich aus dem Wald herauskriecht, wären wir mitten in die Winterstürme geraten, genau wie es die Wünschel-Muscheln vorausgesagt hatten, und wo wären wir fünf dann jetzt wohl? Zur Erdenmutter heimgekehrt, mit dem Mund voller Seewasser! Und die *Baßtölpel* würde irgendwo auf dem Meeresgrund vermodern.«

Rhoms andere vier Verwandten – zwei Männer und zwei Frauen – mischten sich in den Streit ein, und obwohl er wie üblich sehr laut ausgetragen wurde, schien ihn niemand sonderlich ernst zu nehmen. Es wurden ein paar Entschuldigungen vorgebracht, gefolgt von herzlichen Umarmungen mit gegenseitigem Schulterklopfen und großzügigen Versprechungen, die eindeutig niemand zu halten beabsichtigte. Mehrere Tonkrüge mit giranischem Wein wurden aus dem Laderaum geholt, geöffnet und herumgereicht, und als Rhom ein paar kräftige Schlucke davon gekostet hatte, war er wieder in versöhnlicher Stimmung.

An jenem Abend wurde ein Willkommensfest für die heimkehrende Besatzung der *Baßtölpel* veranstaltet. Zwei Wochen später, nachdem ihr Rumpf von Seetang und Muschelbesatz gesäubert worden war und ihre Segel geflickt waren, gab der Dorfrat seinen Segen, und das Boot lief erneut in Richtung Gira aus, mit Marrah, Arang und Stavan an Bord.

Obwohl sie damit gerechnet hatte, daß ihr der Abschied von Shema, Zastra und Rhom schwerfallen würde, stellte Marrah überrascht fest, daß ihr auch Lezentka selbst fehlte. Während der vergangenen Monate war das Dorf eine Art Zuhause für sie geworden, und es war zuerst ein komisches Gefühl – und sogar ein bißchen furchteinflößend –, weit draußen auf dem Meer zu sein, wo kein Land mehr in Sicht war, aber das Wetter war schön, der Wind blies kräftig und gleichmäßig, und keiner wurde seekrank.

Sogar Stavan entspannte sich spürbar. Am dritten Tag der Reise spielte er bereits Glücksspiele mit Rhoms Vettern, wobei er imaginäre Vermögen an seltenen Muscheln und Obsidian verlor – denn weder Gewinner noch Verlierer leisteten echte Spieleinsätze –, und als er einen seiner Ohrringe geben wollte, um seine Spielschulden zu bezahlen, lachten die Lezentkaner nur und schoben seine Hand weg.

»In meinem Land«, erklärte er Marrah, »nehmen wir unsere Schulden ernst«, aber er schien durchaus damit zufrieden, daß er seinen Ohrring behalten konnte. Bald hatte er den Trick heraus, wie man die Muschelspielmarken genau in die richtigen Löcher auf dem hölzernen Spielbrett warf, und gegen Ende der Überfahrt hatte er so oft und so überragend gewonnen, daß ihm die Händler versicherten, er könne die besten Spieler in Eringah schlagen, falls er jemals so weit nach Osten kommen sollte. Sie nahmen an, er würde beeindruckt sein, wenn sie ein so fernes Land erwähnten – eines, das viele Wochenreisen jenseits von Gira lag –, aber Stavan überraschte sie, da er alles über Eringah wußte.

Marrah fand all dies höchst unterhaltsam. Eringha kam in Sabalahs Lied vor, und nachts, wenn sie und Arang im Bug der *Baßtölpel* saßen und einander leise das Lied vorsangen, war ihr zumute, als flögen sie in Richtung Osten, geführt und beschützt von Sabalah. Manchmal bildete sie sich sogar ein, sie könnte hören, wie eine dritte Stimme in die Melodie einstimmte, und wenn sie die Augen schloß, konnte sie ihre Mutter neben sich sitzen fühlen, unsichtbar in der kühlen, windigen Dunkelheit.

9. Kapitel

»Wenn die Königin des Westens
ihre Delphine ruft,
erzittert das Meer,
und weiße Gischt bedeckt ihre Schenkel.

Gira, Insel der lauen Nächte.
Gira, Insel der Liebe.
Gira, wo die Mädchen tanzen
und ihr langes schwarzes Haar schwingen.«

Sabalahs Lied, Strophe 19–20

Itesh war die größte Stadt auf Gira und sicherlich die größte, die Marrah je gesehen hatte. Vom Meer aus hatte sie wie eine Handvoll weißer Steine gewirkt, die jemand nachlässig entlang der Ufer des Flusses Usha verstreut hatte. Ihre hundert oder mehr Häuser waren aus dem gleichen grauweißen Granit erbaut, der in den Hügeln zutage trat und der die trockenen Hochlandwälder nur zur Jagd und zum Obsidianbergbau geeignet machte, aber hier unten war die eintönige Kargheit des Steins in ein heiteres großstädtisches Chaos verwandelt worden. Es gab keine eigentlichen Straßen – die einstöckigen Häuser berührten einander, kehrten einander den Rücken zu oder blickten sich gegenseitig an, je nach Lust und Laune der Mutterfamilien, die sie erbaut hatten, wobei einige die Aussicht aufs Meer bevorzugten und andere auf den Fluß und die fruchtbare Ebene hinausblickten, wo die Olivenbäume gerade neue Blätter bekamen und grüne Schößlinge in den Weinbergen sprossen.

Im Golf von Hessa an der nordwestlichen Spitze der Insel gelegen, war Itesh in keiner Weise geschützt: ohne Befestigungswälle und sowohl vom Land wie auch vom Meer aus verletzbar, bot es seine berühmten Tempel und heiligen Höhlen jedem Reisenden an, der eine Zuflucht brauchte, sich nach heilendem, religiösem Trost sehnte oder – wie im Fall des Schlangenfests – das Bedürfnis hatte, fünf Tage lang wild und ausgelassen zu feiern. Man konnte sich immer eines herzlichen Empfangs in Itesh sicher sein, besonders wenn man zu der Zeit kam, wenn der Frühlingsmond am Himmel stand und Hessa, die kleine, stahlblaue Grasschlange, die nur auf der Insel heimisch war, ihre alte Haut abstreifte.

Am ersten Tag des Fests in dem Jahr, das wir als Jahr 4371 v. Chr. bezeichnen würden, war die Stadt so überfüllt mit Pilgern, auswärtigen Besuchern und Mutterclans aus den umliegenden Dörfern, das sie auseinanderzuplatzen drohte wie ein Topf voller getrockneter Kichererbsen. Es gab nur ein Fleckchen, wo Ordnung herrschte – eine stabile, rechteckige hölzerne Plattform, die wie ein gigantischer Tisch über der Menge aufragte. An einer Seite führte eine sanft ansteigende Rampe hinauf, die es leicht machte, auf die Plattform zu klettern, und einundfünfzig Wochen im Jahr war sie das geschäftliche und gesellschaftliche Zentrum der Stadt. Je nach Gelegenheit und Zweck wurde sie als Bühne oder Freilufttempel, als öffentliches Forum, Gerichtssaal, Dreschboden, als ein Markt für Waren, die im Hafen angelandet wurden, oder einfach nur als Platz genutzt, um herumzustehen und den neuesten Klatsch auszutauschen; aber während der Woche des Schlangenfests wurden hölzerne Stangen in speziell dafür vorgesehene Löcher entlang dem Rand geschoben, ein großes blau-weißes Sonnensegel wurde an geflochtenen Seilen aufgezogen, und die Plattform verwandelte sich in eine Zuschauertribüne.

An diesem warmen Frühlingsnachmittag, knapp zwei Tage nach ihrer Ankunft in Itesh, standen Marrah, Arang und Stavan auf der Plattform hoch über der Menschenmenge und schauten zu, wie eine endlose Prozession von Göttinnenanbetern vorbeitanzte, wobei sie mit den Füßen zu dem ohrenbetäubenden Rhythmus von Hunderten von Trommeln auf den staubigen Boden stampften. Während Marrah zuschaute, klopften ihre Füße den Takt mit, ihre Hüften bewegten sich, und ihre Arme schwangen vor und zurück, aber alles sehr diskret. Trommeln hatten ihr Blut schon immer in Wallung gebracht und in ihr den Wunsch geweckt, zu stampfen und zu singen, aber die Regeln des Anstands und diese lästige Sache, die sich Höflichkeit nannte, verlangten, daß sie hier oben auf der Plattform ausharrte wie eine alte Frau, für die die Zeit des Tanzens vorbei war. Ach, könnte ich doch da unten in der Menge mittanzen! dachte Marrah sehnsüchtig.

Arang und Stavan mußten ähnlich denken, denn auch sie tanzten dezent auf der Stelle, was verständlich war, denn wem fuhr nicht der Rhythmus in die Glieder, wenn er jene Trommeln hörte? Sie hämmerten und dröhnten und übertönten einfach alles, verführten dich, bis dein Herz im Gleichklang mit jedem Schlag der Trommelstöcke klopfte. Marrah hatte noch niemals ein solch mitreißendes Trommelkonzert gehört. Die Trommler von Itesh waren sogar noch besser, als Rhoms Vettern versprochen hatten.

Sehnsüchtig blickte sie auf die Tänzer, die schon halb in einem Zustand der Ekstase versunken waren, der den größten Teil der

Woche andauern würde. Bunt verstreut zwischen ihnen bewegten sich die verschiedenen Arbeits- und Freizeitgemeinschaften, allesamt in passende Kostüme gekleidet. Die meisten stellten Tiere dar: Die Gemeinschaft der Käsehersteller stolzierte in Umhängen aus Ziegenfell vorbei. Die Mitglieder der »Gemeinschaft der Männer und Frauen, die jagen«, trugen Fuchs- und Mardermasken, und die Gemeinschaft, die Festlichkeiten organisierte, hatte dieses Jahr entschieden, ihre Mitglieder als plumpe Rebhühner zu kostümieren.

Die Göttinnenstatuen waren riesig, meist aus Holz oder manchmal aus Ton gefertigt, einige so schwer, daß mehr als zwanzig Männer und Frauen nötig waren, um sie zu tragen, aber von Marrahs Aussichtspunkt aus machten die Trägerinnen und Träger den Eindruck, als trügen sie bloße Luft auf ihren Rücken. Auch sie tanzten und sangen und bewegten sich in einem vielfach gewundenen, sich schlängelnden Muster vor und zurück, und während sie tanzten, tanzten die Göttinnenstandbilder auf ihren Rücken mit ihnen, so daß Tänzer, Statuenträger und Göttinnenbilder von oben betrachtet wie eine einzige lange, fröhlich bunte Schlange wirkten, die sich langsam um die Stadt ringelte.

Hier kam die Schlangengöttin selbst, blau und glitzernd, aus einem mehrfach gedrehten Rahmen aus geflochtenem Weidenrohr gefertigt und mit Hunderten von geschnitzten hölzernen Schuppen bedeckt; hier kam Sie als Vogel, der über der Menge schwebte, ein gigantischer Milan mit buntschillernden Federn. Die Meeresgöttin war lebendig und winkte allen zu, warf Kußhände vom Rücken eines großen Delphins aus Leinen und Gips in die Menge, während die Göttin in Gestalt des Bullenkopfes gigantische rote Hörner der Weihe trug, mit Troddeln und Quasten geschmückt, die fröhlich im Wind flatterten. Es gab eine kurze Pause, und dann erschien die Göttin des Todes, eine stark stilisierte Figur, die exakt so aussah wie die steifen Knochen- und Alabasterstatuen, die das Volk von Gira in die Gräber seiner Toten legte. Der Todesgöttin folgte eine Prozession von Männern und Frauen, die sich gegen die Brust schlugen und Klagelieder in der Alten Sprache sangen, aber selbst die Totengesänge klangen ziemlich fröhlich, und wenn man genau auf den Text achtete, dann waren die Worte ausgesprochen derb, wie Marrah erkannte. Gleich hinter der Göttin des Todes, praktisch direkt auf ihren Fersen, kam die Göttin der Fruchtbarkeit, aus Stroh und Blumen geflochten. Sie wurde auf dem Rücken liegend getragen, die Beine in die Luft gereckt, während Dutzende von kleinen nackten Kindern zwischen ihren Strohschenkeln hervorkrochen, aber es war der Begleitzug, der die größte Aufmerksamkeit erregte. Es mußten zwanzig oder dreißig Leute sein, alle als Riesenkinder verkleidet. Als sie an der Zuschauertribüne vorbeimarschierten, schüttelten sie ihre Rasseln und stimmten ein Lied an, wie sehr sie es liebten, an der Göttlichen Mutterbrust zu saugen.

Die Menge tobte vor Lachen, und Marrah, Arang und Stavan lachten mit und warfen Blumen auf die »Kinder«, die sich von Minute zu Minute unflätiger aufführten. Am anderen Ende der Plattform lachten auch Desta und Olva, die Zwillingspriesterinnen-Königinnen der Insel, und auch der Rat der Ältesten stimmte in das Gelächter ein. Den größten Teil des Jahres über war Itesh ein relativ geruhsamer Ort, aber während der Zeit des Festes war so ziemlich alles erlaubt.

Ansonsten stand niemand auf der Zuschauertribüne, was schade war, wie Marrah fand, denn nur von oben konnte man erkennen, wie lang die Schlange von Tanzenden tatsächlich war, und das farbenprächtige Schauspiel so richtig genießen, aber die zentrale Plattform war ein Ehrenplatz – eine solche Ehre, daß Marrah eine Mischung aus sehnsüchtigem Verlangen empfand, dort unten mitzutanzen, und Schuldbewußtsein und Verlegenheit, so hoch über die gewöhnliche Menge erhoben worden zu sein. Ihre Ehrenplätze hätten irgendeinem weisen alten Mann oder einer alten Frau gebührt oder einer Priesterin oder einer auswärtigen Dorfmutter, doch die Zwillingsköniginnen selbst hatten Marrah und ihre Begleiter auf die Plattform beordert, wobei sie auf ihre Pilgerhalsketten gezeigt und behauptet hatten, Marrah sei ihre Nichte, von ihnen beiden adoptiert, als sie kaum alt genug gewesen war, um den Kopf zu heben.

Das stimmte natürlich nicht ganz. Laut Sabalah hatten die Königin des Westens und die Königin des Ostens Marrah bei ihrer Geburt nur gesegnet und nicht etwa adoptiert, doch kein noch so heftiger Protest konnte Desta und Olva davon abhalten, sie mit Gastfreundschaft zu überhäufen. Es habe eine Prophezeiung gegeben, hatten sie Marrah kaum zehn Minuten nach ihrer offiziellen Begrüßung auf der Insel informiert: Die alte Yasha, die ehemalige Priesterin-Königin, die im letzten Winter verstorben war, hätte ihnen kurz vor ihrem Tod erklärt, daß Marrah käme und ihren Bruder und einen gelbhaarigen Geist mitbrächte. Nun ja, dieser Stavan wäre zwar eindeutig kein Geist, aber gelbes Haar hätte er ohne Zweifel. Ehrlich gesagt, er sei das größte, häßlichste Geschöpf, das sie seit langem gesehen hätten, vertrauten sie Marrah an, aber sie brauche sich keine Sorgen zu machen, weil sie beide all die wundervollen und seltsamen Dinge verehrten, mit denen die Göttin Ihre Erde bevölkert hatte. Hätte Desta nicht eine winzige, löwengelbe Wildkatze, absolut zahm und nicht größer als ein Kaninchen, die sie den ganzen weiten Weg aus den heißen Ländern des Südens mitgebracht hatte? Und besäße Olva, die die Oberpriesterin des westlichen Tempels war und gleichzeitig die Königin des Todes und des Wassers, nicht einen merkwürdigen Echsenschädel, der als eine besondere Kostbarkeit im Tempel ausgestellt war, damit alle ihn sehen und bewundern konnten, einen Schädel, größer als zwei ausgewachsene Männer, der möglicherweise einst der Göttin Erde selbst gehört hatte in jenen lange zurückliegenden Tagen, als sie häufig Tiergestalt annahm, um unter den Wesen zu wandeln, die sie geschaffen hatte?

Rhoms Vettern und Kusinen konnten tun, was ihnen gefiel, aber Marrah, Stavan und Arang blieb nichts anderes übrig, als den Ehrenplatz auf der Tribüne anzunehmen. Alles andere kam nicht in Frage. Jeder Einwohner der Stadt Itesh wäre beleidigt gewesen, von ärgerlich ganz zu schweigen, wenn man ihn der Chance beraubt hätte, den gelbhaarigen Fremden anzugaffen. Und es war nicht gut, die Leute zur Zeit des Schlangenfests zu verärgern, weil es Unglück bedeutete. Es war allgemein bekannt, daß böse Gefühle Hessa dazu bringen konnten, ihren Körper zu ringeln und ein Erdbeben auszulösen, das Häuser einstürzen ließ und die Boote im Hafen versenkte.

Stavan, der nicht im geringsten darüber beleidigt war, als groß und häßlich bezeichnet zu werden, hatte gelächelt über die verrückte Idee, daß sich die Erde unter ihnen wie eine Schlange bewegen könnte, aber Marrah hatte die Warnung ernst genommen. Sabalah hatte ihr manchmal von Erdbeben erzählt, und außerdem hatte sie schon vor langer Zeit gelernt, daß es von Vorteil war, aufmerksam zuzuhören, wenn große Priesterinnen in Stimmung für Weissagungen waren. Abgesehen davon wäre es schwierig gewesen, Desta und Olva eine Bitte abzuschlagen, selbst wenn sie nicht Priesterinnen-Königinnen gewesen wären – sie waren kleine, stämmige Frauen mittleren Alters, mit dunklen Brauen, scharfen Augen und wildem, schwarz-grau meliertem Haar, das bis zu ihren Hüften herabwallte, und ihre Stimmen, obwohl liebenswürdig, waren laut und durchdringend. Sie sahen sich so ähnlich, daß niemand in der Lage gewesen wäre, sie auseinanderzuhalten, hätte Olva nicht eine schmale Strähne schlohweißen Haares gehabt, die an ihrer Stirn begann und wie ein Band über ihren Rücken herabfiel. Sie erinnerten Marrah an zwei stolze Vögel, Falken vielleicht, obwohl das wahrscheinlich ein zu scharfer Vergleich wäre, da sie sowohl mütterlich als auch königlich waren.

Zusammen waren die beiden Königinnen unwiderstehlich. Und so hatten Marrah, Arang und Stavan ihre Verlegenheit hinuntergeschluckt und den Platz auf der Tribüne akzeptiert, und jetzt war Marrah froh darüber – oder zumindest so froh, wie sie es angesichts der verlockenden Trommelrhythmen sein konnte. Sie versuchte sich damit zu trösten, daß es dort unten in dem Gedränge heiß und eng wäre und daß es ihr bestimmt keinen Spaß machen würde, halb zertrampelt zu werden, doch ihre Füße tanzten weiter.

Weitere Bildnisse der Göttin wurden vorbeigetragen, gefolgt von noch mehr Tänzern. Die Sonne wurde heiß trotz des Schattens, den das Sonnensegel spendete, aber Marrah war zu intensiv in das Spektakel versunken, um sich darum zu kümmern. Einmal glaubte sie, einen von Rhoms Verwandten zu entdecken, der hinter einer Gruppe von Trommlern in der Menge tanzte, doch sie war sich nicht sicher. Und das Ganze dauert nun noch fünf Tage, dachte sie, fünf Tage lang muß ich hier oben als Ehrengast sitzen und zusehen! Ich glaube nicht, daß ich das aushalte. Ich werde irgendwas Dummes anstellen und uns alle blamieren. Ich bin zu jung, um stillzustehen, wenn die Trommeln dröhnen!

Sie nahm Stavans Hand und hielt sie eine Weile. Sie hätte ihn gern gefragt, ob auch er sich danach sehnte, im Festzug mitzutanzen, aber der Lärm machte jede Unterhaltung unmöglich. Stavan lächelte und küßte sie auf die Wange, bevor er seinen Mund dicht an ihr Ohr brachte und schrie: »Ich liebe... Trommeln.« Marrah wurde nicht so recht schlau daraus. Meinte er damit, daß er sie liebte, oder wollte er sagen, er liebte die Trommeln? Zärtlich schlang sie einen Arm um seine Taille und zog ihn an sich, und so standen sie nebeneinander und betrachteten die farbenprächtige Prozession.

An diesem Abend, als sie in dem kleinen, einfach möblierten Gästezimmer des Östlichen Tempels saßen und gewürzten Wein tranken, den die Königinnen mit den besten Empfehlungen geschickt hatten, sprach Stavan davon, wie aufgeregt er am ersten Tag des großen Fests gewesen sei. Arang war sogar noch enthusiastischer. Er sprang auf die Füße und tanzte im Zimmer umher zum Rhythmus der Trommeln, die noch immer deutlich zu hören waren, wenn auch etwas gedämpfter, da sich der Festzug jetzt zur anderen Seite der Stadt bewegt hatte.

»Ich würde alles darum geben, wenn ich dort draußen mittanzen könnte!« Arang keuchte, als er sich wieder auf die Kissen fallen ließ, seine Wangen glühend vor Erregung. »He, ich würde an die Spitze der Prozession laufen und diese Schlange so schnell um die Stadt herumführen, daß ihr zwei alten Leute nicht mehr Schritt halten könntet.«

Sie lachten und erwiderten, sie könnten es noch jederzeit mit ihm aufnehmen, aber keiner von ihnen brachte den Mut auf, Desta und Olva zu sagen, wie sehr sie sich danach sehnten, zu springen und zu tanzen und mit den Füßen im Takt der Trommeln zu stampfen, deshalb nahmen sie am nächsten Tag wieder gehorsam ihre Ehrenplätze auf der Plattform ein.

Dieses Mal gab es keinen Festzug mit Göttinnenbildern. Heute war der Tag, an dem die neuen Kinder-Zwillingspriesterinnen ausgewählt wurden, und Mütter waren von überallher auf der Insel gekommen und hatten ihre Zwillingstöchter mitgebracht. Es war ein drolliger Anblick, so viele Paare identischer Kinder auf den Stapel mit heiligen Gegenständen zukrabbeln zu sehen, wo sich entscheiden würde, welche zwei eines Tages Königinnen sein würden; aber davon abgesehen behielt Marrah kaum etwas von der Zeremonie im Gedächtnis. Ein paar der Kinder zupften an ihrem Rock und krabbelten sogar auf ihren Schoß, und sie verbrachte einen angenehmen Morgen damit, sie zu necken und in ihren Armen zu wiegen.

Schließlich wurden zwei kleine Mädchen aus dem südlichen Teil der Insel ausgewählt – oder besser gesagt, sie wählten sich selbst, indem sie die richtigen Gegenstände aus dem Stapel herauszogen –, und Desta und Olva weihten sie, indem sie Olivenöl, mit rotem Ocker vermischt, auf ihrer Stirn verrieben und ihnen einen dicken Kuß gaben, während die Zuschauer jubelten und mit den Füßen stampften zum Zeichen ihrer Zustimmung. In der Zwischenzeit ging der Schlangentanz irgendwo anders weiter; tatsächlich hörte er niemals auf, und deshalb wurde in Itesh alles mit Trommelbegleitung getan.

Am dritten Tag hatte Marrah genug davon, nur Zuschauerin zu sein. Die ganze Nacht hindurch hatten die Trommeln in ihren Träumen gedröhnt, und sie hatte imaginäre Tänze von großer Schönheit vollführt. Es war mehr als enttäuschend, mit der Aussicht aufzuwachen, noch einen weiteren Tag auf der Plattform zubringen zu müssen, und als sie in dem kühlen Licht der Morgendämmerung lag und auf das Dröhnen der richtigen Trommeln lauschte, entschied sie, daß es nicht schaden könnte, noch einmal um Erlaubnis zum Tanzen zu bitten.

Sie ließ Stavan und Arang schlafend im Gästezimmer des Tempels zurück und machte sich auf den Weg zu Destas Haus. Sie fand es mühelos, nachdem sie eine Gruppe von Leuten mit glasigen, verquollenen Augen gefragt hatte, die auf den Strand zutaumelten, um dort zu schlafen und sich von den Auswirkungen des Schlangentanzes zu erholen, der – natürlich – noch immer im Gang war.

Das Haus der Königin des Ostens sah wie Dutzende anderer Häuser aus, wie ein Oval geformt, mit kopfsteingepflasterten Böden und roten Göttinnenzeichen über sämtlichen Türen, groß genug, um Destas Kinder und Enkelkinder zu beherbergen, aber in keiner Weise luxuriös. »Priesterin-Königin« war ein religiöser Titel, der den Frauen, die ihn trugen, zwar viele Pflichten auferlegte, doch mit wenig Ehren verbunden war. Im Austausch dafür, daß sie Olva dabei half, den Vorsitz über den Großen Inselrat zu führen und ihre Hälfte der Zeremonien abzuhalten, bekam Destra beim Schlangenfest einen guten Platz auf der Zuschauertribüne, aber weder sie noch Olva hatten einen Palast, geschweige denn Bedienstete oder irgendwelchen Luxus.

Sie arbeiteten wie alle anderen, und noch härter – sie webten und arbeiteten auf dem Feld und kochten und fischten und zogen Kinder auf und regierten –, und wenn sie zwanzig Jahre lang als Königinnen gedient hatten, erwartete man von ihnen, daß sie ohne Protest zurücktraten und die neuen Zwillingsköniginnen übernehmen ließen. Es wäre niemals irgend jemandem in den Sinn gekommen, daß sie Wächter an ihren Türen benötigten oder spezielle Kleidung oder delikates Essen. Die wunderschönen Roben und Schmuckstücke, die sie bei feierlichen Anlässen trugen, waren Eigentum des Tempels und würden an die nächsten Königinnen weitergegeben werden.

Marrah fand Desta bereits wach vor und damit beschäftigt, Holz in das Kochfeuer nachzulegen. Sie trug ein schlichtes Leinengewand, aber ihr Haar war schon zu der formellen Zopffrisur geflochten, die sie auf der Zuschauertribüne tragen würde.

»Was kann ich für dich tun?« fragte sie forsch, als sie Marrah in der Tür stehen sah. Hochrot im Gesicht vor Verlegenheit und mit zögernden Worten bat Marrah um die Erlaubnis, mit den anderen tanzen zu dürfen.

»Es ist nicht so, als wüßte ich die Ehre, auf der Zuschauertribüne zu sitzen, nicht zu schätzen«, erklärte sie. »Aber die Leute unten sehen alle aus, als hätten sie großen Spaß.«

Zu ihrer Erleichterung lachte Desta belustigt. »Nur zu«, sagte sie. »Geh ruhig tanzen, wenn du möchtest. Olva und ich wollten dich nicht gefangenhalten. Ich habe wohl gesehen, wie du dich in den Hüften gewiegt und mit den Füßen gezuckt hast. Wir haben dich wirklich genug geehrt, nicht? Ich hatte ganz vergessen, wie jung du bist. Weißt du, als ich in deinem Alter war, habe ich bei jedem Schlangenfest ein Paar Sandalen durchgetanzt. Aber an deiner Stelle würde ich dafür sorgen, daß sich mein kleiner Bruder nicht unter die Menschenmenge mischt. Ich weiß ja, er möchte auch tanzen, aber er ist zu jung und zu klein; es besteht die Gefahr, daß er versehentlich niedergetrampelt wird. Außerdem sind gewisse religiöse Bräuche mit dem Tanz verbunden, die einem Jungen seines Alters Unbehagen verursachen könnten.«

Sie lächelte. »Ich weiß, es wird nicht einfach sein, ihm das beizubringen. Ich kann sehen, daß ihm das Tanzen im Blut liegt, aber sag ihm, daß es eine spezielle Kinderschlange am letzten Tag gibt und daß er dann mitmachen kann, wenn er möchte. Sag ihm, ich werde sogar dafür sorgen, daß er eine Maske bekommt, irgend etwas Aufregendes wie ein weißschwänziger Adler oder eine gesprenkelte Grasschlange.«

Marrah versprach, ihr Bestes zu tun, um Arang oben auf der Zuschauertribüne zu halten. Es würde ihm gar nicht gefallen, zwei weitere Tage zu warten, bis er tanzen durfte, aber Desta hatte wahrscheinlich recht – nach dem, was Marrah von dem Schlangentanz gesehen hatte, schien er wirklich nicht für Kinder geeignet. Sie bedankte sich bei der Königin und wandte sich zum Gehen, doch sie hatte noch keine zwei Schritte zur Tür hinausgemacht, als ihr einfiel, daß sie versprochen hatte, auch für Stavan um Erlaubnis zu bitten. Und so kehrte sie um und unterbrach Destas Frühstücksvorbereitungen zum zweiten Mal.

»Natürlich«, erwiderte Desta gnädig, nicht im geringsten ärgerlich. »Laß den Fremden ruhig mitmachen. Alle hatten inzwischen Gelegenheit, deinen merkwürdigen gelbhaarigen Liebhaber ausführlich zu betrachten – entschuldige, ich wollte dich nicht beleidigen, aber du mußt zugeben, daß er ein seltsam aussehender Mann ist –, also nimm ihn mit zum Tanzen.« Sie zwinkerte Marrah zu. »Nur rechne nicht damit, daß du ihn im Auge behalten kannst, sobald die Schlange anfängt, sich zu winden.«

Marrah bedankte sich überschwenglich und kehrte zum Tempel zurück, um Stavan die gute Nachricht zu verkünden und Arang die schlechte so behutsam wie möglich beizubringen.

Schlag. Unbetonter Takt. Schlag. Unbetonter Takt. Dies war der Rhythmus ihres Herzens. Dies war das Rauschen und Pulsieren ihres eigenen Blutes. Dies war der Schlangentanz von Gira zum rhythmischen Dröhnen der Trommeln.

Schlängle dich vorwärts. Schritt zur Seite. Und rückwärts. Mit dem linken Fuß aufstampfen. Mit dem rechten Fuß aufstampfen. Sei die Schlange. Werde zur Schlange. Fasse die Person vor dir um die Taille. Halte sie fest. Preß dich an ihren Rücken. Laß dich von deinem Hintermann halten. Laß dich an seinen Körper pressen. Geh einen Schritt zurück. Mach einen Schritt vor. Vergiß, wer du bist. Vergiß, was du bist. Vergiß Mann, vergiß Frau. Sei ein einziger Körper. Sei ein Strom von Energie. Sei das Leben. Die Göttliche Schlange bedeutet Leben. Sie ist alles, was zählt. Es gibt nichts außer ihr. Es gibt nichts außer ihren Trommeln. Schritt. Einen Schritt vor. Schritt. Einen Schritt zurück. Halte fest. Laß dich festhalten.

An diesem Nachmittag tanzten Marrah und Stavan zusammen den Schlangentanz, oder eher: Sie begannen gemeinsam, aber bald war Marrah sich nicht mehr sicher, wessen Hände um ihre Taille lagen. Die Tanzfläche war derart überfüllt, daß sich die Menschen von allen Seiten gegen sie preßten, während sich alle im selben Rhythmus bewegten. Nackte Beine berührten ihre Beine, und nackte Arme streiften über ihre Arme, mit Schweiß bedeckt, bis sie ihre eigenen Arme und Beine und ihre Körperhitze nicht mehr von der Körperhitze und den Armen und Beinen um sich herum unterscheiden konnte. Die Schlangentänzer sangen ein paar einfache Worte, sangen sie wieder und wieder zum Dröhnen der Trommeln, und Marrah sang aus voller Kehle mit, obwohl sie kurz davor war zu vergessen, welche der unzähligen Stimmen ihre war.

»Komm zu uns, Hessa.
Komm zu uns, Hessa.

Schenk uns eine neue Haut.
Schenk uns ein neues Leben.«

Das Gesicht eines Mannes schwebte auf sie zu, dunkeläugig und fremd. Im Vorbeitanzen streckte er eine Hand aus und küßte sie auf die Lippen, und sie erwiderte seinen Kuß. Eine Frau, die nur einen Leinenrock und einen Gürtel aus Muscheln um die Hüften trug, wurde in einer vorbeiziehenden Schlange gegen Marrah gedrückt. Beide streckten die Arme aus und umarmten einander und küßten sich. Der Kuß des Friedens, der Kuß des Lebens selbst.

Marrah konnte das göttliche Überbewußtsein über sich schweben fühlen, das alles umfassende Über-Ich, das weder Mann noch Frau war. Bald würde auch Es sie küssen, so wie Es sie in Hoza geküßt hatte, als sie um den Baum des Lebens tanzte, und seine Botschaft der Liebe würde ihr Herz erfüllen.

Dies war die neue Haut, um die die Giraner baten. Sobald der Geist des Überbewußtseins sie einhüllte, würden sie den ganzen Tag tanzen können, ohne Hunger oder Erschöpfung zu spüren. Aber sie konnten auch zu tanzen aufhören. Zwei Fremde konnten einander in die Arme sinken und die Große Schlange hinter sich lassen. Sie konnten an den Strand gehen oder in eines der Häuser, das speziell für diesen Zweck offenstand und mit Blumenketten und Büscheln grüner Blätter gekennzeichnet war. Zwei Fremde, die sich nie zuvor begegnet waren und die sich vielleicht niemals wiedersehen würden, konnten zusammen weggehen und die Lust miteinander teilen, weil die Göttin sie zusammengeführt hatte. Dies wurde allgemein akzeptiert und verstanden und sogar erwartet.

Mehr Gesichter trieben an Marrah vorbei. Weitere Umarmungen und Küsse. Niemand war in Eile, und die Trommeln dröhnten unaufhörlich weiter. Der Tag wurde heiß und dann kühler, und die Schatten wurden länger, aber Marrah nahm nicht mehr wahr, wie die Zeit verging. Sie konnte ihren neuen Körper fühlen, konnte fühlen, wie sich ihr langer, geschmeidiger Schlangenkörper durch die Stadt Itesh ringelte. Jeder menschliche Kopf der langen Schlange von Tanzenden war eine Schuppe, jedes Paar Füße ein Muskel. Die Schlange liebkoste die Häuser; sie hob ihren großen Kopf und ließ ihre feine, gespaltene Zunge hervorschnellen, um die salzige Luft zu genießen.

Ein Mann nahm Marrah in seine Arme und küßte sie. Auch er hatte dunkle Augen, aber sie waren gesprenkelt mit Lichtpünktchen von der Farbe des Steins, den ihr die Priesterinnen von Nar geschenkt hatten. In den gelben Lichttupfern war kein Schmetterling eingeschlossen, doch er sah wie ein freundlicher Mann aus. Behutsam löste er Marrah aus der Schlange der Tänzer, und behutsam führte er sie zum Rand der Tanzfläche. Sie lehnten sich gegen eine Mauer und tauschten noch ein paar Küsse, während sich die Schlange vorbeiwand. Der Mann war nicht sehr groß, genauso groß wie sie, mit starken Händen. Eine Maske aus Rebhuhnfedern baumelte von einer Schnur um seinen Hals. Und als Marrah ihn küßte, erkannte ein Teil ihres Ichs, daß er Mitglied der Gemeinschaft war, die Feste organisierte.

Der Giraner strich ihr sanft das Haar aus den Augen, und sie berührte sein Gesicht zart mit den Fingerspitzen. Ja? fragten seine Augen, denn selbst jetzt, selbst in einem Zustand, in dem sie von der Ekstase der Göttin erfüllt waren und nicht so recht wußten, wo sie waren oder wie sie hießen, würde er niemals vergessen, um Erlaubnis zu fragen. Selbst jene, die Marrah in der Menge geküßt hatten, hatten zuerst gefragt, mit einem Wort, einer hochgezogenen Braue, einer Geste.

Ja, nickte sie. Der Giraner küßte sie erneut und führte sie dann zu einem Haus, das mit Girlanden aus frischen Blumen und einem Büschel grüner Lorbeerblätter gekennzeichnet war. Im Inneren war es dunkel, aber durch die offene Tür konnte sie einige weiche Lagerstätten sehen und mehrere Paare, die einander fest umschlungen hielten und bereits dabei waren, die Lust zu teilen. Sie wandte den Blick ab, um ihre Privatsphäre nicht zu stören.

Der Giraner führte Marrah zu einem Lager in der gegenüberliegenden Ecke und begann, Liebe mit ihr zu machen. Er war sehr behutsam, sehr zärtlich. Danach schlief Marrah ein, und als sie aufwachte, war der Fremde verschwunden, und es war dunkel, aber die Trommeln dröhnten noch immer, und der Schlangentanz ging unvermindert weiter.

Eine Weile saß Marrah in der offenen Tür des Hauses und schaute den Tänzern zu. Als die Sonne unterging, verteilte die Festgemeinschaft Fackeln. Die Große Schlange war jetzt ein sich windendes, schlängelndes Band von Licht, das vom Fluß bis hinunter zum Meer reichte. Schatten flackerten auf den Wänden der Häuser, zuckten vor und zurück zum Schlag der Trommeln. Es war, als hätte sich eine zweite Schlange, eine Schlange aus Schatten, der ersten angeschlossen. Von Zeit zu Zeit fiel das Licht der Fackeln flüchtig auf ein Gesicht, von einem ekstatischen Lächeln erhellt, oder auf ein Paar Augen, die Marrah anblickten, ohne sie wahrzunehmen.

Die Trommeln fuhren fort, nach ihr zu rufen, sie zum Mitmachen aufzufordern, aber sie verspürte nicht länger den Wunsch zu tanzen. Sie fühlte sich vollkommen entspannt und von innerem Frieden erfüllt.

Die Zeit verstrich. Schließlich rappelte Marrah sich auf und machte sich auf den Weg zurück zum Tempel. Als sie von der tanzenden Schlange wegstrebte, verlief sich die Menschenmenge allmählich, und sie traf auf Familien, die in den Durchgängen zwischen den Häusern schliefen. Kleine Kinder kuschelten sich in die Arme ihrer Mütter; Partner lagen Seite an Seite; alte Leute schnarchten, den Kopf bequem auf ein kleines Bündel oder zusammengerollte Umhänge gebettet. Sie schliefen unter freiem Himmel, so ruhig, als wären sie zu Hause in ihren Häusern.

Marrah ging vorsichtig weiter, versuchte, auf niemanden zu treten. Bald sah sie den niedrigen, weißen, bullenkopfförmigen Eingang des Westlichen Tempels. Hinter ihr schimmerte die See matt im Mondlicht wie ein Stück graues Leinen.

Ach wie dumm! dachte sie plötzlich. Ich bin in die falsche Richtung gegangen. Sie machte kehrt und bahnte sich einen Weg zurück durch die Stadt zum Östlichen Tempel, wo Babies geboren und besondere Gäste untergebracht wurden. Der Tempel des Ostens war ein zweistöckiges Gebäude, dekoriert mit Mutterschoß-Symbolen. Gemalte Igel, Kröten und Fische schmückten seine weißgekalkten Mauern, und über dem Haupteingang prangte ein großes rotes Dreieck. Obwohl es ein halbes Dutzend ähnlicher Tempel in

Itesh gab, zeichnete sich dieser hier durch mehrere unterirdische eiförmige Kammern aus, die viele Generationen zuvor von zwei Priesterinnen angelegt worden waren, die die Giraner die »Gesegneten« nannten.

Die Gesegneten waren in den Wäldern des Hochlands geboren und aufgewachsen, wo es Brauch war, die Göttin in Höhlen anzubeten, und wo die Toten in eiförmigen Gräbern zur ewigen Ruhe gebettet wurden. Den Gedenkliedern zufolge hatten die alten Zwillingspriesterinnen Heimweh nach den Bergen gehabt, und so beschlossen sie – nachdem sie ihren Nachfolgerinnen Platz gemacht hatten –, die Berge nach Itesh zu holen. Noch im hohen Alter von weit über Siebzig arbeiteten sie, um den harten Fels unter dem Tempel wegzuhauen, bis sie schließlich drei Kammern geschaffen hatten, wo Frauen zum Gebären hinkommen konnten und Kranke, um sich auszuruhen und geheilt zu werden. Jedes Nachfolgerpaar von Königinnen hatte eine weitere Kammer gebaut, und jetzt »saß« der Tempel auf sieben »Eiern«. Ob die Eier Vogel- oder Schlangeneier darstellen sollten, hatte Marrah nicht genau herausfinden können, aber vielleicht war es auch belanglos, da die Giraner sowohl Vögel als auch Schlangen als heilig betrachteten.

Ein kleines Gästezimmer war an die rechte Seite des Tempels angebaut worden, um Pilger darin unterzubringen, die ihre Nächte nicht in den unterirdischen Kammern verbringen wollten. Vor diesem Anbau befanden sich eine kleine Veranda aus glatten Steinen, ein Brotbackofen und zwei Holzbänke. Als Marrah näherkam, sah sie, daß jemand auf einer der Bänke saß. Der Mann war groß, mit hellem Haar, das weißlich im Mondlicht schimmerte.

»Stavan?« flüsterte sie, um Arang nicht zu wecken, der im Inneren des Anbaus schlief. Er drehte sich zu ihr um, sagte jedoch kein Wort. »Was ist los? Konntest du nicht schlafen?«

»Nein«, flüsterte er mit einer rauhen Stimme zurück, die kaum wie seine eigene klang. Überzeugt, daß irgend etwas nicht in Ordnung war, eilte Marrah zu ihm, aber statt aufzustehen und sie zur Begrüßung zu umarmen, wie er es sonst immer tat, blieb er einfach stocksteif sitzen. Sie stand vor ihm, wußte nicht, was sie tun sollte. Sie sehnte sich danach, ihn in die Arme zu nehmen, aber etwas an seiner Körperhaltung sagte ihr, daß er nicht umarmt werden wollte.

»Was ist los?« fragte sie wieder. Immer noch sagte er kein Wort. »Bitte sprich mit mir. Sag mir, was passiert ist. Bist du verletzt? Bist du krank?« Ein schrecklicher Gedanke schoß ihr durch den Kopf. »Ist Arang etwas zugestoßen?«

»Arang geht es gut«, antwortete er schließlich mit seltsam gepreßter Stimme.

Erleichtert, daß wenigstens mit Arang alles in Ordnung war, setzte sie sich neben ihn und nahm seine Hand in ihre. Sie fühlte sich kalt an. Stavan machte eine Bewegung, als wollte er seine Hand wegziehen und hätte es sich doch wieder anders überlegt. Eine Zeitlang saßen sie schweigend da, während Stavan stumm in die Dunkelheit starrte. Marrah tat ihr Bestes, um ihre Ungeduld zu zügeln und ihn nicht zu bedrängen. Schließlich räusperte Stavan sich und begann zu sprechen.

»Wo bist du gewesen?«

»Wo ich gewesen bin? Wieso, bei dem Schlangentanz natürlich. Hast du denn nicht auch mitgetanzt?«

»Ja, aber ich bin früh weggegangen.«

»Hat es dir keinen Spaß gemacht?«

»Nein.« Er schien nicht geneigt, ausführlicher zu werden.

»Warum nicht?« fragte sie beharrlich.

Er machte eine verärgerte Geste mit seiner freien Hand. »Verzeih mir, wenn ich das sage, aber ich mag die Bräuche deines Volkes nicht.«

Sie hatte immer noch keine Ahnung, was er meinte, und sie sagte es ihm auch. »Bitte erklär dich genauer«, bat sie. »Welche Bräuche meinst du? Gibt es einen speziellen?«

Er blickte sie einen Moment lang eindringlich an und schüttelte den Kopf. »Du weißt es wirklich nicht, nicht wahr?«

»Stavan«, rief sie frustriert, »natürlich weiß ich nicht, was du meinst, sonst hätte ich ja wohl nicht gefragt! Bitte drück dich deutlich aus. Es ist für uns schon schwierig genug, uns auf shambah zu verständigen, ohne daß du aus allem ein Rätsel machen mußt. Was, im Namen der heiligen Göttin, hat dich so aufgebracht?«

»Du kannst es dir nicht vorstellen? Du hast keine Ahnung?« Er hob ihre Hand an seine Lippen und begann, langsam jeden einzelnen Finger zu küssen, als widerstrebte es ihm weiterzusprechen. Sein Gesicht hatte einen sonderbaren Ausdruck, und seine blaßblauen Augen wirkten fast weiß im Mondschein. »Ich werde es ganz einfach ausdrücken. Hast du heute abend mit einem anderen Mann geschlafen?«

»›Mit einem anderen Mann geschlafen‹? Was meinst du damit?« Der Ausdruck war ihr fremd und ergab keinen Sinn für sie. Wie Stavan deutlich sehen konnte, war sie doch zum Tempel zurückgekommen, um hier zu schlafen.

»Ich meine, hast du ›die Lust mit einem anderen geteilt‹?« Er sprach langsam, als hätte er Mühe, die Worte hervorzubringen.

Sie war erleichtert, daß sie seine Frage endlich verstand. »Ja, natürlich«, erwiderte sie. »Bist du denn nicht mit einer anderen Frau zusammengewesen?«

Abrupt ließ er ihre Hand los. »Nein, bin ich nicht.« Und dann hörte sie verwundert zu, wie er ihr erklärte, daß ihn diese sehr simple, natürliche Sache, die sie getan hatte, zutiefst verletzt hätte. Er habe sie in der Menschenmenge verloren, berichtete er, und überall nach ihr gesucht, ohne anfangs zu verstehen, daß sich die Leute, die den Schlangentanz tanzten, absichtlich aus den Augen verloren. Bald war er sich bewußt geworden, daß sich völlig Fremde in die Arme fielen und küßten, und er hatte Pärchen zusammen weggehen sehen. Und da begriff er, daß der Schlangentanz genau wie der Tanz war, den er in Hoza gesehen hatte, und er wurde halb verrückt vor Eifersucht, und immer noch konnte er Marrah nirgendwo finden. Fremde Frauen umarmten und küßten ihn, aber er stieß sie weg, und Männer hatten ihn ebenfalls umarmt, doch er kehrte all diesen Leuten brüsk den Rücken zu. Er sei suchend an der Schlange der Tanzenden entlanggegangen, erzählte er, immer auf und ab, und ihren Windungen vom einen Ende der Stadt zum anderen gefolgt, aber es wären einfach zu viele Menschen gewesen.

Nicht ein einziges Mal hatte er Marrah irgendwo entdecken können, und nach einer Weile, nachdem er die Häuser mit den Blumenketten und den Büscheln grüner Blätter gesehen und erkannt hatte, was sich im Inneren abspielte, da wurde ihm plötzlich klar, daß es zu spät war. Und so war er zum Östlichen Tempel zurückgekehrt, um auf Marrah zu warten – zuerst wütend, aber nach und nach war er zur Vernunft gekommen und hatte begriffen, daß sie nicht die Absicht hatte, ihm untreu zu sein, aber sein Verstehen hatte den Schmerz nicht gelindert.

»Ich habe wieder und wieder deinen Namen gerufen und bin wie ein Narr an der Schlange entlanggelaufen, was die Zuschauer ohne Zweifel sehr amüsiert hat. Und nach einer Weile habe ich erkannt, daß ich nur eines wollte.« Er nahm ihr Gesicht in seine Hände und blickte ihr in die Augen, nicht zornig, sondern so zärtlich und mit so viel Liebe, daß Marrah den Drang spürte, in Tränen auszubrechen, obwohl sie noch immer nicht ganz verstand. »Mir ist klargeworden, daß ich dich für mich allein haben wollte. Ich spürte, daß ich dich haben mußte, um jeden Preis. Verstehst du, was ich sage?«

Sie wollte ja sagen, aber ihre Verwirrung wuchs von Minute zu Minute. »Du sagst, du willst mich, und das ist wundervoll, aber ... aber ich verstehe nicht, warum du das sagst. Soweit ich es sehen kann, hast du mich doch schon – oder eher, wir haben einander. Wir sind Liebende, wir sind glücklich, wir teilen die Lust. Was könnten wir denn noch mehr voneinander haben?«

Stavan küßte sie. »Wir könnten ein Leben haben.«

»Ein was?« Sie blickte ihn verständnislos an.

Wieder küßte er sie. »Ich möchte dich heiraten. Ich will dich schon seit Monaten heiraten, ich weiß nur nicht, wie. Ich weiß noch nicht einmal, ob die Leute deines Volks heiraten. Ich weiß nur, daß ich dich nicht kaufen kann, so wie ich im Grasmeer eine Ehefrau kaufen könnte. Und selbst wenn ich dich kaufen könnte, würde ich es nicht wollen. Ich werde nicht eher glücklich sein, als bis du aus eigenem Willen zu mir kommst. Aber am sehnlichsten wünsche ich mir, daß du mir versprichst, niemals mehr mit einem anderen Mann die Lust zu teilen, solange du lebst.«

Sie hatte nur eine ganz vage Vorstellung von dem, was er mit

»Ehefrau« und »Heirat« meinte, und was das Versprechen betraf, nie wieder mit einem anderen Mann die Lust zu teilen ... wenn die Göttin zwei Menschen bei einem Fest zusammenführte, dann erwartete man von ihnen, daß sie sich vereinigten, um gemeinsam das Leben zu feiern. Sie kam zu dem Schluß, daß Stavan offensichtlich nicht verstanden hatte, worum es bei dem Schlangentanz ging.

»Der Tanz ist heilig«, erklärte sie. »Ich dachte, du hättest das verstanden. Wenn ich in der Schlange getanzt habe, dann nicht deshalb, weil ich nach einem neuen Liebhaber Ausschau gehalten hätte. Ich liebe dich ebensosehr, wie du mich liebst, aber ich bin Priesterin, und Lust mit Fremden zu teilen ist eine von den vielen Arten, wie mein Volk die Göttin verehrt. Wir tun es nicht oft – einmal im Jahr vielleicht –, aber wir tun es mit Ehrfurcht. Wenn wir tanzen und singen und Liebe machen, kommt ihr Geist über uns und läßt uns zu einem einzigen Wesen verschmelzen. Nicht nur untereinander, sondern mit allem auf Erden: mit den Tieren, den Bäumen, mit unseren Vorfahren, den –«

Stavan fiel ihr ungeduldig ins Wort. »Und wenn du es tust, verletzt es mich mehr, als ich mit Worten ausdrücken kann!«

»Aber warum? Warum sollte ein so schöner Brauch dich verletzen?«

»Weil es in meinem Land üblich ist, daß Frauen nur einen Mann haben.«

»Das mag ja sein, aber du selbst hast mir oft genug erzählt, daß eure Männer viele Frauen haben.«

»Das ist etwas anderes.«

»Wieso ist das etwas anderes? Wenn ein Hansi-Mann all jene Ehefrauen und Konkubinen haben kann, warum kann eine Frau dann nicht mit so vielen Männern die Lust teilen, wie sie will?«

»Frauen sind anders als Männer. Sie haben nicht die gleichen Gefühle bei der Lust.«

»Bei uns schon.« Allmählich wurde Marrah wütend. Manchmal schien es, als täte sie nichts anderes, als ihm zu erklären, wie sich ihre Welt von seiner unterschied.

»Marrah, ich bitte dich, dies zu deinem eigenen Besten zu tun. Du wirst glücklicher als meine Ehefrau sein, das verspreche ich dir.

Jeder weiß, daß eine anständige Frau wirklich nicht mehr als einen Liebhaber will, und ich würde dir ein guter Ehemann sein.«

»Stavan, mach die Augen auf und schau dich um. Was glaubst du, was dort vor sich geht?« Sie zeigte in Richtung der Trommeln. »Glaubst du, die Männer auf dieser Insel locken die Frauen mit irgendwelchen Tricks in die Liebeshäuser? In alten Zeiten waren es *nur* die Frauen, die das Recht hatten, die Männer aufzufordern, ihnen aus der Schlange zu folgen. Dann entschieden die Priesterinnen-Königinnen in ihrer Weisheit, daß alle das gleiche Recht haben sollten, und so halten wir es seitdem. Wenn du willst, daß ich für den Rest meines Lebens mit keinem anderen Mann mehr die Lust teile, dann erwarte ich zumindest von dir, daß du mir anbietest, alle anderen Frauen aufzugeben.«

Stavan verschränkte die Arme vor der Brust und blickte sie störrisch an. »Das wäre unmännlich.«

Ihr Gespräch führte eindeutig zu nichts. Kopfschüttelnd wandte Marrah sich ab und ging zu dem Brunnen, um Wasser zu trinken. Als sie zurückkam, saß Stavan immer noch dort, wo sie ihn zurückgelassen hatte. Sie sprach freundlich, aber energisch. »Ich weiß, du bist unglücklich, und es tut mir leid, daß ich etwas getan habe, was dir Schmerz bereitet, aber ich kann nicht das werden, was du ›Ehefrau‹ nennst. Ich bin viel zu jung, um mir schon einen ständigen Partner zuzulegen, und ehrlich gesagt, es erscheint mir nicht gerecht, daß Hansi-Männer so viele Frauen haben sollten, während man von Frauen erwartet, daß sie nur mit einem Mann die Lust teilen. Sicherlich kann es nicht wirklich so zugehen; sicherlich müssen selbst ›Ehefrauen‹ bei mehr als einem Mann liegen, bevor sie sich einen ›Ehemann‹ aussuchen. Wie sollten sie sonst wissen, ob es der richtige Partner ist? Sie hätten niemanden, mit dem sie ihn vergleichen könnten.«

»Nein.« Stavan preßte die Lippen zusammen und schüttelte den Kopf. »Wenn eine Frau mit irgendeinem anderen Mann außer ihrem Ehemann und Herrn schläft, geschehen schreckliche Dinge mit ihr.«

»Was für Dinge?«

Er schauderte leicht. »Das kann ich dir nicht sagen. Es ist zu furchtbar. Es hat etwas mit Ehre zu tun.« Er stand auf. »Marrah, hör mich an. Ich kann nun einmal nichts dafür, daß ich leide bei der Vorstellung, wie dich ein anderer Mann berührt. Es macht mich fast wahnsinnig. Dort, wo ich herkomme, liegen anständige Frauen einfach nicht bei Fremden. Anscheinend möchtest du, daß ich jedesmal vor Freude jauchze, wenn du in die Arme eines anderen Mannes tanzt, aber ich kann dir versprechen, daß das nicht passieren wird. Meine Liebe zu dir ist einfach zu tief. Ich bin dazu erzogen worden, das Leben auf eine ganz bestimmte Art zu sehen. Ich habe mich sehr verändert, seit wir uns begegnet sind, aber es gibt gewisse starke Gefühle in meinem Herzen, die sich niemals ändern werden. Du verstehst offenbar nicht, daß es ein schlechtes Zeichen wäre, wenn ich nicht eifersüchtig reagieren würde. Es würde bedeuten, daß ich dich nicht liebte. Aber ich liebe dich. Und wenn ein Mann meines Volkes eine Frau liebt, dann will er sie ganz für sich allein.«

Sie war gerührt über seine Aufrichtigkeit, aber auch verärgert. Warum konnte er nicht einsehen, daß er unfair war? Was er verlangte, war unmöglich. Wie konnte sie ihm versprechen, einen der heiligsten Bräuche ihres Volkes aufzugeben? Wie konnte sie einen derart wichtigen Teil ihrer Religion für irgendeinen Mann aufgeben, ganz gleich, wie sehr sie ihn liebte? Sie versuchte sich vorzustellen, wie sie ausschließlich für ihn lebte, aber es schien ein sehr selbstsüchtiges Verhalten zu sein. Man lebte für sein Dorf und für seine Gemeinschaft und für die gesegnete Erde unter seinen Füßen.

Sie unterhielten sich noch lange, ohne zu einer Übereinstimmung zu kommen, nicht wütend aufeinander, sondern aufs höchste verwirrt. Schließlich schlug Marrah vor, das Gespräch abzubrechen und schlafen zu gehen. »Wir sind zu müde«, sagte sie. »Wir drehen uns nur im Kreis. Im Grunde läuft es darauf hinaus, daß ich dich liebe und du mich, und irgendwie werden wir schon eine Lösung finden.« Stavan stimmte widerstrebend zu. Sie faßten sich an den Händen, schlichen auf Zehenspitzen in das Gästezimmer und legten sich vorsichtig neben Arang nieder, der leise schnarchte.

Sie schliefen in dieser Nacht wie zwei Kinder, dicht in die Arme des anderen geschmiegt, doch selbst im Schlaf litt Stavan noch. Manchmal bewegte er die Lippen, als setzte er ihre Unterhaltung im Traum fort, und manchmal stöhnte er unterdrückt. Marrah, die ihn wirklich so innig liebte wie er sie, fühlte seinen Schmerz, als wäre es ihr eigener. »Pst«, flüsterte sie beschwichtigend. »Ruhig, mein Liebling, schlaf.« Ein oder zweimal schien er sich vom Klang ihrer Stimme getröstet zu fühlen, doch kurz darauf stöhnte er erneut im Schlaf.

Marrah hätte alles gegeben, um mit Sabalah oder Mutter Asha über Stavan sprechen zu können, aber Sabalah war weit weg in Xori und Mutter Asha in Gurasoak, deshalb machte sie sich am nächsten Morgen auf die Suche nach Desta und Olva. Es war ihr peinlich, die beiden zu belästigen. Schließlich waren die beiden Königinnen für das gesamte Fest verantwortlich und hatten ohne Zweifel andere Dinge zu tun, als sich die Klagen einer jungen Frau über ihren Liebhaber anzuhören, aber die beiden Frauen waren für Marrah das, was einer Familie am nächsten kam, und so schluckte sie ihren Stolz und verbrachte den Morgen damit, sie aufzuspüren – was keine leichte Aufgabe war, da die Priesterinnen sich offensichtlich den Schlangentänzern angeschlossen hatten. Tatsächlich stand die Sonne schon hoch am Himmel, bis Marrah endlich auf die Frauen stieß, die unter einem Baum saßen und gemeinsam ihr Mittagsmahl einnahmen, wie es ihre Gewohnheit war. Sie hatten ihre Sandalen ausgezogen und verarzteten die Blasen an ihren Füßen, aber der Tanz hatte sie in heitere Stimmung versetzt, und sie begrüßten Marrah herzlich.

»Du hast völlig recht«, erwiderte Desta, nachdem Marrah ihr Problem geschildert hatte. »Du bist noch viel zu jung, um dich für einen ständigen Partner zu entscheiden, und ich bin sicher, wenn deine Mutter hier wäre, würde sie dir das gleiche sagen.«

Olva stimmte ihr zu. »Vierzehn ist kein Alter, um Versprechungen zu machen, die du eines Tages bereuen könntest.« Sie verteilte ein paar zerschnittene Oliven und etwas Käse auf einer Scheibe Brot und bot es Marrah an. Marrah nahm das Essen mit einer dankenden Geste an. Irgendwo in der Ferne dröhnten noch immer die Trommeln des Schlangentanzes.

»Natürlich«, meinte Desta lächelnd und biß von ihrem Brot ab, »bist du eine erwachsene Frau, deshalb liegt die Entscheidung ganz bei dir. Wir erteilen nur Ratschläge.«

»Niemals Befehle«, fügte Olva hinzu.

»Aber, liebe Mütter, sagt mir bitte eines: Habt ihr schon jemals zuvor so etwas gehört? Stavan möchte, daß ich alle anderen Männer aufgebe, für immer, selbst zu Festzeiten.«

Desta und Olva tauschten einen amüsierten Blick. »Ich habe von solchen Dingen gehört«, erklärte Olva und trank einen Schluck Wein. »Ich bin alt genug, um so ziemlich alles erlebt zu haben. Aber derart extreme Eifersucht ist in der Tat selten.«

Desta nickte. »Wirklich selten. Wie du weißt, versprechen Partner einander oft, mit keinem anderen die Lust zu teilen, aber das Versprechen gilt natürlich nicht für Zeremonien wie den Schlangentanz. Und dann gibt es noch jene, die es aus dem einen oder anderen Grund vollkommen aufgegeben haben, die Lust mit jemandem zu teilen, wie zum Beispiel die Priesterinnen von Nar, die die Göttin Erde als ihre Geliebte betrachten, oder auch jene Männer und Frauen, die keine Begierde fühlen. Die Göttin erschafft schließlich viele verschiedene Arten von Menschen. Aber was dein Liebhaber von dir verlangt, ist ungewöhnlich.«

»Und es hat einige besorgniserregende Konsequenzen«, fügte Olva hinzu. »Wenn du die Art von Schwur ablegst, die er von dir verlangt, wirst du dir von ihm helfen lassen müssen, deine Kinder zu zeugen. Du würdest sogar *alle* deine Kinder von ein und demselben Mann empfangen müssen, und vielleicht würde er sogar darauf bestehen, ihr Aita zu sein!«

»Andererseits«, hielt Desta dagegen, »kannst du ihn nicht weiter leiden lassen. Jemanden zu verletzen, mit dem du die Lust teilst, ist eines der schlimmsten Dinge, die du tun kannst, deshalb mußt du eine Wahl treffen. Entweder du tust, worum er dich bittet, und versprichst ihm, nur noch mit ihm Liebe zu machen, bis du so alt bist, daß dich die Lust nicht länger interessiert«, sie schmunzelte, »was wahrscheinlich erst passieren wird, wenn du neunzig bist, weil du wie die Art von Frau aussiehst, die die Göttin mit ihrem Körper preisen wird, solange sie kann, oder...« Sie hielt inne.

»Oder ich höre vollkommen auf, die Lust mit ihm zu teilen«, sagte Marrah düster.

Desta und Olva lachten. »Mein liebes Mädchen«, meinte Desta, »wer hat denn irgend etwas in der Art vorgeschlagen? Olva und ich brauchen dich nur anzusehen, um zu wissen, daß du deinen sonderbaren, häßlichen Liebhaber ebensowenig aufgeben könntest wie ein Schmetterling die Blumen. Nein, hör nicht auf, die Lust mit ihm zu teilen; schließe einen Kompromiß. Leg ein Sommergelöbnis ab.«

»Genau das denke ich auch.« Olva nickte. Sie reichte Marrah noch ein Stück Brot und bedeutete ihr mit einer Handbewegung, sich von dem Wein zu bedienen. »Man könnte sagen, die Göttin in ihrer Weisheit hat Sommergelöbnisse für genau diese Gelegenheiten gemacht.«

»Aber was ist ein Sommergelöbnis?« Marrah blickte von einer Königin zur anderen.

Sie schienen überrascht. »Ihr kennt keine Sommergelöbnisse im Westen jenseits des Westens?« Marrah schüttelte den Kopf. »Wie merkwürdig.«

»Nun, hier auf Gira haben wir sie«, erklärte Olva. »Weißt du, dein junger Mann ist nicht der erste, der unter Eifersucht leidet, wenn die Trommeln des Schlangenfests zu dröhnen beginnen.« Sie seufzte. »Ach ja, junge Männer, wie süß sie sind und wie unpraktisch.«

»Junge Frauen aber auch«, hielt Desta dagegen.

»Ja«, stimmte Olva zu, »junge Frauen auch, sicherlich. Aber meiner Erfahrung nach sind es hauptsächlich die jungen Männer, die die Träumer sind. Sie bilden sich ein, sie würden bis in alle Ewigkeit dieselbe Frau lieben. Manchmal ist es durchaus so, wie ich zugeben muß. Aber meistens entwickeln beide Partner neue Interessen, was der Grund dafür ist, warum die Leute gewöhnlich warten, bis sie – wie soll ich es ausdrücken?« Sie blickte Marrah nachdenklich an, wollte sie offensichtlich nicht kränken. »Nun ja, bis sie alt genug sind, um ihre eigenen Vorlieben zu kennen. Und in der Zwischenzeit gibt es Sommergelöbnisse, um die Leiden der Jugend zu beseitigen. Wenn zwei Leute ein Sommergelöbnis ablegen, versprechen sie –«

»Lust miteinander zu teilen, und *nur* miteinander, einen ganzen Sommer lang.« Desta hob lachend ihren Zeigefinger und drohte Marrah scherzhaft: »Keine Liebesspiele mit Fremden bei Feierlichkeiten, keine zufälligen Ausflüge in den Wald mit irgendeinem anderen, wenn Vollmond ist und du dich langweilst, und keinerlei Lügen irgendwelcher Art. Und dieses Gelöbnis endet mit den herbstlichen Regenfällen.«

»Dann kannst du ein Wintergelöbnis ablegen, falls du immer noch dazu in Stimmung bist«, fügte Olva schmunzelnd hinzu.

Marrah war sich nicht sicher, wie Stavan auf die Idee eines Sommergelöbnisses reagieren würde, aber sie dankte den Königinnen für ihren Vorschlag. Sie nickten und lächelten, als wären alle Probleme damit gelöst, was Marrah inständig hoffte.

»Und jetzt trink deinen Wein aus«, sagte Olva, »und beeil dich, deinem unbesonnenen Liebhaber die gute Nachricht zu verkünden: daß du sein bist und nur sein, bis der Regen fällt. Vielleicht wird er bis dahin zur Vernunft gekommen sein. Und laß dir noch einen guten Rat von mir erteilen, ganz unter uns dreien – wenn du älter wirst, stellst du möglicherweise fest, daß du keinen ständigen Partner möchtest. Ich zum Beispiel habe keinen. Oh, sicher, ich habe natürlich Liebhaber, aber meine Kinder und meine Familie reichen mir vollauf, sie füllen mein Herz aus. Du siehst, die Göttin hat einige Menschen dazu erschaffen, in einer Partnerschaft zu leben, und andere, um ohne Partner zu leben, und das Geheimnis des Glücks besteht darin, herauszufinden, zu welcher Sorte von Menschen du selbst gehörst.«

»Ganz zu schweigen davon, daß es noch andere Dinge im Leben gibt«, fügte Desta hinzu. »Morgen zum Beispiel bringen wir die Asche der alten Yasha zum Meer und rufen die Delphine, damit sie sich ihrer Seele annehmen. Es ist eine wunderschöne Zeremonie.« Sie legte ihre Fingerspitzen aneinander und verbeugte sich förmlich vor Marrah. »Und wir würden uns geehrt fühlen, wenn Sabalahs Tochter an der Zeremonie teilnähme.«

Die Einladung kam völlig überraschend für Marrah. Sie hatte nicht erwartet, dazu aufgefordert zu werden. Höflich legte sie ihre Fingerspitzen aneinander und dankte den Königinnen. Es war ein seltsam feierlicher Augenblick nach so vielen mütterlichen Ratschlägen, aber er hatte etwas merkwürdig Befriedigendes. Olva und Desta hatten Anteil an ihrem Dilemma genommen, ohne sie jedoch vergessen zu lassen, daß sie auch eine Priesterin aus einem alten Geschlecht von Priesterinnen war. Sie mochte Stavan zwar lieben, aber ganz gleich, wieviel Glück oder Schmerz ihr diese Liebe brachte, sie war noch immer Sabalahs Tocher, und wie Desta gesagt hatte: es gab noch andere Dinge im Leben.

Wie Marrah schon vermutet hatte, zeigte sich Stavan nicht sonderlich begeistert von der Idee eines Sommergelöbnisses, doch er war erleichtert, daß sie bereit war, ihm überhaupt irgendein Versprechen zu geben, besonders, da die Trommeln des Schlangentanzes noch immer lockten. »Ich möchte dich ganz für mich allein haben«, sagte er, »und wenn das bedeutet, daß ich versprechen muß, keine anderen Frauen zu haben, dann ... also, ich habe mir die Sache durch den Kopf gehen lassen und bin zu der Entscheidung gekommen, daß die Sache es wert ist, etwas von meinem Stolz zu opfern, damit wir Frieden haben können. Es ist zwar nicht die Art Abkommen, die ein Krieger, der halbwegs bei Verstand ist, mit einer Frau schließen würde, und ich würde mich zum Gespött meines ganzen Stammes machen, wenn sie dahinterkämen, aber ich muß nun mal die Tatsache akzeptieren, daß hier andere Bräuche herrschen und daß du keine gewöhnliche Frau bist, und deshalb, bei Han, werde ich es tun! Bis zum Winter werde ich dich davon überzeugt haben, ein längeres Gelöbnis abzulegen, und früher oder später ...« Er beendete den Satz nicht, aber Marrah spürte deutlich, daß er immer noch die Hoffnung hegte, sie würde ihn zu dem nehmen, was er »Ehemann« nannte. Na schön, sollte er ruhig hoffen. Woher sollte sie wissen, was sie fühlen würde, wenn die Regenfälle einsetzten? Möglicherweise wären sie zu der Zeit schon in Shara, und alles könnte anders sein.

An diesem Abend gingen die beiden in eine der kleinen, eiförmigen Kammern unter dem östlichen Tempel, um ihren Sommerschwur vor einer kleinen Statue von Hessa, der heiligen Schlangengöttin, abzulegen.

»Dies ist unser Hochzeitstag«, sagte Stavan. »Im Grasmeer wären jetzt alle unsere Verwandten um uns versammelt, und wir würden ein großes Fest feiern. Du würdest einen langen weißen Schleier tragen und dein Gesicht wie eine anständige junge Frau verhüllen«, er lachte und küßte Marrah zärtlich, »und ich würde auf einem prächtigen Hengst geritten kommen und dich entführen, während du schreien und beißen und kratzen würdest... oder vielmehr so tun würdest, als sträubtest du dich. Und anschließend würden die Frauen tanzen, und die Männer würden bis zum Morgengrauen trinken, während wir Liebe machten in einem festlichen weißen Zelt, das mit den Clanzeichen meines Vaters geschmückt wäre.«

Wie gewöhnlich, wenn er von der Lebensweise seines Volkes erzählte, war Marrah verwirrt. »Welchen Sinn hätte es, so zu tun, als würdest du mich entführen?« fragte sie verständnislos. »Es klingt unerfreulich und ist doch sicherlich unnötig, und dieser lange Schleier würde mich nur behindern. Ich würde lieber ein Gelöbnis ablegen, so wie es bei meinen Leuten üblich ist, allein mit dir, wo uns nur die Göttin hören kann.«

Stavan konnte ihr nicht erklären, warum bei seinem Volk eben jene Bräuche herrschten. Während er sie feierlich auf die Stirn küßte, nahm er eines von Achans Goldarmbändern ab und schob es über Marrahs Handgelenk. »Wir werden tun, was immer dich glücklich macht«, versprach er. Und dann legte er eine Hand auf Hessas runden, spiralförmigen Bauch und gelobte, Marrah den ganzen Sommer zu lieben, zuerst auf hansi und dann noch einmal auf shambah, damit sie alles verstand.

Danach liefen die Dinge gut, und sie waren wieder für eine lange Zeit glücklich.

Am nächsten Morgen, dem fünften und letzten Tag des Schlangenfests, nahm Marrah zusammen mit den Priesterinnen von Gira an einer Zeremonie teil, so fremdartig schön und faszinierend, daß kein Gedenklied ihr jemals gerecht geworden war. Die Zeremonie, die als »Das Herbeirufen der Delphine« bekannt war, fand kurz vor Sonnenaufgang statt, als der Himmel purpurrote und rosa

Streifen aufwies und das Meer so ruhig und glatt wie die Innenfläche einer Hand war.

Einige Stunden zuvor, als noch Dunkelheit geherrscht hatte, war Desta vom Östlichen Tempel aufgebrochen und hatte die Asche der toten Yasha in einer kleinen, eiförmigen Tonschale durch die Stadt getragen. Als Königin des Ostens war Desta für alle Riten von Geburt und Leben verantwortlich, und während sie durch die Stadt ging, gefolgt von Marrah und mehreren hundert weißgekleideten Priesterinnen, sang sie ein Lied, das sie selbst komponiert hatte. Das Lied erzählte die Lebensgeschichte Yashas. Wie alle Bestattungslieder war es nicht ganz ehrfurchtsvoll, aber Yasha und ihre Zwillingsschwester hatten dem Inselvolk gut gedient damals zu ihrer Zeit, und die Geschichte ihrer Taten wurde liebevoll erzählt, begleitet von Flöten und Harfen und den hohen Stimmen einer speziellen Gruppe von Kindern, die Desta beim Refrain unterstützten.

Als Desta den Westlichen Tempel erreicht hatte, übergab sie das Tonei voller Asche an Olva, die bereits am Rand des Meeres auf sie wartete. Als Königin des Westens war Olva für alles zuständig, was mit Tod und Erneuerung zu tun hatte. Sie nahm die Schale aus der Hand ihrer Schwester, kniete nieder und küßte die Erde, und als ihre Lippen den Sand berührten, traten sechs Priesterinnen vor, die Arme voller weißer Blumen, und streuten einen Pfad von Blütenblättern, der zum Wasser hinunterführte.

Marrah war eine jener Priesterinnen, und als sie sich vorbeugte und duftende Blüten auf den Strand streute, fühlte sie ein Prickeln der Erregung. Spielte ihr ihre Phantasie einen Streich, oder begann sich das Meer tatsächlich leicht zu kräuseln? Sie warf die letzte Blume und blickte dann angestrengt auf das Wasser hinaus, aber es war immer noch spiegelglatt. Wellen, so flach, daß sie kaum erkennbar waren, plätscherten an den Strand, und das einzige Zeichen von Bewegung war eine einzelne Möwe, die Richtung Westen flog, wobei ihr weißer Bauch matt im frühmorgendlichen Licht schimmerte.

Olva erhob sich und reichte das Tonei der ältesten Frau auf der Insel, einer uralten Dorfmutter namens Shadaz, die rechts und links von ihren beiden ältesten Söhnen gestützt wurde. Shadaz wiederum reichte Olva ein Widderhorn. Olva hob das Horn an ihre Lippen und blies einen einzigen schmetternden Laut, der von den Häusern von Itesh widerhallte. Beim Klang des Horns warfen sechs Priesterinnen ihre weißen Gewänder ab und standen einen Moment nackt da, das Gesicht dem Meer zugewandt, bevor sie sich an den Händen faßten und ins Wasser schritten, bis die Wellen ihre Brüste umspielten.

Bis zu diesem Punkt war die Zeremonie interessant gewesen, aber mehr oder weniger ähnlich wie Dutzende von anderen Zeremonien, an denen Marrah teilgenommen hatte. Doch was als nächstes geschah, war so erstaunlich, daß sie später kaum noch glauben konnte, daß sie das Ganze nicht nur geträumt hatte. Wieder blies Olva in das Horn, und beim zweiten Schmettern begann das Wasser plötzlich zu wirbeln und zu schäumen. Eine einzelne glatte schwarze Schwanzflosse erschien, pflügte durch die Wellen, dann tauchte eine zweite auf. Feuchtglänzende, schwarz-weiße Leiber sprangen in die Luft, spritzten die Priesterinnen naß und ließen sich dann wieder mit Schwung in die Wellen fallen. Die Delphine von Gira waren gekommen.

Es mußten mindestens zwanzig Tiere gewesen sein, vielleicht sogar noch mehr. Da sie täglich mit dem besten Fisch gefüttert wurden, den die Tempel von Itesh zu bieten hatten, und niemals gejagt oder in irgendeiner Weise verletzt wurden, hatten sie keine Angst vor Menschen. Übermütig umkreisten sie die nackten Frauen im Wasser, während sie sie mit ihren langen Schnauzen anstupsten und spielerisch mit den Flossen nach ihnen schlugen.

Und die Priesterinnen riefen den Delphinen zu, stießen hohe, pfeifende Töne aus, die Marrah zu imitieren versuchte. Eine nach der anderen fingen sie ein Tier ein, kletterten auf seinen Rücken und ritten auf ihm durch die aufgewühlte See. Auch Marrah gelang es, einen Delphin zu erwischen und auf ihm zu reiten, nicht weil sie besonders geschickt gewesen wäre – sie stellte sich sogar ziemlich ungeschickt an –, sondern weil das Tier Geduld mit ihr hatte und sie – wie sie später entschied – behandelte, als wäre sie ein Kind, das noch nicht richtig schwimmen konnte. Der Delphinleib war glatt und schlüpfrig, und sie rutschte mehrere Male von seinem Rücken, aber jedesmal wartete das Tier auf sie, schwamm im Kreis um sie herum und stupste sie aufmunternd in die Seite, bis sie erneut auf seinen Rücken kletterte.

Am Strand hatte Olva inzwischen ihre Gewänder abgelegt und watete ins Meer, um die Asche der alten Yasha zu verstreuen, doch Marrah nahm kaum Notiz von diesem Teil der Zeremonie. Sie war hellauf begeistert und vollkommen gefangen von dem schaukelnden Ritt, dem Wind in ihrem nassen Haar, dem geschmeidig glatten, schwarz-weißen Delphin unter sich, der sie so schnell und dennoch so behutsam durch die Wellen trug.

Ein paar Tage später, nachdem sie Abschied von Rhoms Vettern und Kusinen genommen hatte, die nach Lezentka zurücksegelten, verließen Marrah, Stavan und Arang Gira an Bord eines Schiffes voller Obsidian, das in östlicher Richtung zum Festland fuhr. Die Flut würde erst im Laufe des Nachmittags ihren Höchststand erreichen, deshalb verzögerte sich ihre Abfahrt.

An diesem Morgen, als Marrah auf einer der Bänke vor dem Tempel saß und ungeduldig darauf wartete, daß Stavan und Arang mit getrockneten Datteln und anderen Vorräten zurückkehrten, erschienen Desta und Olva mit einem Bündel, das in weißes Leinen gewickelt war. Das Bündel enthielt eine kleine, kunstvoll dekorierte Schale, die einen Kreis tanzender Priesterinnen darstellte, umringt von Delphinen. Die zierlichen Figuren schwangen ihr schwarzes Haar genau wie die Priesterinnen in Sabalahs Lied, und die Delphine sprangen in die Luft und pflügten durch die Wellen, die über den Rand der Schale schwappten.

»Es ist ein Abschiedsgeschenk«, erklärte Olva. »Etwas, was euch an Gira erinnern soll.« Und daraufhin küßten die Königinnen Marrah auf beide Wangen, erteilten ihr ihren Segen und wünschten ihr eine gute und sichere Reise nach Shara.

10. Kapitel

»Reist schnell, meine geliebten Kinder,
reist wohlbehalten nach Shara weiter.
Sabalahs Liebe zu euch ist süßer
als alle Honigkuchen von Kaza,

schöner als die irdenen Vasen von Hita,
mächtiger als der rauchende Berg,
der über der Bucht von Omu aufragt,
von Wolken verhüllt und mit Feuer gefüllt.«

Sabalahs Lied, Strophe 23–24

Östlich von Gira

Wieder füllte der Wind die Segel ihres Raspas, während er sie Richtung Osten über das in morgendlichem Glanz erstrahlende Meer trieb, und wieder tauchte irgendwann eine Stadt am Horizont auf, aber Marrah lernte sie nie auf die Art kennen, wie sie Gira kennengelernt hatte. Wie so viele andere Städte, die noch kommen sollten, war die erste Stadt auf dem Festland ein Ort, den sie so rasch hinter sich ließen, daß nur ein verschwommener Eindruck zurückblieb: eine weite Bucht, ein rauchender Vulkan, ein Wirrwarr von Steinhäusern; Tempel, geschmückt mit gelben Jasminblüten, gastfreundliche Menschen, eine schnelle Reise über Land. Von dem Moment an, als sie Gira verließen, waren sie ständig unterwegs, fuhren von Omu nach Sula, von Sula nach Eringha, von Eringha nach Chutku, wo die Flüsse nach Osten in das Land der Hita flossen und in den Rauchfluß mündeten, der sich wie eine lange Wasserschlange durch das Herz der Welt ringelte.

Dank Marrahs und Arangs Pilgerhalsketten verzögerte sich ihre Weiterfahrt nur selten um mehr als ein paar Tage. Ein Blick auf die Muscheldreiecke genügte, und Fremde stellten Essen vor sie hin und boten ihnen warme Betten an und jegliche Hilfe, die sie brauchten. Ganze Dörfer versammelten sich manchmal um sie und baten darum, gesegnet zu werden, und es kam nicht selten vor, daß Marrah und Arang morgens aufwachten und feststellten, daß ihre Gastgeber still und leise Schalen mit Früchten und Blumen neben ihr Lager gestellt hatten.

Wenn Marrah in jenem Sommer überhaupt eine Art Zuhause hatte, dann war es der Umhang, in den sie sich nachts hüllte, um sich gegen die Kälte zu schützen, und Stavans Schulter, an die sie ihren Kopf lehnte. Es war aufregend, so schnell zu reisen und so viele neue Dinge zu sehen, aber auch verwirrend, und manchmal, wenn sie wieder einmal an einem völlig fremden Ort erwachte, erlebte sie das seltsame Gefühl, nicht genau zu wissen, warum sie eigentlich dort war.

Dann berührte sie jedesmal den kleinen gelben Stein, der an der Lederschnur um ihren Hals hing, und erinnerte sich daran, daß sie Marrah aus Xori war, Sabalahs Tochter, unterwegs, um das Volk ihrer Mutter zu warnen. Und danach pflegte sie beruhigt aufzustehen, zog ihr Kleid und ihre Sandalen an und machte sich auf die Suche nach Stavan, der oft schon vor ihr aufgestanden war. Sie verbrachten ein paar ruhige Minuten zusammen, um über das Wetter zu sprechen oder über die Aussichten auf Frühstück, bevor sie Arang weckten, und dann begann der Tag. Nachdem sie ihre Tragekörbe gepackt hatten, verzehrten sie, was immer ihnen angeboten wurde, bedankten sich bei ihren Gastgebern, schlossen sich wieder den Händlern an, die sie führten, und machten sich erneut auf den Weg, um erst gegen Mittag wieder eine Rast einzulegen.

Doch obwohl sie relativ schnell vorankamen, nahm Marrah sich die Zeit, die Welt zu genießen. Sie war jetzt vierzehn, und sie war lange genug gereist, um zu wissen, daß sie vielleicht nie wieder genau denselben Weg entlangkommen würde; deshalb hielt sie die Augen offen, wenn sie einen Pfad entlangwanderten oder in einem Boot an einem Dorf vorbeitrieben, und versuchte, so viel zu lernen, wie sie konnte. Wenn die jeweiligen Führer zufällig wußten, wie und wozu die heimischen Pflanzen benutzt wurden, dann ging sie häufig neben ihnen her und bat sie, ihr Wissen mit ihr zu teilen. »Im Land des Küstenvolks benutzen wir dieses Kraut hier für gebrochene Knochen«, pflegte sie zum Beispiel zu sagen, während sie ein Stückchen Ackerschachtelhalm hochhielt. »Und wozu nehmt ihr es? Wir kochen manchmal eine Suppe aus Nesseln. Ihr auch?«

Manchmal konnten sie ihr sagen, was sie wissen wollte, und manchmal auch nicht, aber eine Frage führte immer zur nächsten, und bald pflegten sie andere Dinge zu diskutieren: Welche Sitten und Gebräuche mit der Geburt von Zwillingen verbunden waren, wie heiß eine mineralische Quelle zu sein hatte, um Linderung bei schmerzenden Knochen zu bringen, welcher Ton am besten zur Herstellung von Kochtöpfen geeignet war, wie man Salz aus Meerwasser gewinnen konnte. Obwohl ihre Tage lang und ermüdend waren, waren sie niemals langweilig. Später sollte Marrah großen Nutzen aus diesen Unterhaltungen ziehen, und am Ende erwiesen sie sich als die beste Ausbildung, die eine Priesterin hätte bekommen können.

Doch jener Sommer bot noch mehr, als immer nur einen Fuß vor den anderen zu setzen. In den folgenden Jahren vergaß Marrah niemals die Gebirgsdörfer von Chutku, wo nackte Frauen Ringkämpfe zu Ehren der Bärengöttin veranstalteten, oder die halbmondförmigen Wasserreservoirs von Sula, die wie eine Handvoll Mondsicheln schimmerten, die jemand nachlässig über die Ebene verstreut hatte. Die Welt war voller unerwarteter Schönheit und exotischer Bräuche, und Marrah reiste selten mehr als ein paar Tage, ohne etwas Denkwürdiges zu sehen.

Drei Dinge prägten sich ihr besonders nachhaltig ins Gedächtnis ein. Das erste war eine Kupfermine an einem Ort namens Shifaz. Sie trafen gegen Mittag auf die Mine, als die Sonne hoch am Himmel stand und die Felsen unter den Sohlen ihrer Sandalen brannten. Ein halbes Dutzend Männer und Frauen stand in einem langen Graben und grub das Roherz mit steinernen Hämmern und Stöcken aus Hirschgeweih aus der Erde. Und dabei sangen sie, während sie ihre Werkzeuge im Rhythmus des Liedes schwangen. Ihre Gesänge waren eindringlich und schwermütig, erinnerten an das Heulen von Wölfen oder den Schrei von Vögeln, und als Marrah sie bat, eines davon in die Alte Sprache zu übersetzen, entdeckte sie, daß es eine Entschuldigung an die Göttin Erde war, ganz ähnlich der Art, wie sich ihr eigenes Volk bei Tieren entschuldigte. »Danke, Mutter Erde, daß du uns deine Knochen schenkst«, sangen die Minenarbeiter. »Vergib uns, daß wir das Kupfer nehmen, das in deinem Mutterschoß wächst.«

Rauch hüllte sie ein, während sie sangen, und die Feuer, die sie angezündet hatten, um Risse in die Felsen zu sprengen, knisterten und prasselten. Aus Tonkrügen, halb so groß wie ein Mann, gossen sie eiskaltes Wasser auf die erhitzten Felsen, um die grünen und blauen Klumpen Erz aus dem Inneren des Gesteins zu gewinnen, und als Marrah und Arang wieder aufbrachen, schenkten sie jedem von ihnen eine kleine Kupferperle, die nicht größer als ein Regentropfen war.

Der zweite denkwürdige Anblick waren die Töpferwaren von Hita. Hita war ein riesiges Gebiet, das alles umfaßte, von entlegenen kleinen Bergdörfern bis hin zu mehreren großen Städten, die am Rauchfluß lagen. Obwohl die Bewohner alle dieselbe Sprache sprachen, lebten sie auf sehr unterschiedliche Weise und befolgten viele verschiedene Bräuche. Das eine, was sie neben der Sprache gemeinsam hatten, war ein begnadetes Talent dafür, den roten und braunen Ton ihrer Heimaterde zu nehmen und ihn in Keramikgefäße zu verwandeln, so wunderschön, daß Marrah sie nur ehrfürchtig anstarren konnte, erstaunt, daß Menschen in der Lage waren, solche Schönheit zu erschaffen. Jeder Tempel, ganz gleich, wie klein, hatte eine Töpferwerkstatt, und die Priesterinnen von Hita kannten spezielle Rezepte, um Farben und Glasuren zu mischen.

Die Töpferwaren der Hitaner waren in jeder erdenklichen Form zu haben. Es gab Skulpturen von Fröschen, Schlangen, Hunden, Widdern; zeremonielle Trinkgefäße, Weinkrüge; Masken, so leicht wie Stroh; riesige Teller, zu schwer, um sie zu heben. Aber das größte Stück hitanischer Töpferkunst waren die Tempel von Takash. Takash, am Rauchfluß gelegen, war seit Generationen ein reiches Handelszentrum. Es besaß dreiundzwanzig Tempel, und jeder dieser Tempel bestand aus einem einzigen Stück glasierten Tons, viermal so hoch wie ein Mann und groß genug, um ein

Dutzend Menschen aufzunehmen. Die meisten der gigantisch modellierten Tempel waren wie die Vogelgöttin geformt, mit einem schnabelähnlichen Mund, Brüsten und einer Tür, die in den »Mutterschoß« führte, aber es gab auch solche in Form einer Bärin, größer als jeder Bär, der jemals gelebt hatte, oder in Gestalt von großen Schlangen, die sich gen Himmel schlängelten, und sogar einen Wassertempel, dessen Wände in ewig grünem und blauem Glanz schimmerten wie der Rauchfluß, der zu seinen Füßen vorbeifloß.

Marrah erfuhr, daß die Tontempel von Takash von innen durch ein großes Feuer erhitzt wurden, das die feuchten Tonziegel trocknete und härtete. In späteren Jahren träumte sie oft von jenen Tempeln, die sich wie beschützende Geister über der Stadt erhoben. Später, wenn sie selbst Töpfermeisterin wäre, würde sie einen Klumpen rohen Ton in die Hand nehmen und einen Moment lang ruhig dasitzen, während sie um eine Inspiration betete, und dann würden die Tempel von Takash vor ihrem inneren Auge erscheinen, glänzend und schön. Und daraufhin würde der Ton in ihrer Hand ein eigenes Leben annehmen, und sie würde den Topf oder Becher nur führen müssen, während er wie von selbst Gestalt annahm.

Verglichen mit der Pracht der Tempel von Takash, schien das dritte großartige Ereignis ihrer Reise auf den ersten Blick überhaupt nichts zu sein. Der Anblick hatte nicht die dramatische Wirkung der Kupferminen von Shifaz oder die atemberaubende Schönheit einer Vogelgöttin, die groß genug war, um ein Dutzend Leute in ihrem Inneren zu beherbergen – es war lediglich ein Stück gegerbtes Leder, zwei Hände breit und drei Handbreit lang, an einem Ende ausgefranst und dünn vom häufigen Gebrauch. Eine alte Priesterin zeigte es Marrah eines Nachmittags in einem kleinen Dorf am Rauchfluß. Sie war beim Anblick ihres Einbaums auf den Bootsanleger hinausgeeilt und hatte sie ans Ufer gewinkt.

Das Leder war wie ein schlafendes Baby in ein Stück Stoff gehüllt, und die alte Priesterin rollte das Bündel feierlich auseinander. Auf dem Leder waren verschiedene Symbole zu erkennen: Dreiecke, kammähnliche Gebilde, Tupfen, Wasserlinien und so weiter, und zwar nicht zu einem speziellen Muster angeordnet, sondern willkürlich verstreut – so dachte Marrah zumindest.

»Diese hier sprechen«, sagte die alte Frau und deutete auf die Zeichen.

Marrah betrachtete sie genauer, während sie herauszufinden versuchte, was »sprechen« wohl bedeuten sollte, wenn doch offensichtlich war, daß die Symbole stumm waren. Einige, wie das Dreieck, waren vertraute Symbole für die Göttin Erde, aber der Rest hätte auch die Kritzeleien eines gelangweilten Kindes sein können.

»Danke, daß du mir dies gezeigt hast, Großmutter«, sagte Marrah höflich und machte Anstalten, zum Boot zurückzukehren.

Die alte Priesterin hielt sie am Arm zurück, lächelte ein zahnloses Lächeln, glättete das Stück Leder mit der Spitze eines Fingers und begann ein Heiler-Lied zu singen, das Marrah noch nie zuvor gehört hatte. Das Lied war in der Alten Sprache, und es beschrieb, wie man mit einer Mischung aus bestimmten Wurzeln und Blättern weinrote Muttermale auf den Gesichtern neugeborener Kinder beseitigen konnte. Marrah hörte höflich zu und fragte sich verwirrt, was das Ganze sollte, da eindeutig nirgendwo Neugeborene in Sicht waren, und als die alte Priesterin geendet hatte, bedankte sie sich noch einmal, kletterte in den Einbaum zurück, setzte ihre Fahrt den Fluß hinunter fort und vergaß den Vorfall.

Erst viele Monate später, als sie in das innere Heiligtum des Eulentempels in Shara geführt wurde und dreißig zusammengerollte Streifen aus Leder sah, jeder einzelne in seinem eigenen hölzernen Nest, begriff sie, daß ihr die alte Priesterin etwas gezeigt hatte, was sich »Handschrift« nannte. Die Priesterin hatte kein Gedenklied gesungen, wie Marrah vermutet hatte, sondern sie hatte von einer ledernen Schriftrolle abgelesen. Es war eine große Ehre gewesen, eine, die sie zu jener Zeit aus Unwissenheit nicht zu schätzen gewußt hatte; aber später, als sie im Tempel saß und mühsam die heiligen Schriften zu entziffern versuchte und dabei die Stimmen von lange verstorbenen Generationen hörte, erkannte sie, daß sie es wahrscheinlich nur ihrer Pilgerhalskette verdankte, daß sie einen flüchtigen Blick auf einen solch mächtigen Zauber hatte werfen dürfen, noch bevor sie ihr endgültiges Gelübde als Priesterin abgelegt hatte.

Aber der großartigste Anblick von allen war nicht eine Schriftrolle oder ein Tempel oder eine Kupfermine, sondern die Welt selbst. Sabalah hatte gesungen, daß das Herz der Erde im Osten lag, und jetzt sah Marrah dieses Herz mit eigenen Augen, ein pulsierendes Zentrum des Handels und der Zivilisation. Allein entlang den Ufern des Rauchflusses gab es Hunderte von Dörfern und Dutzende von großen Städten. Es gab mehr Menschen, als sie sich jemals hätte vorstellen können, und alle hatten ihre eigenen Sitten und Gebräuche, ihre eigene Art, sich zu kleiden, ihre eigene Sprache und ihre eigene Art zu beten. Nur die Göttin Erde vereinte sie alle, und selbst sie kam in vielerlei Gestalt daher. Aber ob sie als Bärin oder Schmetterling, als Fisch oder Biene angebetet wurde, wo immer die Menschen zu ihr beteten, wurden Kinder liebevoll aufgezogen, Frauen geehrt, alte Menschen respektiert, und Streitigkeiten zwischen Dörfern wurden auf friedliche Weise beigelegt.

Stavan, der mehr von der Welt gesehen hatte als Marrah, war dennoch ebenso beeindruckt wie sie. Oft, wenn sie einen Fluß hinuntertrieben und an Dörfern vorbeikamen, umgeben von grünen Weizen- und Roggenfeldern, schüttelte er verwundert den Kopf. »Wenn mein Volk hier leben würde«, sagte er zu Marrah, »dann würden sie ihr Lager nicht am Ufer des Flusses errichten, sondern oben in den Hügeln, wo sie sich verteidigen könnten. Aber andererseits haben diese Leute hier keine Feinde, nicht? Sie bauen einfach ihre Häuser, wo immer der Boden am besten für den Anbau von Weizen und Gemüse geeignet ist, und sie verschwenden niemals einen Gedanken an die Tatsache, daß sie von allen vier Seiten angreifbar sind.«

Manchmal, wenn ein Dorf auf einem Stück Flachland lag, das in den Fluß hinausragte, lachte Stavan ungläubig. »Also, eine Hansi-Kriegertruppe könnte dieses Dorf so schnell erstürmen, daß die Bewohner niemals wissen würden, wer oder was sie überwältigt hat! Aber das wird niemals passieren, weil mein Volk keine Ahnung davon hat, daß solche Dörfer existieren. Danke deiner süßen Göttin dafür, Marrah, und bete, daß sie es niemals herausfinden.«

Marrah pflegte dann nur einen Blick auf das Dorf zu werfen und den Mund zu halten. Sie war häufig in Versuchung, ihm von der

Prophezeiung zu erzählen, besonders wenn er sich weiter darüber ausließ, wie völlig schutzlos diese Dörfer dalagen, aber die Vision, die ihr gewährt worden war, als sie das Brot der Dunkelheit gegessen hatte, war heiliges Wissen, das sie nur mit einer anderen Priesterin teilen durfte. Trotzdem hatte sie oft ein schlechtes Gewissen, weil sie ihm den Grund ihrer Reise verschwieg. Sie liebte Stavan und vertraute ihm, und wenn man jemanden liebte, war es hart, ihn in die Stadt seiner eigenen Mutter zu bringen und ihn dort als Beispiel für die bösen Menschen zu präsentieren, die kommen würden, um die Stadtbewohner zu töten und ihre Tempel niederzubrennen – es sei denn, man sagte ihm klipp und klar, was ihm bevorstand. Doch ganz gleich, wie sehr sie ihn liebte, ihre Pflicht gegenüber ihrem eigenen Volk stand an erster Stelle. Das eine, was eine Priesterin niemals tat, war, ein einmal gegebenes Versprechen zu brechen, besonders nicht ein Versprechen, das man der eigenen Mutter gegeben hatte.

Obwohl Marrah ihm nicht alles sagen konnte, standen sie sich sehr nahe. Da sie Tag für Tag zusammen waren, unterhielten sie sich endlos lange, bis sie überzeugt war, fast soviel über das Grasmeer zu wissen wie Stavan. Später sollte Marrah entdecken, daß er ihr eine Anzahl von Dingen aus Freundlichkeit und Rücksichtnahme vorenthalten hatte, aber im Moment wäre sie niemals auf die Idee gekommen, daß auch er Geheimnisse hatte.

Im Laufe der Reise begann sich Stavan mehr und mehr wie ein Mann ihres eigenen Volkes zu benehmen, ja sogar wie einer von ihnen auszusehen. Nicht lange, nachdem sie den Rauchfluß erreicht hatten und sich einer Gruppe von Händlern anschlossen, die flußabwärts reiste, schnitt Stavan seinen Bart ab und tauschte seine verfilzte Pelztunika und die Stiefel gegen Sandalen und einen Leinenkilt von der Art, wie ihn die einheimischen Männer trugen. Die Sonne hatte seine Haut tiefbraun gefärbt, und wären nicht sein helles Haar und seine blauen Augen gewesen, hätte man ihn für einen Händler halten können, der mit ein paar sonderbaren Messern, einem fein gearbeiteten Köcher und einem fremdartigen Bogen nach Osten reiste, um sie gegen seltene Kräuter und ein paar Krüge guten Weins einzutauschen.

Und so vergingen die Tage, und zu Marrahs und Stavans Liebe kam eine enge Freundschaft hinzu. Wenn der Fluß breit war und träge dahinfloß, sprangen sie vom Einbaum aus ins Wasser und forderten Arang zum Mitmachen auf. Lachend und spritzend erfanden sie Spiele, um sich die Zeit zu vertreiben. Arang spielte am liebsten Fangen, wobei er so schnell wegschwamm, daß ihn niemand einholen konnte, aber wenn sie miteinander wetteiferten, wer am längsten unter Wasser bleiben konnte, war Marrah fast immer Siegerin. Stavan dagegen war eindeutig der ausdauerndste Schwimmer von ihnen.

Danach, wenn sie der Spiele überdrüssig waren, saß er neben Marrah im Boot, einen Arm um ihre Taille gelegt, und sie beobachteten gemeinsam, wie das Herz der Welt vorbeizog, Dorf für Dorf. Wenn ihr Haar fast wieder trocken war, pflegte Stavan es zu kämmen, bis es glänzte und schimmerte, oder er zog sein Messer hervor und schnitzte kleine Pfeifen für Arang, doch meistens saßen sie nur still da und genossen die Gesellschaft des anderen.

Gegen Mittag, wenn die Hitze fast unerträglich wurde und selbst die Schatten zu flimmern schienen, ruderten die Händler die Einbäume häufig zu irgendeinem schattigen Platz um Ufer, um ihr Mittagsmahl einzunehmen. Alle zogen ihre Kleider aus, um ein weiteres Bad im kühlen Fluß zu nehmen, und anschließend aßen sie und legten sich ins Gras, um auszuruhen, bis die Sonne am westlichen Horizont zu versinken begann.

In jenen Tagen, wenn Arang schlief und die Händler friedlich schnarchten, entfernten sich Marrah und Stavan manchmal ein Stück vom Rest der Gruppe und liebten sich leise im Schilf, um die anderen nicht zu stören. Wenn Marrah den Höhepunkt der Lust erlebte, zog Stavan ihr dichtes Haar über ihren Mund, um ihre ekstatischen Schreie zu dämpfen, und wenn er verzückt aufstöhnte, legte sie leicht ihre Hand auf seine Lippen. Es war etwas Süßes an diesem Liebesspiel in völliger Stille, etwas, was dem Nachmittag einen traumähnlichen Zauber verlieh. Manchmal, wenn sie danach flüsternd und lachend nebeneinandersaßen und Fruchtsaft aus einem Tonkrug teilten, der im Fluß gekühlt worden war, neckte Marrah ihn damit, daß er nur eine Traumgestalt sei, und er erwiderte scherzhaft, nein, er sei ihr Dämonen-Liebhaber. Im Grasmeer, so erzählte er ihr, kämen die Götter oft aus der Unterwelt hervor, um sich mit sterblichen Frauen zu paaren, und jeder wüßte, daß die Götter unersättlich waren.

»Kein Mann aus Fleisch und Blut könnte dich so küssen«, sagte er und küßte sie wild und stürmisch, bis sie keuchend nach Luft schnappte, und dann floh sie in gespielter Angst vor ihm und lachte so übermütig, daß er seine Hände auf ihren Mund legen mußte, um zu verhindern, daß sie die anderen aufweckte.

Wenn sie mehr als ein paar Tage in irgendeinem abgelegenen Dorf aufgehalten wurden, erkundeten sie die Wälder, wobei sie manchmal einen Hügel hinaufkletterten, um eine bessere Aussicht auf das zu haben, was flußabwärts lag. Am frühen Morgen machte der Rauchfluß seinem Namen alle Ehre. Weiße Nebelschleier stiegen langsam von seiner Oberfläche auf, und er schien so breit und so spiegelglatt wie ein See dazuliegen. Doch im Laufe des Tages nahm sein Wasser eine blau-grüne Farbe an; große Bäume trieben vorbei, während ihre Wurzeln wie Finger aufragten, und man konnte starke Strömungen in Ufernähe beobachten, die sich in einer endlosen, sich schlängelnden Kurve wanden, die Marrah an den Schlangentanz erinnerte.

Nachdem sie sich am Anblick des Flusses satt gesehen hatten, wanderte Marrah eine Weile herum und suchte nach unbekannten Pflanzen, während Arang mit Pfeil und Bogen übte und Stavan Vögel oder andere kleine Tiere jagte. Bisweilen, wenn er der Jagd überdrüssig war oder kein Glück hatte, führte er sie tiefer in den Wald hinein und brachte ihnen interessante Dinge bei: Wie man die Spur eines Tieres verfolgen konnte, indem man auf umgekippte Steine oder zertretene Zweige achtete; wie man Vogelgezwitscher so täuschend echt nachahmen konnte, daß selbst die Vögel den Unterschied nicht bemerkten; wie man trockenes Holz bei nassem Wetter fand oder mit dem sirrenden Bogen seines Bruders schoß. Natürlich hatten Marrah und Arang schon vieles von all dem gewußt, lange bevor sie Stavan begegnet waren. Jedes Kind des Küstenvolks wußte über diese Dinge Bescheid. Dennoch kannte Stavan die Wälder besser als sie. Es gab nichts, was er nicht aufspüren konnte, wenn ihm der Sinn danach stand; wenn er pfiff, flogen die Vögel aus den Bäumen und landeten zu seinen Füßen; und wenn er vollkommen reglos dastand und sich mit bloßer Willenskraft dazu zwang, mit den Schatten zu verschmelzen, dann war er unsichtbar.

Und so reisten sie weiter gen Osten, brachten einander Dinge bei und veränderten sich gegenseitig, bis der Tag kam, als Marrah mühelos einen Pfeil in ein Ziel schießen konnte und Stavan sie ansehen und in absoluter Aufrichtigkeit sagen konnte, daß er niemals mehr zum Grasmeer zurückkehren wollte.

Der Tag, an dem er ihr sagte, daß er nicht mehr den Wunsch habe, nach Hause zurückzukehren, war ein ganz gewöhnlicher Tag, der wie jeder andere begann. Am Morgen fingen er und Arang ein paar Fische, und später fing einer der Händler eine Schildkröte. Gegen Mittag kamen sie in einem kleinen staubigen Dorf an, wo gerade ein Fest stattfand. Von dem köstlichen Duft gebratenen Ziegenfleisches und dem Klang von Trommeln angelockt, zogen sie die Boote aus dem Wasser und eilten in die Richtung, aus der das Trommeldröhnen kam. Bald waren alle Aitas des Dorfes um die Gemeinschaftsfeuerstelle versammelt, um von ihren Kindern und den Müttern ihrer Kinder geehrt zu werden. Die Männer, die mit Blumenketten geschmückt waren, saßen bequem auf Grasmatten und aßen geröstetes Ziegenfleisch, saftige dunkelrote Trauben und Kuchen, der vor Honig nur so troff.

Wie üblich bereiteten die Dorfbewohner Marrah und Arang einen herzlichen Empfang und verbeugten sich ehrfurchtsvoll beim Anblick ihrer Pilgerhalsketten, aber an jenem Nachmittag stand Stavan im Mittelpunkt der Aufmerksamkeit – und diesmal nicht deshalb, weil er gelbes Haar und blaue Augen hatte. Die Dörfler schienen kaum Notiz davon zu nehmen, daß er anders aussah, aber als Arang ihnen stolz erzählte, daß Stavan ebenfalls ein Aita war, nahmen ihn die Männer an der Hand und führten ihn lachend zur Feuerstelle, wo sie ihn auf einen Stapel daunengefüllter Kissen setzten und ihm einen Becher gegorenen Honigsaft überreichten.

»Unsere Göttin muß dich zu uns geschickt haben, damit auch du geehrt wirst«, erklärten ihm die Dorfmütter, während sie ihm

Girlanden aus gelben und roten Blumen um den Hals hängten. Sie legten ihre Fingerspitzen zusammen und verbeugten sich feierlich vor ihm, als wäre er ein heiliger Götterbote in Menschengestalt, und dann küßte ihn die älteste Frau zur Begrüßung auf die Lippen.

Nachdem dies erledigt war, ging das Fest auf die gewohnt lärmende, chaotische Art weiter: Trommeln dröhnten, Hunde bellten, Leute klatschten im Rhythmus der Trommeln in die Hände, die Gemeinschaft der Kinder sang ein Lied über die Güte und Freundlichkeit der Aitas, und jedermann stimmte in den Chor ein, ob er nun singen konnte oder nicht.

Eines nach dem anderen traten die Kinder vor, um den Männern zu danken, die sie aufgezogen hatten, während sie ihren Aita auf die Wange küßten und Blumen zu seinen Füßen niederlegten. Jemand drückte Arang einen großen Strauß süß duftenden Geißblatts in die Hand, um ihn Stavan zu überreichen, was er dann auch tat. Er stotterte zwar leicht vor Verlegenheit, doch sämtliche Dorfbewohner applaudierten fröhlich, als er seine Arme um Stavans Hals schlang und ihn küßte.

Nachdem alle Aitas von ihren Kindern geehrt worden waren, tanzten die Mütter der Kinder für sie und sangen weitere Lieder, wünschten ihnen Glück und ein langes Leben. Schließlich tanzten die Aitas selbst.

Und zum Schluß kam die Reihe an Stavan. Er versuchte zwar, sich zu drücken, und bat darum, man möge ihm die Darbietung erlassen, aber die Dorfbewohner wollten nichts davon hören.

»Du mußt tanzen«, erwiderten sie beharrlich. »Alles in unserem Dorf tanzt. Die Blumen tanzen im Wind, die Wellen tanzen auf dem Fluß, die Vögel tanzen über uns, und die Göttin tanzt um uns herum. Wie kannst du da nicht tanzen?«

Lachend und kopfschüttelnd gab Stavan schließlich nach. »Aber ich warne euch: Mein Volk tanzt nicht so gut wie eures.«

»Tanz endlich!« riefen sie. »Rede nicht, tanz einfach!«

Und so tanzte Stavan. Hüpfend und mit den Armen rudernd, bewegte er sich zum Takt der Trommeln, doch nicht mit der fließenden Anmut der Dörfler, sondern mit der wilden Energie eines Hansi-Kriegers. Und dennoch war der Tanz, den er zeigte, kein

Hansi-Tanz. Marrah wußte dies, denn er hatte ihr einmal vorgeführt, wie die Hansi tanzten, damals in Lezentka, als sie anfingen, sich besser kennenzulernen. Er hatte es nicht tun wollen, doch sie hatte so lange gebettelt und ihn geküßt und sein Haar zerzaust, bis er nachgab. Danach hatte sie es bereut. Die Hansi tanzten ohne Freude, mit einem Speer in der einen Hand und einem Dolch in der anderen. Sie sprangen im Rhythmus der Trommeln vor und zurück, stachen auf einen imaginären Gegner ein und duckten sich, um dem Gegenangriff auszuweichen, während sie so taten, als kämpften sie gegen ihre Feinde und versuchten, sie zu töten. Es war ein furchteinflößendes Spektakel, eines, das zu wiederholen sie Stavan niemals mehr gebeten hatte.

Stavan mußte erkannt haben, daß er die Dorfbewohner nur aufregen würde, wenn er nach Art seines Volkes tanzte, und deshalb beschloß er, der gewöhnlich so geschmeidig und anmutig war, statt dessen unbeholfen zu sein. Statt elegante Sprünge zu vollführen und sich wild zu drehen, um einen imaginären Gegner anzugreifen, tanzte er nach keinem speziellen Muster, stolperte manchmal tolpatschig, wenn er aus dem Takt kam, und fuchtelte dabei mit den Armen auf eine Art, die ein bißchen albern wirkte, aber auf keinen Fall bedrohlich. Er tanzte nicht sehr lange, und als er geendet hatte, lächelte er und verbeugte sich vor den Zuschauern, die jubelten und ihm Blumen zuwarfen, offensichtlich begeistert. Marrah konnte sehen, daß nicht einer von ihnen ahnte, daß er es in Wirklichkeit besser konnte. Er hat ihnen seinen Stolz geopfert, dachte sie, und sie wissen es noch nicht einmal.

In dieser Nacht, als sie zusammen am Flußufer lagen und sich auf einem weichen Moospolster aneinanderschmiegten, flüsterte sie Stavan zu, daß sie ihn für das, was er getan hatte, noch mehr als je zuvor achtete. Er schwieg eine ganze Weile. Schließlich erhob er sich, nahm sie bei der Hand und führte sie zu einer Stelle, wo sie reden konnten, ohne Arang zu wecken.

»Ich bin dabei, mich zu verändern«, sagte er.

Sie nickte und drückte seine Hand. »Ja«, stimmte sie zu und dachte, wie anders er war als der Fremde, den sie ein Jahr zuvor am Strand gefunden hatte. Damals war er so grimmig, so argwöhnisch gewesen, so schwierig im Umgang, daß sich selbst Mutter Asha keinen Rat mehr gewußt hatte. Was würde sie wohl denken, wenn sie ihn jetzt sehen könnte, wie er mit Arang redete oder Feuerholz sammelte oder seinen Platz am Ruder übernahm?

Sie standen eine Weile ruhig da, ohne zu sprechen. In der Ferne rief eine Eule, und der breite Fluß zu ihren Füßen strömte unaufhaltsam Richtung Shara. Schließlich sprach Stavan erneut. »Ich bin mir nicht sicher, wie ich es sagen soll, Marrah, aber ich glaube, die Leute deines Volkes lieben einander auf eine Art, wie es meine nicht tun, und ich möchte an dieser Liebe teilhaben. Hast du gesehen, wie mich diese Männer heute nachmittag willkommen geheißen haben, wie sie mir alle die Hand entgegenstreckten, ganz ohne Furcht?«

»Aber natürlich haben sie dich willkommen geheißen. Warum sollten sie Angst haben? Du warst einer von ihnen, Stavan.«

»Nein, das war ich nicht. Ich war ein Fremder – ein großer, merkwürdig aussehender Fremder, der in ihr Dorf kam, ohne um Erlaubnis zu fragen. Woher wußten sie, daß ich in friedlicher Absicht kam? Dort, wo ich herkomme, traut keiner jemals einem Fremden. Wenn man einem Mann begegnet, den man nicht kennt, hält man ihm ein Messer an die Kehle, bis er einem den Namen seines Vaters sagt, und selbst wenn es ihm gelungen ist, einen davon zu überzeugen, daß er kein Spion ist, kann man trotzdem niemals sicher sein, ob er einen nicht hinterrücks ersticht. Bei den Hansi gibt es ein Sprichwort: ›Alle Männer sind geborene Feinde, bis auf Brüder, aber wende auch einem Bruder niemals den Rücken zu.‹«

Er schlang seine Arme um Marrah und zog sie fest an sich. Sie wartete, wohl wissend, daß noch mehr kommen würde. »Ein paar von den Männern, die heute nachmittag getanzt haben, waren so alt, daß sie sich kaum noch bewegen konnten, doch wann immer einer stolperte, streckte sich ihm ein Arm entgegen, um ihn zu stützen, und wenn er aus dem Takt geriet oder stehenblieb, um Atem zu holen, warteten die anderen geduldig, bis er in der Lage war weiterzutanzen.« Stavan preßte die Lippen zusammen und starrte einen Moment blicklos in die Dunkelheit.

»Hast du irgendeine Vorstellung davon, wie seltsam es für mich war, diese alten und jungen Männer zusammen tanzen zu sehen?

Wo ich herkomme, werden nur Häuptlinge mit so viel Respekt behandelt. Wenn ein gewöhnlicher Mann zu alt zum Kämpfen oder Jagen ist, wird er dazu verdammt, im Zelt seines ältesten Sohnes zu hocken und zu essen, was immer die Frauen bereit sind, ihm an Resten hinzuwerfen – das heißt, wenn ihn seine Söhne nicht vorher töten, um sich seine Pferde anzueignen. Aber hier wird jeder Mann wie ein Häuptling behandelt – und auch jede Frau, was das angeht. Selbst die Kinder werden geehrt. Ich habe noch nie etwas Derartiges erlebt. Und ich möchte auch so leben. Ich nehme an, ich habe es mir schon immer gewünscht, aber bevor ich in den Westen kam, wußte ich nicht, daß so etwas möglich ist.«

Er küßte sie auf die Stirn. »Deshalb möchte ich dich heute abend um einen großen Gefallen bitten: Bring mir mehr von eurer Lebensweise bei. Laß mich lernen, wie ich Teil eurer Welt werden kann, weil ich in meine alte Welt nicht mehr hineinpasse. Heute abend fühle ich mich nicht wie ein Hansi. Ich weiß nicht, was genau ich bin oder zu welchem Stamm ich gehöre, aber ich weiß, daß es nicht der ist, in den ich geboren wurde.«

Behutsam berührte er die kupfernen Sonnensymbole, die er um den Hals trug. »Ich will damit nicht sagen, daß ich schon bereit bin, diese hier abzunehmen und statt dessen eines der Zeichen eurer Göttin zu tragen. Ich glaube noch immer, daß Han so mächtig ist, daß Er mich auf schreckliche Weise verfluchen wird, wenn ich mich von Ihm abwende. Und ich empfinde immer noch Liebe für meinen Vater und mein Volk. Wenn sie in Not wären, dann würde ich sie verteidigen, und ganz gleich, wie friedlich wir leben, ein Teil von mir wird immer ein Krieger bleiben – zwar ein widerwilliger Krieger, aber dennoch ein Krieger. Aber wenn du das nächste Mal in einen Tempel gehst, um der Göttin Erde Blumen zu schenken, dann bin ich bereit, mit dir zu gehen.«

Er streckte eine Hand aus und berührte den gelben Stein, den die Priesterinnen von Nar Marrah geschenkt hatten. »Wer weiß, was in der Zukunft geschieht? Vielleicht werde ich eines Tages diese kupfernen Sonnen abnehmen und sie zu deinen Füßen verstreuen wie Sterne, die vom Himmel fallen.«

11. Kapitel

»Ich habe Shara schimmern sehen,
sah seine weißen Häuser in der Sonne leuchten.

Schönste aller Städte,
erbaut am Rande
des weindunklen Sees,

Sabalah hat dir
ihre kostbarsten Schätze geschickt.
Sabalah hat dir
die Kinder ihres Herzens gesandt.«

Sabalahs Lied, die letzten drei Strophen (von Westen nach Osten gesungen)

Von Shemsheme zum Süßwassersee

Der Rauchfluß bestand aus zwei Flüssen, durch eine enge Schlucht voller gefährlicher Stromschnellen getrennt, die die Handelsrouten in zwei Teile trennte. Bekannt als Shemsheme oder »Die Knie der Göttin«, wurde die Schlucht in vielen Liedern besungen und war berüchtigt für die Anzahl von Booten, die an ihren Felsen in tausend Stücke zerschellt waren, als sie von einem Ende zum anderen zu gelangen versuchten, und als sich Marrah, Stavan und Arang diesem Gebiet näherten, bekamen sie eine endlose Reihe von furchterregenden Geschichten zu hören.

Oberhalb von Shemsheme war der Fluß eine nebelverhüllte, stille Fläche grau-grünen Wassers, das zwischen flachen Hügeln dahinfloß. Es gab keine nennenswerten Strömungen, und an normalen Tagen war das Wasser so ruhig, daß die Einheimischen ihren Flachs im Hauptflußbett einweichen konnten. Rinder standen knietief in der trägen Strömung und kauten geduldig ihr wiedergekäutes Futter, während kleine Kinder sie wuschen und sich gegenseitig lachend naß spritzten. Bei Sonnenuntergang wurde der Fluß zu einem Spiegel, in dem rote, blaue und violette Lichter reflektierten, und falls nicht gerade ein Windstoß die Wasseroberfläche kräuselte oder eine Schar Vögel laut krächzend vorbeiflog, störte nichts die brütende Stille.

Unterhalb von Shemsheme war der Fluß allen Berichten zufolge nicht viel anders. Breit und träge floß er durch eine weite, flache Ebene, und die Strömung war so langsam, daß sich ein Strohhalm, der aus einem Boot geworfen wurde, kaum vorwärtszubewegen schien. Schließlich wandte sich der Fluß nach Norden und dann nach Osten, wobei er sich verzweigte und sich einen Weg durch ein schilfbewachsenes Delta bahnte, bevor er sich in den Süßwassersee ergoß. Doch bei Shemsheme wurde der Fluß zu einem wilden Geschöpf. Tosend und wild schäumend schoß er zwischen den Knien der Göttin hindurch und warf dabei Wellen auf, höher als ein ausgewachsener Mann.

»Ihr werdet gegen die Klippen geschleudert werden, und eure Boote werden zertrümmert«, versicherten die Dorfbewohner Marrah, als sie ihnen erzählte, wohin sie wollten. »Und selbst wenn ihr durch irgendein Wunder überlebt, werden euch die Strudel in die Tiefe ziehen. Wenn ihr wirklich vorhabt, den ganzen weiten Weg zum Süßwassersee zu reisen, dann laßt eure Boote zurück und geht zu Fuß um Shemsheme herum. Wir wissen, daß einige Händler sagen, sie seien bereit, die Stromschnellen zu bezwingen, aber sie sind verrückt. Hört nicht auf sie.«

Aber die Händler, die Marrah und ihre Gefährten führten, hatten nicht die Absicht, ihre Fracht zu riskieren. Sobald sie zu den zerklüfteten Felsen kamen, die den Eingang der Schlucht kennzeichneten, befahlen sie allen, aus den Booten auszusteigen. Die nächsten fünf Tage wanderten sie über Land und schleppten die Einbäume über schmale Pfade, so steil, daß selbst eine Ziege Schwierigkeiten gehabt hätte. Manchmal sahen sie weißschwänzige Adler in den Wipfeln über sich hocken, aber ganz gleich, wie hoch sie kletterten, sie konnten immer das Rauschen des Flusses unter sich hören.

Allmählich wurde das Wasser wieder ruhiger. Am letzten Abend der Wanderung kletterten sie den Abhang hinunter und lagerten am Fuß der Felsen auf einem schmalen weißen Geröllstreifen, um am nächsten Morgen bei herrlichem Wetter aufzuwachen. Sie ließen die Boote wieder zu Wasser und brachten den ganzen Tag damit zu, durch die Schlucht zu treiben, bis der wilde Fluß schließlich in eine breite Ebene strömte und wieder zahm wurde.

An diesem Abend waren sich Marrah, Stavan und Arang einig, daß der gefährlichste Teil der Reise überstanden war. Bald würden sie den Süßwassersee erreichen, und von dort aus würde es laut Sabalahs Lieder-Landkarte nur noch vier oder fünf Tage dauern, bis sie nach Shara kamen.

Während sie sich gegenseitig zum erfolgreichen Verlauf ihrer Reise gratulierten, blickten sie auf den Fluß hinaus. Er wirkte fast gelb in der Abenddämmerung, wie ein riesiges, mit Blütenstaub bedecktes Blatt. Am gegenüberliegenden Ufer schwamm eine Schar Gänse langsam auf das Schilf zu, wo sie bis zum nächsten Morgen schlafen würden.

Arang legte seinen Kopf in Marrahs Schoß und gähnte. »Ich bin froh, daß es nicht noch mehr Stromschnellen gibt. Sie sahen ziemlich gefährlich aus, und obwohl wir so hoch über der Schlucht gewandert sind, hatte ich immer ein bißchen Angst.«

»Ich hatte auch Angst«, gestand Marrah, »aber mach dir keine Sorgen, von hier ab gibt es nichts mehr, wovor man sich fürchten müßte.«

Später fragte sie sich, ob einer der bösen Geister, an die Stavan glaubte, ihre Worte gehört und sie als Beleidigung aufgefaßt hatte.

Mehrere Tage lang trieben sie in müßigem Tempo den Fluß hinunter und legten oft am Ufer an, um sich auszuruhen und zu schwimmen. Dann passierte plötzlich etwas völlig Unerwartetes. Es begann zunächst ganz harmlos: mit einer kranken Frau, die nicht sprechen wollte.

Der Tag war ungewöhnlich heiß und still, und die Händler, die sie um Shemsheme herumgeführt hatten, sangen ein neues Lied, aber ansonsten geschah nichts Bemerkenswertes. Der Fluß schien an diesem Punkt kaum Strömung zu haben, und obwohl die Dörfer an seinen Ufern ein wenig größer wirkten als die Siedlungen flußaufwärts, schienen sie kompakter zu sein.

Hinter Shemsheme gab es flußabwärts keine Steinhäuser mehr. Alles im Umkreis war aus Holzbalken und Weidengeflecht erbaut, das mit Lehm verstärkt und mit auffälligen schwarzen und gelben Symbolen bemalt war, die sich bei näherem Hinsehen als Bienen entpuppten. Es waren Tausende von Bienen, keine größer als eine Fingerspitze, und so gemalt, daß es den Eindruck erweckte, als schwärmten sie die Wände entlang und sammelten sich über der Tür, um bis zu den Rändern der Rauchabzugslöcher hinaufzukrabbeln. Hier und da hatte eine Mutterfamilie mit künstlerischem Talent noch ein paar Blumen mit grünen Stengeln und großen roten Blüten hinzugemalt oder einen dicken goldfarbenen Klecks, der wie Honig aussah. Jedesmal, wenn sie zu einer Siedlung kamen, stellte sich Marrah einen Moment lang vor, irgendein Töpfer hätte einen Stapel Bienenkörbe aus Ton zum Ausräuchern in die Sonne gestellt. Der größe Bienenkorb von allen war immer der Tempel; oft konnte man seine runden Fenster und das spitz zulaufende Dach bereits erkennen, bevor man irgend etwas anderes sehen konnte.

Der Name dieses Landes, dessen Volk die Bienengöttin verehrte, lautete Kaza. Die Kazaner waren friedliche Menschen, die sich am Flußufer versammelten, um vorbeifahrenden Booten zuzuwinken. Manchmal schwamm ein halbes Dutzend der älteren Mädchen und Jungen hinaus und fragte die Händler nach Neuigkeiten, wobei sie in gebrochener Alter Sprache sprachen, mit einem weichen, schleppenden Akzent, der fast ein Lispeln war. Aber an diesem Nachmittag hatten die Jungen und Mädchen, die zu dem Boot hinausschwammen, eine andere Bitte. Sie waren zierliche, dunkelhaarige Kinder mit anmutigen Armen und Beinen, so schnell im Wasser, daß sie Fische verfolgen konnten, aber im Gegensatz zu den anderen Kindern, die Marrah gesehen hatte, seit sie Shemsheme hinter sich gelassen hatten, lachten und scherzten diese hier nicht. Sie näherten sich mit ernsten Mienen und schwammen mit langen, schnellen Zügen, bis sie nahe genug waren, um gehört zu werden.

»Ist die große Priesterin Marrah aus Xori bei euch?« rief das älteste Mädchen.

Marrah, die überrascht war, sich als »große Priesterin« bezeichnet zu hören, wollte schon protestieren, aber die Händler kamen ihr zuvor.

»Wir haben Marrah aus Xori, Tochter von Sabalah, bei uns«, rief einer der Männer. »Wir bringen sie und ihren Bruder nach Shara. Und auch einen Riesen. Einen mit einem jungen Gesicht und altem Haar.«

»Dann seid ihr die Händler, nach denen wir Ausschau gehalten haben«, erwiderte das Mädchen, als es näher herangeschwommen kam. Sie trat Wasser und ließ ihren Blick suchend über die beiden Einbäume schweifen, bis sie Marrah entdeckte. »Gute Mutter Marrah«, rief sie, »unser Ältestenrat bittet dich, an Land zu kommen und unser Dorf mit deiner Anwesenheit zu beehren.«

»Mich?« Marrah wußte, sie war niemandes Mutter. Das Mädchen bot ihr viel zu viel der Ehre. »Ich komme natürlich gerne, aber warum sollte mich euer Dorfrat sprechen wollen?«

»Gute Mutter, die Schwester des Partners meiner Tante leidet an einer sonderbaren Krankheit, und die Händler, die letzte Woche vorbeikamen, sagten uns, du hättest große Heilkräfte.«

Marrah war erstaunt, daß sich Neuigkeiten so schnell flußabwärts verbreiten konnten, und gleichzeitig verärgert, weil diese hier falsch war. Sie begann zu erklären, daß sie keine außergewöhnlichen Kräfte besäße, und brach gleich darauf ab, als ihr die Sinnlosigkeit dieser Unterhaltung klar wurde. »Gut, ich werde kommen«, rief sie.

»Möge die Göttin dich segnen, gute Mutter!« riefen die Kinder und schwammen wieder zum Ufer, ließen Marrah verlegen und mehr als ein bißchen verwirrt zurück.

»Ich frage mich, wie sie auf die Idee gekommen sind, ich hätte spezielle Heilkräfte«, sagte sie zu Stavan, als sie hinter den Kindern herruderten. Stavan zuckte die Achseln und schüttelte den Kopf.

»Möge die Göttin dich segnen, gute Mutter«, kicherte Arang. »O Marrah, jetzt kannst du dich auf was gefaßt machen!«

»Hör sofort damit auf«, befahl sie streng. »Es ist nicht nett, sich über Leute lustig zu machen, die höflich sein wollen.«

Das Dorf war kleiner als die meisten, eine Ansammlung von nicht mehr als fünfzehn Häusern, die von zwei Hauptstraßen und einem Zaun getrennt wurden, der das Vieh davon abhalten sollte, ungebeten ins Dorf zu wandern. Der Ältestenrat wartete bereits auf Marrah, als sie aus dem Boot stieg. Die Leute verbeugten sich feierlich vor ihr und boten ihr eine Schale mit Honig an, vermischt mit einer sonderbaren Art eingedickter Milch.

»Willkommen, gute Mutter«, sagten sie. Marrah ignorierte Arangs Kichern, als sie die Schale mit beiden Händen entgegennahm und daraus trank, wobei sie sich angestrengt bemühte, nicht das Gesicht zu verziehen. Die dicke Milch schmeckte sauer trotz des Honigs, aber da es ziemlich unwahrscheinlich war, daß sie ihr etwas Verdorbenes anbieten würden, mußte dies wohl eine einheimische Delikatesse sein.

»Danke«, sagte sie und reichte die Schale der Frau zurück, die sie ihr gegeben hatte. Sie blickte die Ältesten an; es waren insgesamt sechs, drei Männer und drei Frauen, allesamt weißhaarig und in fleckenlose Leinengewänder gekleidet, als wären sie im Begriff, an einem wichtigen Fest teilzunehmen. Offensichtlich hatten sie ihre besten Kleider angelegt, um sie willkommen zu heißen. Wie sollte sie den Leuten nur beibringen, daß das Ganze ein Irrtum war?

Die älteste Frau legte die Fingerspitzen zusammen, verbeugte sich ein zweites Mal vor Marrah und holte zu einer formellen Begrüßungsrede aus. Aus der Art, wie die anderen sofort verstummten, war klar ersichtlich, daß sie die Dorfmutter war. »O große Heilerin, von der Göttin geliebt«, sagte sie, »wir aus dem Dorfe Sebol –«

»Bitte«, protestierte Marrah. »Entschuldigt bitte, aber ihr tut mir zuviel der Ehre. Ich bin keine große Heilerin.«

Die Dorfmutter brach mitten im Satz ab. »Was hast du gesagt?« Marrah wiederholte, daß sie keine speziellen heilenden Fähigkeiten besäße. Ein ungläubiges Murmeln erhob sich unter den Dorfbewohnern, die den Wortwechsel verstanden hatten. »Du hast keine Heilkräfte?« fragte die Dorfmutter.

»Nein.« Marrah schüttelte den Kopf und wäre vor Verlegenheit am liebsten im Erdboden versunken. Hinter sich spürte sie, wie

Stavan und Arang krampfhaft versuchten, sich das Lachen zu verkneifen. »Meine Mutter hat mich zwar zur Heilerin ausgebildet, aber ich habe noch eine Menge zu lernen.«

»Das sagst du sicher nur aus Bescheidenheit, oder?«

»Ich fürchte nicht.«

Die alte Frau schnalzte mit der Zunge und schüttelte bedauernd den Kopf. »Nun, das ist ja ein schönes Durcheinander. Und wir dachten schon, du könntest Nurga heilen. Bist du sicher, daß du keine magischen Kräfte hast? Schließlich bist du die Tochter einer Priesterin aus Shara, nicht wahr? Shara ist weit und breit berühmt. Also, ein Vetter dritten Grades meiner Mutter ist einmal vor vielen Jahren nach Shara gegangen, und als er zurückkam, erzählte er uns, ihr hättet dort eine heilige heiße Quelle, die alles kurieren könnte. Sharas Quellen bewirken, daß die Blinden wieder sehen und die Tauben wieder hören, hat er uns erzählt, und seine Priesterinnen sind alle große Heilerinnen.«

»Ich bin niemals in Shara gewesen.«

»Du machst Scherze, nicht wahr?«

»Nein, es stimmt zwar, daß meine Mutter aus Shara stammt, aber sie ging von dort fort, noch bevor ich geboren wurde. Ich bin im Westen jenseits des Westens aufgewachsen, in einem Dorf namens Xori an der Küste des Meeres der Grauen Wogen.«

»Sechzehn Flüche!« rief die Dorfmutter enttäuscht. »Dann kannst du wahrscheinlich noch nicht einmal eine Heilpflanze von der anderen unterscheiden in diesem Teil der Welt. Du wirst Nurga nicht im geringsten helfen können.« Die Ältesten murmelten verdrießlich vor sich hin, und einige warfen Marrah sogar mißbilligende Blicke zu, als hätte sie sie absichtlich getäuscht, aber die Dorfmutter war vernünftiger. »Nun, ich nehme an, es ist nicht deine Schuld, daß wir dich irrtümlich für eine große Heilerin gehalten haben. Das kommt davon, wenn man auf den Klatsch hört, den die Händler als Neuigkeit verkaufen. Übrigens, hier kommt Nurga, das arme Ding.«

Am Rand der Gruppe entstand Unruhe. Die Leute machten Platz, und zwei Frauen traten vor, die eine Kranke zwischen sich trugen. Sie war vielleicht siebzehn Jahre alt, von durchschnittlichem Aussehen, mit dunklen Augen und ordentlich gekämmtem Haar, das geflochten und mit einem Lederband zurückgebunden war. Ihre Füße waren nackt, und sie trug die Art Leinenkittel, die Kranke manchmal trugen, wenn sie in einen Tempel kamen, um dort um Heilung zu beten, aber es war klar, daß sie sich den Kittel nicht selbst angezogen hatte, weil Marrah sofort sehen konnte, daß sie nicht auf dieser Welt war, jedenfalls nicht im normalen Sinne. Sie saß steif aufgerichtet da, mit weit aufgerissenen Augen, und blickte weder nach rechts noch nach links, als wäre sie erstarrt. Nur als sie an Stavan vorbeigetragen wurde, flackerte etwas in den Tiefen ihrer Augen auf, eine Flamme nackter Angst, die jedoch so schnell wieder erlosch, daß Marrah glaubte, sie hätte es sich vielleicht nur eingebildet.

Die Frauen setzten die Kranke auf eine Strohmatte, arrangierten ihre Arme und Beine, verbeugten sich und zogen sich in die Menge zurück.

»Dies ist Nurga.« Die Dorfmutter seufzte und strich der jungen Frau eine Haarsträhne aus der Stirn. »Noch vor einem Jahr war sie so glücklich und lebendig wie jede andere junge Frau im Dorf. Sie war eine Händlerin, die mit ihrer Tante, ihrem Bruder und ihrem Partner – meinem ältesten Enkel, Erdin – zusammenarbeitete. Die vier fuhren regelmäßig den Rauchfluß hinunter, um Muscheln zurückzubringen, oder wanderten in den Norden, um Salz und das pulverisierte Gold einzutauschen, mit dem wir unsere Töpferwaren glasieren. Im letzten Frühjahr reisten sie nach Norden. Wir erwarteten sie gegen Ende des Sommers zurück, aber sie tauchten nie wieder auf.«

Erneut strich die Dorfmutter liebevoll über Nurgas Gesicht, doch Nurga schien nichts davon zu merken. »Wir haben den ganzen Winter gewartet, haben uns voller Sorge gefragt, was ihnen zugestoßen sein mochte. Vor zwei Wochen kehrte Nurga dann allein zurück, oder eher das, was von ihr übrig war. Sie taumelte eines Morgens durch das Tor, so über und über mit Schmutz bedeckt, daß sie kaum noch wie ein Mensch aussah, und seitdem hat sie mit niemandem ein Wort gesprochen. Sie ißt kaum etwas, und nachts schreit sie laut im Schlaf, als hätte sie Alpträume. Wir sind alle außer uns vor Sorge um Erdin und die anderen, aber wenn wir sie fragen, wo sie sind, blickt sie geradewegs durch uns hindurch. Zuerst dachten wir, sie müßte Zeugin irgendeines schrecklichen Unfalls gewesen sein, so grauenhaft, daß sie darüber den Verstand verloren hat, aber gestern hat ihre Mutter etwas bemerkt, was uns auf den Gedanken gebracht hat, daß sie an einer seltsamen Krankheit leiden muß.«

Sie seufzte. »Ich schätze, wenn du schon einmal hier bist, kannst du ebensogut einen Blick auf sie werfen. Schließlich bist du von weit her gekommen, und selbst wenn du keine große Heilerin bist, kannst du uns vielleicht sagen, ob du schon einmal etwas Ähnliches gesehen hast.«

Behutsam schob sie ihren Finger zwischen Nurgas Lippen, und Nurga öffnete den Mund, doch abgesehen davon deutete nichts in ihrem Ausdruck darauf hin, daß sie sich der Anwesenheit der anderen bewußt war. »Siehst du diese weißen Flecken auf ihrer Zunge und ihrem Gaumen?«

Marrah beugte sich vor, legte einen Finger auf Nurgas Zunge und drückte sie hinunter, um ihren Gaumen zu inspizieren. Die Zunge und die gesamte Mundhöhle der Kranken waren tatsächlich mit kleinen weißen Flecken übersät, die wie Bläschen aussahen. »Hast du schon jemals so was gesehen?«

Marrah war gezwungen, zuzugeben, daß sie völlig ratslos war. Die Dorfmutter blickte sie enttäuscht an. »Und wie ist es hiermit?« Sie hob Nurgas Zopf und wies auf mehrere kleine rote Pusteln in ihrem Nacken, die wie Insektenstiche aussahen.

»Flöhe?« schlug Marrah vor.

»Nein, das glauben wir nicht. Es ist nicht die Jahreszeit, und außerdem hat sie diese Pusteln überall am ganzen Körper. Sie kamen ganz plötzlich, wie ein Ausschlag.«

»Vielleicht ist es ein Ausschlag. Habt ihr schon einmal versucht, sie in Kamillentee zu baden?«

»Große Göttin!« erwiderte die Dorfmutter scharf. »Für wie dumm hältst du uns eigentlich? Selbstverständlich haben wir sie in Kamille und in Salbei gebadet und in all den anderen üblichen Kräuteressenzen, einschließlich Flußschlamm, der gewöhnlich selbst beim hartnäckigsten Ausschlag hilft, aber nichts von alledem hat etwas genützt, und –« Der Ausdruck auf Marrahs Gesicht ließ sie innehalten. »Es tut mir leid. Ich wollte dich nicht anfauchen. Du bist schließlich unser Gast. Wir haben dich vom Fluß heruntergeholt, weil wir dachten, du könntest Nurga heilen, und obwohl offensichtlich ist, daß du es nicht kannst, habe ich nicht das Recht, dir die Schuld zuzuschieben.«

Sie legte die Fingerspitzen zusammen und verbeugte sich vor Marrah. »Es ist nur so, daß ich dieses Mädchen wie meine eigene Tochter liebe, und ich hatte inständig gehofft, du könntest ihr helfen.«

»Entschuldigt bitte«, platzte Stavan in gebrochener Alter Sprache dazwischen.

Beide wandten sich zu ihm um, überrascht, ihn sprechen zu hören.

»Flecken«, er zeigte auf die junge Frau, »kleine. In Grasmeer man bekommt.«

Die Dorfmutter wischte sich mit ihrem Ärmel über die Augen und blickte Stavan an, als hätte sie ihn gerade zum ersten Mal bemerkt. »Was redet er da von Flecken und Grasmeeren?«

Stavan gab auf, sich in der Alten Sprache verständlich zu machen. Er fiel in Shambah zurück und bat Marrah, für ihn zu übersetzen. »Bitte sag ihr, daß der Ausschlag auf dem Nacken der Frau wie die Art von Ausschlag aussieht, die Kinder bekommen, wenn sie Ashishna haben.«

»Ashishna?« Das Wort war Hansi. Stavan übersetzte.

»Es bedeutet ›Rotbeerenfieber‹; es ist normalerweise nichts Ernstes. Manchmal werden die Kleinen ziemlich krank, aber nachdem der Ausschlag ausgebrochen ist, sind sie gewöhnlich in drei oder vier Tagen wieder gesund. Ich hatte es als kleiner Junge ebenfalls.« Er zeigte auf eine winzige Narbe auf seinem Arm. »Wenn man das Fieber einmal gehabt hat, bekommt man es nie wieder.«

Rotbeerenfieber, ein hübscher Name für etwas Unangenehmes, aber nicht sonderlich gefährlich. Marrah erzählte der Dorfmutter die gute Neuigkeit und wurde mit dem ersten Lächeln des Morgens belohnt.

»Gesegnet sei der Riese!« rief sie, und die Zuschauer murmelten zustimmend. »Frag ihn, wie sein Volk dieses Fieber von roten Beeren kuriert.«

Aber da konnte Stavan nicht weiterhelfen. Soweit er sich erinnern konnte, gab es eine Sorte Minze, die an den Flußufern im Grasmeer wuchs, aus der die Frauen seines Volkes einen Tee zubereiteten, den sie kranken Kindern einflößten, und auch eine bitter schmeckende gelbe Blume, doch er hatte keine dieser Pflanzen auf dem Weg flußabwärts gesehen.

»Er meint es gut«, erklärte Marrah der enttäuschten Dorfmutter, »aber er versteht leider noch weniger von Heilkunst als ich. Trotzdem hat er mir mehrfach gesagt, ich soll euch versichern, daß Rotbeerenfieber normalerweise nicht behandelt werden muß. Es verschwindet von selbst wieder.«

Das war der beste Rat, den sie anbieten konnten, obwohl sie sich noch eine Weile unterhielten und die Dorfbewohner sogar Proben von Minze und gelben Blumen brachten, um sie Stavan zur Begutachtung zu überlassen. Schließlich gab die Dorfmutter auf.

Als sie wieder in ihre Boote kletterten und sich vom Ufer abstießen, waren alle ungewöhnlich still. Bald darauf ruderten sie um eine Biegung im Fluß, und das Dorf Sebol verschwand aus ihrem Blickfeld.

An diesem Abend, als sie am Flußufer saßen und den Käse und das Brot verzehrten, das ihnen die Dorfbewohner mitgegeben hatten, sagte Stavan etwas, woran Marrah sich erst wieder erinnerte, als es längst zu spät war. »Weißt du«, begann er nachdenklich, »dieser Frau fehlte noch etwas anderes.« Als Marrah ihn fragte, was er meinte, zögerte er. Schließlich erklärte er gepreßt: »Es war nicht nur Ashishna, was sie hatte, wenn es überhaupt Ashishna war. Man hört nicht auf zu sprechen und zu essen, wenn man an diesem Fieber leidet. Sie hatte einen Ausdruck im Gesicht, den ich schon zuvor gesehen habe.«

»Wo?« wollte Marrah wissen.

Stavan behauptete, er könne sich nicht erinnern, aber sie hatte zum ersten Mal das Gefühl, daß er ihr absichtlich etwas verschwieg. Als sie in dieser Nacht neben ihm lag, fragte sie sich verwirrt, was es wohl war und warum er sich nicht darüber äußern wollte. Ich werde ihn noch einmal danach fragen, dachte sie, doch als sie sich zu ihm umdrehte, stellte sie fest, daß er bereits eingeschlafen war. Und am nächsten Morgen hatte sie ihre Zweifel vergessen.

Ein paar Tag später passierte etwas, was alle anderen Gedanken aus Marrahs Bewußtsein verdrängte. Die Schwierigkeiten fingen an, wie es Schwierigkeiten meistens an sich haben, nämlich so geringfügig, daß es zunächst nur wie eine nebensächliche Unannehmlichkeit erschien.

»Ich habe Kopfschmerzen«, beklagte sich Arang. Es war heiß und schwül. Sie hatten wie gewöhnlich Rast eingelegt, um ihr Mittagsmahl einzunehmen, aber alle schienen sich nicht ganz wohl zu fühlen, besonders Marrah nicht, die eine verstopfte Nase hatte und die ersten Anzeichen von Halsschmerzen fühlte. Das Standardheilmittel für Kopfschmerzen war, einen großen Krug Wasser zu erwärmen und seine Hände hineinzutauchen, aber Marrah fühlte sich nicht in der Verfassung, um die Händler zu überreden, einen ihrer Weinkrüge zu leeren, und so bereitete sie statt dessen einen Becher Brühe für Arang, indem sie Dörrfleisch in kleine Stücke schnitt und es mit einer Handvoll Wildkräuter und einer Prise Salz kochte.

Die Händler, mit denen sie um Shemsheme gewandert waren, hatten sie inzwischen in die Obhut einer anderen Gruppe übergeben, die zum Süßwassersee reiste. Die neuen Händler waren nicht annähernd so freundlich oder so lustig wie die alten. Sie sangen kein einziges Mal oder richteten sich im Boot auf, um den Leuten am Ufer zuzuwinken, und wenn sie im Fluß badeten, taten sie es ernst, ohne zu lachen und sich gegenseitig übermütig naß zu spritzen. Sie waren zu viert: eine Mutter, ihre beiden ältesten Töchter und ein Mann, der entweder der Partner einer der beiden Töchter war oder ihr Vetter, was Marrah jedoch nicht genau herausfinden konnte. Sie kamen aus einem kleinen Dorf weit im Norden des Rauchflusses, und sie sprachen einen fremden Dialekt, den nur sie selbst verstanden. Gelegentlich fielen sie in gebrochene Alte Sprache, aber nur dann, wenn es keine andere Möglichkeit für sie gab, sich verständlich zu machen.

Meistens kommunizierten sie durch Gesten, indem sie Stavan und Marrah mit einer Handbewegung bedeuteten, das Ruder zu übernehmen, oder aufs Ufer zeigten, wenn sie Rast einlegen wollten, oder indem sie einen Armvoll Feuerholz zu ihren Füßen niederfallen ließen, wenn es Zeit fürs Essen wurde. Irgendwie waren Marrah, Stavan und Arang zu den Hütern des Lagers geworden, und obwohl Marrah wußte, daß dies nur gerecht war, ärgerte es sie doch ein wenig, daß die Händler offensichtlich von ihren Gästen erwarteten, daß sie kochten, aufräumten und sich um die Feuer kümmerten. Schlimmer noch, sie hatten die seltsame Angewohnheit, nicht aus einem gemeinschaftlichen Topf zu essen. Statt dessen schöpften sie ihr Essen in spezielle Tonschalen, die sie an ihren Gürteln trugen, und gingen fort, um für sich allein zu essen, was Marrah eindeutig unhöflich fand.

Vielleicht war sie aufgrund ihrer Pilgerhalskette zu lange bevorzugt behandelt worden, oder vielleicht wurde sie auch einfach nur ungeduldig, weil ihr Ziel in greifbare Nähe gerückt war; auf jeden Fall war Marrah reizbarer als gewöhnlich. Das Paddel schien an diesem Morgen schwerer als sonst in ihren Händen zu liegen, die Strömung schien stärker, die Händler unhöflicher und die Sonne unerträglich heiß.

Nachdem sie Arang die Brühe gekocht hatte, sonderte sie sich von den anderen ab, um im Schatten zu sitzen und sich ihrem Selbstmitleid hinzugeben. Sehnsüchtig dachte sie an die kühlen Winde und Nebel in Xori, an ihre Mutter, wie sie am Strand gestanden und ihnen zum Abschied zugewinkt hatte; sie dachte sogar an Bere, und wie süß seine Küsse gewesen waren, was Stavan gegenüber nicht fair war, aber andererseits war sie böse auf Stavan und nicht in Stimmung, um fair zu sein. Was sie so an ihm störte, wußte sie selber nicht genau. Er hatte nichts Ungewöhnliches getan; tatsächlich mußte sie sogar zugeben, daß er den Einbaum an diesem Morgen härter und länger als sonst gerudert hatte, um ihr Versäumnis wieder wettzumachen. Er schien einfach nur so laut und voller Energie. Seine Stimme tat ihr in den Ohren weh, und als er aus dem Boot gesprungen war, um eine Weile nebenher zu schwimmen, hatte er so viel Wasser aufspritzen lassen, daß sie gegen den

Drang ankämpfen mußte, eine Hand auszustrecken und ihn zur Strafe unterzutauchen.

Der Gedanke an ihre Lieben zu Hause versetzte sie in traurige Stimmung, und sie mußte an sich halten, um nicht in Tränen auszubrechen. Sie schloß die Augen und versuchte sich einzureden, daß es ein schöner Tag war, daß die Reise fast beendet war und sie sich ausgesprochen vernünftig benahm, aber ein dumpfes Pochen in ihren Schläfen lenkte sie ab. Sechzehn Flüche! dachte sie mißmutig, als sie die Augen öffnete und auf den Fluß starrte. Das Sonnenlicht auf dem Wasser war grell und blendend, allein der bloße Anblick schmerzte sie in den Augen. Ob sie auch Kopfschmerzen bekam? Na wundervoll. Wirklich großartig! Genau das hatte ihr noch gefehlt. Jeder wußte, daß es nichts Hartnäckigeres gab als eine Sommergrippe.

Im Laufe des Tages wurde es immer schlimmer. Arang quengelte und wimmerte, und Marrah wechselte sich darin ab, Stavan anzufauchen und sich bei ihm zu entschuldigen. Stavan war bemerkenswert geduldig mit ihnen beiden, und ausnahmsweise einmal war Marrah froh, daß die Händler kein Wort von dem verstanden, was sie sagte.

Als sie Halt machten, um ihr Lager für die Nacht zu errichten, stand fest, daß sowohl sie als auch Arang krank waren. Erschöpft streckte sie sich auf dem Boden aus und verweigerte das Abendessen; Arang aß zwar etwas Eintopf, erbrach jedoch zehn Minuten später alles wieder. Er legte sich neben Marrah, lehnte seinen Kopf an ihre Brust und begann zu jammern.

»Ich hasse diese Reise. Ich hasse dich, weil du mich gezwungen hast mitzukommen. Ich will nach Hause!«

»Nun, du kannst nicht nach Hause zurück, und ich kann es auch nicht, also wirst du dich einfach damit abfinden müssen.«

Stavan kam zu der Stelle, wo sie lagen, und blickte besorgt auf sie hinunter. »Was geht hier vor?«

»Ich glaube, wir haben Streit«, erklärte Marrah, »nur daß ich mich zu elend fühle, um mich dagegen zu wehren.«

Stavan legte eine Hand auf Arangs Stirn und dann auf ihre. »Ihr fühlt euch beide fiebrig an«, verkündete er, woraufhin Arang in Tränen ausbrach. Behutsam hob Stavan ihn auf seine Arme und versuchte, ihn zu trösten, doch Arang weinte nur noch heftiger.

»Ich glaube, er ist wirklich krank«, erklärte Stavan.

Marrah setzte sich auf. In ihrem Kopf drehte sich alles, und das Pochen hinter ihren Schläfen hatte sich zu einem wilden Hämmern verstärkt. Die Dämmerung war schon hereingebrochen, aber selbst der Feuerschein schmerzte sie in den Augen. Sie bat Stavan, ihr ihren Medizinbeutel zu bringen. Es kostete sie einige Anstrengung, die Lederschnur aufzuziehen und ein Päckchen Rosmarin herauszufischen. »Koch dies hier in etwas Wasser und gib es Arang«, sagte sie, bevor sie ermattet zurückfiel und die Augen schloß.

Eine Weile später brachte Stavan Becher mit Rosmarintee für sie beide. Marrah dankte ihm und trank, aber Arang mußte Schluck für Schluck dazu überredet werden. Irgendwann fühlte Marrah, wie Stavan sie hochhob, auf einem weichen Moospolster in der Nähe des Feuers niederlegte und sie mit ihrem Umhang zudeckte, aber inzwischen fühlte sie sich zu krank, um mehr zu tun, als eine Entschuldigung zu murmeln, weil sie den ganzen Tag so bissig zu ihm gewesen war.

»Mach dir darüber keine Gedanken«, flüsterte er und küßte sie auf die Stirn, als er den Umhang um sie herum feststeckte. Das Feuer knisterte und prasselte, und Flammen züngelten hoch, warfen seltsame Schatten. Marrah sah die vier Händler bekümmert in ihre Richtung blicken. Anscheinend sind sie doch nicht so barsch und unfreundlich, dachte sie. Sie fragte sich, ob Rosmarintee die richtige Arznei für Arang gewesen war. Wenn nicht, dann hatte sie genügend andere Kräuter bei sich. Morgen würde sie Stavan bitten, einen Tee zuzubereiten aus – ja, woraus? Was fehlte ihnen? Welche Krankheit hatten sie?

Nur eine Sommergrippe, sagte eine Stimme in ihrem Kopf. Nichts weiter als eine Sommergrippe.

Kalt. Ihr war schrecklich kalt trotz des Feuers. Sie rollte sich zusammen, schlang die Arme um die Knie und schlief ein.

An die folgenden vier Tage konnte sich Marrah später kaum noch erinnern. Manchmal war sie soweit bei Bewußtsein, um zu erkennen, daß sie sehr krank war, aber die meiste Zeit brannte sie vor Fieber. Sie erinnerte sich vage, daß Stavan sie zwang, ein paar Schlucke Brühe oder Kräutertee zu trinken, und einmal erwachte sie, um ihn dabei zu ertappen, wie er ihr Haar abschnitt.

»Hör auf«, bat sie, als ihre Locken zu Boden fielen, doch selbst als sie ihn anflehte aufzuhören, wußte sie, daß er das Richtige tat, denn wenn sie nicht irgendwie Abkühlung fand, würde das Fieber sie innerlich verbrennen. Später, als er sie auf seine Arme hob, mit ihr in den Fluß hineinwatete und sie in die kühle Strömung hielt, versuchte sie, sich gegen ihn zu wehren, aber er war zu stark, und sie fühlte sich zu schwach.

»Laß mich los!« schrie sie. Doch sie sprach im Delirium, und als sie später wieder zur Besinnung kam und merkte, wie behutsam er mit ihr umging, schmiegte sie ihren Kopf an seine Schulter und schluchzte hilflos.

Ein andermal wurde ihr bewußt, daß Stavan weinte. Sie brach in hysterisches Gelächter aus.

»Ich glaube, Arang stirbt«, schluchzte er.

Sie wollte ebenfalls weinen, aber sie konnte nicht aufhören zu lachen. »Tiermensch«, sagte sie, »ich bringe dich nach Shara, damit alle sehen können, wie komisch du aussiehst.« Es waren grausame Worte, und kaum hatte sie sie ausgesprochen, da schämte sie sich zutiefst, doch Stavan küßte sie nur und drückte sie an sich.

»Ich weiß«, murmelte er. »Ich weiß es schon seit langem. Und es ist mir egal. Marrah, bitte werde wieder gesund. Ich liebe dich.«

»Bring mir Arang«, bat sie. Er brachte Arang an ihr Lager und legte ihn sanft neben sie. Arang schien zu schlafen. Marrah küßte ihn zärtlich auf die Lippen und wiegte ihn in ihren Armen. Er konnte noch nicht tot sein, denn er fühlte sich immer noch heiß vor Fieber an. Sie nahm den gelben Stein ab, den ihr die Priesterinnen von Nar geschenkt hatten, und band ihn um seinen Hals. Solange er diesen Stein trägt und ich ihn in meinen Armen halte, dachte sie, kann seine Seele nicht aus seinem Körper entweichen. Schließlich schlief sie ein, während sie Arang fest umklammert hielt.

Die Zeit verging: eine schlimme Zeit, voller quälender Träume. Mitten in der Nacht schreckte Marrah aus dem Schlaf hoch und stellte fest, daß Arang fort war.

»Arang!« rief sie verweifelt. Eine der Händlerinnen beugte sich über sie. Es war die Mutter. Das Mondlicht schimmerte auf ihrem grauen Haar, ließ es wie das weißschäumende Wasser aussehen, das gegen die Felsen von Shemsheme brandete.

»Ruhig«, flüsterte die Frau. »Keine Sorge. Der große Mann hat den kleinen Jungen zum Fluß getragen, um ihn abzukühlen.« Marrah wollte protestieren, doch die Händlerin war schon wieder gegangen, noch bevor sie die Worte in der richtigen Reihenfolge herausbringen konnte.

Am nächsten Nachmittag sank ihr Fieber schlagartig, und sie wachte schweißgebadet auf. Ihre Haut fühlte sich wund an, und ihre Handflächen brannten, als hätte sie sie in heißes Wasser getaucht. Ungeduldig schlug sie die Decke zurück und betrachtete ihre Arme und Beine. Sie waren mit winzigen roten Flecken bedeckt. Sie dachte an Kamille und Salbei, und dann erinnerte sie sich plötzlich an das Dorf Sebol und an Nurga, die nicht sprechen konnte. »Stavan!« schrie sie. Er war augenblicklich neben ihr und reichte ihr einen Becher kühles Wasser.

»Habe ich ...?« Ihre Zunge fühlte sich dick und pelzig an, und sie wußte nicht mehr, wie sie genannt wurde, diese Krankheit, die bei Nurga ein so seltsames Benehmen bewirkt hatte. »Wie krank bin ich?«

Stavan ließ den Becher zu Boden fallen, legte hastig eine Hand auf ihre Stirn und fühlte die Kühle. »Han sei Dank!« rief er erleichtert. Er zog sie in seine Arme und bedeckte ihre Wangen und ihre Stirn mit zärtlichen kleinen Küssen. »Lob und Dank sei der süßen kleinen Göttin, die dich beschützt!« murmelte er glücklich. »Du warst sehr krank, aber du wirst wieder gesund.«

Marrah hatte noch eine Frage an ihn, doch sie war sich nicht sicher, ob sie die Antwort ertragen konnte. Sie streckte eine Hand aus und berührte die Göttin Erde, und ihre Finger zitterten. »Lebt Arang?«

»Ja«, erwiderte Stavan. »Aber er war sehr krank. Ich mußte ihn die ganze letzte Nacht ins Flußwasser halten, um ihn abzukühlen. Heute morgen ist sein Fieber gesunken. Er hat etwas Brühe getrunken, und jetzt schläft er.«

»Möge die Göttin dich segnen, Stavan! Du hast uns beiden das Leben gerettet.«

»Sag das nicht«, bat er verlegen, aber sie hörte ihn kaum. Sie war zu glücklich.

»Ich möchte Arang sehen.« Sie versuchte, auf die Füße zu kommen, doch ihre Beine gaben unter ihr nach. Stavan fing sie auf, hob sie hoch, trug sie zu Arangs Lager und legte sie neben ihn auf die Felle. Sie nahm Arang in die Arme und schmiegte sich an ihn. Als sie aufwachte, saß Arang neben ihr und bat Stavan, ihm etwas zu essen zu bringen.

Beide erholten sich rasch von der Krankheit, und wenige Tage später waren sie wieder auf dem Fluß und ruderten in Richtung Süßwassersee, als wären sie niemals an der Schwelle des Todes gewesen. Der einzige Unterschied war, daß die Händler und Stavan ein wenig härter paddeln mußten, wenn sie auf Gegenströmungen trafen, da Marrah und Arang noch zu schwach waren, um viel mehr zu tun, als im Boot zu sitzen und die Welt vorübergleiten zu sehen.

Obwohl das Fieber bald nur noch eine Erinnerung war, hatte es eine unerwartete Einsicht zur Folge. Vor ihrer Krankheit war Marrah überzeugt gewesen, die vier Händler wären die unhöflichsten Leute auf der Welt, aber es stellte sich heraus, daß sie ihnen Unrecht getan hatte. Nicht nur, daß sie die ganze Zeit über geblieben waren, um sicherzugehen, daß sie und Arang wieder gesund wurden – sie waren auch überhaupt nicht feindselig, nur extrem schüchtern.

»Wir dachten, du wärst so wichtig wie die Göttin selbst«, erklärte eine der jüngeren Frauen Marrah in gebrochener Alter Sprache. »Aber nachdem wir jetzt gesehen haben, daß du und dein Bruder wie ganz gewöhnliche Leute krank werdet, fürchten wir uns nicht mehr so vor dir.« Sie verzog den Mund zu einem breiten Grinsen, das zwei Zahnlücken enthüllte, und versetzte Marrah einen freundschaftlichen Klaps auf den Rücken. »Wir sind alle heilfroh, daß du nicht gestorben bist, Mädchen, aber dein Haar ist wirklich eine Katastrophe. Ich habe ein hübsches blau-weißes Tuch in meinem Korb, das ich zum Süßwassersee bringen wollte, um es gegen Muscheln einzutauschen. Wenn wir heute abend Rast machen, kann ich vielleicht etwas tun, damit du weniger kahlköpfig aussiehst.«

Marrah faßte dies als die freundliche Bemerkung auf, als die es offensichtlich gemeint war, und bedankte sich höflich. Ein paar Minuten später stimmten die Händlerin und ihre Schwester ein lautes Flußlied an, während sie den Rhythmus mit ihren Paddeln schlugen, und danach gab es kaum noch einen Moment, in dem die vier nicht entweder sangen oder in ihrer eigenen Sprache miteinander scherzten.

An diesem Abend saß Marrah am Flußufer, das blau-weiße Tuch um den Kopf gebunden, und beobachtete zwei Graureiher, die im flachen Wasser auf- und abstakten und Kaulquappen fingen, als Stavan zu ihr kam und sich neben sie setzte. Es war ihre liebste Tageszeit, die besinnlichen Stunden zwischen Abendessen und Sonnenuntergang, wenn die Farben zu verblassen begannen und die Luft kühl und lieblich wurde. Er legte einen Arm um ihre Schultern, und gemeinsam beobachteten sie schweigend die Vögel, bis die Sonne unterging und die Reiher kaum mehr als graue Schatten gegen den dämmrigen Himmel waren. Schließlich begann Stavan zu sprechen.

»Ich habe nachgedacht.« Er klang bedrückt und müde.

»Nachgedacht? Worüber?«

»Was passieren wird, wenn wir endlich in Shara ankommen.« Er nahm ihre Hand. »Erinnerst du dich an die Dinge, die du mir erzählt hast, als du so krank warst?«

»Nein, nicht wirklich.« Sie dachte zurück an die Tage des hohen Fiebers; sie konnte sich noch vage an Stavans Gesicht erinnern, wie er sich besorgt über sie beugte, an den Schock des kalten Flusses, an die Art, wie sie Arang festgehalten hatte, um seine Seele daran zu hindern, seinen Körper zu verlassen, aber im großen und ganzen war es alles ein Durcheinander wirrer Bilder und böser Träume, umgeben von langen, leeren Zeiträumen, als sie kaum zu existieren schien.

Er hob ihre Hand an seine Lippen und küßte sie. »Du hast viel gesprochen.«

»Ja?«

»Einiges davon war nur Delirium, aber eine Menge davon ergab einen Sinn. Du entsinnst dich wirklich nicht mehr?«

»An kein Wort. Was habe ich denn gesagt?«

Stavan zögerte so lange, bevor er erneut sprach, daß sie schon glaubte, er wollte es ihr vielleicht nicht sagen. »Du hast immer wieder von einer Vision gesprochen, die entweder du oder deine Mutter hattet; ich konnte nicht herausfinden, wer von euch beiden. Du hast mich ständig angefleht, etwas aus deinem Mund zu nehmen, was du Brot der Dunkelheit nanntest, damit du nicht sehen müßtest, was auf dich zukommt, und dann hast du geweint und dich schaudernd an mich geklammert und mich angefleht, dich nach Xori zurückzubringen, wo dich die Tiermenschen nicht holen könnten. Zuerst dachte ich, es wäre nur wirres Gerede im Fieberwahn, aber nach einer Weile ergab das Ganze ein schlüssiges Bild. Diese Tiermenschen, vor denen du solche Angst hattest, waren nicht nur ein böser Traum; es waren berittene Männer, und du oder deine Mutter hattet eine warnende Botschaft empfangen, daß sie nach Shara kämen und alles vernichten würden. Nachdem ich das herausbekommen hatte, war mir klar, was der Sinn und Zweck dieser Reise war.«

Er zeigte auf die am Ufer vertäuten Boote, die langsam in der Strömung schaukelten. »Wir sollen dein Volk vor meinem warnen, richtig?«

Marrah war außer sich vor Bestürzung, daß sie so viel ausgeplaudert hatte. »Ich sollte es dir nicht sagen!« Wütend zog sie ihre Hand aus seiner. »Ich habe einen feierlichen Schwur gebrochen.« Sie fühlte sich schrecklich und dennoch zugleich erleichtert. Nun wußte er es also. Die Wahrheit war heraus, und niemand konnte ihr einen Vorwurf daraus machen. Das Fieber hatte für sie gesprochen.

Einen Moment lang herrschte verlegenes Schweigen. Stavan räusperte sich. »Wenn es dir ein Trost ist ... ich habe das meiste davon schon vor langer Zeit vermutet. Natürlich wußte ich nicht, daß es tatsächlich eine Prophezeiung gegeben hat, aber ich hätte schon ziemlich dumm sein müssen, um nicht zu begreifen, daß du eine irgendeine Warnung überbringen solltest. Den einen Tag unterhält sich deine Mutter mit mir über das Grasmeer und fragt mich, wie viele Krieger die Hansi hätten und wie schnell sie gen Westen reiten könnten. Und ein paar Tage später schickt sie uns drei nach Shara mit der Anweisung, so schnell zu reisen, wie wir können. Aus welchem anderen Grund hätte sie uns losschicken sollen, als um dein Volk vor meinem zu warnen? Und warum hätte sie unbedingt gewollt, daß ich mit euch gehe, außer als lebender Beweis?«

»Du hast es all diese Monate gewußt?«

Er nickte.

»Und du hast nie ein Wort davon gesagt!«

»Warum sollte ich? Zuerst – bevor wir uns liebten – fand ich die Vorstellung amüsant, daß du mich in den Osten schleppen wolltest, um als schlechtes Beispiel zu dienen. Ich dachte mir: Nun, ich werde immer genügend zu essen, ein warmes Bett und eine schnelle Reisemöglichkeit haben, solange ich bei ihr und ihrem Bruder bleibe – also, warum soll ich mich dann nicht auf bequeme Art von ihnen nach Osten bringen lassen? Ich hatte vor, mein Leben von dir zurückzugewinnen und bei der ersten Gelegenheit fortzugehen. Und genau da liegt das Problem.« Er hielt erneut inne. »Ich habe tatsächlich mein Leben zurückgewonnen.«

In seiner Stimme schwang ein seltsamer Unterton mit. Marrah blickte ihn überrascht an, versuchte, den Ausdruck in seinen Augen zu entschlüsseln, aber sein Gesicht war nur noch ein weißes Oval in der Dunkelheit. »Ich verstehe nicht.«

»Ich habe dir das Leben gerettet«, wiederholte er.

»Ja«, erwiderte sie. »Das hast du getan. Und du hast auch Arang gerettet. Ich werde dir niemals genug dafür danken können. Die Händler hätten niemals daran gedacht, uns in das Flußwasser zu halten, um unser Fieber zu senken. Du bist ein geborener Heiler. Wenn du nicht gewesen wärst –«

»Du verstehst nicht«, unterbrach er sie ungeduldig. »Ich habe dir das Leben gerettet. Das bedeutet, daß du nicht länger mein Häuptling bist. Es bedeutet, daß ich dir nach den Gesetzen der Hansi nichts mehr schuldig bin. Wenn du Pferde hättest, dürfte ich sie nehmen, und wenn du Vieh hättest, könnte ich es stehlen. Ich habe jetzt einen neuen Häuptling – oder eher, wieder den alten –, meinen Vater. Ich schulde ihm die Treue, die ich dir bisher schuldig war. Tatsache ist, wenn ich ein guter Sohn wäre, wäre ich jetzt bereits auf dem Weg zurück ins Grasmeer, um ihm zu berichten, wie Achan starb, und um ihn vor deinem Volk zu warnen. Nein, es ist sogar noch schlimmer: Ich wäre nicht unterwegs, um ihn zu warnen. Dein Volk wird meines niemals angreifen. Sie haben weder Pferde noch Speere oder vernünftige Bogen, und sie würden lächerliche Krieger abgeben. Nein, ich würde unterwegs sein, um ihm zu sagen, daß es reiche Beute im Westen gibt – Städte voller Gold, ohne auch nur eine einzige Mauer, fette Viehherden, Frauen, Sklavinnen –«

»Hör auf!« Marrah sprang entsetzt auf. »Das kannst du doch nicht ernst meinen!«

Stavan war sofort an ihrer Seite und schlang seine Arme um sie. »Marrah, es tut mir leid. Bitte hör mir zu, Marrah. Natürlich ist es nicht mein Ernst. Ich würde dein Volk niemals verraten; ich schwöre bei allem, was mir heilig ist, daß ich eher selbst sterben würde, als zuzulassen, daß ihnen irgendein Leid geschieht. Bitte verzeih mir. Ich bin müde und überreizt. Ich habe mir schon seit Tagen deshalb Sorgen gemacht. Ich wollte dich nicht so aufregen. Ich wollte dir nur begreiflich machen, wie mein Volk reagieren würde, wenn sie von der Lebensweise eures Volkes erführen. Sie würden euch nicht bewundern, weil ihr so friedlich zusammenlebt; eure schönen Töpferwaren oder eure Tempel wären ihnen völlig gleichgültig. Sie würden nur denken –«

Er brach mitten im Satz ab und drückte sie an sich. »Du zitterst ja. Ich rege dich immer noch auf. Komm, setz dich wieder und beruhige dich. Es tut mir aufrichtig leid. Manchmal habe ich nicht mehr Gefühl als ein wilder Bulle.«

Marrah war mehr als aufgebracht, sie war furchtbar wütend, aber sie kannte Stavan nun schon lange Zeit und liebte ihn zu sehr, um an seiner Aufrichtigkeit zu zweifeln, wenn er sagte, er würde ihr Volk niemals verraten; deshalb setzte sie sich gehorsam wieder auf den Boden, schluckte all die bitteren Worte, die ihr auf der Zunge lagen, hinunter und ließ ihn fortfahren.

Was er zu sagen hatte, war einfach, so wie unangenehme Wahrheiten nun einmal oft einfach sind: Er war zu dem Schluß gekommen, daß es keinen Sinn hatte, den Bewohnern von Shara eine Warnung zu überbringen. Er hätte gründlich darüber nachgedacht, sagte er, und ihm wäre klargeworden, daß ihre Leute keine Ahnung hätten, was sie tun sollten, wenn Marrah ihnen erklärte, sie müßten sich auf einen Angriff gefaßt machen. Vielleicht würden sie ihr glauben, da sie Sabalahs Tochter war, und vielleicht auch nicht, aber auf die Dauer würde es ohnehin keine Rolle spielen. Denn die Hansi wüßten alles über Krieg, und die Sharaner wüßten gar nichts darüber.

Ob Shara ebenso offen und ungeschützt wäre wie all die anderen Städte, die sie am Rauchfluß gesehen hätten, wollte er wissen, und sie mußte zugeben, daß dies der Fall war. Ob es in der Stadt einen einzigen Mann oder eine einzige Frau gäbe, die zum Kämpfen und Töten ausgebildet worden seien? Hätten die Bewohner von Shara Kundschafter, Waffen und genügend Vorräte, um einer langen Belagerung standzuhalten, wenn die Felder verbrannt und die Brunnen vergiftet wären? Wären die Sharaner überhaupt in der Lage zu fliehen? Könnten sie sich zum Beispiel in die Hügel zurückziehen und sich von dem ernähren, was das Land hergab, um nur nachts in kleinen Verbänden zurückzukehren und anzugreifen? Sie waren Bauern, nicht wahr? Bauern, Handwerker, Fischer? Einige von ihnen könnten jagen, das schon, aber das meiste von dem, was sie aßen, wurde angebaut. Was wüßten sie von der Technik, ein Feuer anzuzünden, ohne daß man den Rauch sehen oder riechen konnte? Was wüßten sie von der Art zu gehen, ohne Fußspuren zu hinterlassen, die Hunde oder Späher verfolgen konnten?

»Nichts«, war Marrah wieder und wieder zu antworten gezwungen. »Du hast recht. Sie wissen nichts davon. Sie denken nicht auf diese Art. Allein schon die Vorstellung, einen anderen Menschen zu töten, würde sie erschrecken.« Sie rang verzweifelt die Hände und brach in Tränen aus. »Du hast recht, sie können nicht alle nach Westen fliehen, wie es meine Mutter getan hat. Sie werden alle abgeschlachtet.«

»Abgeschlachtet oder gefangengenommen«, erwiderte Stavan.

»Aber es muß nicht passieren.« Wieder sprang er auf die Füße und begann nachdenklich auf und ab zu wandern. Seine Worte kamen schnell, überschlugen sich förmlich. »Ich habe die ganze Zeit nicht schlafen können, als du und Arang krank gewesen seid. Nacht für Nacht habe ich schlaflos dagelegen und mir Sorgen gemacht, und ausnahmsweise einmal hat sich die Grübelei gelohnt. Ich habe einen Plan, um dein Volk zu retten, und ich glaube, er wird funktionieren.«

Er zeigte erneut auf die Boote, die sanft im Fluß schaukelten. »Morgen oder übermorgen werden wir den Süßwassersee erreichen. Du und Arang werdet in südlicher Richtung nach Shara wandern, aber ich werde nach Norden gehen, zurück zum Grasmeer, und meinen Stamm finden, bevor der Winter kommt.« Marrah wollte protestieren, aber er bedeutete ihr mit einer Handbewegung, ihn fortfahren zu lassen.

»Es wird nicht leicht sein, die Steppe zu Fuß zu durchqueren, doch mit ein bißchen Glück werde ich von irgendeinem Unterhäuptling, der meinem Vater einen Gefallen schuldet, ein Pferd bekommen. Ich bin ein guter Fährtenleser, und ich kenne die Stellen, an denen die Hansi gewöhnlich ihr Lager aufschlagen. Wenn ich vor meinem Vater trete, werde ich mich vor ihm verbeugen wie ein gehorsamer Sohn und ihm die schlechte Nachricht überbringen: daß Achan ums Leben gekommen ist auf der Suche nach Hans goldenen Zelten. Achan war der einzige legitime Nachkomme meines Vaters; er wäre der Große Häuptling aller Hansi geworden, wenn er gelebt hätte, und wenn ich seinen Tod verkünde, werden die Frauen schreien und jammern. Mein Vater wird seine Kleider zerreißen und sein Gesicht mit Asche beschmieren und die Götter dafür verfluchen, daß sie mich lebend zurückkehren lassen, während Achan in einem fremden Land im Grab liegt. Er wird wissen wollen, ob ich Han die entsprechenden Opfer dargebracht habe, um Achans Seele Frieden zu verschaffen, und ich werde lügen und sagen, ja, ich hätte alles Erforderliche getan, weil...«

Er hielt inne. »Nun, das ist eine andere Geschichte, eine, die wir nicht zu vertiefen brauchen. Es genügt, wenn ich sage, daß Achan mehrere Konkubinen hatte, die überglücklich sein werden, wenn sie erfahren, daß die wichtigsten Bestattungsopfer bereits dargebracht wurden, und mit etwas Glück wird Changar, unser Priester und Wahrsager, keine weiteren verlangen.«

Er hob die rechte Hand und begann, an seinen Fingern abzuzählen. »Nachdem ich die Botschaft überbracht habe, wird es Spiele zu Ehren des Toten geben, Pferdeopfer und eine sechsmonatige Trauerzeit. Bis mein Vater seinen zerrissenen Umhang abgelegt und die Trauerasche von seinem Körper gewaschen hat, wird es Frühling sein, und dann kann ich zu dir zurückkommen, aber in der Zwischenzeit werde ich ein großer Geschichtenerzähler werden, ein Poet, der eurer Gedenklieder würdig ist. Ich werde meinem Volk von meinen Abenteuern im Westen erzählen und von den Gefahren, die dort drohen. In meinen Geschichten wird der Westen jedoch kein grünes Flußtal sein, sondern ein dichter Wald voller bösartiger, krummbeiniger kleiner Wilder, die keine Städte, kein Gold, kein Vieh besitzen. ›Nach Westen gehen?‹ werde ich sagen. ›Kein Mann, der alle fünf Sinne beisammen hat, würde in die Richtung reiten. Es gibt dort wirklich nichts, was zu rauben sich lohnen würde.‹ Und dann werde ich auf den Boden spucken, als verfluchte ich den gesamten Ort, und düster und enttäuscht dreinblicken, wie es zu einem Mann paßt, der Jahre seines Lebens damit verschwendet hat, in einer Wildnis umherzuwandern, wo es nicht eine Frau gibt, die zu nehmen sich lohnt, und nicht ein einziges Pferd.«

Marrah schwieg lange Zeit. Während Stavan sprach, hatte sie sich flüchtig gefragt, ob er sie belog. Es wäre so leicht für ihn, ihr Volk zu verraten. Alles, was er tun mußte, war, zurückzukehren und seinem Vater zu erzählen, daß die Städte im Westen reich und völlig schutzlos waren. Aber dies waren nur die Gedanken eines kurzen Augenblicks. Sie kannte Stavan so gut, wie sie jemals irgendeinen Menschen gekannt hatte, und wenn er sie belogen hätte, hätte sie ihn durchschaut; wenn er auch nur teilweise unehrlich gewesen wäre, hätte sie es gespürt, so wie sie ein herannahendes Unwetter spüren konnte.

Als Stavan geendet hatte, war sie von seiner Aufrichtigkeit vollkommen überzeugt. Es stand außer Frage, daß er ihr Volk retten wollte. Das einzige Problem war, daß sein Plan nicht klappen würde. Zumindest glaubte Marrah nicht an seinen Erfolg, und dies zu erkennen machte ihr angst; denn wenn sein Vorhaben scheiterte, welche andere Wahl gab es dann noch?

Als sie schließlich sprach, klang ihre Stimme ruhig, doch selbst sie konnte die Furcht darin hören. Sie sagte ihm ganz offen, daß sie gerne glauben wollte, er könne Shara retten, aber nicht daran glauben könnte. Lebten nicht bereits Frauen in den Zelten der Hansi, die Shambah sprachen? Wußte sein Volk denn nicht schon, daß es reiche Städte im Westen gab?

Marrah erkannte, daß Stavan um ihretwillen und um des Wohls ihres Volkes willen ein großes Risiko auf sich zu nehmen bereit war, und sie ehrte ihn für seine Treue und seinen Mut, aber was nützte sein Plan, wenn irgendeine kleine Tatsache, kleiner als sein Daumennagel, das ganze Gebäude zum Einsturz bringen konnte? So viele Dinge konnten schiefgehen.

Vielleicht hatte irgendeine arme gefangene Frau, die sich vor Heimweh verzehrte, bereits von den reichen Tempeln ihrer Heimatstadt erzählt, oder vielleicht hatte irgendein junges Mädchen, das sich schmerzlich nach seiner Mutter sehnte, in seinem Kummer geschrien, daß im Westen die Schafe fetter und der Honig süßer wären.

»Nein«, erwiderte Stavan immer wieder beharrlich. »Nein, du machst dir unnötig Sorgen.« Er setzte sich und zog Marrah zärtlich in seine Arme. Sein Körper war warm wie ein Schutzschild gegen die kalte Möglichkeit des Scheiterns.

Langsam und mit großer Überzeugung erklärte er ihr, warum ihre Ängste sinnlos waren. Alle gefangenen Frauen wären aus kleinen Dörfern gekommen, und wenn sie von großen Städten im Westen erzählten, würde ihnen ohnehin niemand glauben, weil die Hansi-Krieger grundsätzlich nicht auf Frauen hörten, wie er bedauerlicherweise zugeben mußte.

Kein Krieger hätte jemals eine richtige Stadt gesehen oder sich auch nur eine vorgestellt, und nur Krieger hätten die Macht, Dinge geschehen zu lassen. Deshalb würde ihm sein Vater sicherlich glauben. Und außerdem besäße er – obwohl es ihm immer widerstrebt hätte, die Wahrheit zu beugen – ein Talent zum Geschichtenerzählen. Als er ein kleiner Junge gewesen war, hatten die Leute gesagt, er sei dazu geboren, von Lager zu Lager zu ziehen und von den Göttern und Helden zu singen, aber dann war er älter geworden, und seine Stimme hatte sich von einer süßen Glocke zum Froschgequake verändert. Dennoch, die Gabe besäße er noch immer. Marrah müsse begreifen, daß dies ihre beste Chance wäre, vielleicht ihre einzige Chance, und es sei eine gute; er könne es ihr versprechen. Wenn er nicht ins Grasmeer zurückkehrte, würden die Hansi eines Tages gen Westen reiten. Hätte nicht ihre eigene Göttin vor einem Angriff gewarnt?

Marrah zog zwei Visionen der Zukunft in Erwägung: In der einen ritten die Hansi-Krieger nach Shara und brannten es bis auf die Grundmauern nieder; in der anderen wurde Shara verschont. Und nicht nur Shara wäre gerettet, auch die Städte entlang dem Ufer des Rauchflusses, das Dorf Kaza, die Tempel von Takash, all die Schönheit und der Frieden dieser Welt würden weiterbestehen – zumindest für eine Weile. Stavans Plan ergab tatsächlich einen Sinn, und er konnte möglicherweise klappen, aber etwas daran störte sie immer noch, etwas, was weit über den Schmerz, so viele Monate lang von ihm getrennt zu sein, hinausging.

»Wie gefährlich ist dein Vorhaben?« fragte sie schließlich.

»Was meinst du?« Er verlagerte unbehaglich sein Gewicht, und sie wußte, sie hatte einen der Punkte berührt, von denen er gehofft hatte, sie würde sie übersehen.

»Was, wenn dein Vater und die anderen Krieger dir nicht glauben?«

»Oh, sie werden mir schon glauben.«

»Und wenn sie es nicht tun?«

»Dann werden sie mich wahrscheinlich einen Verräter nennen.«

»Was ist ein Verräter?«

Es dauerte eine Weile, bis Stavan antwortete. »Jemand, der sein Volk verrät.«

»Und was tun deine Leute, wenn sie herausfinden, daß jemand sie verraten hat?«

»Mach dir nicht so viele Sorgen. Es hat keinen Sinn, sich ständig alle möglichen Schwierigkeiten auszumalen. Kein Hansi-Krieger würde seinen Vater belügen, es sei denn, er hätte vor, ihn zu töten, und jeder weiß, daß ich kein Großer Häuptling sein will. Vlahan, der Bastard meines Vaters, ist allerdings anders. Wenn Vlahan meinem Vater erzählte, der Himmel sei blau, würde mein Vater erst aus seinem Zelt treten, um zu sehen, ob er die Wahrheit spricht, aber ich hatte immer den Ruf, übermäßig aufrichtig zu sein.«

Sie holte tief Luft. »Stavan...«, begann sie und brach dann ab, bemühte sich, ihre Stimme fest klingen zu lassen, weil sie schon wieder die Furcht darin hören konnte. »Ich weiß, du tust dein Bestes, um mich davon abzuhalten, mir Sorgen um dich zu machen, aber ich will nicht, daß du mir die Wahrheit ersparst. Wir beide wissen, daß du vielleicht nicht zurückkehren wirst, wenn du ins Grasmeer gehst. Du könntest verhungern oder erfrieren, noch bevor du deine Leute überhaupt gefunden hast. Keine von diesen Möglichkeiten gefällt mir. Sie machen mir angst. Aber es gibt eine Sache, die mir noch mehr angst macht, und das ist die Vorstellung, daß dir deine eigenen Leute etwas Schreckliches antun könnten, wenn sie herausfänden, daß du ihnen nicht die Wahrheit gesagt hast. Würden sie das tun, Stavan?«

Er nickte widerstrebend.

»Was würden sie tun?«

Wieder ließ er sich viel Zeit mit seiner Antwort. »Mich töten, nehme ich an.«

»Schnell?«

Er schüttelte den Kopf.

»Das dachte ich mir.« Marrah nahm ihn in die Arme und küßte ihn. »Wie kann ich dich das tun lassen? Ich liebe dich so sehr, und es ist praktisch Selbstmord, was du vorhast!«

»Ich werde zurückkommen.«

»Wirst du das?«

»Ich schwöre es.«

»Woher willst du wissen, daß du wohlbehalten zurückkommst?«

Er zuckte die Achseln. »Ich habe so ein Gefühl.«

»Ein Gefühl ist nicht gut genug.« Impulsiv löste sie die Lederschnur um ihren Hals, an der die Träne des Mitgefühls hing, und band sie Stavan um. »Nimm das hier. Der Stein hat Arang gerettet, als er kurz davor war, an dem Fieber zu sterben, und er wird auch dich beschützen.«

»Marrah, ich kann deinen magischen Talisman nicht annehmen. Die Priesterinnen von Nar haben ihn dir geschenkt.«

»Was glaubst du wohl, wozu sie ihn mir geschenkt haben, du süßer Dummkopf? Nimm ihn und rette mein Volk, und möge die Göttin dich segnen und beschützen und dich wohlbehalten wieder zurückbringen.« Sie beugte sich vor und küßte den Schmetterling, der in den Tiefen des gelben Steins eingeschlossen war, und dann küßte sie Stavan, der sich in so große Gefahr begeben würde, mit nichts als diesem kleinen Glücksbringer als Schutz.

An jenem Abend liebten sie sich, aber ihre Herzen waren nicht bei der Sache.

Sie waren beide zu traurig. Danach lagen sie lange Zeit wach und unterhielten sich. Sie schmiedeten Pläne und gaben einander Versprechen, und als ihnen keine tröstenden Beteuerungen mehr einfielen, unterhielten sie sich weiter, voller Angst, die Stimme des anderen loszulassen.

Ich kann schon fühlen, wie er fortgeht, dachte Marrah, als sie zärtlich mit den Fingern durch sein helles Haar strich und dabei Rauch und Wolken und Mondlicht und weiße Knochen und Einsamkeit sah.

Am nächsten Nachmittag erreichten sie schließlich den Süßwassersee, nachdem sie das Flußdelta durchquert hatten. Von dem Moment an, als sie offenes Wasser vor sich sahen, überschlugen sich die Ereignisse förmlich, und alles ging so schnell, daß Marrah kaum noch Zeit blieb, Abschied von Stavan zu nehmen, bevor er sich in Richtung Norden aufmachte in Begleitung von drei Händlern, die in einem Einbaum voller Weinkrüge auf dem Weg nach Shambah waren.

Stavans Boot hatte kaum die Landspitze umrundet, als zwei Lachsfischer Marrahs und Arangs Pilgerhalsketten erblickten und sich anboten, sie nach Süden zu bringen. Sie segelten immer dicht an der Küste entlang, von günstigen Winden rasch vorwärtsgetrieben, und so kamen die beiden schließlich nach Shara, dessen weiße Häuser genauso hell und einladend in der Sonne schimmerten, wie es Sabalahs Lied versprochen hatte.

Dritter Teil

Das Grasmeer

»›Die Frauen des Westens sind häßlich‹, erzählte der Held seinem Volk. ›Sie haben Füße wie Ratten, eine Haut wie Kröten, und sie stinken wie Ziegen in der Brunftzeit. Sie hausen in Höhlen wie Tiere, und sie essen Fisch. Macht euch nicht die Mühe, nach Westen zu reiten, meine Brüder. Ihr werdet dort weder Gold noch Pferde finden. Alles, was der Westen zu bieten hat, ist Tod.‹

›Er lügt!‹ rief sein Bruder. ›Der Westen ist voller Schätze!‹

›Er ist ein Verräter!‹ riefen seine Onkel. ›Tötet ihn!‹

Aber der Große Häuptling war weiser als die anderen. Er riß das Hemd des Helden entzwei, und heraus fiel ein Stückchen der Sonne. ›Seht her!‹ rief der Große Häuptling, ›Stavan lügt nicht. Er weiß nicht, was er sagt; er ist verhext worden!‹«

Aus »Stavan und die Hexe«, einer Volkssage der Hansi

12. Kapitel

Shara: Zwei Jahre später

An ihrem siebzehnten Geburtstag wurde Marrah von ihrer Großmutter in den Tempel gerufen, der sich neben der Traumhöhle erhob, wo Sabalah so viele Jahre zuvor ihre Vision von den Tiermenschen gehabt hatte. Es war ein kalter Wintertag, der gegen Abend eisigen Regen zu bringen versprach, und von Nordosten her wehte eine steife Brise, die den Wellen des Süßwassersees Schaumkrönchen aufsetzte und Wolken über den Himmel jagte, um sie im Westen hinter den Hügeln aufzutürmen.

Als Marrah den Weg hinaufstieg, der zu den Klippen über der Stadt führte, konnte sie zwei Handelsschiffe in rascher Fahrt auf die Küste zukommen sehen, eines davon ein Raspa mit weißen Segeln, das andere ein kleiner Einbaum mit zwei Gestalten darin, die sich tief über ihre Paddel beugten und im Rhythmus eines Meerliedes ruderten – und zwar eines schnellen Liedes, nach dem Anblick zu urteilen.

Einen Moment lang stand Marrah da, mit dem Rücken gegen eine Felswand aus honigfarbenem Granit, und ließ den Wind ihr Haar zerzausen, während sie beobachtete, wie die Boote durch das aufgewühlte Wasser pflügten, und hoffte – so wie sie immer hoffte –, daß Stavan einer der Bootsinsassen war, aber selbst auf diese Entfernung konnte sie erkennen, daß keiner der Händler gelbes Haar hatte. Sie waren alle klein und dunkelhaarig und in farbenfrohe Umhänge gekleidet, die mit Clanzeichen bedruckt waren. Die Stadt Shara erlebte gerade die heiligen Tage des Mittwinters, und trotz der eisigen Winde, die immer um diese Jahreszeit wehten, gab es stets einige abgehärtete Pilger, die es niemals versäumten, nach Shara zu kommen und in den heiligen heißen Quellen zu baden, um zu hören, was das neue Jahr für sie bereithielt.

Marrah fröstelte und zog ihren pelzgefütterten Umhang fester um sich. Sie wünschte, sie wüßte, was ihr das neue Jahr bringen würde, aber sie hatte nicht soviel Glück wie die Pilger. Obwohl sie jetzt schon viermal in der Traumhöhle gewesen war, hatte sich ihr die Zukunft nicht offenbart; und so war es auch allen anderen ergangen, einschließlich Lalah, ihrer Großmutter, der als Priesterin-Königin von Shara eigentlich eine Vision hätte gewährt werden müssen, falls es irgendwelche Visionen gab. Die Göttin Batal war zwar bereit gewesen, den Dorfältesten zu sagen, wie gut ihre Frühjahrsernte ausfallen würde, den Frauen zu raten, ob sie Kinder gebären sollten oder nicht, und einen ungewöhnlich nassen Sommer vorauszusagen, aber wenn es um die Frage nach Stavans Schicksal ging oder die Möglichkeit einer Invasion aus dem Osten, schwieg sie störrisch. Als die Priesterinnen den heiligen Rauch inhaliert, den mit Mohn versetzten Wein getrunken und dann die Göttin gebeten hatten, ihnen zu sagen, ob die Tiermenschen noch immer eine Bedrohung wären, hatte sie ihnen nichts weiter als tiefen Schlaf und Kopfschmerzen beschert. Dieses Fehlen jeglicher Omen war eine schlimme Situation und machte alle nervös, besonders Marrah.

Sie seufzte und gab den Versuch auf, Stavan im Bug des *raspas* stehen zu sehen oder zwischen den Lastkörben in dem Einbaum. Zwei Jahre wartete sie nun schon darauf, daß er aus dem Grasmeer zurückkehrte – zwei Jahre und drei Monate, um genau zu sein. Sie war zu jedem Boot hinuntergeeilt, das im Hafen anlegte, hatte jeden Pilger aus dem Norden gefragt, ob er irgendwelche Neuigkeiten von einem großen, gelbhaarigen Mann gehört hätte, und es war alles vergeblich gewesen. Jetzt war sie wieder ein Jahr älter, und noch immer war Stavan nicht zurückgekommen. Trotz der Tatsache, daß Arang versprochen hatte, an diesem Abend für sie zu tanzen, würde dies in mehr als einer Hinsicht ein kalter Geburtstag werden.

Sie wandte sich vom See ab und ließ ihren Blick über das Flußdelta hinweg nach Shara schweifen, das sich am südlichen Flußufer entlangschlängelte, so wie es schon zu Sabalahs Zeit gewesen war. Der Ort war seit unzähligen Generationen der Schlangengöttin geweiht, und alles an der Stadt zeugte von diesem Glück. In Serpentinen erbaut, die an den Körper einer Schlange erinnerten, bestand die Stadt aus Hunderten von Mutterhäusern und einem Dutzend Tempeln, deren Fassaden sämtlich mit glattem weißen Ton verputzt waren. Jede Wand war liebevoll mit bunten Rauten bemalt und mit fein gemahlenem Basalt überzogen, so daß der erste Eindruck eines Fremden eine lange Reihe glitzernder Schuppen war, die sich durch fruchtbare Felder zog. Die Felder waren braun um diese Jahreszeit, und die kurzhaarigen Schafe drängten sich schutzsuchend in kleine Herden zusammen. Sie wurden mit Heu und getrockneten Wicken gefüttert und wirkten plump und fett in ihren dicken Winterfellen.

Der Anblick der Stadt heiterte Marrah ein wenig auf. Es war zwar nicht Xori und würde es auch niemals sein, aber nach zwei Jahren fühlte sie sich inzwischen dort zu Hause – oder zumindest so heimisch, wie es den Umständen nach überhaupt möglich war. Sie sehnte sich immer noch schmerzlich nach ihrer Mutter und Urgroßmutter Ama und all den Freunden, die sie im Westen zurückgelassen hatte, einschließlich Bere, an den sie oft mit Zuneigung dachte; aber jetzt hatte sie zum ersten Mal in ihrem Leben viele Blutsverwandte: Onkel und Tanten und Vettern und Basen, die alle mit großer Liebe an ihrer Mutter gehangen und die auch Marrah augenblicklich in ihr Herz geschlossen hatten.

Zuerst hatte Marrah gezögert, ihre Liebe zu erwidern; es war einfach überwältigend gewesen, nach einer Reise von vielen Monaten aus dem Boot zu klettern und festzustellen, daß eine neue Familie auf sie wartete, aber die Sharaner waren wie die Giraner: umgänglich, herzlich und sehr emotional. Sie hatten geweint und Marrah begeistert umarmt, als sie erfuhren, daß sie Sabalahs Tochter war, und dann hatten sie Arang lachend herumgeschwenkt und ihn von Umarmung zu Umarmung weitergereicht, bis er so verlegen gewesen war, daß Marrah ihn hatte retten müssen.

Als sie sich nach ihrer Großtante, Königin Nasula, erkundigte, hatten sie wieder ein paar Tränen vergossen und ihr erklärt, daß Nasula leider vor langer Zeit gestorben sei, aber Marrah solle nicht traurig sein, denn Nasula wäre eine gute Herrscherin gewesen, und jetzt wäre Marrahs eigene Großmutter die Priesterin-Königin von Shara. Es war eine seltsame Erfahrung, sich plötzlich mit einer neuen Großmutter konfrontiert zu sehen, wenn man bereits eine erwachsene Frau war. Anfangs war Marrah schüchtern gewesen, aber ihre Schüchternheit hatte Lalahs ersten begeisterten Kuß nicht überlebt.

Die Leute von Shara sind gut zu mir gewesen, dachte sie jetzt und hielt einen Moment inne, während sie sich mit einem warmen Gefühl der Dankbarkeit daran erinnerte, was sie für sie getan hatten. Die Priesterinnen und Priester der Stadt lebten im Zentrum des Geschehens, und sie hatten Marrah auf eine Art unterrichtet, wie es Sabalah niemals vermocht hätte. Großonkel Bindar, der *aita* ihrer Mutter, hatte Marrah in der heiligen Töpferkunst unterwiesen, und jetzt war sie zwar immer noch nicht so geschickt wie die Töpfer von Hita, doch sie konnte einen Gegenstand modellieren und ihn in den Brennofen des Tempels stellen und wußte, daß er in einem Stück wieder herauskommen würde. Sie war sogar für den neuen Tempel verantwortlich, den Tempel, zu dem sie in genau diesem Moment unterwegs war. Natürlich hatte sie ihn nicht eigenhändig erbaut. Das hatte Onkel Bindar getan. Aber sie hatte ihm erklärt, wie man die Tonziegel glättete, so daß sie wie ein einziger Block aussahen, wie man die Fenster mit dünnen Schichten Ton verkleidete und das Ganze anschließend von innen befeuerte, um den Ton zu härten, so wie es die Bewohner von Takash mit ihren Tempeln machten.

Und was Arang betraf: Onkel Bindars Partner, der große Tänzer Enal, hatte ihn als seinen Schüler angenommen, hatte ihn praktisch in dem Moment gepackt, als Arang seinen Fuß an Land setzte. »Der Junge ist zum Tanzen geboren«, hatte Enal Marrah kurzerhand informiert. Er war ein kleiner Mann, klein auf die Art, wie es alle guten Tänzer waren, mit einem kräftigen, geschmeidigen Körper, und er hatte eine Art an sich, andere anzufahren, die einschüchternd sein konnte, bis man ihn richtig kennenlernte. »Sieh nur, wie dein Bruder geht. Sieh, was für ein unvergleichliches Gefühl für Balance er hat. Gib ihn mir, und ich verspreche dir, ich werde etwas aus ihm machen. Wie ist es nur möglich, daß ihr Leute aus dem Westen nicht erkannt habt, was für ein Juwel er ist?«

Marrah mochte Enal zuerst nicht und hatte ihre Zustimmung verweigert, aber sobald Arang von dem Angebot hörte, hatte er ihr keine Ruhe mehr gelassen, bis sie nachgab und ihn Tanzunterricht nehmen ließ. Innerhalb von zwei Monaten hatte Enal Arang soweit, daß er Saltos rückwärts schlagen konnte, und als das erste Jahr zu Ende ging, trat Arang bereits allein auf, wobei er so wundervoll zum Rhythmus der Trommeln und dem süßen Klang der mit drei Saiten bespannten Ashads tanzte, daß die Zuschauer den Atem anhielten und ihm Blumen zuwarfen, wenn er fertig war.

»Enal weiß alles, was es über Tanzkunst zu wissen gibt«, hatte Arang Marrah eines Tages erklärt, und dann, als er den Ausdruck auf ihrem Gesicht sah, hatte er ihre Hand ergriffen und hastig hinzugefügt: »Natürlich liebe ich ihn nicht auf die Weise, wie ich Stavan liebe. Mach dir keine Sorgen, Marrah, Stavan wird in diesem Sommer zu uns zurückkommen. Ich weiß, daß er kommen wird.«

Ihr Herz hatte bei seinen Worten einen freudigen Sprung gemacht, und schneller, als es dauerte, um Atem zu holen, war sie überzeugt gewesen, daß die Schlangengöttin Batal Arang erschienen sei und ihm erzählt hätte, daß Stavan auf dem Rückweg vom Grasmeer wäre; und dann war sie wieder zur Vernunft gekommen und hatte eingesehen, daß ihr Bruder sie nur hatte trösten wollen.

Das lag nun schon über ein Jahr zurück. Jetzt hoffte sie wieder, obwohl sie wußte, daß es töricht war, sich Hoffnungen zu machen, und dennoch stand sie hier oben auf dem Klippenweg und blickte auf den See hinaus, statt den Hügel hinaufzueilen, um zu sehen, was ihre Großmutter von ihr wollte. Sie trödelte ganz bewußt, ließ ihre Großmutter unnötig lange warten, denn solange sie auf dem Klippenpfad war, konnte sie sich weiterhin einreden, daß sie bei ihrer Ankunft Neuigkeiten erwarteten. Natürlich war das nicht der Fall. Vielleicht würde es niemals Nachrichten von Stavan geben, aber wenn man jemanden so sehr liebte, wie sie Stavan liebte, gab man nicht so schnell auf.

Marrah wandte sich vom Anblick der Stadt ab und kletterte weiter den Pfad hinauf, tief in Gedanken versunken. Sie wußte, es war selbstsüchtig, düster vor sich hin zu grübeln, wenn es so viele schöne Dinge auf der Welt gab und so viele Menschen, die sie liebten, aber es war hart, einen weiteren Geburtstag ohne ein Wort von Stavan zu überstehen. Die Zeit verging wie im Fluge. Ich werde alt, dachte sie und malte sich aus, wie sie irgendwann, viele Jahre später, faltig und krumm und nachdem sie ihr ganzes Leben verschwendet hatte, auf einen grauhaarigen Stavan zutappen würde, der sie nicht erkannte.

Plötzlich blieb Marrah mitten auf dem Weg stehen und fing an zu lachen. Eine Schar erschrockener Seemöwen ergriff bei dem Geräusch die Flucht und flog laut kreischend davon. Manchmal mußte man wohl ganz tief in Selbstmitleid versinken, um darüber hinwegzukommen. Ihr ganzes Leben verschwendet, also wirklich! Sie war erst siebzehn, und sie würde – ob mit oder ohne Stavan – ein interessantes Leben führen, viele Kinder bekommen und Liebhaber haben, wenn sie sie wollte, und vielleicht sogar eines Tages einen ständigen Partner. Plötzlich war sie wieder wesentlich heiterer gestimmt, und sie eilte zum Tempel hinunter, beschämt, ihre Großmutter so lange warten zu lassen.

Bald sah sie ihn, auf der Kuppe eines Hügels direkt über dem Eingang zur Traumhöhle. Es war ein ungewöhnlicher Tempel, vielleicht der ungewöhnlichste östlich des Landes der Hita. Groß genug, um mehr als ein Dutzend Betende aufzunehmen, war der Tempel in Form einer Brust erbaut worden, um die sich die Schlangengöttin wand, deren Kopf sich fünfzehn Handbreit über dem Dach erhob. Wie alle Schlangenskulpturen von Shara hatte auch diese Batal eine menschliche Nase, aber ihre Augen waren die runden, hypnotischen Augen einer Schlange. Als Marrah hinaufschaute, schien sich Batals langer Hals im Wind zu wiegen. Es war natürlich nur eine optische Täuschung, verursacht durch die Wolken, die sich hinter ihrem Kopf ballten, aber dennoch beeindrukkend.

Alles dies hätte schon ausgereicht, um den Tempel zu einem der Wunder des Süßwassersees zu machen, aber es gab noch mehr. Der offizielle Name des Gebäudes lautete »Tempel der Kinderträume«. Auf Marrahs Vorschlag hin hatte man die Kinder von Shara eingeladen, Bilder von ihren Träumen in den weichen Ton von Batals gewundenem Leib einzuritzen, bevor der Ton gebrannt wurde. Die Kleinsten hatten nur Handabdrücke hinterlassen, aber einige der älteren Kinder hatten phantastische Szenen gezeichnet: fliegende Vogelfrauen, sprechende Fische, Blumen mit Gesichtern und vieles mehr. Wenn die Pilger, die in der heiligen Quelle badeten, zum Tempel hinaufschauten, sahen sie Spiralen voller Träume wie erstarrten Rauch in die Luft aufsteigen.

Im Moment waren ein halbes Dutzend Pilger im Wasser, einige davon eindeutig krank, während andere einfach um des göttlichen Segens willen badeten und weil sie sich Glück davon erhofften. Als Marrah an der Quelle vorbeiging, riefen sie ihr formelle Begrüßungen zu und legten ihre rosigen, dampfenden Fingerspitzen zum universellen Zeichen des Respekts zusammen. Marrah kam der Gedanke, daß sie offenbar selbst dann, wenn sie in Eile war, in einen ganz gewöhnlichen Umhang gekleidet, mit windzerzaustem Haar und Stiefeln, die dringend geflickt werden mußten, für die Pilger noch als Priesterin erkennbar war. Als sie die letzten paar Stufen zum Tempel hinaufkletterte, fragte sie sich, was es wohl war, was sie verriet.

»Du hast dir ja reichlich Zeit gelassen«, sagte Lalah, als Marrah den ledernen Türvorhang beiseite schob. Sie blickte Marrah scharf an, als überlegte sie, ob sie ihr eine Standpauke über die Tugend der Pünktlichkeit halten sollte, aber es waren Gäste anwesend, und Königin Lalah hielt im allgemeinen nichts davon, ihre Angehörigen in Anwesenheit von Fremden zu kritisieren. Als sie sich zu den beiden Frauen umwandte, die zu ihrer Linken saßen, lächelte sie mit einstudierter Höflichkeit. Man hätte die Königin schon ziemlich gut kennen müssen, um zu merken, daß sie verärgert war.

»So, nachdem meine Enkelin Marrah nun hier ist, können wir wohl anfangen.« Die Frauen erwiderten ihr Lächeln, vollkommen beruhigt, was genau das war, was Lalah beabsichtigt hatte. Als die siebenundzwanzigste Priesterin in direkter Linie, ein Amt, das seit

Menschengedenken von der Mutter an die Tochter oder von Schwester zu Schwester weitergegeben wurde, wußte Lalah aus Shara, daß sie immer das Risiko einging, die Leute einzuschüchtern, aber zum Glück sah sie mütterlich und harmlos aus, was jedoch nicht bedeutete, daß es ihr an einem scharfen Verstand gefehlt hätte oder an der Fähigkeit, so schnell wie Batal selbst zu reagieren, wenn es galt, Disziplin und Ordnung aufrechtzuerhalten. In ihrer Jugend war sie für ihren Sarkasmus, ihre schnelle Auffassungsgabe und ihre scharfe Zunge bekannt gewesen, aber mit dem Alter war die Selbstbeherrschung gekommen, und jetzt hielten Fremde sie oft fälschlicherweise für eine sanftmütige alte Frau.

Marrah wußte es besser. Lalahs Gesicht war ein Spiegel, der zeigte, wie sie selbst vielleicht in etwa vierzig Jahren sein könnte. Obwohl ihre Großmutter größer als sie war, hatte Marrah ihre lange, schmale Nase, die vollen Lippen, das lockige Haar und die vorstehenden Wangenknochen von ihr geerbt. Hinter dem schönen Gesicht verbargen sich Ungeduld, leidenschaftliche Neugier und eine Sehnsucht nach Abenteuern, die sie befriedigte, indem sie Reisende ausfragte, bis sie zu müde waren, um weiterzuerzählen. Marrah hoffte, daß sich ihre Großmutter an diesem Nachmittag kurz fassen würde. Wenn sie nicht rechtzeitig in die Stadt zurückkam für das Festmahl und die Tänze, die ihr zu Ehren stattfanden, würden alle enttäuscht sein.

Zu ihrer Erleichterung kam Königin Lalah ohne Umschweife auf den Punkt zu sprechen. »Erzählt Marrah, was ihr mir gerade erzählt habt«, schlug sie vor, wobei sie den Fremden mit einer Handbewegung bedeutete, näher an das Kohlebecken aus Ton zu rücken und sich zu wärmen. Die Frauen näherten sich den glühenden Kohlen und hielten ihre Hände darüber. Beide trugen derbe Lederstiefel und lange Kapuzenkleider, die aus Streifen von schlammfarbenem Pelz, gemischt mit Flachs, gewebt waren. Marrah hatte das Gefühl, diese Art Pelz schon einmal gesehen zu haben, konnte sich im Moment jedoch nicht erinnern, wo das gewesen war. Auf jeden Fall war offensichtlich, daß die Frauen von weit her kamen. Niemand in Shara trug Kapuzenkleider; sie sahen beneidenswert warm aus.

Die Ältere räusperte sich und verbeugte sich auf eine seltsame, knicksende Art erst vor Lalah, dann vor Marrah und schließlich vor ihrer Gefährtin, als wüßte sie nicht, ob sie sie ebenfalls grüßen oder völlig übergehen sollte. Sie war eine Frau vom Land, nicht an die höflichen Umgangsformen der Stadt gewöhnt.

»Mutter Marrah«, begann sie, obwohl für jeden klar gewesen wäre, daß Marrah um einiges jünger als sie war. »Mein Name ist Nisig. Meine Schwester und ich kommen aus dem Dorf Nemsha, das am Rand der Welt liegt. Wir sind Bauern, meine Schwester und Mutter und ich; wir pflanzen hauptsächlich Gerste an, die gut gedeiht, weil es in unserem Land kälter ist.«

Marrah starrte sie erstaunt an. Die Frau sprach fließend Shambah. »Kommt ihr vom Rande des Grasmeeres?« fragte sie aufgeregt, in der Hoffnung, die Frauen brächten vielleicht Nachrichten von Stavan.

Nisig brach mitten im Satz ab, deutlich verwirrt über ihre Frage. »Ich habe noch niemals von einem solchen Meer gehört, liebe Mutter, aber dort, wo wir leben, gibt es viel Gras. Der Wald endet nicht weit von unserem Dorf, und keiner weiß, wo er wieder anfängt.« Sie blickte auf ihre Schwester, die zustimmend nickte. Ermutigt fuhr sie fort.

»Vor zwei Jahren, im Monat des ersten Frosts, kam eines Tages ein Mann aus dem Wald und bat um ein warmes Lager an unserem Feuer. Er sah sonderbar aus – sehr groß –, aber in jenen Tagen hatten wir keine Angst vor Fremden, und so gaben wir ihm zu essen, und als er wieder aufbrach, gaben ihm unsere Dorfältesten getrocknetes Fleisch mit und einen wärmenden Umhang, weil er sagte, er wolle weiter nach Norden, und weil der Winter bevorstand. Als Dank für unsere Hilfe überbrachte er uns eine Warnung. Eine große Priesterin namens Marrah aus Xori hätte eine Vision gehabt, daß unsere Welt vor der Zerstörung stände. Männer, die auf den Rükken irgendwelcher großen Tiere säßen«, sie hielt inne und lächelte schüchtern, als wäre es ihr peinlich, von einer solch albernen Vorstellung zu berichten, »würden aus dem Osten kommen und uns töten, deshalb sollten wir besser sofort unser Dorf verlassen, bevor sie uns vernichten könnten.«

Sie schüttelte den Kopf. »Nun, wir alle hielten ihn für verrückt, und das haben wir ihm auch gesagt. ›Danke‹, sagten wir, ›aber wir lieben dieses Land, deshalb werden wir nirgendwo hingehen.‹ Als er sah, daß wir uns nicht von der Stelle rühren würden, wurde er wütend und nannte uns eine Herde dummer Schafe, aber da er ein Verrückter war und somit unter dem besonderen Schutz der Göttin stand, gaben wir ihm freundliche Antworten. Ich glaube, er muß uns dafür gemocht haben, denn statt fluchend davonzumarschieren, erteilte er uns noch eine Warnung, bevor er ging. ›Falls irgend etwas Schlimmes passiert‹, sagte er, ›geht in die Stadt Shambah und laßt es die Leute wissen; und nachdem ihr den Ältesten Bescheid gesagt habt, geht weiter in die Stadt Shara und fragt nach Marrah aus Xori, und wenn ihr sie findet, sagt ihr, daß Stavan der Hansi ihr seine ganze Liebe schickt, und ...‹ Was ist, liebe Mutter, bist du krank?«

Die Frage war durchaus angebracht. Marrah hatte laut aufgeschrien bei der Erwähnung von Stavans Namen, und jetzt hockte sie auf einer der Tonbänke, bleich im Gesicht und am ganzen Körper zitternd.

»Nein«, erwiderte sie erschüttert, »bitte sprich weiter. Was hat er sonst noch gesagt? Bitte, sag es mir schnell.«

»Nichts, Mutter. Das war die ganze Botschaft. Tut mir leid. Hätte er noch mehr sagen sollen?«

»Du vergißt die Samen«, warf ihre Schwester ein. »Gib der Mutter Priesterin die Samen, du dumme Ziege.«

Nisig wurde krebsrot im Gesicht vor Verlegenheit. Nachdem sie ungeschickt in der Ledertasche gesucht hatte, die an ihrem Gürtel hing, zog sie ein Leinensäckchen mit Samen heraus und reichte es Marrah. »Der Fremde sagte, wir sollten dir das hier geben, Mutter; er meinte, du wüßtest schon, was damit zu tun ist. Er sagte, es wären Beerensamen, aber es tut mir leid, sagen zu müssen, daß er sich geirrt hat. Jeder Bauer könnte dir erklären, daß dies hier zwei verschiedene Sorten von Samen sind, und keine von ihnen wird Beeren produzieren. Man braucht ja nur zu sehen, wie groß sie sind. Beerensamen sind winzig kleine Körnchen, die ...« Sie verstummte unvermittelt und blickte Marrah mit unverhüllter Neugier an, als diese eifrig die Samen in ihre Handfläche schüttete.

»Marrah«, sagte Lalah scharf, »dafür wird später noch Zeit genug sein. Ich weiß, dies ist die Nachricht, auf die du so lange gewartet hast, aber trockne deine Freudentränen und hör zu. Diese Frauen haben uns noch mehr zu berichten, und es ist nichts, was zu Freude Anlaß gibt.«

Ernüchtert durch den Tadel ihrer Großmutter, schob Marrah die Samen wieder in das Säckchen zurück.

»Sagt meiner Enkelin, weshalb ihr so weit in den Süden nach Shara gekommen seid.«

Nisig schluckte hart und blickte ihre Schwester an. »Im vorletzten Sommer tauchten Fremde in unserem Dorf auf. Sie waren keine Händler, weil es alte Leute und kleine Kinder unter ihnen gab, und sie trugen Dinge bei sich, die sie nicht verkaufen wollten. Einige von ihnen trieben ein paar Kühe oder Ziegen, und andere schleppten Tempelgöttinnen auf dem Rücken. Sie sprachen nicht unsere Sprache, aber wir merkten deutlich, daß sie vor irgend etwas große Angst hatten. Sie zeigten immer wieder Richtung Osten und schrien etwas, aber wir konnten nicht verstehen, was passiert war, deshalb gaben wir ihnen zu essen und schauten zu, wie sie weiterzogen. Nach einer Weile kam niemand mehr, und in unserem Dorf ging alles wieder seinen geregelten Gang, und –«

Wieder schluckte sie hart und preßte die Lippen zusammen, als versuchte sie, nicht in Tränen auszubrechen. »Vor ein paar Monaten geschah es, daß ein ganzes Dorf östlich von uns einfach verschwand – allesamt: jede Frau, jeder Mann, jedes Kind. Ich hatte zwei Brüder und fünf Vettern in dem Dorf. Früher kamen sie regelmäßig zu unseren Festen, und manchmal halfen wir uns gegenseitig beim Einbringen der Ernte.«

Sie blickte von Lalah zu Marrah. »Wir sahen den Rauch in Nemsha, doch bis wir dort ankamen, waren sämtliche Clanhäuser zu Schutt und Asche verbrannt. Die Gerste war plattgetrampelt, und die Kühe waren verschwunden. Wir fanden die Dorfhunde mit aufgeschlitzten Kehlen, und wir fanden das hier.« Sie ging zu Marrah, verbeugte sich vor ihr und legte etwas in ihre Hand. Es war ein kleines Stückchen Kupfer, so dünn wie ein Fingernagel, von Rauch geschwärzt.

»Hast du eine Ahnung, was das ist?« fragte Lalah.

Marrah nickte nur; sie fühlte sich zu elend, um zu sprechen.

»Nun, dann sitz nicht einfach stumm da. Sag es uns.«

»Es ist das Tier, das aus dem Osten kommt«, erklärte Marrah tonlos. »Man nennt es Pferd.« Sie reichte ihrer Großmutter das winzige Figürchen. »Es ist ein böser Talisman, er gehört nicht in einen Tempel, der den Träumen von Kindern geweiht ist.«

Lalah drehte die Figur in ihrer Hand und inspizierte sie von allen Seiten. Dann erhob sie sich ohne ein weiteres Wort auf die Füße, ging zum Kohlenbecken und warf das Pferd auf die heißen Kohlen. Das Kupfer schmolz fast augenblicklich, wobei eine Fahne grünlichen Rauchs aufstieg. Lalah rümpfte angewidert die Nase. »Es hinterläßt einen unangenehmen Geruch.« Sie zeigte auf die ledernen Fenstervorhänge. »Zieht sie auf und laß etwas frische Luft herein.«

Der Rest des Winters war lang und ungewöhnlich kalt. Die beiden Bäuerinnen, die die Nachricht von dem niedergebrannten Dorf gebracht hatten, blieben nur lange genug, um in der heiligen Quelle zu baden, bevor sie an Bord eines Schiffes gingen, das zurück in Richtung Norden segelte, aber wie die bitterkalten Winde, so sollte auch ihre Anwesenheit noch lange nachwirken.

Der Ältestenrat beriet sich mehrere Tage lang ununterbrochen und versuchte zu entscheiden, was zu tun war, doch wie Stavan vorausgesehen hatte, konnten sie keine praktischen Lösungen anbieten. In den Straßen von Shara standen beunruhigte Leute in kleinen Gruppen zusammen, und die heiligen Tage des Mittwinters, die gewöhnlich von einer festlichen Stimmung erfüllt waren, wurden auf eine Weise gefeiert, die bei allen das vage Gefühl hinterließ, nicht ganz bei der Sache zu sein. Das Herz der Stadt schien nicht mehr im gewohnten Takt zu schlagen, von irgend etwas in seiner Harmonie gestört, einer Harmonie, die auch Arangs Tanzkünste nicht wiederherstellen konnten.

Jeder wußte von der Prophezeiung, und jetzt begann die Gerüchteküche zu kochen: Ein großes Feuer sei im Osten ausgebrochen und vernichte alles; Shambah sei völlig zerstört worden; alle Städte entlang dem Rauchfluß seien zu Schutt und Asche niedergebrannt. Die Sharaner waren große Märchenerzähler, und während sie in ihren gemütlichen Häusern saßen und warmen, gewürzten Wein tranken, erfanden sie wilde Phantasien wie Kinder, die sich gegenseitig mit Gruselgeschichten angst machten, nachdem die Erwachsenen schlafen gegangen waren. So empfand Marrah es zumindest, als sie die Schilderungen hörte. Hatte das Ende der Welt wirklich begonnen? Wenn dem so war, dann hätte man es jedenhalls nicht vermutet nach der Art, wie eben jene Geschichtenerzähler seelenruhig ihrer täglichen Arbeit nachgingen.

Gelegentlich hörte Marrah jemanden einen vernünftigen Vorschlag äußern, wie zum Beispiel, Wachen um die Stadt zu postieren, doch wenn es darum ging, Lose zu ziehen, um zu sehen, wer dort draußen die ganze Nacht hindurch in der Kälte stehen würde, gab es nie irgendwelche Interessenten. Wenn sie selbst drastischere Maßnahmen vorschlug – zum Beispiel, hohe Mauern um Shara zu bauen oder sämtliche Bewohner in die Felsen oberhalb des Sees zu evakuieren –, machten die Leute höfliche Bemerkungen, aber sie konnte sehen, daß sogar ihre eigene Großmutter glaubte, sie wäre verrückt geworden.

Shara evakuieren? hatte Lalah entrüstet gerufen. Eine ganze Stadt verlegen, die seit unzähligen Generationen das Zentrum der zivilisierten Welt war? Da könnte man ja ebensogut versuchen, den Süßwassersee auszuheben und ihn in den Westen zu verlegen oder den Mond vom Himmel zu pflücken und ihn als Lampe zu benutzen. Ganz gleich, welche Visionen die Priesterinnen hatten, ganz gleich, welche Warnungen Sabalah aus dem Westen übermittelt hatte oder was an Nachrichten aus dem Norden kam, Lalah war nicht gewillt, die Spirale der Lebensenergie zwischen Mauern zu sperren oder die große Schlange der Stadt von heiligem Grund und Boden fortzubewegen. Was auch immer kam, sie würden es überstehen.

»Wenn du in Shara lebst«, erklärte sie Marrah, »lebst du unter dem Schutz von Batal. Diese Sache mit den Tiermenschen mag vielleicht unangenehm werden, aber die Schlangengöttin wird uns schon zeigen, was zu tun ist, wenn die Zeit kommt.«

Nachdem Marrah bei ihrer Großmutter nur auf Widerstand gestoßen war, kam sie zu der Überzeugung, Lalahs Mut müsse auf einem Mangel an Vorstellungskraft beruhen. Dieselben beruhigenden Versicherungen hatte sie auch schon zu hören bekommen, als sie vor zwei Jahren mit Arang in die Stadt gekommen war. Damals hatte sich der Ältestenrat ebenfalls zu einer Notsitzung zusammengefunden, und die Leute hatten einander genau wie jetzt mit Geschichten von drohendem Unheil angst gemacht, und was war bei all dem herausgekommen? Nichts. Bald war das Leben wieder in seinen gewohnten Bahnen verlaufen, und bis auf die Priesterin, die in der Traumhöhle lag und die Göttin Batal zum Sprechen zu bewegen versuchte, hatte jedermann wieder begonnen, an angenehmere Dinge zu denken, an Frühlingsfeste, Volljährigkeitsfeiern, das Wetter und die Ernte.

Zweifellos würde sich derselbe Vorgang wiederholen. Die Leute würden sich eine Zeitlang Sorgen machen, und Gerüchte würden von Haus zu Haus verbreitet werden, aber bis zum Frühling wäre ihnen das Thema langweilig geworden. Das unglückselige Dorf würde zwar nicht völlig in Vergessenheit geraten, aber an die abgeschlachteten Hunde und die plattgewalzten Felder würden sich die Leute irgendwann nicht mehr erinnern. Statt dessen würden sie daran denken, ihre eigenen Felder zu bestellen. Lose würden gezogen, die Gemeinschaft für Fruchtbarkeit würde ihre Trommeln stimmen und Blumen pflücken, Seetang würde herbeigeschafft werden, um den Boden zu düngen, und keiner würde mehr von den Schwestern reden, die aus dem Norden gekommen waren, um von verbrannten Mutterhäusern zu berichten.

»Tut etwas!« bat Marrah eindringlich bei den Ratssitzungen. »Unternehmt jetzt etwas, bevor es zu spät ist!« Aber es erging ihr wie jener jungen Priesterin in dem Gedenklied, die der Göttin Erde ein magisches Auge gestohlen hatte, ohne darauf zu warten, daß es ihr geschenkt wurde. Sie konnte die Zukunft sehen, doch niemand wollte auf sie hören. Das heißt – die Mitglieder des Ältestenrats hörten Marrah zwar respektvoll an, aber sie begriffen nicht. Nur wenige unter ihnen waren jemals weiter nördlich als bis zum Rauchfluß gekommen, und die meisten hatten ihr ganzes Leben in

Shara zugebracht, ohne jemals außer Sichtweite der heiligen Serpentinen der Stadt zu wandern. Das Grasland nördlich von Shambah schien für sie eher wie ein Traum als wie ein realer Ort. Sie waren weise, aber sie hatten keine Ahnung, wie schnell sich Männer zu Pferde vorwärtsbewegen konnten. Marrah hätte es selbst nicht verstanden, wenn sie nicht Nacht für Nacht neben Stavan gelegen und seinen Schilderungen zugehört hätte.

Nach einer Weile gab sie verzweifelt auf und wohnte auch nicht mehr den Ratssitzungen bei. Resigniert zog sie sich in eine der Tempelwerkstätten zurück und verbrachte den Rest des Winters mit Töpfern.

Wenn Marrah mit ihrer Arbeit beschäftigt war, kreisten ihre Gedanken ausschließlich um den Ton. Manchmal sprach sie dabei ein Gebet: an Amonah, wenn die Tonschale mit Wassersymbolen dekoriert werden sollte, an Xori, wenn Vögel auf den Rand flogen, an Batal oder Hessa, wenn sie vorhatte, das Gefäß mit einer Schlange zu schmücken, die sich vom Boden bis zum Rand ringelte. Häufig bat sie eine der Göttinnen, ihr die Hand zu führen und ihr die Gnade und Macht zu verleihen, die Schale zum Leben zu erwecken, und wenn sie fertig war, pflegte sie das Ergebnis auf ein Regal zum Trocknen zu stellen.

Später entschied sie, wenn die Göttin ihr Gebet erhört hatte und die Schale es wert war, würde sie sie kunstvoll bemalen, wobei sie zuerst mit den Fingern Maß nahm, damit die Muster gleichmäßig verteilt sein würden. Dann breitete sie eine Anzahl von Muschelschalen mit Pflanzenfarben vor sich aus und tauchte einen feinen Pinsel in Scharlachrot, Rosa, Orange, Gelb, Grün, Braun, Grau, Schwarz und so viele verschiedene Schattierungen von Blau, wie sie am Himmel zu finden waren, und wenn sie fertig war, würde sie die Schale zu einer alten Priesterin hinaustragen, die sie so vorsichtig wie ein rohes Ei aus ihren Händen nehmen und in den Brennofen stellen würde.

Die Arbeit in der Töpferwerkstatt half Marrah, ihr seelisches Gleichgewicht zu bewahren. Solange ihre Hände feucht von Ton waren und die Farben neben ihr aufgereiht standen und darauf warteten, gemischt zu werden, konnte sie die Vision der Tiermenschen aus ihrem Kopf verdrängen. Aber manchmal drang die Außenwelt in die Abgeschiedenheit des Tempels ein und riß sie aus ihrer Versunkenheit. Einmal, als sie gerade einen Becher modellierte, dachte sie plötzlich an die Delphinschale, die ihr Olva und Desta am Tag ihrer Abreise von Gira geschenkt hatten, und daran, wie sie und Stavan das kunstvolle Gebilde bewundert hatten. Ihre Hände begannen zu zittern, und sie verdarb die Arbeit eines ganzen Morgens. Bedrückt senkte sie den Kopf, schloß die Augen und betete um mehr Geduld und Gelassenheit.

Als der Frühling kam, verließ Marrah den Tempel und ging mit Lalahs Erlaubnis auf die Felder, wo sie die Samen pflanzte, die Stavan ihr geschickt hatte. Sorgfältig legte sie zwei kleine Beete etwas abseits des Feldes an und zäunte sie mit Dornengestrüpp ein, damit sich keine umherstreunenden Schafe oder Ziegen an den jungen Schößlingen gütlich tun konnten. Jeden Tag ging sie hinaus, um nach den Pflänzchen zu sehen, und jätete und bewässerte das neue Wachstum von Hand, als die Regenfälle aufhörten.

»Was ist das?« fragte Arang eines Tages, als sie ihn mitnahm, um neben dem kleinen Garten ihr Mittagsmahl zu essen.

»Ich habe keine Ahnung.« Sie zuckte die Achseln. »Vielleicht eine Botschaft.«

»Von Stavan?«

Sie nickte.

Arang beugte sich über die zarten grünen Planzen und stocherte mit einem Finger in der Erde. »Ich wünschte, er würde zu uns zurückkommen.« Und dann umarmten sie einander und standen eine Weile schweigend da, während sie auf den Garten blickten und sich fragten, was die Pflanzen – wenn überhaupt – zu sagen haben würden.

Aus dem Frühling wurde Sommer, und es kamen keine weiteren Nachrichten aus dem Norden, aber die Pflanzen wuchsen schnell, und zu der Zeit, als die Tage lang wurden, war Marrah endlich in der Lage, Stavans Botschaft zu entziffern. Eine der Samensorten hatte eine kleine gelbe Blume produziert, so bitter, daß Marrah sie angewidert ausspuckte, als sie sie das erste Mal probierte. Die andere Pflanze war Minze sehr ähnlich, süß und duftend, aber ohne die viereckigen Stengel, die echte Minze aufwies.

»Dies sind die Heilpflanzen, um Rotbeerenfieber zu kurieren«, erklärte sie Arang, als sie ihm ein Muster von jeder reichte. »Weißt du noch? Stavan sagte, sein Volk benutze eine Sorte Minze und eine bitter schmeckende, gelbe Blume, die im Grasmeeer wüchsen. Er muß sie auf seinem Weg nach Norden gefunden und uns die Samen geschickt haben, aber warum würde er so etwas tun, wenn er in so großer Eile war?«

»Vielleicht hatte er Angst, wir könnten wieder krank werden.« Arang biß in die gelbe Blüte und zog eine Grimasse. »Igitt, das Zeug schmeckt ja scheußlich.«

»Aber der Dorfmutter am Rauchfluß hat er doch damals erzählt, wenn man das Fieber einmal gehabt hätte, könnte man es nie wieder bekommen.« Sie runzelte die Stirn und betrachtete die Pflanzen nachdenklich. »Nein, ich glaube, es steckt mehr dahinter. Ich glaube, er weiß etwas, was wir nicht wissen. Vielleicht ist es etwas, was er entdeckt hat, nachdem er uns verlassen hatte.«

Arang zupfte ein Blatt von der minzeähnlichen Pflanze ab und schob es sich in den Mund. »Diese hier schmeckt viel besser. Daraus könnte man einen guten Tee kochen.«

»Du solltest das nicht essen«, warnte sie ihn. »Wer weiß, was es noch alles bewirkt, außer Fieber zu kurieren.«

Gehorsam spuckte Arang das Blatt wieder aus. »Tut mir leid. Du hast recht. Das war dumm von mir. Zumindest haben die Samen eine ganze Menge von dem Zeug ergeben.«

Marrah überlegte. Arang hatte recht. Es wuchsen tatsächlich reichliche Mengen von beiden Pflanzenarten. Warum hatte sich Stavan die Zeit genommen, so viele Samen zu sammeln, wenn er sich doch eigentlich hätte beeilen müssen, um seinen Stamm vor Einbruch des Winters zu finden? Ob er glaubte, sie würde so viele Heilkräuter brauchen? Hoffentlich nicht, dachte sie. Aber vielleicht hatte sie seine Botschaft auch mißverstanden.

Die Zeit verging, und die Tage wurden heißer. Die gelben Blumen und die Minze waren erst knapp eine Woche zuvor geerntet und zum Trocknen im Lagerraum des Tempels aufgehängt worden, als weitere Boten aus dem Norden kamen. Diese waren keine Bauern vom Rande der Welt, sondern Gesandte aus der Stadt Shambah. Sie kamen zu zweit; der eine war ein schwächlich wirkender junger Mann von vielleicht siebzehn Jahren, der andere ein Junge, der etwa ein Jahr jünger als Arang sein mochte. Sie trugen zeremoniellen Schmuck und die feinen Leinengewänder, für die Shambah berühmt war, aber ihr Erscheinen hatte nichts Festliches an sich. Sie gingen langsam, während sie sich gegenseitig stützten, und ihre Gesichter waren bleich, von kleinen runden Narben gezeichnet, die wie Wassertropfen auf Staub aussahen.

»Sie sehen krank aus«, flüsterte Arang Marrah zu, als die Gesandten auf dem Weg ins Zentrum der Stadt an ihnen vorbeikamen, doch er irrte sich: Sie waren diejenigen, die noch relativ wohlauf waren.

Die Gesandten kletterten auf die öffentliche Plattform und forderten das Recht zu sprechen, indem sie eine kleine Statue von Batal mit den Lippen berührten. »Wir grüßen die Leute von Shara im Namen der Leute von Shambah«, rief der Junge der Menge zu, die sich um die Plattform versammelt hatte. Es war sehr ungewöhnlich für einen Jungen seines Alters, Gesandter zu sein, und man merkte ihm seine Nervosität an. Seine Stimme klang zittrig und schwach.

»Ich bin Nacah, Enkel der Priesterin-Königin Aimbah und Sohn ihrer jüngsten Tochter, Dashlah. Dies ist der Bruder meines Aitas, Cyen.« Er schluckte hart und biß sich ängstlich auf die Lippen. »Ich weiß, ich sollte eine lange Rede darüber halten, wie froh Cyen und ich sind, hier zu sein, aber ich kann es nicht. Wir sind glücklich, in Shara zu sein, doch, das sind wir wirklich, aber ich wurde nicht zum Gesandten ausgebildet. Keiner hat mir jemals beigebracht, wie man das macht. Ich war nur der einzige aus der Familie meiner Großmutter, dem es gut genug ging, um die Reise zu unternehmen, und wie ihr sehen könnt, sind Cyen und ich beide krank gewesen. Ich glaube nicht, daß einer von uns schon wieder richtig gesund ist. Auf dem Weg die Küste hinunter hat sich Cyen mindestens ein dutzendmal erbrochen.« Er brach verlegen ab, feuerrot im Gesicht. »Tut mir leid. Ich mache alles falsch.«

Lalah bedeutete den Leuten mit einer Geste, nicht zu lachen, als sie aus der Menge heraustrat, die Fingerspitzen zusammenlegte und den Jungen mit so viel Respekt begrüßte, als wäre er ein alter Mann. »Willkommen in Shara, Enkelsohn von Aimbah. Ich bin die Mutter dieser Stadt. Mach dir nicht die Mühe, höflich zu sein; sag uns einfach, was wir für euch tun können.«

Der Junge schluckte und erwiderte die förmliche Verbeugung. »Wir brauchen deine Hilfe, Mutter«, sagte er, und dann fing er plötzlich an zu weinen – etwas noch nie Dagewesenes für einen Gesandten –, aber er war sehr jung und sehr verängstigt. »Meine Mutter ist tot, und meine Großmutter liegt im Sterben. Alle in Shambah sind krank, und außer mir und Cyen ist kaum einer darunter, dem es wieder besser geht. Wir nehmen an, daß wir etwas Schreckliches getan haben müssen, um einen solchen Fluch über unsere Stadt zu bringen, aber unsere Priesterinnen können nicht herausfinden, warum uns die Göttin so hart bestraft.«

»Nun, nun«, meinte Lalah beschwichtigend. »Laß dir nur Zeit, Kind. Natürlich bist du aufgeregt und verstört. Das hört sich ja schrecklich an, was du erzählst. Weine ruhig, und wenn du dich beruhigt hast, erzählst du uns mehr.«

Der Junge schniefte, wischte sich die Tränen ab und blickte sie hoffnungsvoll an. »Es ist furchtbar, liebe Mutter. Und das Schlimmste ist, daß wir gewarnt wurden, aber nicht auf die Warnung gehört haben. Im letzten Herbst kamen zwei Bäuerinnen aus einem Dorf weit im Norden zu meiner Großmutter und erzählten ihr, es hätte eine Prophezeiung gegeben, daß wirklich schlimme Dinge passieren würden, und wenn es soweit wäre, sollten wir jemanden nach Shara schicken, um nach der Priesterin Marrah zu fragen. Damals haben wir den beiden Frauen nicht sonderlich viel Beachtung geschenkt. Viele von diesen Bauern aus dem Norden rauchen den Hanf, der wild auf ihren Wiesen wächst, und sie haben ständig irgendwelche Visionen, aber dann kam diese große Krankheit über unsere Stadt.« Er brach erneut in Tränen aus. »Gibt es hier eine Priesterin namens Marrah?«

»Marrah!« rief Lalah. »Komm her.«

Marrah trat aus der Menschenmenge.

»Das ist die große Priesterin?« jammerte Cyen. »Ach, das ist ja schrecklich. Sie ist viel zu jung. Wir brauchen eine weise alte Frau, eine große Heilerin, eine –«

»Marrah ist meine Enkelin«, unterbrach Lalah ihn energisch, während sie einen Arm um Marrahs Taille legte. »Sie ist quer durch die Welt gewandert und hat mehr Dinge gesehen, als du jemals zu sehen bekommen wirst. Sie ist eine fähige Heilerin, und ich würde ihr sogar mein Leben anvertrauen.«

Bei jeder anderen Gelegenheit wäre es Marrah peinlich gewesen, so von ihrer Großmutter in der Öffentlichkeit gelobt zu werden, aber jetzt war sie zu besorgt. Prüfend betrachtet sie zuerst den Jungen, dann den jungen Mann. Sie hatte schon einmal Narben wie die auf ihren Gesichtern gesehen, sie selbst hatte mehrere davon auf ihrer eigenen Brust, und Arang hatte eine auf dem rechten Arm. Sie waren das Zeichen von Rotbeerenfieber.

»Und du sagst, alle in Shambah sind krank?« fuhr Lalah fort, als sie sich wieder zu dem Jungen umwandte, der nervös von einem Fuß auf den anderen trat.

Er nickte unglücklich. »Alle, liebe Mutter.«

»Wie viele könnten das wohl sein, zehn? Hundert?«

»Große Göttin!« rief Cyen plötzlich und breitete in einer Geste der Hilflosigkeit die Arme aus. »Begreift ihr denn nicht? Die gesamte Stadt liegt im Sterben! Die Türme des Schweigens waren schon vor Wochen mit Toten überfüllt, und es sind nicht mehr genug Leute übrig, die noch die Kraft hätten, neue zu bauen. Kinder schreien nach Milch von Müttern, die zur Göttin heimgekehrt sind; Hunde streunen durch die Straßen auf der Suche nach Nahrung; das Unkraut auf den Feldern droht die Ernte zu ersticken, weil niemand mehr gesund genug ist, um es auszureißen.«

Er fuhr ohne Unterbrechung fort, beschrieb einen Schrecken nach dem anderen. Die Menge versank in Schweigen, und die Leute tauschten mitfühlende Blicke. Der junge Mann aus Shambah war offensichtlich überreizt und übertrieb maßlos. Was er da erzählte, konnte nicht ganz stimmen. Ein paar Generationen zuvor hatte es zwar ernste Epidemien gegeben, aber jeder wußte, daß es nichts Derartiges wie eine Krankheit gab, die eine gesamte Stadt dahinraffen konnte.

Marrah war die einzige, die seine Verzweiflung verstand. Sie wußte jetzt, was Stavan veranlaßt hatte, seine Reise zum Grasmeer zu unterbrechen, um das Päckchen mit Samen zu sammeln.

Als die beiden jungen Gesandten fünf Tage später nach Shambah zurückkehrten, ging Marrah mit ihnen. Da sie die Prophezeiung kannten, hatten Lalah und der Ältestenrat gezögert, ihre Zustimmung zu erteilen, doch Marrah war hartnäckig geblieben.

»Laßt mich nach Norden gehen«, hatte sie gefleht. »Ich habe das Heilmittel, und außerdem habe ich das Fieber schon gehabt. Ich kann die Kranken behandeln, ohne selbst krank zu werden.« Sie hatte ihren Blick über die Gesichter der dreizehn Männer und Frauen wandern lassen, die zusammen mit Lalah die Regierung von Shara bildeten. Mit der Hälfte von ihnen war Marrah verwandt, und alle waren um viele Jahre älter und weiser als sie. »Liebste Mütter und Onkel, die Leute von Shambah sind zu uns gekommen und haben uns im Namen der Göttin um Hilfe angefleht. Wie können wir sie sterben lassen, ohne ihnen diese Hilfe zu schicken? Ich gebe zu, ich habe Angst, daß sich die Prophezeiung, die Batal meiner Mutter gab, erfüllen wird, aber was wäre ich denn für eine Priesterin, wenn ich mich durch Angst davon abhalten ließe, meine Pflicht zu tun?«

Sie sprach lange Zeit in derselben Art auf sie ein, und schließlich, als sie sahen, daß Marrah fest entschlossen war zu gehen, stimmten die Ratsmitglieder widerstrebend zu.

Die Reise nach Shambah ließ sich gut an. Sie brachen in einem Raspa auf, bei herrlichem Wetter und kräftigem Wind, der sie rasch nach Norden trieb. Die Besatzung des Bootes bestand aus drei Frauen. Wie bei den meisten Arbeitsgruppen üblich, waren sie miteinander verwandt – zwei Tanten und eine Nichte –, alle erfahrene Seeleute, die wußten, wie man jede Brise ausnutzte, und obwohl keine von ihnen bisher so weit nördlich wie Shambah gekommen war, trauten sie sich durchaus zu, um die Sandbänke zu steuern, die eine Gefahrenquelle an der Küste oberhalb der Mündung des Rauchflusses waren. Doch trotz der Geschicklichkeit der Mannschaft waren Cyen und Nacah beide nervös bei der Aussicht auf eine weitere Seereise.

»Mit dieser guten Mannschaft werden wir keinerlei Probleme haben«, versprach Marrah ihnen. »Die Göttin selbst hat uns ihren Segen erteilt, und wir werden im Handumdrehen in Shambah sein.«

Marrah sprach zu früh. Nicht lange danach tauchte das erste Problem auf – es war Arang. Entschlossen, nicht allein in Shara zurückzubleiben, hatte er sich unter einem Stapel Tierhäute versteckt.

Marrah war wütend. »Wie konntest du nur etwas so Unverantwortliches tun?« schrie sie, sobald sie seinen Kopf sah, und am liebsten wäre sie zu ihm gerannt und hätte ihn auf die Füße gerissen, nur daß das Boot dabei gekentert wäre.

Arang setzte sich auf, nieste, wischte sich den Staub aus den Augen und verzog den Mund zu einem unerträglich gewinnenden Lächeln. »Hallo«, sagte er zu Cyen und Nacah und der verblüfften Mannschaft des Raspas.

»Wer ist das?« wollte Akoah wissen. Sie war die jüngste der drei Seglerinnen, sechzehn Jahre alt, mit Armen so braun wie das Fell eines Rehs, und großen, unschuldigen Augen, die nie etwas anderes als blauen Himmel und glattes Wasser gesehen zu haben schienen.

»Das ist der Dummkopf von einem Bruder«, gab Marrah giftig zurück. »Und spart euch die Mühe, euch vorzustellen, weil ihr nämlich nicht die Zeit haben werdet, ihn kennenzulernen. Er geht zurück nach Shara.«

Aber Arang ließ sich nicht so leicht beirren. »Ich lasse dich nicht ganz allein nach Shambah gehen«, erwiderte er beharrlich, während er unter dem Stapel Felle hervorkroch und sich mit einer Handvoll Feigen und einem Schluck Wasser bediente. »Ich habe auch das Fieber gehabt, wie du sehr wohl weißt, und ich kann die

Kranken ebenso gut pflegen wie du. Wir sind auf dem ganzen weiten Weg von Xori nach Shara immer zusammen gewesen, und wenn es Abenteuer zu bestehen gibt, dann will ich auch daran teilhaben. Übrigens, es kann ja sein, daß wir Stavan begegnen.«

»Dies ist eine Hilfsaktion«, schrie Marrah, »und keine Vergnügungsreise. Ich setze dich im nächsten Hafen an Land, und du wirst geradewegs nach Shara zurückmarschieren.«

»Werde ich nicht.« Arang warf die Feigenstiele ins Wasser, verschränkte trotzig die Arme vor der Brust und blickte Nacah an. »Ich bin älter als er, und wenn er ein Gesandter sein kann, dann kann ich ein Heiler sein oder ein Heiler-Schüler, oder wie auch immer du mich nennen willst. Ich bin jetzt fast ein Mann, und wenn du mich an Land absetzt, dann nehme ich einfach ein anderes Boot und folge dir nach Shambah. Finde dich damit ab, daß du mich am Hals hast.«

»Das werden wir ja noch sehen«, sagte Marrah grimmig. Aber sie wußte, daß sie machtlos war. Wenn Arang entschlossen war, ihr nach Shambah zu folgen, dann gab es nicht viel, was sie dagegen unternehmen konnte.

An diesem Tag und auch am nächsten sprach sie kaum ein Wort mit ihm, aber entweder kümmerte es ihn nicht, oder er konnte sich gut verstellen. Sie setzte ihre Drohung, ihn an Land zu bringen, niemals in die Tat um, und am dritten Tag wußten sowohl sie als auch Arang, daß sie ihn nach Shambah mitnehmen würde.

13. Kapitel

Obwohl Shamba die größte Stadt an der Nordwestküste des Süßwassersees war, war sie beträchtlich kleiner als Shara und beträchtlich weniger günstig gelegen. Am östlichen Ufer einer flachen, salzigen Lagune erbaut, waren ihre etwa hundert Mutterhäuser durch eine breite Barriere aus Schwemmsand vom offenen Wasser abgeschnitten, die die Händler zwang, ihre Boote zurückzulassen und ihre Waren den letzten Rest des Weges auf dem Rücken zu transportieren. Die Stadt hatte wenig zu bieten: nur Leinen, das weit südlich bis zur Mündung des Rauchflusses gehandelt wurde, und Salz, aus Meerwasser gewonnen, das ins Landesinnere transportiert wurde. Dennoch war es eine hübsche Stadt, und als Marrah und Arang nach Shambah reisten, unterhielten die beiden jungen Gesandten sie mit liebevollen Beschreibungen ihrer Heimat.

Die Häuser von Shambah, so erzählten sie Marrah, waren nicht in schlangenförmigen Reihen angeordnet wie jene in Shara, sondern teilweise unterirdisch erbaut, damit sie im Winter warm und im Sommer kühl waren. Die Dächer waren kuppelförmig, aus getrocknetem Schlamm und Weidengeflecht gefertigt und mit weißem Ton verputzt. Jedes Dach war mit einer anderen Blume bemalt, so daß die Stadt auf den ersten Blick wie ein Garten wirkte.

»Shambah ist das alte Wort für Schmetterling«, erklärte Cyen. »Wir verehren den Schmetterling als ihren Boten, deshalb pflanzen wir überall Blumen an, besonders die purpurroten, weißen und gelben, die Schmetterlinge lieben. Unsere Händlerfamilien haben uns Pflanzen von überall her mitgebracht. Manchmal ist es schwierig, die empfindlichen am Leben zu erhalten, besonders wenn die kalten Winde aus dem Norden wehen, aber wir bedecken sie mit Stroh, wenn der Frost kommt. Natürlich gibt es hin und wieder Winter, in denen fast alles erfriert, aber Geißblatt und blauer Rittersporn sind dieses Jahr wundervoll gediehen.« Er lächelte. »Meine Mutter sagt immer, man kann die Blumen von Shambah schon riechen, bevor man die Stadt überhaupt sieht.«

Aber was sie rochen, als sie sich Shambah näherten, waren keine Blumendüfte, sondern Rauch. Arang entdeckte als erster die dünnen schwarzen Rauchkringel, die in einiger Entfernung in den Himmel aufstiegen.

»Was ist das?« fragte er.

Marrah beschattete ihre Augen mit der Hand und blickte in die Richtung, in die er zeigte. »Ein Waldbrand«, erwiderte sie, doch noch während sie dies sagte, wußte sie, daß der Rauch die falsche Farbe hatte, um von brennendem Holz zu stammen.

Sie segelten näher heran, und mit jedem Moment, der verging, wurde offensichtlicher, daß der Rauch aus Richtung Shambah kam. »Vielleicht brennen sie die Stoppeln auf den Gerstenfeldern ab«, murmelte Nacah, aber selbst er war alt genug, um zu wissen, daß die Gerste noch gar nicht geerntet war. Cyen sagte nichts. Er saß im Bug des Bootes, während er schweigend auf den Rauch starrte und seine Hände im Schoß verkrampfte.

»Meine Mutter war am Leben, als ich wegging«, sagte er. Marrah wollte zu der tröstlichen Versicherung ansetzen, daß seine Mutter ohne Zweifel immer noch am Leben sei und schon auf ihn warte, doch der Blick, den er ihr zuwarf, ließ sie mitten im Satz abbrechen. Arang setzte sich neben sie und legte ihr einen Arm um die Schultern, und sie beobachteten, wie der Rauch immer dicker wurde. Er sah jetzt wie ein breites Band aus, von demselben Wind hochgewirbelt, der sie auf die Küste zutrieb.

»Was könnte das sein?« flüsterte er.

Marrah fiel nur ein Grund ein, warum die Leute von Shambah von einem solchen Feuer heimgesucht würden, es war jedoch kein Gedanke, der für Arangs Ohren bestimmt war. »Das werden wir bald genug herausfinden.«

Der Wind hielt unvermindert an und brachte sie in Sichtweite der Sandbank, die die Einfahrt zur Lagune blockierte. Aus Angst, in dem flachen Wasser auf Grund aufzulaufen, ankerten die Frauen in einiger Entfernung vom Strand, und alle schnallten sich Tragekörbe auf den Rücken, zogen ihre Sandalen aus und wateten an Land. Der Wind hatte mittlerweile gedreht; dicke Wolken schwarzen Rauchs trieben in ihre Richtung und brannten in ihren Augen. Marrah holte Luft und hustete.

»Es stinkt fürchterlich«, beklagte sich Arang und kniff sich die Nase zu. Etwas roch tatsächlich schrecklich, und das war nicht nur der Rauch. Ein anderer Geruch breitete sich aus, ein fauliger Gestank, und er stieg ihnen jedesmal in die Nase, wenn der Wind seewärts wehte.

Als sie am Ufer der Lagune entlang in Richtung Stadt wanderten, herrschte eine eigenartige Stille. Nicht ein Vogel sang, nicht ein Hund bellte. Wenn die Bewohner immer noch am Fieber starben, hätte Marrah erwartet, Klagelieder und Begräbnistrommeln zu hören. Die Stille war unheimlich. Sie fragte sich, ob sich auch die

Rinder und Schweine mit dem Fieber angesteckt hatten. Vielleicht war alles in der Stadt bereits tot, und sie waren umsonst hergekommen. Verstohlen blickte sie die beiden jungen Gesandten an. Ihr Gesichtsausdruck war nicht zu entziffern, aber sie konnte sich vorstellen, wie ihnen zumute sein mußte. Niemand sprach, während sie weitereilten.

Bald kamen sie an ein Feld voller Gerste, das niedergewalzt war, als wäre eine große Rinderherde darüber hinweggetrampelt.

Cyen blieb unvermittelt stehen. Er blickte erschrocken und verwirrt auf das verwüstete Feld. »Hast du jemals von einem Hagelschauer um diese Jahreszeit gehört, Vetter?« fragte er Nacah. Der schüttelte nur den Kopf, und die beiden standen einen Moment lang da wie Menschen, die plötzlich aus einem Alptraum hochfahren. Marrah kniete nieder und inspizierte den Schlamm am Rande des Feldes. Er war aufgewühlt, und überall waren Hufabdrücke zu erkennen. Sie sahen mehr oder weniger wie die Art von Spuren aus, die eine Viehherde hinterlassen würde, was das plattgetretene Getreide erklären würde, aber irgendwie waren sie anders; kleiner und tiefer.

Sie fühlte, wie ihr Mund trocken wurde. Rauch und zertrampelte Felder und was noch? Würden sie die Hunde der Stadt mit aufgeschlitzten Kehlen vorfinden? Würde Shambah menschenleer sein? Sie dachte wieder an die beiden Bäuerinnen, die im letzten Winter aus dem Norden gekommen waren, und an ihre eigene Vision von den Tiermenschen, die gen Westen ritten und auf ihrem Weg alles niederbrannten. Diese Abdrücke im Schlamm könnten durchaus die Spuren von Pferden sein, und sie waren frisch.

Hastig richtete sie sich auf und blickte sich um, aber es waren keine Tiermenschen in Sicht, nur Rauch, zertrampeltes Getreide, eine Reihe von Bäumen.

»Wir müssen sofort zum Boot zurück«, sagte sie. Sie zeigte auf die Hufabdrücke und versuchte zu erklären, warum, aber nur Arang verstand sie. Die anderen starrten sie an, als spräche sie eine unbekannte Sprache.

»Tiermenschen?« Cyen tauschte einen verwirrten Blick mit Nacah. »Was sind Tiermenschen?« Er war respektvoll, aber völlig unwissend. »Wir können nicht zum Boot zurück. Zumindest Nacah und ich nicht. Wir müssen weiter nach Shambah. Es ist nicht mehr weit. Sieh dir den Rauch an. Vielleicht haben einige der Häuser Feuer gefangen, und die Leute sind zu krank, um es zu löschen. Wir müssen helfen. Meine Mutter ist dort und mein Aita, meine Schwestern, meine –«

»Hört auf mich!« rief Marrah frustriert. »Ihr seid in Gefahr. Wir sind alle in großer Gefahr!«

»Immer mit der Ruhe.« Die Kapitänin des Raspas legte ihre Hände auf Marrahs Schultern. Sie war eine stämmige, breitschultrige Frau von ungefähr vierzig Jahren, die Art von Seglerin, die sich vor nichts fürchtete, ob zu Wasser oder zu Lande. »Was soll all dies Gerede über Gefahr? Alles, was wir hier haben, ist ein Feld mit zerstörtem Getreide und vielleicht ein großes Feuer.«

Marrah war wütend über die Anspielung, daß sie ein Feigling wäre, aber dies war nicht der richtige Zeitpunkt zum Streiten. Energisch schob sie die Hände der Frau von ihren Schultern und trat zurück. »Bitte hört mir zu: Wenn wir weiter in diese Richtung gehen, wird uns etwas Schreckliches zustoßen.« Erneut beschrieb sie die Tiermenschen und zeigte auf die Hufspuren, aber alle außer Arang waren überzeugt, daß sie von Kühen stammten.

Die zwei Gesandten und die drei Frauen setzten daraufhin ihren Weg fort und gingen weiter auf die schwarze Rauchsäule zu, ließen Marrah und Arang neben dem verwüsteten Feld zurück. Was nun? Sollten sie versuchen, zum Boot zurückzukehren? Die Chancen, sich mit dem Boot in Sicherheit zu bringen, standen nicht schlecht, aber das würde bedeuten, die anderen auf Gedeih und Verderb ihrem Schicksal zu überlassen, was immer das auch sein mochte. Marrah brachte es einfach nicht über sich, sie im Stich zu lassen, und als sie Arang fragte, empfand er genauso.

»Vielleicht sind wir sicherer, wenn wir alle zusammenbleiben«, sagte er. Marrah war davon zwar nicht überzeugt, aber welche andere Wahl hatten sie denn? Hastig machten sie kehrt und rannten den anderen nach.

Und so sahen sie Shambah, aber nicht das Shambah voll blauen Rittersporns, süß duftender Geißblattranken und weißgetünchter

Mutterhäuser, das Cyen beschrieben hatte, sondern eine lichterloh brennende Stadt. Nachdem sie sich einen Weg durch ein Dickicht von Schilfkolben und Wasserlilien gebahnt hatten, bot sich ihnen ein Bild der Verwüstung. Gelbe Flammen züngelten knisternd in die Luft und verzehrten alles in ihrer Reichweite. Hier und da konnte Marrah die Überreste eines Daches erkennen, von Rauch geschwärzt und zerborsten wie eine Eierschale, aber die meisten Mutterhäuser waren bereits unter der glühenden Hitze eingestürzt. Von den einst so farbenprächtigen Schmetterlingsgärten von Shambah war nichts als Asche übrig, und wo einmal die Tempel gestanden hatten, waren nur noch verkohlte Balken, Tonscherben, Webstuhlgewichte und die Überreste von Brennöfen zu sehen.

Wenn das alles gewesen wäre, dann wäre es schon schrecklich genug gewesen, aber dies war erst der Anfang. Sie sahen noch andere Dinge an diesem Morgen, Dinge, so unaussprechlich grauenhaft, daß Marrah den Rest ihres Lebens niemals mehr daran denken konnte, ohne zu erschaudern. Shambah war nicht nur einem Feuer zum Opfer gefallen, es war auch überfallen und geplündert worden.

»Große Göttin Erde!« schrie die Kapitänin des Raspas entsetzt. »Was ist dies für ein Fluch!« Niemand antwortete. Akoah und ihre jüngere Tante hockten sich auf den Boden, schlugen die Hände vors Gesicht und begannen zu stöhnen. Arang vergrub sein Gesicht in Marrahs Kleid. Cyen und Nacah standen Seite an Seite und blickten reglos, wie zwei zu Stein erstarrte Gestalten, auf ihre Stadt. Und was Marrah betraf – für sie war der Anblick des brennenden Shambah schlimmer als ihre finsterste Vision.

Sie hätte kehrtmachen und fliehen sollen; sie alle hätten sich retten sollen, aber der Schock lähmte sie. Marrah trat einen Schritt vor, dann noch einen. Die anderen folgten, und bald standen sie inmitten dessen, was von der Stadt übriggeblieben war. Vor ihnen verliefen mehrere Straßen an verkohlten Gruben entlang, die einmal Häuser gewesen ware. Noch kurze Zeit zuvor waren dieselben Straßen sauber und glatt gewesen, mit kleinen weißen Steinen gepflastert. Die Bewohner von Shambah hatten jeden einzelnen Stein sorgsam in den sandigen Boden gesetzt, hatten Tausende von ihnen zu wunderschönen Mustern arrangiert. Man konnte auch jetzt noch Muscheln und Schmetterlinge und Blumen erkennen, aber wie alles andere waren sie schwarz vor Ruß.

Wie benommen wanderten sie durch die Trümmer. Überall waren Anzeichen von Kampf zu erkennen: zerbrochene Haushaltsgegenstände, zu schwelenden Haufen übereinandergetürmt; kopflose Statuen; eine Tempelrobe, in Fetzen gerissen und halb verkohlt. Die armen Hunde der Stadt waren getötet worden, genau wie ihre Artgenossen in dem Dorf im Norden getötet worden waren: die Kehlen aufgeschlitzt, die Schädel zerschmettert. Aber es gab noch Schlimmeres, noch viel Schlimmeres.

Als Marrah und ihre Gefährten durch das Zentrum gingen, fanden sie auch menschliche Leichen. Die Leute von Shambah waren auf furchtbare Weise gestorben. Alte Männer und Frauen lagen in den Straßen, in Stücke zerhackt. Babies mit eingeschlagenen Schädeln waren wie Abfall weggeworfen worden. Von den jüngeren Frauen oder Kindern war nichts zu sehen, bis auf die Leichen einiger junger Mädchen, aber als Marrah sah, was mit ihnen geschehen war, hielt sie Arang hastig die Augen zu und zwang ihn, sich abzuwenden. Ihre Leichen waren nackt und übel zugerichtet. Es gab noch nicht einmal eine Bezeichnung für das, was jenen Mädchen angetan worden war, aber es war unaussprechlich schrecklich, und es hatte ihren Tod verursacht.

Cyen und Nacah verloren den Verstand, als sie all diese Greueltaten erblickten. Weinend gingen sie von Leiche zu Leiche, während sie laut die Namen der Menschen riefen, die sie geliebt hatten, und die Toten anflehten zurückzukehren. »Geht nicht ohne uns zur Erdenmutter heim!« riefen sie. »Bitte, verlaßt uns nicht!« Haltlos schluchzend hoben sie Babies auf, wiegten sie in ihren Armen und wischten Blut und Asche von ihren Gesichtern.

Als Marrah die grausam ermordeten Kinder sah, erwachte sie abrupt aus ihrer Erstarrung. »Kommt mit zurück«, bat sie. »Laßt eure Toten liegen, wo sie sind. Es gibt jetzt nichts mehr, was wir noch für sie tun könnten.« Sie zog an den Kleidern der Männer und hielt sie am Arm zurück, und diesmal halfen ihr die verängstigten Seglerinnen, doch Cyen und Nacah leisteten Widerstand.

»Wir müssen unsere Verwandten bestatten«, widersprachen sie beharrlich. »Wir müssen ihre Körper auf die Türme des Schweigens legen, damit die Vogelgöttin ihre Seelen empfangen kann.« Sie bückten sich, hoben den Leichnam einer alten Frau auf und stolperten damit in Richtung Wald. »Dies ist der Körper von Königin Aimbah«, schrien sie verzweifelt. »Wie können wir sie hier einfach liegen lassen?«

»Im Namen der Göttin«, flehte Nacah, »laßt uns wenigstens meine Großmutter zur ewigen Ruhe betten.«

Und so gaben Marrah, Arang und die drei Frauen schließlich nach, in der Hoffnung, Cyen und Nacah würden wieder mit zum Boot zurückkehren, nachdem sie Königin Aimbahs Körper auf einen der Türme gelegt hatten, und folgten ihnen zu dem Ort, wo die Leute von Shambah ihre Toten bestatteten – und sahen das Grauenvollste von allem: die jungen Männer.

Es waren vielleicht zweihundert, und sie waren nicht leicht gestorben. Die meisten waren stranguliert worden, aber die stärksten und besten hatte man bei lebendigem Leib auf die Pfosten der Türme des Schweigens aufgespießt.

Als sie das Massaker sahen, stießen Cyen und Nacah einen schrillen Schrei aus und ließen Königin Aimbahs Leichnam zu Boden fallen. Von Bestattungsriten war nicht länger die Rede. Sie flohen Hals über Kopf zurück durch die rauchenden Trümmer von Shambah in Richtung See, aber es war schon zu spät.

Sie liefen gerade an dem zerstörten Gerstenfeld vorbei, als Marrah plötzlich ein Donnern hinter sich hörte. Alarmiert blickte sie auf und sah drei Tiere aus dem Wald stürmen. Die Tiere hatten kurze Mähnen, muskulöse Beine, glitzernde Augen und Körper, mit kurzem, zotteligem Fell bedeckt. Auf ihren Rücken saßen nackte Männer – große, bleiche Männer mit gelbem Haar, das wie Totengebeine in der Sonne schimmerte.

»Lauft!« schrie sie, aber sie rannten bereits so schnell, wie ihre Füße sie trugen. Die Pferde preschten mit donnernden Hufen über das Feld, wirbelten ganze Wolken von Staub auf. Als sie näherkamen, stieß einer der Reiter einen ohrenbetäubenden Schrei aus, hob seinen Bogen und zielte auf die Kapitänin des Raspas. Ein Pfeil flog sirrend an Marrahs Ohr vorbei, und Sekunden später sah sie die Frau plötzlich wie ein verwundetes Reh in die Luft springen und dann zu Boden stürzen. Wie gelähmt vor Schreck beobachtete sie, wie ein anderer Reiter herangaloppierte, sich auf Nacah stürzte und ihn an den Haaren hochriß. Der Mann grinste breit, holte mit seinem Messer aus, und Nacah schrie gellend. Der Mann schrie ebenfalls, aber es war ein Triumphschrei. In seiner Hand hielt er etwas, das über und über mit Blut beschmiert war.

In dem Moment galoppierte der dritte Krieger an ihnen vorbei und riß sein Pferd blitzschnell herum. Das Tier bäumte sich auf, und Marrah sah zwei kräftige Beine und zwei große Hufe auf sich herabkommen. Schreiend fuhr sie herum und rannte davon, und der Mann verfolgte sie, trieb sie wie eine Kuh zum Rand des Feldes. Ihr Atem brannte in ihrer Brust, doch sie lief weiter, so schnell sie konnte. Jedesmal, wenn sie einen Haken zu schlagen versuchte, schnitt er ihr den Weg ab; jedesmal, wenn sie in eine andere Richtung zu fliehen versuchte, war er schon vor ihr da. Es war wie eine Art grausames Spiel. Schließlich stolperte sie, völlig erschöpft, über einen Stein, und als sie stürzte, beugte er sich herab, packte sie an den Haaren und zerrte sie hoch. Sie roch den widerwärtigen Körpergeruch des Mannes, sah sein grinsendes Gesicht, das mit Blut und Asche und gelben Linien bemalt war. Seine Augen hatten die gleiche Farbe wie Stavans, aber sie blickten kalt und verächtlich.

Marrah schrie aus voller Kehle und schlug mit beiden Fäusten auf ihn ein, und ihre Nägel kratzten über etwas. Ein dünnes Blutrinnsal erschien auf der Wange des Kriegers. Einen Moment lang blickte er verdutzt. Dann brüllte er voller Wut auf, warf Marrah zu Boden, sprang von seinem Pferd und begann, auf sie einzuschlagen und sie mit Fußtritten zu mißhandeln. Sie versuchte seine Schläge abzuwehren, aber es war unmöglich, sich gegen ihn zu verteidigen, und so lag sie weinend und fast besinnungslos vor Angst mit dem Gesicht im Schlamm, während er sie wieder und wieder schlug. Als er fertig war, rollte er sie mit der Fußspitze herum und spuckte auf sie, bevor er sein Messer aus dem Gürtel zog, die Klinge unter den Saum ihres Kleides schob und es mit einer einzigen raschen Bewegung vom Hals bis zu den Knien aufschlitzte, so daß sie nackt vor ihm lag.

Hastig bedeckte sie ihre Brüste mit den Händen und versuchte zu fliehen, aber er packte sie einfach an den Fußgelenken und zog sie so brutal zu Boden, daß es ihr den Atem verschlug. Keuchend und zu Tode erschrocken lag sie da. Sie hatte keine Ahnung, was als nächstes kam, außer, daß sie bald sterben würde. Später sollte sie herausfinden, daß ein schneller Tod gewöhnlich nicht das Schicksal war, das jungen Frauen im Krieg drohte, aber gnädigerweise wußte sie in diesem Moment nicht, was die Nomaden ihren weiblichen Gefangenen antaten.

Sie konnte jetzt erkennen, daß der Mann nicht nackt war, sondern einen ledernen Lendenschurz trug. Um seinen Hals hing eine Kette aus Wolfszähnen und anderen Dingen, die aussahen, als wären sie irgendwann einmal Tempelschmuck gewesen. Die meisten Anhänger bestanden aus Ton oder Kupfer, aber hier und da schimmerte auch ein Stückchen Gold. Wie Stavan war der Mann mit blauen Symbolen tätowiert, doch sie bedeckten seine gesamte Brust und Teile seines Gesichts. Seine Hände waren blutbefleckt, und auch sein Haar war stellenweise mit Blut durchtränkt. Er sah grausam und furchteinflößend aus, wie eine Art Tier, das gerade seine Beute erlegt und verschlungen hatte.

»Laß mich los!« schrie sie.

Der Mund des Mannes verzog sich zu einem häßlichen Lächeln, das eine Reihe schiefer Zähne enthüllte. Bedächtig begann er, seinen breiten Ledergürtel aufzuschnallen, an dem sein Köcher hing, aber noch bevor seine Finger die Knochenschnalle gelöst hatten, kam einer seiner Gefährten in einem Regen von Erdklumpen herbeigaloppiert. Der Mann zeigte auf Marrah und rief etwas in einer harten, gutturalen Sprache, die wie Hansi klang, obwohl sie die Worte nicht verstehen konnte. Der Krieger, der gerade seinen Gürtel hatte abnehmen wollen, blickte verärgert auf. Er sagte etwas zu dem Reiter – etwas Wütendes, dem Klang nach zu urteilen –, packte Marrah am Arm und zerrte sie auf die Füße. Immer noch vor sich hin schimpfend, zog er eine Lederschnur aus seinem Haar, riß ihr die Handgelenke auf den Rücken und band sie so fest zusammen, daß sie voller Schmerz aufschrie. Dann legte er seine flache Hand auf ihren Nacken und stieß sie in die Richtung des Neuankömmlings. Mit blauen Flecken übersät und hilflos schluchzend, stolperte Marrah vorwärts, so blind vor Tränen, daß sie kaum sehen konnte, wohin sie ging.

Der zweite Mann trug einen langen Speer, der fast bis zum Boden reichte. Er drückte mit der Speerspitze gegen Marrahs Rücken, während er sie zwang, vor ihm herzugehen. Jeder Schritt, den sie machte, war qualvoll, aber sie schien sich nichts gebrochen zu haben. Als sie über das Feld humpelte, sah sie Nacah, Cyen, die Kapitänin und eine der anderen Frauen mit ausgebreiteten Gliedern im Schlamm liegen. Alle vier sahen wie tot aus. Marrah war übel vor Angst und Entsetzen, aber zumindest war Arang nirgendwo in Sicht und auch Akoah nicht. Vielleicht war es ihnen irgendwie gelungen zu fliehen. Der Gedanke erfüllte sie mit neuer Hoffnung.

Der Reiter trieb sie auf den Wald zu und einen Pfad hinunter, der wahrscheinlich einst zu einer Stelle geführt hatte, wo die Leute von Shambah ihre Kleider wuschen. Jedesmal, wenn Marrah langsamer wurde, grunzte der Krieger einen rauhen Befehl und bohrte seine Speerspitze zwischen ihre Schulterblätter. Nach einer Weile konnte sie Rauch riechen – nicht den Rauch der brennenden Stadt, sondern den Rauch eines Lagerfeuers. Jemand briet Fleisch. Das Pferd mußte den Geruch ebenfalls gewittert haben, weil es einen seltsamen, hohen Laut von sich gab, und von weiter vorne war ein Geräusch als Antwort zu hören.

Plötzlich, ohne Vorwarnung, fing eine Frau an zu schreien. Der Schrei war anders als alles, was Marrah je zuvor gehört hatte. Sie erstarrte, wie gelähmt durch die grauenhaften, schrillen Scheie. Der Reiter grunzte nur und versetzte ihr einen ungeduldigen Stoß. Marrah blickte über ihre Schulter zurück und sah, wie er sie gleichgültig betrachtete. Die schrecklichen Schreie kümmerten ihn offensichtlich nicht. Anscheinend war er daran gewöhnt.

Marrah humpelte weiter, und die Schreie hörten so plötzlich auf, wie sie begonnen hatten. Sie überquerten den Fluß auf einer kunstvoll gearbeiteten Brücke, die ohne Zweifel das Werk eines shambanischen Schreiners war. Das Geländer war mit geschnitzten Göttinnensymbolen verziert; bunt bemalte Blumen und Weinreben rankten sich um ein Dreieck der Fruchtbarkeit, und hübsche kleine Schmetterlinge flatterten am Rand der Brüstung entlang. Marrah starrte darauf, als hätte sie noch nie in ihrem Leben eine Brücke gesehen. Sie schien bereits jetzt einer versunkenen Welt anzugehören.

Sie strebten weiter, am gegenüberliegenden Ufer entlang, wobei sie einem glatten, mit weißen Muscheln gepflasterten Weg folgten. Nach einer Weile kamen sie auf eine Lichtung. Früher einmal war sie mit Sternmiere bepflanzt gewesen, aber jetzt war alles so plattgewalzt, daß es wie ein schlammiger Teich aussah. Ein Feuer brannte im Zentrum der zertrampelten Fläche, und etwa ein Dutzend Krieger lagerte daneben und beobachtete, wie Fleisch auf einem hölzernen Bratspieß schmorte. Ihre Pferde, deren Vorderbeine mit Stricken gefesselt waren, grasten friedlich in der Nähe und rupften ab, was an Grasbüscheln übriggeblieben war.

Das Erschreckendste an der ganzen Szene war, wie normal sie wirkte. Die Männer schienen entspannt und sogar leicht gelangweilt, als wären die Grausamkeiten, die sie gerade verübt hatten, etwas Alltägliches. Einige von ihnen schärften ihre Waffen; andere unterhielten sich; einer schien sogar zu schlafen. Auf einer Decke neben dem schlafenden Krieger waren Dinge aufgehäuft, die er und seine Kumpane in der Stadt erbeutet hatten – hauptsächlich Tempelschmuck aus Gold und Kupfer, aber auch andere Gegenstände: Spiegel, Messer, Werkzeuge, Becher, feine Leinenröcke, Angelhaken, eine Kinderpuppe mit einem Tongesicht und einem roten Kleidchen, sogar mehrere Ketten aus Würsten. Überall auf der Lichtung lagen Weinkrüge verstreut, die ohne Zweifel ebenfalls aus Shambah stammten, da die meisten mit farbenfrohen Schmetterlingen bemalt waren. Es war üblich, Weinkrüge immer wieder zu benutzen – ein stabiler konnte mehr als zwanzig Jahre halten –, aber zwei Drittel der Krüge waren zerbrochen, und Marrah sah, wie einer der Krieger gerade einen weiteren Krug leerte und ihn dann achtlos über seine Schulter warf.

Als die Männer Marrah erblickten, sprangen mehrere von ihnen auf die Füße und grinsten auf die gleiche häßliche Art wie der

Mann, der sie geschlagen hatte, aber der Reiter sagte mürrisch etwas zu ihnen, woraufhin sie enttäuscht das Gesicht verzogen und sich wieder setzten. Der Reiter schubste Marrah zu dem Haufen aus Beutegut und bedeutete ihr stillzustehen, wobei er ihr mit einer drohenden Geste klarmachte, daß er sie sonst mit seinem Speer durchbohren würde. Dann zog er sein Pferd herum und ritt über die Lichtung davon.

Ein paar Minuten lang stand sie völlig reglos da, voller Furcht, er könnte zurückkommen und sie töten. Ihr Körper schmerzte, und sie zitterte vor Angst, aber sie war auch so wütend, daß sie kaum einen klaren Gedanken fassen konnte. Keiner hatte sie jemals zuvor geschlagen; keiner hatte jemals auch nur die Hand gegen sie erhoben. Sie starrte finster auf die Krieger, die keine Notiz von ihr nahmen, fühlte sich gedemütigt durch ihre Nacktheit. Gewöhnlich machte es ihr nichts aus, bei heißem Wetter ohne Kleider zu sein – in Shara hatte sie den ganzen Sommer über nackt im See gebadet –, aber diese Männer hatten Nacktheit in etwas verwandelt, was ihr ihre Hilflosigkeit und Verwundbarkeit bewußt machte.

Sie inspizierte die blauen Flecken auf ihren Armen und dachte daran, wie diese Männer, die jetzt so behaglich um das Feuer herumsaßen und miteinander schwatzten, Shambah zu Schutt und Asche niedergebrannt, seine Bewohner massakriert, Nacah und Cyen und die beiden Frauen getötet und wer weiß was mit Arang und Akoah angestellt hatten; und zum ersten Mal in ihrem Leben wußte sie, wie es war, sich nach Rache zu verzehren. Wenn sie ihren Bruder angerührt, wenn sie ihm auch nur ein Haar auf dem Kopf gekrümmt hatten, würde sie ...

Was würde sie tun? Sie stand stocksteif da, gelähmt von Wut und Furcht und entsetzt über die Heftigkeit ihres eigenen Hasses. Die Tiermenschen hatten etwas Böses über die Welt gebracht, das sogar friedliche Menschen in haßerfüllte Wesen verwandeln konnte. Die Tiermenschen an sich waren schon furchterregend genug, aber ebenso furchterregend war die Vorstellung, daß sie, die immer die Göttin Erde angebetet und ihre Gebote befolgt hatte, sich danach sehnen konnte, diese Barbaren zu töten.

Die Männer lachten über einen Scherz, und Marrah wandte sich ab, angeekelt von ihrem Anblick. Verstohlen, Schritt für Schritt, bewegte sie sich auf den Wald zu, in der Hoffnung, die Krieger würden nichts davon merken, bis sie nahe genug an den Bäumen war, um in den Wald zu flüchten, aber sie hatten so scharfe Augen wie Habichte. Marrah war noch keine zehn Schritte weit gekommen, als einer von ihnen aufsprang, auf sie zurannte, sie an den Handgelenken packte und sie zu Boden riß. Sie stürzte so hart, daß ihre Zähne heftig aufeinanderschlugen. Der Mann knurrte einen scharfen Befehl, während er die Spitze seines Messers drohend gegen ihre Kehle hielt. Marrah brauchte seine Sprache nicht zu verstehen, um zu wissen, was er meinte. Sie nickte zum Zeichen, daß sie verstanden hatte.

Der Mann grinste breit, als freute es ihn, daß er so viel Macht über sie hatte. Blitzschnell bückte er sich, packte ihr Schamhaar und riß so heftig daran, daß sie voller Schmerz aufschrie. Dann schnitt er ein Büschel davon ab, steckte es sich hinters Ohr und schlenderte zu seinen Kumpanen zurück, die schallend lachten und ihm auf den Rücken klopften, als wäre dies ein großartiger Witz.

Danach saß Marrah still da, weil sie es nicht riskieren wollte, erneut ihre Aufmerksamkeit zu erregen. Bald kehrte der Reiter, der sie hergebracht hatte, mit einem anderen Reiter zurück, einem großen Mann mit langem braunen Haar und einem lockigen braunen Bart, dessen Arme mit zahlreichen Kupferarmbändern geschmückt waren. Offensichtlich war er wichtig, weil sich alle anderen Krieger erhoben, als sie ihn kommen sahen, und selbst der Schlafende wurde mit einem Fußtritt geweckt.

Der Braunbärtige ritt bis zu der Stelle, wo Marrah saß, und blickte nachdenklich auf sie hinunter. In seinen Augen war keinerlei Gier oder Haß zu erkennen, nur ein Ausdruck kühler Beurteilung. Er machte eine schnelle Bewegung mit dem Zeigefinger, woraufhin einer der Krieger augenblicklich herbeigerannt kam, Marrah auf die Füße zog und die Fesseln um ihre Handgelenke durchschnitt. Das Blut strömte wieder durch ihre Hände und brannte in ihren Fingerspitzen. Der Braunbärtige zeigte auf den Wald.

»Kashw?« fragte er.

Marrah schüttelte den Kopf. Das Wort war eindeutig Hansi, aber es sagte ihr nichts. Stavan hatte ihr nur wenige Redewendungen beigebracht: »ja«, »nein«, »heute ist ein schöner Tag«, »ich liebe dich«.

Der Mann schien enttäuscht, als hätte er aus irgendeinem Grund angenommen, sie spräche seine Sprache. Er wiederholte das Wort mehrmals, doch Marrah schüttelte immer nur den Kopf. Schließlich gab er auf. Seufzend griff er in den Beutel, der von seinem Waffengürtel herabhing, zog ein goldenes Armband hervor und warf es Marrah zu. Sie versuchte es zu fangen, griff jedoch daneben, und der schmale Goldreif rollte vor ihre Füße. Sie wußte, es würde weh tun, sich zu bücken und ihn aufzuheben, aber das war es, was der Fremde von ihr erwartete, und so gehorchte sie. Als sie das Armband aus der Nähe sah, stieß sie einen überraschten Ruf aus. Es war der Reif, den Stavan ihr geschenkt hatte, als sie ihr Sommergelöbnis abgelegt hatten. Der Krieger, der sie geschlagen hatte, mußte ihn ihr vom Arm gezogen haben, während sie im Schlamm lag. Sie hatte das Armband bis jetzt noch nicht vermißt.

»Votoah?« verlangte der Braunhaarige zu wissen, wobei er zuerst auf das Armband zeigte und dann auf sie.

»De.« Sie nickte, als sie mit einem der wenigen Hansi-Wörter antwortete, die sie kannte. Sie hoffte, er hätte sie gefragt, ob das Armband ihr gehöre, denn sie hatte ja gesagt. Sie zeigte auf den Streifen blasser Haut an ihrem Oberarm, wo sie den Goldreif so viele Monate lang getragen hatte, bevor sie ihn wieder über ihr Handgelenk streifte und an die gewohnte Stelle schob.

Ermutigt von dem Wort »de« stellte der Braunbärtige erneut eine ganze Reihe unverständlicher Fragen. Sie zuckte die Achseln und schüttelte den Kopf. Schließlich gab er es auf, sich ihr verständlich zu machen. Er zeigte auf den Stapel Beutegüter, während er ein paar Worte zu einem der Krieger sagte, die in respektvoller Entfernung standen und die Befragung beobachteten. Dann zog er sein Pferd herum, drückte ihm die Fersen in die Seiten und galoppierte davon.

Obwohl Marrah erst sehr viel später verstehen würde, was geschehen war, merkte sie sofort, daß die Krieger sie nicht länger mit Verachtung behandelten. Der Mann, der ihr sein Messer an die Kehle gehalten und ihr Schamhaar abgeschnittten hatte, kam mit gesenktem Blick zu ihr und murmelte etwas, was eine Entschuldigung hätte sein können. Nachdem er ihr mit einer Handbewegung bedeutet hatte, sich bequem auf die Decke zu setzen, wühlte er in dem Stapel von Gegenständen herum und zog das beste Leinenkleid heraus, doch statt es ihr achtlos hinzuwerfen, reichte er es ihr mit einer angedeuteten Verbeugung. Das Kleid war von der Art, wie es ältere, wichtige Priesterinnen oft bei Zeremonien trugen. Mit Göttinnensymbolen bestickt und am Rand mit winzigen blauen Tonperlen eingefaßt, mußte es in den Tempelwerkstätten von Shamba gewebt worden sein. Als Marrah es über den Kopf zog, fragte sie sich, ob es nicht vielleicht Königin Aimbah gehört hatte. Das Leinen fühlte sich kühl auf ihrer mit blauen Flecken übersäten Haut an, und sie hüllte sich dankbar in den Stoff.

Aber der Krieger war noch nicht fertig. Als nächstes suchte er einen Gürtel heraus, eine Tunika, einen Umhang und ein weißes Handtuch von der Art, wie es Priesterinnen benutzten, um zerbrechliche zeremonielle Gegenstände darin einzuwickeln. Und als wäre dies noch nicht genug, ging er zu einem der Pferde, klappte eine Satteltasche aus Leder auf und zog ein Paar Stiefel und Beinlinge aus verfilztem Pelz heraus. Erstaunt starrte Marrah auf den Haufen Kleider. Er erwartete doch sicherlich nicht, daß sie all die Sachen anzog, nicht bei so heißem Wetter.

Er erwartete es nicht nur, er bestand sogar darauf. Da sie unmöglich wissen konnte, was passieren würde, wenn sie sich weigerte, stieg Marrah widerstrebend in die Kleidungsstücke, die warm genug waren, um selbst gegen die bitterkalten Winter in Xori zu schützen. Zum Glück durfte sie wenigstens ihre Sandalen anbehalten, als klar wurde, daß die Stiefel viel zu groß waren. Nachdem sie die Kanten der Beinlinge soweit aufgerollt hatte, daß sie nicht darüber stolperte, bedeutete ihr der Mann mit einer Geste, sich das Handtuch um den Kopf zu drapieren, so daß es ihr Haar und den unteren Teil ihres Gesichts bedeckte, was lächerlich war, aber wieder gehorchte sie schweigend. Bis sie endlich zu seiner Zufriedenheit angekleidet war, kam sie sich vor wie jemand, der für eine der komischen Rollen beim Schlangenfest kostümiert war.

Danach ließ er sie allein im Schatten zurück, um in ihren Kleidern zu schwitzen und sich zu fragen, was als nächstes passieren würde. Alles in allem war es immer noch besser, in dicke Schichten von Kleidung eingemummelt zu sein, als nackt vor den Mördern zu stehen, aber die Beinlinge juckten wie verrückt. Sie erinnerte sich, daß Stavan ein ähnliches Paar getragen hatte, als sie ihn am Strand fand; er hatte ihr erklärt, daß sie aus der abgeworfenen Wolle langhaariger Schafe gewebt wurden.

Marrah dachte an jenem Nachmittag viel über Stavan nach. Immer wieder fragte sie sich, wie es möglich war, daß ein so guter, anständiger Mann aus einem so schrecklichen Volk stammen konnte. Sie wußte jetzt, daß er ihr viele Dinge verschwiegen hatte – wahrscheinlich, weil er sich ihrer schämte –, und sie fragte sich, ob sie nach dem heutigen Tag jemals wieder sein Haar berühren oder in seine Augen blicken könnte, ohne zu schaudern.

Die Zeit verstrich, und die Schatten wurden länger. Das Fleisch war gebraten und verzehrt worden, und man hatte Marrah sogar eine Portion davon gebracht, über die sie sich hungrig hermachte, trotz der Schmerzen in ihrem Magen und der wachsenden Angst, daß Arang mit den anderen getötet worden war. Manchmal kamen Reiter in die Lichtung und ritten wieder fort, aber sie trugen keine Waffen bei sich, und es schienen keine Kämpfe mehr stattzufinden, vielleicht, weil es niemanden mehr zu bekämpfen gab. Einmal ritt ein großer Mann auf sie zu und warf ihr ein kleines, schmutziges Bündel in den Schoß. Als sie es auseinanderrollte, fand sie ihr aufgeschlitztes Kleid darin, ihren Gürtel und den Lederbeutel mit Arzneien. Selbst die Geschenke, die ihr die Priesterinnen von Nar gemacht hatten, waren noch in dem Beutel. Es sah zwar nicht danach aus, als würde sie eine Chance bekommen, sie zu benutzen, aber zu wissen, daß sie nicht verlorengegangen waren, gab ihr wieder etwas Zuversicht.

Sie überlegte gerade, ob sie einen neuen Fluchtversuch wagen sollte, als fünf Männer ins Lager ritten, lachend und scherzend. Einer von ihnen hatte ein großes, in Wildleder gehülltes Paket quer vor sich auf seinem Pferd liegen. Nachdem er abgesessen war, band er das Bündel los, warf es lässig auf den Boden und ging zu den anderen, um einen Krug Wein mit ihnen zu teilen. Da Marrah nichts Besseres zu tun hatte, starrte sie auf das Bündel und fragte sich, was wohl darin sein mochte. Plötzlich bewegte sich das Leder, und sie sah die Füße einer Frau an einem Ende herausragen.

Erschrocken humpelte sie darauf zu und schlug die Häute auseinander. Eine junge Frau blickte zu ihr auf, ihr Gesicht so mit Blutergüssen und Schlamm bedeckt, daß Marrah sie zuerst nicht erkannte. Dann begriff sie, wer es war.

»Akoah?« flüsterte sie. Es war die jüngste der Seglerinnen. Beim Klang ihres Namens verzog sich Akoahs Gesicht vor Furcht. »Hab keine Angst«, murmelte Marrah. »Ich bin's, Marrah. Ich werde dir nicht weh tun.« Sie ergriff die Hände der jungen Frau und begann, die Fesseln um ihre Handgelenke zu lösen, während sie die schlimmsten Knoten mit den Zähnen bearbeitete. Dann küßte sie die Frau sanft auf die Stirn und strich ihr das wirre Haar aus den Augen.

»Akoah, bitte sag etwas. Was ist passiert? Was haben sie dir angetan? Haben sie dich so hart geschlagen, wie sie es mit mir gemacht haben?« Akoah sagte nichts. Sie war nackt, wie Marrah es gewesen war, aber bis auf einige häßliche Blutergüsse im Gesicht und den angstvollen Ausdruck in ihren Augen schien sie unverletzt.

Lange Zeit saß Marrah neben ihr, während sie ihre Hände hielt und beruhigend auf sie einsprach. Wenn die Krieger bemerkten, was sie tat, so nahmen sie jedenfalls keine Notiz davon. Schließlich schien Akoah wieder zu sich zu kommen. Sie setzte sich auf und warf einen furchtsamen Blick in Richtung der Männer. »Wir müssen von hier verschwinden«, flüsterte sie.

»Ja«, erwiderte Marrah. »Das werden wir tun, sobald wir können.«

»Du verstehst nicht.« Akoah schauderte und biß sich verzweifelt auf die Unterlippe. »Diese Wesen da drüben sind keine wirklichen Menschen. Sie sind irgend etwas anderes. Sie benehmen sich nicht wie Menschen. Sie tun Dinge, die kein Mensch tun würde.« Sie beugte sich näher zu Marrah und brachte ihren Mund dicht an ihr Ohr. »Ich glaube, es sind Geister. Böse Geister. Wesen, die gestorben und niemals zur Mutter heimgekehrt sind.« Sie griff nach Marrahs Arm und hielt ihn umklammert. »Sie haben meine beiden Tanten mit ihren Pfeilen getötet, nicht wahr?«

Marrah nickte widerstrebend und dachte, daß Akoah wirklich nicht in der Verfassung war, solche Nachrichten zu hören, aber zu ihrer Verwunderung schien sie erleichtert. »Göttin sei Dank, dann kann ihnen nichts mehr geschehen.« Marrah fragte sie, was sie meinte, und Tränen stiegen in Akoahs Augen auf. »Sie tun Frauen Dinge an, für die es in unserer Sprache keine Worte gibt. Tun es mit ihnen, bis sie daran sterben. Ich bin froh, daß meine Tanten schnell gestorben sind.«

Die Art, wie sie den Tod ihrer Tanten akzeptierte, hatte etwas Unheimliches an sich, das die feinen Härchen in Marrahs Nacken sich aufrichten ließ. »Was meinst du?«

Die junge Frau wischte sich die Tränen ab und blickte Marrah zornig an. Ihre Augen waren nicht länger groß und unschuldig, sondern mit Abscheu und Verachtung erfüllt. »Jene fünf Geister, die mich hergebracht haben, haben mich gezwungen, mit ihnen zu kopulieren«, flüsterte sie. »Ich benutze das Wort, das wir für Tiere benutzen, aber noch nicht einmal Tiere kopulieren auf diese Art. Sie sind wie Hunde über mich hergefallen, doch selbst ein Rudel Hunde wird eine Hündin in Ruhe lassen, wenn sie nicht in Stimmung ist. Sie sind von vorn und von hinten in mich gestoßen, und als ich mich gegen sie zu wehren versuchte, haben sie mich ins Gesicht geschlagen.«

Sie zeigte auf die Innenseite ihrer Schenkel. »Siehst du das hier? Das ist getrocknetes Blut. Und ich hatte noch Glück. Da war noch eine andere Frau, der sie dies aufgezwungen haben, eine junge Priesterin aus Shambah, und sie haben sie getötet. Zu zehnt haben sie sich auf sie gestürzt, und sie hat einen Schrei ausgestoßen, den ich bis an mein Lebensende in meinen Alpträumen hören werde.« Sie legte Daumen und Zeigefinger zusammen zum Zeichen der rundäugigen Eulengöttin. »Möge sie, die Tod bringt, sie alle mit Freudlosigkeit und Kinderlosigkeit strafen. Und möge sie sich weigern, ihre Seelen zu empfangen, wenn sie sterben.«

Marrah wollte etwas sagen, aber sie war zu verängstigt, um etwas anderes zu tun, als Akoahs Hand zu nehmen und sie tröstend zu streicheln. Ihre eigenen Finger zitterten dabei. Sie wußte jetzt, welchem Schicksal sie um Haaresbreite entgangen war. Die Vorstellung, daß Akoah gezwungen worden war, mit fünf Männern zu kopulieren, verursachte ihr Übelkeit.

Einen Moment lang schwiegen beide. Dann seufzte Akoah. »Nun, ich kann nicht ständig daran denken, was sie mir angetan haben, sonst verliere ich den Verstand.« Sie strich sich mit den Fingern durchs Haar und zog die Blätter und Grashalme heraus. »Im Moment würde ich alles dafür geben, um ihren Gestank abzuwaschen, aber ich fürchte, wenn ich versuche, zum Bach zu kommen, werden sie mich daran hindern.«

Marrah blickte auf die Krieger, die noch immer um das Lagerfeuer saßen und sie nicht beachteten. Seit der braunhaarige Mann ihr das Armband zugeworfen hatte, hatten sie sie so ziemlich alles tun lassen, was sie tun wollte, außer zu fliehen.

»Laß es uns versuchen«, schlug sie vor. Sie half Akoah auf die Füße und führte sie langsam zum Bach, während sie innerlich flehte, daß ihr Glück sie nicht im Stich lassen würde. Die Männer blickten auf, als sie vorbeigingen, aber sie hielten sie nicht zurück, obwohl einer von ihnen aufsprang, seinen Speer ergriff und ihnen folgte, was die Chance auf einen Fluchtversuch endgültig zunichte machte. Am Ufer des Baches zog Marrah ihre heißen, stickigen Kleider aus und warf sie achtlos zu Boden. Später erfuhr sie, daß sie Glück gehabt hatte, nicht wegen Entkleidens in der Öffentlichkeit geschlagen worden zu sein, aber der Krieger, der sie immer noch als primitive Wilde betrachtete, grunzte nur etwas Unverständliches und blickte in eine andere Richtung.

Hand in Hand wateten die beiden Frauen in das lauwarme Wasser. Akoah zuckte zusammen, als es ihre Schenkel berührte, aber bald darauf entspannte sie sich mit einem Seufzer und begann sich zu waschen. Nachdem sie und Marrah den letzten Rest von Blut und Schlamm von ihren Körpern entfernt hatten, wuschen sie sich gegenseitig die Haare.

Bis dahin hatte der Wächter sie gewähren lassen; als sie jedoch aus dem Wasser kamen, um sich ans Ufer zu setzen und sich in der Sonne zu trocknen, zeigte er auf Marrahs Kleider und bestand darauf, daß sie sie sofort wieder anzog. Als Marrah Akoah ihre Tunika geben wollte, riß er sie ihr mit einem scharfen Verweis aus der Hand. Offenbar sollte Marrah so verhüllt sein, daß nur ihre Nasenspitze hervorschaute, und Akoah sollte nackt bleiben. Der Krieger drückte Akoah seine Speerspitze zwischen die Schulterblätter in einer Geste, die ihnen inzwischen vertraut war, und drängte sie vorwärts zu dem Stapel mit Beute, und Marrah folgte ihnen: Als sie wieder allein waren und nebeneinander auf der Decke saßen, wandte sich Akoah zu ihr um.

»Möge die Göttin dich segnen für den Trost, den du mir gespendet hast«, sagte sie. »Ich werde diese Männer bis in alle Ewigkeit hassen, aber zumindest fühle ich mich wieder sauber.« Sie hielt inne und blickte zu den Kriegern hinüber, die jetzt irgendeine Art Glücksspiel spielten. »Glaubst du, sie werden mich wieder zwingen, mit ihnen zu kopulieren?«

Marrah erwiderte, sie hoffe es nicht. Akoah seufzte. »Was glaubst du, warum sie über mich hergefallen sind? Es kann nicht aus Lust geschehen sein, denn es war keinerlei Lust damit verbunden. Es war eher so, als wollten sie mich mit ihren Penissen verhöhnen und schlagen und beschmutzen. Sie müssen Geister sein. Kein wirklicher Mann würde etwas so Süßes wie seinen Penis nehmen und ihn wie eine Keule benutzen. Nur ein Geist würde eine Frau so demütigen und verletzen.« Und damit vergrub sie ihr Gesicht in Marrahs Kleid und begann leise zu schluchzen, bis sie schließlich erschöpft einschlief.

Akoah schlief den Rest des Nachmittags, aber Marrah konnte nicht einschlafen, obwohl sie regelrecht krank vor Müdigkeit war. Gelegentlich fielen ihr ein paar Sekunden lang die Augen zu, doch jedes Geräusch ließ sie erschrocken wieder hochfahren. Manchmal war das Geräusch, das sie weckte, nur das Krächzen einer Krähe oder das rauhe Lachen der Krieger, aber oft war es das Donnern von Pferdehufen. Sie hatte dieses rhythmische Trommeln bis zum heutigen Tag nie gehört, doch es bedeutete bereits Gefahr.

Die Sonne war gerade im Begriff unterzugehen, als drei Reiter erschienen. Sie mußten einen weiten Weg hinter sich haben, denn das Fell ihrer Pferde war naß vor Schweiß. Sie kamen im Galopp auf das Lager zu, sprangen ab, übergaben ihre Tiere einem wartenden

Krieger und tauschten mit leiser Stimme Begrüßungen aus. Dann wandten sie sich ab und strebten auf Marrah und Akoah zu.

»Wach auf!« flüsterte Marrah. Akoah öffnete die Augen, lächelte, und dann, als ihr wieder einfiel, wo sie war, griff sie angstvoll nach Marrahs Hand und setzte sich auf.

»Was ist los? Sind sie gekommen, um uns zu holen?«

»Ich weiß es nicht. Ich hoffe nicht.«

Als die drei näherkamen, sah Marrah, daß der eine von ihnen der braunbärtige Mann war, der ihr den Armreif zugeworfen hatte, der andere ein Krieger mittleren Alters mit einer häßlichen Narbe auf der linken Wange, und die dritte Person war eine junge Frau von ungefähr siebzehn Jahren. Dies war die erste Tiermenschen-Frau, die Marrah zu sehen bekam, und sie musterte sie aufmerksam, doch es war schwierig, ihre Züge zu erkennen. Die Frau trug eine lange, formlose braune Tunika, Beinlinge und einen dunkelbraunen Schal um den Kopf, der teilweise ihr Gesicht verhüllte. Der Schal war mit einer Art Stirnband aus rauhem, geflochtenem schwarzen Haar befestigt, das über der Stirn mit roten Troddeln geschmückt war. Wie die Männer trug sie geschnürte Lederstiefel, aber ihre waren mit Muscheln bestickt. Auch die Ärmel ihrer Tunika waren mit Muscheln und Perlen aus Kupfer und Ton bestickt, aber es war ihr Schmuck, der Marrah am meisten überraschte – Kette um Kette war um ihren Hals geschlungen, und die Anhänger klirrten leise wie winzige Glöckchen: einige aus Kupfer, einige aus Stein, andere aus Tierzähnen; sie trug auch Armbänder, drei Ringe in jedem Ohr und einen Ring an jedem Finger. Als wäre alles das noch nicht seltsam genug, waren ihre Augen mit schwarzer Farbe umrandet, ihre Wangen und Lippen waren mit rotem Puder bestäubt, und blaue Tätowierungen, so fein wie Weinreben, ringelten sich über ihre Wangen.

»Eine Priesterin!« rief Akoah erfreut und sprang auf die Füße. »Sie muß eine Priesterin sein! Wer sonst würde soviel Schmuck tragen? O Marrah, wir sind gerettet! Sieh dir die Farbe in ihrem Gesicht an, sieh den Medizinbeutel an ihrem Gürtel!« Marrah versuchte, sie am Arm zurückzuhalten, aber Akoah riß sich los und rannte vorwärts, während sie überschwengliche Begrüßungen rief.

»Heil dir, süße Priesterin, heil dir, liebe Mutter, die in ihrem Namen kommt!«

»Akoah, komm zurück!« bettelte Marrah. »Sie ist keine Priesterin, sie trägt Sonnensymbole , sie ist –« Aber die Warnung kam zu spät. Als sich Akoah der Tiermenschen-Frau näherte, trat der Krieger mit dem Narbengesicht zwischen sie, hob sein Knie und versetzte ihr einen derart harten Stoß, daß sie der Länge nach hinfiel. Dann trat er ohne einen weiteren Blick über sie hinweg.

Akoah lag flach auf dem Boden ausgestreckt, mit bläulich verfärbtem Gesicht. Ihre Lippen waren weiß, und sie schien nicht zu atmen. »Du Haufen Ziegenscheiße!« schrie Marrah dem Mann nach. »Was hast du ihr angetan?« Sie stürmte vorwärts, um Akoah aufzuhelfen, aber die Tiermenschen-Frau befahl ihr auf shambah, still zu sein. Verblüfft über den Klang einer Sprache, die sie verstehen konnte, blieb Marrah wie erstarrt stehen.

Die Frau und die Männer kamen näher. Der Mann mit der Narbe sagte etwas zu der Frau, und sie verbeugte sich und antwortete in ihrer Sprache. Die Männer tauschten einen zufriedenen Blick, verschränkten die Arme vor der Brust und traten zurück. Von dem Moment an hielten sie sich im Hintergrund, obwohl Marrah sich ständig bewußt war, daß sie sie wachsam beobachteten, mit grimmigen Mienen und bis an die Zähne bewaffnet.

Die Tiermenschen-Frau wandte sich an Marrah und verbeugte sich so tief vor ihr, daß die roten Troddeln über ihrer Stirn auf und nieder hüpften. »Ich begrüße dich in ihrem Namen, liebste Schwester«, sagte sie mit fester, liebenswürdiger Stimme. »Ich bin Dalish, Tochter der unglückseligen Nashish, möge ihre Seele Frieden bei der Erdenmutter gefunden haben. Sie und alle meine Verwandten wurden ermordet von diesen Haufen menschlicher Scheiße, die du hinter mir stehen siehst, die aber glücklicherweise zu dumm sind, um Shambah zu sprechen. Sie haben mich aufgefordert, für sie zu übersetzen, und mir eingeschärft, wenn ich ein Wort mehr sage, als absolut nötig ist, würden sie mich in kleine Stücke zerschneiden und den Krähen zum Fraß vorwerfen, aber im Laufe der Jahre ist es mir gelungen, ihnen einzureden, daß es zehnmal so lange dauert, etwas auf shambah zu sagen, als in ihrer eigenen häßlichen Sprache.«

Marrah war so überrascht über diese unerwartete Rede, daß ihr keine Antwort einfiel. »D-du bist eine von uns?« stotterte sie.

Die Frau blickte leicht beleidigt. »Natürlich, der Göttin sei Dank. Sehe ich etwa aus wie eine von ihnen? Wäre ich in ihrem Volk geboren, wäre ich genauso hirnlos wie ihre Frauen. Oh, du wirst sie bald genug zu sehen bekommen, diese Nomadenfrauen mit ihren verdammten Schals vor dem Gesicht, die wie geprügelte Hunde herumschleichen und jedesmal eilfertig aufspringen, wenn ihr Ehemann oder Herr sie heranwinkt.« Sie straffte stolz die Schulter. »Aber ich wurde zur Priesterin ausgebildet. Als ich sechs war, weihte mich meine Großmutter der Vogelgöttin, und ich habe ihr vier wundervolle Jahre lang in ihrem Tempel gedient, bevor die Nomaden in mein Dorf einfielen, es zu Schutt und Asche niederbrannten und mich verschleppten.«

»Meine Freundin dachte sich schon, daß du eine Priesterin sein müßtest.«

Dalish lächelte trocken und blickte auf Akoah, die sich verwirrt aufsetzte. »Ja, man merkt es mir immer noch an, nicht wahr?« Sie wandte sich an Akoah. »Sitz still, Liebling«, sagte sie in so scharfem Ton, daß Marrah zusammenzuckte. »Es tut mir leid, daß ich gezwungen bin, so mit euch zu reden, aber die Scheißkerle hinter mir müssen glauben, ich stehe auf ihrer Seite. Wenn du aufstehst, könnten sie auf die Idee kommen, dich zu Brei zu schlagen. Es ist ihre Art, Gefühle auszudrücken.« Sie drehte sich wieder zu Marrah um. »Wir müssen zur Sache kommen, bevor sie Verdacht schöpfen. Warum fängst du nicht einfach an, indem du mir deinen Namen sagst und woher du kommst, und ich werde die Informationen dann weitergeben und so tun, als hätte ich so lange gebraucht, um sie aus dir herauszubekommen.«

»Mein Name ist Marrah, Tochter von Sabalah, und ich komme aus dem Dorf Xori.«

Dalish drehte sich zu den Männern um, verbeugte sich und sagte etwas, und der braunbärtige Mann gab ein tiefes Knurren von sich.

»Irehan der Feige will wissen, wo Xori ist.«

»Es ist ein Fischerdorf an der Küste des Meeres der Grauen Wogen.«

Dalish runzelte die Stirn. »So weit weg? Ich glaube, ich warte erst noch etwas, bevor ich ihm das sage. Du und ich haben zuerst wichtigere Dinge zu besprechen.« Sie wies mit einer kaum merklichen Kopfbewegung auf Marrahs Arm. »Zum Beispiel, wie du an diesen goldenen Armreif gekommen bist. Nein, schau jetzt nicht hin, sieh nur mich an. Sie sollen nicht wissen, daß ich dich schon danach gefragt habe.«

Marrah gehorchte. »Ich habe den Armreif von einem –«, wie hatte Dalish sie genannt?, »von einem Nomaden, der am Tag meiner Volljährigkeit an unseren Strand gespült wurde.« Verlegen und stockend begann sie zu erzählen, wie sie und Stavan sich kennengelernt hatten. Angesichts der Greueltaten, die sie heute gesehen hatte, schien es eine Schande, ihn jemals geliebt zu haben, und dennoch hatte sie ihn geliebt und liebte ihn immer noch. Bevor sie erklären konnte, daß er völlig anders war als die Angehörigen seines Volkes, schnitt Dalish ihr das Wort ab.

»Genug. Ich habe schon verstanden. Er war dein Liebhaber, ja?« Marrah nickte. »Ich nehme doch an, er war kein dreißigjähriger Riese, der einen langen schwarzen Dolch auf seinem Penis eintätowiert hatte?« Unter anderen Umständen hätte Marrah laut gelacht, aber sie war nicht in Stimmung, um über irgend etwas zu lachen. Sie schüttelte den Kopf.

»Er war ungefähr siebzehn, als wir uns zum ersten Mal begegnet sind, und groß, aber er hatte keinen tätowierten Dolch.«

Dalish schwieg eine Weile, und als sie schließlich sprach, klang ihre Stimme völlig verändert. »Jetzt hör mir zu, und hör genau zu, denn wenn du nicht exakt das tust, was ich dir sage, droht uns beiden ein qualvoller Tod. Du hast gesehen, was sie mit den Männern von Shambah gemacht haben, ja? Nicke einfach, wenn du verstanden hast. Gut. Nun, so wird es uns beiden ergehen, wenn du mir nicht aufmerksam zuhörst. Ich bin im Begriff, mein Leben für dich zu riskieren, und ich möchte es nicht unnütz verschwenden.«

Sie setzte sich und bedeutete Marrah, sich neben sie zu setzen. »Zuerst möchte ich, daß du ein verwirrtes Gesicht machst, damit diese Bastarde glauben, ich müßte dir alles mehrmals erklären. Ich sehe schon, daß du das Wort ›Bastard‹ nicht kennst. Nun, du wirst es bald genug kennenlernen. Hansi ist die beste Sprache der Welt zum Fluchen, aber ich werde versuchen, mich zu beherrschen, bis du genügend gelernt hast, um meine Flüche im Original schätzen zu können.«

Marrah setzte sich und tat, was Dalish verlangt hatte. Es war nicht schwierig, verwirrt auszusehen. Sie war wirklich verwirrt, und zwar gründlich.

»Ich werde dies schnell sagen, also hör gut zu und präge es dir ein. Erstens: Du hast es nur einem Wunder zu verdanken, daß du heil und in einem Stück bist. Dieser Krieger, der dich überwältigt hat, wollte dich vergewaltigen – dich zwingen, die Lust mit ihm zu teilen – und dich zu seiner Sklavin machen, aber seinem Onkel gefiel dein Aussehen, und er entschied, dich für sich selbst zu behalten, deshalb brachte er dich hierher, um sich später mit dir zu vergnügen. In der Zwischenzeit entdeckte Irehan – der mit dem braunen Bart – dein goldenes Armband und wollte wissen, woher du es hast. Es ist nämlich kein gewöhnliches Armband, verstehst du? Es sind Clanzeichen eingraviert, wichtige Clanzeichen. Die Zeichen besagen –« sie hob ihren Blick um einen Bruchteil eines Zentimeters, so daß er auf dem Armreif ruhte, »daß es einmal Achan gehört hat, dem einzigen Sohn des Großen Häuptlings Zuhan.«

»Ja«, erwiderte Marrah, »das –«

Wieder brachte Dalish sie mit einer knappen Handbewegung zum Schweigen. »Lassen wir das jetzt. Du kannst mir später erzählen, wie du zu dem Schmuck gekommen bist. Wichtig für dich zu wissen ist, daß du nur um Haaresbreite einer Hinrichtung entgangen bist. Als Irehan das Armband sah, hat er ganz logisch daraus geschlossen, daß ein Mitglied deiner Familie Achan getötet und ihm den Schmuck als Siegestrophäe abgenommen haben muß. Schnelle Rache ist eine Spezialität der Nomaden. Irehan war tatsächlich schon dabei, einen Pfahl auszusuchen, um dich darauf aufzuspießen, als ich vorschlug, daß immerhin die Möglichkeit bestände, daß Achan dir das Armband *geschenkt* hätte. Da sein Verstand ziemlich langsam arbeitet, mußte er eine Weile innehalten und darüber nachdenken, und während er nachdachte, kam ein Bote mit einer interessanten Nachricht an.«

Sie legte erneut eine Pause ein. »Ich werde dir jetzt etwas erzählen, was in dir den Wunsch erweckt, zu jubeln oder eine Geste der Freude zu machen. Statt dessen mußt du – du *mußt*, hast du verstanden? – eine steinerne Miene beibehalten.« Sie warf einen schnellen Blick auf die Krieger, als wollte sie sich vergewissern, daß sie immer noch keine Ahnung hatten, wovon sie sprach. »Dein Bruder lebt.«

Wäre Marrah nicht vorgewarnt gewesen, hätte sie vor Überraschung und Freude laut aufgeschrien, aber obwohl das Blut in ihr Gesicht strömte, gelang es ihr irgendwie, ausdruckslos in Dalishs Gesicht zu starren.

»Der Krieger, der ihn mit seinem Pferd umgeritten hatte, hätte ihm sofort die Kehle aufgeschlitzt, wenn Slehan – der mit der Narbe im Gesicht – ihm nicht befohlen hätte, zumindest einen lebenden Gefangenen zu machen. Sie hatten vor, Han ein letztes Dankopfer zu bringen, und sämtliche Männer aus Shambah waren schon ermordet worden oder geflohen. Also haben sie deinen Bruder wie ein Bündel zusammengeschnürt und ins Hauptlager gebracht, wo sie – große Überraschung! – feststellten, daß er nicht als Opfergabe geeignet war, und zwar aus zwei Gründen: Erstens hatte er alte Rotbeerenfiebernarben, und Dankopfer müssen perfekt sein, und zweitens trug er einen goldenen Ohrring, der wie dein Armband mit Achans Clanzeichen dekoriert war.«

Sie leckte sich nervös die Lippen. »So stehen die Dinge also im Moment. Dank mir glauben sie, es bestände eine schwache Chance, daß dein Bruder – er ist doch dein Bruder und nicht dein Sohn, nicht wahr?«

Marrah nickte.

»... eine schwache Chance, daß dein Bruder der legitime Sohn des Helden Achan ist. Zeitlich kommt es zwar nicht genau hin, aber ich hatte keine Zeit, mich um unbedeutende Einzelheiten zu kümmern. Ich habe einfach nur so schnell geredet, wie ich konnte, und die Götter um eine Eingebung angefleht. Zum Glück weiß jeder Mann in den Zwanzig Stämmen, daß sich Zuhan verzweifelt einen legitimen Erben wünscht, und ein noch glücklicherer Umstand ist, daß die Burschen alle nicht rechnen können. Außerdem halten sie deinen Bruder für jünger, als ich ihn einschätze. Übrigens, wie alt ist er? Sie wollten mich nicht mit ihm sprechen lassen.«

»Zwölf«, flüsterte Marrah.

Dalish nickte. »Genau das hatte ich mir gedacht. Nun, sie glauben, er wäre zehn. Zum Glück ist er klein für sein Alter, und glücklicherweise wissen alle, daß Achan eine kurze Reise nach Westen unternommen hatte, bevor er zurückkehrte, um zu verkünden, daß er erneut nach Westen wollte, um Hans goldene Zelte zu finden. Also *könnte* Achan eine Wilde geheiratet haben, wie ich Slehan erklärt habe. Natürlich nicht genau nach den Bräuchen der Hansi. Es wäre wahrscheinlich kein Wahrsager dabei gewesen, um die richtige Anzahl von Pferden zu schlachten und die richtigen Gebete zu sagen und all das, aber es könnte durchaus sein, daß sich Achan im Westen eine Ehefrau zugelegt hat, was – wenn es tatsächlich so wäre – deinen Bruder zum einzigen Erben des Großen Häuptlings machen würde. Kannst du mir folgen?«

Marrah runzelte die Stirn. »Nicht ganz.«

»Laß es mich einfach ausdrücken. Gleich werde ich mich herumdrehen und so tun müssen, als übersetzte ich deine Worte. Wenn du und dein Bruder morgen um diese Zeit noch am Leben seid, vergiß Folgendes nicht: Von jetzt ab ist er Achans Sohn, und er ist zehn Jahre alt, nicht zwölf. Achan hat ihm den Ohrring geschenkt, als er ihn als seinen Erben anerkannt hat. Und was dich betrifft, du bist nicht die Schwester deines Bruders, sondern seine Tante. Achan mußte eine Jungfrau geheiratet haben, also kannst du nichts anderes als eine Tante sein. Du hast dein Armband ebenfalls von Achan bekommen. Er schenkte es deiner Schwester an ihrem Hochzeitstag, aber als das arme Ding im Kindbett starb, zog er es von ihrem Arm und streifte es dir über, zum Zeichen, daß du die Seeshma des Jungen sein solltest – eine Art Stiefmutter und Amme –, eine sehr geachtete Stellung für eine Frau nach Auffassung der Hansi. Und jetzt wiederhole, was ich gesagt habe, Wort für Wort.«

Marrah tat, wie ihr geheißen. Als sie fertig war, nickte Dalish. »Gut. Und nun vergiß alles andere. Was du gerade gesagt hast, ist keine Lüge; es ist die Wahrheit. Eine andere Geschichte gibt es nicht. Du lebst vielleicht für den Rest deines Lebens bei den Hansi, aber ganz gleich, wie einsam du dich fühlst oder wie sehr du in Versuchung bist, irgendeiner Schwester aus dem Süden zu erzählen, wer du wirklich bist oder wie du wirklich zu diesem Armband gekommen bist – tu es nicht. Nicht alle Frauen, die einst die Göttin angebetet haben, hassen diese Bastarde so abgrundtief wie ich. Aber sag mir eins, nur um meine Neugier zu befriedigen: Wie ist dein Liebhaber an dieses Armband gekommen? Hat er Achan getötet?«

»Nein.« Marrah schüttelte den Kopf. »Er hat es ihm vom Arm gezogen, bevor er ihn ins Grab legte. Achan war sein Bruder.« Sie brach abrupt ab und blickte ängstlich in Dalishs Gesicht, die totenbleich unter ihrer Bemalung geworden war.

»Hieß dein Liebhaber Stavan?« flüsterte Dalish so leise, daß ihre Stimme kaum mehr als ein Atemhauch war, und als Marrah ihr mit einer verblüfften Geste zu verstehen gab, daß es so war, packte Dalish ihr Handgelenk. »Du darfst es niemals jemandem erzählen, niemals! Ich wünschte, ich hätte es nicht gehört. Du weißt es natürlich nicht, oder? Nein, du kannst es unmöglich wissen. Dieser Liebhaber von dir, dieser Stavan, kehrte vor ein oder zwei Jahren zum Großen Häuptling zurück, um ihm zu sagen, daß Achan tot war, aber er benahm sich so seltsam, daß Zuhan entschied, er müsse verhext sein. Changar, der Wahrsager, zog die Sterne zu Rate und verkündete, daß Zuhan recht hätte: Eine wunderschöne Hexe hatte Stavan in ihren Bann gezogen, während er im Westen war. Große Göttin, Mädchen, begreifst du denn nicht? Du bist diese Hexe! Sie würden dir die Eingeweide herausschneiden, wenn sie herausfänden, daß du diesen Stavan auch nur gekannt hast!«

Plötzlich trat der narbengesichtige Krieger auf Dalish zu und sagte etwas zu ihr. Er wies auf ihre Hand, die Marrahs Handgelenk berührte, und Dalish zog sie langsam zurück. Sie sagte etwas zu ihm und wandte sich dann wieder an Marrah. »Slehan der Scheißgesichtige hat mich gerade getadelt, ich sei zu freundlich zu dir. Ich habe ihm erklärt, ich hätte mich zu einer so unpassenden Geste hinreißen lassen, als ich aus deinem eigenen Mund hörte, daß dein Bruder tatsächlich der einzige legitime Sohn des großen Helden Achan ist. Ich habe ihm auch erklärt, ich hätte mich geirrt, als ich sagte, du wärst aus Xori. Tatsächlich stammst du aus einem kleinen Dorf namens Shorni, ganz in der Nähe von meinem Heimatdorf, was es einleuchtend erscheinen läßt, daß Achan das Bett deiner Schwester geteilt haben könnte. Übrigens, es besteht keine Gefahr, daß dir jemals irgend jemand aus Shorni über den Weg läuft. Ein solcher Ort hat nie existiert.«

Sie erhob sich und bedeutete Marrah, ebenfalls aufzustehen. »Ich werde diese beiden jetzt mit einer Schönheit und Kunstfertigkeit belügen, daß du vor Rührung weinen würdest, wenn du meine Worte verstehen könntest. Es ist das einzige Talent, das ich habe. Wer weiß, wenn ich bei meinen eigenen Volk aufgewachsen wäre, wäre ich vielleicht eine große Liederkomponistin geworden.« Sie lächelte wehmütig. »Also, Marrah aus Shorni, zieh dieses Leinenhandtuch über dein Gesicht und halte den Kopf gesenkt. Sie mögen eine Frau gern demütig. Es bringt das wenige in ihnen zum Vorschein, was an Gutem in ihnen steckt.«

Sie warf einen Blick auf Akoah, die immer noch an der Stelle saß, wo sie gestürzt war. »Und was deine Freundin betrifft – ich kann die Männer nicht davon abhalten, sie zu vergewaltigen, aber ich werde tun, was in meiner Macht steht, um sie zu überreden, das Mädchen zu ihrer Konkubine zu machen statt zu einer Sklavin; auf diese Weise wird sie nur einem Mann gehören statt dem ganzen Haufen. Als Konkubine sollte sie eine ganze Weile leben, vielleicht sogar lange genug, um mich zu verfluchen, weil ich sie gerettet habe.«

»Wir werden fliehen, bevor diese Kerle sie wieder anfassen können«, erwiderte Marrah grimmig. »Ich schwöre, daß wir das tun werden.«

Dalish behielt ihr Lächeln bei, aber in ihren Augen schimmerten Tränen. »Meine liebe Schwester, glaubst du, ich wäre nicht schon vor langer Zeit geflohen, wenn Flucht möglich wäre? Du kennst diese Nomaden noch nicht. Du kannst dir nicht vorstellen, wie weit weg von zu Hause sie dich bringen werden oder wie sehr du leiden wirst. Du bist eine Frau, und du bist stolz darauf, doch in ihrem Land sind Frauen weniger wert als Pferde, und ein kleines Mädchen ist überhaupt nichts wert. Bete zu der Göttin, daß sie dich mit einem Mann verheiraten, der etwas weniger brutal als der Rest ist. Es ist das Beste, worauf du hoffen kannst.«

»Was ist mit dir? Du wirkst ziemlich unabhängig.«

»Tatsächlich?« Dalish schüttelte traurig den Kopf. »Das bin ich nicht. Nachts liege ich mit Slehan dem Narbengesicht und tue, was immer er befiehlt, und wenn er mich einem seiner Freunde überläßt, wie er es häufig tut, gebe ich vor, mich geehrt zu fühlen. Ich bin nichts weiter als seine Konkubine, und wenn ich nicht so nützlich wäre, hätten mich seine Ehefrauen schon vor langer Zeit vergiftet.«

Sie raffte ihren Schal zusammen und eilte zu den Kriegern, um ihnen die Geschichte von Arang zu erzählen, dem Sohn Achans, und seiner demütigen Tante, Marrah.

Nicht lange danach hielten sich Marrah und Arang fest umschlungen und weinten, teils aus Furcht, teils aus Freude.

»Ich dachte, du wärst tot«, flüsterte Arang, als er Marrah auf die Wange küßte und ihr Gesicht berührte. Der narbengesichtige Krieger schien angewidert beim Anblick von Arangs Tränen. Er schnaubte verächtlich und ging kopfschüttelnd davon.

»Lathak«, knurrte er, und der braunbärtige Mann nickte. Das Wort hatte einen häßlichen Klang.

Arang wandte sich an Dalish. »Was hat er gesagt?«

Dalish übersetzte. Das Wort bedeute »Feigling«, erklärte sie ihm, und wenn er es nicht jeden Tag seines Lebens hören wollte, dürfte er nie wieder weinen – zumindest nicht, wenn ihn einer der Männer sehen könnte. »Du kannst von Glück reden, daß sie glauben, du wärst gerade erst zehn Jahre alt.« Sie zeigte auf Slehans Pferd. »Ein Mann, der gelegentlich weint, endet wie dieses Tier. Früher war es ein Hengst, aber jetzt wirst du feststellen, daß ihm etwas Wichtiges fehlt.« Sie warf einen ängstlichen Blick auf die beiden Krieger, die auf einem Baumstamm saßen, während sie Arang anstarrten und sich leise unterhielten. »Slehan hat ihn eigenhändig mit seinem eigenen Dolch kastriert, und ich glaube, er hat den Vorgang ziemlich genossen.«

14. Kapitel

Mehrere Wochen lang waren Marrah und Arang gezwungen, zu Pferd nach Osten zu reisen, während Akoah und die unglücklichen Frauen aus Shambah neben ihnen hertrotteten. Die Sklavinnen – denn so wurden die Frauen jetzt genannt – waren einst Priesterinnen und Bäuerinnen, Töpferinnen, Mütter, Händlerinnen, Tischlerinnen und Jägerinnen gewesen, aber die Nomaden behandelten sie nicht weniger grob als die Rinder, die sie ebenfalls nach Osten trieben, und wie die Rinder, so starben auch viele Frauen. Die Glücklichen wurden vom Fieber dahingerafft; andere, besonders Mütter, die ihre Kinder verloren hatten, starben vor Kummer; doch die meisten starben an Erschöpfung. Nachts schleppten die Krieger die Überlebenden von Lagerfeuer zu Lagerfeuer und zwangen sie zum Geschlechtsverkehr, bis sie krank vor Scham und Schlafmangel waren. Im Morgengrauen begann der Marsch erneut, im Tempo der Geschwindigkeit der Pferde und Rinder angepaßt, nicht der der Menschen. Die Sklavinnen waren gezwungen, mit der Karawane Schritt zu halten, und wenn eine zurückfiel, wurde sie mit Schlägen vorwärtsgetrieben.

Selbst jene, die mit guten Sandalen und robuster Kleidung aufgebrochen waren, hatten bald nur noch Lumpen am Leib, die wenig Schutz vor der Sonne boten. Die Krieger ritten von Sonnenaufgang bis Sonnenuntergang, legten nur selten eine kurze Rast ein, bis sie ihr Lager für die Nacht aufschlugen. Wenn sie durstig waren, befeuchteten sie ihre Lippen mit ein paar Tropfen aus ihren Wasserschläuchen oder schnitten einen kleinen Schlitz in den Hals einer der Kühe, um ihre Lippen darauf zu pressen, aber die Sklavinnen hatten keine Wasserschläuche, und der Geruch frischen Blutes verursachte den meisten Übelkeit.

»Um der Liebe der Göttin Erde willen, Schwester, gib uns einen Schluck zu trinken«, flehten sie Marrah an, doch wenn sie sich von ihrem Pferd beugte und den Dürstenden aus ihrem Wasserschlauch zu trinken geben wollte, streckte der bewaffnete Krieger, der immer neben ihr herritt, blitzschnell den Arm aus und schlug den Becher weg, bevor sie ihn an die Lippen setzen konnten. Dalish warnte sie, wenn sie weiterhin versuchte, den Sklavinnen zu helfen, würde sie zur Strafe mit ihnen marschieren müssen, aber Marrah machte störrisch weiter, und sie verdankte es nur Dalishs Überredungskünsten, daß sie nicht entkleidet und hinuntergestoßen wurde, um elend mit den anderen zu sterben.

Dank Dalishs Lügen war Marrah die Tante des Sohnes eines Helden, und während die Frauen von Shambah litten, war sie gezwungen, hoch über ihnen zu sitzen und ihr Elend mitanzusehen. Sie konnte nicht mehr tun, als Akoah am Leben zu erhalten, indem sie dafür sorgte, daß sie Essen und Kleidung bekam und nachts nicht zu den Lagerfeuern geschleppt wurde, aber abgesehen davon war sie machtlos. In ihren dicken wollenen Kleidern eingesperrt, sah sie die Welt nur durch einen schmalen Augenschlitz in ihrem Schal, doch was sie sah, beschämte sie, und manchmal, wenn die Frauen weinend um Wasser bettelten, ertappte sie sich dabei, wie sie wünschte, sie wäre ebenfalls an dem Fieber gestorben oder getötet worden wie die Kapitänin des Raspas. Doch dann erinnerte sie sich jedesmal daran, wie sehr Arang sie brauchte, und sie zwang sich, energisch die Schultern zu straffen. Sie packte die Zügel mit fester Hand und versuchte, sich etwas einfallen zu lassen, wie sie die Geschenke benutzen konnte, die ihr die Priesterinnen von Nar gemacht hatten. Sie konnte die Frauen von Shambah nicht retten, indem sie mit ihnen starb. Es war ihre Pflicht, lange genug zu überleben, um ihnen zur Flucht zu verhelfen.

Wenn das Gejammer der Frauen nach Wasser die schlimmste Tortur für Marrah war, dann kamen die Pferde gleich an zweiter Stelle. Reiten war eine unbequeme, knochenzermürbende Erfahrung, die sowohl sie als auch Arang zu Anfang seekrank gemacht hatte. Obwohl die Nomaden manchmal eine Art Sattel aus Leder benutzten, ritten sie gewöhnlich auf dem bloßen Rücken der Tiere und lenkten sie durch lange Lederriemen, die an einem Geschirr aus Hirschhorn und einem zweiteiligen hölzernen Apparat befestigt waren, der sich Gebißstange nannte und den Tieren ins Maul geschoben wurde. Eigentlich sollte man ein Pferd führen, indem man leicht an den Zügeln zog und ihm die Fersen in die Seiten drückte, aber die Tiere schienen zu spüren, daß Marrah und Arang keine Ahnung hatten, was sie taten, und es machte ihnen offensichtlich Spaß, sie abzuwerfen.

Bald hatte Marrah den Trick heraus, ihr Pferd zum Stehen zu bringen, bevor es Schaden anrichten konnte, aber Arangs Beine waren zu kurz, um einen Pferdebauch zu umklammern, und er fiel wieder und wieder herunter. Jedesmal, wenn dies passierte, zügelten die Krieger ihre Pferde, und ein unheilverkündendes Schweigen breitete sich aus, während sie darauf warteten, daß er wieder aufstieg. Der Ausdruck des Abscheus auf ihren Gesichtern machte Marrah angst. Sie vergaß niemals Dalishs Schilderung, wie Slehan es genossen hatte, seinen Hengst zu kastrieren, und sie lebte in der ständigen Furcht, Arang könnte die Männer zu Gewalt provozieren. Es waren siebzig insgesamt, alle schwer bewaffnet, und Arang war zu oft der Mittelpunkt ihrer Aufmerksamkeit. Aber er war jung und dickköpfig und wütend darüber, als Feigling beschimpft worden sein, und seine Wut machte ihn trotzig.

»Ich hasse reiten«, schrie er, als er das zweite oder dritte Mal vom Pferd fiel. »Im Namen der Göttin, Marrah, laß mich wenigstens hinter dir sitzen, damit ich mich an dir festhalten kann. Dieses verfluchte Biest, das sie mir gegeben haben, versucht mich umzubringen.« Er starrte böse auf das Pferd, das friedlich Gras rupfte. Die Nomaden begannen sich um ihn zu versammeln, aber keiner saß ab.

Dalish zügelte ihre Stute. »Schwing dich wieder auf dein Pferd«, wies sie ihn ruhig an. »Ein Junge, der nicht reiten kann, ist wertlos für sie, und einer, der sich weigert, ist eine solche Schande für den Stamm, daß keiner weiß, was sie mit dir tun werden.« Sie zeigte auf seine Kleider. Sie waren luxuriös nach den Maßstäben der Nomaden, obwohl jede Tempelweberin in Shara etwas Besseres zustande gebracht hätte: eine weiße Tunika und ein Paar verfilzter weißer Wollbeinlinge, weiche Stiefel und ein kleiner goldener Anhänger in Form der Sonne. »Sie haben dich wie einen kleinen Häuptling gekleidet, und wenn du ihren Respekt gewinnen willst, mußt du dich auch wie einer benehmen. Vergiß nicht, du bist Achans Sohn.«

»Fick Achan«, knurrte Arang. Er schien die Schimpfwörter der

Hansi als erstes zu lernen, und es war bemerkenswert, wie viele davon sexueller Art waren. Dalishs Augen wurden schmal.

»Du kannst von Glück reden, daß dein Akzent so schlecht ist, daß sie das nicht verstanden haben. Und jetzt steig wieder auf das Pferd, du störrischer kleiner Dummkopf, sonst werde ich übersetzen, was du gerade gesagt hast. Wenn du es unbedingt darauf anlegst, dich und deine Schwester zu töten, dann nur zu, aber ich werde mich nicht dir zuliebe aufspießen lassen.« Verängstigt durch die Drohung, zog Arang sich wieder auf den Pferderücken, und von da ab hielt er wohlweislich den Mund, wenn er wieder einmal abgeworfen wurde.

Er haßte es zu reiten, aber Marrahs Knochen hörten allmählich zu schmerzen auf, und es begann ihr Spaß zu machen. Zu ihrer Überraschung entwickelte sie sogar große Zuneigung zu ihrem Pferd, einer braunen Stute, die sie geduldig trug, nachdem Marrah gelernt hatte, mit ihr umzugehen. Bald kraulte sie die Stute hinter den Ohren und sprach mit ihr, weil das Tier den Klang ihrer Stimme zu genießen schien, und sie gab ihm sogar einen Namen: Tarka. Das Wort bedeutete »Freiheit« in der Sprache des Küstenvolks, und jedesmal, wenn Marrah den Namen aussprach, dachte sie an Xori, an Sabalah und das Meer der Grauen Wogen.

Sie dachte auch häufig an Stavan. Der einzige Trost, den sie neben Arangs Gesellschaft und Dalishs Freundlichkeit hatte, war der Gedanke, daß sie allmählich in seine Nähe kam. Vielleicht würde sie ihn sehen, aber vielleicht auch nicht. Das Grasmeer war riesig, und sie hatte keinen Grund zu der Annahme, daß Slehans Krieger sie in die Nähe der Zelte ihres Großen Häuptlings bringen würden. Und dennoch, wenn sie nachts neben Arang lag, malte sie sich aus, wie Stavan durch das hohe Gras auf sie zukam, und manchmal, wenn sie endlich einschlief, träumte sie davon, wie sie einander liebten. Aber es wäre vielleicht besser gewesen, gar nicht zu träumen, denn wenn sie in ihrer Phantasie die Nacht mit Stavan verbracht hatte und am nächsten Morgen aufwachte, fühlte sie sich einsamer und mutloser als je zuvor.

Sie ritten weiter, und als die Sonne heißer wurde, schien das Land vor ihr zu kapitulieren. Gegen Ende der Woche waren die kühlen grünen Wälder nur noch eine Erinnerung. Während sie die letzten vereinzelten Bauminseln hinter sich ließen und in das hohe Gras kamen, schrumpften die Eichen zu Büschen, dann schrumpften auch die Büsche zu kärglichem Gestrüpp, und schließlich wurde die Göttin Erde zu einer gesichtslosen Ebene, ohne auch nur so etwas wie einen Hügel, um die Monotonie zu unterbrechen. Tatsächlich war die Ebene von Schluchten und Flußbetten durchzogen, aber man konnte sie erst dann erkennen, wenn man fast hineinfiel, und die wenigen Weiden und Erlen, die in dem sandigen Boden neben dem Wasser ums Überleben kämpften, waren wie Besucher aus einer anderen Welt. Auf der Ebene selbst gab es überhaupt keine Bäume mehr, nur hohes gefiedertes Gras, das wie ein endloses grünes Meer im Wind wogte.

Als das Land immer flacher wurde, schien sich der Himmel auszudehnen. Gegen Mittag war er ein riesiges Tuch von leuchtendem Blau, gefüllt mit gewaltigen Wolken, die vor dem Wind hertrieben und seltsam geisterähnliche Konturen annahmen. Im Morgengrauen und bei Sonnenuntergang brach sich das heiße, weißglühende Licht in grellen Rot- und Violett-Tönen, und in der Nacht, wenn Marrah und Arang auf dem Boden lagen, glitzerten Tausende von kalten, leuchtenden Sternen wie Kristallzähne über ihren Köpfen.

Es war ein rauhes, wildes Land, das ein rauhes, wildes Volk hervorgebracht hatte, und als Marrah unter der gnadenlosen Sonne dahinritt mit einem Mund so trocken wie Stroh, begann sie zu verstehen, wie die Nomaden dazu gekommen waren, Han zu verehren. Dann erinnerte sie sich daran, daß auch dieser Ort Teil der Göttin Erde war, und ganz gleich, wie rauh er schien, er mußte einen Zweck erfüllen.

Es gab sogar Zeiten, da war sie gezwungen, zuzugeben, daß die Steppe genauso schön und faszinierend war, wie Stavan sie geschildert hatte. Während der ersten Wochen waren die Farben des Landes unübertroffen. Verstreut zwischen den hohen, trockenen Gräsern des Spätsommers, blühten die letzten Blumen der Saison wie die buntschillernden Teile eines Regenbogens. Wenn der Wind blies und die gefiederten Stengel hin und her schwankten, tanzten farbenprächtige Blüten zwischen den goldenen Ähren in einem schwindelerregenden, süß duftenden Reigen.

»Diese hier nennt sich Fasanenauge«, erklärte ihr Dalish eines Morgens und beugte sich von ihrem Pferd, um eine leuchtend orangefarbene Blüte zu pflücken. »Und die gelbe da drüben heißt Sonnenbutter. Die kleinen rosa Blüten sind Morgensterne, und die blauen heißen Babyaugen.« Als Marrah ihre Überraschung ausdrückte, erklärte Dalish, daß die Hansi Blumen als Frauensache betrachteten, was zweifellos ihre poetischen Namen erklärte.

Eine weitere Woche verging, die Ebene wurde trockener, und die Blumen verschwanden nach und nach. Bald gab es nirgendwo mehr Schatten, noch nicht einmal in den Schluchten; nur Gras, Staub und Fliegen. Manchmal prasselte Regen wie eine gläserne Wand vom Himmel und ließ sie halb ertrunken zurück, und einmal hagelte es so heftig, daß sie unter den Leibern der Pferde Zuflucht suchen mußten. Inzwischen gab es kein Holz mehr, um Feuer zu entfachen, deshalb aßen sie rohe Nahrung, einiges davon so ekelerregend, daß Marrah sich oft angewidert abwandte, selbst wenn ihr vor Hunger der Magen knurrte. Besonders verabscheute sie rohe Rinderleber, aber die Nomaden kauten die blutigen Stücke, als wären sie eine besondere Köstlichkeit. Rohe Ratten und gehäutete Feldmäuse verursachten ihr ebenfalls Übelkeit, aber bisweilen brachte sie es fertig, ein Stück von einem ungekochten Vogel, der sorgsam gerupft und gesäubert worden war, hinunterzuwürgen.

»Wenn sie in ihren Lagern sind, kochen sie über Feuern aus getrocknetem Dung und essen ordentliche Dinge wie gebratenes Hammelfleisch und Käse und die Zwiebeln, die wir Frauen ausgraben, und das wilde Getreide und die Kräuter, die wir sammeln«, sagte Dalish. »Aber Schlachttrupps wie diese brüsten sich damit, wie ein Rudel Wölfe zu leben. Sie essen, was immer gerade zur Hand ist, das meiste davon roh und häufig auch verdorben.«

Arang hielt sich die Nase zu und machte ein würgendes Geräusch, und Dalish kicherte. Insekten seien eine weitere Lieblingsspeise der Nomaden, warnte sie ihn, und wenn ihm einer der Krieger einen Grashüpfer gäbe, sollte er besser keine Grimasse schneiden. »Es ist eine große Ehre, und wenn du ihn nicht mit

Beinen und allem Drum und Dran hinunterschluckst, als wäre er der beste Honigkuchen, der jemals aus dem Ofen deiner Mutter gekommen ist, wirst du gewaltigen Ärger bekommen. Übrigens, Grashüpfer schmecken gar nicht mal so schlecht, wenn sie geröstet sind. Die Nomaden essen sie, wie wir Nüsse essen. Es kann sogar sein, daß du nach einer Weile Geschmack daran findest.«

Sie lernten eine Menge Dinge von Dalish. Tag für Tag ritt sie neben ihnen her, während sie ihnen die Sprache der Hansi beibrachte, die seltsamen Bräuche der Nomaden erklärte und sie warnte, wenn sie im Begriff waren, etwas Gefährliches zu tun. Von Dalish erfuhren sie, daß die Nomadenfrauen im Frühling die Wolle sammelten, die die Schafe beim Fellwechsel verloren, die jedoch nicht gesponnen und gewebt, sondern gepreßt wurde, bis sie verfilzt war. Sie besaßen zwar ein paar kleine Webstühle, und manchmal webten sie aus Hanf und Pflanzenfasern Gürtel und Zügel für die Pferde, aber gepreßte Wolle war das, was sie das ganze Jahr über trugen. Oft wurde dieses Material, das sie »Filz« nannten, auf raffinierte Weise mit Perlen und Muscheln bestickt, aber ganz gleich, wie hübsch sie es dekorierten, Filz war niemals so angenehm auf der Haut wie Leinen.

»Er ist nicht nur schwer, er juckt auch fürchterlich«, beklagte sich Dalish, als sie sich am Ellenbogen kratzte.

Das Bearbeiten von Metall war eine weitere Technik, die die Nomaden nicht beherrschten. Laut Dalish waren die meisten der Kupferanhänger, die sie trugen, aus den Grenzdörfern gestohlen und später von Sklavinnen zu Sonnensymbolen umgearbeitet worden. Diese Frauen lebten in einem festen Lager irgendwo in der Steppe, aber seine genaue Lage war geheim.

»Manchmal habe ich mir vorgestellt, wie es wohl sein würde, die Kupferschmiedinnen zu retten und freizulassen, aber da ich mich noch nicht einmal selbst befreien kann, ist es nur ein Traum.« Dalish runzelte die Stirn und blickte auf die Kupferarmbänder, die an ihrem Handgelenk klirrten, und Marrah und Arang verfielen in Schweigen. Sie wußten, Dalish mußte sie tragen; sie war schließlich Slehans Konkubine, und keine Konkubine ging ohne reichlichen Armschmuck. Dennoch war es schrecklich, an die armen Sklavinnen zu denken, die gezwungen worden waren, diese Armbänder aus gestohlenem Tempelschmuck zu hämmern.

Aber ihre Unterhaltungen waren nicht immer so trist. Manchmal erzählte Dalish ihnen auch sonderbare Dinge, die sie lächeln ließen. Eines Morgens erklärte sie ihnen, daß menstruierende Frauen keine Milch berühren dürften, weil die Nomaden glaubten, sie würde sauer werden. Bei einer anderen Gelegenheit behauptete sie, die Krieger urinierten immer in die Richtung der untergehenden Sonne – eine so alberne Vorstellung, daß Marrah und Arang lachten und ungläubig den Kopf schüttelten, doch später erkannten sie, daß Dalish die Wahrheit gesagt hatte.

Aber es waren Dalishs Geschichten über die Hansi-Götter, die sie am meisten interessierten. Sie wußten bereits, daß die Nomaden einen Sonnengott namens Han anbeteten; Dalish erklärte ihnen jedoch, daß Han auch als der Gott des Leuchtenden Himmels bekannt war. Die Hansi sahen Ihn als einen gefährlichen Kriegerhäuptling, der bei Sonnenaufgang und Sonnenuntergang das Blut seiner Feinde trank. Die Sterne waren seine Pferde und Rinder, und er trieb sie jede Nacht auf die himmlischen Weiden. Die Hansi glaubten, sie seien Hans Lieblingsvolk, seine »Wölfe«, und Han hätte ihnen das Recht gegeben, alles auf Erden zu beherrschen. Nach Han waren Choatk, der Gott der Unterwelt, und Aitnok, der Sturmgott, ihre wichtigsten Götter. Als Marrah wissen wollte, ob die Hansi auch irgendwelche Göttinnen hätten, erwiderte Dalish, daß es tatsächlich einige gab; sie waren jedoch alle Ehefrauen und Konkubinen ohne jede Macht, außer durch ihre göttlichen Herren.

»Das Wichtigste, was du über die Nomaden wissen mußt, ist, daß sie Frauen und Kindern keinen Wert beimessen. Sie sind Krieger, und alles Weibliche erfüllt sie mit Verachtung. Wir betrachten die Erde als den lebendigen Körper der Göttin, aber für sie ist sie tot. Die Steppen sind ein Gefängnis, in das Han sie Hunderte von Generationen zuvor verbannt hat, als ihre ersten Vorfahren versuchten, die Sternenpferde vom Himmel zu stehlen. Alles Gute und Schöne ist männlich, und es ist dort oben am Himmel, unsichtbar und unerreichbar.«

Dann versuchte sie ihnen zu erklären, wie die Nomadenstämme

organisiert waren, aber es gab so viele Häuptlinge und Unterhäuptlinge, daß Marrah und Arang den Überblick verloren. Es schien, als verbrächten die Nomaden einen Großteil ihrer Zeit damit, sich gegenseitig das Vieh zu stehlen und um Wasserrechte zu kämpfen. Viele der Fehden reichten Generationen zurück, und es schien ganz und gar nicht ungewöhnlich für einen Häuptling, einem anderen Treue zu schwören und ihn dann hinterrücks niederzustechen.

»Laßt es mich ganz einfach ausdrücken«, sagte Dalish eines Morgens, als sie durch das endlose Gras trabten. »Ihr seid nicht von den Hansi selbst gefangengenommen worden, sondern von einer kleineren Stammesgruppe, die sich die Chanki nennen. Slehan ist der Häuptling der Chanki, und er und seine Männer sind arme Verwandte, die dem Großen Häuptling der Hansi gegenüber zu Loyalität verpflichtet sind wegen irgendeiner Schlacht, die sie wer weiß wie viele Generationen zuvor verloren hatten.« Sie lächelte, als wäre der Gedanke, daß die Chanki eine Schlacht verloren, äußerst erfreulich.

»Zuhan schickt immer die Chanki, damit sie für ihn die Dreckarbeit machen. Slehan mag vielleicht wie ein wichtiger Mann in seinem eigenen Stamm wirken, aber beobachtet nur mal, wie er sich benimmt, wenn wir in Zuhans Lager kommen. Er wird im Staub kriechen.« Ihr Lächeln verblaßte, und ihre Miene wurde ernst. »Oder vielleicht wird er diesmal auch nicht im Staub kriechen. Schließlich bringt er Achans Sohn und seine Tante mit, ganz zu schweigen von den vielen neuen Sklavinnen, deshalb kann er sich eines herzlichen Empfangs sicher sein. Sicher, die meisten Rinder, die er in Shambah gestohlen hat, sind unterwegs verendet oder gegessen worden, aber jeder hätte sehen können, daß sie nicht für die Steppe geeignet waren. Slehan wird keine Schwierigkeiten haben, das zu erklären, besonders wenn er Zuhan erzählt, was zu hören er sich schon so lange sehnt.«

Sie hielt inne und betrachtete Marrah und Arang mit einem langen, prüfenden Blick, als versuchte sie zu entscheiden, ob sie weitersprechen sollte oder nicht. Dann zuckte sie die Achseln. »Ich nehme an, es ist nur eine Frage der Zeit, bevor ihr zwei herausfindet, was passiert, also kann ich es euch auch ebensogut jetzt sagen. Erinnert ihr euch, wie ihr mir erzählt habt, daß ihr den Leuten von Shara eine Warnung überbracht hättet?« Sie nickten. »Nun, jetzt überbringt ihr dem Großen Häuptling etwas anderes, etwas, was ihr wahrscheinlich unter Einsatz eures Lebens zu verhindern versuchen würdet – nur daß ihr nichts dagegen tun könnt und keine andere Wahl habt. Wißt ihr, als Zuhans jüngster Sohn, Stavan, aus dem Westen zurückkehrte«, sie dämpfte ihre Stimme und blickte sich ängstlich um, »erzählte er dem Großen Häuptling, daß alles in den Waldländern völlig wertlos sei. ›Es lohnt nicht die Mühe eines Überfalls‹, sagte er. ›Häßliche Frauen, dumme Männer, keinerlei Gold.‹ Es war sein Pech, daß Zuhan bereits eine andere Version über jene Länder gehört hatte. Deshalb befahl er Slehan und seinen Männern, in die Richtung zu reiten und herauszufinden, wer nun die Wahrheit sprach. Schon seit Jahren terrorisieren die Kampfgruppen der Chanki die nördlichen Grenzdörfer, und so überfiel Slehan zuerst einfach ein paar Dörfer weiter südlich, aber dann stolperte er über Shambah, und der Rest ist euch ja bekannt.«

Sie holte tief Luft und blickte zurück zu den Sklavinnen, die sich müde durch das hohe Gras schleppten, vorwärtsgetrieben von berittenen Kriegern, die sie jedesmal grob anstießen, wenn sie stolperten. »Slehan bringt Zuhan Gefangene und Beute, um zu beweisen, daß es sich lohnt, nach Westen zu reiten; und ich fürchte, wenn Zuhan die reiche Kriegsbeute sieht, wird dies seinen jüngsten Sohn in eine sehr unangenehme Situation bringen. Offenbar hat Stavan seinen Vater belogen. Normalerweise würde Zuhan ihn wie einen Verräter hinrichten – ihm Hände und Füße abschneiden, ihn auf einen Schlitten fesseln, brennendes Reisig um ihn herum aufschichten und Stavan so lange von den Pferden ziehen lassen, bis er zu schreien aufhört – aber zum Glück glaubt der Große Häuptling bereits, daß sein Sohn verhext ist, deshalb wird Stavan vielleicht verschont bleiben.«

Marrah war sehr bleich geworden bei der Erwähnung von Stavans Namen. Dies war das erste Mal, daß man ihr sagte, sie würden tatsächlich zum Lager des Großen Häuptlings reiten, aber welche

Freude konnte ihr dieses Wissen bescheren, wenn sie im gleichen Atemzug erfuhr, daß Stavan vielleicht schon den Tod gefunden hatte, auf eine Art, die zu grauenvoll war, als daß sie sie sich hätte ausmalen wollen? Arang biß sich auf die Lippen; wahrscheinlich dachte er das gleiche.

Dalish blickte sie scharf an. »Was immer passiert, es gibt da ein paar Dinge, die ihr beide auf keinen Fall vergessen dürft. Erstens: Ihr könnt Slehan nicht davon abhalten, Zuhan jenen goldenen Tempelschmuck zu Füßen zu legen und ihm zu erzählen, daß es in den Waldländern noch mehr Gold zu holen gibt. Das Tor zum Westen steht jetzt offen, und es wird mehr als eine Frau und einen Jungen erfordern, um es wieder zu schließen. Zweitens: Wenn ihr in das Lager des Großen Häuptlings reitet, sollte keiner von euch beiden auch nur mit einem Wimpernzucken zu erkennen geben, daß ihr seinem jüngsten Sohn schon einmal begegnet seid. Es sei denn, ihr wollt sichergehen, daß Zuhan ihn auf einen brennenden Schlitten bindet und euch ebenfalls, um ihm Gesellschaft zu leisten.« Sie blickte von Arang zu Marrah, und ein grausames Grinsen breitete sich auf ihrem Gesicht aus. »Nun, das würde wirklich ein hübsches Feuer geben.«

Marrah runzelte die Stirn, und Arang blickte sie erschrocken an. Beide waren erschüttert, ihre Freundin wie eine Nomadin grinsen und über den Tod spotten zu sehen, doch später begriffen sie, daß Dalish absichtlich brutal gewesen war. Sie wollte sie schockieren und wütend genug machen, um diese lebenswichtigen Verhaltensregeln niemals zu vergessen, und ihre Methode hatte Erfolg. Wenn Marrah jetzt von Stavan träumte, waren ihre Träume ganz anders als bisher: Sie ging in Stavans Richtung, um sich gleich darauf abrupt von ihm abzuwenden und davonzulaufen, so schnell sie konnte, und er rannte ihr nach, während er wieder und wieder ihren Namen rief. Plötzlich galoppierte ein bewaffneter Krieger auf sie zu, ritt sie um und zerrte sie an den Haaren hoch. Er zog sie auf sein Pferd, während er auf Stavan zeigte und zu wissen verlangte, woher Stavan sie kenne.

»Ich habe keine Ahnung«, schrie Marrah. »Ich habe ihn noch nie im Leben gesehen!« Manchmal glaubte ihr der Krieger und ließ sie gehen; häufiger jedoch glaubte er ihr nicht. Zum Glück konnte sich Marrah beim Aufwachen nie daran erinnern, was als nächstes in ihrem Traum passiert war.

Eine weitere Woche verging, und als sie weiter und weiter gen Osten ritten, begann Marrah zu verstehen, warum Dalish niemals hatte fliehen können. Ein Tag glich so sehr dem anderen, daß man sie kaum unterscheiden konnte. Das flache Land erstreckte sich endlos in alle Richtungen, bis man verloren war ohne einen Fluß, dem man hätte folgen können, oder ein einziges Wahrzeichen, das als Orientierungshilfe gedient hätte. Dalish behauptete jedoch, die Nomaden folgten uralten Pfaden. »Nur Krieger sind dazu ausgebildet, sie zu sehen«, sagte sie. Sie zeigte auf ein Labyrinth kleiner Tierspuren, die sich durch das Gras schlängelten. »Du und ich sehen nur Verwirrung, aber die Krieger orientieren sich an der Sonne und den Sternen und behaupten, sie könnten verschiedene Gebiete völlig gleich aussehenden Landes unterscheiden. Ich glaube, sie haben eine Art siebten Sinn, der den Menschen, die in weniger rauhen Ländern geboren werden, fehlt.«

Dalish mußte richtig vermutet haben, denn eines Tages gegen Ende des Sommers trafen sie plötzlich auf ein Dutzend Lederzelte, wahllos am Ufer eines Baches verstreut, der so schmal aussah, als würde sein Wasser kaum einen Becher füllen. Eine Herde von Stuten, langhaarigen Schafen und fetten Rindern graste in der Nähe, bewacht von kleinen Jungen und Hunden. Alte Männer dösten in der Nachmittagssonne, und schweigsame, in braune Schals gehüllte Frauen beugten sich über Kochfeuer.

»Slehans Lager«, sagte Dalish und deutete auf die Zelte. »Mein Zuhause in den letzten sieben Jahren. Na, wie gefällt es euch? Wie findet ihr es im Vergleich zu den Tempeln von Shara und den großen Städten am Rauchfluß?« Sie spuckte verbittert auf den Boden. »In meinem Heimatdorf war ich Priesterin und habe der Vogelgöttin gedient. Hier sammle ich getrocknete Kuhscheiße für die Feuer, schleppe Wasser und bumse mit Slehan, und seine vier Ehefrauen sind so eifersüchtig auf mich, daß sie einmal tatsächlich lange genug aufgehört haben, sich zu zanken, um eine giftige Viper in mein Bett zu schmuggeln.«

Sie blickte in Marrahs erschrockenes Gesicht. »Du wirst es hier verdammt schwer haben. Die Frauen bekämpfen sich gegenseitig, aber du bist nicht von der Sorte. Du und dein Bruder seid beide zu weichherzig. Ich glaube nicht, daß du es schaffen wirst.« Damit ritt sie ohne einen Blick zurück davon.

Marrah, die sich verraten und beleidigt fühlte von der einen Person, zu der sie Vertrauen gefaßt hatte, ritt kochend vor Wut in das Lager hinein; sie funkelte jedermann böse an und schwang sich dann von ihrem Pferd wie eine Frau, die sich noch keinen Tag in ihrem Leben vor irgend etwas gefürchtet hatte, was wieder einmal genau das war, was Dalish bezweckt hatte.

Sie blieben eine Nacht in Slehans Lager, nicht lange genug, um mehr zu erfahren, als daß die Nomaden ihr Essen gekocht statt roh verzehrten, wenn ihre Ehefrauen anwesend waren. Die Sklavinnen wurden in einen mit Dornenbüschen umzäunten Korral getrieben, und zum ersten Mal seit Wochen hörten die nächtlichen Vergewaltigungen auf, vermutlich deshalb, weil die Krieger jetzt mit den Frauen beschäftigt waren, die sie zurückgelassen hatten. Marrah und Arang bekamen ein kleines Zelt für sich allein, mit weichen Teppichen ausgelegt, die überraschend behaglich waren, aber wann immer sie zur Zeltklappe herausspähten, sahen sie einen bewaffneten Krieger davorstehen, der sie bewachte.

Gegen Abend brachten ihnen zwei alte Frauen gebratenes Hammelfleisch, einen Krug seltsam schmeckender Milch und einen Haufen gerösteter Zwiebelknollen, die Marrah an Lilien erinnerten. Alles wurde in Körben transportiert und auf Stücke von Leder gelegt, als besäßen sie kein Tongeschirr, was tatsächlich nicht der Fall war, wie Marrah später erfuhr. Trotz allem, was sie bisher von den Nomaden gesehen hatte, war sie so daran gewöhnt, die Alten zu ehren, daß sie sich den alten Frauen respektvoll zu nähern versuchte, als wären sie Dorfmütter, aber selbst ihre Zeichensprache erschreckte sie, und als sie einen holprigen Versuch unternahm, sich auf hansi zu bedanken, zogen sie sich ihren Schal übers Gesicht und huschten wie verängstigte Mäuse hinaus.

Enttäuscht wandten sich Marrah und Arang dem Essen zu, das das beste war, was sie seit ihrer Verschleppung aus Shambah bekommen hatten. Dummerweise tranken sie die ganze Milch, bevor sie merkten, daß sie wie Wein war, und beide verbrachten den Rest der Nacht mit albernem Gekicher und Anfällen von Übelkeit, die sie zwangen, zur Zeltklappe hinauszustürzen. Am nächsten Morgen wachten sie mit hämmernden Kopfschmerzen auf. Später erfuhren sie, daß man ihnen als den Ehrengästen Kersek vorgesetzt hatte, gegorene Stutenmilch.

Dalish, die bei ihrem Anblick in übermütiges Gelächter ausbrach, erklärte ihnen, daß Kersek zu den drei Dingen gehörte, die Hansi-Krieger vor einer Schlacht zu sich nahmen, um sich aufzuputschen. Die beiden anderen waren Bdash – eine Art Kuchen aus dem klebrigen Saft von Hanfblüten, und Patiak, ein Pilz, der den Männern die Kraft verlieh, tagelang zu marschieren, ohne zu essen oder zu schlafen, vorausgesetzt, sie tranken während der Zeit nichts anderes als ihren eigenen Urin. Von den drei heiligen Lebensmitteln war Kersek das einzige, das auch Frauen zu sich nehmen durften, aber als Marrah mit wackligen Knien und einem Magen, der sich anfühlte, als wären bereits ganze Heerscharen von Nomaden hindurchgeritten, auf Tarkas Rücken kletterte, wünschte sie, der Stamm hätte es vorgezogen, sie und Arang auf irgendeine andere Art zu ehren.

Von den ungefähr fünfzig Frauen, die bei dem Überfall auf Shambah gefangengenommen worden waren, hatten die Nomaden ganz bewußt die Schwachen ausgesondert. Nur dreißig hatten überlebt, um das Ende des Sommers zu erleben, und von diesen dreißig hatte Slehan zehn der kräftigsten ausgesucht. Nachdem die Ausgewählten gebadet und mit Beinlingen und langen Tuniken bekleidet worden waren, schlangen ihnen die Nomadenfrauen Hanfstricke um den Hals und banden sie in einer Reihe zusammen. Unter Buhrufen, höhnischem Gelächter und unflätigen Beleidigungen schoben sie die Sklavinnen zu den wartenden Kriegern, die ihre Fesseln lösten, sie auf Pferde setzten und sie dann erneut aneinanderbanden. Die meisten der Frauen hatten Angst vor Pferden, und als eine herunterfiel, fielen sie alle. Die Krieger und ihre Frauen schienen das Spektakel höchst amüsant zu finden. Schließlich beruhigten sich die Krieger und banden die Frauen richtig fest, damit sie nicht fallen konnten. Akoah wurde an die Spitze des Zuges gesetzt, und als sie an Marrah vorbeiritt, warf sie ihr einen schnellen, verzweifelten Blick zu, aber wie immer hatte sie keine Chance, mit ihr zu sprechen. Die Nomadenfrauen hatten Akoah eine Kette mit Kupferanhängern um den Hals gelegt, ihr einen Schal über den Kopf geworfen und ihre Augenlider mit schwarzer Farbe und ihre Lippen mit Ocker bemalt, und Marrah stellte zu ihrer Erleichterung fest, daß Akoah auch ein Paar Stiefel bekommen hatte.

»Sie ist ein spezielles Geschenk für Zuhan«, sagte Dalish. »Die anderen sind ebenfalls Geschenke, aber nicht ganz so wertvoll. Wie du siehst, trägt sie einen Schal, während die anderen barhäuptig und ohne Schmuck reiten. Das bedeutet, daß sie nur gewöhnliche Sklavinnen sind. Die Nomaden nehmen es sehr genau damit, Frauen in verschiedene Klassen einzuteilen.«

»Ich verstehe nicht, wo da der Unterschied sein soll. Mir scheint, alle ihre Frauen sind gezwungen, Sex mit Männern zu haben, die sie nicht wollen.«

Dalish lachte. »Du wirst es bald verstehen. Du bist eine Ehefrau – oder wirst eine sein, sobald sie einen passenden Ehemann für dich gefunden haben. Dank dir ist deine Freundin eine Konkubine, obwohl sie in einer Schlacht geraubt wurde. Ich selbst war früher nur eine einfache Sklavin, aber Slehan machte mich in einem schwachen Moment zu seiner Konkubine, und glaube mir, ich weiß den Unterschied zu schätzen. Ich muß zwar Farbe im Gesicht tragen, damit jeder weiß, daß ich keine Ehefrau bin, aber zumindest kann mich keiner ohne Slehans Erlaubnis ficken.«

In dem Moment kam Slehan herbeigeritten und bedeutete Marrah und Dalish mit einer knappen Geste zu schweigen. Er bot einen beeindruckenden Anblick, wie er da auf seinem prachtvollen schwarzen Wallach saß, mit reich bestickten Beinlingen und einem Teil des goldenen Schmucks bekleidet, den er in Shambah gestohlen hatte.

»Sieh ihn dir an«, sagte Dalish voller Verachtung, sobald er außer Hörweite war. »Sein Stolz ist lang, aber sein Dolch ist kurz.«

Zur Bekräftigung machte sie eine obszöne Geste mit ihrem kleinen Finger, bevor sie ihre Stute zu einer schnelleren Gangart antrieb.

Wieder ritten sie in östlicher Richtung durch das hohe Gras. Es waren jetzt jedoch weniger Krieger. Die meisten von Slehans Männern waren in ihre eigenen Lager zurückgekehrt, aber jene, die übrigblieben, waren jung und stark, und sie gaben ein schnelles Tempo vor. Dennoch war dies kein Kriegstrupp. Jeden Abend kurz nach Sonnenuntergang machten sie Rast, entzündeten kleine Feuer und brieten Streifen von Fleisch auf den heißen Steinen, das zäh wie Leder war, aber eßbar, und Marrah brauchte nicht länger angewidert den Blick abzuwenden, wenn sie sich Nahrung in den Mund schob.

Wenn sie auf dieser endlosen flachen Ebene nach Zuhans Lager gesucht hätte, hätte sie umherwandern können, bis sie alt und grau gewesen wäre, ohne jemals auch nur eine verkohlte Feuerstelle zu finden, aber es dauerte weniger als eine Woche, bis Slehans Kundschafter mit der Nachricht zurückkehrten, daß sie die Spuren der Herde des Großen Häuptlings entdeckt hatten. Bald würden die ersten Schneefälle einsetzen, und Zuhan hatte sich wie erwartet nach Süden gewandt. Die Kundschafter vermuteten, daß er zu demselben Ort strebte, wo er im letzten Winter kampiert hatte.

»Früher hat er nie zweimal an derselben Stelle sein Lager errichtet«, erkärte Dalish Marrah. »Aber sie sagen, er ist inzwischen so alt und mächtig geworden, daß er niemanden mehr fürchtet. Im vorletzten Frühling rief er seine Krieger zusammen, und sie haben den letzten Rest der Tcvali ausgelöscht. Seit der Zeit hockt Zuhan in seinem Zelt, raucht Hanf und trinkt Kersek und beklagt sich, daß ihm allmählich die Feinde ausgehen.«

Am nächsten Morgen kamen sie zu einem breiten Band flachgetretenen Grases. Sie wandten sich nach Süden und folgten der Spur, und innerhalb weniger Tage sahen sie den Rauch von Zuhans Zelten am Horizont aufsteigen.

15. Kapitel

Obwohl die Lagerfeuer in unmittelbarer Nähe zu sein schienen, ritten sie noch fast den ganzen Morgen, bevor ihnen Zuhans Wachen in den Weg traten. Die ersten beiden kamen in scharfem Galopp auf sie zu, mit gespanntem Bogen und schußbereit. Sie waren kaum mehr als Halbwüchsige, aber sie forderten Slehan heraus, als hätte er einen kompletten Kriegstrupp hinter sich.

»Wenn ihr in Frieden kommt, legt eure Waffen nieder«, kommandierten sie, und zu Marrahs Verblüffung warfen Slehan und seine Krieger ihre Speere zu Boden und schnallten ihre Schwerter ab. Die Wächter ritten näher und inspizierten den Haufen Waffen. Dann musterten sie die unbewaffneten Krieger. Sie schienen mißtrauisch, und zwar nicht grundlos, da Slehan und seine Männer immer noch Dolche trugen, die lang genug waren, um ihnen die Kehlen aufzuschlitzen, aber offenbar war damit irgendein Brauch hinreichend erfüllt worden. Der größere der beiden zog sein Pferd herum und preschte davon, um Zuhan zu sagen, daß er Besuch bekäme. Sobald er außer Sicht war, baute sich der andere Wachtposten mit seinem Pferd vor dem Waffenhaufen auf, so daß sich jeder, der versuchen würde, seine Waffen zurückzuholen, mit Gewalt einen Weg bahnen müßte.

Insgesamt war es ein so unfreundlicher Empfang, wie Marrah ihn noch nie erlebt hatte, aber es mußte wohl die Art sein, wie die Hansi gewöhnlich Gäste begrüßten, denn niemand schien beleidigt oder überrascht. Als ein Dutzend weiterer Krieger herbeigaloppiert kamen und sie umzingelten, reagierten Slehans Männer gelassen. Und Slehan selbst kehrte den bewaffneten Wachen den Rücken zu, als wären sie irgendein unbedeutendes Ärgernis, und wenn er überhaupt von der Anzahl von Pfeilen eingeschüchtert war, die auf sein Herz zielten, so zeigte er es nicht.

Das gleiche konnte man von Marrah allerdings nicht behaupten. Zuhans Krieger strahlten Brutalität aus, wie ein Feuer Hitze ausstrahlt, und sie konnte sich mühelos vorstellen, wie sie sich auf Slehan stürzten. Vielleicht dachte Arang das gleiche, denn als sie ihn anschaute, starrte er mit grimmiger Miene stur geradeaus. Dalish schien entspannt, was ermutigend war, doch als Marrah genauer hinsah, bemerkte sie, daß Dalish die Zügel ihrer Stute so fest umklammert hielt, daß ihre Fingerknöchel weiß hervortraten.

Sie ritten weiter. Das Gras in Lagernähe war höher, als es in anderen Teilen der Steppe gewesen war, und es wuchs besonders dicht: braun, grün und so üppig wie Haar, mit schweren Köpfen, die an ihren wollenen Beinlingen entlangstreiften und Samen zurückließen. Bald erreichten sie ein großes, flaches Gelände, wo die Tiere das Gras bis auf den Boden abgerupft hatten, und dann trafen sie auf die Herde selbst. Als erstes sahen sie die Pferde, die in kleinen Gruppen zusammenstanden, Kopf bei Schwanz, um sich gegenseitig die lästigen Fliegen wegzuschlagen. Jeder Hengst war von einem Dutzend oder mehr Stuten und staksbeinigen Fohlen umgeben; es waren wild aussehende, kurzmähnige, stämmige Tiere, und wenn sie jemals zugeritten worden waren, so merkte man es ihnen nicht an. Hinter den Pferden graste eine große Viehherde, die sich in alle Richtungen ausdehnte, so weit das Auge sehen konnte. Die Rinder waren hornlos und wirkten so störrisch wie die Pferde, und einige der größeren Bullen sahen recht gefährlich aus, aber die Krieger ritten an ihnen vorbei, ohne ihnen einen Blick zu gönnen. Näher am Lager, in Gehweite von den Zelten entfernt, ließen die Nomaden ihre langhaarigen Schafe, ihre Ziegen, einige Reitpferde und eine Herde Milchstuten weiden.

Die Tiere waren in vielerlei Hinsicht ein faszinierend schöner Anblick, und wenn Marrah nicht so beunruhigt gewesen wäre, hätte sie es wahrscheinlich genossen, so viele verschiedene Arten friedlich zusammen grasen zu sehen. Keine zwei hatten dieselbe Farbe: Allein die Pferde wiesen sämtliche Schattierungen von Hellbraun und Kastanienbraun, Grau, Schwarz und Weiß auf; die Rinder waren so verschieden wie ein Stapel unglasierter Tonziegel, und die fetten, langhaarigen Schafe sahen herrlich komisch aus, als sie wie große, prall gefüllte Kopfkissen von einer Stelle zur anderen liefen. Aber Marrah hatte im Moment keinen Sinn für Humor oder Schönheit. Die Hansi-Zelte rückten mit jeder Minute näher, wo Liebe und Kummer auf sie warteten, so eng miteinander verbunden, daß sie jedesmal nur Verwirrung und Furcht fühlte, wenn sie aufblickte und das Lager vor sich sah.

Vor langer Zeit, als sie noch ein kleines Mädchen gewesen war, hatte Sabalah sie gewarnt, vorsichtig mit dem zu sein, was sie sich wünschte, weil es sein könnte, daß die Göttin ihren Wunsch erfüllte. Damals hatte Marrah diesen Rat als typischen Unsinn von Erwachsenen abgetan, aber jetzt verstand sie, was ihre Mutter gemeint hatte. Über zwei Jahre lang hatte sie sich gewünscht, Stavan wiederzusehen: Sie war in die Traumhöhle gegangen, um auf ein Zeichen von ihm zu warten, hatte auf den Klippen von Shara gestanden und die einlaufenden Schiffe beobachtet und die Göttin um eine Vision oder ein Wort angefleht. Und jetzt war ihr Wunsch erfüllt worden. Sie wurde zu eben jenem Ort gebracht, wo sie Stavan höchstwahrscheinlich begegnen würde, aber was war das für eine Wiedervereinigung! Wenn sie auch nur ein Wort mit ihm wechselte, könnte er getötet werden; wenn sie von ihrem Pferd sprang und zu ihm rannte und ihn umarmte und ihn bat, ihr zu erzählen, was er alles erlebt hatte, seit sie sich das letzte Mal gesehen hatten, würden sie wahrscheinlich beide grausam getötet. Selbst wenn sie an ihm vorbeiritt, als hätte sie ihn noch nie zuvor gesehen, konnte etwas Schreckliches passieren. Die Nomaden mochten wild und unberechenbar sein, aber sie waren nicht dumm. Arang sah Achan nicht im geringsten ähnlich. Er war klein und dunkel, während Stavans Bruder ein blonder Hüne gewesen war. Vielleicht würde Zuhan einen Tobsuchtsanfall bekommen, sobald er ihren Bruder erblickte, ihn als Schwindler entlarven und sie beide zur Strafe hinrichten. Oder, wenn Arang überlebte, vielleicht würde Zuhan dann nur einen Blick auf sie werfen, erkennen, daß sie eine Hexe war, die Stavan verzaubert hatte, und einem seiner Krieger befehlen, sie mit seinem Speer zu durchbohren, bevor sie noch weiteres Unheil anrichten konnte. Wie auch immer, Stavan konnte ohne weiteres sterben bei dem Versuch, sie und Arang zu verteidigen.

Der Gedanke, wie sie zu dritt zur Erdenmutter heimkehrten, jeder von ihnen mit einem Hansi-Speer in der Brust, war mehr als beunruhigend. Marrah ritt mit gesenktem Kopf, tief in Gedanken versunken, während sie einen Ausweg aus dem Dilemma zu finden versuchte. Die kurze, borstige Mähne ihres Pferdes erstreckte sich vor ihren Augen wie ein steil ansteigender Pfad, kräuselte sich ein wenig bei jedem Schritt, den das Tier machte. Als Marrah erneut aufschaute, merkte sie, daß die Zeit abgelaufen war – sie hatten bereits den Rand von Zuhans Lager erreicht, und die ersten Zelte waren nur noch wenige hundert Schritte entfernt.

Das Lager war viel kleiner, als sie ursprünglich angenommen hatte – so viel kleiner, daß sie überrascht blinzelte und ein zweites Mal hinschaute. Sie hatte erwartet, Hunderte von Zelten zu sehen, aber es waren nur ungefähr vierzig, an den Ufern eines kleinen Flusses errichtet, der sich wie ein schmales Band über kupferfarbene Steine dahinschlängelte. Wie immer war der Himmel über ihnen faszinierend – so tiefblau wie ein Ballen gefärbtes Shambah-Leinen und mit kleinen weißen Wölkchen betupft, die aussahen, als hätte jemand mit einer Harke Furchen hineingezogen –, aber das Lager selbst machte eher einen bescheidenen Eindruck. Ein paar der größten Zelte waren zwar fein gearbeitet, und ein großes weißes war kunstvoll mit Sonnensymbolen dekoriert, doch die meisten waren häufig ausgebessert und mit Lederstücken geflickt worden, was ihnen ein schäbiges Aussehen verlieh. Weil es an gutem Holz für Zeltstangen fehlte, standen alle ziemlich schief und neigten sich dem Boden zu wie ein Haufen verwitterter brauner Pilze. Später erfuhr Marrah, daß sie im Inneren viel Platz boten, aber ihr erster Eindruck war, daß Stavans Volk an einem Ort lebte, der so arm wie jedes Fischerdorf war und nicht annähernd so komfortabel.

Als sie in das Lager ritten, kamen Kinder angelaufen, Hunde bellten, und Frauen erhoben sich von ihren Kochfeuern, um sie vorbeiziehen zu sehen. Es gab ein Dutzend Männer, die Stavan hätten sein können und doch wieder nicht: ein Dutzend oder mehr genau in seinem Alter, alle mit gelbem Haar und blauen Augen, die jedoch nicht sein Gesicht oder sein Lächeln hatten. Marrah wußte nicht, ob sie erleichtert oder enttäuscht sein sollte.

Sie ritten noch ein Stück weiter. Plötzlich und ohne Vorwarnung wurden sie erneut von einer Gruppe grimmig aussehender Krieger umringt, die ihre Pferde in einer Wolke von Staub zügelten, während Frauen, Hunde und Kinder in alle Richtungen davonstoben. Der Anführer des neuen Begrüßungskomitees war ein großer Mann mit einer tätowierten Sonne auf der linken Wange und einem fehlenden Ohr. Er starrte Slehan böse an und schleuderte ihm mit harter, rauher Stimme eine ganze Reihe von Fragen entgegen. Obwohl Marrah die Sprache der Hansi noch nicht sonderlich gut beherrschte, hatte sie keine Schwierigkeiten, zu verstehen, was er sagte. Er war der Anführer von Zuhans Leibwächtern. Ob sie in Frieden gekommen wären und unbewaffnet, oder ob sie bereit seien zu sterben?

Slehan bedachte den Mann mit einem kühlen, arroganten Lächeln. Glaubten Zuhans Krieger allen Ernstes, er sei so dumm, in das Lager des Großen Häuptlings zu reiten und sich Schwierigkeiten einzuhandeln? Sie sollten schleunigst ihre Speere wegstecken. Er brächte große Schätze aus dem Westen mit: Sklavinnen, Gold, Vieh und Achans Sohn.

Als die Krieger Achans Namen hörten, senkten sie ihre Speere und starrten Arang ehrfürchtig an. Selbst der Mann mit dem fehlenden Ohr wirkte beeindruckt. Ob Slehan so freundlich sein wolle, sofort zu Zuhans Zelt mitzukommen, um ihm die freudige Nachricht mitzuteilen? fragte der Anführer höflich. Slehan bejahte. Der Anführer dankte ihm. Er verbeugte sich sogar vor ihm. Die Veränderung in seinem Benehmen war verblüffend. Er und seine Krieger waren jetzt regelrecht unterwürfig. Marrah fand zwar, daß einige von ihnen noch immer argwöhnisch aussahen, aber vielleicht war es nur ihre eigene Furcht, die sie voreingenommen machte. Der Anführer steckte seine Waffen weg und sagte etwas, was sie nicht verstehen konnte. Es war wahrscheinlich eine Entschuldigung oder eine Begrüßung, denn als er fertig war, ritt er zu Arang und küßte ihn auf beide Wangen, und alle brachen in Jubelrufe aus.

Danach geschah alles viel zu schnell. Noch bevor Marrah richtig begriff, was passierte, begleiteten der Anführer und seine Männer Arang, Slehan und die Chanki-Krieger in aller Eile zu Zuhans Zelt, während die Frauen und Wachen zurückblieben. Kaum war Arang außer Sichtweite verschwunden, da war es vorbei mit den Höflichkeiten. Die Wachen zwangen die Sklavinnen zum Absitzen, indem sie sie unsanft mit dem stumpfen Ende ihrer Speere anstießen und Befehle brüllten, die Dalish übersetzte. Sie trieben die Frauen zusammen, als wären sie eine kleine Viehherde, und marschierten mit ihnen davon. Dann befahlen sie Marrah und Dalish, von ihren Pferden zu steigen. Ihre Füße hatten noch kaum den Boden berührt, als Dalish angewiesen wurde, sofort zu Zuhans Zelt zu gehen, während Marrah an drei stämmige, mittelalterliche Frauen weitergegeben wurde, die ihr mit Handzeichen bedeuteten, ihnen zu folgen.

Die Frauen waren groß, und Marrah war sich nicht sicher, ob sie die Art mochte, wie sie sie beäugten. Sie hatte diesen Ausdruck auf den Nomadengesichtern inzwischen schon häufiger gesehen, und er bedeutete fast immer Ärger. Sie wandte sich an Dalish. »Was glaubst du, was sie mit mir vorhaben?«

»Ich werde sie fragen.« Sie sagte etwas auf hansi zu den Frauen, und eine von ihnen antwortete. »Sie sagen, sie möchten dir etwas zu essen und zu trinken anbieten.«

Marrah war wieder ein wenig beruhigt. Obwohl die Frauen nicht direkt freundlich aussahen, wirkten sie auch nicht unbedingt feindselig, deshalb folgte sie ihnen und hoffte das Beste. Sie mochte es nicht, von Arang und Dalish getrennt zu sein, doch nach dem staubigen Ritt durch die Ebene sehnte sie sich nach einem Schluck Wasser. Außerdem hatte sie gar keine andere Wahl – nicht mit bewaffneten Kriegern im Rücken, die jede ihrer Bewegungen scharf beobachteten.

Als sie und die Frauen durch das Lager gingen, kamen Leute aus ihren Zelten, um sie anzustarren, aber keiner sagte etwas, keiner folgte ihnen. Wieder sah Marrah mehrere junge Männer, die Stavan ähnelten, aber er selbst war nirgendwo in Sicht.

Bald kamen sie an ein Zelt, das kaum groß genug schien, um ein Kind aufzunehmen. Als Marrah hineintrat, wäre sie beinahe flach aufs Gesicht gefallen. Das Zelt war über einem Loch aufgestellt worden, das vielleicht zehn oder zwölf Handbreit tief und gemütlich mit wollenen Teppichen ausgekleidet war. Sie mußte zugeben, daß es keine schlechte Idee war, wenn man in einer Gegend lebte, wo der Wind kräftig genug blies, um Vögel mitten im Flug zu stoppen, aber es wäre nett gewesen, wenn sie jemand gewarnt hätte. Sie hielt sich an einer der Zeltstangen fest und blickte sich um, neugierig darauf zu sehen, wie gewöhnliche Familien lebten, doch bis auf ein Gestell voller Fleisch, das neben der Feuerstelle trocknete, war nichts zu sehen, außer ein paar Körben, einigen Kissen und zwei oder drei von den Lederbeuteln, in denen die Nomaden all ihre weltliche Habe transportierten. Soweit sie erkennen konnte, hatte der Besitzer dieses Zelts keinerlei Tongeschirr – abgesehen von ein paar in der Sonne getrockneten Bechern und Kochplatten der primitivsten Art –, kein Metall und keinen Webstuhl. Alles war offensichtlich so simpel wie möglich konstruiert worden, um jederzeit zusammengepackt, auf dem Rücken eines Packpferdes verstaut und abtransportiert zu werden.

Als sich ihre Augen an das Dämmerlicht gewöhnten, begann sie auch andere Dinge zu sehen, hauptsächlich Waffen: einen langen Dolch in einer Lederscheide, zwei große Bogen, einen Behälter voller Speere, einen Köcher mit Pfeilen, einen Schild aus Pferdeleder, mit Sonnen bemalt, eine stumpfe Streitaxt, schwer genug, um einen Schädel mit einem Schlag zu zertrümmern, und ein merkwürdiges, gefährlich aussehendes Ding, das wie eine Mischung zwischen Speer und Axt wirkte. Marrah schauderte und wandte sich ab. Die Hansi mochten vielleicht erbärmliche Töpfer sein, aber wenn es darum ging, Dinge herzustellen, die töteten, dann konnte es kein Volk mit ihnen aufnehmen. Es war nicht sonderlich beruhigend, so viele Waffen zu sehen, doch jede Familie besaß zweifellos Dutzende davon.

Die Teppiche unter ihren Füßen waren wesentlich einladender. Sie stand auf einer großen braunen Filzmatte, um deren Rand ein wunderhübsches Muster aus Pferden und Sternen verlief, das mit dicker weißer Wolle aufgestickt war. Wenn das Zelt nicht so durchdringend nach Hunden, Pferden und saurer Milch gerochen hätte, wäre es ein recht angenehmer Aufenthaltsort gewesen.

Plötzlich merkte Marrah, daß die drei Frauen zu sprechen aufgehört hatten und sie anstarrten. Etwas würde gleich geschehen, aber was? Wo blieb das Wasser, das sie ihr versprochen hatten, wo war das Essen? Die Feuergrube war voller kalter Asche. Die ledernen

Wassereimer waren leer. Das gefällt mir ganz und gar nicht, dachte Marrah alarmiert, aber ich darf sie auf keinen Fall merken lassen, daß ich mich fürchte. Sie richtete sich zu ihrer vollen Größe auf, was nicht viel war im Vergleich zu der Größe der Frauen, und setzte ihr tapferstes Lächeln auf. Es war ein Lächeln, das besagte: *Ihr könnt mir keine Angst machen*, und sie hoffte nur, die Frauen ließen sich davon täuschen.

»Euer Zuhause... wunderschön«, bemerkte sie in holprigem Hansi, doch die Frauen starrten sie nur weiter schweigend an. »Wie viele Kinder ihr haben?« Die jüngste Frau hielt sechs Finger hoch, aber die anderen sagten etwas zu ihr, woraufhin sie ihre Hand wieder sinken ließ. Marrah erinnerte sich, wie Dalish ihr erzählt hatte, daß die Hansi-Frauen anfingen, Kinder in die Welt zu setzen, sobald sie volljährig waren, und oft mehr als fünfzehn hatten. Von jenen fünfzehn lebten gewöhnlich nur zwei oder drei lange genug, um eigene Kinder zu bekommen. Es hörte sich nach einem schrecklichen Leben an, und sie wußte, wenn ihr nicht so beklommen zumute gewesen wäre, hätte sie Mitleid mit ihnen empfunden. Andererseits war es vielleicht doch keine so gute Idee gewesen, sie nach der Anzahl ihrer Kinder zu fragen. Sie beschloß, einen neuen Versuch zu wagen.

»Mein Name Marrah. Wie euer Name?«

Sie sagten nichts. Plötzlich begriff sie, daß die Frauen näherrückten. Marrah versuchte zurückzuweichen, aber dafür war kein Platz. Als die Frauen sie zusammenzucken sahen, schrie die älteste etwas, und alle drei stürzten sich auf Marrah.

Marrah schrie laut auf, während sie heftig um sich trat und sich duckte und sogar ihre Nägel in die Arme der Frauen grub, um sich aus ihrem Griff zu befreien, aber sie war ihnen hoffnungslos unterlegen. Eine Frau packte sie, die zweite hielt sie fest, und die dritte drehte ihr den Arm auf den Rücken und zwang sie auf den Fußboden. Als Marrah sich nicht mehr rühren und regen konnte, stieß die Größte ein zufriedenes Grunzen aus und setzte sich rittlings auf ihre Brust, um sie mit ihrem ganzen Gewicht auf den Teppich zu pressen. Dann packte sie Marrah um den Hals und blickte ihr grinsend in die Augen. Sie hatte ein breites Gesicht, rötliches Haar und blaue Tätowierungen auf den Wangen. Ihre Eckzähne waren spitz zugefeilt worden, und trotz ihrer bestickten Kleidung und des vielen Schmucks roch sie wie ein Pferd.

Sie sagte etwas auf hansi, und die anderen lachten schallend. Ermutigt gab sie einen ganzen Schwall von Worten von sich, und wieder lachten die anderen amüsiert. Inzwischen war Marrah gründlich verängstigt. Sie versuchte, in den Arm zu beißen, der sie niederdrückte, und bekam eine schallende Ohrfeige. »Cagk«, befahl die Frau und machte ihr klar, daß sie nichts lieber täte, als Marrah erneut zu schlagen.

Marrah gab es auf, sich zu wehren, und lag stocksteif da, halb wahnsinnig vor Angst. Was, im Namen der Göttin, würden sie mit ihr tun? War sie kurz davor, geschändet zu werden wie Akoah oder kurzerhand getötet wie Cyen? Wie hatte sie nur so dumm sein können, zu glauben, die Nomadenfrauen wären weniger gefährlich als ihre Männer? Vielleicht wußte Zuhan bereits über sie und Stavan Bescheid, und diese Frauen waren angewiesen worden, sie festzuhalten, während die Krieger jene Schlitten vorbereiteten, der sie zu Tode schleifen würde.

Aber wenn sie vorhatten, sie zu töten, dann benahmen sich die Frauen merkwürdig. Nachdem sie Marrah jetzt überwältigt hatten, ignorierten sie sie. Eine zog eine kleine Tonpfeife heraus, stopfte sie mit einigen getrockneten Blättern und ging aus dem Zelt, um ein paar glühende Kohlen von einer Nachbarin zu borgen. Als sie zurückkehrte, brannte die Pfeife. Sie ließ sie herumgehen, und die Frauen begannen zu reden und zu lachen, um zwischendurch hustend innezuhalten und sich gegenseitig auf den Rücken zu klopfen. Was immer in der Pfeife war, schien sie in heitere Stimmung zu versetzen, und Marrah hoffte nur, sie würden noch sehr viel mehr davon rauchen. Sie wußte inzwischen, daß dies keine Priesterinnen waren, die heiligen Rauch inhalierten. Laut Dalish gab es bei den Hansi keine Priesterinnen oder Dorfmütter oder sonstige Frauen, die irgendeine Machtstellung innehatten.

Marrah versuchte, den Kopf wegzudrehen, und die Frau, die sie festhielt, beugte sich über sie und betrachtete sie prüfend. »Cagk?« wiederholte sie. Marrah nickte, und die Frau lockerte ihren Griff ein wenig, aber Marrahs Erleichterung währte nicht lange. Sie überlegte gerade, wie sie sie dazu überreden konnte, sie sich aufsetzen zu lassen, als die Zeltklappe zurückgeschlagen wurde und vier ältere Frauen hereinkamen. Eine war sehr groß und prächtig gekleidet, mit einem schmalen Kupferreif um den Hals und einem anderen in ihrem Haar. Sie sah ein wenig wie eine Priesterin in rituellen Gewändern aus, außer daß keine Priesterin einen so grausamen Mund und derart arrogante Augen gehabt hätte.

Die Frauen, die Marrah zu Boden geworfen hatten, schienen eingeschüchtert. Sie legten ihre Pfeife beiseite und verbeugten sich, und eine von ihnen führte die Königin – oder was immer sie war – zu einem großen, weichen Kissen. Die Frau setzte sich zu dem lauten Klirren ihres Schmucks. Ihre Arme waren von den Schultern bis zu den Handgelenken mit Armbändern bedeckt, und sie trug mehrere Nasenringe, einer davon aus Gold. Ihre drei Begleiterinnen hockten sich in respektvoller Entfernung auf den Boden, und dann trat kurzes Schweigen ein. Alle blickten Marrah erwartungsvoll an. Marrah fühlte erneut Furcht in sich hochkriechen. Was jetzt?

Sie brauchte nicht lange zu rätseln. Die Königin lächelte und wedelte mit der Hand, als wollte sie eine Fliege verscheuchen. Plötzlich packte die Frau, die auf Marrahs Brust gehockt hatte, sie wieder bei der Kehle, und im gleichen Moment preßten die beiden anderen ihre Arme und Beine zu Boden, so daß sie noch hilfloser war als zuvor. Zwei der Begleiterinnen erhoben sich und machten sich daran, ihr die Beinlinge auszuziehen. Marrah schrie und zappelte, aber sie sträubte sich vergeblich. Bald hatten die Frauen sie von der Taille an abwärts entblößt.

Sie lag halbnackt da, gedemütigt und zu Tode erschrocken. Sie brach in kalten Angstschweiß aus, und die Furcht drohte sie zu ersticken. Was, im Namen der Göttin, würden sie als nächstes mit ihr tun?

Ganz plötzlich packte eine der Frauen ihre Schamlippen und zog sie auseinander. Marrah schrie wie am Spieß, doch wieder kümmerte sich niemand um sie. Bevor sie begriff, was geschah, drängten sich die Königin und sämtliche andere Frauen um sie und starrten sie an – oder eher: in sie *hinein* – und schnalzten zufrieden mit der

Zunge. Eine von ihnen schlug sogar die Zeltklappe zurück, damit die anderen noch besser sehen konnten.

Krebsrot im Gesicht vor Wut und Verlegenheit und halb erstarrt vor Angst, lag Marrah hilflos da, während sie mit den Fingern in ihrem Schoß stocherten. Endlich schienen sie zufrieden. Die Königin bedeutete den Frauen mit einer Handbewegung, Marrah loszulassen, und erlaubte ihr, ihre Tunika herunterzuziehen und ihre Beinlinge wieder überzustreifen. Sie brauchte ein paar Minuten, um zu erkennen, daß die Frauen mit ihr fertig waren, aber als sie schließlich begriff, daß sie ihr keinen weiteren Schaden zufügen würden, mußte sie die Tränen der Erleichterung zurückdrängen.

Dann passierte etwas äußerst Seltsames. Als Marrah mit hochgezogenen Knien und verschränkten Armen auf dem Boden hockte und die Frauen böse anblickte, während sie wünschte, sie könnte genug Hansi, um sie zu verfluchen, wie sie es verdient hatten, fingen sie an, ihr zu gratulieren. Es bestand kein Zweifel daran, daß es Glückwünsche waren, denn jede einzelne von ihnen lächelte Marrah zu, klopfte ihr auf den Rücken und sagte etwas auf hansi, und dann küßten sie sie feierlich auf beide Wangen. Selbst die Königin küßte sie, als wäre sie eine lange verlorene Tochter.

Na wundervoll. Was für eine Erleichterung, zu wissen, daß ihre intimsten Teile ihre Zustimmung gefunden hatten! Wenn dies die Art der Hansi war, Fremde zu begrüßen, wenn sie freundliche Gefühle hegten, wie mochte dann wohl die Begrüßung ausfallen, wenn sie feindlich gesinnt waren?

Das Küssen und Rückenklopfen ging weiter. Nachdem alle Marrah beglückwünscht hatten, verließen die Königin und ihre Begleiterinnen das Zelt. Die Zeit verging, und bald kehrten sie zurück, strahlend lächelnd. Die Königin zeigte auf Marrah und sagte etwas, was die anderen in freudige Erregung versetzte. Bevor Marrah wußte, was geschah, wurde sie hinaus in den Sonnenschein geführt, wo eine große Menge von Frauen und Mädchen wartete. Es müssen fast hundert gewesen sein, alle mit Beinlingen, langen Tuniken und braunen Schals bekleidet. Sobald sie Marrah erblickten, fingen sie an zu jubeln, klatschten in die Hände und stießen seltsame schrille, trällernde Laute aus. Marrah brauchte einen Moment, um zu begreifen, daß sie sangen.

Sie waren freundlich, also gab es keinen Grund, in Panik zu geraten, aber was ging hier eigentlich vor, und wo war Dalish? Wenn Marrah jemals eine Dolmetscherin gebraucht hatte, dann jetzt, aber Dalish war nirgendwo zu sehen und auch Arang nicht. Sie blickte an den singenden Frauen vorbei und sah, daß das Leben im Lager zum Stillstand gekommen war. Fleisch brutzelte unbewacht über den Kochfeuern, kleine Kinder rannten unbeaufsichtigt umher, und die Männer waren allesamt irgendwo hingegangen – vermutlich zu Zuhans Zelt, um Slehans Bericht des Überfalls auf Shambah zu hören. Vielleicht feierten sie seinen Sieg, denn als die Frauen erneut das Geträller anstimmten, begannen irgendwo Trommeln zu dröhnen. Der Klang der Trommeln erregte die Frauen noch mehr. Der Gesang stieg zu schrillem Heulen an, und ein paar von den jüngeren Frauen hakten einander unter und begannen, um Marrah herumzutanzen und ihr Worte zuzurufen, die zu verstehen sie sich inbrünstig wünschte. Während die Frauen tanzten, drängten sie sich immer enger um sie, so daß sie zurückweichen mußte, um nicht mit ihnen zusammenzustoßen. Erst nach einer Weile begriff sie, daß sie sie langsam zum Fluß hinuntertrieben, doch selbst als ihr klar wurde, daß sie vorhatten, sie ins Wasser zu bugsieren, konnte sie nichts anderes tun, als immer weiter zurückzuweichen.

Am Fluß angekommen, packten die drei Frauen, die sich auf sie gestürzt hatten, ihre Handgelenke und zogen sie ins Wasser. Zum Glück war der Fluß seicht, denn sobald Marrah bis zur Taille im Wasser stand, versuchten sie, sie unterzutauchen. Marrah wehrte sich gegen sie, aber sie lachten nur und stießen sie noch kräftiger an. Als sie anfingen, sie mit einer Handvoll feinen Sands zu schrubben, begriff Marrah, daß sie sie nur baden wollten, und sie fügte sich in ihr Schicksal.

Das Wasser war kalt, aber nicht sonderlich kalt für jemanden, der am Meer der Grauen Wogen aufgewachsen war, und da Marrah sich nicht länger sträubte, waren die Frauen überraschend sanft. Sie zogen ihr die Tunika aus, lösten ihr Haar und wuschen es mit einer Art Planzensaft, der schwach nach Minze duftete. Dann führten sie sie ans Ufer, rieben sie mit einer sauberen Decke trocken und setzten sie auf einen Felsen, und eine begann, ihr Haar auszukämmen, während der Rest singend und im Rhythmus in die Hände klatschend um sie herumstand.

Bis zu diesem Zeitpunkt war das Bad eine mehr oder weniger angenehme Erfahrung gewesen, doch bald wurden die Dinge wieder seltsam. Als ihr Haar gekämmt und halbwegs trocken war, trat eine Frau mit einem Beutel vor, dessen Inhalt sich als ranzige Butter entpuppte. Marrah protestierte und versuchte ihnen mit verzweifelten Gebärden klarzumachen, daß sie den Geruch abstoßend fand, aber entweder verstanden sie nicht, oder es kümmerte sie nicht. Sie ignorierten ihre Proteste und schmierten ihr Haar vom Ansatz bis zu den Spitzen mit Butter ein, während sie sie ununterbrochen anlächelten, als täten sie ihr einen großen Gefallen. Nachdem ihre Locken auf einen einzigen, klebrigen Strang reduziert waren, der wie eine lange, fettige Schlange aussah, flochten sie ihr Haar erneut, wanden den Zopf um ihren Kopf und steckten Federn und Muscheln hinein.

Als Marrah aufstand, hatte sie das Gefühl, einen Pudding auf dem Kopf zu balancieren, aber die Frauen waren offenbar der Ansicht, sie sähe hübsch aus, denn sie lächelten und nickten begeistert. Statt ihrer alten Beinlinge und der Leinentunika, die sie seit Shambah getragen hatte, gab man ihr neue Kleider aus filziger weißer Wolle und weiße Lederstiefel, die an den Knöcheln gebunden wurden. Als Marrah darauf bestand, ihren alten Gürtel und den Medizinbeutel zu behalten, erlaubten sie es ihr – allerdings nicht ohne lange Diskussion und heftiges Stirnrunzeln. Zum Schluß hüllten die Frauen sie in einen langen weißen Schal, der nur ihre Augen freiließ, und brachten sie wieder zum Zelt zurück.

Und das war's. Marrah hatte erwartet, zu Zuhan geführt zu werden oder zumindest in das Zelt der Königin, doch statt dessen saß sie den ganzen Nachmittag allein da, gut gebuttert und zu einem unförmigen weißen Bündel gekleidet. Draußen fuhren die Frauen fort, zu singen und zu tanzen, und die Trommeln dröhnten unaufhörlich weiter, aber zu wessen Ehren die Feier auch immer stattfand, Marrah schien nicht dazu eingeladen zu sein. Vielleicht war es auch ganz gut so. Sie befürchtete zwar nicht länger, daß sie sie töten würden, aber sie hatte den Verdacht, daß sie nicht glücklich sein würde, wenn sie erfuhr, warum die Frauen sie so ausstaffiert hatten.

Der Tag wurde wärmer, und die Luft im Zelt heizte sich auf. Bis die Schatten allmählich länger wurden, fühlte Marrah sich wie jemand, der gestolpert und in einen Trog mit juckender Salbe gefallen war, aber jedesmal, wenn sie den Schal abzulegen oder ihre Beinlinge heraufzuziehen versuchte, um sich kräftig zu kratzen, steckte irgendeine Frau den Kopf zur Zeltklappe herein und schnalzte mißbilligend mit der Zunge.

Später am Nachmittag erschien endlich Dalish. Ein Blick in ihr Gesicht, und Marrah wußte, daß sie keine guten Nachrichten brachte. Sie sprang auf die Füße und ergriff Dalishs Hände. »Was haben sie mit Arang gemacht?« rief sie ängstlich. »Haben sie ihm weh getan?«

»Keine Sorge. Arang geht es gut. Sie füttern ihn gerade mit Honig und gerösteten Grashüpfern.«

»Grashüpfer? Ach, der arme Arang. Er verabscheut sie so sehr!« Ihre Reaktion war nicht besonders vernünftig, und sie wußte es auch. Was machten schon Grashüpfer, wenn Arangs Leben auf dem Spiel stand.

Dalish lächelte schwach, und die roten Troddeln auf ihrer Stirn schwangen wie eine Reihe stummer Glocken. »Schon möglich, daß Arang Grashüpfer verabscheut, aber er ist sehr tapfer. Genau in diesem Moment sitzt er neben Zuhan und mampft vor sich hin wie ein kleiner Hansi-Häuptling. Hin und wieder ehren sie ihn mit einer anderen ekelerregenden Spezialität, und er ißt auch diese, ohne mit der Wimper zu zucken, und bedankt sich höflich.«

»Sie ehren ihn?« Marrah war so erleichtert, daß sie kaum sprechen konnte. Sie setzte sich und vergrub einen Moment lang ihr Gesicht in den Händen. Als sie wieder aufschaute, erwiderte Dalish ihren Blick mit verständnisvollem Lächeln. »Dann müssen sie glauben, er wäre wirklich Achans Sohn«, murmelte Marrah.

»Ja, das tun sie, zum Glück für uns.« Dalish setzte sich neben sie. »Zuhan hat nicht nur die ganze Geschichte geschluckt, er hat auch beschlossen, deinen Bruder zu adoptieren und in den Stamm aufzunehmen.« Sie wischte sich mit einem Zipfel ihres Schals über das Gesicht und seufzte. »Ich persönlich finde, es grenzt fast an ein Wunder. Arang sieht ebensowenig wie Zuhans Enkel aus wie ich, aber der alte Mann ist ganz versessen auf einen Erben. Er weiß, die Unterhäuptlinge werden niemals Vlahan, dem Bastard, gehorchen, und was deinen früheren Liebhaber angeht –«, sie dämpfte ihre Stimme und blickte sich mißtrauisch um, »aber schweigen wir lieber darüber.«

Marrah sehnte sich danach, zu fragen, ob sie Stavan gesehen hätte, doch der Ausdruck auf Dalishs Gesicht sagte ihr, daß ihre Frage nicht willkommen wäre. Angespannte Stille breitete sich aus.

»Und wann findet diese Adoptionszeremonie statt?«

»Jetzt gleich.«

»Werde ich auch dabeisein dürfen?«

»Alle werden dabeisein. Die Sache ist folgendermaßen: Zuhan ist alt, und es geht das Gerücht um, daß sein Gesundheitszustand nicht der beste ist. Er hat nicht die Absicht zu sterben, bevor er jeden einzelnen Mann, jede Frau und jedes Kind in diesem Stamm gezwungen hat, deinen Bruder als seinen legitimen Enkel anzuerkennen.«

Plötzlich begriff Marrah, warum sie gebadet und mit Butter eingeschmiert worden war. Sie zog die Ränder ihrer Beinlinge hoch und gönnte sich den Luxus, sich ausgiebig zu kratzen. Offensichtlich hatte sie sich völlig grundlos Sorgen gemacht. »Deshalb also haben sie mein Haar eingeschmiert und mich in diese seltsame Kostümierung gesteckt.«

Unbehagliches Schweigen breitete sich aus. Dalish lächelte nicht, wie Marrah es erwartet hatte. Statt dessen blickte sie auf ihre Hände. »Nicht ganz.« Sie schaute wieder auf, und ihr Gesicht verzog sich schmerzlich. »Ich hätte es dir gleich zu Anfang sagen sollen, aber es ist nicht leicht, eine solche Nachricht zu überbringen.«

Etwas Kaltes und Beklemmendes erfüllte das Zelt. »Wovon redest du? Was für eine Nachricht?«

Wieder wischte sich Dalish den Schweiß von der Stirn. Ihre

Augen hatten einen schuldbewußten Ausdruck, der Marrah gar nicht gefiel. Es war ein Ausdruck der Mittäterschaft und des Verrats. »Sie haben dich in weiße Wolle gekleidet, weil –« Sie brach ab und begann erneut, und Marrah hatte das deutliche Gefühl, daß sie Zeit zu gewinnen versuchte. »Hast du gewußt, daß die alte Zulike, Zuhans Ehefrau, öffentlich erklärt hat, daß du noch Jungfrau bist?« Dalish lächelte leicht, aber es war kein echtes Lächeln. »Zulike sagte, sie wäre sehr überrascht, zu sehen, daß du noch dein Jungfernhäutchen hättest, besonders, da du so alt seist, aber ich habe ihr erzählt, du hättest deinen Vater angefleht, sämtliche Heiratsangebote auszuschlagen, damit du dein Leben deinem neuen Neffen widmen könntest, und sie schien mächtig beeindruckt. Natürlich weiß sie nicht das geringste darüber, wie unser Volk die Lust teilt. Bei den Hansi warten die Männer nie damit, in eine Frau einzudringen. Ich kann mir nicht vorstellen, daß die Nomaden jemals ein Mädchen über zwölf gesehen haben, dessen Jungfernhäutchen noch intakt war.«

Marrah hatte keine Ahnung, worüber Dalish redete, und sie sagte es ihr auch. Sie war ungeduldig und beunruhigt, und allmählich wurde sie auch wütend. Sie wünschte, Dalish würde aufhören, sie so merkwürdig anzusehen. Sie mußte die Wahrheit wissen, aber Dalish wich ihr weiterhin aus.

»Ein Jungfernhäutchen.« Wieder wischte Dalish sich mit ihrem Schal über die Stirn. »Du weißt schon, dieses kleine Stückchen Haut, das eine Frau gewöhnlich tief in ihrem Schoß hat und das zerreißt, wenn sie einen Mann das erste Mal in sich eindringen läßt. Allen Berichten zufolge scheint deines ein bißchen abgenutzt zu sein, aber es ist immer noch da, was das Entscheidende ist. Die Nomaden verehren die Jungfräulichkeit einer Frau, und jeder Mann möchte der erste sein, der ihr Häutchen zerreißt.«

Marrah war zu erstaunt, um zu sprechen. Schließlich fand sie ihre Sprache wieder. »Das ist das Abscheulichste, was ich je gehört habe! Kein Wunder, daß du es mir nicht erzählen wolltest.«

Dalish biß sich auf die Lippen und wandte den Blick ab. Ihre Miene wurde plötzlich steinern, und als sie den Kopf hob, um Marrah anzusehen, waren ihre Augen hart. »Ich wünschte, das wäre alles, aber Tatsache ist, daß du erst die Hälfte gehört hast. Zuhan hat mich hergeschickt, um dir zu sagen, daß er dich seinem Sohn, Vlahan, gibt.« Sie sprach hastig. »Du hast Glück: Du wirst Vlahans Ehefrau sein, nicht seine Konkubine. Die Hochzeitszeremonie findet noch heute nachmittag statt, und es wird dir überhaupt nichts nützen, wenn du einen Wutanfall bekommst oder schreist oder Einwände erhebst, denn es gibt nichts, was du oder ich oder sonst irgend jemand dagegen tun könnte.«

Marrah fühlte sich, als wäre sie geschlagen worden. Sie sprang auf die Füße. »Das kann nicht dein Ernst sein. Das ist ja furchtbar.« Sie wanderte aufgebracht im Zelt hin und her. »Nein, ich kann das nicht tun.«

Dalish erhob sich ebenfalls und verschränkte die Arme vor der Brust, und als sie sprach, klang ihre Stimme eisig. »Sei ruhig! Was erwartest du denn von mir? Erwartest du, daß ich zu Zuhan zurückgehe und ihm erkläre, du hättest seinen Sohn zurückgewiesen? Du hast noch großes Glück gehabt. Sie hätten dir inzwischen die Kehle durchschneiden können, doch statt dessen ehrt Zuhan dich, indem er dich seinem Sohn zur Ehefrau gibt.«

»Ehrt mich, pah!«

»Jawohl, er ehrt dich.« Dalishs Stimme brach, und sie fing an zu weinen. »Ich kann dir nicht helfen, Marrah. Ich möchte es ja, aber ich kann es nicht. Wenn ich Zuhan sage, daß du dich weigerst, wird er uns wahrscheinlich beide töten. Vlahan ist wahrlich kein Prachtstück, aber du wirst ihn eben einfach heiraten müssen.« Sie packte Marrah bei den Schultern, als wollte sie sie schütteln, doch statt dessen zog sie sie an sich. »Liebe Freundin, es tut mir leid. Es tut mir sehr leid. Es –« Vielleicht wollte sie ein drittes Mal sagen, wie leid es ihr täte, aber sie bekam die Worte nicht über die Lippen. Ihre Stimme versagte mitten im Satz. Dann legte sie ihre Hände um Marrahs Wangen und küßte sie auf die Stirn. »Sie werden kurz vor Sonnenuntergang kommen, um dich zu holen. Sei tapfer, Liebes.« Und damit wandte sie sich hastig ab und floh aus dem Zelt.

16. Kapitel

Kurz vor Sonnenuntergang begann ein trockener Wind zu wehen. Er kam aus dem Westen, verstreute Samen in alle Richtungen und peitschte die Sommergräser, bis sie ihr letztes bißchen Grün verloren. Die Mauersegler ließen sich von ihm treiben, während sie Jagd auf Insekten machten; die grauen Rebhühner und schwarzköpfigen Wachteln suchten Schutz vor ihm; die Pferde und Rinder kehrten ihm den Rücken zu, und selbst die Schafe waren so klug, ihre Augen gegen die Staubwolken zu schließen. Es war zwar keiner der gewaltigen Stürme des Mittsommers, die von Süden her über das Land fegten, die Steppe ausdörrten und das Leben unerträglich machten, aber er war stark genug, um Zeltklappen flattern zu lassen und Lippen spröde zu machen, und als Marrah zwischen den Hansi-Frauen stand und zuschaute, wie ihr Bruder in den Stamm aufgenommen wurde, brannte der Wind wie heiße Asche in ihrer Kehle, und ihre Augen weinten ganz von selbst.

Es schien durchaus gerechtfertigt, daß sie an jenem Abend weinen sollte, auch wenn die Tränen nur vom Wind verursacht wurden und ihr Herz kalt vor Verzweiflung war. Es war ein unglaubliches Glück, daß Zuhan bereit war, Arang zu adoptieren, aber ganz gleich, wie energisch sie sich dies einzureden versuchte – alles an der Zeremonie gab ihr das Gefühl, sie würde ihren Bruder für immer verlieren.

Die Trommeln waren das schlimmste. Als Marrah in der Menge stand, von allen Seiten von Frauen bewacht, hämmerte der Klang der Trommeln unaufhörlich auf sie ein, bis sie das Gefühl hatte, sie zerschlügen ihr Herz und zwangen sie, sich zu unterwerfen. Es waren nicht nur ein paar Trommeln, sondern Dutzende. Wilde Männer schlugen sie, barbrüstige und fanatisch aussehende Männer mit spitz zugefeilten Zähnen und aufgemalten weißen Skeletten auf ihren Körpern. Als sie die Trommeln schlugen, heulten sie wie Wölfe und schrien wie Wildkatzen und verdrehten die Augen, bis nur noch das Weiße zu sehen war.

Die Nomaden bewegten sich zum Dröhnen der Trommeln, nicht

in irgendeiner geordneten Form von Tanz, sondern in einem bedrohlich wirkenden, schlurfenden Rhythmus, vor und zurück, hin und her, während sie gegen Marrah stießen und sie mit sich zogen. Sie fühlte sich verloren in den Ausdünstungen und der Hitze ihrer Körper. Sie waren so viel größer, daß sie nicht über sie hinwegsehen, so viel schwerer, daß sie sich gegen den Druck der Leiber nicht wehren konnte, und so war sie gezwungen mitzutanzen, und dabei weinte sie ihre Windtränen und dachte an Arang und ihre bevorstehende Hochzeit.

Manchmal, wenn sie ein flatternder Schal traf oder sie jemandem auf den Fuß trat, blickte ein Gesicht auf sie herab, aber ansonsten wurde sie ignoriert. Trotzdem mußten sie sie bemerkt haben, denn nach einer Weile schoben die Frauen sie nach vorn, damit sie etwas sehen konnte. Doch es war ein Abend, an dem es besser gewesen wäre, keine Augen oder Ohren zu haben. Ihr ganzes Leben lang sollte sie sich an den Augenblick erinnern, als sie Zuhan, den Großen Häuptling, zum ersten Mal zu sehen bekam. Es saß mit überkreuzten Beinen auf einer niedrigen Plattform, die mit weißen Teppichen bedeckt war. Hinter ihm schwankten die hohen Gräser im Wind wie eine Woge, die sich zu überschlagen drohte, und hoch über ihm verfärbte sich der Himmel zu einem trüben Rot, mit unregelmäßigen Flecken von Gold und Purpur gesprenkelt, die Marrah an zerstoßene Trauben erinnerten.

Er war ein alter Mann, grauhaarig und sehnig, mit einem Gesicht, das erschütternde Ähnlichkeit mit dem Stavans aufwies. Er hatte das gleiche ausgeprägte Kinn wie Stavan, die gleiche schmale Nase und die gleichen hohen Wangenknochen, aber in seinen Zügen war keine Spur von Stavans Sanftheit und Gutmütigkeit zu finden, und Marrah konnte sofort erkennen, daß nur ein Narr Barmherzigkeit von ihm erwarten würde. Sein Gesicht war das Gesicht eines Mannes, der die Macht liebte: intelligent, hart, unversöhnlich. Die Kälte der Steppe spiegelte sich in seinen Augen wider, und sie konnte die Dunkelheit langer Winter sehen in der Art, wie er die Lippen zusammenpreßte, und die Brutalität und Hitze des Sommers in der Haltung seines Kinns. Er starrte auf die Menschenmenge mit kalten blauen Augen, die niemals blinzelten. Auf dem

Kopf trug er eine Sonnenkrone aus Gold und Kupfer, und in seiner rechten Hand hielt er ein pferdeköpfiges Zepter, schwer genug, um den Schädel eines Mannes zu zertrümmern.

Arang saß neben ihm, wirkte wie ein kleines, verängstigtes Kind. Beim Anblick ihres Bruders füllte sich Marrahs Herz mit Mitleid und Liebe – und Zorn. Sie hatten Arang Dinge angetan, die grausam und dumm waren, Dinge, die nur Geächtete einem Kind antun würden: Sie hatten ihn bis auf einen ledernen Lendenschurz ausgezogen und ihn bemalt, um ihn gefährlich aussehen zu lassen, hatten eine weiße Wolfsmaske auf sein Gesicht gezeichnet, seinen Körper mit ockerbraunen Symbolen bemalt, ihm eine Kette aus Wolfsklauen um den Hals gehängt, Löcher in seine Ohren gestochen und Habichtsfedern hineingeschoben und den größten Teil seines Haares abgeschnitten. Aber es war ihnen nicht gelungen, den furchtsamen Ausdruck von seinem Gesicht zu löschen. Er saß vornübergebeugt da, die Hände verkrampft auf den Knien, und jedesmal, wenn er Zuhan anblickte oder die Trommler oder, schlimmer noch, den schrecklichen, mit Leder ausgekleideten Becher zu seinen Füßen, zitterte er wie ein Kaninchen, das im Begriff ist, die Flucht zu ergreifen.

Der Becher war offensichtlich aus einem menschlichen Schädel gefertigt, und nur die Göttin wußte, was Zuhan damit vorhatte, aber Marrah konnte Arang nicht über das Dröhnen der Trommeln hinweg rufen und ihm sagen, er solle tapfer sein. Sie konnte ihm keinen Trost spenden, noch nicht einmal durch den Anblick ihres Gesichts, denn in dem Staub und dem Gewühl war sie nur eine weitere schalverhüllte Gestalt, die vor ihm hin und her schwankte, eine von Hunderten, und es war klar, daß er sie nicht erkannte. Und die ganze Zeit über sangen die Trommeln: »Er wird in den Stamm aufgenommen. Er ist jetzt ein Hansi.«

Die Zeit verging, die Trommeln dröhnten ohne Unterlaß weiter, und die Frauen fuhren fort, Marrah von einer Seite zur anderen zu schieben, bis sie völlig erschöpft war und ihre Füße schmerzten. Schließlich, als sie schon alle Hoffnung aufgegeben hatte, jemals etwas anderes zu hören, brach das Geräusch der Trommeln abrupt ab, und Slehan trat vor, um Zuhan die Beute zu präsentieren, die er in Shambah geraubt hatte. Er ging stolz durch die Menge, jeder Zoll ein Eroberer, aber die Wahrheit war, daß er nicht sonderlich viel anzubieten hatte: nur ein paar goldene Tempelschmuckstücke, einige Ballen Tuch, die Sklavinnen und Akoah. Akoah war jetzt so in ihren Schal eingewickelt, daß Marrah ihr Gesicht nicht sehen konnte, aber an der Art, wie Akoah vor Zuhan zurückwich, konnte Marrah deutlich erkennen, daß sie panische Angst hatte.

Zuhan schien jedoch von Akoah und den Sklavinnen kaum Notiz zu nehmen. Er inspizierte die Tuchballen und den Tempelschmuck, prüfte das Gewicht des Leinens und kratzte an dem Gold, als glaubte er, Slehan versuchte vielleicht, ihn übers Ohr zu hauen, indem er ihm Kupfer anbot. Als er die Beutestücke begutachtete, wurden seine Augen schmal, und tiefe Falten erschienen auf seiner Stirn. Offenbar war er ernsthaft verärgert. Shambah war keine reiche Stadt gewesen, und zu seinen Füßen lagen nur ein paar zeremonielle Halsketten, ein paar Ohrringe und ein halbes Dutzend Armbänder, graviert mit Dreiecken und andern Göttinnensymbolen. Zuhan fischte einen der Ohrringe heraus – einen kleinen goldenen Schmetterling, ungefähr von der Größe von Marrahs Daumennagel –, zerdrückte ihn mit einer Hand und schleuderte ihn Slehan verächtlich entgegen. Dann hielt er eine kurze Rede. Marrah konnte die Worte zwar nicht verstehen, aber das war auch nicht nötig. Die Bedeutung war klar: »Ist das alles?« fragte er Slehan. »Mehr hast du mir nicht mitgebracht? Wo ist der Rest?«

Sie erwartete von Slehan, daß er sich verteidigen oder zumindest eine Entschuldigung vorbringen würde, denn jeder halbwegs vernünftige Mensch konnte sehen, daß Zuhan als nächstes seinen Kriegern befehlen würde, Slehan zu packen und den Rest der nicht vorhandenen Beute aus ihm herauszuschütteln, aber statt Zuhan um Verzeihung zu bitten, verzog Slehan seinen Mund zu einem langsamen, kalten Lächeln, griff in seinen Lederbeutel, holte eine Halskette heraus und reichte sie Zuhan mit einer arroganten Verbeugung. Es war schwierig zu erkennen, was es für Slehan zu lächeln gab, denn die Kette war häßlich, zwar sehr lang, aber primitiv gemacht. Dennoch mußte etwas Besonderes an dem Geschenk sein, weil ein Murmeln der Bewunderung durch die Menge ging und die Frauen neben Marrah kleine, zischende Laute der Freude ausstießen. Wie seltsam die Nomaden waren. Hier war dieses grobe, primitive Schmuckstück – das auf den zweiten Blick noch nicht einmal wie eine Halskette aussah –, nicht aus Gold oder auch nur aus Kupfer gefertigt, und dennoch bewunderten es alle, als wäre es von den besten Goldschmieden von Shara entworfen worden. Die Wahrheit war, daß es wie eine Schnur mit getrockneten Feigen aussah. Aber merkwürdige Feigen: Sie waren... paarweise... aufgefädelt...

Plötzlich begriff Marrah, was sie da sah. Sie schloß die Augen und schob sich ihren Schal in den Mund, um nicht vor Entsetzen laut aufzuschreien. Eine Woge des Ekels ging durch ihren Körper. Als sie sich wieder soweit erholt hatte, um die Augen zu öffnen, hielt Zuhan die Kette und begutachtete sie von allen Seiten. Er schien erfreut. Vielleicht dachte er, daß es leicht wäre, weitere Schätze an einem Ort zu erbeuten, wo so viele Männer von so wenigen überwältigt werden konnten.

Endlich wurde es Zuhan überdrüssig, Slehans Kette zu bewundern. Er wedelte mit der Hand, während er die Sklavinnen aufteilte – fünf für Slehan, zweifellos als Belohnung für einen so großen Sieg; vier für verschiedene Krieger, die ihm einen speziellen Dienst erwiesen haben mußten. Die Frauen gingen weinend davon. Nachdem die Sklavinnen abgeführt worden waren, bedeutete Zuhan Akoah mit einer Geste, hinter ihm zu stehen. Später erfuhr Marrah, daß dies bedeutete, daß er sie zu seiner Konkubine gemacht hatte.

Wieder begannen die Trommeln zu dröhnen, aber dieses Mal war der Rhythmus langsamer: sehr regelmäßig und fast hypnotisch. Der Klang der Trommeln schwoll an und wieder ab wie Wellen, die gegen einen Strand schlagen, und die Frauen um Marrah bewegten sich jetzt träger. Es war klar, daß viele von ihnen inzwischen in einen tranceähnlichen Zustand versunken waren, aber nicht die Art von Trance, die Priesterinnen erlebten. Als Marrah sich nach rechts und links umschaute, sah sie, daß ihre Lippen leicht geöffnet waren und ihre Augen einen blicklosen, träumerischen Ausdruck hatten, als warteten sie auf einen imaginären Liebhaber, der niemals kommen würde.

Aber in diesem Punkt irrte sie sich. Die Hansi-Frauen wußten genau, auf wen sie warteten, und er war alles andere als imaginär. Plötzlich brachen die Trommeln wieder ab, die Menge teilte sich, und sie sah, wie eine kleine Pferdeherde herbeigeführt wurde von fünf derart absonderlich aussehenden Männern, wie Marrah sie noch nie zuvor gesehen hatte. Sie waren vom Kopf bis zu den Zehenspitzen mit blutroter Farbe bemalt, und ihr langes Haar stand steif in alle Richtungen von ihrem Kopf ab, wie Heiligenscheine aus Feuer. Ihre Kostümierung sollte offenbar die Sonne darstellen, während der Mann, der ihnen folgte, eindeutig einen Blitz symbolisierte. Sein Gesicht war mit weißen Regenzeichen bemalt, und sein Körper war schwarz bis auf einen zackigen weißen Blitzstrahl, der von seiner linken Schulter bis zu seiner Hüfte verlief. Als er näherkam, erkannte Marrah, daß der Blitz über eine lange, häßliche Narbe gemalt war.

Obwohl der Mann Narben hatte, war er in keiner Weise verkrüppelt, und er schritt mit stolz erhobenem Kopf an den Nomaden vorbei, die sich vor ihm verneigten, als wäre er eine Reinkarnation der Göttin. Sein seltsam keilförmiges Gesicht, die schmalen grünen Augen und die kleine Nase verliehen ihm ein wölfisches Aussehen und machten es unmöglich, sein Alter zu schätzen. Er hätte dreißig oder auch fünfzig oder sogar siebzig Jahre alt sein können, aber wenn er ein alter Mann war, so hatte er den Körper eines jungen: Muskeln wie Stahl und lange, grausam aussehende Hände.

Als er näher in Marrahs Richtung kam, hörte sie die Frauen um sich herum ehrfurchtsvoll »Changar« flüstern.

Der Hansi-Wahrsager blieb vor Zuhan stehen und machte die kleinstmögliche Verbeugung. Im Grunde war es überhaupt keine Verbeugung, nur ein Kopfnicken, aber Zuhan schien zufrieden. Er nickte ebenfalls, als wollte er ausdrücken: Dieser Mann ist mir fast – aber nicht ganz – ebenbürtig; dann hob er sein pferdeköpfiges Zepter. Sobald die Menge das erhobene Zepter sah, jubelten die Männer laut, und die Frauen begannen zu singen. Die Trommler stimmten einen wilden Rhythmus an, bewegten ihre Hände so schnell dabei, daß es von dort, wo Marrah stand, aussah, als hätte jeder von ihnen zwanzig Finger. Wenn sie gewußt hätte, was als nächstes kam, hätte sie wahrscheinlich versucht, sich wieder in den Hintergrund der Menge zu drängen. Doch so stand sie nur da, halb taub vom Lärm der Trommeln.

Als sich die Jubelrufe wieder etwas gelegt hatten, wandte sich Changar um und erteilte den Befehl, die Pferde zu ihm zu bringen. Selbst Marrah konnte sehen, daß es ausgesprochen edle Tiere waren: fünf Stuten und fünf junge Hengste, alle kräftig und anmutig, mit glänzendem Fell und Mähnen, in die rote Bänder geflochten waren. Sie trugen Fußfesseln, damit sie nicht davongaloppieren konnten, aber dennoch strahlten sie etwas Wildes und Schönes aus. Sie hatten das Aussehen von Tieren, die niemals gezähmt worden waren.

Als die Pferde zur Stelle waren, stand Changar mehrere Augenblicke lang absolut reglos da. Vielleicht bewunderte er die Tiere, oder vielleicht sprach er zu einem seiner Götter. Jedenfalls war inzwischen klar, daß er eine wichtige religiöse Zeremonie vollziehen würde.

Nach einer Weile näherte er sich den Pferden und begann, in ihrer eigenen Sprache mit ihnen zu reden, indem er leise wieherte und ihre zitternden Flanken streichelte. Die Augen der Pferde waren weit aufgerissen vor Angst, und einige von ihnen hatten die Ohren flach an den Kopf gelegt, aber unter der Berührung seiner Hand entspannten sie sich. Marrah war überrascht zu sehen, wie sanft er mit den Tieren umging. Er flüsterte ihnen Koseworte zu wie ein Liebhaber und sang ihnen vor wie eine Mutter.

Aber seine Sanftheit war nur vorgetäuscht. Als die Pferde beruhigt waren, sagte er etwas mit leiser Stimme, und zwei der Sonnenkrieger traten vor und reichten ihm ihre Dolche. Es waren gefährlich aussehende Waffen mit Heften aus Kupfer und Knochenklingen, deren Schneiden aus Feuerstein bestanden. Changar steckte einen Dolch in die Erde – das Zeichen von Han, wie Marrah sich erinnerte. Den anderen packte er am Heft und hielt ihn dicht an seiner Seite, wo ihn die Pferde nicht sehen konnten.

Danach wurden einige Gebete gesprochen und weitere Lieder gesungen, die eher ein monotoner, unheimlich klingender Sprechgesang waren, der Marrah eine Gänsehaut über die Arme kriechen ließ, aber lange Zeit passierte sonst nichts. Dann trat Changar plötzlich auf das erste Pferd zu und schlitzte ihm die Kehle auf. Bevor das arme Tier zu Boden gestürzt war – noch bevor Marrah Zeit fand, laut aufzuschreien, oder die Zuschauer Zeit hatten, um in Jubelrufe auszubrechen –, war er zum nächsten Pferd gegangen und hatte auch dieses getötet. Und so ging er weiter an der Reihe von Pferden entlang, bewegte sich so schnell, daß er zu fliegen schien, und jedesmal, wenn sich sein Dolch in Pferdefleisch bohrte, schoß eine Fontäne von Blut hervor. Die armen Tiere bäumten sich auf und schrien gellend und versuchten auszukeilen, aber sie waren gut gefesselt, und nicht ein einziges konnte entkommen. Als alle zehn im Staub lagen und langsam verbluteten, ergriff Changar den Schädeltrinkbecher und füllte ihn an ihren Kehlen, wie ein Mann, der einen Becher an einer Wasserquelle füllt.

Alles in Marrah drängte danach, sich vom Anblick jenes blutgefüllten Bechers abzuwenden, aber sie konnte es nicht. Das einzige Tieropfer, das sie jemals gesehen hatte, war die Ziege gewesen, die Stavan auf dem Grab seines Bruders getötet hatte, aber das war nichts im Vergleich zu diesem hier gewesen. Es war das reinste Massaker; es war wie eine Wiederholung des Abschlachtens in Shambah, nur daß diesmal hilflose Pferde gestorben waren statt hilfloser Menschen.

Marrah hatte das Gefühl, einen Einblick in die Herzen der Nomaden vermittelt zu bekommen, und was sie sah, machte sie krank vor Angst. Es hatte keinerlei Notwendigkeit bestanden, diese Pferde zu töten. Niemand war hungrig, niemand brauchte ihre Felle, um Kleidung herzustellen oder Zelte zu flicken. Zehn wunderschöne Tiere waren gestorben, qualvoll schreiend und von panischer Angst erfüllt, weil die Hansi glaubten, ihre Götter liebten es, diese Kreaturen leiden zu sehen. Wegen der schrecklichen Sünde, die sie in der Vergangenheit begangen hatten, hatten die Nomaden vergessen, daß die Erde ihre Mutter war und die Tiere ihre Brüder und Schwestern. Sie glaubten, sie wären ganz allein auf der Welt, und diese Einsamkeit hatte sie wahnsinnig gemacht.

Der Wahnsinn jener Einsamkeit glühte in Zuhans Augen, als er den Schädelbecher aus Changars Händen nahm. Er war in seinem

Gesicht, als er seinen eigenen Dolch zog, zwei flache Schnitte in seinen Oberarm ritzte und sein Blut mit dem der Pferde vermischte. Er war sogar in seinen Händen, als er den Becher an die Lippen hob, einen tiefen Schluck nahm und den Becher dann an Arang weiterreichte.

Arang starrte voller Furcht und Ekel auf den blutigen Schädel. Er sah aus, als würde er sich jeden Moment übergeben, aber irgendwie zwang er sich, ihn an die Lippen zu heben. Marrah konnte es nicht ertragen, ihn trinken zu sehen. Dieses Mal schloß sie die Augen, und als sie sie wieder öffnete, war sein Mund rot verschmiert, und Changar kam mit verärgerter Miene auf ihn zu. Mit einem mißbilligenden Grunzen packte er Arangs Arm und schnitt ihm knapp unterhalb des Ellenbogens in die Haut, so daß Arang ebenfalls in den Becher blutete. Arang zuckte zusammen, gab jedoch keinen Laut von sich. Seine Augen wurden groß und seine Lippen blaß, aber er ließ sich nicht unterkriegen, und Marrah war stolz auf ihn.

Changar reichte den Becher wieder Zuhan, und Zuhan trank und übergab ihn erneut Arang. Wieder zwang Arang sich, seinen Ekel zu überwinden und einen Schluck Blut zu trinken, und als er es tat, jubelten die Zuschauer.

»Achan! Zuhan!«

»Zuhan! Achan!«

»Han, Han, Han!«

Die Trommeln griffen den Rhythmus auf, die Jubelrufe formierten sich zu einem Sprechchor. Zuhan erhob sich von seinem Platz, umarmte Arang und küßte ihn feierlich auf beide Wangen.

»Hansi!« riefen die Nomaden überschwenglich. »Hansi! Hansi!«

Arang sah aus, als würde er jeden Moment in Tränen ausbrechen. Er wandte sich zu der Menge um und versuchte zu lächeln, doch seine Lippen zitterten. Die Zuschauer schienen es nicht zu bemerken, oder wenn sie es bemerkten, dann kümmerte es sie nicht. Sie schrien nur unentwegt das Wort »Hansi«, bis Marrah sich am liebsten die Ohren zugehalten hätte. Arang war jetzt einer der Ihren – ob er er es wollte oder nicht.

Danach erwartete Marrah weitere Schrecken, aber zu ihrer unaussprechlichen Erleichterung passierte nichts mehr. Vielleicht hatte Zuhan die Idee, sie mit Vlahan zu verheiraten, doch wieder aufgegeben, oder vielleicht war sie in all der Aufregung auch einfach vergessen worden, auf jeden Fall achtete niemand mehr auf sie. Die Aufnahmezeremonie ging noch eine Weile weiter, und dann hörte das Trommeln unvermittelt auf, und die Menge begann sich zu zerstreuen. Arang war von einer Gruppe von Gratulanten umringt; hauptsächlich Männern, aber es waren auch einige ältere Frauen darunter, die ihn auf die Wange küßten, wie Zuhan es getan hatte. Aus irgendeinem unerfindlichen Grund wollten sie Marrah nicht in Arangs Nähe lassen, doch da ihm keine unmittelbare Gefahr zu drohen schien, entspannte sie sich. Nach einer Weile erschienen Frauen mit Schläuchen voll gekühlten *kerseks*, und die Krieger bedienten sich. Es sah aus, als würde das Trinkgelage die ganze Nacht über dauern.

Marrah wartete geduldig, während sie so wenig Aufsehen wie möglich zu erregen versuchte, und als der Himmel die Farbe ausgebleichter Knochen angenommen hatte, ging sie zurück zum Lager inmitten einer großen Menge tanzender, singender Frauen. Es war immer noch hell genug, um zu sehen, aber einige von ihnen trugen kleine Talglichter, die in der Dämmerung flackerten. Der Wind war abgeflaut, der Staub hatte sich inzwischen gesetzt, doch die Tänzerinnen wirbelten ihn wieder auf.

Nachdem die Adoptionszeremonie vorüber war, fühlte sich Marrah wieder etwas zuversichtlicher. Das Abschlachten der Pferde war zwar grauenhaft gewesen, und Arang war gezwungen worden, widerwärtige Dinge zu tun, aber er hatte alles unbeschadet überstanden, und sie ebenfalls. Keiner von ihnen war tot oder mit einem Fremden verheiratet. Im Land der Nomaden war das mehr, als sich ein Mensch erhoffen konnte.

Sie ließ ihren Blick über das hohe Gras und den blassen Himmel schweifen. Die Steppe strahlte einen gewissen Frieden aus, besonders kurz nach Sonnenuntergang. Alles schien den Atem anzuhalten und darauf zu warten, daß die Sterne sichtbar wurden. Zu ihrer Linken drängte sich eine kleine Schafherde zu einem wolligen Ball zusammen.

Ganz plötzlich begriff Marrah, warum es so still war. Die Frauen hatten zu singen aufgehört. Das ist ja merkwürdig, dachte sie, doch bevor sie begriff, was vorging, ertönte unvermittelt lautes Hufgetrappel, und die Frauen rechts und links von ihr rannten in alle Richtungen davon. Eine andere Warnung gab es nicht. Erschrocken blickte Marrah auf und sah einen Krieger vor sich aufragen, und noch bevor sie auch nur schreien oder weglaufen konnte, hatte er sie gepackt und auf sein Pferd gezerrt. Er war ein großer Mann Ende Zwanzig, rotbärtig, mit langem braunen Haar, einer flachen Nase, fleischigen Wangen und einem grausamen, sinnlichen Mund.

Sie schrie und wehrte sich mit aller Kraft, als er sie an sich zog, doch er blickte sie amüsiert an. Er war stark, und seine Finger gruben sich wie scharfkantige Steine in ihre Schultern. »Cagk!« befahl er, und bei dem Klang des Wortes, von dem sie inzwischen wußte, daß es »gib auf« und »ergib dich« bedeutete, wurde Marrah halb wahnsinnig vor Wut.

»Laß mich los!« schrie sie, aber sie war ihm hoffnungslos unterlegen. Er hielt sie mit ausgestrecktem Arm von sich weg, bis es ihm langweilig wurde, zuzusehen, wie sie zappelte und blindlings um sich schlug. Dann zog er sie fest an sich und preßte seinen Mund brutal auf ihren. Seine Lippen waren feucht, und sein Atem roch abstoßend, aber sie konnte ihn nicht abschütteln. Nachdem er sie gründlich geküßt hatte, warf er sie grob quer vor sich über sein Pferd und ritt mit ihr davon. Als sie durch die Menge der Frauen trabten, lachten die älteren fröhlich, und die jüngeren stimmten ein Lied an. Marrah fühlte sich entsetzlich gedemütigt und völlig hilflos, aber sie war zu stolz, um vor ihnen in Tränen auszubrechen, und begann statt dessen zu fluchen. Der Mann verstand nicht, was sie sagte, konnte den Sinn ihrer Worte jedoch mühelos erraten. Ganz plötzlich zügelte er sein Pferd, packte Marrahs Haar, riß ihren Kopf zurück und versetzte ihr eine so schallende Ohrfeige, daß sie Sterne blitzen sah.

Als sie zurückzuckte, schwindelig von der Wucht des Schlages, hörte sie eine vertraute Stimme. Irgendwie gelang es ihr, den Kopf zu drehen. Da, nicht mehr als fünfzehn Schritte entfernt, stand Stavan! Er war abgemagert, seit sie ihn das letzte Mal gesehen hatte, und er war in Lumpen gekleidet, mit Stroh im Haar und ohne Stiefel an den Füßen, aber es war eindeutig Stavan.

»Hilf mir!« schrie sie. Ob er sie gehört hatte? Sie wußte es nicht. Zwei Krieger verfolgten ihn, und als Marrah um Hilfe schrie und Stavan Anstalten machte, auf Vlahan loszugehen, stürzten sie sich auf ihn und versuchten, ihn zu Boden zu drücken.

Stavan stieß einen zornigen Schrei aus. Er ballte seine Hände zu Fäusten und schlug einen der Männer nieder, aber schon kamen zwei weitere angerannt und packten seine Arme. Die fünf Männer kämpften im Staub, während von allen Seiten Schläge auf Stavan niederprasselten.

Vlahan beobachtete den Kampf einen Moment lang nachdenklich, bevor er Marrah noch eine Ohrfeige versetzte, die sie hart gegen den Bauch des Pferdes prallen ließ. »Numish«, sagte er, und die Frauen lachten alle.

Später erfuhr Marrah, daß »numish« das Hansi-Wort für »verhext« war.

17. Kapitel

Stavan hatte Marrah einmal erzählt, daß Hansi-Bräute ihre Hochzeitsnacht in einem speziellen weißen Zelt, dekoriert mit Clanzeichen, verbrächten, aber Vlahan tat nichts weiter, als zu seinem eigenen Zelt zurückzureiten, Marrah hineinzuzerren und seiner Ehefrau und Konkubine zu befehlen, sie sollten verschwinden. Die Konkubine war ein kleines, ängstliches Mädchen, das nicht älter als zwölf sein konnte, die Tochter eines Tcvali-Häuptlings, mit blasser Haut, blaßgrauen Augen und Haar von der Farbe nassen Strohs. Die Ehefrau war die breitgesichtige, rothaarige Frau, die auf Marrahs Brust gehockt hatte, und als sie Marrah in Vlahans Armen zappeln sah, warf sie ihr einen Blick abgrundtiefen Hasses zu. Ihr Name war Timak, und die Konkubine hieß Hiknak.

Später sollte Marrah beide Frauen gut kennenlernen, besonders die rothaarige Timak, die sich nach besten Kräften bemühte, Marrah das Leben zu Hölle zu machen, aber in jener ersten Nacht war sie zu sehr in Panik, um zu erkennen, wie sehr Timak sie haßte. Als Vlahan sie in sein Zelt schleppte, flehte sie die Frauen an, ihr zu helfen, aber ein einziges Wort von ihm genügte, und sie rannten wie Kaninchen davon und ließen Marrah allein mit ihm zurück.

Nachdem die Frauen verschwunden waren, warf Vlahan sie auf einen Stapel Teppiche und baute sich vor ihr auf, während er jedesmal laut lachte und sie mit Fußtritten zurückbeförderte, wenn sie sich aufzusetzen versuchte. Als er des Spiels überdrüssig geworden war, streifte er seine Beinlinge ab, ließ sich auf sie fallen, ohne sich auch nur die Mühe zu machen, seine Stiefel auszuziehen, spreizte ihre Schenkel und drang mit einem brutalen Stoß in sie ein. Sie war so trocken und unwillig, daß sein Penis wie ein heißer Stock brannte. Schreiend und um sich schlagend, versuchte Marrah, ihn abzuschütteln, doch er wog doppelt so viel wie sie, und seine Arme waren wie Eisen. Er schien ihre schmerzerfüllten Schreie ganz normal zu finden, sogar erregend. Er ignorierte sie und stieß wieder und wieder in sie hinein, mit einem seltsamen abwesenden Ausdruck im Gesicht. Sobald sich sein Samen ergoß, rollte er sich von ihr, packte sie am Kinn, zwang ihre Lippen auseinander, schob seinen Penis hinein und zwang sie, ihn ein zweites Mal zum Höhepunkt zu bringen. Inzwischen wußte Marrah, wenn sie ihn zu beißen versuchte, würde er ihr das Genick brechen, und so tat sie, was er wollte, während sie sich vor Ekel schüttelte.

Diese Prozedur wurde mehrere Male wiederholt. Als Vlahan endlich befriedigt war, schlief er ein, und sie lag neben ihm, schluchzend und erniedrigt. Sie haßte ihn so sehr, daß sie ihm seinen Dolch ins Herz gestoßen hätte, wenn sie nur irgendwie an die Waffen herangekommen wäre, aber er hatte sie wohlweislich versteckt, und jedesmal, wenn Marrah sich auch nur leise bewegte, wachte er auf und bedrängte sie aufs neue.

Sie verbrachte eine schlaflose Nacht, halb erstickt von der Hitze und dem widerlichen Geruch des Feindes, der neben ihr lag. Zum ersten Mal in ihrem Leben fühlte sie Scham bei dem Gedanken an Lust, und sie weinte – sehr leise – um Stavan, der jetzt vielleicht tot war, und um die Liebe, die niemals mehr so wie früher sein würde.

Die endgültige Demütigung kam am nächsten Morgen, als Vlahan sie auf die Füße riß und ihr mit Gesten zu verstehen gab, daß sie ihm Wasser holen sollte. Wund und erschöpft vor Schlafmangel stolperte Marrah zur anderen Seite des Zelts, hob einen faltbaren Ledereimer auf und humpelte zu der offenen Zeltklappe, in der Hoffnung, daß sie vielleicht endlich flüchten konnte. Statt dessen fand sie draußen eine große Gruppe älterer Frauen vor, die offenbar schon auf sie warteten.

Sobald sie Marrah erblickten, stürzten sich die Frauen lachend auf sie und machten obszöne Gesten. Zulike, Zuhans Ehefrau, war ebenfalls unter ihnen, und nachdem sie Marrah herzhaft in die Wangen gezwickt und sie im Kreis herumgeführt hatte, damit die anderen sie betrachten konnten, ging sie ins Zelt, um gleich darauf mit einem der Teppiche zurückzukehren, auf denen Vlahan und Marrah in der Nacht zuvor geschlafen hatten. Auf dem Teppich prankte ein Blutfleck, nicht größer als eine halbe Handfläche, aber die Frauen schienen entzückt über diesen Beweis von Vlahans Brutalität. Sie hielten den Teppich hoch, so daß das Blut deutlich sichtbar war, als sie damit von Zelt zu Zelt gingen und ihn stolz zur Schau stellten. Singend und lachend schoben sie Marrah vor sich her, damit jeder im Lager sie sehen konnte.

Marrah war zu stolz, um in der Öffentlichkeit in Tränen auszubrechen. Mit versteinerter Miene marschierte sie hinter ihrem eigenen Blut her, ohne nach rechts oder links zu sehen, während die brutale Vergewaltigung, die sie durch Vlahan erlebt hatte, wie ein glückliches Ereignis verkündet wurde. Später erfuhr sie, daß die Zurschaustellung des blutbefleckten Teppichs ein uralter Hansi-Brauch war. Wenn eine Braut in der Hochzeitsnacht nicht blutete, konnte sie zu ihrem Vater zurückgeschickt, zur Sklavin degradiert oder sogar von ihrem eigenen Ehemann ermordet werden. Statt sich zur rächen, war die Familie der Toten verpflichtet, den Brautpreis zurückzuzahlen, und die Brautmutter litt so sehr unter der Schmach, daß sie manchmal Selbstmord verübte.

Nachdem Marrah durch das Lager geführt worden war, wurde sie zurück in Vlahans Zelt eskortiert. Vlahans erste Ehefrau, Timak, stand bereits auf der Türschwelle, die kräftigen Arme über der

Brust verschränkt und mit einem grimmigen, kalten Ausdruck in den Augen. Sie winkte Marrah zu sich her, dann hob sie urplötzlich den Fuß und trat sie hart in den Bauch, bevor sie über sie herfiel und sie schlug und biß und mit Fußtritten malträtierte. Als sich die beiden Frauen im Staub wälzten, feuerten die anderen sie begeistert an, doch wieder einmal war es ein aussichtsloser Kampf. Marrah war zwar jung, aber Timak war größer als sie und so stark wie ein Pferd. Bald hockte sie rittlings auf Marrah und schlug ihren Kopf wieder und wieder auf den Boden. Als Marrah, halb besinnungslos von den Schlägen, schließlich aufgab, kletterte Timak mit einem zufriedenen Grunzen von ihr herunter, ging ins Zelt, kehrte mit einem Korb zurück und schleuderte ihn ihr vor die Füße. Dann hob sie eine Handvoll frischen Pferdemist auf, verteilte ihn auf Marrahs weißer Tunika und bedeutete ihr mit Gesten, daß sie einen Korb voller Pferdeäpfel sammeln und sie neben dem Zelt zum Trocknen ausbreiten sollte, damit sie als Brennmaterial für die Kochfeuer dienen konnten.

Marrah, die bereit war, so ziemlich alles zu tun, nur um von dem Zelt wegzukommen, hob den Korb auf und eilte davon, aber man gestattete ihr keine Privatsphäre. Ganz gleich, wohin sie ging, immer folgte ihr jemand, bereit, Alarm auszulösen, wenn sie auch nur den Blick in Richtung der Freiheit der Steppe hob. Sie arbeitete, bis sie halb betäubt vor Erschöpfung war, und jedesmal, wenn sie einen Korb voller Mist zurückbrachte, begrüßte Timak sie mit einem grimmigen Lächeln, einem Schimpfwort und einer Ohrfeige. Später lernte Marrah, daß es traditionell üblich für die erste Ehefrau war, jede neue Frau zu schikanieren, die ihr Ehemann ins Zelt brachte, und daß Timak nach den Maßstäben der Hansi noch fast freundlich mit ihr umsprang.

Die Zeit verging. Während Marrah sich damit beschäftigte, die Pferdeäpfel zum Trocknen auszubreiten, wie Timak ihr befohlen hatte, machte sie sich Sorgen um Arang. Sie hatte ihn seit dem Tag davor nicht mehr gesehen, und als die Sonne tiefer und tiefer über dem riesigen, flachen Horizont sank, fürchtete sie schon, Changar hätte ihm die Kehle aufgeschlitzt, so wie er es bei den Pferden getan hatte. Es war ein schreckliches Bild, und sie tat ihr Bestes, es aus ihrem Kopf zu verdrängen, aber sie hatte bereits zuviel Gewalt erleiden müssen, um zu friedlichen Gedanken fähig zu sein.

»Süße Göttin«, flehte sie leise, »laß Arang sicher zurückkommen.« Aber es wurde immer später, und Arang kam nicht, und ihre Angst wuchs, bis noch nicht einmal mehr Timaks Drohungen und gebrüllte Befehle sie davon abhalten konnten, jedesmal aufzuhorchen, wenn sie das Hufgetrappel eines näherkommenden Pferdes hörte.

Kurz vor Sonnenuntergang erschien Arang dann endlich, während er langsam zwischen den langen Schatten der Zelte dahintrottete. Er war mit Hansi-Beinlingen und einer gegürteten Tunika bekleidet, kunstvoll mit Sonnen und Sternen bestickt, doch beim Anblick seines Gesichts schrie Marrah auf und rannte ihm entgegen, um ihn in die Arme zu nehmen.

»Nicht! Du darfst mich nicht umarmen, wenn uns die Nomaden beobachten«, bat er und stieß sie mit zitternden Händen von sich. Er setzte sich neben den Mistkorb auf den Boden und blickte sie an, als würde er jeden Moment in Tränen ausbrechen. Seine Wangen waren mit blutigen Narben bedeckt, und man hatte ihm auch noch den Rest seines Haares abgeschnitten. Er sah verletzlich aus, völlig verwirrt und sehr jung.

Eine Zeitlang saßen sie schweigend nebeneinander. Schließlich begann Marrah zu sprechen. »Was haben sie mit deinem Gesicht gemacht?« Sie hob eine Hand, um ihn zu streicheln, und hielt gerade noch rechtzeitig inne. Er hatte recht. Die Nomaden tauschten niemals irgendwelche Zärtlichkeiten in der Öffentlichkeit aus. Soweit sie wußte, konnte schon eine Umarmung mit Schlägen bis zur Bewußtlosigkeit bestraft werden.

Arang berührte seine linke Wange, zuckte zusammen und blickte sich ängstlich um. »Sie haben mir Achans Clanzeichen eintätowiert.« Seine Stimme zitterte. »Changar hat mir die Zeichen mit der Spitze seines Dolches eingeritzt, und ich glaube, er hat versprochen, ich würde mehr davon bekommen, sobald ich volljährig werde, aber ich bin mir nicht sicher. Dalish war nicht da, um zu dolmetschen.«

»O Arang, das ist ja furchtbar!«

»Das war es. Aber ich habe nicht geweint. Ich konnte nicht.« Er senkte seine Stimme zu einem Flüstern. »Ich glaube, wenn ich geweint hätte, hätten sie mich getötet.« Er zog die Beine hoch und schlang fest die Arme um die Knie, als suchte er Schutz, wie eine kleine Schildkröte, die sich in ihren Panzer zurückzog.

Marrah hatte solch großes Mitleid mit ihm, daß sie ihre eigenen Sogen für einen Moment vergaß. »Du armer Junge. Es muß furchtbar weh getan haben. Sieh dich doch nur an – das ganze Gesicht voller Schnitte, und keiner davon sauber. Ich glaube sogar, sie haben Holzkohle benutzt!« Sie griff nach ihrem Medizinbeutel, »Wir müssen sofort einen Umschlag mit Kamille auf die Wunden legen, bevor sie zu eitern anfangen!«

Er schüttelte den Kopf. »Nein.«

»Was soll das heißen, nein? Sei nicht albern. Willst du, daß dir das Gesicht abfällt?«

»Es ist nicht nur mein Gesicht.«

»Was meinst du?«

»Sie haben noch etwas anderes mit mir angestellt.«

»Was?«

Zu ihrer Überraschung wollte er es ihr nicht sagen.

»Arang, bitte sag es mir. Ich bin doch deine große Schwester. Ich liebe dich. Was immer sie getan haben, es war nicht deine Schuld.«

Arang senkte den Kopf und wandte beschämt den Blick ab. Nach und nach gelang es Marrah, ihn zum Sprechen zu bringen, und er berichtete ihr stockend, daß Changar ihm eine Art von Trank gegeben hatte, der bewirkte, daß sein Körper völlig gefühllos wurde, und als er zu betäubt und schwindelig war, um sich gegen die Männer zur Wehr zu setzen, hatten sie seine Beinlinge heruntergezogen und ihm ein Stück seines Penis abgeschnitten.

»Sie haben was getan?« Außer sich vor Empörung sprang Marrah auf die Füße und hätte dabei beinahe den Korb mit Pferdeäpfeln umgestoßen. Eigentlich hätten ihre Schreie bereits eine zornschnaubende Timak auf den Plan rufen müssen, aber sobald Arang erschien, war Timak weggegangen, und so konnte Marrah zum ersten Mal, seit Vlahan sie entführt hatte, nach Herzenslust fluchen und schimpfen. »Sie haben dich verstümmelt!«

Arang starrte seine Schwester mit großen Augen an, offensichtlich beeindruckt vom Ausmaß ihres Zorns. »Ich glaube, das tun sie mit allen Jungen.«

»Das ist ja schwachsinnig!«

»Aber sie tun es. Ich weiß es, weil Zuhan seine Beinlinge herunterzog, um mir seinen Penis zu zeigen, und dann haben die anderen Männer das gleiche getan. Sie haben sogar einen kleinen Jungen hergebracht, damit ich ihn mir ansehen konnte.«

»Jetzt reicht es mir! Du kommst auf der Stelle mit mir!« Sie nahm ihn bei der Hand und zog ihn auf die Füße. »Ich werde etwas auf deine Wunden auftragen, und zwar auf alle!« Sie führte ihn zu dem hohen Gras am Rand des Lagers, und zu ihrer Erleichterung hielt sie niemand auf. Nachdem sie eine Fläche flachgetreten hatte, die groß genug war, um ihnen beide Platz zu bieten, befahl sie Arang, sich zu setzen, damit er nicht gesehen werden konnte, und sie zu warnen, falls er jemanden kommen hörte. Dann öffnete sie ihren Medizinbeutel, nahm ein Päckchen mit getrockneten Kamillenblüten heraus und kaute sie, bis sie weich genug waren. Sie hätte es wirklich vorgezogen, sie in Wasser einzuweichen und zu zerstampfen, da die Blüten furchtbar bitter schmeckten, aber bis es ihr irgendwie gelang, einen Mörser und Stößel aus Lehm zu fabrizieren, würde sie sich mit ihren eigenen Zähnen behelfen müssen. Als die Blüten ein weicher Brei waren, schmierte sie etwas davon auf Arangs Wangen. Den Rest strich sie sorgfältig auf einen dünnen Streifen sauberen Leinens.

»Runter mit deinen Beinlingen«, kommandierte sie. Wie jeder, der unter den Angehörigen des Küstenvolks aufgewachsen war, so fühlte auch Arang sich nackt ebenso ungezwungen wie bekleidet. Gehorsam zog er seine Beinlinge herunter.

»Arang, das sieht ja schlimm aus!« Sie ging in die Hocke, um den Breiumschlag um seine Wunde zu wickeln, doch bevor sie ihn berühren konnte, stieß er einen leisen Warnruf aus und wich zurück. Marrah schwankte und ließ den Breiumschlag fallen. Als sie aufblickte, starrte sie geradewegs in ein Paar kalter, grüner Augen. Die Augen gehörten Changar, und er war wütend.

Er bedeutete Arang mit einer Handbewegung, seine Beinlinge heraufzuziehen. Dann drehte er sich zu Marrah um und versetzte ihr einen harten Schlag ins Gesicht. Sie hatte inzwischen gelernt, daß es sinnlos war zurückzuschlagen, und offenbar hatte Arang die gleiche Erfahrung gemacht. Er gab keinen Laut von sich, sondern saß nur erschrocken da, als Changar die Hand ausstreckte und ihr den Medizinbeutel entriß.

Changar öffnete den Beutel, inspizierte seinen Inhalt und grunzte mißbilligend. Dann schüttete er alles auf den Boden, kniete sich hin und begann, darin herumzuwühlen, wobei er Päckchen mit kostbaren Kräutern und pulverisierten Heilwurzeln aufriß. Marrah schaute hilflos zu, als der bittersüße Duft von Dutzenden unersetzbarer Arzneien die Luft erfüllte. Changar zog den Beutel mit dem getrockneten Donner auf, beäugte die kleinen Tonkugeln und biß prüfend in eine. Was immer darin war, mußte scheußlich schmekken, denn er schnitt eine Grimasse und spuckte einen Klumpen schwarzen Schleims aus. Er verschloß den Beutel und ließ ihn in seiner Tasche verschwinden. Das Pulver der Unsichtbarkeit brachte ihn zum Niesen, aber er behielt auch dieses Päckchen und warf Marrah einen argwöhnischen Blick zu, als er es in seinem eigenen Medizinbeutel verstaute.

Als er damit fertig war, sich zu nehmen, was er gebrauchen konnte, und den Rest vernichtet hatte, erhob er sich mit einem Rasseln seiner Wolfsklauenhalskette. Mit drohender Miene hielt er Marrah ihren leeren Medizinbeutel vors Gesicht und sagte dabei eines der wenigen Worte auf hansi, die sie kannte, und seine Stimme klang so unheilverkündend, daß ihr eine Gänsehaut über den Rükken prickelte. Das Wort lautete »nech«, und es bedeutete »niemals«. Der Wahrsager zeigte in die Richtung von Vlahans Zelt, gab ihnen zu verstehen, sofort dorthin zurückzukehren. Dann machte er kehrt und ging so leise, wie er gekommen war.

»Du kannst von Glück reden, daß er dich nur geschlagen hat«, sagte Dalish am nächsten Morgen, als sie in Vlahans Zelt kam, um Marrah zu trösten. »Und du kannst doppelt froh sein, daß sie Arang noch für einen kleinen Jungen halten. Sonst wäre er nämlich jetzt tot, da Changar ihn mit heruntergelassenen Hosen erwischt hatte, während du über ihm knietest.«

»Aber die Glücksbringer, die mir die Priesterinnen von Nar geschenkt hatten, sind alle weg, und meine sämtlichen Arzneien obendrein. Was soll ich tun, wenn jemand krank wird? Ich kann keine neuen Heilkräuter sammeln; ich war kaum in der Lage, eine einzige Pflanze zu erkennen, seit wir den Wald verlassen haben.«

Dalish runzelte die Stirn und blickte sich vorsichtig um, um sicherzugehen, daß Timak nirgendwo in Sicht war. Obwohl sie sich auf shambah unterhielten, schien sie immer mißtrauisch zu sein, als könnten sie belauscht werden. »Statt dir über Glücksbringer und Krankheiten Sorgen zu machen, solltest du lieber der Göttin danken, daß Changar genug Verstand hatte, um einzusehen, daß du Arang zu heilen versucht hast, und genug Großzügigkeit – wenn man es überhaupt so nennen kann –, um die Tatsache zu berücksichtigen, daß du unmöglich wissen konntest, daß er hier der einzige ist, dem das Recht zusteht, irgend etwas zu heilen. Wärst du eine Hansi-Frau gewesen, dann hätte er dich nicht nur geschlagen; er hätte dir die Zähne eingetreten oder dich vielleicht sogar erwürgt.«

Sie tätschelte verständnisvoll Marrahs Knie. »Ich weiß, du hast in den letzten beiden Tagen alle Arten von Schrecken erleben müssen, aber versuch doch mal, die Dinge positiv zu sehen. Ich bin gekommen, um dir eine gute Nachricht mitzuteilen. Zuhan will, daß Arang einen Dolmetscher hat, bis er genügend Hansi kann, deshalb hat Slehan mich ihm überlassen.« Sie lächelte. »Mir gefällt die Idee, Zuhans Konkubine zu sein. Er ist so alt, da bezweifle ich, daß er sehr viel mehr tun kann, als meine Brüste zu kneten. Zulike könnte mir zwar das Leben schwermachen, aber unter diesen Umständen glaube ich nicht, daß es sie kümmern wird. Deshalb bin ich hier, um zu bleiben.«

Sie ergriff Marrahs Hand, wobei sie sie vorsichtig unter dem Saum ihres Schals verbarg. »Und jetzt erzähl mir, was passiert ist seit dem letzten Mal, als wir uns gesehen haben. Ich weiß, wie Hochzeitsnächte bei den Hansi verlaufen. Hat Vlahan dich verletzt? Du hast vielleicht deine Arzneien verloren, aber ich habe ein paar Dinge, die die schlimmsten Beschwerden lindern können. Es gibt eine spezielle Pflanze namens ›Brautbalsam‹, die alle Hansi-

Frauen benutzen. Natürlich ist dies strengstens verboten, aber Changar haßt es, irgend etwas mit Frauenkrankheiten zu tun zu haben, deshalb gibt er vor, nichts davon zu merken.«

Ermutigt durch ihr Mitgefühl, begann Marrah zu beschreiben, wie Vlahan sie nach der Adoptionszeremonie brutal gepackt hatte, aber als sie zu dem Teil über Stavan kam, brachte Dalish sie zum Schweigen, indem sie einen Finger auf ihre Lippen legte, und als sie sprach, war alles Mitgefühl aus ihrer Stimme verschwunden. »Wenn du diesen Namen jemals wieder laut aussprichst, werde ich aufstehen, weggehen und nur noch mit dir reden, wenn Slehan mich zum Übersetzen zwingt. Hast du den Verstand verloren? Du sagst, du hättest deinen Liebhaber gesehen. Ich habe mit den anderen Konkubinen gesprochen, und sie haben mir alles über Zuhans verrückten Sohn erzählt. Er wandert barfuß herum mit Stroh im Haar, er hat jedes Interesse an Pferden oder Frauen verloren, und wann immer Zuhan Mitleid mit ihm hat und ihn zu irgendeiner öffentlichen Zeremonie einlädt, sitzt er die ganze Zeit nur da und brabbelt wirres Zeug vor sich hin.«

Sie lächelte bitter. »Ich weiß, du hast insgeheim gehofft, er wird dich retten, aber der arme Irre kann noch nicht einmal sich selbst retten. Er schläft bei den Pferden, und manchmal, wenn die Frauen auf die Weide kommen, um die Stuten zu melken, ertappen sie ihn dabei, wie er Heu zu essen versucht. Gib ihn auf. Ich sage dir dies als Freundin. Er ist der letzte Mensch, auf den du dich verlassen kannst.«

Eine Woche verstrich und noch eine. Jede Nacht zwang Vlahan Marrah in sein Bett, aber das Zelt war nicht länger leer. Jetzt lagen Timak und Hiknak dicht daneben, horchten auf Marrahs Proteste und Vlahans Befehle. Obwohl Marrah gehofft hatte, Arang würde bei ihnen leben, war sie dankbar, daß Zuhan darauf bestanden hatte, ihn in sein eigenes Zelt zu nehmen. Arang kam nicht sonderlich gut mit Zulike aus – aber wer konnte das schon? –, doch sie hatte nicht das Recht, ihn so zu schikanieren, wie Timak Marrah quälte, und außerdem war Arang nur nachts im Zelt. Während des Tages nahmen ihn Zuhans Krieger mit in die Steppe, um ihm beizubringen, wie ein Mann zu reiten und zu jagen.

Manchmal vergingen mehrere Tage, bevor Arang wieder Gelegenheit fand, seine Schwester zu besuchen. Wenn er kam, dann war es für Marrah wie eine Art Festtag. Timak und Hiknak pflegten sich bei solchen Gelegenheiten rar zu machen, und Marrah hatte Zeit, sich zu setzen und zu hören, was Arang erlebt hatte. In der Hauptsache lernte er, einen Speer zu werfen und Pfeile von einem galoppierenden Pferd aus abzuschießen, was für ihn ein Vorgeschmack dessen war, wie die Hansi-Hölle sein mußte.

»Ich mag Bogenschießen, wenn ich beide Füße fest auf dem Boden habe, aber wenn ich auf dem Rücken eines dieser verfluchten Biester sitze, kann ich nicht richtig zielen, und ich falle jedesmal beinahe herunter. Wovor ich wirklich Angst habe, ist, daß mich Vlahan und die anderen eines Tages auf einen Überfall mitnehmen und von mir erwarten, jemanden zu töten.«

Manchmal gingen sie hinaus zum Rand des Lagers, dorthin, wo das hohe Gras anfing, und wenn sie sicher sein konnten, daß weder Changar noch sonst irgend jemand in der Nähe war, legte Arang seinen Kopf in Marrahs Schoß, und sie streichelte sein Haar. Ein oder zweimal sangen sie sogar leise Sabalahs Lied, und wenn sie geendet hatten, waren ihre Augen feucht vor Tränen.

Aber im Laufe der Wochen schien Arang reservierter zu werden. Einmal kam er mit einer Quetschwunde auf der Stirn zu ihr, und als Marrah fragte, woher er sie hätte, verweigerte er ihr eine Antwort. Als sie ihm keine Ruhe ließ, fauchte er sie an. »Ich dachte, es wäre vielleicht eine nette Idee, wenn ich für Zuhan tanzen würde, aber Zuhan gefiel mein Stil nicht. Meine besten Rückwärtssaltos und elegantesten Schritte entsetzten ihn, und als ich fertig war, ließ er mich zur Strafe von einem seiner Krieger verprügeln. Bist du jetzt zufrieden?«

Ein anderes Mal wollte sie wissen, ob er Stavan jemals gesehen hätte, und er schenkte ihr ein verbittertes Lächeln. »O ja, ich sehe meinen lieben Aita ständig, und wenn Timak dich jemals zu den Weiden gehen ließe, wo sie ihre Pferde halten, würdest du ihn auch sehen. Er lebt bei den Herden. Er scheint mich nicht zu erkennen – weder mich noch sonst jemanden. Ich weiß nicht, was mit ihm passiert ist, aber ich glaube, er hat den Verstand verloren. Die

Krieger fürchten sich alle vor ihm; sie sagen, er sei votok.« Und als Marrah fragte, was das Wort bedeute, erklärte er ihr, daß die Männer Angst hätten, Stavan sei von Dämonen besessen.

Arang lernte schnell Hansi – sehr viel schneller als Marrah –, und er lernte auch andere Dinge. Eines Morgens schob Timak die Zeltklappe zurück und steckte den Kopf heraus, um Marrah unflätig zu beschimpfen, als Arang gerade herbeikam. Er fing an zu laufen und schrie Timak dabei etwas auf hansi zu, worauf Timak mitten im Satz erstarrte und schleunigst wieder im Inneren des Zelts verschwand. Als er vor Marrah stehenblieb, grinste er von einem Ohr zum anderen.

»So, ich schätze, das wäre erledigt.« Er setzte sich bequem auf einen umgestülpten Korb. »Ich bezweifle, daß sie uns heute morgen noch einmal belästigen wird.«

»Was hast du zu ihr gesagt?«

»Ich habe ihr gesagt, wenn sie nicht sofort in ihrem Zelt verschwände, würde ich sie verprügeln.«

»Arang, wie konntest du! Sie ist alt genug, um eine Dorfmutter zu sein. Wie konntest du sie so respektlos behandeln?«

»Sie ist nichts weiter als eine gemeine alte Frau.« Arang zuckte die Achseln. »Und hübsch ist sie auch nicht. Zuhan hat mir gesagt, ich habe das Recht, jede Frau herumzukommandieren, wie ich will, sogar Zulike.« Er blickte seine Schwester nachdenklich an. »Und sogar dich.«

»Versuch's nur, und dann wirst du schon sehen, wie weit du damit kommst, du frecher Bengel.« Sie mußte ihn unbedingt hier herausschaffen, bevor Zuhan einen Hansi-Krieger aus ihm machte. Sie waren dabei, sein sanftmütiges Wesen zu verderben. Arang wehrte sich zwar dagegen, aber er war erst zwölf Jahre alt. Wie lange konnte sie noch von ihm erwarten, daß er Widerstand leistete?

Nachdem Arang Timak angeschrien hatte, behandelte sie Marrah mit mehr Respekt. Statt sie zu schlagen und zur Tür hinauszustoßen, um Pferdemist zu sammeln, gab sie ihr jetzt den Korb und knurrte dabei etwas vor sich hin. Manchmal schickte sie Marrah zum Wasserholen oder um wilde Kräuter und Wurzeln zu sammeln. Hin und wieder erlaubte sie Marrah sogar, Hiknak beim Melken der Kühe und Stuten zu helfen oder Vlahans Essen zu kochen, was eine ziemlich mühselige Prozedur war. Da die Nomaden kaum jemals Tongeschirr benutzten, briet das Fleisch entweder direkt über dem Feuer oder wurde mit Wasser zu einer Art Ragout eingekocht, indem man heiße Steine in einen mit Leder ausgekleideten Korb warf. Wenn die Steine zu heiß waren, zerbrachen sie, sobald sie in die Flüssigkeit fielen, wobei sie das Kochgut versengten und sich durch den Boden des Korbs brannten. Wenn sie dagegen zu kalt waren, sanken sie auf den Boden, ohne das Fleisch zu erwärmen. Marrahs erster Versuch war ein Fehlschlag, doch statt ihr einen Fußtritt zu versetzen, murmelte Timak lediglich einen Fluch, kippte die Fleischbrühe in einen neuen Korb und begann von vorn.

Vlahan hegte eine besondere Vorliebe für die fetten Wühlmäuse, die sich von den wildwachsenden Gräsern ernährten, und nachdem sie so kümmerlich dabei versagt hatte, einen Eintopf zu kochen, bekam Marrah die Aufgabe, die kleinen Tiere auszunehmen, ihr Fell in den Flammen abzusengen und sie in eine kleine Grube zum Garen zu legen. Die Hansi aßen eine ganze Reihe von absonderlichen Tieren: Larven, Schlangen, Eidechsen und – wie Dalish versprochen hatte – Grashüpfer. Aber hauptsächlich aßen sie Rindfleisch, Pferdefleisch, Käse, einen Brei aus Grassamen und eine Art Pudding, der aus Milch und Blut bestand.

Marrah war so beschäftigt, daß sie manchmal vergaß, sich Sorgen zu machen, doch sie brauchte nur aufzublicken und den Haß in Timaks Augen flackern zu sehen, um zu wissen, daß sie sich auf lebenslängliche Schufterei und Mißbrauch gefaßt machen mußte, wenn ihr nicht irgendwie die Flucht gelang. Und dennoch, als die Zeit verging, wurde ihr Leben ein wenig angenehmer. Sie vermutete, daß Arang Timak wieder einmal massiv bedroht hatte, denn plötzlich, nachdem Timak sie tagelang beobachtet hatte, gestattete sie Marrah, allein hinauszugehen, um Dung zu sammeln. Es war eine Erleichterung, durch das hohe Gras zu streifen und sich irgendwo hinzusetzen, wo sie keine beobachtenden Blicke befürchten mußte. In der Steppe stand es ihr frei, von ihrer Heimat zu träumen und zumindest für eine Weile die Schrecken von Vlahans Bett zu vergessen.

Das einzig Schlimme an ihrer neuen Freiheit war, daß sie auf dem Weg durch das Lager häufig Stavan begegnete. Als dies das erste Mal geschah, war Marrah so aufgeregt, daß sie ihn ansprach, aber er ging einfach weiter und blickte geradewegs durch sie hindurch, als hätte er sie noch nie zuvor gesehen. Als sich ihre Pfade das nächste Mal kreuzten, saß er im Schatten, während er mit einem Stück Pferdehaar spielte und wie ein Idiot vor sich hin brabbelte. Der Gedanke, daß er tatsächlich den Verstand verloren hatte, bekümmerte Marrah zutiefst, aber es schien wahr zu sein. Nach einigen weiteren unerfreulichen Begegnungen eilte sie jedesmal in die entgegengesetzte Richtung, wenn sie ihn kommen sah. Dalish hatte recht. Was immer zwischen ihnen beiden gewesen war, war vorbei, und es war nicht nur töricht, sondern auch gefährlich, wenn sie ihn dazu zu bringen versuchte, sie zu erkennen.

Eines Tages im Frühherbst, als sich die Steppe goldgelb verfärbt hatte und die Nacht kalt genug gewesen war, um den Boden mit Rauhreif zu überziehen, saß Marrah gerade inmitten der hohen Gräser und dachte an zu Hause, als sich die Halme plötzlich teilten und Stavan vor ihr stand. Er war barfuß, mit Stroh im Haar, und er trug eine zerrissene Tunika und eine Kette aus Dornen um den Hals, aber seine Augen blickten vollkommen klar, und er war so eindeutig bei Verstand wie jeder andere, den sie je gesehen hatte.

Hastig ließ er sich auf die Knie fallen und legte seine Hand über ihren Mund, um sie daran zu hindern, vor Überraschung laut aufzuschreien. »Pst«, flüsterte er, »wir haben nicht viel Zeit. Ich muß dir etwas sagen. Ich bin –« Er brach mitten im Satz ab, und Marrah hörte Hiknak und eine andere Frau lachend näherkommen. Bevor sie Zeit hatte, Angst zu bekommen, war Stavan schon verschwunden, hatte sich so schnell und so leise durch das Gras davongeschlängelt, daß zu dem Zeitpunkt, als die Frauen in Sichtweite waren, noch nicht einmal mehr ein Grashalm zitterte, der ihn verraten hätte.

In aller Eile griff Marrah nach ihrem Korb, sprang auf die Füße, rief eine Begrüßung in gebrochenem Hansi und tat so, als sei sie damit beschäftigt, nach Pferdeäpfeln zu suchen; aber sie war innerlich so aufgewühlt, daß sie nicht viel mehr tun konnte, als im Kreis herumzugehen und ab und zu eine Weile stehenzubleiben, um sich hinzuhocken und zu warten, für den Fall, daß Stavan sie erneut finden wollte. Doch er mußte es für zu gefährlich gehalten haben, denn er ließ sich nicht wieder blicken.

Marrah bekam eine gehörige Standpauke von Timak zu hören, als sie mit einem halb leeren Korb zum Zelt zurückkehrte, doch ausnahmsweise war es ihr völlig egal. Stavan hatte nur einige wenige Worte zu ihr gesagt, aber sie wußte jetzt ohne jeden Zweifel, daß er ebensowenig verrückt war wie sie.

An jenem Abend kam Arang, um seine Schwester zu besuchen. Die Krieger hatten ihn wieder mit in die Steppe genommen und den ganzen Tag mit ihm trainiert, hatten ihn reiten und Zielschießen üben lassen, bis er sich kaum noch auf den Beinen halten konnte. Seine Finger waren schwielig, und er war von Kopf bis Fuß mit grauem Staub bedeckt, doch als Marrah ihm von ihrer Begegnung mit Stavan erzählte, warf er den Kopf zurück und lachte froh.

»Er ist nicht verrückt?«

»Nein.«

»Dann wird er uns zur Flucht verhelfen! Hurra!« Arang umarmte seine Schwester stürmisch. »Keine Nomaden, keine Speere, keine Pferde mehr! Wie ich es verabscheue, als Krieger ausgebildet zu werden! Wie ich es hasse!«

Sie tanzten herum und lachten so übermütig, daß Timak sie argwöhnisch beäugte, aber was kümmerte es sie noch? Bald würde Timak nichts weiter als eine Erinnerung sein.

In jener Nacht brachte es noch nicht einmal Vlahan fertig, Marrah zum Weinen zu bringen. Als er schnaufend auf ihr lag, beobachtete sie ihn kalt und wie aus weiter Ferne. Er mochte zwar ihren Körper besitzen, aber ihre Seele war draußen in der Steppe bei Stavan und ritt gegen Westen nach Shara.

18. Kapitel

Am nächsten Morgen erwachte Marrah, überzeugt, Stavan werde zu ihr kommen, sobald sie in die Sicherheit des hohen Grases eintauchte, aber sie hatte niemals Gelegenheit, sich weiter als fünfzig Schritte von Vlahans Zelt zu entfernen. Timak war übellaunig und reizbar wie eine kranke Ziege. Kaum hatte sie sich von ihrer Pritsche erhoben, da begann sie, Befehle zu brüllen; sie stieß die arme Hiknak herum, wenn sie sich nicht schnell genug bewegte, und folgte Marrah sogar nach draußen, um sicherzugehen, daß sie nicht mehr Zeit zum Verrichten ihrer Notdurft verschwendete, als unbedingt nötig. Als sie den beiden jüngeren Frauen ein Frühstück aus kalten Resten vorsetzte, befahl sie ihnen, schnell zu essen und dann die Decken zusammenzufalten und die ledernen Satteltaschen zu packen. Sie zögen in ein anderes Lager, informierte sie sie, und sie hätte nicht die Absicht, ganz am Ende der Karawane zu landen und den Staub der anderen zu schlucken, nur weil Marrah und Hiknak zwei faule Schlampen wären.

In weniger Zeit, als Marrah für möglich gehalten hätte, war das Zelt abgebaut, und die Stangen und Zeltplanen waren zu einem Schlitten umfunktioniert worden. Bald waren Vlahans sämtliche Besitztümer ordentlich eingepackt und verstaut, das Kochfeuer war gelöscht, und Timak stand da, die Hände in die Hüften gestemmt, und blickte ungeduldig in die Richtung der Herden. Wenn Vlahan nicht bald mit den Pferden kam, würden sie einer der letzten Haushalte sein, der sich in Bewegung setzte. Vlahan sei ein unzuverlässiger, fauler Bastard, schimpfte sie, aber wenn Marrah oder Hiknak ihm jemals verrieten, daß sie irgend etwas in der Art über ihn gesagt hätte, würde sie ihnen beiden die Leber herausreißen.

Hinter Timaks Rücken grinste Hiknak Marrah schüchtern zu, und zum ersten Mal fühlte Marrah ein Band der Sympathie mit der kleinen Konkubine. Offensichtlich freute es Hiknak, Timak so heftig auf Vlahan fluchen zu hören. Timak hatte recht; sie würden zu spät kommen. Überall im Lager bauten Frauen und Kinder in fieberhafter Eile Zelte ab und packten Bündel. Vor einige der

Schlitten waren bereits Pferde gespannt, und Zuhan hatte seinen weißen Wallach bestiegen und war im Begriff, das Kommando zum Aufbruch zu geben. Neben ihm saß Arang auf einem kleineren Pferd, nicht auf dem Grauschimmel, auf dem er von Shambah hergeritten war, sondern auf einem edlen, feinknochigen Tier, dessen glänzendes Fell die Farbe von Honig hatte. Marrah winkte, als sie ihn sah, und er winkte zurück, doch sie hatten keine Gelegenheit, miteinander zu sprechen, was schade war. Sie wollte noch weiter über Stavan mit ihm reden, aber Zuhan behielt in diesen Tagen ein wachsames Auge auf Arang. Wenn Arang nicht zu ihr kam, konnte sie nirgendwo in seine Nähe gelangen, da es Frauen verboten war, sich ohne Erlaubnis ihres Ehemannes den Haushaltsmitgliedern des Großen Häuptlings zu nähern.

Changar saß neben Arang auf einem schwarzen Hengst, während er alles und jeden mit einem kalten, gebieterischen Blick musterte. Stavan ließ sich nirgendwo blicken, was auch gut war, soweit es Marrah betraf, weil sie sich nicht sicher war, ob sie auch nur in seine Richtung hätte sehen können, ohne daß Timak – oder, schlimmer noch, Changar – irgend etwas geargwöhnt hätten.

Timak schimpfte und fluchte in einem fort, bis Vlahan endlich mit vier Pferden erschien. Er übergab sie ihr ohne ein Wort der Entschuldigung und galoppierte dann zurück zu der Herde, um dabei zu helfen, das Vieh zusammenzutreiben. Timak schirrte ein Pferd vor den Schlitten und befahl Marrah und Hiknak, die anderen drei aufzuzäumen. Sie hatte einen unangenehmen Charakter, aber sie war auch eine schnelle, tüchtige Arbeiterin, und als Marrah ihren Anweisungen zu folgen versuchte, fühlte sie eine widerwillige Bewunderung für sie. Diese Nomadenfrauen mochten zwar wie ängstliche Mäuse herumhuschen, wenn ihre Männer einen Befehl erteilten, aber sie waren so stark wie Bullen, und wenn es darum ging, einem nervösen Pferd eine Gebißstange ins Maul zu schieben, ohne dabei getreten zu werden, konnte es niemand mit ihnen aufnehmen.

Als die Pferde aufgezäumt waren, stiegen die drei Frauen in den Sattel und formierten sich zu einer Reihe, wobei Timak die Spitze bildete und Hiknak und das Schlittenpferd die Nachhut. Und zwar gerade noch rechtzeitig, denn als sie sich zurechtsetzten, gab Zuhan Changar ein Zeichen. Der Wahrsager verbeugte sich vor dem Großen Häuptling, hob ein weißes, flötenähnliches Instrument an die Lippen und blies einen einzigen, schrillen Ton. Später erfuhr Marrah, daß die Marschtrompete aus einem menschlichen Schenkelknochen bestand, aber selbst in diesem Moment, als sie gnädigerweise noch nichts davon wußte, ging ihr der gellende Klang durch Mark und Bein und verursachte ihr eine Gänsehaut. Tarka schien ihn ebenfalls nicht zu mögen; sie legte die Ohren zurück und scharrte nervös mit den Hufen im Staub, und Marrah konnte nur mit Mühe verhindern, daß sie mit einem Satz aus der Reihe sprang.

Beim Schmettern der Trompete begannen sich alle in Bewegung zu setzen: zuerst Zuhan und seine Leibwächter, dann Changar und Arang, dann die Frauen und Kinder jeder Familie, während sich die Zuspätkommenden beeilten, den Zug einzuholen. Als sich die Frauen und Packpferde vorwärtsbewegten, begannen die Männer in der Steppe, die Pferde und Rinder mit schrillen Rufen anzutreiben. Langsam wie ein breiter Fluß setzten sich die Herden in Bewegung, ließen Wolken blassen Staubs in den Himmel aufsteigen. Bald war der Ort, wo sie so viele Tage lang kampiert hatten, nicht mehr als ein langer Streifen plattgetretenen Grases, mit Löchern, wo die Zelte gestanden hatten, und kleine Häufchen von Knochen und anderen Abfällen. Schon kreisten Krähen und Bussarde am Himmel, bereit, herabzustürzen und die Reste zu vertilgen.

Ihr Vorwärtskommen durch das hohe Gras erinnerte Marrah an den Ritt von Shambah zu Slehans Lager, nur daß es langsamer vonstatten ging und weit weniger brutal war. Niemand wurde durstig, und gegen Mittag hielt der gesamte Stamm an, um die Kinder zu füttern, die Pferde zu tränken und eine kalte Mahlzeit einzunehmen. An diesem Abend schlugen sie noch vor Einbruch der Dunkelheit ihr Lager auf, zündeten kleine Kochfeuer an und packten genügend Decken und Körbe aus, um es sich bequem zu machen. Am nächsten Morgen kurz nach Sonnenaufgang gab Changar den Befehl zum Aufbruch, und sie machten sich wieder auf den Weg.

Sie zogen mehrere Tage lang weiter. Marrah sah Arang manchmal mit Zuhan und manchmal mit Dalish, die ihm anscheinend Unterricht in Hansi erteilte. Während sie Seite an Seite dahinritten, zeigte Dalish gelegentlich auf einen Vogel oder eine Pflanze, und ihre Lippen bewegten sich, und Arang nickte, und es sah aus, als wiederholte er, was sie gerade gesagt hatte; die beiden waren jedoch immer zu weit von Marrah entfernt, als daß sie sie hätte hören können. Sie versuchte, sich nicht ausgegrenzt zu fühlen, aber das war schwierig. Das Beste, was sie tun konnte, war, Arang zuzuwinken und ihm einen wissenden Blick zuzuwerfen. Es war alles sehr frustrierend, besonders am dritten Tag, als sie sicher war, sie sähe Stavan in den Staubwolken neben den Rindern hermarschieren. Es war vielleicht nur einer der älteren Jungen, doch selbst die Chance, daß er es sein könnte, erregte sie so sehr, daß sie an nichts anderes mehr dachte.

Die Krieger ritten neben und hinter der riesigen Herde, wobei sie die Tiere langsam vorwärtstrieben und Verirrten, die in die falsche Richtung zu wandern versuchten, den Weg abschnitten. Die Frauen waren angewiesen worden, ihre Pferde unter Kontrolle zu halten, und den Kindern hatte man eingeschärft, nicht laut zu rufen oder plötzliche Bewegungen zu machen. Wenn die Herde in Panik geriet und durchging, konnte es Tage dauern, um die Tiere wieder zusammenzutreiben. Am Morgen warfen alle einen prüfenden Blick auf den Himmel. Gewaltige Unwetter konnten über die Steppe hinwegfegen, die wie aus dem Nichts kamen. Viele der Pferde waren so wild, daß schon ein einziger Blitz genügte, um sie angstvoll davongaloppieren zu lassen, und wenn die Pferde ausbrachen, flohen die Rinder oft mit ihnen. Nachts saßen die Nomaden um die Lagerfeuer und erzählten Geschichten von Stämmen, die von ihren eigenen Herden niedergetrampelt worden waren.

Aber jetzt war es Herbst, nicht Sommer. Bis auf einen Nachmittag mit Nieselregen blieb der Himmel so klar und blau wie eine Kette blauer Tonperlen, und selbst die wildesten Pferde verbrachten den Großteil der Zeit damit, friedlich Gras zu rupfen. Nur eine Sache von wirklichem Interesse passierte, als sie weiter nach Süden zogen. Eines Morgens trieb Hiknak ihr Pferd neben das von Marrah und begann zögernd zu sprechen.

»Warum kommandierst du mich nicht herum?« fragte sie, während sie sich eine Strähne schmutzig-blondes Haar aus der Stirn strich und Marrah schüchtern anblickte.

Marrah lächelte Hiknak an und dachte, wie kindlich sie unter der schwarzen Schminke um ihre Augen aussah. Es war immer schwierig, sich daran zu erinnern, daß sie eine Frau war, obwohl Vlahan und Timak ihr schon vor langer Zeit alle kindliche Freude mit Prügeln ausgetrieben hatten. »Warum sollte ich dich herumkommandieren? Gibt Timak nicht schon genug Befehle für zehn?« Marrah war froh, daß sie endlich genug Hansi konnte, um sich mit jemandem zu unterhalten.

»Aber du bist Vlahans Ehefrau, und ich bin nur eine Konkubine. Man erwartet von dir, daß du mich verfluchst und mir ab und zu einen Fußtritt versetzt, sonst werden die Leute glauben, daß es dir egal ist, wenn er mich in sein Bett nimmt.«

Marrah lachte. »Kleine Schwester, ich werde dir niemals Fußtritte verpassen oder dich verfluchen oder auch nur meine Stimme gegen dich erheben, wenn ich es verhindern kann, und was Vlahan betrifft, so habe ich den Verdacht, daß es uns beiden wesentlich lieber wäre, wenn der brutale Kerl sein Pferd vögeln würde statt eine von uns.«

Hiknak wurde rot und kicherte. »Laß das bloß Timak nicht hören«, warnte sie Marrah und blickte nervös in Timaks Richtung. Sie dämpfte ihre Stimme. »Sie hält ihn für einen Sexprotz, den der Himmel geschickt hat.«

Marrah war fasziniert. »Aber du weißt es besser?«

Hiknak nickte. »Ja. Ich bin als Jungfrau zu Vlahan gekommen, genau wie du. Wenn ich mein Jungfernhäutchen nicht mehr gehabt hätte, hätten mich Zuhans Krieger zu Tode geschändet oder mich zur Sklavin gemacht. Aber ich hatte eine Freundin im Lager meines Vaters.«

»Wie war ihr Name?«

»Sie hieß Iriknak«, erwiderte Hiknak leise. »Und sie war eine liebenswerte, zärtliche Frau. Sie war die jüngste Konkubine meines Onkels, genauso alt wie ich, mit der sanftesten Stimme und dem strahlendsten Lächeln, das du dir vorstellen kannst. Vlahan hat sie getötet, und eines Tages werde ich es ihm heimzahlen. Ich sage dir dies, weil ich gehört habe, was nachts zwischen dir und ihm vorgeht, und ich weiß, daß du ihn auch hassen mußt.« Damit trieb Hiknak ihr Pferd an und ritt davon, während Marrah sprachlos zurückblieb.

Nun, dachte sie, das sollte mir eine Lehre sein, niemals jemanden zu unterschätzen.

Schließlich – aus Gründen, die Marrah nie so recht verstand – kam der Stamm zu einer Stelle, wo sie für längere Zeit ihr Lager aufschlagen würden. Soweit Marrah es sehen konnte, war das Wasser hier nicht besser und das Gras nicht höher als dort, wo sie die Nacht zuvor kampiert hatten, aber alle schienen von der Wahl entzückt, und als die Frauen und Kinder die Zelte auspackten und die großen Lederbeutel leerten, breitete sich ein Gerücht im Lager aus: Hier würden sie den Winter verbringen, falls Han Changar nicht ein Zeichen schickte, um ihm zu sagen, daß sie weiterziehen sollten.

Marrah arbeitete jetzt sehr viel lieber mit Hiknak zusammen, nachdem sie die Gefühle des Mädchens für Vlahan kannte, und als die beiden unter Timaks Genörgel und mißbilligenden Blicken das Zelt aufstellten, tauschten sie verstohlene Signale des Einverständnisses und der Rebellion aus. Der Platz, den Vlahan ausgesucht hatte, lag am Rande des Lagers, und als Marrah die Zeltpflöcke in den Boden schlug, blickte sie sehnsüchtig auf das hohe Gras. Wenn sie einen unbeobachteten Moment finden könnte, um sich davonzustehlen, würde Stavan es vielleicht bemerken und ihr folgen.

Aber alles blieb nur müßige Spekulation. Das Zelt wurde aufgestellt, die Beutel ausgepackt, das Feuer angezündet, frische Pferdeäpfel wurden zum Trocknen ausgebreitet, dann wurde das Abendessen gekocht, und über all den Vorbereitungen war es dunkel geworden, ohne daß sie Stavan irgendwo hätte treffen können, außer in ihrer Phantasie. Vlahan war in der Zwischenzeit im Zelt des Großen Häuptlings verschwunden, wo er Kersek mit den anderen Kriegern trank, um die Ankunft des Stammes im Winterlager zu feiern, und zweifellos würde er betrunken und lüstern zurückkommen, und der Abend würde auf die gewohnt elende Art enden.

Leider sollte Marrah recht behalten. Sie blieben auf, um auf Vlahan zu warten, bis selbst Timak aussah, als könnte sie kaum noch die Augen offenhalten. Das Feuer verlöschte, wurde wieder angezündet und brannte ein zweites Mal nieder. Schließlich hörten sie ihn kommen. Er gröhlte etwas, vielleicht ein Hansi-Schlachtlied. Marrah schnappte die Wörter »Wolf« und »Feinde« auf, bevor er durch die Zeltklappe hereinstolperte. Als Timak ihm beim Ausziehen der Stiefel zu helfen versuchte, fluchte er wild und stieß sie weg. Dann packte er Marrah am Arm und zerrte sie in sein Bett, aber der Kersek mußte diesmal besonders stark gewesen sein oder er mußte mehr als sonst davon getrunken haben, denn statt sich auf sie zu legen, schlief er fast sofort ein.

Nun, das nenne ich eine Gnade, dachte Marrah, als sie neben ihm lag und auf sein röhrendes Schnarchen horchte. Er ist nicht nur bewußtlos, er macht auch den Eindruck, als würde er es noch eine ganze Weile bleiben. Erleichtert kehrte sie ihm den Rücken zu, schloß die Augen und versank in den ersten richtigen Schlaf seit Wochen.

Irgendwann später wachte Marrah ruckartig auf. Vlahan hatte ihr seine Hand auf den Mund gepreßt. Möge der verfluchte Kerl in der Hansi-Hölle schmoren! Warum mußte er sie Nacht für Nacht zum Sex zwingen? Sie fing an, sich gegen ihn zu wehren, obwohl sie wußte, daß es ihr nichts nützen würde. Wenn er sie aufweckte, dann sollte Timak auch ruhig wach werden. Warum sollte irgend jemand um sie herum schlafen können, wenn der Herr betrunken und lüstern war? Aber bevor sie einen Ton von sich geben konnte, rückte Vlahan näher. Es war ziemlich dunkel, doch nicht so dunkel, daß sie nicht sehen konnte, daß es nicht Vlahan war. Es war ein blondbärtiger Mann mit weißblondem Haar. Stavan!

Große Göttin! Was tat Stavan in Vlahans Zelt? Hatte er den Verstand verloren? Hinter sich, nur eine Handbreit entfernt, konnte sie Vlahan geräuschvoll schnarchen hören. Timak und Hiknak lagen nicht weit davon.

Impulsiv streckte Marrah die Arme aus, zog Stavan zu sich herunter und küßte ihn. Er erwiderte ihren Kuß, so schnell und lautlos wie ein Schatten. Seine Lippen schmeckten süß, und er roch warm und vertraut. Es war so unendlich lange her, seit sie sich das letzte Mal geküßt hatten. Vielleicht war er nur ein Traum. Vielleicht würde er sich in wenigen Sekunden in Nichts auflösen, und sie würde aufwachen, um die Sonne ins Zelt scheinen zu sehen und Timak brüllen zu hören, sie solle aufstehen und Pferdeäpfel sammeln. Aber Stavan fühlte sich nicht wie eine Traumgestalt an oder schmeckte wie eine. Es war unglaublich erregend, neben Vlahan zu liegen und Stavan zu küssen – unglaublich erregend und verdammt gefährlich.

Stavan hatte eindeutig nicht die Absicht, von Vlahans Hand zu sterben, wenn er es verhindern konnte. Behutsam löste er sich von Marrah und zeigte auf den unteren Rand des Zelts, während er ihr mit Gesten zu verstehen gab, daß er hereingekrochen war, indem er eine der Zeltstangen herausgezogen hatte. Folge mir – wies er sie schweigend an, und sie nickte –, aber sei vorsichtig. Er zeigte auf Vlahan, und wieder nickte sie. Sobald er sicher war, daß sie verstanden hatte, küßte er ihre Hände und winkte ihr zum Abschied zu. Dann rollte er sich so schnell, daß er zu verschwinden schien, unter den Boden des Zelts.

Marrah hielt den Atem an und rückte langsam von Vlahan ab, voller Angst, er könnte aufwachen, aber er schnarchte unentwegt weiter. Lautlos glitt sie über die Teppiche und kroch unter den losen Rand des Zelts. Einen Augenblick später kniete sie auf dem kalten Erdboden unter einem Himmel voller glitzernder Sterne und blickte zu Stavan auf. Sie fühlte sich wie ein Vogel, der endlich aus seinem Käfig entkommen war. Sie sehnte sich danach, Stavan zu küssen und in ihren Armen zu halten und mit ihm wegzulaufen und niemals zurückzublicken, aber sie war klug genug, nichts von alledem zu tun. Statt dessen blickte sie ihn nur an und atmete so leise, daß ihr Atem weniger als ein Flüstern war.

Stavan legte ihr einen Finger auf die Lippen und bedeutete ihr, absolut still zu sein, aber sie hätte in diesem Moment selbst dann keinen Laut von sich gegeben, wenn die Göttin es ihr befohlen hätte. Das Lager war still, aber wie gewöhnlich schliefen nicht alle. Hier und da brannten noch Feuer zwischen den Lederzelten.

Manchmal zeichnete sich der Schatten eines Wachtpostens vor den hellen Flammen ab. Marrah wußte, rund um das Lager würden weitere bewaffnete Wachen stehen, zusätzlich zu den Jungen, die immer bei den Pferden und Rindern schliefen. Obwohl Zuhan die Tcvali ausgelöscht hatte, blieb kein Hansi-Lager jemals unbewacht. Marrah duckte sich noch tiefer und versuchte, ruhig zu bleiben. Sie waren in einer sehr gefährlichen Lage.

Stavan bedeutete ihr, ihm zu folgen, als er sich auf den Bauch fallen ließ und wie eine Schlange in Richtung des hohen Grases zu kriechen begann. Sie kroch ihm nach, erfüllt von einer Glückseligkeit, die nur knapp ihre Angst davor überdeckte, sich durch die Dunkelheit an den Wachen und Hunden vorbeizuschleichen. Der Boden roch nach Staub und Dung, und einmal hätte sie fast geniest, konnte sich jedoch gerade noch rechtzeitig fangen. Zum Glück mußten sie nur eine kurze Strecke kriechen, bevor sie das Gras erreichten. Nachdem sich die hohen Halme um sie geschlossen hatten, erhoben sie sich in eine halb gebückte Stellung und rannten davon, so schnell und so leise, wie sie konnten.

Marrah war sich nie ganz sicher, woher Stavan wußte, welche Richtung er einschlagen mußte, oder wie sie es schafften, unbemerkt an den Jungen vorbeizukommen, die die Herden bewachten. Alles, was sie sehen konnte, waren Gras und ein Stückchen des nächtlichen Himmels, der sich mit ihnen zu bewegen schien. Als sie das Gras platttraten, machten sie ein knackendes Geräusch, das schrecklich laut schien, aber offenbar war es nicht so. Vielleicht machte der Wind nachts solche Geräusche, oder vielleicht glaubten die Wachen, sie stammten von den Pferden und Kühen. Sie rannten weiter und immer weiter, bis Marrah fürchtete, vor Erschöpfung zusammenzubrechen. Ihr Rücken schmerzte höllisch, und sie sehnte sich danach, sich aufzurichten, aber sie wußte, wenn sie es tat, würden ihr Kopf und ihre Schultern über dem Gras zu sehen sein.

Schließlich richteten sie sich tatsächlich auf, und dann liefen sie noch schneller als zuvor. Es war kein Mond am Himmel zu sehen, nur der schwache Glanz der Sterne und die sanft nickenden Halme. Endlich, als Marrah kurz davor war, die Hand auszustrecken und Stavan zu bitten stehenzubleiben, hielt er unvermittelt an. Lange

Zeit stand er reglos da und horchte angespannt. Irgendwo in der Ferne hörte sie den Schrei einer Eule, aber ansonsten war alles still. Der Himmel im Osten war dunkel, ohne eine Spur von Zuhans Lagerfeuern.

»Jetzt können wir sprechen«, flüsterte Stavan, doch statt zu reden, fielen sie einander in die Arme und küßten sich leidenschaftlich. Atemlos machte sich Marrah von ihm frei.

»Du verrückter Kerl«, rief sie und bedeckte sein Gesicht mit hastigen kleinen Küssen. »Du lieber, mutiger, verrückter Mann! Du hast die ganze lange Zeit darauf gewartet, mit mir zu sprechen, und dann kommst du direkt in Vlahans Zelt, um mich zu holen! Was, wenn Vlahan aufgewacht wäre?«

Stavan lachte. »Ich bin vielleicht verrückt, aber nicht dumm. Ich habe dem Bastard ein Schlafmittel in seinen Kersek geschüttet. Heute nacht könnte sogar eine Herde wilder Hengste durch sein Zelt galoppieren, und er würde seelenruhig weiterschnarchen.« Er nahm ihre Hand. »Aber komm jetzt. Wir können hier nicht stehenbleiben und uns unterhalten. Dafür wird später noch Zeit sein.« Er führte sie erneut durch das hohe, süß duftende Gras, bewegte sich dabei so schnell, daß Marrah kein Atem blieb, um ihn um eine ausführlichere Erklärung zu bitten. Bald darauf hörte sie ein Pferd leise wiehern und roch die warme, moschusähnliche Ausdünstung seines Körpers. Wenige Augenblicke später trafen sie auf eine graue Stute, die fertig gezäumt bereitstand, mit einem schwarzen Wallach neben sich, der Fußfesseln trug.

»Steig auf«, befahl Stavan und bot ihr seine verschränkten Hände an. »Ich möchte irgendwo mit dir reden, wo keine Gefahr besteht, daß die Wachen über uns stolpern.« Marrah zog sich auf den Rücken der Stute, und Stavan schwang sich auf den Wallach, und sie ritten in schnellem Trab durch die Dunkelheit, folgten einem schmalen Pfad, der wie eine Tierfährte aussah. Schließlich bedeutete er Marrah, ihre Stute zu zügeln. Sie saßen leise ab und führten die Pferde durch Wogen schwankenden schwarzen Grases in eine Schlucht hinunter, die Schutz vor dem Wind bot. Sie banden die Pferde neben einem kleinen Dickicht von immergrünen Büschen an und setzten sich in den Sand.

Stavan nahm Marrahs Hand und hielt sie einen Moment lang schweigend fest, und sie wurde plötzlich schüchtern. Es war mehr als drei Jahre her, seit sie das letzte Mal so zusammengesessen hatten. Auf der Böschung über ihren Köpfen fegte der Wind raschelnd durch trockenes Gras. Eine Haarsträhne fiel in Stavans Stirn, und er strich sie mit seiner freien Hand zurück.

»Wir müssen schnell reden. Wir haben nicht viel Zeit. Jemand könnte aufwachen und dich vermissen. Wir werden fliehen.«

»Ja!« rief sie, und beim Sprechen war ihr zumute, als frischte der Wind zu einem Sturm auf und trüge sie beide in die nachtschwarze Freiheit des Himmels hinauf. Sie zog Stavan an sich und gab ihm einen weiteren herzhaften Kuß. Das Blut hämmerte wie Pferdehufe in ihren Schläfen, und sie malte sich aus, wie sie mit Stavan und Arang gen Westen ritt, mit nichts als einer weiten, windzerzausten Ebene zwischen ihnen und Shara. »Erzähl mir alles. Sag mir, was ich tun soll. Ich werde tun, was immer getan werden muß.«

Und so erklärte er es ihr, wobei er oft innehielt, um sie zu küssen und an sich zu drücken, und als er sprach, erwachte ihr altes Ich in ihr. Jedes Wort, das er sagte, machte ihr neue Hoffnung. Bald war sie nicht mehr Marrah, die versklavte Ehefrau, sondern sie fühlte sich wieder wie das Mädchen, das von den Klippen von Xori in das aufgewühlte Meer gesprungen war; sie war wieder Marrah, Tochter von Sabalah, Marrah, die sich gegen jeden Mann behaupten konnte.

Zuerst, sagte Stavan, müsse sie begreifen, daß sie sorgfältiger beobachtet würde, als ihr bewußt sei. Changar hatte den Hansi eingeschärft, sie im Auge zu behalten, was der Grund war, weshalb Stavan nicht eher zu ihr hatte kommen können. Aber in der vergangenen Woche und an diesem Abend sei er das Risiko eingegangen, erklärte Stavan, weil ein Ereignis bevorstände, das alles verändern würde: Zuhan wolle Arang zu seinem Erben machen – und zwar nicht in vier Jahren, wie alle bisher angenommen hätten, sondern in fünf Tagen, vielleicht sogar noch eher. Im Moment wäre Arang bereits die meiste Zeit von Zuhans Leibwächtern umringt, aber sobald er offiziell zum Erben ernannt worden sei, würde er eigene Leibwächter bekommen, die ihn tagtäglich rund um die Uhr bewachten, so wie es bei Zuhan sei. Sie mußten so bald wie möglich fliehen: schon morgen, wenn sie könnten, oder spätestens am Tag darauf, solange Arang noch ein gewisses Maß an Freiheit hätte.

Es sei ein ungünstiger Zeitpunkt für dic Flucht, er wolle ihr nichts vormachen, fügte Stavan hinzu. Der Winter stand vor der Tür, und Zuhan würde bewaffnete Krieger ausschicken; die Hansi-Fährtenleser waren die besten in der ganzen Steppe. Stavan hatte eigentlich bis zum Beginn des Frühlings warten wollen, wenn sie eine bessere Überlebenschance hätten, aber sie mußten jetzt fliehen, und sein Plan sah folgendermaßen aus: Arang hatte noch immer etwas Bewegungsfreiheit – mehr als Marrah –, weil niemand ernsthaft glaubte, daß ein Zehnjähriger zu entkommen versuchen würde, wenn der Winter bevorstand. Er, Stavan, konnte es nicht riskieren, mit Arang zu reden, aber Marrah konnte es. Sie sollte sich irgendeinen Vorwand einfallen lassen, um ihn zu sehen – fast jede Ausrede würde genügen, da sie offiziell seine Tante war –, und wenn sie ungestört waren, sollte sie Arang auftragen, Zuhan um die Erlaubnis zu bitten, ihn eine Nacht mit den Hütejungen verbringen zu lassen. Arang sollte sich beklagen, daß er bisher nicht mit anderen Jungen hätte spielen dürfen, und dann sehr respektvoll den Wunsch äußern, auf das Vieh seines Großvaters aufzupassen. Mit ein bißchen Glück würde Zuhan geschmeichelt sein und zustimmen.

In der Nacht, wenn alle schliefen, würde Stavan Marrah holen, aus dem Lager führen und sie hierherbringen, wo frische Pferde und Vorräte auf sie warten würden. Anschließend würde er zurückgehen und Arang holen. Mit ein wenig Glück würden sie ein ganzes Stück Vorsprung haben, bevor irgend jemand etwas von ihrem Verschwinden bemerkte. Sie würden nach Norden und Osten reiten, nicht nach Süden und Westen, und wenn sie sicher sein konnten, daß sie ihre Verfolger abgeschüttelt hatten, würden sie kehrtmachen. Wenn alles gutging, würden sie das Waldland erreicht haben, bevor die großen Schneestürme einsetzten. Wenn nicht, würden sie den Winter in einem der westlichen Flußtäler verbringen. Es gab dort Höhlen, wo sie Zuflucht finden konnten, und sie würden nicht verhungern, solange er einen Bogen hatte.

Während Marrah zuhörte, steigerte sich ihre freudige Erregung immer mehr. Es war kein perfekter Plan; er war gefährlich, und sie wußte, sie sollte an alles denken, was schiefgehen könnte, doch statt dessen schwelgte sie in dem Gedanken, wie wundervoll es wäre, nach Shara zurückzukehren. Sie dachte an ihre Großmutter und ihre Freunde; an den frischen, salzigen Geruch des Süßwassersees; an Oliven und Feigen und Wein, an Brot und richtige Bäume und honigfarbene Klippen. Aber hauptsächlich dachte sie daran, wie sehr sie Vlahan haßte. Wenn ihr die Flucht gelang, würde sie nie wieder stillhalten müssen, während er schwitzend und grunzend auf ihr lag, würde nie wieder den sauren Geruch des Kersek in seinem Atem riechen müssen. Sie würde nachts neben Stavan liegen und nur dann Liebe mit ihm machen, wenn sie dazu in Stimmung war, und jeder Atemzug, den sie tat, würde ein Hauch von Freiheit sein.

Plötzlich erkannte sie, was an dem ganzen Plan nicht stimmte. »Aber was ist mit Dalish und Akoah und den fünf shambanischen Frauen, die Slehan hat, und den vieren, die Zuhan übernommen hat? Was ist mit ihnen?«

Der Ausdruck auf Stavans Gesicht sagte ihr alles. »Vierzehn Menschen?« meinte er leise. »Vierzehn, Marrah, und zehn von ihnen sind Frauen, die sich kaum auf einem Pferd halten können. Was glaubst du wohl, wie weit wir kämen, bevor Zuhans Krieger uns einholen und uns alle abschlachten würden?«

»Aber wie können wir sie hier in der Sklaverei zurücklassen? Wie können wir so etwas Grausames tun? Ich würde jede einzelne Nacht meines Lebens an sie denken, Stavan.« Marrah erhob sich und ging von ihm fort, hinaus in das trockene Flußbett, und sie blickte zu den fremden Sternen am Himmel hinauf, die so hell und so nah schienen, daß sie das Gefühl hatte, sie brauchte nur den Arm auszustrecken, um sie zu berühren. Und dennoch war der Himmel so weit entfernt, so unendlich weit. Ganz nah und zugleich in unerreichbarer Ferne und unmöglich, dachte sie. Und da wußte sie, daß nur sie und Arang und Stavan nach Westen reiten würden, ganz gleich, wie verzweifelt sie versuchte, etwas daran zu ändern. Sie kehrte zu Stavan zurück, ernüchtert und bleich im Gesicht. Sie nahm seine Hand in ihre, und als sie sprach, klang ihre Stimme fest.

»Na gut, dann nur wir drei«, stimmte sie zu und fühlte sich dabei wie eine Verräterin, aber welche andere Wahl hatte sie denn? Dalish, dachte sie. Dalish, vielleicht. Sie konnte Dalish nicht einfach aufgeben, doch die anderen, ja, die konnte sie zurücklassen. Sie mußte es.

Stavan zog sie an sich und hielt sie umschlungen, aber als Marrah die Augen schloß, sah sie immer nur Dalish, Akoah und die anderen Frauen aus Shambah vor ihrem inneren Auge. Geht weg! befahl sie ihnen in Gedanken, doch sie blieben da, starrten sie vorwurfsvoll an. Sie wünschte, sie hätte eine Pfeife voll Hanf oder einen Becher Kersek gehabt. War das nicht die Methode der Hansi-Krieger, um die Menschen zu vergessen, die sie getötet hatten? Wie konnte sie weiter mit diesem Verrat leben, ohne von irgend etwas betäubt zu sein?

Sie öffnete die Augen und sah Stavans besorgten Blick. »Küß mich«, befahl sie, und er tat es. Es war ein langer, leidenschaftlicher Kuß, und irgendwann mittendrin fand sie das Vergessen, das sie gesucht hatte. Sie küßten sich noch weiter, und nach einer Weile legten sie sich ins Gras. Marrah zog ihre schwere Wolltunika und die Beinlinge aus, und Stavan entledigte sich seiner Kleider, und sie streckten sich auf seinem Umhang aus und deckten sich mit ihrem Schal zu, Brust an Brust und Knie an Knie in all der süßen Nacktheit der Liebe. Bald strich er hungrig mit den Fingerspitzen über ihre Knospen, teilte ihre Lippen, liebkoste sie mit seiner Zunge und trank ihre lustvollen Schreie, und sie schwelgte in dem maskulinen Duft seines Körpers. Stavan war hart und bereit, aber nicht einmal tat er etwas, wozu Marrah ihn nicht aufgefordert hätte, und sein Respekt war so vertraut, und sie hatte ihn so schmerzlich vermißt, daß sie in Tränen ausbrach und ihm schluchzend gestand, sie hätte schon geglaubt, für immer die Freude an der Liebe verloren zu haben, aber durch ihn hätte sie sie wiedergefunden.

Als sie weinte, tröstete er sie und küßte sie und liebte sie auf die alte Art, wie ein Mann ihres eigenen Volkes. Sie lagen Kopf bei Fuß nebeneinander, und nach einer Zeitspanne, die ihr wie eine Ewigkeit erschien, brachte er sie zu einem Orgasmus, der sie vor Lust stöhnen ließ.

Sie taten verrückte Dinge in jener Nacht, obwohl sie eigentlich längst zum Lager hätten zurückreiten müssen; das Gespenst des Todes lauerte über ihnen, und das Wissen, daß dies das letzte Mal sein könnte, machte ihr Liebesspiel zu einem einzigartigen, unvergeßlichen Erlebnis. Mal waren sie zärtlich, und mal wälzten sie sich wild herum und küßten sich so leidenschaftlich, als wollten sie einander mit Haut und Haaren verschlingen.

Dann kam der Moment, als Marrah die Hand ausstreckte und Stavan einen Klaps auf den Schenkel gab, und er drang in sie ein, und zum ersten Mal verschmolzen sie vollkommen miteinander, und er spritzte seinen Samen in ihren Schoß, nicht nur einmal, sondern mehrmals. Und dann rollten sie herum, und Marrah ritt ihn in wildem, leidenschaftlichem Rhythmus, während sie sich zu einem langsamen, köstlichen Höhepunkt brachte.

Danach lagen sie eng umschlungen nebeneinander und blickten in den Himmel hinauf. Die Sterne begannen bereits zu verblassen, und die Nacht näherte sich ihrem Ende, aber keiner von ihnen konnte es ertragen, aufzustehen, in die Kleider zu schlüpfen und zum Lager zurückzureiten. Marrah rollte sich zusammen, und Stavan drückte sie fest an sich. Sie fühlten sich wie zwei Menschen in einem Boot, die auf einem weiten, dunklen See dahintrieben.

»Glaubst du, wir haben ein Kind gezeugt?« flüsterte Stavan.

»Ich hoffe es«, murmelte sie und schmiegte sich noch enger an ihn.

Sie erwähnten Vlahan mit keinem Wort, aber beide wußten, daß Marrah bald wieder neben ihm schlafen würde. Besser unser Kind als seines, hätten sie zueinander sagen können, doch das war nicht nötig. Sie verstanden sich auch ohne Worte.

Später, als sie durch das hohe Gras zum Lager zurückritten, schwiegen sie. Der Wind war abgeflaut, und eine reglose Stille schien sich über die Steppe gesenkt zu haben. Der Morgen war noch nicht heraufgedämmert, aber Marrah konnte schon das Licht irgendwo knapp hinter dem Rand des Horizonts warten fühlen. Stavan saß aufrecht auf seinem Pferd und bewegte sich mit ihm in einer lässigen Harmonie, die sie niemals erreicht hatte. Seine wollenen Beinlinge und die Kapuzentunika ließen ihn aussehen, als gehörte er hierher; seine Augen waren so blaß wie die Sterne, und selbst sein Haar hatte die Farbe der trockenen Gräser. Er war Teil dieser Welt, er paßte hinein, und ganz gleich, wie nahe sie einander kommen oder wie lange sie zusammen leben würden, es würde immer diesen Unterschied zwischen ihnen geben. Und dennoch liebte Marrah Stavan. Sie liebte nicht sein Volk oder seine Lebensweise oder irgend etwas an ihnen, aber sie liebte Stavan. Wieder dachte sie schuldbewußt an Dalish und Akoah und an die Frauen aus Shambah, und sie betete, daß ein Wunder geschehen würde. Laß die Erde erbeben oder den Himmel einstürzen, flehte sie; laß uns alle eines Morgens aufwachen und feststellen, daß die Hansi allesamt verschwunden sind. Laß mich die Frauen zurück zum Süßwassersee bringen.

Während sie um das Unmögliche betete, kreisten Stavans Gedanken um praktischere Dinge. Er holte neben ihr auf, streckte die Hand aus und klopfte ihrer Stute auf den Hals. »Wir werden ein Zeichen brauchen. Wenn Zuhan Arang mit den Hütejungen übernachten läßt, werde ich davon hören, aber du nicht.« Er runzelte die Stirn und überlegte. »Einigen wir uns auf folgendes: Wenn du mich mit einem Ball aus brauner Wolle spielen siehst, weißt du, daß ich dich noch in derselben Nacht holen werde. Und wenn du mich mit einem Ball aus weißer Wolle siehst, bedeutet das, daß du so schnell wie möglich in das hohe Gras kommen mußt, weil etwas schiefgelaufen ist und ich sofort mit dir sprechen muß.«

»Warum Wolle?«

»Weil sie leicht zu beschaffen ist. Außerdem ist es genau die Art von Sache, die ein Verrückter tun würde.« Er lächelte, ein wenig bitter, wie sie fand. »Den Verrückten zu spielen war nicht leicht für mich, weißt du. Es hat viel Überlegung erfordert. Aber es ist immer noch erträglicher, als normal zu sein. Wenn ich normal gewesen wäre, als mein Vater die Tcvali überfiel, hätte man von mir erwartet, wie ein normaler Mann zu töten und zu vergewaltigen.«

»Und wenn ich dich morgen sehe, wirst du wieder ein Verrückter sein?«

Er nickte.

»Und du wirst geradewegs an mir vorbeigehen?«

»Geradewegs.«

Das war ein ernüchternder Gedanke. Da Marrah nicht wußte, was sie sagen sollte, nahm sie seine Hand, aber es war mühsam, auf diese Weise voranzukommen, deshalb ließ sie sie wieder los, und sie ritten weiter.

Als sie zu der Stelle kamen, wo sie die Pferde zurücklassen mußten, drückte ihr Stavan zwei kleine Päckchen in die Hand. Sie versuchte zu sehen, was es war, doch der Himmel hatte sich inzwischen bewölkt, und es war zu dunkel, um etwas zu erkennen. »Das eine ist ein Beutel mit Schlafpulver«, erklärte er. »Wenn ich dir das vereinbarte Zeichen gebe, sorgst du dafür, daß es in Vlahans Eintopf gelangt. Ich möchte, daß alle in dem Zelt schlafen, außer dir.«

Sie befühlte das andere Päckchen, das er ihr gegeben hatte. Es war in ein Stück Leder eingewickelt und mit Hanf verschnürt. »Und was ist das hier?«

»Ein Geschenk, ein Glücksbringer. Aber nimm dir jetzt nicht die Zeit, es zu öffnen. Wir müssen uns beeilen.«

Sie schlichen zurück durch das Gras, an den Wachtposten und den Hunden vorbei. Als sie zu Vlahans Zelt kamen, blieb keine Zeit mehr für einen zärtlichen Abschied. Stavan hob den Rand des Zeltes hoch, und Marrah kroch hinein, und gerade noch rechtzeitig, denn nicht lange, nachdem sie sich wieder neben Vlahan ausgestreckt hatte, wachte Timak auf und schlurfte hinaus, und Marrah hörte das Plätschern, als sie sich draußen erleichterte. Bald rauchte das Frühstücksfeuer, und Vlahan setzte sich auf, verlangte nach Essen und jammerte über unerträgliche Kopfschmerzen.

Den ganzen Morgen lief Marrah in einem Zustand freudiger Erregung umher, nahm Timaks Genörgel und gebellte Befehle nur mit halbem Ohr wahr. Sie faltete die Schlaffelle, ging mit Hiknak zum Fluß hinunter, um Wasser zu holen, schälte Wurzeln und häutete ein Kaninchen, schnitt es in Stücke und legte es ins Feuer, damit Vlahan etwas Frisches zu essen hatte. Er war in einer üblen Stimmung, reizbar wie ein kranker Hund, und sie achtete sorgfältig darauf, ihm aus dem Weg zu gehen, bis er gegessen hatte. Sie hatte bemerkt, daß er unberechenbar war, wenn er Hunger hatte, und sie hatte nicht das Bedürfnis, ihm in die Quere zu kommen. Wenn er sich mit Kaninchen vollgestopft und eine Pfeife voll Hanf geraucht hatte, dann würde sie zu ihm gehen und ihn um die Erlaubnis bitten, Arang zu besuchen, aber bis dahin war es besser, soviel Abstand wie möglich zu ihm zu halten.

Als sie arbeitete, dachte sie an die vergangene Nacht. Manchmal strich sie verstohlen mit den Fingern über ihren Arm und dachte daran, wie Stavan sie berührt hatte, und manchmal leckte sie sich über die Lippen, während sie sich daran erinnerte, wie hungrig sie sich geküßt hatten, aber als sie zum Fluß hinunterging, nahm sie sich die Zeit, sich sorgsam zu waschen. Vlahan hatte eine Nase wie ein Hund, und sie wollte keine Spur von Stavans Duft auf ihrem Körper zurückbehalten.

Sie ging jedoch ein Risiko ein. Als Timak gerade mit Vlahan beschäftigt war und Hiknak den Kaninchenbraten mit Fett begoß, fand Marrah irgendeinen Vorwand, das Zelt zu betreten. Sie kniete in dem Kreis von Licht, der durch das Abzugsloch in der Decke hereinfiel, dann zog sie Stavans Geschenk hervor, wickelte es aus und hielt die Träne des Mitgefühls in ihrer Hand. Freudentränen brannten in ihren Augen, als sie einen Moment lang den kleinen Schmetterling betrachtete, der so friedlich in dem klaren gelben Stein eingeschlossen ruhte, als wäre er niemals über die halbe Welt verschleppt worden. Hastig, bevor jemand hereinkommen und sie erwischen konnte, band sie sich die Lederschnur mit dem Anhänger um den Hals und verbarg ihn unter ihrer Tunika. Das Versteck war jedoch nur vorübergehend. Sie würde die Kette in ihrem Beutel verstauen müssen, damit Vlahan sie nicht sah, aber heute würde sie sich das Vergnügen gönnen, den gelben Stein zu tragen. Sie berührte flüchtig den Boden und bat die Göttin Erde um Glück.

Danach blieb ihr keine Zeit mehr zum Nachdenken. Sie rannte zu den Vorratskörben, fand den Laib Käse, den zu holen Timak ihr aufgetragen hatte, und lief gerade rechtzeitig aus dem Zelt, um sich eine schallende Ohrfeige von Vlahan einzuhandeln, aber es kümmerte sie nicht. Statt ihn wütend anzufunkeln, kniete sie mit außerordentlicher Geduld zu seinen Füßen, während er sie mit Beleidigungen überhäufte und wegen ihrer Langsamkeit, Faulheit und ihrer allgemeinen Nutzlosigkeit beschimpfte. Was spielte es schon für eine Rolle, was dieser Idiot zu ihr sagte?

Vlahan schien beeindruckt von ihrer neuen Unterwürfigkeit. »Sie lernt's allmählich«, sagte er zu Timak. Timak jedoch war nicht erfreut. Sie blickte Marrah aus schmalen Augen an, und als die Zeit kam, die frischen Pferdeäpfel zum Trocknen auszubreiten, achtete sie darauf, ihr den größten Korb zu geben.

Gegen Mittag schien sich Vlahan von seinem Kater erholt zu haben. Er war gehässig, aber es war seine übliche Gehässigkeit. Nachdem Marrah gewartet hatte, bis Timak sicher außer Hörweite war, wusch sie sich in aller Eile den Dung von den Händen, ging zu Vlahan und kniete erneut vor ihm nieder. »Ich möchte dich um einen Gefallen bitten, Ehemann«, sagte sie, wobei sie scheu den Blick senkte, wie es sich für eine anständige Nomadenehefrau gehörte. Ihr Hansi hätte besser sein können, doch es war gut genug, und Vlahan schien angenehm überrascht zu sein. Dies war eindeutig der längste Satz, den sie jemals zu ihm gesagt hatte, und er konnte unmöglich wissen, wieviel Überwindung es sie gekostet hatte, das Wort »Ehemann« auszusprechen.

Er hob seine Pfeife an die Lippen, inhalierte einen kräftigen Zug und musterte sie von Kopf bis Fuß. »Was?« fragte er. Er war kein Mann, der zu langen oder komplizierten Unterhaltungen neigte.

»Ich möchte deine Erlaubnis, meinen Neffen zu besuchen.« Um ein Haar hätte sie »Bruder« statt »Neffe« gesagt. Der Gedanke, wie nahe sie daran gewesen war, alles zu verderben, ließ sie schaudern, aber Vlahan schenkte ihr kaum Beachtung, wie gewöhnlich – außer wenn er sie in seinem Bett haben wollte –, deshalb bemerkte er auch ihren plötzlichen Gesichtsausdruck der Angst nicht.

»Wann?«

»Heute nachmittag.« Sie wußte, sie sollte noch mehr sagen. Er blickte sie erwartungsvoll an. »Bitte, Herr.«

»Hm«, murmelte er, und seine Augen verengten sich zu Schlitzen. »Ich glaube nicht.«

Es kostete Marrah ihre gesamte Selbstbeherrschung, ihn nicht anzuschreien, daß sie gehen würde, ob es ihm paßte oder nicht, aber sie wußte inzwischen, wenn sie es täte, würde sie Arang tagelang nicht zu sehen bekommen, deshalb schluckte sie ihre Wut hinunter und brachte sogar ein demütiges Lächeln zustande. »Darf deine Ehefrau fragen, warum du es nicht erlauben willst?«

»Nein«, erwiderte Vlahan und wedelte ungeduldig mit der Hand, zum Zeichen, daß sie entlassen war.

Erschrocken und beunruhigt über den Mißerfolg, machte sie sich wieder daran, Dung zum Trocknen auszubreiten. Was ging hier vor? Sicher, sie hatte bisher noch nie um die Erlaubnis gebeten, Arang zu besuchen, weil Arang fast jeden zweiten Tag zu ihr kam, aber Vlahan hatte sie frei im Lager herumgehen lassen. Sie mußte seine Erlaubnis haben, um sich Zuhans Zelt zu nähern – keine Frau durfte auch nur in die Nähe kommen, ohne Zustimmung ihres Ehemannes –, aber warum sollte er Einwände erheben? Wußte er vielleicht etwas? Ob er letzte Nacht aufgewacht war, ihre Abwesenheit bemerkt und herausgefunden hatte, wo sie war?

Sie schauderte bei dem Gedanken an das, was er ihr antun könnte, wenn er argwöhnte, daß sie ihm untreu gewesen war. Sie hatte zahlreiche Geschichten darüber gehört, wie die Hansi die Frauen behandelten, die ihre Ehemänner betrogen hatten. Die glücklichen unter ihnen wurden gesteinigt, bis jeder einzelne Knochen in ihrem Körper gebrochen war, doch die meisten starben auf eine langsamere, wesentlich grausamere Art. Marrah war regelrecht übel vor Angst, aber sie hatte keine Möglichkeit, Stavan zu warnen. Er würde inzwischen wieder draußen bei den Hütejungen sein und den Idioten mit Stroh im Haar spielen. Wenn sie nicht zu Arang gehen konnte, war es unmöglich, ihn über den Fluchtplan zu informieren, und sie hatten nicht die Voraussicht besessen, ein Zeichen zu vereinbaren, das aus der Ferne zu sehen war.

Aber wie sich herausstellte, hatte sie sich umsonst Sorgen gemacht, oder eher: wegen der falschen Sache. Vlahan war nicht aufgewacht, und er hatte keine Ahnung, daß sie mit Stavan zusammengewesen war. Der Grund, weshalb er ihr nicht gestattet hatte, zu Zuhans Zelt zu gehen, hatte nichts mit ihr zu tun. An jenem Nachmittag begannen die zeremoniellen Trommeln zu dröhnen, und ein Bote eilte durch das Lager und rief alle Krieger zum Großen Häuptling.

Die Trommeln dröhnten den ganzen Tag über, während die Frauen ihrer Arbeit nachgingen, und feierlicher Gesang war hinter dem großen Ledervorhang zu hören, der die geheimen Rituale der Männer vor unwürdigen Blicken verbarg. Gegen Einbruch der Dämmerung erschien Changar persönlich, während er eine Reihe edler Pferde durch das Lager führte. Er trug seine Wolfsgewänder, und die grauenerregende Kette aus Shambah hing um seinen Hals.

»Heute wird wieder Blut im Schädelbecher sein«, sagte Timak, als er vorbeischritt, und wie gewöhnlich sollte sie recht behalten. Als es Abend wurde, wußten alle, einschließlich Marrah, daß dem Großen Han sieben Pferde geopfert worden waren und daß Zuhan, der Große Häuptling, seinen Enkel Arang, Sohn von Achan, zu seinem einen und einzigen Erben erklärt und Vlahan, dem Bastard, die Aufgabe übertragen hatte, sein Wächter und Vormund zu sein, bis er volljährig wurde.

Als Marrah die Neuigkeit hörte, ging sie ins Zelt, legte sich auf einen Stapel Felle und kehrte ihr Gesicht der Wand zu. Der Plan, den sie und Stavan ausgearbeitet hatten, würde jetzt nicht mehr funktionieren. Sie hatten ihre Chance um einige wenige Tage verpaßt. Sie dachte an Arang, wie er jetzt rund um die Uhr von Leibwächtern umgeben wäre, wie sein Essen vorgekostet und jede seiner Bewegungen überwacht würde. Die Enttäuschung über ihr Pech machte sie regelrecht krank.

»Steh auf«, befahl Timak und kam ins Zelt, um ihr einen Fußtritt zu verpassen. »Du hast dich gefälligst um das Feuer zu kümmern und Wasser zu holen, du faules Stück«, aber Marrah weigerte sich störrisch, sich zu bewegen.

»Laß mich in Ruhe«, knurrte sie. Sie brauchte Zeit zum Nachdenken, sich eine Möglichkeit zu überlegen, zu Arang zu kommen; sie mußte über tausend Dinge nachdenken, die nicht laut ausgesprochen werden durften. Timak war so verblüfft, daß sie vergaß, Marrah weitere Tritte zu versetzen. »Laß mich in Ruhe«, wiederholte Marrah, »sonst werde ich meinem Neffen erzählen, daß du mich mißhandelst.« Sie rechnete nicht damit, daß ihre Drohung irgendeine Wirkung zeigen würde, aber zu ihrem Erstaunen griff Timak nur nach ihrem Schal und eilte aus dem Zelt.

Nun, dachte Marrah, es sieht ganz danach aus, als hätte es einige Vorteile, die Tante eines zukünftigen Großen Häuptlings zu sein. Sie fühlte Triumph in sich aufsteigen, aber ihr Triumphgefühl sollte nur von kurzer Dauer sein. Nicht lange, nachdem Timak hastig verschwunden war, kam Vlahan von der Zeremonie zurück, stolz wie ein Häuptling in einem feinen neuen Gewand und einer Halskette aus Wolfszähnen. Wortlos zerrte er Marrah auf die Füße und schob sie in Richtung des Feuers.

»Hilf Timak, mein Abendessen zu kochen«, befahl er, und dann, nur um sicherzugehen, daß sie auch begriff, wer mit ihr sprach, schlug er sie so hart ins Gesicht, daß ihre Ohren schmerzten. Schweigend stolperte sie hinaus und tat, wie ihr befohlen, aber in jener Nacht, als er sie in sein Bett zog, war es mit ihrer Geduld vorbei, und sie wehrte sich mit aller Kraft gegen ihn.

»Ich hasse dich!« schrie sie. »Faß mich nicht an!« Jedesmal, wenn er seine Hand auf sie legte, schauderte sie vor Ekel und schlug nach ihm, aber er war stärker als sie, und schließlich gelang es ihm, sie zu packen und zu Boden zu werfen. Nachdem er ihr die Hände mit einer seiner Bogensehnen auf dem Rücken gefesselt hatte, nahm er sie mit Gewalt und warf sie danach aus seinem Bett, um sie die ganze Nacht in der kalten Asche des Feuers liegen zu lassen.

Am Morgen kam Timak mit einem schadenfrohen Grinsen herbeigeschlurft und schnitt ihre Fesseln durch. »Du solltest dich besser benehmen«, warnte sie, »sonst wird es dir noch sehr viel schlimmer ergehen.« Mit Blutergüssen bedeckt und zutiefst gedemütigt, erhob Marrah sich schwankend und machte Anstalten, zum Fluß hinunterzugehen, um sich sauberzuschrubben, aber Timak hielt sie zurück.

»Du bist zu eitel«, sagte sie spitz. »Immer dieses Waschen und Schniegeln, wenn es Arbeit zu erledigen gibt.« Energisch drückte sie Marrah einen Ledereimer in die Hand und führte sie auf die Weide, um die Stuten zu melken, wobei sie sie die ganze Zeit mit kalten, mißtrauischen Augen beobachtete. Anschließend befahl sie Marrah, die Zeltgrube auszuheben, eine harte Arbeit, da die festverwurzelten Grassoden mit einem Steinmesser geschnitten und in Blöcken herausgebrochen werden mußten.

An jenem Nachmittag beugte sich Marrah gerade über das Feuer und nahm geröstete Wurzeln mit einem gabelförmigen Stock heraus, als Hiknak erschien und mehr getrockneten Dung in die Flammen zu werfen begann.

»Das Feuer brennt schon heiß genug«, fauchte Marrah. Es war nicht fair, ihre Enttäuschung an Hiknak auszulassen, aber sie fühlte sich so elend bei der Aussicht, einen ganzen Winter im selben Zelt mit Vlahan verbringen zu müssen, daß sie wahrscheinlich sogar die lachenden Priesterinnen von Nar angefaucht hätte, wenn sie irgendwo in Sicht gewesen wären.

»Still«, flüsterte Hiknak. »Ich möchte mit dir reden. Ich gebe dir einen guten Rat. Wehre dich nicht gegen ihn.«

»Was?« Marrah hielt inne, eine Hand dicht über den Kohlen.

»Wehr dich nicht gegen Vlahan. Er genießt es.« Hiknak hob den Kopf. Ihr schmales, blasses Gesicht sah mädchenhaft aus, aber ihre Augen waren hart. »Ich sollte es wissen. Ich habe mich zu Anfang auch gegen ihn gesträubt, aber jetzt gebe ich nicht nur nach, ich tue sogar, als wollte ich Sex mit ihm haben. Sobald er herausfand, daß ich bereitwillig war, hörte er auf, mich zu begehren. Es verschafft ihm Lust, sich andere unterwürfig zu machen – Pferde, Frauen, für ihn gibt es da keinen Unterschied. Deshalb rate ich dir noch einmal: Sträub dich nicht gegen ihn.«

Es war ein guter Rat, aber er erwies sich als nutzlos. Den ganzen Tag hindurch hatten die Trommeln gedröhnt, und die Krieger hatten gefeiert, aber nachdem Marrah den schlimmsten Teil der schlechten Nachricht bereits am Tag zuvor gehört hatte, achtete sie nicht mehr auf den Klang. Draußen auf der Steppe veranstalteten die Männer Kriegsspiele, und manchmal, wenn sie ihre Augen mit der Hand beschattete, konnte sie kleine Gestalten aufeinander zureiten sehen oder die Silhouette eines Kriegers, der sich im Sattel aufrichtete, um mit Pfeil und Bogen irgendein Ziel anzuvisieren, aber es spielte sich alles sehr weit entfernt ab. Sie würde keine Chance haben, mit Arang zu sprechen, bis die Spiele beendet waren.

Als sie durch die festverwurzelten Grassoden schnitt und Erde aushob, dachte sie besorgt an ihren Bruder. Hoffentlich zwangen sie ihn nicht wieder, Pferdeblut zu trinken, oder noch schlimmer, weitere Tätowierungen zu erdulden.

Zu der Zeit, als die Dunkelheit hereinbrach, waren Marrahs Hände zerkratzt und blutig, doch sie hatte es geschafft, ein Loch ungefähr von der Größe eines Zelts zu graben. Timak begutachtete ihre Arbeit und wandte sich mit einem gegrunzten Kommentar ab. »Morgen machst du es noch tiefer«, sagte sie, aber als es Zeit wurde, das Essen auszuteilen, gab sie Marrah eine größere Portion als gewöhnlich.

Nach dem Abendessen begannen sie, auf Vlahan zu warten. Wie üblich beschäftigte sich Timak mit Näharbeiten, Hiknak flocht Hanf, und Marrah zupfte Dornen aus Knäueln ungewaschener Schafswolle. Es war kalt draußen, deshalb legte sie mehr getrockneten Dung auf das Feuer, und ein angenehmer Geruch nach getrocknetem Gras erfüllte das Zelt. Wenn Marrah nicht gewußt hätte, daß Vlahan wieder betrunken nach Hause kommen würde, hätte sie es fast gemütlich gefunden, dort zu sitzen und die weiche Wolle zu zupfen, während Timak mit monotoner Stimme über Leute redete, die Marrah nicht kannte, und Klatsch erzählte, den sie kaum verstand.

Es wurde später und später, und Vlahan war noch immer nicht erschienen. Drüben auf der anderen Seite des Lagers dröhnten die Trommeln in einem fort. Hiknak döste über ihrem Hanfseil, Timak machte ein kleines Nickerchen, und Marrah konnte kaum noch die Augen offenhalten. Gerade als sie sich damit abgefunden hatten, wieder einmal endlos lange auf Vlahans Rückkehr warten zu müssen, schob er plötzlich die Zeltklappe beiseite und ließ einen Schwall kalter Luft herein. Sein Gesicht war so rot wie sein Bart, sobald er jedoch sprach, merkte Marrah, daß er nicht betrunken war.

»Geht zu Bett«, befahl er und machte eine ungeduldige Handbewegung in Richtung der drei Frauen. Marrah rappelte sich auf und ging zu Hiknaks Pritsche, überzeugt, er würde hinter ihr herkommen und sie in sein Bett zwingen, doch statt dessen setzte er sich ans Feuer. Hiknak machte Platz für Marrah, und sie lagen Rücken an Rücken unter der Decke und warteten, aber nichts geschah. Vlahan saß nur weiter schweigend am Feuer. Von Zeit zu Zeit huschte ein seltsamer Ausdruck über sein Gesicht. Er schien höchst zufrieden wegen irgend etwas zu sein, aber vielleicht war es auch nur eine Illusion, verursacht durch die flackernden Schatten.

Als Marrah schließlich begriff, daß er sie nicht aus dem Bett zerren und sie zwingen würde, Sex mit ihm zu haben, entspannte sie sich und schlief ein. Später, kurz vor Morgengrauen, wachte sie ruckartig auf. Das Feuer war inzwischen erloschen, doch Vlahan saß immer noch an derselben Stelle.

19. Kapitel

Als Marrah ein zweites Mal aufwachte, lag Vlahan auf seinem eigenen Schlaffell mit dem Gesicht zur Wand, Timak schnarchte vernehmlich, und Hiknak schlief tief und fest, zu einem warmen Ball zusammengerollt. Marrah stand leise auf, um die anderen nicht zu wecken, hüllte sich in ihren Schal und ging hinaus, wo sie den Boden mit Schnee besprenkelt vorfand. Der östliche Himmel war rot, und das hohe Gras sah kalt und schwer aus. Die große Herde war nur eine Ansammlung dunkler Schatten, aber sie konnte das dumpf schnaubende Geräusch der Kühe und Milchstuten hören, das bedeutete, daß ihre Euter voll waren und bald gemolken werden mußten.

Marrah kniete neben der Feuergrube, blies auf die mit Asche bedeckten Kohlen und legte einige Strohhalme in die Glut, bis sie zum Leben erwachte. Sorgfältig stapelte sie zuerst kleine Stückchen Dung in die Flammen und dann größere. Um sie herum taten andere Frauen das gleiche; in die frostklare Luft der Steppe begann sich der Geruch von Rauch und gebratenem Fleisch zu mischen. Die Flammen züngelten an dem trockenen Brennmaterial hoch, und eine schmale Säule von Funken stieg senkrecht in die Luft auf wie ein Strang gebleichter Wolle. Marrah lehnte sich auf die Fersen zurück und fragte sich, wie lange es wohl dauern würde, bis Timak aufwachte und herauskam, um ihr zu befehlen, weiter an dem Zeltloch zu graben. Der Boden schien noch nicht gefroren, aber es war klar, daß es gestern keineswegs zu früh gewesen war, mit der Arbeit anzufangen. Der Winter war gekommen.

Sie starrte auf den schmelzenden Schnee und dachte an die großen Stürme, die bald aus dem Norden wehen würden. Wo würde sie selbst sein, wenn sich die Schneewehen aufzutürmen begannen? Sie sollte besser wieder in Shara sein, neben dem Kohlebecken im Tempel der Kinderträume sitzen und ihrer Großmutter von ihren Abenteuern erzählen, denn Marrah wußte, wenn sie den ganzen Winter über mit Vlahan in einem Zelt eingesperrt wäre, würde sie etwas Verzweifeltes tun. Vielleicht konnte sie heute mit Arang sprechen oder eine Gelegenheit finden, Stavan eine Nachricht zukommen zu lassen. Alles, was sie brauchten, war ein Plan, der ihnen einen Vorsprung verschaffte, bevor ihr Verschwinden entdeckt würde.

Sie versuchte gerade, sich einen Plan auszudenken, als sie einen markerschütternden Schrei hörte. Erschrocken sprang sie auf und blickte sich suchend nach der Quelle des Lärms um, aber alles, was sie sehen konnte, waren schiefe braune Zelte. Wieder ertönte ein durchdringender Schrei, gefolgt von einem weiteren. Plötzlich erwachte das ganze Lager um sie herum schlagartig zum Leben: Leute warfen die Klappen ihrer Zelte auf und stolperten heraus, noch halb betäubt vom Schlaf; die Frauen, die bereits auf waren, ließen ihre Milcheimer fallen, warfen ihre Körbe mit Essen auf den Boden, griffen nach ihren Kindern und begannen laut zu jammern. Kinder weinten, Hunde bellten, notdürftig bekleidete Krieger, mit Dolchen und Speeren bewaffnet, schwärmten in alle Richtungen aus. Marrah, die glaubte, das Lager sei angegriffen worden, blickte sich hastig nach etwas um, womit sie sich verteidigen könnte, aber es war nichts weiter verfügbar als ein faltbarer Ledereimer und ein Stück zerfranstes Seil.

»Ai! Ai! Ai!« schrie eine vertraute Stimme. Marrah wirbelte herum und sah Timak vor dem Zelt stehen, ihr Haar ungeflochten und wild zerzaust. In der einen Hand hielt Timak ihren besten Schal, und während Marrah ungläubig zuschaute, zerriß sie ihn mit Zähnen und Fingernägeln in Fetzen. Hinter ihr stand Vlahan mit vor der Brust verschränkten Armen und beobachtete die Szene ungerührt, während Hiknak vorsichtig den Kopf zur Zeltklappe heraussteckte, als wüßte sie, was vorging, jedoch nicht Teil davon sein wollte.

»Was soll das furchtbare Geschrei?« rief Marrah und zeigte in die Richtung der schrillen Schreie, aber Timak fuhr nur jammernd fort, ihren Schal zu zerreißen, und Vlahan reagierte ebenfalls nicht. Inzwischen war Hiknak wieder im Inneren des Zelts verschwunden, und was die nächsten Nachbarn betraf, so waren offenbar jeder einzelne Mann, jede Frau und jedes Kind verrückt geworden. Marrah konnte andere Frauen ihre Kleidung zerreißen sehen; einige schmierten sich Asche und Erde ins Gesicht, und ein paar der älteren hatten sich zu Boden geworfen und rollten sich wimmernd herum, als litten sie unter plötzlichen Krämpfen. Die meisten Männer liefen jetzt nicht länger hektisch herum. Sie standen wie erstarrt da, den Speer in der Hand, als warteten sie auf etwas.

Das Gejammer der Frauen wurde lauter, aber über all dem Wehklagen schwoll der schreckliche Schrei, den Marrah zuerst gehört hatte, unablässig an und kam näher und näher. Plötzlich bot sich ihr ein unglaublicher Anblick: Zulike, Zuhans Ehefrau, lief von Zelt zu Zelt. Sie war barfuß und trug eine zerfetzte Tunika. Jedesmal, wenn sie zu einer neuen Gruppe von Leuten kam, fiel sie auf die Knie, streckte flehend die Hände aus und bat um etwas, aber was es auch war, es wurde ihr immer wieder verweigert. Ein Mann – oder eine Frau oder sogar ein Kind – kam auf sie zu, versetzte ihr einen Fußtritt und ließ sie der Länge nach hinschlagen. Wenn dies geschah, rappelte sich Zulike unter verzweifeltem Gejammer wieder auf und lief weiter zum nächsten Zelt, wo sich genau der gleiche Vorgang abspielte.

Marrah beobachtete ihr Näherkommen mit einer Mischung aus Abscheu und Faszination. Welche Art von groteskem Ritual war dies? Es sah aus, als flehte Zulike um ihr Leben, aber was konnte sie denn nur getan haben, um sich in solche Schwierigkeiten zu bringen? Ob sie Zuhan betrogen hatte? Ziemlich unwahrscheinlich in ihrem Alter, aber andererseits konnte man nie wissen. Hatte sie sich irgendeinen jungen Krieger zum Liebhaber genommen? Wenn ja, dann alle Achtung! dachte Marrah. Sie mochte Zulike zwar nicht, aber Zuhan mochte sie noch weniger. Gebt der alten Zulike eine Chance, dachte sie. Verschont ihr Leben. Aber die Hansi fuhren unbeirrt fort, sie mit Fußtritten in den Schmutz zu befördern und ihr Flehen zu ignorieren.

Die bizarre Zeremonie wiederholte sich ein ums andere Mal. Schließlich kam Zulike zu Vlahans Zelt, dem letzten im Lager. Ihre Knie waren aufgeschrammt, und ihr Haar war voller Stroh und Schlamm. Ihr Nasenring und die Ohrringe waren herausgerissen worden, hatten blutige Löcher hinterlassen, und an ihren Armen waren nur noch blasse Streifen auf der Haut zu erkennen, wo sie einst ihre vielen Armbänder getragen hatte. Schluchzend warf sie sich auf die Knie und kroch vor Vlahans Füße. »Hab Erbarmen mit mir!« schrie sie. »Ich habe dich immer als meinen Sohn betrachtet, habe dich immer am meisten geliebt.« Sie kroch vorwärts. »Vlahan der Weise, Vlahan der Barmherzige, hab Mitleid mit der alten Zulike. Ich habe mich nie darum gekümmert, daß du Zuhans Bastard warst oder daß deine Mutter eine Sklavin war. Ich habe immer gedacht, daß du derjenige sein solltest, der einmal die Hansi regiert. Sei gnädig und erspare mir diese Erniedrigung!«

Marrah war regelrecht angewidert. Es war schrecklich, mitansehen zu müssen, wie irgend jemand – und besonders eine ältere Frau – derart gedemütigt wurde. Sie erinnerte sich, wie auch sie Vlahan angefleht hatte und was es ihr genützt hatte. Zum allerersten Mal empfand sie eine gewisse Sympathie für Zulike. Möge die Göttin ihr Leben verschonen, betete sie stumm und dachte daran, was Zulike gewesen wäre, wenn sie in Shara gelebt hätte: eine Großmutter, von allen respektiert, und Mitglied im Stadtrat, statt hier im Staub herumzukriechen.

Vlahan schwieg lange Zeit. Er stand einfach nur da und starrte mit kaltem, nachdenklichem Blick auf die alte Frau. »Steh auf«, befahl er schließlich.

Zulike erhob sich auf die Füße und stand leicht schwankend vor ihm, mit einem benommenen Ausdruck im Gesicht. Ihr graues Haar hing in Strähnen um ihre Wangen, ihre Augen waren blutunterlaufen. Sie sah erbärmlich aus und wirkte fast zerbrechlich, trotz ihres harten, energischen Kinns und der Muskeln an ihren Armen.

»Warum bist du noch nicht tot?« fragte Vlahan kalt.

Es war eine derart grausame, unerwartete Frage, daß Marrah entsetzt nach Luft schnappte, aber alle anderen, einschließlich Zulike, schienen sie als völlig normal zu empfinden.

»Ich bin eine gute Ehefrau gewesen«, murmelte sie mit erstickter Stimme.

»Sprich lauter.«

»Ich sagte, ich bin eine gute Ehefrau gewesen.«

Vlahan nickte. »Ja«, stimmte er zu. »Das ist wahr. Jeder weiß, deine Tugendhaftigkeit ist niemals angezweifelt worden. Also, warum bist du noch nicht tot?«

Zulike begann zu zittern und biß sich auf die Lippen. »Weil mir niemand einen Dolch geben wollte.«

»Warum nicht?«

»Sie sagen, ich hätte nicht gut genug auf Zuhan aufgepaßt, aber was hätte ich denn tun sollen? Gestern abend war er noch wohlauf – du hast ihn selbst gesehen. Aber heute morgen, als ich aufwachte, war er tot.« Sie fing wieder an zu schreien. »Gib mir mein Recht! Ich bin seine erste Ehefrau. Ich habe ein Recht darauf, ihm ins Paradies zu folgen! Ich bin die Großmutter des Erben! Ich werde mich nicht wie eine gewöhnliche Konkubine zum Grab des Großen Häuptlings schleifen lassen! Das Gesetz besagt, daß ich das Recht habe, an seiner Seite zu liegen. Ich weiß, du hast Zuhan vergiftet; jedermann weiß das! Du konntest nicht der Große Häuptling werden, weil du ein Bastard bist, also hast du beschlossen, durch den dunkelhäutigen Jungen zu herrschen, der Achan ebensowenig ähnlich sieht wie eine Kröte. Gut, dann herrsche und sei verdammt! Alles, was ich will, ist mein Tod, und das Gesetz besagt, daß du ihn mir schuldig bist!«

Vlahans Miene war vollkommen ausdruckslos geworden bei der Erwähnung von Gift, aber seine Augen verengten sich zu Schlitzen. In ihren Tiefen flackerte etwas Brutales auf. Er winkte zwei junge Krieger her, die wartend in der Nähe standen. »Schickt Zuhans Ehefrau ihrem Herrn und Gebieter nach«, befahl er.

»Warte!« kreischte Zulike. »Ich will mich selbst töten. Ich fordere das Recht, von eigener Hand zu sterben, wie es einer treuen Ehefrau zusteht! Du kannst mich nicht wie eine Sklavin strangulieren!«

Ohne sich um ihre Schreie zu kümmern, trat der größere der beiden Krieger vor und löste so schnell die Sehnen von seinem Bogen, daß sie noch vibrierten, als er sie um Zulikes Hals schlang und zuzog. Zulikes Augen quollen hervor, und sie öffnete den Mund, aber es kam kein Laut heraus. Eine Sekunde lang standen sich die alte Frau und der Krieger von Angesicht zu Angesicht gegenüber wie zwei Liebende in einer makabren Umarmung. Dann ließ er Zulike los, und sie fiel leblos zu Boden.

Marrah schrie entsetzt auf, doch niemand hörte sie. In dem Moment, in dem Zulike stürzte, stieg ein Schrei der Freude und Zustimmung von den Nomadenfrauen auf. Singend und händeklatschend stürmten Dutzende von Ehefrauen in einem Geflatter von braunen Schals und langen Tuniken vorwärts. Einige bückten sich und hoben Zulikes Leichnam hoch, während die anderen um sie herum tanzten und einen hohen, schrillen Gesang anstimmten. Ihre ascheverschmierten Gesichter wirkten wie die Fratzen von Wahnsinnigen, und ihre Köpfe waren unbedeckt, aber es schien niemanden zu stören.

»Der Große Häuptling ist tot
und ins Paradies eingekehrt«,

sangen sie,

»und seine gute Ehefrau ist ihm gefolgt.
Schickt ihm seine Sklavinnen und seine Konkubinen nach,
schickt einhundert seiner Pferde.
Laßt Zuhan in Glanz und Pracht
zum Palast von Han reiten,
wo der Gott selbst auf seinem brennenden Thron sitzt!«

Indem sie Zulikes Leichnam von Hand zu Hand weiterreichten, trugen die singenden Frauen das schmutzige braune Bündel fort, während Marrah ihnen starr vor Entsetzen nachschaute. Jetzt war ihr alles klar: Zuhan war tot, und die Nomaden waren im Begriff, ihm alle seine Frauen in den Tod nachzuschicken. Vlahan herrschte jetzt über die Hansi, und Arang war in seiner Gewalt.

Eine Sekunde lang war sie so von Grauen erfüllt, daß sie sich nicht rühren konnte. In Gedanken sah sie wieder die Bogensehne, sah Zulikes vorquellende Augen, hörte das dumpfe Geräusch, das ihr Körper machte, als er leblos auf den Boden aufschlug, und sie stellte sich vor, wie Dalish und Akoah aussehen würden, nachdem die Krieger mit ihnen fertig waren. Furcht kroch an ihren Beinen hoch und ihr Rückgrat hinauf, verwandelte ihre Knochen in Wasser und ihr Herz zu Eis. Sie schlug die Hände vor die Augen und wandte sich ab von der schlammigen Stelle, wo Zulikes Leichnam gelegen hatte.

Ergib dich, flüsterte die Angst. Du wirst niemals gegen sie gewinnen. Sie sind unmenschlich grausam und von roher Gewalt, und alles, was du hast, ist dein Verstand. Und was nützt dir dein Verstand gegen dieses Rudel Wölfe? Ergib dich Vlahan, bevor er dich ebenfalls tötet. Sei eine »gute« Hansi-Frau; sei eine gehorsame Ehefrau.

Bei dem Gedanken, eine »gute« Hansi-Frau zu sein, hakte etwas in ihrem Inneren aus. Es war ein merkwürdiges Gefühl, als risse eine zu straff gespannte Saite. Lieber würde ich sterben! dachte sie rebellisch. Lieber würde ich im Kampf fallen! Ich werde von hier fliehen, und ich werde Dalish und Akoah und die Frauen aus Shambah mitnehmen. Immer noch besser, wir alle sterben draußen in der Steppe, als auch nur eine einzige Frau zurückzulassen!

Einen Augenblick stand sie einfach nur da, verblüfft und verwundert, während sie sich fragte, woher dieser verrückte, störrische Mut plötzlich gekommen war. Allmählich begriff sie, daß es ihr eigener war. Ich bin unter dem Schutz der Göttin geboren und mit den Geboten der Göttin aufgewachsen, dachte sie, und ich werde nicht aufgeben!

Sie ließ ihre Hände sinken und blickte Vlahan an, der immer noch mit vor der Brust gekreuzten Armen vor dem Zelt stand und auf die Menge von Männern starrte, die sich in einem Halbkreis um ihn versammelt hatten. Marrah entdeckte eine Reihe vertrauter Gesichter in der Menge, einschließlich Slehans, aber Stavan war nirgendwo in Sicht. Hinter Vlahan hatte ein Dutzend schwer bewaffneter Krieger Posten bezogen, die Speere bedrohlich erhoben. Marrah erkannte die meisten von ihnen als Zuhans frühere Leibwächter. Sie waren jung und sahen gefährlich aus, allesamt narbenbedeckte Veteranen von zahllosen Schlachten, und alle waren Vlahan eindeutig treu ergeben. Es bestand kein Zweifel daran, wer jetzt die Macht im Lager besaß.

Mehrere Augenblicke unbehaglichen Schweigens verstrichen, nur unterbrochen vom gelegentlichen Murmeln eines Kriegers am Rand der Gruppe. Dann erschallte eine Trompete in der Ferne, und Changar erschien mit zwei Pferden. Das eine war Vlahans schwarzer Hengst, das andere Zuhans weißer Wallach. Arang saß auf dem Rücken des Wallachs; seine Miene verriet Angst. Er trug eine weiße Wolltunika, weiße Beinlinge und einen bestickten Umhang mit einer troddelverzierten Kapuze. Eine schmale Goldkrone wand sich um seine Stirn, und um seinen Hals hing eine Kette aus Wolfszähnen und goldenen Sonnen. In der einen Hand hielt er Zuhans pferdeköpfiges Zepter, in der anderen einen kleinen zeremoniellen Dolch.

Aber Arang und Changar kamen nicht allein. Um sie herum in streng ausgerichteter Formation ritten sechs weitere Leibwächter, alle mit entblößtem Oberkörper, als wären sie im Begriff, in eine Schlacht zu ziehen. Sie waren bis an die Zähne mit Speeren und Messern bewaffnet, und drei von ihnen hatten ihre Bogen gespannt und zielten geradewegs auf die Menge.

Als Arang Marrah sah, hellte sich seine Miene ein wenig auf, und er wollte etwas zu ihr sagen, aber Changar brachte ihn mit einem grimmigen Blick zum Schweigen, und er zuckte erschrocken zurück. Die Leibwächtertruppe teilte sich, bildete eine bewaffnete Gasse von Changar zu Vlahan. Ohne der Menge auch nur einen Blick zu gönnen, schritt Changar den Gang hinauf und reichte Vlahan die Zügel der beiden Pferde. Dann verbeugte er sich steif und trat zur Seite.

Vlahan legte eine Hand auf den Rücken des Hengstes, sprang hinauf und saß einen Moment lang da, während er seinen Blick über die versammelten Krieger schweifen ließ. Es herrschte undurchdringliches Schweigen. Unter der Oberfläche, irgendwo in der Tiefe, grollte die Drohung von Gewalt wie ferner Donner. »Seht euren neuen Großen Häuptling!« rief Vlahan und zeigte auf Arang. »Seht den Sohn des Helden Achan, den Enkelsohn des Großen Zuhan, den treu zu beschützen ich versprochen habe, bis er volljährig wird. Laßt jeden Mann, der das Recht dieses Jungen bestreitet, über die Hansi zu herrschen, jetzt in gerechtem Kampf gegen mich antreten oder für immer schweigen.«

Niemand wagte es, vorzutreten und den Zorn Vlahans und der bewaffneten Krieger zu riskieren, die hinter ihm standen. Zufrieden warf er die Zügel von Arangs Pferd wieder Changar zu. »Bring den kleinen Häuptling zu seinem Zelt zurück«, sagte er.

Changar verbeugte sich und führte Arang fort, und die sechs berittenen Leibwächter begleiteten sie, die Bogen noch immer schußbereit erhoben.

Vlahan wandte sich erneut zu der Menge um. »Heute werden wir den Helden Zuhan auf die traditionelle Art betrauern.« Er sprach mit gedämpfter, eindringlicher Stimme, während er mehr sagte, als Marrah ihn die ganze Zeit, die sie in seinem Zelt gelebt hatte, jemals hatte sagen hören. »Alle Feuer werden gelöscht werden, und jeder wird kaltes Fleisch essen. Wir werden das Grab des Großen Häuptlings schaufeln, seine Schätze zusammentragen und seine Pferde einfangen. Heute und heute nacht wird Zuhans Körper vor seinem Zelt aufgebahrt liegen, damit jeder ihn sehen kann, und Zulike, seine friedliebende Ehefrau, wird in aller Ehre neben ihm liegen. Morgen werden wir die Bestattungsspiele abhalten und die Opfer darbringen, aber dies ist die Zeit der Dunkelheit, wenn Zuhans Seele auf dem Weg ins Paradies die Hölle durchwandert, und wir müssen wehklagen und zu Choatk dem Schrecklichen beten, dem Großen Häuptling der Unterwelt.«

In der Menge breitete sich Unruhe aus, und Marrah sah Slehan und mehrere andere Krieger wütende Blicke tauschen. Vlahan begann, die Bestattungsspiele zu beschreiben, doch Marrah wollte nichts mehr davon hören. Sie ergriff eine Handvoll Asche aus dem Feuer und rieb sie sich ins Gesicht. Dann ging sie einfach in die Menge hinein und drängelte sich rücksichtslos zwischen den Männern durch. An jedem anderen Tag hätte sie sich wahrscheinlich eine schallende Ohrfeige oder noch Schlimmeres eingehandelt, aber heute nahmen die Krieger kaum Notiz von ihr. In der Annahme, sie wolle zu den anderen Frauen, machten sie ihr unwillig knurrend Platz, ohne jedoch ein einziges Mal den Blick von Vlahan abzuwenden.

Sobald Marrah aus dem Gewühl heraus war, begann sie zu laufen. Niemand rief ihr nach. Niemand befahl ihr zurückzukommen.

Marrah war noch nie zuvor in der Nähe von Zuhans Zelt gewesen, doch sie hatte keine Mühe, es zu finden. Die meisten Hansi-Zelte hatten vier Zeltstangen, Zuhans dagegen hatte acht, und seine weißen Planen waren mit Sonnensymbolen und Sternen geschmückt. Zuhan persönlich begrüßte sie. Sie hatten ihn auf einem Stapel Teppiche aufgebahrt, mit einem Speer in der einen Hand und einem Dolch in der anderen. Der Tote trug nichts außer einem Lendenschurz aus Leder und einem weißen Umhang, aber sein Körper war mit Symbolen bemalt, und Ketten aus Wolfszähnen, goldenen Anhängern und anderen Schmuckstücken hingen um seinen Hals. Er bot einen seltsamen Anblick, wie er da lag, wie ein junger Krieger herausgeputzt. Sie hatten Bündel frisch duftender Kräuter um ihn herum aufgeschichtet, aber von seinem Körper stieg ein sonderbar bitterer Geruch auf. Seine Arme waren dünn und muskulös, doch seine mit grauen Haarbüscheln bewachsene Brust war eingefallen, von Clanzeichen und alten, häßlichen Narben bedeckt. Und sein Gesicht wirkte wie eine starre Maske – kalkweiß, mit bläulich verfärbten, eingesunkenen Höhlen, wo seine Augen gewesen waren. Aber es waren seine Lippen, die Marrahs Interesse weckten. Jemand hatte offensichtlich versucht, seine Züge herzurichten, und hatte versagt. Seine Lippen waren in Todesqual verzerrt, und seine Zungenspitze ragte ein Stück heraus. Er hatte eindeutig einen schrecklichen Tod erlitten, und ebenso eindeutig stand fest, daß er vergiftet worden war.

Hinter ihm standen sechs Leibwächter mit Speeren in der Hand und blockierten den Eingang zum Zelt. Marrah war erleichtert, als sie die bewaffneten Männer sah, denn das bedeutete, daß Arang wahrscheinlich im Zelt war. Die Wachen blickten Marrah mit Neugier entgegen, es war jedoch offensichtlich, daß sie nicht die Absicht hatten, sie durchzulassen. Einer von ihnen zeigte halbherzig mit seinem Speer auf sie, während die anderen einen Wasserschlauch herumreichten, der, nach dem Ausdruck auf ihren Gesichtern zu urteilen, etwas Stärkeres zu enthalten schien als klares Wasser.

Marrah legte ihre Hände trichterförmig an den Mund. »Arang!« rief sie. »Ich bin's, Marrah. Sag den Wachen, sie sollen mich durchlassen.«

Beim Klang ihrer Stimme zog Arang augenblicklich die Zeltklappe beiseite und steckte den Kopf heraus. »Marrah! Bin ich froh, dich zu sehen! Du kannst dir nicht vorstellen, was sich hier abgespielt hat!« Er wandte sich an die Wachen und befahl ihnen, Marrah vorbeizulassen, und als sie zögerten, verschwand er wieder im Zelt, holte das Pferdezepter und schwang es mit so viel Würde in ihre Richtung, daß selbst Marrah beeindruckt war. Sein Hansi war perfekt; er klang, als hätte er die Sprache schon sein Leben lang gesprochen, und es hatte die gewünschte Wirkung. Noch einen Tag zuvor hätten die Wachen wahrscheinlich nur Befehle von Zuhan angenommen, aber Zuhan war tot, und jetzt war Arang der neue Große Häuptling, zumindest dem Namen nach. Kaum fiel ihr Blick auf das Pferdezepter, da winkten sie Marrah mit respektvollen Verbeugungen durch.

Als sie an ihnen vorbeiging, stieg ihr der süß-saure Geruch von Kersek in die Nase. Die Trinkerei hatte also schon begonnen. In welcher Verfassung würden sie und die anderen Krieger bis zu dem Zeitpunkt sein, wenn Zuhan beerdigt war? Sie fragte sich, ob Arang irgend etwas erreichen würde, wenn er die Wachen anwies, Pferde zu satteln, damit sie fliehen konnten, aber wenn das möglich gewesen wäre, hätte er es ohne Zweifel schon längst getan. Er mochte erst zwölf Jahre alt sein, aber er war kein Narr.

Zu ihrer Überraschung war Arang die einzige Person im Zelt.

Nachdem er ihr mit einer Handbewegung bedeutet hatte, sich auf einen Stapel bestickter Kissen zu setzen, hockte er sich neben sie und warf das Pferdezepter auf den Boden. Er war eine kleine, kompakte Gestalt, wie er da mit untergeschlagenen Beinen saß, aber er war während der letzten Monate ein ganzes Stück gewachsen. Die Jungenhaftigkeit wich allmählich aus seinem Gesicht, und die Tätowierungsnarben verliehen ihm das Aussehen eines wesentlich älteren Menschen. Das regelmäßige Training mit Bogen und Speer hatte ihn schlank und muskulös gemacht, und die Krone des Großen Häuptlings verlieh ihm Würde, aber letzten Endes war er immer noch ihr kleiner Bruder.

»Was werden wir tun?« fragte er, sobald sie saßen, so als wüßte Marrah wie immer eine Lösung für jedes Problem.

»Wir werden fliehen«, erklärte sie, und beim Sprechen erkannte sie, daß es ihr voller Ernst war. Sie erzählte ihm alles, begann mit dem Moment, als sie mitten in der Nacht aufgewacht und Stavan über sie gebeugt war, und endete mit Zulikes Tod, aber etwas in Arangs Gesicht ließ sie innehalten. Wieder blickte sie sich im Zelt um, betrachtete die Stapel kostbarer Felle und Decken, die übervollen Körbe mit Essen, die langen Tuniken und Schals, die achtlos auf dem Boden verstreut lagen, die Pferdemasken und Tonkrüge und Beutel voller Schätze, und wieder erschien es ihr sonderbar, daß Zuhans sämtliche Besitztümer aufgehäuft waren außer den wichtigsten: es waren keine Waffen und keine Frauen da.

»Wo ist Dalish? Ich dachte, sie würde hier bei dir sein, selbst wenn die anderen irgendwo anders sind, aber sicherlich gibt es andere Zelte, wo –«

»Sie ist weg«, erwiderte Arang gepreßt. In seiner Stimme schwang jetzt nichts Kindliches mehr mit. »Vlahans Krieger kamen, um sie und Akoah und die anderen fortzubringen, sobald Zulike zu schreien begann, daß Zuhan tot sei. Ich glaube, sie halten sie in einem Zelt gefangen, irgendwo in der Nähe der Stelle, wo sein Grab geschaufelt werden soll.« Er hielt einen Augenblick inne. »Als Vlahan mir sagte, sie würden alle stranguliert werden und ich würde neue Frauen bekommen, bin ich mit meinem Dolch auf den Bastard losgegangen. Es war verrückt von mir, das ist mir klar; der

Kerl hätte mir fast das Handgelenk gebrochen, als er mir die Waffe aus der Hand riß, aber es kümmert mich nicht. Es war es wert, und zumindest weiß ich jetzt, daß er es nicht wagt, mich zu töten. Aber er wollte es tun, ich konnte den Haß in seinen Augen sehen.«

Deprimiert starrte Marrah auf die Tuniken und umgedrehten Körbe und fragte sich, ob ihr Pech wohl jemals enden würde. Aber Arang war noch nicht fertig. Er fuhr fort zu sprechen, als wäre alles, was er sagte, Teil desselben Gedankens. »Hast du schon mal Kersek zubereitet, Marrah?«

Die Banalität dieser Frage überraschte sie derart, daß sie einen Moment brauchte, um zu antworten. »Ja, natürlich.« Sie sah sich in dem verlassenen Zelt um. »Die Krieger ständig mit Kersek zu versorgen ist einer der Hauptgründe, warum Frauen existieren. Aber was hat das mit Dalish und Akoah zu tun?«

»Ich erklär's dir später. Erzähl mir einfach, wie er hergestellt wird.«

Sie merkte, daß er auf etwas Bestimmtes hinauswollte, aber sie wußte nicht, was das sein könnte. Trotzdem, wenn er überhaupt irgendeine Art von Plan hatte, dann war es besser als nichts, deshalb beschrieb sie ihm, wie die Frauen wildwachsendes Getreide kauten und es in Lederbeutel spuckten, die mit etwas warmem Wasser und Honig gefüllt waren; wie frische Stutenmilch hinzugefügt und die Mischung dann der Hitze des Feuers oder der Sonne ausgesetzt wurde, bis sie zu gären begann. Sie wollte gerade erklären, wie sich die Mischung in eine Art feuchten Käse zu verwandeln begänne, wenn man sie zu lange stehen ließ, als Arang sie unterbrach.

»Tut ihr nicht auch irgendwelche Gewürze dazu?«

Ach ja, das hatte sie vergessen. Manchmal gaben die Frauen weitere Zutaten in die Milch – frische Hanfknospen oder feingehackte Pilze oder sogar eine fremdartige, lilienähnliche Pflanze, die dem Kersek einen Geruch nach Suppe verlieh, aber das geschah immer erst in der letzten Minute, weil sich die Kräuter schwarz verfärbten und schleimig wurden, wenn sie zu lange in der Milch blieben. Wenn ein großes Fest bevorstand, wurden alle Schläuche mit Kersek zum Kühlen in den Fluß gelegt, und kurz vor dem Verzehr öffneten die Frauen sie und fügten die Gewürze hinzu.

»Das ist alles, was ich wissen muß.« Er lehnte sich mit einem zufriedenen Lächeln zurück. »Mein Plan wird funktionieren.«

»Welcher Plan?« Marrah blickte ihn gespannt an, hoffte wider alle Hoffnung, daß ihm etwas eingefallen war, was sie übersehen hatte.

»Es ist ganz einfach: Wir schütten das Pulver der Unsichtbarkeit in den Kersek. Die Krieger trinken das Gebräu, und wenn sie uns nicht mehr sehen können, werden wir alle fliehen.«

»O Arang!« Sie war so enttäuscht, daß sie kaum sprechen konnte. »Hast du das denn vergessen? Changar hat doch den getrockneten Donner und das Pulver der Unsichtbarkeit eingesteckt, als er mir meinen Medizinbeutel weggenommen hat. Alles, was ich noch habe, ist der gelbe Stein, den mir die Priesterinnen geschenkt hatten, und was kann der schon ausrichten gegen –« Sie brach mitten im Satz ab. Arang hatte zwei kleine Lederbeutel unter einem der Kissen hervorgezogen und ließ sie triumphierend vor ihrer Nase baumeln.

»Die Glücksbringer!« Sie riß sie ihm aus der Hand. »Wie, im Namen der Göttin, hast du es geschafft, sie von Changar zurückzubekommen?«

»Ich habe sie gestohlen«, erklärte er, und dann lachte er, wie er immer lachte, wenn er nichts Gutes im Schilde führte. Es war ein stolzes Lachen. »Du müßtest den Ausdruck auf deinem Gesicht sehen, Marrah. Du siehst wie ein Schaf aus, das gerade gegen einen Baum gelaufen ist. Es war gar nicht mal schwierig. Der alte Schwindler zog mich in sein Zelt, um mich zu bemalen und anzukleiden für die kleine Szene mit Vlahan, und da sah ich beide Beutel in einer Ecke auf einem Haufen Abfälle liegen – weil er sie vermutlich ebenfalls als Abfall angesehen hat. Er wird sie niemals vermissen.« Er hätte noch mehr gesagt, wenn Marrah ihn nicht in ihre Arme gerissen und ihn derart stürmisch an sich gedrückt hätte, daß er um Gnade flehte. »Laß mich los«, knurrte er. »Du brichst mir noch die Rippen.« Aber er lachte dabei, und Marrah lachte, und einen Moment lang schien es, als ständen die Priesterinnen von Nar in höchsteigener Person im Zelt.

»Schnell, hilf mir, ein Knäuel weißer Wolle zu finden«, rief sie,

»damit ich Stavan ein Zeichen geben kann, daß er die Pferde bereitstellt. Wir werden nicht nur Akoah und Dalish mitnehmen, sondern auch die Frauen aus Shambah und sämtliche anderen Sklavinnen. Wir werden durch Vlahans Krieger reiten, so wie der Sturm durch das Gras fegt. Wir werden unsichtbar sein!«

»Aber für wie lange?« fragte Arang skeptisch.

Das war ein ernüchternder Gedanke. Sie wurden wieder ernst und suchten in aller Eile nach einem Knäuel weißer Wolle. Bald fanden sie einen ganzen Korb voll, was nicht weiter überraschend war, da Zuhan ausschließlich weiße Kleidung getragen hatte. Marrah zupfte eine gute Faustvoll Wolle heraus und eilte dann aus dem Zelt, doch nicht bevor sie und Arang niedergekniet waren und die Göttin Erde um Glück gebeten hatten.

Ihr Glück hielt weiter an. Niemand belästigte Marrah oder fragte sie, warum sie sich so weit von Vlahans Zelt entfernt hatte. Sie ging durch das Lager, als wäre sie bereits unsichtbar, strebte an den Männern vorbei, die ihre hölzernen Hacken schärften, um Zuhans Grab auszuheben, und an den Frauen, die Zulikes Leichnam wuschen; vorbei an Kindern, die »Begräbnis« spielten, indem sie sich gegenseitig Asche ins Gesicht schmierten, und an Kindern, die so friedlich in der Sonne schliefen, als wäre kein Großer Häuptling jemals geboren worden oder gestorben. Sie marschierte sogar an Slehan vorbei, der so intensiv in seine Unterhaltung mit einem anderen Krieger vertieft war, daß er noch nicht einmal aufblickte. Die Hunde bellten nicht, und die Pferde wieherten nicht. Es herrschte zuviel Betrieb, als daß eine einzelne Frau aufgefallen wäre.

Marrah nahm an, sie müßte vielleicht den ganzen Weg bis zu den Feuern der Hütejungen gehen, um Stavan zu finden, doch sie hätte wissen müssen, daß er versuchen würde, zu ihr zu kommen. Sie fand ihn im Schlamm sitzend, nicht mehr als fünfhundert Schritte von Zuhans Zelt entfernt. Er spielte mit einem Stückchen Pferdehaar und blickte noch nicht einmal auf, als sie wie aus Versehen das Knäuel weißer Wolle vor seine Füße fallen ließ. Statt dessen kicherte er irre, griff nach einer Handvoll Staub und warf ihn in die

Luft, und als er in sein Gesicht rieselte, nieste er. Marrah mußte zugeben, daß er den Verrückten recht beeindruckend spielte. Er schnappte sich das Wollknäuel, schnüffelte daran, zupfte ein Stück ab und begann es sich um den Finger zu wickeln. Seine Tunika hing in Fetzen, und sein Gesicht war schwarz vor Asche und tränenverschmiert.

Marrah blickte zu den hohen Gräsern, und er antwortete mit einem kaum merklichen Nicken. Es bestand kein Grund, irgend etwas zu sagen.

Betont beiläufig hob sie die Wolle wieder auf und setzte ihren Weg durch das Lager fort, wo Stavan sie sehen konnte. Es hatte niemals einen günstigeren Tag gegeben, um unbeachtet umherzuwandern. Timak richtete Zulikes Leiche her, Vlahan war dabei, seine Macht zu festigen, und niemand kümmerte sich um sie. Als sie absolut sicher war, daß keiner sie beobachtete, ging sie geradewegs in das hohe Gras hinein, ohne einen Blick zurückzuwerfen.

Ein paar Minuten später saßen sie und Stavan auf dem Boden hinter einem schützenden Schirm aus hohen goldenen Halmen wie zwei Menschen, die völlig von der Außenwelt abgeschnitten waren. Er hatte seinen Arm um sie gelegt, ihre Köpfe berührten sich, und sie flüsterten hastig auf shambah miteinander, hielten nur zwischendurch kurz inne, um angespannt zu horchen. Doch es war kein verdächtiges Geräusch zu hören: nur die Klagegesänge, die aus der Richtung von Zulikes Leichnam herüberschallten, und das unablässige Dröhnen der Begräbnistrommeln.

»Kersek«, sagte Marrah, »Pulver der Unsichtbarkeit ... Arang ... von Changar gestohlen ... Bestattungsspiele ... die Krieger ... alle zusammen an einem Ort.«

Stavan nickte. Ja, er glaubte, es könnte klappen. Ja, er würde die Pferde bereithalten. Aber der Gedanke, daß sie das Pulver in den Kersek schütten sollte, gefiel ihm gar nicht. Sie stritten noch ein wenig weiter mit gedämpften Stimmen, und schließlich gab er nach. Er würde sie das Pulver in den Kersek mischen lassen, und sobald der Zustand der Unsichtbarkeit eintrat, würde Marrah einen lauten Alarmschrei ausstoßen, und er würde die Pferde mitten in die Zeremonie hineinführen, und sie alle würden fliehen.

Es war höchste Zeit, sich wieder zu trennen. »Ich gehe zuerst«, flüsterte Stavan, »und falls jemand auf mich aufmerksam wird, werde ich sie von dir weglocken. Warte eine Weile, Liebste, und duck dich so tief, daß dich niemand sehen kann.«

Sie sank auf Hände und Knie und machte sich klein, während sich Stavan erhob, bis sein Kopf über die Grasspitzen aufragte. Die Sonne schimmerte golden in seinem Haar. Plötzlich zuckte er zurück und stieß einen erschrockenen Schrei aus.

»Sei still!« rief Marrah leise. »Bist du verrückt geworden?« Aber dann sah sie den Speer an seiner Kehle und drei weitere Speerspitzen, die auf seine Brust zielten, und bevor sie selbst auf die Füße springen konnte, blickte ein zweites Gesicht auf sie herab.

»Guten Tag, Ehefrau von Vlahan«, sagte Changar. Sein Mund verzog sich zu einem langsamen, unheilverkündenden Grinsen. »Vielleicht hast du die Güte, diesen Kriegern zu erklären, was du mit Zuhans Dummkopf von einem Sohn im hohen Gras zu suchen hast.«

20. Kapitel

»Heil den glücklichen Bräuten,
die den Hauch des Paradieses atmen.«

Traditionelles Hansi-Lied

Zuhan der Tapfere, Großer Häuptling aller Hansi, Sohn von Han und Herrscher der Steppe, war tot, und seine Krieger und Frauen gruben sein Grab in den kalten Schlamm mit hölzernen Hacken und Stöcken aus Hirschgeweih. Der Himmel hatte sich zu einem trüben Grau verdunkelt, und ein kalter Wind wehte aus dem Norden, heulte wie ein Wolf, als er über die Steppe fegte. Die hohen Gräser beugten die Köpfe vor dem kommenden Sturm, so wie sich Zuhans Untertanen einst vor ihm verneigt hatten, aber nach dem morgigen Tag würde sich keiner jemals mehr vor Zuhan verbeugen. Er würde

Tausende von Jahren unter der Grasdecke liegen, umgeben von den Knochen seiner Pferde und den Gebeinen seiner Ehefrauen und Sklavinnen; seine feinen wollenen Gewänder würden verfaulen, seine kupferne Halskette würde sich grün verfärben, das Fleisch würde von seinen Knochen fallen, und die Würmer würden sein stolzes Herz fressen.

Aber die Hansi-Krieger hatten keine Vorstellung, wie kurz das ewige Leben ihres Großen Häuptlings währen würde. Sie glaubten, er sei unsterblich wie die Sterne, und so arbeiteten sie trotz der wirbelnden Schneeflocken und eisigen Windböen fieberhaft weiter, um eine würdige Ruhestätte für ihn zu schaffen. Einige der jüngeren Männer gerieten dabei so ins Schwitzen, daß sie ihre Kapuzen zurückwarfen oder sogar ihre wollenen Tuniken auszogen und mit nacktem Oberkörper weiterarbeiteten. Sie knieten oder standen, während sie auf den schlammigen Boden einhackten, und ihre Frauen füllten Körbe mit dem ausgehobenen Erdreich und kippten es auf einen Haufen, der später über dem Grab aufgeschichtet würde. Es war harte Arbeit, denn jeder Korb, der geleert wurde, mußte mit Steinen gefüllt zurückgeschleppt werden, um den Boden und die Wände der Grabkammer damit auszukleiden, denn sonst würden die Erdmassen um Zuhan herum einstürzen, Han würde sich weigern, seine Seele aufzunehmen, und die Hansi würden für alle Zeiten in Ungnade fallen.

Trotz ihrer vereinten Anstrengungen sah Zuhans Grab jedoch eher wie ein schlammiges Loch aus, als sich der Tag seinem Ende näherte, aber wenn es fertig war, würde es ein Symbol fürstlicher Würde und Macht sein. Fünfzig Pferde würden getötet, mit Stroh ausgestopft und um den Rand herum aufgestellt werden. Eine Ecke der riesigen rechteckigen Kammer würde mit Zuhans Schätzen angefüllt sein, da ein Großer Häuptling nicht mit leeren Händen ins Paradies kommen durfte: hauptsächlich mit Waffen – Speeren und Dolchen, Bogen, Pfeilen, Äxten und Schilden –, aber es würden auch Körbe mit Armbändern und Halsketten darunter sein, einige aus Kupfer, doch die meisten aus Wolfszähnen, die als besonders wertvoll galten, des weiteren weiche Wolldecken und feinste Teppiche und sogar Krüge, geschmückt mit Sonnensymbolen und gefüllt mit dem gedörrten Fleisch und den getrockneten Früchten, die Zuhan und sein Haushalt brauchen würden, um die lange Reise zu den Himmlischen Weiden zu überstehen.

Wenn die Schätze alle sicher am richtigen Platz verstaut waren, würde Zuhan selbst zu seiner ewigen Ruhestätte gebracht werden auf einem fellbespannten Schlitten, gezogen von drei Pferden. Zulike würde ihm auf einem kleineren Schlitten folgen, und die beiden Körper würden an Seilen, die aus weißem Pferdehaar geflochten und mit Blut getränkt waren, in die Grabkammer hinuntergelassen werden. Die Krieger, die Zuhan zu Lebzeiten beschützt hatten, würden ihn auf eine Matratze aus weißem Kalbsleder betten, gefüllt mit süß duftendem Heu, und ihm seinen Dolch in seine rechte Hand und sein Pferdezepter in die linke Hand legen. Dann würde Zulike zu seinen Füßen niedergelegt werden, damit sie das Paradies nicht vor ihm erblicken würde.

Wenn die Leichen an Ort und Stelle lagen, würden die ergebensten Krieger ihr Haar abschneiden und es ins Grab hinunterwerfen, bis Zuhan mit einer Decke der Ergebenheit in allen Farbschattierungen, von Gold bis Schwarz, bedeckt wäre. Aber zuvor würde die Grabkammer mit einer weiteren Gabe angefüllt werden. Changar und seine Helfer würden am Rand stehen, Zuhans Konkubinen und Sklavinnen strangulieren und sie eine nach der anderen in das Grab hinunterstoßen, damit sie ihrem Herrn in der Ewigkeit Gesellschaft leisten konnten. Das war durchaus üblich, ein solch normales Ritual, daß die Krieger, die den kalten Erdboden aushoben, kaum einen Gedanken daran verschwendeten. Aber bei diesem Begräbnis sollte es ein zusätzliches Opfer geben – tatsächlich sogar zwei zusätzliche Opfer. Das eine war Vlahans jüngere Ehefrau, die hübsche kleine Wilde aus dem Waldland, die im hohen Gras mit Zuhans schwachsinnigem Sohn erwischt worden war. Da sie die Tante des neuen Großen Häuplings war, billigte jedoch nicht jeder die Tatsache, daß Vlahan sie kurzerhand an Changar übergeben hatte. Natürlich war Vlahan wütend gewesen. Welcher Mann wäre das nicht? Aber die meisten waren der Ansicht, er hätte sie auf der Stelle töten sollen, wie es einem betrogenen Ehemann zustand, statt sie zum Teil der Zeremonie zu machen. Andere wiederum sagten,

Vlahan habe das Recht, mit dieser Ehefrau zu verfahren, wie es ihm gefiel – einer Ehefrau, die ihm keine Söhne geboren hatte und noch nicht einmal seine erste war –, während wieder andere flüsterten, dies sei Vlahans Art und Weise, um zu demonstrieren, daß er über die Hansi herrschte und nicht etwa der dunkelhaarige kleine Junge, der in Zuhans Zelt saß und behauptete, Achans Sohn zu sein.

Das Opfer von Vlahans Ehefrau war schon ungewöhnlich genug, doch es war das zweite zusätzliche Opfer, welches das heftigste Getuschel auslöste, während die hölzernen Hacken und Geweihstöcke in die Erde gruben. Changar hatte verkündet, daß Stavan der Narr das Grab seines Vaters teilen solle, als wäre er ein kleines Kind statt ein erwachsener Mann, und zwar nicht, weil er mit Vlahans Ehefrau ins hohe Gras gegangen war – ein Verrückter konnte für nichts bestraft werden, weil er nicht wußte, was er tat –, sondern aus einem viel weniger akzeptablen Grund. Changar behauptete, Han persönlich habe ihm befohlen, Stavan zusammen mit seinem Vater ins Paradies zu schicken. Zwar wurden häufig weibliche Babies bei einer Bestattung geopfert und manchmal sogar kleine Jungen, wenn der Tote viele männliche Nachkommen hatte, aber der erwachsene Sohn eines Häuptlings? So etwas hatte es noch niemals gegeben, nicht in der ganzen Geschichte der Zwanzig Stämme! Schwachsinnig oder nicht, der Sohn eines Häuptlings hatte gewisse Rechte.

Als Slehan beobachtet hatte, wie Vlahan Stavan an Changar übergab, hatte er seine Krieger und Frauen zusammengerufen und war aus dem Lager geritten. Mehrere Hansi-Krieger, die Zuhan besonders treu ergeben gewesen waren, hatten sich Slehan angeschlossen, und es ging bereits das Gerücht von Krieg um. Schlimmer noch, wenn sich die Nachricht weiter herumsprach, bestand die Möglichkeit, daß sich andere Unterhäuptlinge mit Slehan zu einer Rebellion zusammentaten. Wie verlautet, hatte Slehan gesagt, er würde sich von Achans Sohn regieren lassen, aber nicht von einem Bastard.

Das bevorstehende Opfer von Zuhans schwachsinnigem Sohn hatte bereits böse Geister gerufen. Die Pferde waren unruhig, als witterten sie Gewalt und Verrat in der Luft. Die Kühe und Stuten ließen sich nur schwer melken, und die Schafe hatten sich zu einem verängstigten Pulk zusammengedrängt. Während der Sturm brauste und sich der Himmel verdunkelte, sprachen die Männer von Krieg, die Frauen flüsterten besorgt untereinander, und Zuhans schlammige Grabkammer wurde Stück für Stück tiefer.

In dem Gefangenenzelt hockten Dalish, Akoah und Marrah auf einem Stapel Decken und horchten auf das Heulen des Windes und das unheilverkündende Stimmengemurmel. Manchmal konnten sie einen Stock über Fels kratzen hören oder das dumpfe Aufprallen von Steinen, die in die Grube geworfen wurden, aber bis auf die Augenblicke, wenn die Frauen kamen, um ihnen etwas zu essen zu bringen, konnten sie nichts von der Außenwelt sehen, außer dem kreisförmigen Fleckchen grauen Himmels, der über dem Rauchabzugsloch hing.

»Werden sie uns strangulieren?« flüsterte Akoah. Ihre Augen hatten den irren, angstvollen Ausdruck eines kleinen Tieres, das in einer Falle gefangen saß. Marrah legte ihr einen Arm um die Schultern und versuchte sie zu trösten, aber Akoah zitterte so heftig, daß ihre Furcht ansteckend war. Marrah konnte fühlen, wie Akoahs Angst durch ihren Mund eindrang und ihr die Kehle zuschnürte. Vor ihrem geistigen Auge sah sie eine Bogensehne in einer Kriegerhand vibrieren, sah Zulikes Finger hilflos in die leere Luft greifen und ihren Körper mit dem Gesicht nach unten schlaff zu Boden sinken. Entsetzt schloß sie die Augen, atmete tief durch und zwang sich, statt dessen an Wunder zu denken: ein Sturm, der die Krieger in alle Winde zerstreuen und ihnen eine Chance zur Flucht verschaffen würde; ein zuckender Blitzstrahl, der Changar zu einem Häufchen Asche verbrennen würde; ein Massenansturm von Pferden und Rindern, die in panikartiger Flucht alles niederwalzten; ein Wirbelsturm oder ein feindlicher Angriff. Wenn sie ihrer Todesangst nachgab, würde sie sie überwältigen, und sie würde wie ein furchtsames Schaf auf dem Scheiterhaufen sterben.

Ganz gleich, wie groß meine Furcht ist, ich muß mich weiterhin so benehmen, als gäbe es irgend etwas, was ich tun könnte, dachte sie. Sie zog Akoah an sich. »Keiner wird dich strangulieren«, versprach sie.

»Aber was, wenn sie es doch tun?« Akoah biß sich auf die Lippen, und dicke Tränen bildeten sich in ihren Augenwinkeln, wie zwei kristallene Kieselsteinchen. Draußen stöhnte und heulte der Wind, und manchmal blies eine Bö eine Handvoll Streu unter dem Rand des Zelts ins Innere. Akoah schauderte und berührte mit den Fingerspitzen ihren Hals. »Wird es schrecklich weh tun?« erkundigte sie sich gepreßt.

»Nein«, erwiderte Dalish. »Es geht blitzschnell.« Marrah wußte, daß Dalish log. Stranguliert zu werden war alles andere als schmerzlos. Man hatte viel Zeit, um etwas zu fühlen. Was mochte es sein, was man im allerletzten Moment sah? Gewährte einem die Göttin eine Vision irgendeiner Art, oder starb man so blind und unwissend, wie man gelebt hatte? Sie wollte Dalish fragen, ob jemals irgend jemand die Qual des Strangulierens überlebt hatte und zurückgekehrt war, um zu erzählen, wie der Augenblick des Todes war, aber sie wollte Akoah nicht noch mehr angst machen, als sie ohnehin schon hatte.

Die roten Troddeln schwangen noch immer trotzig über Dalishs Stirn, und ihr Blick war ruhig und gefaßt. Dalish war tapfer – vielleicht sogar noch tapferer als sie, Marrah. Wieder dachte Marrah daran, wie leicht es sein würde, einfach aufzugeben und zusammengekrümmt dazusitzen wie Akoah, aber da war immer noch Arang, an dessen Schicksal sie denken mußte, und Stavan. Arang saß jetzt wahrscheinlich in einem warmen Zelt und aß eine heiße Mahlzeit, weil Vlahan nicht das Risiko eingehen konnte, ihn in irgendeiner Weise zu verletzen, doch Stavan hatte vermutlich üble Schläge einstecken müssen. Sie dachte an den Moment, als Changars grinsendes Gesicht durch das Gras auf sie herabgeblickt hatte. Sie hätte Stavans Dolch aus seiner Gürtelscheide ziehen und ihn in sein Herz stoßen sollen. Sie hätte niemals zulassen dürfen, daß sie Changar lebend in die Hände fielen. Andererseits, wo Leben war, bestand immer noch die Möglichkeit einer Flucht.

Sie wiegte Akoah tröstend in ihren Armen, bis sie zu zittern aufhörte und sich die Tränen mit einem Zipfel ihres Schals abwischte. Nachdem sich Akoah etwas beruhigt hatte, ließ Marrah sie los und wandte sich an Dalish. Es war höchste Zeit, daß sie beide einen Plan entwickelten – nicht deshalb, weil er vielleicht funktionieren könnte, sondern weil sie ohne jeden Plan ebenso verloren sein würden wie Akoah. »Glaubst du, Arang besitzt genug Macht, um zu verhindern, daß wir geopfert werden?«

Dalish zuckte die Achseln. »Ich bin mir nicht sicher; ich bezweifle es, ehrlich gesagt, aber andererseits würden sich vielleicht einige der rebellischeren Krieger auf seine Seite schlagen, wenn er es versuchte. Nach dem, was ich beobachtet habe, ist Vlahan allgemein unbeliebt.«

Die beiden redeten lange Zeit. Nach einer Weile döste Akoah ein, den Kopf gegen eine Zeltstange gelehnt, aber Marrah und Dalish blieben wach, schmiedeten unmögliche Fluchtpläne und malten sich Rettungen in letzer Minute aus. Als ihnen schließlich keine Möglichkeiten mehr einfielen, saßen sie einfach still da, hielten einander bei den Händen und starrten blicklos ins Feuer. Ein Gefühl innerer Ruhe überkam Marrah. Keiner ihrer Pläne hatte auch nur eine entfernte Chance, in die Tat umgesetzt zu werden. Wenn nicht ein Wunder geschah, würden sie sterben müssen, doch statt bei dieser Vorstellung kalte Furcht zu empfinden, wie es zuvor gewesen war, brachte ihr der Gedanke an Tod Frieden. Sie und Dalish und Akoah glaubten nicht an ein Leben nach dem Tode, wie es die Nomaden taten, aber sie glaubten auch nicht an die Hölle. Sie würden vielleicht einige Augenblicke lang unerträglichen Schmerz erdulden müssen, während Changar sie strangulierte, doch dann würden sie zur Erdenmutter heimkehren. Sie würden wieder in ihrem Mutterschoß schlafen, so friedlich wie Samenkörner oder ungeborene Kinder, und wenn ihre Seelen auf die Erde zurückkehrten, würden sie frei von jeder Erinnerung an Leiden sein.

Marrah beobachtete, wie die Schatten des Feuers über die Zeltwand flackerten. Sie erinnerten sie an die tanzenden Tiere in den Höhlen von Nar. Wie unendlich lange das schon her schien! Nächstes Mal werde ich vielleicht als Reh oder als eine Blume oder ein Vogel wiedergeboren werden, dachte sie, und sie stellte sich vor, wie sie über dem Meer der Grauen Wogen dahinschwebte und auf Xori hinabblickte. Lebe wohl, Mutter. Lebt wohl, liebe Freunde. Lebt wohl, Onkel Seme, Urgroßmutter Ama. Ich wollte immer zu euch zurückkehren, aber jetzt sieht es so aus, als würde ich euch niemals wiedersehen.

Die Schatten tanzten weiter, und Marrah fuhr fort, sie zu beobachten. Allmählich entspannte sich ihre Hand und glitt aus Dalishs, aber Dalish, die eingeschlafen war, merkte nichts davon.

Draußen auf der Steppe waren die Nomaden damit beschäftigt, die fünfzig Pferde zu töten und auszuweiden, die ausgestopft und um Zuhans Grab herum aufgestellt werden sollten. Haufen blutiger Eingeweide lagen dampfend in der Kälte. Ein halbes Dutzend Frauen knieten im Schlamm, während sie die Lebern herausschnitten und das Fettgewebe von den Herzen lösten. Die Pferdeinnereien würden einen reichhaltigen Eintopf ergeben, einen, der den Kriegern die Kraft geben würde, Zuhan angemessen zu betrauern.

Nicht weit davon entfernt arbeiteten die Krieger bei Fackelschein weiter am Bau der Grabkammer. Es schneite jetzt stärker, deshalb waren mehrere Zelte abgebaut und über das breite Loch gespannt worden, um ein Dach zu bilden. Unter dem ledernen Himmel waren die Steinwände der Grabkammer bereits zur Hälfte fertig. Frauen schrubbten schon den Boden der Grabkammer mit Asche und kaltem Wasser, während knapp über ihren Köpfen junge Männer Pfähle in den halbgefrorenen Boden schlugen. Jeder Pfahl war eine Zeltstange, unter großen Opfern gespendet, weil Eiche fast so kostbar wie Gold war. Wenn die Männer fertig waren, würden die Pfähle einen Ring um das offene Grab bilden. Es waren dreizehn insgesamt: neun für Zuhans Hansi-Sklavinnen, zwei für seine Konkubinen, einer für Vlahans untreue Ehefrau und einer – der stärkste – für Stavan.

Die jungen Männer überlegten sorgfältig, bevor sie einen Pfahl in den Boden schlugen. Sie mußten genug Platz lassen, damit Changar zwischen dem Opfer und dem Rand des Grabes stehen konnte, aber wiederum nicht so viel Platz, daß der Leichnam getragen werden mußte. Wenn Stavan und die Frauen losgeschnitten wurden, sollten sie anmutig in das Grab des Großen Häuptlings fallen, nicht zu Boden plumpsen wie Kühe, die von irgendeinem ungeschickten Hütejungen abgestochen worden waren. Die Männer inspizierten den möglichen Standort jedes Pfahls von allen Seiten. Changar war in dieser Hinsicht sehr eigenwillig, und niemand wollte ihn beleidigen.

Marrah erwachte mit einem Ruck und stellte fest, daß das Licht des neuen Morgens durch das Rauchabzugsloch hereinströmte. Dalish und Akoah lagen noch schlafend zu ihren beiden Seiten, Akoah zu einem verkrampften, furchtsamen Ball zusammengerollt, Dalish entspannt ausgestreckt, mit dem Kopf auf ihrem Schal. Eine dünne Schicht von Pulverschnee war unter dem Zeltrand hindurchgeweht, und das Feuer war völlig niedergebrannt.

Marrah setzte sich vorsichtig auf. Sollten Dalish und Akoah ruhig noch eine Weile weiterschlafen. Heute war kein Tag, um sie früh zu wecken. Sie atmete tief die frostkalte Luft ein und ließ sie wieder aus ihren Lungen entweichen. Ihr Atem bildete kleine weiße Wölkchen in der Kälte. Heute werde ich sterben, dachte Marrah und blickte sich in dem Zelt um, während sie sich alles ins Gedächtnis einprägte: die Sonnensymbole auf den Teppichen, die primitiv modellierten Töpfe, den ledernen Wasserschlauch, der wie eine Schlange neben einer der Zeltstangen zusammengerollt lag. Niemals zuvor war ihr das Leben so süß erschienen oder so kostbar. Selbst die Steine in der erkalteten Feuergrube sahen schön aus. Sie lagen in einer merkwürdigen Anordnung, jeder von einer eigenen Farbe und Beschaffenheit. Einige waren rissig und blankgescheuert, andere wiesen schwarze Streifen von Ruß auf, und wieder andere erhoben sich wie kleine Inseln aus der weichen grauen Asche. Warum hatte sie sich nie die Zeit genommen, um die Schönheit alltäglicher Dinge zu schätzen? Sie hatte so vieles vom Leben unbemerkt vorbeigleiten lassen.

Marrah dachte an all die Dinge, die zu tun sie sich immer vorgenommen hatte, an die Zukunftspläne, die sie eines Tages hatte verwirklichen wollen, als sie plötzlich den vertrauten, schrillen Gesang der Hansi-Frauen hörte. Das Trällern schien weit entfernt, aber während sie atemlos lauschte, kam es unaufhaltsam näher.

»Dalish«, flüsterte sie.

Dalish setze sich so schnell auf, daß man nur schwer glauben konnte, daß sie fest geschlafen hatte. »Was gibt es?«

»Hörst du das?«

Sie horchten beide, während der Gesang näherkam. In die Klänge mischten sich Flöten, kupferne Becken und etwas, das sich nach einem Tamburin anhörte. Inzwischen war auch Akoah erwacht. Sie umklammerte Marrahs Hand und starrte auf die Zeltklappe.

»Kommen sie, um uns zu holen?«

Dalish nickte.

»Was singen sie da?«

»Ein Hochzeitslied.«

Akoah und Marrah waren verdutzt. »Ein Hochzeitslied?« Akoah zog sich ihren Schal um die Schultern und packte Marrahs Hand noch fester. »Was denn für eine Hochzeit? Wovon redest du?« Aber Dalish mußte recht haben, denn die Musik klang ganz und gar nicht nach Begräbnismusik. Sie war laut und fröhlich, und Marrah konnte sich mühelos vorstellen, wie sich die Frauen bei den Händen faßten und im Kreis tanzten, so wie sie an dem Tag getanzt hatten, als man sie mit Vlahan verheiratet hatte.

»Übersetze für uns, Dalish.«

Dalish sträubte sich zuerst, doch schließlich gab sie nach. »Es ist ein traditionelles Lied, das die Nomaden nur dann singen, wenn ein Großer Häuptling gestorben ist. Es hat eine Menge Strophen, doch der Refrain ist immer derselbe:

›Heil den glücklichen Bräuten,
die den Hauch des Paradieses atmen.
Freut euch, freut euch,
denn bald werdet ihr bei den Göttern sein.

Heute ist Hans Tag.
Heute ist Zuhans Tag.
Heute ist der beste Tag, um zu sterben.‹«

Als Dalish zu dem Wort »sterben« kam, schrie Akoah auf und schlug sich die Hände vors Gesicht, und Marrah fühlte wieder, wie kalte Furcht von ihr Besitz ergriff. Der Friede, den sie zuvor gefunden hatte, verschwand schlagartig. Es würde nicht leicht sein, dem

Tod mit Würde ins Auge zu sehen. Würde sie um ihr Leben flehen und schreien wie Zulike, wenn sie die Bogensehne sah? Würde das letzte, was sie sah, Changars kaltes Lächeln sein? Sie grub ihre Fingernägel in die Handflächen und versuchte, die Furcht irgendwohin zu verdrängen, wo sie sie nicht überwältigen konnte, aber die Stimmen kamen unaufhaltsam näher.

»Kein Tag ist ein guter Tag zum Sterben«, murmelte sie trotzig, aber es kam keine Antwort, und als sie aufblickte, sah sie, wie Dalish sie mit weitaufgerissenen, angstvollen Augen anstarrte.

Ein paar Sekunden lang blickten sie sich gegenseitig an, während jede vergeblich nach Trost in den Augen der andern suchte. Dann brach der Gesang ganz plötzlich ab, die Zeltklappe wurde aufgerissen, und fünf Frauen traten über die Schwelle mit Eimern warmen Wassers und Körben voll weißer Hochzeitskleidung. Eine war die rotschöpfige Timak, die besonders zufrieden aussah, als sie Marrah erblickte. Hiknak ging ein paar Schritte hinter ihr, den Blick auf den Boden gesenkt, wie es sich für eine gehorsame Konkubine gehörte. Die anderen drei kannte Marrah nicht, obwohl sie sie häufig im Lager gesehen hatte, aber sie waren alle groß und kräftig, ohne Zweifel ausgewählt wegen ihrer Fähigkeit, von Panik erfüllte Opfer zu bändigen.

»Guten Morgen«, sagte Timak. Sie lächelte, zeigte ihre spitz gefeilten Zähne. Es war erst das zweite Mal, daß Marrah sie jemals hatte lächeln sehen, und der Ausdruck stand ihr gar nicht. Er verlieh ihrem Gesicht etwas Blutgieriges, ließ sie wie ein hungriger Wolf aussehen. »Wir sind gekommen, um euch für die Zeremonie anzukleiden.« Sie bedeutete den Frauen, die Körbe abzusetzen.

Timaks Anblick versetzte Marrah erneut in eine rebellische Stimmung. »Und was, wenn wir nicht mitmachen?« Sie verschränkte die Arme vor der Brust und funkelte die ältere Frau böse an.

Timak zuckte nur die Achseln. »Wie ihr wollt. Draußen warten bewaffnete Wachen, die euch mit Freuden ausziehen und ankleiden werden, wenn ihr euch gegen uns wehrt.« Da offensichtlich war, daß sie die Wahrheit sagte, gab Marrah schließlich nach. Während Hiknak und eine der jüngeren Frauen sie auszogen und zu waschen begannen, stand Marrah in eisigem Schweigen da und warf Timak böse Blicke zu. Timak würde sie nicht anfassen. Das war der Preis für ihre Bereitschaft stillzuhalten. Dalish ließ die Prozedur des Ausziehens und Waschens ebenfalls schweigend über sich ergehen, doch Akoah schrie und zappelte so heftig, daß sich zwei der Frauen auf sie setzen und sie zu Boden drücken mußten.

Eine Weile herrschte großer Aufruhr, während sie Akoah gewaltsam ihrer alten Kleidung entledigten und in die neue zwängten, und in jenem kurzen Augenblick unternahm Marrah einen letzten Versuch, ihrer aller Leben zu retten. Hiknak hatte nicht einmal auch nur in ihr Gesicht geblickt, und soweit Marrah wußte, hatte sie sich mit Timak gegen sie verbündet, aber sie erinnerte sich, wie sehr die kleine Konkubine Vlahan haßte, und das brachte sie auf eine Idee. Sie griff nach ihrem Gürtel, riß den Lederbeutel ab, der das Pulver der Unsichtbarkeit enthielt, und drückte ihn so schnell in Hiknaks Hand, daß noch nicht einmal Dalish bemerkte, was sie tat.

»Schütte dies hier in den Kersek der Krieger«, flüsterte sie.

Sie hatte keine Zeit für Erklärungen, keine Zeit, um sich zu vergewissern, daß Hiknak verstanden hatte. Denn plötzlich hörte Akoah auf zu schreien, und Timak erhob sich auf die Füße. Sie warf Hiknak einen argwöhnischen Blick zu. »Wieso brauchst du so lange? Sieh zu, daß du die Schlampe ankleidest, sonst verpassen wir den Beginn der Zeremonie.«

»Ja, Herrin.« Hiknak kniete zu Marrahs Füßen und begann, ihre weißen Lederstiefel zuzuschnüren. Sie wechselten nicht ein Wort oder einen Blick der Bestätigung. Ein einziges Mal fing Marrah Hiknaks Blick auf, aber Hiknak sah sie nur ausdruckslos an, als hätte sie sie noch nie zuvor gesehen. Das Päckchen war nirgendwo in Sicht, deshalb hatte sie es vermutlich in ihrem Gewand versteckt, aber es war unmöglich zu wissen, ob Hiknak auch nur die geringste Absicht hatte, das zu tun, worum Marrah sie gebeten hatte. Warum sollte sie auch? Sie war nicht in Gefahr, stranguliert zu werden, und nachdem Vlahan jetzt in allem, außer dem Namen nach, der Große Häuptling war, würden sich ihre Lebensumstände vielleicht verbessern.

Bitter enttäuscht ließ Marrah sich weiter von Hiknak ankleiden. Es war eine dumme Idee gewesen. Sie konnte von Glück reden, daß

Hiknak nicht Alarm geschlagen hatte. Andererseits hätte es wirklich keinen Unterschied gemacht. Ihr Tod stand unmittelbar bevor. Selbst Timak konnte ihr jetzt nicht mehr viel antun.

Als die drei »Bräute« gewaschen und angezogen waren, hoben die Frauen ihre alten Kleider auf und warfen sie in die Feuergrube. Das Feuer war längst erloschen, aber ohne Zweifel würden sie später zurückkommen und die Kleider verbrennen. Dann sammelten sie die leeren Eimer und Körbe ein und verschwanden so schnell, wie sie gekommen waren. Selbst Timak nahm sich nicht mehr die Zeit, hämische Freude zu bekunden. Sie kehrte Marrah und ihren Leidensgenossinnen einfach den Rücken zu, als wären die drei bereits tot.

Sobald sich die Zeltklappe geschlossen hatte, kniete Marrah nieder, zog ihren alten Gürtel aus der Feuergrube und schlang ihn um ihre Taille. Es war der einzige Gegenstand, der sie den ganzen weiten Weg von Shara bis hierher begleitet hatte, und sie wollte in diesem Gürtel sterben. Sie zog die Schnüre ihrer Gürteltasche auf, nahm die Träne des Mitgefühls heraus und band sie sich um den Hals, wo sie hingehörte. Der Schmetterling sah blaß in dem matten Licht aus, doch der Stein schimmerte so golden wie immer.

»Ist das ein Talisman?« rief Akoah.

»Ja«, erwiderte Marrah, »aber er wird uns nicht –«

Ihr blieb keine Zeit mehr, um Akoah zu erklären, daß sie der Glücksbringer nicht retten würde, weil genau in diesem Moment die bewaffneten Wachen ins Zelt traten, um ihnen zu sagen, sie sollten sich auf den Tod vorbereiten. Sie waren zu siebt, alles junge Krieger, die trotz der Kälte bis zur Taille entblößt waren, und als Akoah die aufgemalten Totenschädel auf ihrer Brust sah und die schwarzen Speere in ihren Händen, wurde sie wahnsinnig vor Angst. Sie ließ sich auf die Knie fallen und begann zu schreien und zu schluchzen und um ihr Leben zu betteln. Es war schrecklich entmutigend, aber Marrah konnte es ihr nicht verübeln. Sie selbst hätte am liebsten ebenfalls geschrien und gefleht, doch ihr Stolz hielt sie zurück.

Die Wachen zogen Akoah auf die Füße, fesselten ihre Hände und zerrten sie aus dem Zelt. Dann kamen sie zurück, um Dalish zu holen, die wie eine Königin mit hoch erhobenem Kopf hinausging. Als sie zurückkehrten, um Marrah wegzubringen, stand sie in einer Ecke des Zelts, die Augen geschlossen und die Fingerspitzen im Zeichen der Göttin zusammengelegt. Grob rissen sie ihr die Hände auseinander und fesselten sie hinter ihrem Rücken. Sie hätte Widerstand leisten können, aber sie tat es nicht.

Wenn ich schon sterben muß, dann laß mich wie eine Priesterin sterben, dachte sie. Laß mich sterben, ohne jemandem Schaden zuzufügen.

Einer der Krieger drückte ihr die Spitze seines Speers zwischen die Schulterblätter und schob sie in Richtung der offenen Zeltklappe, und Marrah trat hinaus ins Sonnenlicht. In der Nacht war reichlich Schnee gefallen, und die Welt war in ein weißes Tuch gehüllt. Schnee lag auf dem hohen Gras und drückte es zu seltsamen Formen nieder. Der Erdhügel, der über Zuhans Grab aufgeschichtet werden würde, war so glatt wie ein Laib ungebackenen Brotes, und der flache Horizont dahinter glitzerte wie die Schneide eines Messers. Hoch oben am blaßblauen Himmel trieben ein paar lange Wolken und zerfaserten allmählich zu Fetzen.

Marrah blinzelte und hielt einen Moment inne, geblendet von der Helligkeit, aber der Krieger stieß sie unbarmherzig vorwärts. Der Schnee machte ein schwach knirschendes Geräusch unter ihren Stiefeln. Zu ihrer Linken war ein totes Pferd mit Gras ausgestopft und auf einen Stock aufgespießt worden. In seine kurze schwarze Mähne waren bunt gefärbte Wollfäden eingeflochten, und sein Maul stand offen, als würde es jeden Moment wiehern, aber die Augen des Tieres waren glasig und tot. Neben dem Pferd war ein weiteres totes Pferd aufgestellt worden und noch eines und immer so weiter – fünfzig Tiere, die einen großen Kreis um Zuhans offenes Grab bildeten. Im Inneren des Kreises hatte sich der gesamte Stamm versammelt, die Männer auf der einen Seite, die Frauen auf der anderen. Die braunen Tuniken und Beinlinge der Krieger waren zerrissen und mit Asche beschmiert, aber sie schienen in guter Stimmung zu sein. Schläuche mit Kersek wanderten von Hand zu Hand, und ganze Gruppen von Frauen waren damit beschäftigt, neue herbeizubringen. Irgendwo außer Sichtweite dröhnten Trommeln, aber Marrah war zu klein, um sehen zu können, wer die Trommeln schlug.

Als sie näherkam, teilte sich die Menge und machte Platz für sie. Neugierige Gesichter starrten ihr entgegen. Ein junger Mann mit einem aufgemalten Wolf auf der Stirn lächelte ihr ermutigend zu, und eine alte Frau mit baumelnden Ohrringen tätschelte sie an der Schulter. Es war nicht so, als wären sie grausam, zumindest nicht nach ihren eigenen Maßstäben. Sie wußten, Marrah war auf dem Weg in den Tod, aber soweit es die Hansi betraf, war ihr Tod eine öffentliche Angelegenheit, deshalb drängten sie sich um sie und schoben ihre Gesichter so dicht vor ihres, bis sie kaum noch atmen konnte. Marrah war ihnen so nahe, daß sie den Käse in ihrem Atem riechen und die aufgesprungenen Stellen sehen konnte, wo der eisige Wind der Steppe ihre Haut verbrannt hatte. Eine junge Frau hielt ein rotgesichtiges, quengelndes Kind hoch, und Marrah begriff, daß man von ihr erwartete, das Kleine zu segnen. Irgendwie war sie zu einem Objekt der Verehrung geworden. Es war zermürbend.

»Bring das Kind weg«, bat sie, aber sie war so aufgeregt und erschüttert, daß sie Shambah gesprochen hatte. Die junge Mutter lächelte, glaubte ohne Zweifel, Marrah hätte ein paar Segensworte zu dem Kind gesagt.

Weitere neugierige Gesichter, mehr Getätschel an Kopf und Schultern. Jetzt konnte sie die Trommler sehen, die auf einer Decke saßen, ihre Trommeln zwischen den Knien. Ihre Gesichter waren rot und schwarz bemalt, und ihre Finger wiesen gelbe Streifen auf. Als sie die Trommeln schlugen, flogen ihre Hände wie Vögel, und sie lehnten sich mit halbgeschlossenen Augen zurück, bereits hypnotisiert von ihrer eigenen Musik. Manchmal streckte einer von ihnen die Hand aus und schüttelte einen Strang Muscheln oder kleine Kupferglocken, und die Menschenmenge stimmte ein Lied an, in dem es hauptsächlich um Zuhan ging und welch großartiger Häuptling er gewesen war, aber einmal war sich Marrah sicher, Arangs Namen gehört zu haben.

Jedesmal, wenn sie einen Schritt vorwärts machte, wurden die Trommeln lauter. Plötzlich teilte sich die Menge erneut, und sie sah

Zuhans Grab wie einen offenen Schlund im Erdboden klaffen. Das Loch war zwanzig Schritt lang, zwölf Schritt breit und viermal so tief, wie ein Mann groß war, ausgekleidet mit weißen Steinen. Um den Rand herum waren in regelmäßigen Abständen Pfähle in den Boden geschlagen wie die Pfosten eines halbfertigen Zauns, jeder einzelne aus massiver Eiche geschnitzt und mit hellroten Fähnchen und Bündeln von Adlerfedern geschmückt. Die Fähnchen an der Spitze flatterten fröhlich im Wind, doch unter ihnen war nichts als Grauen. An zwei der Pfähle waren Dalish und Akoah gebunden, beide an Händen und Füßen gefesselt. An einem dritten Pfahl stand Stavan.

Die Nomaden hatten ihn bis auf einen ledernen Lendenschurz entkleidet, seinen Körper mit Sonnensymbolen bemalt und ihm einen Knebel in den Mund geschoben, damit er nicht schreien konnte, aber sie hatten ihm seine Stiefel gelassen und ihm einen Umhang aus Fuchsfellen umgehängt, so daß er nicht frieren würde. Er mußte ihnen einen verzweifelten Kampf geliefert haben, denn seine linke Wange war mit üblen Blutergüssen bedeckt, seine Lippe war aufgeplatzt und sein Haar mit getrocknetem Blut verklebt.

Einen Augenblick stand Marrah wie erstart da und ließ den grauenhaften Anblick auf sich einwirken, dann fing sie an zu schreien. Und so wurde sie zu ihrem eigenen Pfahl geschleift, laut schreiend, während sie sich bei jedem Schritt des Weges heftig gegen ihre Peiniger wehrte. »Ihr könnt Stavan nicht töten!« kreischte sie. »Er ist Zuhans Sohn! Laßt ihn frei, ihr blutrünstigen Mörder! Laßt uns alle frei! Dies ist Vlahans Werk! Vlahan hat Zuhan ermordet! Ich spreche die Wahrheit! Dies ist ein Komplott, dies ist –«

Sie brachten sie zum Schweigen, indem sie ihr ein Knäuel Wolle in den Mund stopften, aber Marrah hörte nicht auf, sich zu sträuben und zu zappeln und sich die Handgelenke an den Lederfesseln wundzuscheuern, während sie mit aller Macht versuchte, sich zu befreien, obwohl sie wußte, daß es sinnlos war. Rechts von ihr starrte Dalish blicklos vor sich hin, ihr Gesicht vor Kummer verzerrt. Auch sie trug einen Knebel im Mund. Akoah war nicht geknebelt worden, aber das war auch nicht nötig gewesen. Die kleine Seglerin war in Ohnmacht gefallen, und wenn ihre Fesseln sie nicht an dem Pfahl festgehalten hätten, wäre sie bereits halb in das offene Grab gesunken. Was Stavan betraf, so konnte Marrah nicht viel von seinem Gesicht sehen, doch der Blick, den er ihr zuwarf, erfüllte sie mit ohnmächtigem Haß auf die Männer, die ihn an den Pfosten gebunden hatten. Marrah blickte auf die Nomadenkrieger und dachte, daß sie alles tun würde, um sie zu vernichten, und die Göttin würde verstehen und ihr verzeihen.

Sie stellte sich gerade vor, wieviel Befriedigung ihr der Tod der Hansi-Krieger verschaffen würde, als sie ein hohes, schrilles Wehklagen hörte und Changar erschien, während er neun Frauen hinter sich herzog, die an den Hälsen zusammengebunden waren wie Pferde. Der Wahrsager bot einen beeindruckenden Anblick, er war von Kopf bis Fuß in Wolfspelze gehüllt, sein Gesicht mit Ocker bestäubt, seine Augen mit weißer Farbe umrandet, die Hände blutrot bemalt. Als er das Seil verdrehte und die zu Tode erschrockenen Frauen vorwärtszerrte, sang er ein grimmiges Lied darüber, welch wunderschöner Tod den Sklavinnen bevorstand, und die Krieger antworteten im Chor und schlugen im Rhythmus mit ihren Speeren auf den Boden.

Das Singen und Stampfen schien die armen Frauen noch mehr in Angst und Schrecken zu versetzen. Sie klammerten sich aneinander und flehten weinend um Gnade, doch niemand kümmerte sich um sie. Die jüngste war ein Tcvali-Mädchen von vielleicht zwölf Jahren, die älteste eine Hansi-Frau mittleren Alters, doch weder Alter noch Schönheit würden sie retten, und die Zuschauer wußten es.

Marrah empfand Mitleid für sie. Sie würden alle sterben, sie selbst und Dalish und Akoah und Stavan und die Sklavinnen, aber ohne Mut zu sterben, zitternd und vor Angst wimmernd wie ein gefangenes Kaninchen zu sterben, war besonders grauenhaft. Sie wünschte, sie hätte eine Möglichkeit, ihnen zu sagen, daß die Göttin barmherzig war und sie nicht lange leiden würden, doch es gab nichts, was sie tun konnte, außer schweigend dazustehen und zuzusehen, wie sie vor Angst den Verstand verloren.

Beim Anblick der wartenden Pfähle fiel das Tcvali-Mädchen auf die Knie und zog alle anderen mit sich zu Boden. Ein paar Augenblicke hockten die Frauen in dem schmutzigen Schnee, klammerten sich verzweifelt aneinander fest und flehten Zulike um Hilfe an, aber wie Marrah sehr wohl wußte, war Zulike längst nicht mehr imstande, irgend jemandem zu helfen.

Beim Klang von Zulikes Namen blieb Changar stehen und drehte sich um. Einen Augenblick stand er da, die Hände in die Hüften gestemmt, und blickte mit einem leicht angewiderten Ausdruck auf die zitternden Frauen hinab, als wollte er sagen: Warum müßt ihr Weiber soviel Ärger machen? Dann warf er das Seil den wartenden Wachen zu und bedeutete ihnen mit einer Handbewegung, die Sklavinnen auf die Füße zu ziehen und sie an die Pfähle zu fesseln. Bald waren die Frauen allesamt geknebelt und gefesselt und hatten ihre Plätze um Zuhans Grab eingenommen.

Sobald sich Changar überzeugt hatte, daß sie keine weiteren Schwierigkeiten machen konnten, zeigte er auf die Trommler, die daraufhin einen doppelt so schnellen Takt schlugen. Wieder teilte sich die Menge, bildete eine lange Gasse, die Männer auf der einen Seite, die Frauen auf der anderen. In der Ferne sah Marrah drei schwarze Pferde langsam durch das hohe Gras trotten. Zuerst waren sie nur formlose Flecken am Horizont, die aus weiter Ferne kamen wie die dunklen Wolken eines heranziehenden Unwetters, aber als sie näherkamen, konnte sie sehen, daß sie Zuhans Schlitten zogen. Hinter Zuhan lag Zulike auf einem weniger prächtigen Schlitten, gezogen von zwei braunen Stuten.

Selbst im Tod hatte der Große Häuptling noch Leibwächter. Es waren mehr als ein Dutzend, alles starke junge Krieger mit bemalten Gesichtern, spitz zugefeilten Zähnen und klingelndem Kupferschmuck. Sie ritten in einer schnurgeraden Reihe auf den besten Pferden, die der Stamm besaß, und trugen prächtige rote Kapuzen, die sich wie Feuerzungen gegen den blassen Himmel abhoben. Jeder hielt einen Speer oder Dolch wurfbereit in der Hand, als könnte der Tod persönlich in der letzten Minute noch einen Überraschungsangriff führen.

Aber die Krieger waren nichts im Vergleich zu Vlahan. Von Kopf bis Fuß in Weiß gekleidet, ritt er auf Zuhans weißem Wallach mit der Miene eines Mannes, der über alles triumphiert hatte, worüber zu triumphieren sich lohnte. Sein Kopf war unbedeckt und sein Gesicht mit Asche beschmiert, doch seine Augen blickten so kalt und arrogant, daß selbst die Trommler innehielten und ihn verwundert anstarrten, als er vorbeiritt. Marrah hatte erwartet, daß Arang hinter ihm reiten würde, doch es war sonst niemand zu sehen, nur eine Gasse aus zertrampeltem Gras, die zeigte, wo die Pferde entlanggaloppiert waren. Sie blickte den schmalen Durchgang hinunter und sah die schiefen Hansi-Zelte am Flußufer verstreut stehen. Hellgrauer Rauch kräuselte sich über ein oder zwei Kochfeuern. Arang hatte man wohlweislich zurückgelassen.

Selbst Marrah mußte zugeben, daß dies ein Geniestreich war. Der neue Große Häuptling der Hansi war weit weg im Lager bei den alten Leuten und den neugeborenen Kindern. Vlahan würde sich keine Sorgen darüber zu machen brauchen, daß der Junge zu schreien anfing, wenn er seine Schwester an den Pfahl gefesselt sah, oder daß er eine Verzweiflungstat begehen würde, wenn er beobachtete, wie Changar die Bogensehne um ihren Hals schlang. Es war der Aufpasser des neuen Häuptlings, der den alten Häuptling zu seinem Grab brachte, und nicht nur irgendein Aufpasser, sondern der uneheliche Sohn von Zuhan, wie ein Gott gekleidet und ebenso stolz und herablassend. Jeder konnte mit einem Blick erkennen, wer wirklich über die Zwanzig Stämme herrschte.

Als Vlahan das Grab erreichte, sprang er aus dem Sattel und übergab den weißen Wallach an Changar, der ihn mit einem schnellen Dolchstoß tötete und zum Ausbluten im Staub liegen ließ. Von dem Moment an, als Marrah begriff, daß Arang nicht anwesend sein würde, verlor sie alle Hoffnung und verfiel in Gleichgültigkeit. Was kümmerte es sie noch, wenn Vlahan wie ein aufgeplusterter Pfau herumstolzierte und Changar seinen monotonen Sprechgesang herunterleierte. Sollten die Krieger doch Zuhan und Zulike ins Grab hinunterlassen, sollten sie doch ruhig ein Dutzend mehr Pferde töten und ihr Blut aus dem Schädelbecher trinken; sollten sie doch ihren Hanf rauchen, Kersek trinken, auf Ziele schießen, ihre Dolche schleudern, singen, bis sie heiser waren, trommeln, bis sie taub waren, und mit ihren Speeren auf den Boden stampfen, bis sie zerbrachen. Sie gehörte nicht mehr zu ihrer Welt. Sie gehörte jetzt der Erdenmutter.

Der Tag nahm seinen Verlauf. Die Nomaden sangen, tranken Kersek und sangen weitere Lieder. Die Trommeln dröhnten in einem fort, während die Begräbnisspiele abgehalten und die Sieger geehrt wurden. Changar rezitierte eine endlose Ballade über Zuhan, und jeder Mann des Stammes fügte eine Strophe hinzu. Gegen Mittag gab es ein Festmahl aus geröstetem Hammelfleisch, und später reichten die Frauen Schalen mit Eintopf aus Pferdeinnereien herum. Während die Krieger aßen, zogen dunkle Wolken am Himmel über Zuhans Grab auf und nahmen die Farbe geronnener Milch an. Und während der ganzen Zeit stand Marrah mit stolz erhobenem Kopf da. Manchmal blickte sie Dalish an, manchmal Stavan, dann schweifte ihr Blick zu Akoah und zu den Sklavinnen hinüber, aber sie wehrte sich nicht länger. Zuerst fühlte sie Mut, aber nach und nach kroch wieder die Todesangst in ihr hoch, drückte wie ein Bleigewicht auf ihre Brust und machte ihren Mund trockener als den wollenen Knebel. Der Moment, in dem die menschlichen Opfer dargebracht wurden, rückte unausweichlich näher. Würde er jetzt kommen, als Changar vortrat und eine lange Kette aus Wolfszähnen um Vlahans Hals drapierte? Würde er kommen, wenn die Trommler einen anderen Rhythmus zu schlagen begannen?

Plötzlich wußte Marrah genau, wann sie und die anderen geopfert würden: nicht, solange die Trommeln noch dröhnten und die Männer noch tanzten, sondern bei Sonnenuntergang. Denn die Nomaden glaubten, daß Han bei Sonnenuntergang ins Paradies zurückkehrte, um die Sterne zusammenzutreiben und sie auf die nächtliche Himmelsweide zu führen. Wenn Han ging, dann würden sie und Stavan und Dalish und Akoah und die Sklavinnen mit ihm gehen.

Als wollte sie ihre Furcht verspotten, kam plötzlich eine kräftige Brise auf und blies die Wolken nach Süden. Die Säume der Nomadencapes flatterten, und die Schweife der toten Pferde um Zuhans Grab herum wehten im Wind. Der Wind war so stark, daß er den Pulverschnee von der Kuppe des Erdhügels aufhob und ihn wie Sand in alle Richtungen verstreute. Marrah schloß die Augen, als der Schnee in ihr Gesicht wehte und auf ihren Wangen brannte. Als sie die Augen wieder öffnete, riß die Wolkendecke am Himmel über ihr rasch wieder auf. Bald erschien die Sonne wie ein schwerer, tiefhängender Ball knapp über dem westlichen Horizont.

Beim Anblick der untergehenden Sonne hielten die Trommler plötzlich inne, und einige Minuten lang standen alle wie erstarrt da. Dann wandte sich Changar um und verbeugte sich vor der Sonne. »Großer Han«, rief er, »wir grüßen dich!«

»Großer Han«, stimmten die Krieger ein, »wir verehren dich!«

»Gott unserer Väter ...«

»Und unserer Großväter ...«

»... der du unsere Feinde verfluchst, der du die Welt in deinem Blut badest ...«

»Bei Sonnenaufgang und Sonnenuntergang ...«

Tatsächlich verfärbte sich der Himmel blutrot, noch während sie sprachen. Marrah beobachtete mit entsetzter Faszination, wie die Sonne tiefer und tiefer sank. Über dem glühenden Ball zeigten zwei langgezogene schmale Wolken wie Dolchklingen aufeinander. Hinter ihnen schossen Streifen von Zinnoberrot in den riesigen Himmel über der Steppe und verblaßten zu der Farbe geschmolzenen Goldes, während sie nach Osten reisten.

Changar hatte seine ockerrot gefärbten Hände über den Kopf erhoben, so daß das rote Licht der untergehenden Sonne sie noch intensiver rot färbte. »Nimm deinen Diener Zuhan mit ins Paradies«, rief er. Plötzlich warf er den Kopf in den Nacken und heulte wie ein Wolf, und die Nomaden heulten mit ihm. Der Schrei des Hansi-Wolfsrudels erhob sich über Zuhans Grab, so einsam und so schrecklich wie der Tod selbst. Der unheimliche Klang verwandelte Marrahs Knochen in Eis, aber ihr blieben nur wenige Sekunden, um bei dem grausigen Geheul vor Angst zu schaudern. Bevor der letzte Schrei aus den Kehlen der Krieger verhallt war, ergriff Changar einen Bogen und löste die Sehne mit einer einzigen geschickten Bewegung. Während er sich die Enden um die Hände wickelte, ging er mit raschen Schritten auf das kleine dunkelhaarige Tcvali-Mädchen zu und erdrosselte sie so schnell und unbeteiligt, wie ein Koch einer Gans den Hals umdreht.

Wenn Marrah hätte schreien können, dann hätte sie gellend

geschrien, aber der Knebel in ihrem Mund zwang sie zu schweigen. Die Menge jubelte, und Changar trat beiseite und bedeutete jemandem, die Leiche loszuschneiden. Ein Krieger trat vor, ein großer Mann mit schwarzem Haar und einer Pferdetätowierung auf der rechten Wange. Marrah erkannte ihn als den besten Fährtenleser des Stammes, einen Mann namens Iktahan. Iktahan zog seinen Dolch hervor und zertrennte die Fesseln, die die Tcvali-Sklavin an den Pfahl banden. Einen Moment lang stand die Tote aufrecht, schwankte leicht hin und her. Dann kippte ihr Körper vornüber, und sie stürzte mit einem dumpfen Aufprall ins Grab hinunter. Sie landete rechts neben Zulike und lag dort zusammengekrümmt, mit einem Arm über dem Gesicht, als bettelte sie noch immer um Gnade.

»Glückliche Braut!« rief Changar.

Die Trommler schlugen die Trommeln, die Zuschauer stimmten das Hochzeitslied an, und jemand schlug zwei kupferne Becken zusammen. Die Nomadenfrauen hakten sich gegenseitig unter und begannen im Kreis zu tanzen, wie sie es auf Marrahs Hochzeit getan hatten. Bald tanzten mehrere kleine Kinder mit ihnen.

Als Changar auf sein nächstes Opfer zutrat, schloß Marrah die Augen. Sie hatte genug gesehen. Ihr war übel vor Grauen, und sie fühlte sich völlig machtlos. Sie waren alle hilflos ihrem Schicksal ausgeliefert, konnten nichts tun, um sich zu verteidigen. Sie würden alle sterben, eine nach der anderen, mit Changars Bogensehne um den Hals.

Sie konnte zwar die Augen vor dem Geschehen verschließen, nicht aber die Ohren. Ganz gleich, wie angestrengt sie sich bemühte, sie konnte die Geräusche nicht verdrängen. Das grauenhafte Wolfsgeheul wiederholte sich, und weitere Leichen schlugen auf den Steinboden in Zuhans Grabkammer auf. Als Marrah die Augen wieder öffnete, waren sieben der Pfähle, an denen Sklavinnen gestanden hatten, leer. Stavan mußte Zeuge der Morde gewesen sein, denn auf seiner Brust waren blutige Striemen zu erkennen, da er versucht hatte, seine Fesseln zu sprengen. Dalish stand wie eine Statue da – vielleicht hatte sie sich in eine Art Trance versetzt –, aber die arme Akoah kam gerade wieder zu sich.

Ihre Augenlider flatterten. Langsam öffnete sie die Augen und hob den Kopf. Sieben Sklavinnen lagen bereits tot neben Zuhan, und Changar war im Begriff, eine achte hinunterzuschicken. Als sich der Wahrsager dem nächsten Opfer näherte, begriff Akoah, was geschah, und begann zu schreien. Der Schrei, den sie ausstieß, war anders als alles, was Marrah je zuvor gehört hatte: Er war unmenschlich und grauenhaft, und alle Todesangst der Welt schwang darin mit.

Changar hielt mitten in der Bewegung inne und fuhr zu Akoah herum. Er hatte eindeutig vorgehabt, zuerst alle neun Sklavinnen zu erdrosseln, bevor er die Konkubinen opferte, aber Akoahs Gejammer verärgerte ihn. Er verschonte die achte Sklavin für den Augenblick, machte kehrt und bahnte sich einen Weg zu der anderen Seite des Grabes. Während er dorthin ging, ließ der Wind seine Wolfspelze flattern und blies sein graues Haar wie eine Pferdemähne zurück. Seine weißumrandeten Augen und sein blutrot bemaltes Gesicht verliehen ihm das Aussehen eines Raubtieres, aber sein Gesichtsausdruck war menschlich. Er war wütend.

Sobald die Zuschauer Changar in Akoahs Richtung streben sahen, wußten sie, daß er entschieden hatte, sie vorzeitig zu opfern. Die Trommler wechselten zu einem anderen Schlagrhythmus, und die Frauen hörten auf zu tanzen und begannen zu singen.

»Glückliche Braut, glückliche Braut,
du wirst den Hauch des Paradieses atmen.
Freue dich, freue dich!«

Aber etwas stimmte nicht. Das Lied geriet irgendwie aus dem Takt; einige der Frauen sangen völlig falsch, andere schienen den Text vergessen zu haben, und wieder andere hörten plötzlich auf zu singen. Vielleicht war es der Anblick von Changar, der sie mittendrin abbrechen ließ. Als er auf Akoah zuschritt, begann er seltsame Dinge zu tun. Zuerst zögerte er; dann, aus keinem ersichtlichen Grund, stolperte er unvermittelt. Er fing sich gerade noch, indem er sich an einem der leeren Pfähle festhielt, und stand einen Augenblick verwirrt und unsicher da. Er strich sich mit einer Hand übers

Gesicht und rieb sich die Augen. Dann stieß Akoah erneut einen gellenden Schrei aus, und er behandelte sie, wie sich ein Mann bei einem bellenden Hund verhalten würde.

»Ruhig!« brüllte er, aber die arme Akoah war längst über das Stadium hinaus, in dem sie ihm oder sonst irgend jemandem gehorchte. Beim Klang seiner Stimme begann sie, sich wie eine Besessene von einer Seite zur anderen zu werfen, während sie winselte und jammerte und aus voller Kehle um Gnade flehte. Ihr schwarzes Haar schwang vor und zurück, ihre Augen waren verdreht, so daß nur noch das Weiße zu sehen war, ihre Lippen waren blutig, wo sie in ihrer Panik ihre Zähne hineingegraben hatte. Marrah hatte einmal ein Kaninchen gesehen, das von einem Fuchs in die Enge getrieben worden war; das Kaninchen hatte geschrien, wie Akoah jetzt schrie, nur daß ihre Schreie noch unerträglicher waren, weil sie einen Sinn ergaben.

»Laßt nicht zu, daß er mich umbringt!« flehte sie. »Bitte, laßt ihn mich nicht töten! Ich will nicht sterben. Hilf mir! Marrah, bitte hilf mir!«

Als sie Akoahs Hilfeschreie hörte, wurde Marrah halb verrückt vor Zorn. Sie zerrte an ihren Lederfesseln, bis sie in ihre Handgelenke schnitten, aber die Fesseln hielten, und ihre Schreie wurden von dem Knebel in ihrem Mund erstickt. Es gab nichts, was sie tun konnte, außer in stummem Entsetzen zuzuschauen.

Am Ende kam Akoahs Tod barmherzig schnell. Changar marschierte auf sie zu, schlang die Bogensehne um ihren Hals und zog heftig mit seinen Händen in entgegengesetzte Richtungen. Akoahs Kopf fiel mit einem Ruck zurück, und dann stieß sie einen letzten Laut aus, schwach und hoch wie der eines verwundeten Vogels. Dann lief ein Zittern durch ihren Körper, und sie fiel in sich zusammen, und einen Moment lang herrschte Stille.

Marrah schloß die Augen. Sie weinte, aber sie bemerkte ihre eigenen Tränen kaum. Das Gefühl des Elends und des Kummers in ihrem Innern war so übermächtig, daß es alles andere verschluckte, sogar ihre Angst. Möge ihre Seele Frieden finden, dachte sie. Möge Akoah bei der Erdenmutter ruhen. Sie dachte an Hoza und den Mutterschoß der Stille, an die Gebeine ihrer Vorfahren und Mutter

Ashas Segen. Dann dachte sie an Zuhans feuchtkaltes Grab, und die nackte Panik ergriff erneut von ihr Besitz. Bald würde sie Akoahs Körper auf die Steine aufprallen hören, und kurz danach würde sie selbst an die Reihe kommen.

Entschlossen, sich wenigstens ihrem eigenen Tod tapfer zu stellen, öffnete Marrah die Augen und entdeckte zu ihrer Überraschung, daß Changar immer noch nicht das Zeichen gegeben hatte, Akoah loszuschneiden. Er stand neben der Toten und betrachtete sie auf seltsame Art, als empfände er vielleicht Bedauern. Er runzelte die Stirn und blinzelte wie irgendein Nachttier, das sich ins helle Tageslicht hinausgewagt hatte. Ein Krieger stand in respektvoller Entfernung, den Dolch in der Hand, und wartete auf das Signal, Akoah den anderen nachzuschicken, doch das Signal kam nicht. Weitere Minuten verstrichen, und noch immer stand Changar neben Akoah, ohne sich zu rühren.

Seltsame Dinge gingen vor.

Die Nomaden begannen zu tuscheln. Die Trommler hielten inne, die Frauen hörten zu singen auf, die Krieger hörten auf, mit ihren Speeren auf den Boden zu stampfen, und alle warteten darauf, daß Changar mit der Zeremonie fortfuhr. Schließlich, als klar war, daß er das Zeichen nicht geben würde, erhob sich Vlahan auf die Füße. Als er aufstand, fuhr der Wind unter seinen weißen Umhang und bauschte ihn wie ein Segel auf. Er sah grimmig und herrschsüchtig aus, jeder Zoll ein Großer Häuptling, von seinem roten Bart bis zu den Spitzen seiner Lederstiefel, aber in seinen Augen lag ein sonderbarer Ausdruck, den Marrah niemals in all den Wochen gesehen hatte, als sie gezwungen gewesen war, sein Bett zu teilen. Es war nicht direkt Furcht, eher Unsicherheit. Vlahan blinzelte ein paarmal und zwinkerte wie ein Mann, der ein irritierendes Sandkörnchen im Auge fühlt. Sicherlich wollte er etwas sagen, aber Marrah erfuhr niemals, was es war, denn in dem Moment, als er den Mund öffnete, stieß Changar plötzlich ein Gebrüll wie ein wildgewordener Bulle aus. »Hilfe!« schrie er.

Beim Klang des Wortes warfen die Trommler ihre Trommeln beiseite und sprangen auf die Füße. Einige Augenblicke lang war alles ein einziges Chaos, während Krieger hastig nach ihren Dolchen griffen, Frauen kreischten und Kinder ängstlich aufschrien. Aber bevor jemand Changar zu Hilfe eilen konnte, geschah etwas Erstaunliches. Der Wahrsager wandte sein Gesicht der untergehenden Sonne zu und blickte blinzelnd zu den blutroten Wolken hinauf. Ganz plötzlich schlug er sich die Hände vors Gesicht.

»Ich kann nicht mehr sehen!« schrie er und taumelte rückwärts. Er griff haltsuchend nach dem Pfahl und bekam statt dessen den Ärmel von Akoahs Tunika zu fassen. Das Material hielt sekundenlang; dann ertönte ein reißendes Geräusch, der Ärmel trennte sich langsam von der Tunika, und ihm blieb nichts weiter als eine Handvoll weißer Filz. Wieder streckte er verzweifelt die Hand nach Akoah aus, um Halt zu finden, und wieder griff er daneben. Einen Moment lang schwankte er auf dem schlüpfrigen Rand von Zuhans Grab, während er wie wild mit den Armen in der Luft fuchtelte. Dann verlor er die Balance und stürzte kopfüber in die Tiefe.

Danach passierte alles auf einmal. Als Changar stürzte, schrien andere Leute, daß sie ebenfalls blind wären, und die Menschenmenge brach in Panik aus. Frauen jammerten, fielen auf die Knie und vergruben ihr Gesicht in ihrem Schal. Krieger brüllten, daß die Sonne verlöscht sei. Als sie davonzulaufen versuchten, stolperten sie übereinander. In ihrer Panik trampelten sie über ihre eigenen Ehefrauen und Kinder hinweg und stießen sich gegenseitig blindlings in Zuhans Grab.

Wäre Marrah nicht an den Pfosten gebunden gewesen, wäre sie unweigerlich mit ihnen in das Grab hinuntergezerrt worden, aber die Lederschnüre waren stark, und die Knoten hielten. Sie stand da wie eine Frau, die an den Mast eines kleines Bootes gefesselt war, während um sie herum ein wütender Sturm toste, und als sie beobachtete, wie die blinden Nomaden einander über den Haufen rannten, begriff sie plötzlich: Hiknak hatte das Pulver der Unsichtbarkeit in den Kersek geschüttet!

Aber das war noch nicht alles, was Hiknak getan hatte, denn als Marrah dort stand, unfähig, sich zu rühren, erschien Hiknak. Ihr blondes Haar war aus ihrem Gesicht zurückgeflochten, und sie hatte ihren Schal weggeworfen und ihre Tunika hochgebunden, so daß sie wie ein Mann laufen konnte. In ihren blassen Augen lag ein

Ausdruck des Triumphs – nein, nicht Triumph, sondern Ekstase. Hiknak war eine Frau, erfüllt von der Ekstase der Rache. In ihrer rechten Hand schwang sie einen von Vlahans Dolchen.

Wenn Vlahan sie hätte sehen können, hätte er vielleicht noch lauter geschrien, als er ohnehin schon schrie, denn wenn jemals eine Frau entschlossen ausgesehen hatte, einen Mann zur Erdenmutter zurückzubefördern, dann war es Hiknak. Das einzige, was Vlahan rettete, war Zuhans Grab. Er war auf der einen Seite der Grube, gefangen in der von Panik erfüllten Menge, während Hiknak auf der anderen Seite stand. Wenn sie irgendwie zu ihm hätte gelangen können, wäre er ein toter Mann gewesen, aber sie konnte es nicht, deshalb benutzte sie seinen Dolch dazu, Marrahs Fesseln durchzuschneiden, und dann befreite sie Stavan und Dalish.

Sobald sie frei waren, rannten sie um ihr Leben, während Hiknak vorauslief. Inzwischen hatte sich die Menschenmenge auf ihrer Seite des Grabes etwas zertreut, deshalb war es möglich, den stolpernden Kriegern auszuweichen. Später sollte sich Marrah darüber wundern, wie unsichtbar sie in jenem Moment tatsächlich waren. Niemand löste Alarm aus, niemand verfolgte sie, nicht ein Kopf drehte sich auch nur in ihre Richtung, als sie in das hohe Gras flohen, so schnell ihre Beine sie trugen. Stavan schnappte sich im Laufen einen Bogen und einen Köcher voller Pfeile von einem der gefallenen Krieger, Marrah hob einen Dolch auf, und Dalish griff sich einen Bogen und einen Speer.

Hiknak hatte für alles gesorgt. Es standen bereits Pferde bereit, gesattelt und aufgezäumt, schnelle, ausdauernde Pferde, einige der besten aus der Herde. Stavan wartete, bis Marrah, Hiknak und Dalish aufgesessen waren. Dann schwang auch er sich auf den Rücken seines Tieres, drückte dem Hengst die Fersen in die Seiten, und schon galoppierten sie um die große Herde herum, während der kalte Wind auf ihren Gesichtern brannte und das Trommeln der Pferdehufe in ihren Ohren dröhnte.

»Arang!« schrie Marrah, und sie schlugen einen Bogen in Richtung Lager, wobei Pferde und Rinder in alle Richtungen auseinanderliefen.

Die Wachtposten hatten ebenfalls reichlich Kersek konsumiert.

Als sie die fünf Reiter hörten, die sich in gestrecktem Galopp näherten, brachten sie sich in Sicherheit, während sie über ihre eigenen Füße stolperten und gegen die Tiere stießen, die zu bewachen ihre Aufgabe war. Nur einer besaß genug Geistesgegenwart, einen Speer in Richtung der Reiter zu schleudern, doch er fiel zu Boden, ohne zu treffen, und die Männer rannten wie gehetzt davon, schrien Verrat und hieben wild mit ihren Dolchen in die Luft.

Als sie sich den Hansi-Zelten näherten, sah Marrah, daß das Lager praktisch verlassen war. Nur einige wenige sehr alte Frauen huschten in panischer Angst umher, und ihre braunen Schals flatterten im Wind. Ein paar der Wachen, die zurückgeblieben waren, um Arang im Auge zu behalten, torkelten von Zelt zu Zelt, versuchten, Alarm zu schlagen, aber sämtliche Männer im Kampfalter waren mit Blindheit geschlagen. Am Rande des Lagers ritt ein halbes Dutzend gefährlich aussehender Krieger wie verrückt in Kreisen herum, während sie Drohungen schrien und Schlachtrufe ausstießen, die Marrah das Blut in den Adern hätten gefrieren lassen, wenn die Männer in der Lage gewesen wären, sie zu sehen. Als sie und die anderen vorbeigaloppierten, prallten zwei der bewaffneten Männer so hart aufeinander, daß sich ihre Pferde schrill wiehernd aufbäumten und ihre Reiter abwarfen. Marrah dachte flüchtig, wie die Priesterinnen von Nar bei diesem Anblick gelacht hätten.

In vollem Galopp ritten sie ins Lager hinein, zerstreuten Feuer und ließen die alten Frauen wie verängstigte Mäuse in den Schutz ihrer Zelte flüchten. Zuhans Zelt war immer noch an derselben Stelle errichtet, und Arang stand davor. Er trug einen warmen Umhang, feste Stiefel und ein Paar Winterbeinlinge. Neben ihm auf dem Boden lagen zwei Bündel, mehrere Bogen und drei Wasserschläuche, prall gefüllt und ordentlich zugebunden. Marrah schoß der Gedanke durch den Kopf, daß er wie ein Reisender aussah, der auf ein Schiff wartete.

Sie brachte ihr Pferd zum Stehen, sprang herunter und rannte zu ihrem Bruder. Jubelnd umschlang Arang sie mit beiden Armen, hob sie vom Boden und schwenkte sie überglücklich herum. Er mochte zwar den Körper eines Tänzers haben, aber seine Arme waren die eines Kriegers. Und was sein Herz betraf – das gehörte immer noch ihr.

»Du hast dir ja reichlich Zeit gelassen«, sagte er trocken.

Marrah lachte und weinte zugleich, als sie an Akoah dachte und wie nahe sie daran gewesen war, ihrem tödlichen Schicksal zu entfliehen, und sie dachte an ihre eigene Freude beim Anblick von Arang und der Aussicht auf Freiheit, und während sie unter Tränen lachte, weinte und lachte Arang mit ihr.

Stavan reagierte wie gewöhnlich praktischer. »Was hast du in den Beuteln da?« wollte er wissen.

»Essen, Feuersteine, ein paar warme Kleider«, erklärte Arang.

»Gut gemacht. Schnell, steig auf. Wir haben noch einen harten Ritt vor uns. Die Krieger werden nicht ewig blind bleiben, und wir müssen uns beeilen, damit wir einen guten Vorsprung vor den Fährtenlesern haben.«

Hiknak hatte das Pferd eines der Wachtposten eingefangen, einen kräftigen Braunen mit einem breiten Rumpf und dunkler Mähne. Sie führte es vor das Zelt, und Arang schwang sich auf seinen Rücken. Er saß lässig da, hielt die Zügel mit einer Hand. Marrah bemerkte, daß ihr Bruder allmählich zum Mann reifte, und das Bewußtsein seiner Stärke verlieh ihr doppelte Kraft.

»Die Göttin helfe mir«, sagte Arang, »aber inzwischen liebe ich diese Tiere.«

»Dann laß sie uns mit zurück nach Shara nehmen!« rief Marrah, und damit zogen sie ihre Pferde herum und galoppierten zum Lager hinaus.

Sie ritten die ganze Nacht hindurch. Kurz vor Einbruch der Morgendämmerung begann es zu schneien. Gegen Vormittag fielen die Flocken bereits so dicht und schwer, daß sie ihre Spuren beinahe so schnell wieder ausfüllten, wie sie sie hinterließen. Das Schneegestöber wurde immer stärker, wirbelte wie dichte Schleier im Wind und füllte den weiten weißen Himmel, verwandelte die Steppe in eine endlose Fläche von weichem Leinen; und es löschte alle Spuren ihrer Flucht. Als sie schließlich anhielten, um auszuruhen, baute Stavan eine Schneehöhle für sie, und sie lagen darin so warm und behaglich, als hätten sie in einem der Langhäuser von Xori geschlafen.

In jener Nacht hatte Marrah einen Traum. Sie wanderte durch die Wälder. Plötzlich sah sie eine weiße Eule auf einem abgestorbenen Ast sitzen. Die Eule blinzelte; ihre Augen waren so gelb wie Gold. In ihren dunklen Pupillen sah Marrah die ganze Welt widergespiegelt: jeden Fels und jeden Stein, jeden Baum, jede Stadt, jeden Menschen, jedes Tier, alles, sogar die winzigen Vögel, die in ihren Nestern im hohen Gras hockten, und die Insekten, die nur einen Tag lang lebten. Als sie begriff, daß die Eule die Göttin sein mußte, kniete sie vor ihr nieder. »Wohin gehst du?« fragte die Eule.

»Nach Hause, liebste Mutter.«

»Dann geh mit meinem Segen.« Damit erhob sich die Eule in die Luft. In ihren Klauen hielt sie einen federbesetzten Umhang wie den, welchen Marrah am Tag ihrer Volljährigkeit getragen hatte. Er war aus Federn in sämtlichen buntschillernden Farben des Regenbogens gewebt – Farben, die keiner je zuvor gesehen hatte, Farben, die sich keiner jemals hatte vorstellen können.

Die Eule ließ den Umhang fallen, und Marrah fing ihn auf. Als sie die Federn berührte, spürte sie ein überwältigendes Gefühl der Freude und des Wohlbehagens. All der Schmerz und das Leid ihrer Gefangenschaft schwanden dahin wie schmelzender Schnee, und plötzlich wußte sie, sie würden sicher in Shara ankommen.

»Komm, Marrah«, rief die Eule. »Beeil dich; du darfst keine Zeit verschwenden. Das Abendessen ist fertig, und deine Mutter wartet schon auf dich.«

Der große Vogel breitete seine Schwingen aus und flog gen Westen.

Und Marrah hüllte sich in den federbesetzten Umhang und machte sich daran, der Göttin zu folgen.

N
MEER DER
GRAUEN WOGEN
Xori
Gurasoak
Höhlen von Nar
Lezentka
Itesh
GIRA
Rauchfluß
Shambah
Shara
GRASMEER
Süßwassersee
BLAUES MEER
MARRAHS UND
STAVANS WEG

Danksagung

Besonderen Dank bin ich dem Romanschriftsteller Sheldon Green schuldig, der mit nie versagender Geduld jede Fassung dieses Romans in Manuskriptform gelesen hat. Seine Anregungen und seine Kritik waren von unschätzbarem Wert für mich.

Einen Roman über das alte Europa zu schreiben, dazu entschloß ich mich, nachdem ich die beiden Bücher der Archäologin Marija Gimbutas »Die Sprache der Göttin« und »Die Zivilisation der Göttin« gelesen hatte. Diese bahnbrechenden Werke drehen die Zeit zurück und lassen die ganze Welt eines Volkes lebendig werden, das Göttinnen verehrte, eine Welt, deren Zivilisation fast vollständig ignoriert oder falsch interpretiert wurde. Als ich mit meinen Recherchen begann, war Frau Gimbutas so freundlich, mich zu empfangen und meine vielen Fragen zu beantworten. Obwohl ich anschließend noch zahlreiche andere Bücher über die europäische Jungsteinzeit studierte, waren die Ermutigung, die ich durch sie erfuhr, und die Informationen, die sie mir so großzügig zukommen ließ, von unschätzbarem Wert für mich.